周易傳義大全譯解

上

간행위원회

위원장
　서영훈　신사회공동선운동연합 상임대표, 전 KBS 사장

위원(가나다순)
　김경동　서울대학교 교수, 사회과학
　김성진　대우경제연구소 회장, 전 문공부장관
　김일곤　부산대학교 교수(동방정신문화학회 회장)
　김주한　변호사, 전 대법관
　송하경　성균관대학교 교수, 전 성대 유학대학원장
　신영만　주식회사 삼표 에너지 대표이사
　신용대　충북대학교 인문대학장
　신용일　인천시학술진흥재단 이사장, 전 인하대학교 부총장
　이이화　역사문제연구소장
　조한보　전 인천교육대학교 교수
　최영주　중앙일보 문화부 부장대우
　홍원식　한국한의학연구소장, 경희대학교 원전의사학교수

祝 辭

　周易이 이 세상에 알려진지 어언 반만년이 지났고, 그것을 유학의 祖宗인 孔子가 집대성한지는 반의 반만년이 되었습니다. 宇宙秩序와 森羅萬象의 뿌리는 하나에서 나왔고, 그 秩序運行은, 서로 상대성을 가지고 生하기도 하고 克하기도 하면서 조화와 발전을 추구한다는 사상이 주역을 낳았지만, 그 주역의 사상이 생기기 훨씬 이전부터 자연은 말없이 그러한 생명력을 키워 왔었습니다.

　이러한 사상을 좀더 알기 쉽도록 자세히 기술한 것이 유학의 부흥자인 程子와 朱子의 몫이었다는 것은 잘 알려진 사실입니다. 자연과 사람이 살아나가야 할 바를 도덕적인 입장에서 설명한 것이 정자의 『程傳』이라면, 이를 실생활의 판단기준으로 재해석한 것이 주자의 『本義』라고 할 수 있습니다. 이러한 양측면에서 주역을 바라본 입장은, 주역의 사상을 보다 많은 사람에게 알릴 수 있는 토대를 마련함은 물론, 유학의 사상을 폭넓고 깊게 하는데 지대한 역할을 하였으며, 후학들에 의해 『傳義大全』이라는 이름으로 세상에 다시 태어나게 되었습니다.

　현대는 고도로 발전된 과학문명과 정보화·다원화된 대중·민주사회를 바탕으로 개성과 인권을 주장하는 소리가 높아지고 있으며, 그 이면에서는 급변하는 문명세태를 이기지 못해 자포자기하는 무리도 많아지고 있습니다. 이 상반된 두 물결이 가치관과 윤리규범에 갈등과 혼란을 가져와 인간의 도리와 사회질서를 지탱해오던 삶의 기준과 예의범절이 그 힘을 잃어가고 있습니다. 급속하고 다양한 변화가 진행되는 대전환기를 맞아 버릴 것과 변화할 것을 가려보고, 아무리 세상이 변화해도 변할 수 없는 삶의 근원을 받쳐주는 생명질서나 인간의 존엄성에 대한 문제를 진지하게 생각해야 하는 시점이 오늘이라 할 수 있습니다. 변할 수 없는 기본 덕목들을 지키며, 정의로운 경제·문화적 공동체를 이루기 위해, 시민의 밑뿌리로부터 이심전심으로 새로운 가치관과 정신혁명의 요구가 점증하고 있으며, 도덕과 문화의 바른 정립과 창달을 통한 大同和合의 사회를 바라고 있습니다.

이러한 세기적 요구의 해결은, 주역의 한뿌리에서 나왔다는 사상과, 대립하면서 조화한다는 양대사상에서 찾을 수 있다고 봅니다. 이제 그 과업의 기초로 주역의 기본서이자 집대성서라고 할 수 있는 『전의대전』을 당대 주역의 대가인 大山 金碩鎭선생의 손을 거쳐 완역을 보게 된 것은 참으로 경하할 일입니다.

『정전』과 『본의』가 발간된지 700년이 다 되어가나, 朱子學을 유학의 근간으로 삼았던 조선조에 있어서조차 그 번역을 시도한 흔적은 없습니다. 그만큼 내용이 심오하고 방대하다는 반증입니다. 흥사단에서 대산선생에게 주역강의를 들은 제자 중에 몇명이 그들의 학문을 더 깊이 하고자 2년여의 특별강의를 수강한 것을 토대로, 이 어렵고도 방대한 책의 번역작업에 들어간지 또 2년만에, 그 整齊된 모습을 보게되는 느낌을 밝히지 않을 수 없습니다. 易을 기초로 한 程朱의 사상이 극도로 혼란해가는 현대문명의 한계와 모순을 극복하는 철학서로서의 의미와, 程朱學의 근간을 처음으로 飜解하였다는 역사적 의미를 살리며, 심오한 易의 진리가 다시 한번 환히 밝혀져, 인류가 겪고 있는 갈등을 슬기롭게 극복하여 서로 화합하며 사랑하는 大同社會가 이루어지기를 간구하는 것입니다.

1996년 1월 10일

洪易學會 會長 徐英勳
(신사회공동선운동연합 이사장)

祝 辭

　"易과 醫는 그 그원이 같다"고 했습니다. 韓醫學 공부를 하면 할수록 주역의 원리야말로 한의학의 원리이고, 이 원리에 대한 인식과 해석이 바로 韓醫學史임을 깨닫게 됩니다. 또 「계사전」에 "어진 자가 보면 어질다고 말하며, 지혜로운 자가 보면 지혜라고 말하고, 백성은 날마다 쓰면서도 알지 못한다."고 하였으니, 주역이 세상만물의 이치를 포함하여 그 내용과 심오한 뜻이 어디든 통하지 않음이 없지만, 사람들이 자기에 맞춰 각기 다르게 해석하여 사용할 뿐이라는 뜻입니다.

　太極의 이치를 우주관으로 삼아 음과 양의 變動으로써 길흉을 예측함으로써, 동양의 정신문화를 이끌어 온 주역의 이치를 어찌 한 마디로 단정 할 수 있겠습니까! 복희·문왕·주공·공자의 사대성인이 주역을 완성했다면, 義理와 占의 양대측면으로 해석하여 일반인이 각자의 삶에 맞게 활용할 수 있도록 학문적 토대를 정립한 사람은 程子와 朱子라고 할 수 있습니다. 우주에 理와 氣의 二元이 있다는 철학을 바탕으로 儒家思想에 도덕적 철학적 가치를 부여한 것이 『伊川易傳』이라면, 象數的 입장에서 간결명료하게 占學으로 풀이한 것이 『周易本義』입니다. 광대하여 無所不包한 주역의 사상을 설명하기 위해 3,000 여종이 넘는 傳, 疏, 義, 解가 발간되었으나, 이 두 책의 철학적 가치는 단연 독보적이라 할 수 있습니다.

　性理學을 완성한 주자의 盡誠竭力은 말할 것도 없고, 유학의 정통성을 확립한 정자는 예순에 『易傳』의 초고를 완성했으나, 그 후 일흔다섯에 죽을 때까지 갈고 닦으면서 세상에 내놓지 않을 정도로 至誠으로 硏磨한 글이 바로 이 책입니다. 이러한 두 大賢의 뜻을 잇고자 明의 永樂帝 때에 『周易傳義大全』이라는 이름으로 합본되어 勅撰되었고, 오늘날까지 동양사상의 金科玉條

로 높이 평가되고 있습니다. 다만 내용이 심오하고 어려워 900년이라는 세월 동안 그 번역이 유보되어, 두 분의 큰 뜻이 크게 펴지지 못한 안타까움이 있어 왔습니다.

　이제 이런 소중한 책을 당대 역학의 대가인 大山선생에 의해 완역되었다는 것은 『주역전의대전』의 심오한 뜻에 철학사적 가치를 더하는 일이 아니라 할 수 없습니다. 학회의 知性들이 선생을 도와 5년여를 갈고 닦으면서도 혹여 先賢의 정신에 누가 될까 노력한 흔적은 이 책의 곳곳에 눈에 띱니다. 인명에 대한 주석은 물론이고, 내용상 어렵다고 생각되는 부분은 程朱 두 선생을 따르는 門人의 보충설명을 추가하고, 그래도 모자란다고 생각되면 역자주를 달아 누구라도 알기 쉽도록 하였으며, 經典 만을 풀이한 『이천역전』을 보완하기 위해 동진경(董眞卿)과 동해(董楷)의 『부록』을 참정하여 보충한 것은 이 책의 깊이를 더하는 대목입니다.

　조선시대 朱子學을 國敎로 삼아 나라를 經綸할 때도 四書의 국역작업에 만족해야 했던 현실을 생각하면, 四書三經의 首經인 周易을, 그것도 가장 심오하고 가장 보편적인 註解書로 알려진 『주역전의대전』의 현토작업과 아울러 국역작업을 마쳤다는 것은 우리나라 현대사의 커다란 이정표가 될 것입니다. 이 소중한 책이 보다 많은 사람들에게 읽혀 잊혀져가는 성현의 뜻이 오늘에 되살아나, 물질문명과 개인 이기주의에 혼탁하게 변색되어가는 세상을 밝게 인도하기를 바라며, 아울러 東洋醫學의 진면목을 밝히고 세계에 선양하는 데 크게 기여하리라 믿으면서, 본 譯書의 출간을 진심으로 축하합니다.

4329년 1월 25일

韓國韓醫學硏究所 所長 洪元植
(경희대학교 한의과대학 原典醫史學 교수)

發 刊 辭

　태극에 양의가 있음은 일물양체(一物兩體)사상으로 사람에게 육신과 심신(心神)이 있음과 같은 것입니다. 주역 또한 이와 같아서 일체이용(一體二用)의 기능이 있으니 의리적 도학(義理的 道學) 기능이 있는가 하면 상수적 점서(象數的 占筮) 기능이 있는데, 의리적 도학 기능에 대하여 대표적인 해설문은 1099년에 완성을 본 『이천역전(伊川易傳)』이고, 이보다 79년 후에 씌여진 것으로 알려진 주희(朱熹)의 『주역본의(周易本義)』는 상수적 점서기능에 대하여 그 대표적인 해설문이라고 할 수 있습니다. 이천(伊川)은 이 글을 쓰되 평생동안 가다듬었고, 회암(晦菴)은 이 글을 쓰되 중년나이(48세, 1178년)에 써버린 관계로 주자어류(朱子語類)에 의하면 말년에 이르러 이 글에 대하여 학문적으로 크게 후회하였다고 하나, 한편으론 이처럼 명료하게 표현할 수가 없다는 것이 후학들의 평입니다. 이 두 가지를 합본하고 140여 설역지가(說易之家)의 주해(註解)를 붙여서 명(明)나라의 영락(永樂) 12년(1414년) 11월 갑인(甲寅)에 『주역대전(周易大全)』 24권을 칙찬(勅撰)하였으니, 이책이 후일에 『이천역전(伊川易傳)』의 전(傳)과 『주역본의(周易本義)』의 의(義)를 따서 『주역전의대전(周易傳義大全)』이 된 것입니다. 이러한 편집은 당(唐)나라 시대에 『오경정의(五經正義)』를 찬수한 이후 실로 800여년의 세월이 지나서 이룩된 경학사(經學史)에 있어서 하나의 큰 획을 긋는 문화사업이었습니다.

　그 후 이 책은 경학사론(經學史論)적으로 많은 찬사와 비판을 거듭하여 받아 왔으며, 조선조(朝鮮朝)에 곧바로 유입되어서 조선조의 유가(儒家)에서도 대접받는 문헌으로 존재하여 왔고, 화서 이항로(華西 李恒老)는 정자의 전(傳)과 주자의 본의(本義)의 차이점을 해석하여 『주역전의 동이석의(周易

傳義 同異釋義)』2권을 써서 대의를 밝힌 바 있습니다. 이 책이 명나라에서 간행된지 580여년의 세월이 지난 지금 홍역학회(洪易學會)에서 비로소 大山 선생에 의하여 한문구절 끝에 토씨를 붙이고, 아울러 우리말로 완역을 보게 되었으니 참으로 경하하여야 될 일입니다.

홍역(洪易)의 홍(洪)은 홍범(洪範)에서 역(易)은 주역(周易)에서 비롯된 명칭으로, 일찌기 홍역학회의 창립을 주창하신 야산 이달(也山 李達)선사의 제자되시는 大山 선생께서 재전제자(再傳弟子)들과 더불어 이 책을 간행함으로서 그 창립이념과 학술적인 나래를 조금 펼치게 된 것입니다.

의리적 도학 사상이 펼쳐질 때에 만인의 심신을 바로잡아 윤리적으로 태평성세가 펼쳐질 것이나 세상이 너무 경직될 염려가 있으며, 상수적 점서 사상만이 펼쳐질 때에 피흉취길(避凶取吉) 수단으로 잠시 어려운 경지를 모면할 수 있을지라도 만인의 심신은 운명에 사로잡혀 진취적일 수가 없고, 신비(神秘)에 빠져들어 혹세무민(惑世誣民)으로 난세에 빠져들기가 쉽다 할 것입니다. 의리적 도학 사상만이 영구적으로 펼쳐질 수만은 없는 것이며, 어려울 때에 피흉취길하여 험난한 길에서 빠져 나와야 할 것인즉 음양이 대대(對待)의 조화를 이루듯 의리역과 상수역 또한 조화를 이루어야 할 것입니다. 주역전의대전(周易傳義大全)은 이러한 내용을 고루 갖추어졌으니 학역자(學易者)들에게 균형을 찾아주는 길잡이가 될 것입니다.

경오(庚午, 1990)년 9월 초순에 홍역학회에서는 몇사람의 회원들이 이 책에 대하여 선생님을 모시고 1주일에 두시간씩 강술 강독(講述 講讀)을 시작하여 1993년 초봄까지 약 3년 6개월동안 계속되었습니다. 그 후 선생님의 강술(講述)내용을 책으로 내기 위하여 계획한 바 있으나, 그 뜻이 바로 이루어지지 못하고 이제야 출간을 하게 되었는데, 선생님께서 강술하신 바를 덕산 김수길(德山 金秀吉) 학형의 해박(該博)한 한문지식을 필두(筆頭)로 건원 윤상철(乾元 尹相喆) 동문과 더불어 현토(懸吐) 작업을 진행하면서 필진(筆陣)이 짜여졌고, 시중 변상용(時中 邊相庸) 교수 풍전 이미실(豐田 李美實) 청고 이응문(靑皐 李應文) 금전 이연실(錦田 李涓實) 일선 김방현(一善 金芳鉉)

철산 최정준(哲山 崔廷準) 관역 정언학(觀易 鄭彦鶴) 외 다수의 학술간사들이 사무(私務)를 버리고 편집작업에 전력투구하여 선생님의 68회 탄신일을 기하여 상재(上梓)하고자 불철주야 노력하여 왔으나, 해를 넘겨 이제야 출판의 빛을 보게 되었습니다.

이 책이 학술적으로는 가치가 있을지언정 인기에 영합되어 잘 팔리는 저작물이 아닌데도, 스스로 출판비용을 충당하여 선뜻 응해줌으로써 이 책을 빛보게 한 도서출판 대유학당의 대표이자 재전제자(再傳弟子)인 윤상철 동문과, 이에 감복하여 촌지(寸志)로 답례한 학회의 이사님들께 이 자리를 빌어서 진실로 고마운 마음을 전하며 하늘로부터 도와서 천 배의 번영이 있기를 빌고 빌 뿐입니다.

끝으로 선생님께는 건강을 빌어 올리고, 후학들에게는 학술적인 발전이 있기를 두손 모아 빌면서 발간사로 가름합니다.

1996年 1月 10日

大山門人

德田 張俸赫 삼가 씀

序

　也山선생께서 洪易學 敷文에 말씀하시기를 "伏羲·文王·周公·孔子가 적나라하게 밝혀놓으신 書易앞에 程子의 傳과 朱子의 本義가 보는 눈을 부드럽게 했다"고 하셨으니, 복희씨의 劃卦와 문왕의 卦辭와 주공의 爻辭와 공자의 十翼을, 더욱 알기 쉽게 註解한 정자의 전과 주자의 본의를 합하여 『周易傳義大全』이라고 한다.

　계사전에 "성인이 괘를 그리고 설명을 붙였다"고 했으니, 복희씨는 자연의 이치를 괘로 그려 취상하고 문왕과 주공은 그 괘상과 효변을 문자로 證辯하여 설명했으며 공자는 卦爻彖象을 총체적으로 해설을 붙여 집대성했으니, 역은 네 분 성인이 동일한 관점으로 이룬 聖書이며 진리이다. 여기에 정·주의 전의를 첨부한 대전은 성서를 깨닫는 데 더욱 도움이 되는 것이다. 또 정자의 전은 義理學的이고, 주자의 본의는 占學的으로 다르다고 하나, 우리가 이 傳義를 통하여 의리와 점을 동시에 알게 되니 學易的 편견이 없게 되고 두루 배우게 되는 것이다.

　『역전』서문에 "易은 변하여 바꾸는 것이니, 때에 따라 變易하되 道를 따르라."고 한 伊川선생의 말씀에 대하여 주자는 "괘효가 변하는 이치이며, 天理人事도 그 속에 있고 변역한 뒤에 合道하니, 다만 易字와 道字가 다를 뿐이다."라고 말씀했다. 그리고 이천선생의 말씀에 "주역을 옳게 배우는 이는 먼저 그 말을 찾아내야 하고 말을 찾는 데는 자기 주변의 가까운 곳을 소홀히 여기지 말지니, 만약 가까운 곳을 소홀히 여긴다면 말을 옳게 파악할 수 없다."고 한 말에 대하여 주자는 또 "이천이 바로 이 점에 사람을 위하여 힘주어 말했다"라고 하고, "이천이 만년에 역에 대해 一言半句도 헛되이 말하지 않았으니, 『역전』을 보면 알 수 있다."고 하셨으니, 복희·문왕·주공·공자의 四聖

이 한 일은 다르지만, 易을 이룬 데는 同心이신 것과 같이 정자의 전과 주자의 본의도 주해가 비록 다르나 한 마음이신 것을 알 수 있다.

　몇해전 역을 깊이 연구하는 硏士들의 청으로 傳義를 강하게 되어 삼년 만에 끝내니, 강생들이 이 전의를 懸吐 譯解하여 刊行하기로 뜻을 모았다. 홍역학회 형편이 그 방대한 작업을 할 수 있느냐고 했더니, 現사회가 주역을 요구하고 따라서 수강생이 날로 증가하는 이 때, 그 많은 분들이 역을 쉽게 이해함과 동시에 토띠고 새기는 한문공부를 위해서도 속히 내놓아야 한다며 편집위원을 구성하고 불철주야 작업을 진행했다.

　菲才淺學한 내가 자신의 졸열함을 무릅쓰고 감히 聖賢의 大書經典을 역해하여 외람되게 세상에 내놓는 다는 것이 지극히 죄를 범하는 것 같으나, 졸리운 눈을 크게 뜨고라도 밤늦게까지 교정을 보지 않을 수 없었다. 미비한 점이 없지 않으나, 역을 연구하는 분들에게 다소라도 解憫이 된다면 다행으로 생각한다.

　끝으로 감격스런 나머지 졸작 시 한 수를 붙인다.

傳義大全譯解出刊自祝

傳義古經解譯新
歷年巽易命其申
兩賢學路開千里
四聖光燈照四鄰
桃李公園多富貴
松篁麗澤獨淸眞
往來憧憧屈伸地
世界咸寧三六春

乙亥臨月
大山 金碩鎭

전의대전역해 출간 자축시

정전과 본의를 새롭게 해석하니
여러해 익힌 주역 그 뜻을 폈네
두 현인의 배움 길이 천리를 열었으니
네 분 성인 빛난 등불 천하를 비추네
도리공원에는 부귀도 많지만
송죽이라 글방에는 홀로 맑고 참 되었네
자주자주 오가며 연마하는 이 곳에
세계 모두 편안히 꽃다운 봄 맞이하네

을해임월
대산 김석진

일러두기

1️⃣ 이 책의 원문은 삼경언해(1983. 보경문화사)에 따른다.

2️⃣ 경문 밑의 해석은 일반적으로 말하는 직역으로, 다소 딱딱한 감이 있지만 ●표시를 하고 정자와 주자의 풀이에 맞추어 번역했다. 또 정자와 주자의 의견이 다른 경우 정자의 의견은 【傳】, 주자의 의견은 【本義】로 표시하고 번역하였다.

3️⃣ 소상전의 직역에 있어서는 정자와 주자 간에 이견이 없을 경우는 효사의 내용을 우리말로 풀이하였고, 의견이 다른 경우는 풀이하지 않고 효사 원문을 그대로 인용하였다.

4️⃣ 어려운 한자풀이에서 음과 훈이 여럿일 경우는 해석에 적당한 것만 취하였다.

5️⃣ 제학자의 의견은 정자문인과 주자문인을 분류하되, 정전과 본의해석에 보충이 필요할 경우만 취하였다.

6️⃣ 인물注는 책뒤에 부록으로 넣는 것을 원칙으로 하되, 각각의 의견 밑에는 생몰년 및 호 등 간단하게 기재하였다(중복되는 것은 생략했다).

7️⃣ 각주 및 어려운 한자 풀이 등은 해석 바로 밑에 넣는다.

8️⃣ 책이름은 『 』, 인명은 < >, 효사 효명 괘명 편목 등은 「 」, 인용구는 " "와 ' '를 사용하였다.

　※ 『 』 및 「 」안의 풀이는 :를 사용하였다.　예)『춘추전:春秋傳』

　　" " 및 ' '안의 풀이는 ( )를 사용하였다. 예)'이견대인(利見大人)'

　※ 단 안의 풀이는 이해의 효율을 높이기 위해 번역과 원문을 병행해서 사용하였다.　예)'군자(君子)', '적게 그침(小畜)'.

　※ 단 부록(인용선유성씨, 경문색인, 정자 및 주자연보)에서는 번거로움

을 피하기 위해 책이름인 경우만 사용하였다.

⑨ 이천역전과 주역본의에서 경문 중에 연문 및 탈자라고 밝힌 대목도, 경문을 존중한다는 뜻에서 원문을 그대로 적고 주석을 달았다.

⑩ 『주역본의』의 내용은 이본(異本)이 없지만, 『이천역전』의 경우는 글자 및 내용에 있어 이본이 많은데, 이들 다른 판본의 내용도 원문 밑에 밑줄을 그어 이본이 있음을 나타냈다.

      예) 貞固 : '正'자로 되어 있는 판본도 있다.

⑪ 현토에 있어서 주격조사 'ㅣ'나 종지형 어미 '일' 등은 경전의 토에만 사용하고, 『이천역전』이나 『주역본의』의 내용을 현토할 때는 쓰지 않았다.

⑫ 경문에 들어가기 전의 내용인 「역설강령」 「역본의도」 등은 정자와 관련된 내용을 먼저 싣고 주자에 관련된 내용을 나중에 실었다.

목 차

- ★ 축사 … 1
- ★ 축사 … 3
- ★ 발간사 … 5
- ★ 서문 … 8
- ★ 일러두기 … 11

周易傳義大全 譯解(上)

- ★ 범례 · · · · · · · · · · · · · · · · 1
- ★ 역전서 · · · · · · · · · · · · · · 6
- ★ 역서 · · · · · · · · · · · · · · · · 9
- ★ 상하편의 · · · · · · · · · · · · 13
- ★ 역설강령 · · · · · · · · · · · · 21
- ★ 역본의도 · · · · · · · · · · · · 59
- ★ 오찬 · · · · · · · · · · · · · · · 134
- ★ 서의 · · · · · · · · · · · · · · · 148

※ 주역상경(周易上經)

1. 중천건(重天乾) · · · · · · · · · · 159
2. 중지곤(重地坤) · · · · · · · · · · 219
3. 수뢰둔(水雷屯) · · · · · · · · · · 253
4. 산수몽(山水蒙) · · · · · · · · · · 279
5. 수천수(水天需) · · · · · · · · · · 301

| 6 | 천수송(天水訟) ········· 318
| 7 | 지수사(地水師) ········· 337
| 8 | 수지비(水地比) ········· 355
| 9 | 풍천소축(風天小畜) ······ 375
| 10 | 천택리(天澤履) ········ 394

| 11 | 지천태(地天泰) ········ 410
| 12 | 천지비(天地否) ········ 430
| 13 | 천화동인(天火同人) ······ 445
| 14 | 화천대유(火天大有) ······ 463
| 15 | 지산겸(地山謙) ········ 481
| 16 | 뇌지예(雷地豫) ········ 498
| 17 | 택뢰수(澤雷隨) ········ 516
| 18 | 산풍고(山風蠱) ········ 534
| 19 | 지택림(地澤臨) ········ 552
| 20 | 풍지관(風地觀) ········ 568

| 21 | 화뢰서합(火雷噬嗑) ······ 584
| 22 | 산화비(山火賁) ········ 602
| 23 | 산지박(山地剝) ········ 622
| 24 | 지뢰복(地雷復) ········ 637
| 25 | 천뢰무망(天雷无妄) ······ 654
| 26 | 산천대축(山天大畜) ······ 670
| 27 | 산뢰이(山雷頤) ········ 688
| 28 | 택풍대과(澤風大過) ······ 706
| 29 | 중수감(重水坎) ········ 723
| 30 | 중화리(重火離) ········ 742

周易傳義大全 譯解(下)

※ 주역하경(周易下經)

| 31 | 택산함(澤山咸) · · · · · · · · · · · · · · · 757
| 32 | 뇌풍항(雷風恒) · · · · · · · · · · · · · · · 777
| 33 | 천산돈(天山遯) · · · · · · · · · · · · · · · 794
| 34 | 뇌천대장(雷天大壯) · · · · · · · · · · · · 809
| 35 | 화지진(火地晉) · · · · · · · · · · · · · · · 824
| 36 | 지화명이(地火明夷) · · · · · · · · · · · · 840
| 37 | 풍화가인(風火家人) · · · · · · · · · · · · 859
| 38 | 화택규(火澤睽) · · · · · · · · · · · · · · · 875
| 39 | 수산건(水山蹇) · · · · · · · · · · · · · · · 896
| 40 | 뇌수해(雷水解) · · · · · · · · · · · · · · · 914

| 41 | 산택손(山澤損) · · · · · · · · · · · · · · · 932
| 42 | 풍뢰익(風雷益) · · · · · · · · · · · · · · · 951
| 43 | 택천쾌(澤天夬) · · · · · · · · · · · · · · · 973
| 44 | 천풍구(天風姤) · · · · · · · · · · · · · · · 992
| 45 | 택지취(澤地萃) · · · · · · · · · · · · · · · 1010
| 46 | 지풍승(地風升) · · · · · · · · · · · · · · · 1030
| 47 | 택수곤(澤水困) · · · · · · · · · · · · · · · 1043
| 48 | 수풍정(水風井) · · · · · · · · · · · · · · · 1064
| 49 | 택화혁(澤火革) · · · · · · · · · · · · · · · 1080
| 50 | 화풍정(火風鼎) · · · · · · · · · · · · · · · 1100

| 51 | 중뢰진(重雷震) · · · · · · · · · · · · · · · 1120
| 52 | 중산간(重山艮) · · · · · · · · · · · · · · · 1138
| 53 | 풍산점(風山漸) · · · · · · · · · · · · · · · 1154
| 54 | 뇌택귀매(雷澤歸妹) · · · · · · · · · · · · 1172
| 55 | 뇌화풍(雷火豐) · · · · · · · · · · · · · · · 1190
| 56 | 화산려(火山旅) · · · · · · · · · · · · · · · 1210

| 57 | 중풍손(重風巽) ············· 1224
| 58 | 중택태(重澤兌) ············· 1238
| 59 | 풍수환(風水渙) ············· 1251
| 60 | 수택절(水澤節) ············· 1266
| 61 | 풍택중부(風澤中孚) ·········· 1278
| 62 | 뇌산소과(雷山小過) ·········· 1293
| 63 | 수화기제(水火旣濟) ·········· 1310
| 64 | 화수미제(火水未濟) ·········· 1324

★ 계사상전(繫辭上傳)············1340
★ 계사하전(繫辭下傳)············1413
★ 설괘전(說卦傳)···············1453
★ 서괘전(序卦傳)···············1474
★ 잡괘전(雜卦傳)···············1483

부록

★ 정이년보 ················· 1497
★ 주희년보 ················· 1499
★ 인용선유성씨 ············· 1506
★ 주역경문색인 ············· 1531

備旨具解原本周易凡例[1]

一.

周易은 上下經二篇과 孔子十翼十篇이 各自爲卷이러니 漢의 費直이 初에 以彖象으로 釋經하야 附於其後하고 鄭玄王弼이 宗之하야 又分附卦爻之下호대 增入乾坤文言하고 始加彖曰 象曰 文言曰하야 以別於經하고 而繫辭以後는 自如其舊하니 歷代ㅣ 因之라. 是爲今易이요 程子所爲作傳者ㅣ 是也라. 自嵩山晁說之로 始考訂古經하야 釐爲八卷하고 東萊呂祖謙이 乃定爲經二卷傳十卷하니 是爲古易이요 朱子本義ㅣ 從之라.

『주역』은 상경·하경 2편과 <공자>의 십익 10편이 각각의 책이 되어 있었는데, 「전한:前漢」의 <비직>이 처음에 「단전:彖傳」과 「상전:象傳」으로써 경문(經文)을 해석하여 경문 뒤에 붙였다. <정현>과 <왕필>이 이를 받들어 또 「괘사」와 「효사」 아래에 나누어 붙이되, 「건문언」과 「곤문언」을 더 넣고, 비로소 '단왈·상왈·문언왈'을 덧붙임으로써 「경문」과 구별하였으며, 「계사전」 이후는 예전 같이하니 역대로 이것을 따랐다. 이것이 지금의 역(今易)이고, <정자>가 『정전』을 지어 만든 것

---

[1]. 『주역전의대전』이라 함은 <정자>가 지은 『이천역전:伊川易傳』과 <주자>가 지은 『주자본의:朱子本義』를 합본한 것을 말한다. 이 두 책을 합본한 것은 「명나라」 때 <호광(胡廣)> 등이 칙명을 받아서 하였고, <정자>와 <주자>의 문단 나눔이 다를 때는 <정자>에 따라서 나누어 놓았다. 이 『주역전의대전』은 오랫동안 『주역』의 대표적인 주석서로 후학들이 『주역』을 이해하는데 큰 역할을 해 왔다. 『역전』은 도덕과 경세(經世)적인 측면이, 『본의』는 점해석적인 측면이 강하다는 데서, 도덕과 점술의 양측면을 받쳐 온 중요한 지침서이다.

<정자>와 <주자>의 해석 중 차이가 있는 것은 직역란에 '[정자] [주자]'로 표시를 하여 구별하였다.

이 이것이다. 「숭산」의 <조열지>가 비로소 옛 경을 고정하여 8권으로 바로잡고, 「동래」의 <여조겸>이 이에 경 2권과 전 10권으로 정했으니, 이것이 옛 역(古易)이 되는 것이고, <주자>의 『본의』가 이것을 따랐다.

> ※ 십익(十翼) : 『주역』을 열가지 날개로 보익했다는 뜻으로, 십익을 나누는 데는 여러 설이 있다. <주자(朱子)>는 「단상전:彖上傳, 단하전:彖下傳, 상상전:象上傳, 상하전:象下傳, 계사상전:繫辭上傳, 계사하전:繫辭下傳, 문언전:文言傳, 설괘전:說卦傳, 서괘전:序卦傳, 잡괘전:雜卦傳」으로 나누었고, <야산(也山)>선생은 「단전·상전·건문언전·곤문언전·계사상전·계사하전·설괘전·서괘상전·서괘하전·잡괘전」으로 나누었다.
>
> ※ 『주역』은 12편이 각기 한권씩 독립되어 있던 것을, <비직>이 십익 중 「단전」과 「대상전」을 경문 밑에 붙여 놓았다.
>
> ※ <비직>이 「단전」과 「대상전」만을 경문 아래에 붙인 것을, <정현>과 <왕필>이 「효사」 아래에 「소상전」을 놓고, 「건문언」과 「곤문언」을 각기 「건괘」와 「곤괘」의 경문에 붙여 놓았다.

然이나 程傳本義ㅣ 旣已竝行而諸家定本이 又各不同이라 故로 今定從程傳元本而本義를 仍以類從하노라. 凡經文은 皆平行書之호대 傳義則低一字書하야 以別之하고 其繫辭以下는 程傳이 旣闕則壹從本義所定章次하야 總釐爲二十四卷云이라.

그러나 『정전』과 『본의』가 이미 아울러 행하는데도, 제가(諸家)가 책을 정해 놓음이 또한 각기 다르기 때문에, 『정전』을 원본으로 정하여 따르고, 『본의』를 『정전』에 준하여 비슷하게 따랐다.

「경문」은 다 평행으로 쓰되, 『정전』이나 『본의』는 한 글자를 내려써서 「경문」과 구별했고, 「계사전」부터는 『정전』이 빠졌으므로, 한결같이 『본의』가 정한 단락(章)과 차례를 따라서 총 24권으로 바르게 정리했다.

> ※ 『정전』은 금역(今易)을 따랐으므로, 64괘만 풀이하였다. 「계사전」과 「설괘전」에 「程子曰」이라고 하여 풀이한 것은 『이정문집:二程文集』 등에서 역에 관한 것을 정리한 것이다. 「서괘전」과 「잡괘전」에 대해서는 풀이가 없다.
>
> ※ 『주역전의대전』은 「상·하경」이 21권, 「계사상전」 1권, 「계사하전」 1권, 그리고 「설괘전·서괘전·잡괘전」이 1권으로 총 24권이다.

一.

程傳은 據王弼本하니 只有六十四卦하고 繫辭以後는 無傳일새 今法天台董氏例하야 以東萊呂氏所集經說로 補之호대 仍只稱程子曰로 分註書之하야 別於傳也라.

　『정전』은『왕필본』에 의거하니 64괘만 있고,「계사전」이후는『정전』이 없다. 이제 <천태동씨>의 예를 본받아, <동래여씨>가 모아 엮은 경설(<정자>의『주역』에 대한 해설)로 보충하되, 다만 '정자왈'이라 일컬어 주(註)를 분별해 씀으로써『정전』과 구별하였다.

一.

程傳本義刊本에 間有脫誤字句어늘 今合諸本하야 讐校歸正하고 其傳이 有兩存同異者면 則係東萊呂氏舊例云하노라.

　『정전』과『본의』를 간행한 책 중에 빠졌거나 잘못된 글귀가 있는데, 이제 모든 책을 합해서 교정을 보고, 그 전함이 같거나 다른 두 가지가 있을 때는 <동래여씨>의 '구례'에 따랐다.

　　※ 구례(舊例) : <여조겸>이 고역(古易)을 해설한『고주역:古周易』을 말한다.

一.

二程文集遺書外書와 與朱子文集語類에 有及於易者를 今合天台董氏鄱陽董氏附錄二本하야 參互考訂호대 取其與傳義相合而有發明者하야 各分註其次하고 仍以程子朱子曰로 別之라.

　『이정문집』의「유서·외서」와『주자문집』의「어류」에서 역에 언급한 것을, 이제 <천태동씨>의『부록』과 <파양동씨>의『부록』2본을 취합해서 서로 참고하여 고정하되,『정전』과『본의』에 뜻이 일치해 발명함이 있는 것을 취해서, 각기 나누어『정전』과『본의』의 다음에 주(註)를 하고 '정자왈·주자왈'로써 구별했다.

其程子二序上下篇義와 朱子圖說五贊筮儀와 竝二家說經綱領은 則
參取二董附錄과 及啓蒙諸書하야 別爲義하야 例列於篇端하니 自爲一
卷云이라.

　<정자>의 두 「서문」과 「상하편의」, <주자>의 「도설·오찬·서의」와, 아울러 <정자·주자> 2가(家)의 경문을 설명한 「강령」은, 두 <동씨>의 『부록』과 계몽제서를 참고하여 별도로 뜻을 만들어 예를 책 첫머리에 나열하니, 저절로 한 권이 되었다.

一.

諸家之說은 壹宗程傳本義하야 折衷호대 竝取其辭論之精醇과 理象
之明當者하야 分註二氏之後하야 以羽翼之하고 而其同異得失은 先儒
雙湖胡氏와 雲峯胡氏가 嘗論訂者하니 亦詳擇而附著焉하노라.

　제가(諸家)의 설은 한결같이 『정전』과 『본의』를 조종으로 삼아 절충하되, 그 말과 논술의 정순(精醇)과 이치와 상의 밝고 마땅함을 아울러 취해서 『정전』과 『본의』의 뒤에 나누어 주를 달음으로써 『정전』과 『본의』를 보익하고, 그 동이(同異)와 득실은 선유인 <쌍호호씨>와 <운봉호씨>가 이미 논정하니, 또한 상세히 가려서 붙여 편찬했다.

一.

經中文字에 有當音者어든 今從天台董氏例호대 參考呂氏音訓하야 直
附其下하고 間有傳義에 音讀異者則明識別之하노라.

　경의 문자 중에 해당하는 음은 <천태동씨>의 예에 따르되, 『여씨음훈』을 참고해서 그 아래에 바로 붙였고, 『정전』과 『본의』 사이에 음을 다르게 읽는 것은 밝게 식별하였다.

一.

經文圈點句絶이 傳義에 間有不同處하니 今壹以本義로 爲正하노라.

경문 글귀를 나누는 점이 『정전』과 『본의』 사이에 같지 않은 곳이 있으니, 이제 한결같이 『본의』로써 바름을 삼았다.

※ 권점(圈點) : 글을 맺는 끝에 찍는 고리 모양의 둥근 점.
※ 구절(句絶) : 구가 끊기는 곳, 글이 끊기는 곳.

易 傳 序

易은 變易也니 隨時變易하야 以從道也라. 其爲書也ㅣ 廣大悉備하야 將以順性命之理하고 通幽明之故하며 盡事物之情하야 而示開物成務之道也니 聖人之憂患後世ㅣ 可謂至矣로다.

  역은 변하여 바뀌는 것이니, 때를 따라 변하여 바뀜으로써 도를 따르는 것이다. 그 글됨이 (세상의 이치를) 넓고 크게 다 갖추어, 장차 성명의 이치에 순응하고 유명의 연고를 통하며 사물의 뜻을 다함으로써, 물건을 열고 일을 이루는 도를 보이니, 성인의 후세를 근심하고 걱정하심이 지극하다 할 것이다.

  ※ 悉 : 다 실   幽 : 그윽할 유   故 : 연고 고
  ※ 성명(性命) : 성은 하늘로부터 부여받은 만물의 본바탕이고, 명은 하늘이 만물에 그렇게 행하라고 내려 준 임무이다.
  ※ 유명(幽明) : 어둡고 밝음, 죽고 삶, 귀(鬼)와 신(神).

去古雖遠이나 遺經이 尙存이어늘 然而前儒는 失意以傳言하고 後學은 誦言而忘味하야 自秦而下로 蓋无傳矣라. 予生千載之後하야 悼斯文之湮晦하야 將俾後人으로 沿流而求源일새 此傳所以作也라.

  비록 지나간 옛날은 멀지만 오히려 전해진 경전이 있거늘, 지난날의 선비는 의미를 잃고 말만을 전했고, 뒤에 배우는 사람은 말만을 외우고 참뜻을 잃어서, 진나라 이래로는 전함이 없었다. 내가 천년 후에 태어나서 이 글이 끊긴 것을 슬퍼하여, 장차 후세 사람으로 하여금 흐름을 거슬러 올라 근원을 구하게 하기 위해, 이『정전』을 짓는 것이다.

  ※ 悼 : 슬퍼할 도.   湮 : 빠질 인.   晦 : 그믐 회.   沿 : 따를 연.   俾 : 시킬 비.
  ※ 千 : '千餘'로 되어 있는 판본도 있다.

※ 인회(湮晦) : 거의 없어져서 찾아보기도 어려움.

易有聖人之道ㅣ 四焉하니 以言者는 尙其辭하고 以動者는 尙其變하고 以制器者는 尙其象하고 以卜筮者는 尙其占하나니 吉凶消長之理와 進退存亡之道ㅣ 備於辭하니 推辭考卦면 可以知變이요 象與占은 在其中矣라.

역에는 성인의 도가 넷 있으니, 역으로써 말(言)하는 자는 그 글(辭)을 숭상하고, 역으로써 행동하는 자는 그 변화를 숭상하고, 역으로써 그릇을 만드는 자는 그 상을 숭상하고, 역으로써 점치는(卜筮) 자는 그 점을 숭상한다. 길흉소장의 이치와 진퇴존망의 도가 글(辭)에 갖추어져 있으니, 글(辭)을 미루어 보고 괘를 고찰해 보면 변화를 알 수 있을 것이고, 상과 점도 그 가운데 있다.

※ 말(言) : 정령(政令)이나 가르침, 생각을 말로 나타냄.
※ 글(辭) : 괘사와 효사, 생각을 글로 나타냄.
※ 변화(變化) : 효의 강유(剛柔)변화.
※ 그릇을 만듦(制器) : 기물(器物)이나 제도(制度).
※ 괘(卦) : 여기서는 괘상(卦象)과 그 변화.
※ '易有聖人之道ㅣ 四焉하니 ~ 尙其占하나니'는 「계사상전」 10장의 내용을 인용한 것임.

君子ㅣ 居則觀其象而玩其辭하고 動則觀其變而玩其占하나니 得於辭라도 不達其意者ㅣ 有矣어니와 未有不得於辭而能通其意者也라.

군자가 거처할 때면 그 상을 관찰하고 그 글을 음미하며, 움직일 때는 그 변화를 관찰하고 그 점을 음미한다. 글을 얻더라도 그 뜻에 통달하지 못한 자도 있지만, 글을 얻지 못하면서 그 뜻을 통할 수 있는 사람은 없다.

※ '君子ㅣ 居則觀其象而玩其辭하고 動則觀其變而玩其占하나니'는 「계사상전」 2장의 내용을 인용한 것임.

至微者는 理也요 至著者는 象也니 體用이 一源이요 顯微无間이라. 觀

會通하야 以行其典禮면 則辭无所不備라. 故로 善學者ㅣ 求言애 必自近이니 易於近者는 非知言者也라. 予所傳者는 辭也니 由辭以得其意는 則在乎人焉이라.

　지극히 은미한 것은 이치이고, 지극히 드러난 것은 상이니, 체와 용이 한 근원이며, 드러나고 미미한 것에 간격이 없다. 모이고 통함을 봐서 그 전례로써 행하면, 글에 갖추어지지 않음이 없다. 그러므로 잘 배우는 자는, 말을 구함에 반드시 가까운 데서부터 하니, 가까운 데를 업신여기는 자는 말을 아는 것이 아니다. 내가 전하고자 하는 것은 글(辭)이니, 글로 인하여 그 뜻을 얻는 것은 사람에게 달렸다.

　　※ 이치는 드러나지 않은 것이니 체에 해당하고, 상은 이미 드러난 것이니 용에 해당한다. 따라서 이치와 상은 한 뿌리이고, 한 몸인 것이다.
　　※ 전례(典禮) : 전법(典法)과 예의(禮儀), 모범이 되는 법칙 및 그 예절.

有宋元符二年己卯正月庚申애 河南程頤正叔은 序하노라.

　「송나라」「원부」2년 기묘년 정월 경신일에 「하남땅」의 <정이정숙>은 서하노라.

　　※ 정이(程頤:1033~1107) : 이천(伊川)선생. <정호(程顥, 明道선생)>의 아우. 자는 정숙(正叔), 「북송」때의 대학자. <주렴계 선생>의 제자. 처음으로 이기(理氣)철학을 주장하여, 유교 도덕에 철학적 이치를 부여하였다.
　　※ 송원부이년기묘(宋元符二年己卯) : 「원부」는 「북송」<철종(哲宗)>의 세 번째 연호이고, '원부 2년'은 서기로 1099년에 해당한다.

易 序

易之爲書ㅣ 卦爻彖象之義備而天地萬物之情이 見하니 聖人之憂天下來世ㅣ 其至矣로다. 先天下而開其物하고 後天下而成其務라. 是故로 極其數하야 以定天下之象하며 著其象하야 以定天下之吉凶하니 六十四卦와 三百八十四爻ㅣ 皆所以順性命之理하며 盡變化之道也라.

역의 글됨이 괘·효·단·상의 의리가 갖추어 있고, 천지 만물의 정이 나타나 있으니, 성인이 천하의 오는 세상을 걱정하심이 지극하도다. 천하에 앞서서는 그 물건을 열고, 천하에 뒤해서는 그 일을 이루셨다. 이런 까닭에 그 수를 극도로 해서 천하의 상을 정하며, 그 상을 드러내서 천하의 길흉을 정하니, 64괘와 384효가 모두 이로써 성명의 이치에 순하며, 변화의 도를 다하는 것이다.

 ※ 見 : 나타날 현. 備 : 갖출 비. 憂 : 근심할 우. 著 : 나타낼 저. 盡 : 다할 진.
 ※ 極其數(數), 以定天下之象(象), 皆所以順性命之理(理)→象·數·理
 ※ 卦爻彖象之義 : ① 彖者 言乎象者也 ② 爻者 言乎變者也(계사상전 3장)
 ※ 子曰夫易은 何謂者也오 夫易은 開物成務하야 冒天下之道하나니 如斯而已者也라(계사상전 11장)
 ※ 是故로 易者는 象也니 象也者는 像也오 彖者는 材也오 爻也者는 效天下之動者也니 是故로 吉凶이 生而悔吝이 著也니라(계사하전 3장)

散之在理則有萬殊하고 統之在道則无二致니 所以易有太極하니 是生兩儀라. 太極者는 道也요 兩儀者는 陰陽也니 陰陽은 一道也요 太極은 无極也라. 萬物之生이 負陰而抱陽하야 莫不有太極하며 莫不有兩儀하니 絪縕交感애 變化不窮이라. 形一受其生하고 神一發其智하야 情僞ㅣ 出焉에 萬緖ㅣ 起焉하니 易所以定吉凶而生大業이라.

흩어서 이치로 보면 만 가지로 다르고, 모아서 도로 보면 두 가지가 아니니, 그렇기 때문에 역에 태극이 있으니 이것이 양의를 낸다. 태극은 도이고, 양의는 음과 양이니, 음양은 한 도이며 태극은 무극이다. 만물의 생겨남이 음을 (뒤에) 지고 양을 (앞으로) 안아서, 태극이 있지 않음이 없으며, 양의가 있지 않음이 없으니, 인온하여 사귀어 느낌에 변화가 무궁하다. 형체가 한 번 그 생명을 받고 신이 한 번 그 지혜를 발하여, 참과 거짓이 나옴에 만 가지 단서가 일어나니, 역으로써 길흉을 정하고 대업을 내는 것이다.

※ 殊 : 다를 수.　　僞 : 거짓 위.　　緖 : 실마리 서.
　　絪 : 기운 인.　　縕 : 쌓을 온.　　인온(絪縕) : 기운이 서로 합하여 왕성한 모양.
※ 변화(變化) : 변은 음에서 양이 되는 것이니 살아나는 것이고, 화는 양에서 음이 되는 것이니 죽는 것이다. 즉 음기운과 양기운이 서로 교감하여 만물이 나고 죽는 것이다.
※ 형(形)과 신(神)이 합하여 생명체가 된다. 이 생명체가 올바로 행하고 그릇되고 행함에 따라 만 가지 일이 벌어지고, 이에 따라 길흉성패가 갈라지는 것이다.
※ 易有太極하니 是生兩儀하고 兩儀ㅣ 生四象하고 四象이 生八卦하니 八卦ㅣ 定吉凶하고 吉凶이 生大業하나니라(계사상전 11장)
※ 天地ㅣ 絪縕애 萬物이 化醇하고 男女ㅣ 構精애 萬物이 化生하나니(계사하전 5장)
※ 遠近이 相取而悔吝이 生하며 情僞ㅣ 相感而利害ㅣ 生하나니(계사하전 12장)

故로 易者는 陰陽之道也요 卦者는 陰陽之物也요 爻者는 陰陽之動也니 卦雖不同이나 所同者ㅣ 奇偶요 爻雖不同이나 所同者ㅣ 九六이라. 是以로 六十四卦爲其體하고 三百八十四爻ㅣ 互爲其用하야 遠在六合之外하고 近在一身之中하야 暫於瞬息과 微於動靜애 莫不有卦之象焉하며 莫不有爻之義焉하니 至哉라 易乎여. 其道ㅣ 至大而无不包하고 其用이 至神而无不存이라.

그러므로 역은 음양의 도이고, 괘는 음양의 물건이며, 효는 음양의 동하는 것이니, 괘가 비록 같지 않으나 같은 것은 양괘(奇)와 음괘(偶)이고, 효가 비록 같지 않으나 같은 것은 9와 6이다.
이런 까닭으로 64괘가 체가 되고 384효가 서로 그 용이 되어, 멀리는 육합의 밖에 있고 가까이는 한 몸가운데 있어서, 눈 깜짝하고 숨 한 번 쉬는 잠깐 사이와 동하고 정하는 미세한 것에도 괘의 상이 있지 않음이 없으며, 효의 뜻이 있지 않음이 없으니, 지극하도다 역이여! 그 도가 지극히 커서 감싸지 않음이 없고, 그 쓰임이 지극히 신묘하여 존재하지 않음이 없다.

※ 暫 : 잠깐 잠.　　瞬 : 눈 깜짝할 순.　　息 : 숨쉴 식.
※ 기우(奇偶) : 기는 홀수이고 우는 짝수이다. 여기서는 양괘가 기이고, 음괘는 우이다.
※ 구륙(九六) : 양효는 9로 읽고, 음효는 6으로 읽는다.
※ 육합(六合) : 상하와 사방, 즉 우주 전체.

時固未始有一而卦未始有定象하고　事固未始有窮而爻亦未始有定位하니　以一時而索卦면　則拘於无變이니　非易也요　以一事而明爻면　則窒而不通이니　非易也요　知所謂卦爻彖象之義而不知有卦爻彖象之用이면　亦非易也라.

　진실로 때는 처음부터 하나만 있지 않고, 괘는 처음부터 정해진 상이 있지 않으며, 일은 진실로 처음부터 곤궁함이 있지 않고, 효 또한 처음부터 정해진 위(位)가 있지 않다. 한 때로서 괘를 찾으면 변화가 없음에 구애되니 역이 아니고, 한 가지 일로써 효를 밝히면 막혀서 통하지 않으니 역이 아니며, 이른바 괘·효·단·상의 뜻을 알더라도 괘·효·단·상의 쓰임을 알지 못하면 역시 역이 아니다.

※ 固 : 진실로 고.　　窮 : 다할 궁.　　索 : 찾을 색.　　拘 : 거리낄 구.
　　窒 : 막힐 질.
※ 때는 계속 바뀌고, 일 역시 한 가지 일만 있는 것이 아니다. 따라서 고정적으로 해석한다거나, 정해진 상과 정해진 효의 위치로만 해석하고, 그것이 시간과 일에 따라 동해서 변화해 간 상과 위치를 모른다면, 역이라 할 수 없는 것이다.
※ 괘·효·단·상(卦爻彖象) : 「괘사·효사·단전·상전」을 뜻한다.

故로　得之於精神之運과　心術之動하야　與天地合其德하며　與日月合其明하며　與四時合其序하며　與鬼神合其吉凶然後에야　可以謂之知易也라.

그러므로 정신의 운용과 마음씨의 움직임에서 체득해서, 천지와 그 덕을 합하며, 일월과 그 밝음을 합하며, 사시와 그 차례를 합하며, 귀신과 그 길흉을 합한 뒤에야 역을 안다고 말할 수 있는 것이다.

　　※ 사시(四時) : 춘·하·추·동
　　※ 夫大人者는 與天地合其德하며 與日月合其明하며 與四時合其序하며 與鬼神合其吉凶하야(건문언전 구오)

雖然이나 易之有卦는 易之已形者也요 卦之有爻는 卦之已見者也니 已形已見者는 可以言知어니와 未形未見者는 不可以名求니 則所謂 易者ㅣ 果何如哉아 此ㅣ 學者所當知也니라.

비록 그렇지만, 역에 괘가 있는 것은 역이 이미 형상화 된 것이고, 괘에 효가 있는 것은 괘가 이미 나타난 것이다. 이미 형상하고 이미 나타난 것은 안다고 말할 수 있거니와, 형상하지 않고 나타나지 않은 것은 무어라 이름을 구할 수 없으니, 이른바 역은 과연 어떠한 것인가? 이는 배우는 자가 마땅히 알아야 할 바이다.

　　※ 괘나 효가 있다면, 그 안에 역의 도와 이치가 있어 판단할 수 있지만, 점을 해서 아직 괘나 효로 드러나지 않았을 때는 이름조차 알 수 없는 것이다.
　　※ 「역전서」는 <정자(程子)>의 작이라고 명기되어 있다. 「역서」에 있어서는 <주자(朱子)>의 작이라는 주장도 있지만, <정자>가 후학들이 『주역』을 올바로 해석하고 쓸 수 있도록 하기 위해 지은 글이라는 설이 유력하다.

上下篇義2)

乾坤은 天地之道요 陰陽之本이라 故로 爲上篇之首하고 坎離는 陰陽 之成質이라 故로 爲上篇之終하며 咸恒은 夫婦之道요 生育之本이라 故 로 爲下篇之首하고 未濟는 坎離之合이요 旣濟는 坎離之交니 合而交 則生物하니 陰陽之成功也라 故로 爲下篇之終이라.

「건:☰」과 「곤:☷」은 하늘과 땅의 도이고, 음양의 근본이기 때문에 「상편」의 머리가 되었으며, 「감:☵」과 「리:☲」는 음양의 바탕을 이룬 것이기 때문에 「상편」의 마지막이 되었다. 「함:☱」과 「항:☳」은 부부의 도이고, 낳고 기르는 근본이기 때문에 「하편」의 머리가 되었으며, 「미제:☲」는 「감:☵」과 「리:☲」가 합한 것이고, 「기제:☵」는 「감」과 「리」가 사귄 것이다. 합하고 사귀면 만물을 낳으니, 음양의 공을 이룬 것이기 때문에 「하편」의 마지막이 되었다.

※ 「상·하경」으로 나뉘는 첫 번째 기준으로, 각각 그 처음과 끝이 되는 「건·곤·감·리」의 4괘와 「함·항·기제·미제」의 4괘를 설명했다.

二篇之卦ㅣ 旣分而後에 推其義하야 以爲之次하니 序卦ㅣ 是也라. 卦 之分則以陰陽하니 陽盛者는 居上하고 陰盛者는 居下라. 所謂盛者는 或以卦하고 或以爻하나 卦與爻ㅣ 取義ㅣ 有不同이니 如剝은 以卦言 則陰長陽剝也나 以爻言則陽極於上하고 又一陽이 爲衆陰主也요 如 大壯은 以卦言則陽長而壯이나 以爻言則陰盛於上이니 用各於其所하 야 不相害也라.

---

2). 「상하편의」는 <정자>의 작이라는게 일반적인 통설이다. 『주역』은 「상경」 30괘와 「하경」 34괘로 구성되어 있는데, 「상경」을 「상편」, 「하경」을 「하편」이라고도 한다. 「상하편의」는 64괘가 각기 「상경」에 있는 이유와 「하경」에 있는 이유를 설명한 것으로, 괘를 해석하는데 유용한 기준을 제공한다.

두 편의 괘가 이미 나뉘어진 다음에, 그 뜻을 미루어서 차례를 정했는데, 「서괘전」이 이것이다. 괘가 나뉜 것은 음양으로써 기준했으니, 양이 성한 것은 「상편」에 있고 음이 성한 것은 「하편」에 있다.

성하다고 말한 것은, 혹 괘로써 기준하고 혹 효로써 기준했으나, 괘와 효에 뜻을 취한 것이 같지 않은 것이 있다. 가령 「박䷖」은 괘로써 말하면 음이 성장하고 양이 깎이는 것이나, 효로써 말하면 양이 위에서 극해 있고 또 한 양이 뭇 음의 주인이 되는 것이다. 「대장䷡」은 괘로써 말하면 양이 성장하고 씩씩한 것이지만, 효로써 말하면 음이 위에서 성해 있는 것이니, (괘에서 뜻을 취하거나, 효에서 뜻을 취함에) 각각 그 장소에 따라 쓰여서 서로 해하지 않는다.

  ※ 「상·하경」으로 나뉘는 두 번째 기준으로, 양이 성한 것은 「상편」에 음이 성한 것은 「하편」에 있다.

乾은 父也니 莫亢焉이요 坤은 母也니 非乾이면 无與爲敵也라. 故로 卦有乾者ㅣ 居上篇하고 有坤者ㅣ 居下篇而復은 陽生이요 臨은 陽長이요 觀은 陽盛이요 剝은 陽極이니 則雖有坤而居上하고 姤는 陰生이요 遯은 陰長이요 大壯은 陰盛이요 夬는 陰極이니 則雖有乾而居下하며 其餘有乾者는 皆在上篇하니 泰否需訟小畜履同人大有无妄大畜也라.

「건䷀」은 아버지니 이보다 높은 것이 없고, 「곤䷁」은 어머니니 「건」이 아니면 대적이 되지 않는다. 그렇기 때문에 괘에 「건䷀」이 있는 것은 「상편」에 있고, 「곤䷁」이 있는 것은 「하편」에 있되, 「복䷗」은 양이 생하는 것이고, 「임䷒」은 양이 크는 것이고, 「관䷓」은 양이 성한 것이고, 「박䷖」은 양이 극한 것이니, 비록 「곤䷁」이 있으나 「상편」에 있다. 「구䷫」는 음이 생하는 것이고, 「돈䷠」은 음이 크는 것이고, 「대장䷡」은 음이 성한 것이고, 「쾌䷪」는 음이 극한 것이니, 비록 「건䷀」이 있으나 「하편」에 있다. 그 나머지 「건」이 있는 것은 다 「상편」에 있으니, 「태䷊」·「비䷋」·「수䷄」·「송䷅」·「소축䷈」·「리䷉」·「동인䷌」·「대유䷍」·「무망䷘」·「대축䷙」괘이다.

  ※ 亢: 높을 항, 막을 항.
  ※ 爲: '爲'자가 없는 판본도 있다.
  ※ 「상·하경」으로 나뉘는 세 번째 기준으로, 「건䷀」이 있는 괘는 「상경」에 있다. 다만

음이 생장성극하는 괘는 「하경」에 있다.

有坤而在上篇은 皆一陽之卦也니 卦ㅣ 五陰而一陽則一陽爲之主라 故로 一陽之卦ㅣ 皆在上篇하니 師謙豫比復剝也요 其餘有坤者는 皆在下篇하니 晉明夷萃升也라.

「곤☷」이 있으면서 「상편」에 있는 것은 다 양이 하나 있는 괘이다(一陽五陰之卦). 괘가 음이 다섯이고 양이 하나면 한 양이 주인이 되기 때문에, 양이 하나 있는 괘는 다 「상편」에 있으니, 「사䷆」·「겸䷎」·「예䷏」·「비䷇」·「복䷗」·「박䷖」괘이다. 그 나머지 「곤」이 있는 것은 다 「하편」에 있으니, 「진䷢」·「명이䷣」·「취䷬」·「승䷭」괘이다.

　※「상·하경」으로 나뉘는 네 번째 기준으로, 일양오음지괘(一陽五陰之卦)가 「곤☷」이 있으면서도 「상경」에 있는 이유를 설명했다.

卦ㅣ 一陰五陽者는 皆有乾也며 又陽衆而盛也니 雖衆陽이 說於一陰이나 說之而已요 非如一陽이 爲衆陰主也라. 王弼이 云ㅣ 一陰이 爲之主라하나 非也라 故로 一陰之卦ㅣ 皆在上篇하니 小畜履同人大有也라.

괘가 음이 하나이고 양이 다섯인 것(一陰五陽之卦)은 다 「건☰」이 있으며, 또 양이 많고 성하니, 비록 뭇 양이 한 음을 기뻐하나 기뻐할 따름이고, 한 양이 뭇 음의 주인이 되는 것과는 같지 않다. <왕필>이 "한 음이 주인이 된다"라고 말했으나, 잘못된 것이다. 그렇기 때문에 음이 하나 있는 괘는 다 「상편」에 있으니, 「소축䷈」·「리䷉」·「동인䷌」·「대유䷍」괘이다.

　※「상·하경」으로 나뉘는 다섯 번째 기준으로, 일음오양지괘(一陰五陽之卦)가 「상경」에 있는 이유를 설명했다.

卦ㅣ 二陽者가 有坤則居下篇이라. 小過는 雖無坤이나 陰過之卦也니 亦在下篇하고 其餘二陽之卦는 皆一陽이 生於下而達於上이요 又二體ㅣ 皆陽은 陽之盛也니 皆在上篇하니 屯蒙頤習坎也라.

陽生於下는 謂震坎在下니 震은 生於下也요 坎은 始於中也라. 達於

上은 謂一陽이 至上하야 或得正位也니 生於下而上達은 陽暢之盛也
요 陽生於下而不達於上하고 又陰衆而陽寡하며 復失正位는 陽之弱
也니 震也解也라.

上有陽而下无陽은 无本也니 艮也蹇也라. 震坎艮은 以卦言則陽也나
以爻言則皆始變하야 微也요 而震之上과 艮之下에 无陽하고 坎則陽
陷하니 皆非盛也나 惟習坎則陽上達矣라 故로 爲盛이라.

　　양이 둘 있는 괘(二陽四陰之卦)는 「곤☷」이 있으면 「하편」에 있다. 「소과☷」
는 비록 「곤☷」은 없으나, 음이 지나친 괘이므로 「하편」에 있다. 그 외의 양이 둘
인 괘는, 다 한 양이 아래에서 생겨서 위에서 발달한 것이고, 또 두 괘체가 다 양인
것은 양이 성한 것이어서 다 「상편」에 있으니, 「둔☳」·「몽☶」·「이☲」·「감☵」
괘이다.

　　양이 '아래에서 생긴다는 것(生於下)'은 「진☳」과 「감☵」이 아래에 있는 것을
말하는데, 「진」은 아래에서 생기는 것이고, 「감」은 가운데서 시작한 것이다. '위에
서 발달했다(達於上)' 함은 한 양이 위에 이르러서 혹 바른자리(正位)를 얻은 것을
말하니, '아래에서 생겨서 위에서 발달한 것'은 양의 번창함이 성한 것이다. 양이 아
래에서 생겨 위에서 발달하지 못하고, 또 음이 많고 양이 적은 데다 다시 바른자리
를 잃음은 양이 약한 것이니, 「진☳」과 「해☳」괘이다.

　　위에 양이 있고 아래에 양이 없는 것은 근본이 없는 것이니, 「간☶」과 「건☶」
괘이다. 「진☳」·「감☵」·「간☶」은 괘로 말하면 양이나, 효로 말하면 다 처음 변
해서 미미한 것이고, 「진」의 위와 「간」의 아래는 양이 없고 「감」은 양이 빠졌으니,
다 (양이) 성한 것이 아니나, 오직 「습감☵」은 양이 위에서 발달한 것이 된다. 그
렇기 때문에 (양이) 성한 것이 된다.

　　　　※ 至 : '在'자로 되어 있는 판본도 있다.　　※ 上 : '陽'자로 되어 있는 판본도 있다.
　　　　※ 「상·하경」으로 나뉘는 여섯 번째 기준으로, 「곤☷」이 없는 이양사음지괘(二陽四陰
　　　　之卦) 중에서, 상괘가 「감☵」이나 「간☶」이면서 하괘가 「간☶」이 아닌 경우는 「상경
　　　　」에, 하괘가 「간☶」인 경우는 「하경」에 있다는 것을 설명한 것이다.
　　　　※ 여기서 아래(下)라 함은 하괘중에서 하효와 중효를 말하고, 위(上)라 함은 상괘의 중효
　　　　와 상효를 말한다

※ 상달(上達:상괘의 중효나 상효에 양이 있는 괘)한 괘이면서, 하괘의 하효나 중효에 양이 없는 괘는 근본이 없는 괘이므로 「하경」에 있다.

卦ㅣ 二陰者ㅣ 有乾則陽盛을 可知니 需訟大畜无妄也요 无乾而爲盛者는 大過也離也니 大過는 陽盛於中하야 上下之陰이 弱矣요 陽居上下則綱紀於陰이니 頤ㅣ 是也라.

陰은 居上下라도 不能主制於陽而反弱也니 必上下ㅣ 各二陰하야 中唯兩陽然後에야 爲勝이니 小過ㅣ 是也니 大過小過之名을 可見也라. 離則二體上下ㅣ 皆陽에 陰實麗焉하니 陽之盛也요 其餘二陰之卦는 二體ㅣ 俱陰이면 陰盛也니 皆在下篇하니 家人睽革鼎巽兌中孚也라.

　괘에 음이 둘인 것 중에(二陰四陽之卦), 「건:☰」이 있으면 양이 성한 것을 알 수 있으니, 「수:☵」・「송:☱」・「대축:☶」・「무망:☳」괘이다. 「건:☰」이 없는 데도 성한 것이 되는 것은 「대과:☱」와 「리:☲」괘인데, 「대과괘」는 양이 가운데서 성해서 위(上爻)와 아래(初爻)의 음이 약한 것이고, 양이 위와 아래에 있으면 음의 벼리가 되니 「리괘:☲」가 이런 것이다.

　음은 위와 아래에 있어도 양을 주관하여 제어하지 못하고 도리어 약해지니, 반드시 위와 아래에 각각 두개씩 음이 있어서 가운데에 양이 둘 밖에 없어야 이길 수 있다. 「소과:☶」괘가 이런 것이니, 「대과・소과」의 이름을 알 수 있다. 「리:☲」는 두 괘체의 위와 아래가 다 양인 데다 음이 실제로 걸려 있으니 양이 성한 것이다. 그 나머지 음이 둘인 괘는, 두 괘체가 모두 음이면 음이 성한 것이므로 다 「하편」에 있으니, 「가인:☲」・「규:☱」・「혁:☱」・「정:☲」・「손:☴」・「태:☱」・「중부:☴」괘이다.

　※ 陽 : '陽過'로 되어 있는 판본도 있다.
　※ 頤ㅣ 是也라. : '이(頤)'는 '리(離)'의 오기(誤記)로 생각된다.
　※ 「상・하경」으로 나뉘는 일곱 번째 기준으로, 「건」이 없는 이음사양지괘(二陰四陽之卦) 중에 양이 가운데서 성한 「대과:☱」와 음이 양에 걸려 있는 「리괘:☲」를 제외한 괘는 모두 「하경」에 있다는 것을 설명한 것이다.

卦ㅣ 三陰三陽者는 敵也니 則以義爲勝하니 陰陽尊卑之義와 男女長

少之序는 天地之大經也라. 陽少於陰而居上則爲勝하니 蠱는 少陽이 居長陰上하고 賁는 少男이 在中女上하니 皆陽盛也라. 坎은 雖陽卦而 陽爲陰所陷溺也요 又與陰卦로 重하면 陰盛也라. 故로 陰陽이 敵而有 坎者는 皆在下篇하니 困井渙節旣濟未濟也라.

或曰一體ㅣ 有坎도 尙爲陽陷이어늘 二體皆坎으로 反爲陽盛은 何也오. 曰一體ㅣ 有坎은 陽爲陰所陷하고 又重於陰也로대 二體ㅣ 皆坎은 陽 生於下而達於上하고 又二體ㅣ 皆陽이니 可謂盛矣라.

괘에 음이 셋이고 양이 셋인 것은(三陰三陽之卦) 맞수가 되어 의리로써 이기는 것을 삼는데, 음·양과 존·비의 뜻과, 남·녀와 장·소의 차례는 하늘과 땅의 큰 법도이다. 양이 음보다 젊을지라도 위에 있으면 이기는 것이 되니,「고: ䷑」는 젊은 양(☶)이 큰 음(☴)의 위에 있고,「비: ䷕」는 젊은 양(☶)이 중녀(☲)의 위에 있으므로 다 양이 성한 것이다.「감: ䷜」은 비록 양괘이나 양이 음에 빠진 바가 되었고, 또 음괘와 거듭하면 음이 성한 것이다. 그러므로 음양이 맞수가 되면서「감」이 있는 것은 다「하편」에 있으니,「곤: ䷮」·「정: ䷯」·「환: ䷺」·「절: ䷻」·「기제: ䷾」·「미제: ䷿」괘이다.

혹자가 말하기를 "한 괘체에만「감: ☵」이 있어도 오히려 양이 빠지는데, 두 괘체가 다「감」인「중수감괘」를 도리어 양이 성하다 함은 어째서 입니까?" 답하기를 "한 괘체에「감」이 있는 것은 양이 음에 빠진 것이 되고, 또 음괘에 의해 무거워진 것이지만, 두 괘체가 다「감」인 것은, 양이 아래에서 생겨서 위에 발달한 것이고, 또 두 괘체가 다 양이니 (양이) 성하다고 할 수 있다."

※ 여기서 말하는 '陰陽尊卑之義 男女長少之序'는 팔괘를 나눌 때, 양괘는「건:아버지」「진:장남」「감:중남」「간:소남」, 음괘는「곤:어머니」「손:장녀」「리:중녀」「태:소녀」로 보기 때문이다.

※「상·하경」으로 나뉘는 여덟 번째 기준으로, 삼음삼양지괘(三陰三陽之卦)는 괘에「감: ☵」이 있는 괘를 제외하고는, 음양존비의 뜻과 남녀장소의 차례로「상·하경」이 나뉨을 설명했다.

男在女上은 乃理之常이니 未爲盛也나 若失正位而陰反居尊則弱也

라 故로 恒損歸妹豐이 皆在下篇이요 女在男上은 陰之勝也니 凡女ㅣ
居上者ㅣ 皆在下篇하니 咸益漸旅困渙未濟也라. 唯隨與噬嗑則男下
女나 非女勝男也라. 故로 隨之象에 曰剛來而下柔라하고 噬嗑象에 曰
柔得中而上行이라하니 長陽은 非少陰ㅣ 可敵이니 以長男으로 下中少
女라 故로 爲下之라.

 남자가 여자 위에 있는 것은 이치의 떳떳함이니 성한 것이 되지 않으나, 만약 바른 자리를 잃고 음이 도리어 높은데 있으면 약한 것이 되기 때문에, 「항:䷟」·「손:䷸」·「귀매:䷵」·「풍:䷶」괘가 다 「하편」에 있다.

 여자가 남자 위에 있는 것은 음이 이긴 것이므로, 여자가 위에 있는 괘는 다 「하편」에 있으니, 「함:䷞」·「익:䷩」·「점:䷴」·「려:䷷」·「곤:䷮」·「환:䷺」·「미제:䷿」괘다.

 오직 「수:䷐」괘와 「서합:䷔」괘는 남자가 여자의 아래에 있으나, 여자가 남자를 이긴 것이 아니다. 그러므로 「수괘」의 「단전」에 말하길 "강한 것이 와서 부드러운 것 아래했다"하고, 「서합괘」의 「단전」에 "부드러운 것이 중을 얻어 위로 올라갔다"라고 했다. 큰 양을 어린 음이 대적할 수 없는 것이니, 장남으로 중·소녀의 밑에 왔기 때문에 내려온 것이 된 것이다.

 ※ 「항괘」는 장남인 「진」이 위에 있으나 양효가 음자리인 사효자리에 있고, 「손괘」는 소남인 「간」이 위에 있으나 양효가 역시 음자리인 상효자리에 있고, 「귀매괘·풍괘」도 역시 양효가 음자리인 사효에 있으니 바른자리를 잃은 것이다.

 ※ 「상·하경」으로 나뉘는 아홉 번째 기준으로, 서로 대적한다고 생각하지 못할 정도로 크게 차이가 있을 때는 여덟 번째 기준의 예외가 된다는 것을 설명했다(「수괘」와 「서합괘」).

若長少ㅣ 敵하야 勢力이 侔則陰在上이 爲陵이요 陽在下ㅣ 爲弱이니
咸益之類ㅣ 是也라. 咸亦有下女之象이나 非以長下少也요 乃二少ㅣ
相感以相與하니 所以致陵也라 故로 有利貞之戒라. 困은 雖女少於男
이나 乃陽陷而爲陰掩하니 无相下之義也라.

 만약 어른 또는 젊은이로 같아서 세력이 같으면, 음이 위에 있는 것이 능멸함이 되고, 양이 아래에 있는 것이 약한 것이 되니, 「함:䷞」괘와 「익:䷩」괘 같은 류가

이것이다.

「함괘」 또한 여자에 아래하는 상이 있으나, 장남(長)이 소녀(少)에게 아래하는 것이 아니고, 두 젊은이(소남,소녀)가 서로 느낌으로써 서로 더불어 함이니, 능멸을 받게 되기 때문에, "바르게 함이 이롭다"는 경계가 있다. 「곤괘: ䷁」는 비록 여자가 남자보다 젊으나, 양이 빠져서 음에 가리운 것이 됐으니, 서로 낮추는 뜻이 없는 것이다.

  ※ 어른 또는 젊은이로 같아서 세력이 같으면 : 소남은 소녀와 젊은이로 같고, 장남은 장녀와 어른으로 같으므로, 어른 아이의 구별 없이 세력이 같은 것이다.
  ※ <u>侔</u> : 같을 모, 가지런할 모.   ※ <u>相感</u> : '感說'로 되어 있는 판본도 있다.
  ※ 「상·하경」으로 나뉘는 열 번째 기준으로, 세력이 균등할 때 음괘가 양괘보다 위에 있으면 「하경」에 있다는 것을 설명한 것이다.

小過는 二陽이 居四陰之中則爲陰盛이어늘 中孚는 二陰이 居四陽之中而不爲陽盛은 何也오. 曰陽體는 實이어늘 中孚는 中虛也라. 然則頤中四陰은 不爲虛乎아. 曰頤는 二體ㅣ 皆陽卦而本末이 皆陽이니 盛之至也요 中孚는 二體ㅣ 皆陰卦요 上下各二陽으로 不成本末之象하고 以其中虛라 故로 爲中孚니 陰盛을 可知矣라.

"「소과: ䷽」는 두 양이 네 음의 가운데 있어 음이 성한 것이 되는데, 「중부: ䷼」는 두 음이 네 양의 가운데 있어도 양이 성한 것이 되지 않음은 어째서 입니까?" 답하기를 "양체(陽體)는 실(實)한 것인데, 「중부괘」는 가운데가 비었기 때문이다." "그렇다면 「이: ䷚」괘는 가운데가 음이 넷인데 빈 것이 아닙니까?" 답하기를 "「이괘」는 두 괘체가 다 양괘이고, 근본과 끝이 다 양이니 지극히 성한 것이다. 「중부괘」는 두 괘체가 다 음괘이고, 위와 아래가 각각 두 양으로 근본과 끝을 이루는 상이 없으며, 가운데가 비었기 때문에 「중부」가 되었으니, 음이 성한 것을 알 수 있다."

  ※ 鄱陽董氏曰 按易序及上下篇義컨대 或以不載伊川文集으로 爲疑나 然이나 世俗相傳已久하고 玩其辭義컨대 非程夫子면 亦不能及此也라 讀者詳焉이라.
   : <파양동씨>가 말하길 "역서」 및 「상하편의」를 살펴보건대, 혹 『이천문집』에 실리지 않았다해서 의심을 하나, 세상에 전해지기를 이미 오래하였고(<이천>선생이 지은 것이라고), 그 말의 뜻을 완미해보건대 <정부자>가 아니면 이 정도 수준에 이르지 못하니, 독자가 잘 알아야 할 것이다."

易說綱領[3]

【程子曰】

上天之載ㅣ 無聲無臭하니 其體則謂之易이요 其理則謂之道요 其用則謂之神이라.

  하늘의 싣고 있음(실체)이 소리도 없고 냄새도 없으니, 그 체는 역(易)이라 이르고, 그 이치는 도(道)라 이르며, 그 작용은 신(神)이라 이른다.

① 陰陽闔闢이 便是易이요 一闔一闢을 謂之變이라.

  음과 양이 닫혔다 열렸다 함이 역(易)이고, 한 번 닫히고 한 번 열리는 것을 변(變)이라 이른다.

② 命之曰易이 便有理니 若安排定이면 則更有甚理리오. 天地陰陽之變이 便如二扇磨하야 升降盈虛剛柔ㅣ 初未嘗停息이로대 陽常盈하고 陰常虧故로 便不齊하니 譬如磨旣行하야 齒都不齊니라. 旣不齊라야 便生出萬變이라. 故로 物之不齊는 物之情也어늘 而莊周ㅣ 强要齊物이나

---

  3. 「역설강령」은 『전의대전:傳義大全』의 앞부분에 나오는 글로, <정자>와 <주자>의 역(易)에 대한 사상의 일면을 볼 수 있는 내용이다. 이 글을 두 분이 직접 썼는지는 의문이나, 평소의 어록을 정리한 것이라는 데는 이의를 달 수 없을 것이다. 앞의 '정자왈(程子曰)'의 글은 <정자>의 의견이고, '주자왈(朱子曰)' 이후의 글은 <주자>의 의견이라고 보는 것이 일반적인 견해이다.

然而物終不齊也라. 堯夫ㅣ 有言호대 泥空은 終是著이요 齊物은 到頭爭이라하니라.

　역이라 명명한 것이 이치가 있으니, 만약 안배해서 정했다면 다시 무슨 이치가 있겠는가? 하늘과 땅의 음양변화가 두 짝의 연자방아 같아서, 오르고 내리며 채우고 이지러지며 강하고 유함이 처음부터 멈추거나 쉬지 않되, 양은 항상 차있고 음은 항상 이지러져 있는 까닭에, 서로 가지런해지지 않으니, 마치 연자방아가 움직여 이가 맞지 않는 것과 같다. 가지런하지 못하여야 만 가지 변화를 낳을 것이다. 그러므로 물건이 가지런하지 못한 것은 물건의 성정인데도, <장주>가 억지로 물건을 가지런히 하고자 하나, 물건이 종내 가지런히 되지 못하는 것이다. <요부(소강절)>가 말씀하기를 "구멍을 바르는 것은 종일 붙어 있을 수 있으나／ 물건을 가지런히 하려면 가는 곳마다 다투네"라고 하셨다.

　　※ 磨 : 연자방아 마.
　　※ 장주(莊周) : 전국시대의 학자. 자는 자휴(子休), 남화진인(南華眞人)이라 추존(追尊)됨. <맹자(孟子)>와 동시대 사람이나, 평생을 벼슬하지 않고 은둔하면서 도(道)의 일원론(一元論)을 주창하였다. <노자(老子)>의 설을 조술(祖述)하고 <공자(孔子)>의 사상을 반박하였다. 저서에는 『장자:莊子(南華眞經)』가 전한다.
　　※ 泥空은 終是著이요 齊物은 到頭爭이라 : 『격양집:擊壤集』 제 3권의 방언(放言)이라는 제하의 시에는 "泥空終日着"으로 되어 있다. 그 전문은 다음과 같다(旣得希夷樂／ 曾無寵辱驚／ 泥空終日着／ 齊物到頭爭／ 忽忽閒拈筆／ 時時自寫名／ 誰能苦眞性／ 情外更生情).

③ 易中에 只言反復往來上下라.

　『주역』 가운데는 다만 반복하는 것, 갔다 왔다 하는 것, 오르고 내리는 것을 말했다.

④ 作易者ㅣ 自天地幽明으로 至于昆蟲草木微細히 無不合하니라.

　『주역』을 지은 것이, 하늘과 땅의 어둡고 밝음으로부터 곤충과 초목의 미세한 것까지 합치되지 않음이 없다.

⑤ 聖人之道는 如河圖洛書ㅣ 其始에 止於畫上이나 便出義하고 後之人은 旣重卦하고 又繫辭로대 求之라도 未必得其理라.

　성인의 도는 「하도」와 「낙서」가 처음에 획 밖에 없었으나 그 가운데서 뜻이 나온 것과 같고, 후세 사람은 이미 괘를 거듭하고(64괘) 또한 말을 붙여 놓았으나 애써 구하더라도 반드시 그 이치를 얻었다 할 수 없다.

⑥ 因見賣兎者하고 曰聖人이 見河圖洛書而畫八卦시나 然이나 何必圖書리오. 只看此兎라도 亦可作八卦요 數便此中可起나 古聖人이 只取神物之至著者耳니 只如樹木이라도 亦可見數니라.

　토끼를 파는 사람을 보고 말씀하기를 "성인이 「하도」와 「낙서」를 보고 팔괘를 그으셨으나, 어찌 반드시 「하도」와 「낙서」라야 하리오? 이 토끼만을 보더라도 또한 팔괘를 만들 수 있고, 숫자도 이(토끼) 가운데에서 일으킬 수 있으나, 옛날 성인이 다만 신령스러운 물건의 잘 나타나는 것을 취했을 뿐이니, 비록 수목(樹木) 같은 것에서도 또한 숫자를 발견할 수 있다."

⑦ 張閎中이 問易之義ㅣ 本起於數잇가. 曰謂義起於數則非也라. 有理而後에 有象이요 有象而後에 有數니 易은 因象以知數라. 得其義則象數ㅣ 在其中矣니라. 必欲窮象之隱微하고 盡數之毫忽하야 乃尋流逐末은 術家之所尙이요 非儒者之所務也니 管輅郭璞之學이 是也라. 又曰理는 无形也라 故로 因象以明理하고 理見乎辭矣니 則可由辭以觀象이라. 故로 曰得其義則象數ㅣ 在其中矣라.

　<장굉중>이 묻기를 "역의 뜻이 본래 수에서 시작되었습니까?" 답하기를 "뜻이 수에서 나왔다 함은 그릇된 것이다. 이치가 있은 뒤에 상이 있고, 상이 있은 뒤에 수가 있으니, 역은 상으로 인해서 수를 아는 것이다. 그 뜻을 얻으면 상과 수는 (저절로) 그 가운데 있다. 반드시 상의 은미한 것을 궁리하려 하고, 수의 작은 것까지 다하려 하여 말류를 좇아감은, 술수를 쓰는 사람들이 숭상하는 것이고 선비의 힘쓸

바는 아니니, <관로>와 <곽박>의 학문이 이러한 것이다."

또 말씀하기를 "이치는 형체가 없기 때문에 상으로 인해서 이치를 밝혔고, 이치는 말에 나타나 있으니, 말로 인해서 상을 볼 수 있는 것이다. 그러므로 그 뜻을 얻으면 상과 수가 그 가운데 있다고 한 것이다."

※ 관로(管輅) : 삼국시대 「위(魏)나라」「평원」사람. 자는 공명(公明). 어려서부터 별을 관찰하여 풍각점상(風角占相)의 도(道)에 정통하여 기이함으로 유명하였다. <조조(曹操)>의 휘하에서 많은 점을 친 기록이 남았다.

※ 곽박(郭璞:서기 276-324) : 「진(晉)나라」 사람, 자는 경순(景純). 여러 학문에 밝았고, 특히 음양산술(陰陽算術)에 능했다. 저서에 『동림:洞林, 신림:新林, 복운:卜韻』 등 음양학 서적 및 『초사주:楚辭注, 산해경주:山海經注, 이아주:爾雅注, 방언:方言』 등의 해박한 저술이 많다.

⑧ 謂堯夫 曰知易數ㅣ 爲知天이니잇가. 知易理ㅣ 爲知天이니잇가. 堯夫云ㅣ 還須知易理라야 爲知天이니라.

<요부(소강절)>에게 묻기를 "역의 수를 아는 것이 하늘을 아는 것입니까? 역의 이치를 아는 것이 하늘을 아는 것입니까?" <요부>가 답하기를 "역의 이치를 알아야 하늘을 아는 것이 된다."라고 했다.

⑨ 尹焞이 問易乾坤二卦ㅣ 斯可矣니잇가. 曰聖人이 設六十四卦 三百八十四爻라도 後世ㅣ 尙不能了어늘 乾坤二卦로 豈能盡也리오. 旣而曰子ㅣ 以爲何人이 分上事오. 對曰聖人이 分上事니이다. 曰若聖人이 分上事則乾坤二卦도 亦不須어든 況六十四卦乎아.

<윤돈>이 묻기를 "역은 「건괘」와 「곤괘」의 두 괘면 다 되는 것이 아닙니까" 답하기를 "성인이 64괘와 384효를 베풀어 놓아도 후세 사람이 아지 못하는데, 「건괘」와 「곤괘」의 두 괘로 어떻게 다 될 수 있겠는가?" 그리고 또 말씀하기를 "자네는 누가 위의 64괘를 만들었다고 생각하는가?" 답하기를 "성인이 만들었습니다" 말씀하기를 "만약 성인이 64괘를 만들었다면, 「건괘」와 「곤괘」의 두 괘도 필요치 않을 것인데, 하물며 64괘이랴?"

⑩ 看易에 且要知時니 凡六爻에 人人有用이라. 聖人은 自有聖人用하고 賢人은 自有賢人用하고 衆人은 自有衆人用하고 學者는 自有學者用하고 君有君用하고 臣有臣用하니 无所不通이라.

　역을 볼 때는 때를 아는 것이 중요하니, 무릇 여섯 효에 사람마다 쓰임이 있는 것이다. 성인은 성인의 용도가 있고, 현인은 현인의 용도가 있고, 보통 사람은 보통 사람의 용도가 있고, 학자는 학자의 용도가 있고, 인군은 인군의 용도가 있고, 신하는 신하의 용도가 있으니, 통하지 않는 바가 없다.

⑪ 觀易에 須看時然後에 觀逐爻之才니라. 一爻之間에 常包函數意로대 聖人이 常取其重者而爲之辭하시고 亦有易中에 言之已多어든 取其未嘗言者하시니 亦不必重事라. 又有且言其時호대 不及其爻之才는 皆臨時參考니 須先看卦라야 乃看得繫辭라.

　역을 봄에 때를 본 다음에 효의 재질을 보아야 한다. 한 효 사이에 항상 여러가지 뜻이 있으나, 성인이 항상 그 중요한 것을 취해서 말씀을 하셨다. 또한 『주역』 가운데 이미 말한 것이 많을 때는, 말씀하지 않은 것을 취하셨으니, 또한 (여러 말 중에 다시 반복해서 취해진 말이) 반드시 중요한 일은 아닌 것이다. 또 그 때를 말씀 하되 그 효의 재질을 말씀하지 않음이 있는 것은, 다 때에 따라 참고해야 하니, 먼저 괘를 보아야만 말을 맨 뜻을 알 수 있다.

⑫ 大抵卦爻始立에 義旣具나 卽聖人이 別起義以錯綜之하시니 如春秋時已前에 旣已立例라. 到近後來하야 書得全別하니 一般事는 便書得別有意思라. 若依前例觀之면 殊失之也니라.

　대개 괘효가 처음 세워짐에 뜻이 이미 갖추어 졌으나, 성인이 별도로 뜻을 일으켜 섞어 놓으셨으니, 춘추시대 이전에 이미 세워놓은 예(例)와 같은 것이다. 근래에 와서 완전히 다른 글이 되었으니, 일반의 일들은 별도의 뜻으로 해석되게 되었다. 만약 그전의 예로써 보면 뜻을 잃을 것이다.

⑬ 凡看書에 各有門庭하니 詩易春秋는 不可逐句看이요 尙書論語는 可以逐句看이라. 聖人의 用意深處가 全在繫辭하니 詩書는 乃格言이니라.

글을 볼 때에 각각 문과 뜰이 되는 곳이 있으니,『시경·역경·춘추』는 글귀마다 따라가면서 음미하는 것이 아니고,『상서:서경』와『논어』는 글귀마다 따라가면서 음미하는 것이다. 성인의 마음씀 깊은 곳이 계사에 있으니,『시경·서경』은 격언일 뿐이다.

※ 계사(繫辭) : 말을 붙였다는 뜻으로, 작게는 「괘사」와 「효사」, 더 넓혀서는 <공자>의 「십익」까지 포함한다. 이하 같음.

⑭ 古之學者는 皆有傳授니라. 如聖人이 作經은 本欲明道니 今人이 若不先明義理면 不可治經이요 蓋不得傳授之意云爾라. 如繫辭는 本欲明易이니 若不先求卦義면 則看繫辭不得이니라.

옛날의 배우는 사람은 다 전수함이 있었다. 성인이 경을 지음은 본래 도를 밝히려고 하는 것이니, 요새 사람이 만약 먼저 뜻과 이치를 밝히지 않으면 경을 배우지 못할 것이고, 전수한 뜻을 얻지 못했다고 말할 것이다. 계사 같은 것은 본래 역을 밝히고자 함이니, 만약 먼저 괘의 뜻을 파악하지 않으면 계사를 보아도 알 수 없다.

⑮ 易學은 後來에 曾子 子夏ㅣ 煞到上面也니라.

역학은 뒤에 <증자>와 <자하>가 높은 경지에 까지 이르렀다.

※ 煞 : 총괄할 살.

⑯ 由孟子라야 可以觀易이라.

<맹자>를 연유해야『주역』을 볼 수 있다.

⑰ 今時人은 看易에 皆不識得易是何物하고 只就上穿鑿하니 若念得

不熟이면 與就上添一德이라도 亦不覺多하고 就上減一德이라도 亦不覺少라. 譬如不識此兀子하야 若減一隻脚하야도 不覺是少하고 添一隻脚이라도 亦不知是多니 若識이면 則自添減不得也라.

   요새 사람은 『주역』을 봄에, 다 『주역』이 무엇인지 모르고 억지로 뚫고 파기만 하니, 만약 생각이 익숙하지 못하면 한 가지 덕을 더해도 많음을 모르고, 한 가지 덕을 감해도 적음을 모르는 것이다. 마치 '兀(올)'자를 몰라서, 한쪽 다리를 없애도 적은 줄 모르고 한쪽 다리를 더해도 또한 많은 줄 모르는 것과 같으니, 만약 안다면 더하지도 빼지도 못할 것이다.

⑱ 易은 須是黙識心通이니 只窮文義면 徒費力이니라.

   『주역』은 모름지기 말없이 알고 마음으로 통해야 하니, 다만 글의 뜻만을 궁리하면 힘만 소비할 뿐이다.

【朱子曰】

聖人이 作易之初에 蓋是仰觀俯察하샤 見得盈乎天地之間이 无非一陰一陽之理하시니 有是理則有是象하고 有是象則其數ㅣ 便自在這裏라. 非特河圖洛書ㅣ 爲然이니라.

　성인이 역을 지으실 처음에 우러러 보고 굽어 살피셔서, 하늘과 땅 사이에 가득찬 것이 한번 음하고 한번 양하는 이치가 아님이 없음을 보셨으니, 이런 이치가 있으면 이런 상이 있고, 이런 상이 있으면 그 수가 그 속에 있다. 특히 「하도」와 「낙서」만 그런 것이 아니다.

蓋所謂數者는 秖是氣之分限節度處니 得陽이면 必奇요 得陰이면 必偶라. 凡物이 皆然而圖書ㅣ 爲特巧而著耳일새 於是에 聖人이 因之而畫卦하시니라. 其始也엔 只是畫一奇하야 以象陽하고 畫一偶하야 以象陰而已로대 但才有兩則便有四하고 才有四則便有八하니 又從而再倍之하면 便是十六이라. 蓋自其无朕之中으로 而无窮之數ㅣ 已具하야 不待安排而其勢ㅣ 有不容已者니라.

　수(數)라는 것은 다만 기운이 나뉘어지는 경계와 절도가 있는 곳이니, 양을 얻으면 반드시 홀수이고 음을 얻으면 반드시 짝수이다. 모든 물건이 다 그러하지만, 「하도」와 「낙서」가 특히 교묘하게 잘 나타나기 때문에, 성인이 그것을 인용해서 괘를 그으셨다. 처음엔 다만 홀수 하나를 그어 양을 상징하고, 짝수 하나를 그어 음을 상징한 것 뿐이나, 다만 겨우 둘이 있으면 바로 넷이 있고, 넷이 있으면 여덟이 있게 되니, 또 좇아서 두 배를 하면 이것이 열여섯이다. 아무런 조짐이 없는 데서부터 끝없는 수가 이미 갖추어 있어서, 안배함을 기다리지 않아도 그 형세가 그칠 수 없는 것이다.

　※ 秖 : 다만 지.　　朕 : 조짐 짐.

卦畫이 既立에 便有吉凶在裏하니 蓋是陰陽이 往來交錯於其間할새 其時則有消長之不同하야 長者ㅣ 便爲主하고 消者ㅣ 便爲客하며 事則有當否之或異하야 當者ㅣ 便爲善하고 否者ㅣ 便爲惡하니 卽其主客善惡之辨하야 而吉凶이 見矣라. 故로 曰八卦ㅣ 定吉凶이라하시니라.

　괘의 획이 이미 세워짐에 길흉이 그 속에 있으니, 음양이 그 사이에서 가고 오며 사귀고 섞임에, 때에 있어서는 사그러지는 때와 길어지는 때의 같지 않음이 있어서, 길어지는 것이 주인이 되고 사그러지는 것이 객이 되며, 일에 있어서는 마땅하고 마땅치 못한 구분이 있어서, 마땅한 것은 착함이 되고 마땅치 못한 것은 악함이 되니, 곧 주객과 선악의 구별이 되어 길흉이 나타나는 것이다. 그렇기 때문에 "팔괘가 길흉을 정한다"고 하셨다.

吉凶이 既決定而不差하니 則以之立事而大業이 自此生矣리니 此는 聖人이 作易하사 敎民占筮而以開天下之愚하고 以定天下之志하며 以成天下之事者ㅣ 如此라. 但自伏羲而上은 只有此六畫而未有文字可傳이러니 到文王周公하야 乃繋之以辭라. 故로 曰聖人이 設卦하야 觀象繋辭焉而明吉凶이라하시니라.

　길흉이 이미 결정되어 어긋나지(점의 내용과 실제 일어난 일이) 않으니, 그것으로써 일을 세우면 큰 업적이 이로부터 날 것이다. 이것은 성인이 『주역』을 지으셔서, 백성에게 점치는 것을 가르쳐 천하의 어리석음을 열어주시고, 천하의 뜻을 정하시며, 천하의 일을 이루게 하심이 이와 같은 것이다. 다만 <복희씨> 이상은, 이 여섯 획만 있고 문자로 전한 것이 없더니, <문왕>과 <주공>에 이르러 말을 붙였다. 그렇기 때문에 "성인이 괘를 베풀어 상을 보고 말을 붙여서 길하고 흉함을 밝혔다"고 하셨다.

蓋是卦之未畫也엔 因觀天地自然之法象而畫하고 及其旣畫也엔 一卦에 自有一卦之象하니 象은 謂有箇形似也라. 故로 聖人이 卽其象而

命之名하시니 以爻之進退而言則如剝復之類요 以其形之肖似而言則 如鼎井之類니 此是伏羲ㅣ 卽卦體之全而立箇名이 如此요 及文王하야 觀卦體之象而爲之彖辭하시고 周公이 視卦爻之變而爲之爻辭하시니 而吉凶之象이 益著矣로다.

　이 괘가 그어지기 전에는 하늘과 땅의 자연한 법상을 보아서 그었고, 이미 그었을 때엔 한 괘에 스스로 한 괘의 상이 있으니, 상은 하나의 비슷한 형상이 있다는 말이다. 그렇기 때문에 성인이 그 상을 보고 이름을 지으시니, 효의 나아가고 물러남을 보고 이름붙인 것은 「박괘:䷖」와 「복괘:䷗」의 류이고, 형상의 같음으로(형상을 보고) 이름붙인 것은 「정괘:䷱」와 「정괘:䷯」의 류이니, 이 것은 <복희씨>께서 괘체의 전체를 보고 한 괘 한 괘의 이름을 붙이심이 이와 같고, <문왕>에 이르러 괘체의 상을 관찰해서 「단사」를 붙이시며, <주공>께서 괘효의 변하는 것을 관찰해서 「효사」를 붙이시니, 길흉의 상이 더욱 드러나게 되었다.

大率天下之道ㅣ 只是善惡而已로대 但所居之位ㅣ 不同하고 所處之時ㅣ 旣異하야 而其幾ㅣ 甚微하니 只爲天下之人이 不能曉會라. 所以 聖人이 因此占筮之法으로 以曉人하사 使人으로 居則觀象玩辭하고 動 則觀變玩占케하야 不迷於是非得失之途케하시니 所以是書ㅣ 夏商周ㅣ 皆用之라. 其所言이 雖不同하고 其辭를 雖不可盡見이나 然이나 皆太 卜之官이 掌之하야 以爲占筮之用하고 有所謂繇辭者하니 左氏所載에 尤可見古人用易處니라.

　대저 천하의 도가 선하고 악한 것 뿐이나, 다만 거처하는 위치가 같지 않고, 거처하는 때가 이미 달라 그 조짐이 심히 미세하니, 천하의 사람들이 깨닫지 못하였다. 그렇기 때문에 성인이 이 점치는 법으로 사람을 깨우쳐, 사람들로 하여금 거처할 때는 상을 관찰하여 말을 완미하고, 움직일 때는 변하는 것을 관찰하여 점을 음미하게 해서, 시비(是非)와 득실(得失)의 길에서 헤매지 않게 하셨기 때문에 이 글(易)을 「하나라·상나라·주나라」가 다 썼다. 비록 그 말한 것이 같지 않고, 그 말을 다 나타내 보일 수는 없으나, 다 태복(점치는 벼슬)이 관장해서 점을 치는데 썼고, 주사(점치는 말)라는 것이 있었으니, 『춘추좌씨전』에서 옛날사람이 『주역』을 사용한 곳을 더욱 볼 수 있다.

　　※ 효회(曉會) : 깨달음.　　繇 : 점괘 주.
　　※ 『춘추좌씨전』에는 많은 점례가 있는데, 점을 치고 해석하는 내용 중에 현재의 『주역』
　　　의 「괘사」나 「효사」와 다른 점풀이 내용이 있다. 이를 「주사:繇辭」라 한다.

蓋其所謂象者는　皆是假此衆人共曉之物하야　以形容此事之理하야 使人으로 知所取舍而已라. 故로 自伏羲而文王周公히 雖自略而詳이나 所謂占筮之用則一이니 蓋卽那占筮之中에 而所以處置是事之理ㅣ 便在那裏了라 故로 其法이 若粗淺而隨人賢愚하야 皆得其用이라.

　상(象)이라고 하는 것은, 여러 사람이 쉽게 알 수 있는 물건을 빌어 일의 이치를 형용함으로써, 사람들로 하여금 취하고 버릴 것을 알게하는 것일 뿐이다. 그러므로 <복희씨>로부터 <문왕·주공>까지 비록 처음에는(<복희씨> 때는) 간략했다가 (<문왕·주공>에 이르러서는) 자세해졌으나, 점치는 용도는 한 가지이다. 점치는 가운데 일을 처치하는 이치가 모두 그 속에 있으므로, 그 방법이 엉성하고 하찮은 것 같으나, 사람의 현명하고 어리석음에 따라서 다 그 쓰임을 얻게 되는 것이다.

　　※ 粗 : 거칠 조.

蓋文王이 雖是有定象有定辭시나 皆是虛說此箇地頭ㅣ 合是如此處置요 初不黏著物上이라. 故로 一卦一爻ㅣ 足以包無窮之事하니 不可只以一事로 指定說他裏面也라. 有指一事說處하니 如利建侯利用祭祀之類요 其他는 皆不是指一事說이라. 此所以見易之爲用이 無所不該無所不徧이니 但看人이 如何用之耳라.

　<문왕>께서 비록 괘의 상을 정하고 말을 정하셨으나, 이것은 모두 이런 때는 이렇게 처치해야한다는 것을 가정해서 말한 것이고, 처음부터 어떤 사물에 국한해서 붙인 것은 아니다. 그렇기 때문에 한 괘와 한 효가 끝없는 일들을 포함할 수 있으니, 다만 한 가지 일로 다른 이면을 지정해서 말할 수는 없다. 한 가지 일을 가리켜

말한 곳이 있으니, "후를 세움이 이롭다"든지 "제사를 지냄이 이롭다"는 류이고, 다른 것은 다 한 가지 일을 지정해서 말하지 않았다. 이것은 『주역』의 쓰임이 다 포함하고 두루하지 않음이 없는 까닭이니, 다만 사람이 어떻게 쓰느냐에 달려 있는 것이다.

　　※ 점저(黏著) : 달라붙다.

到得夫子하야 **方始純以理言**하시니 **雖未必是羲文本意**나 **而事上說理**면 **亦是如此**로대 **但不可便以夫子之說**로 **爲文王之說也**니라.

　<부자(공자)>에 이르러서 처음으로 순전히 이치로써 말씀하시니, 비록 반드시 <복희씨>와 <문왕>의 본뜻은 아니나, 일 위에서 이치를 설명하면 또한 이러하되, 다만 <부자>의 말로 <문왕>의 말을 삼아서는 안된다.

　　※ <공자>의 『주역』에 대한 해석이 이치는 맞으나, <문왕>의 본래 생각하신 뜻과는 거리
　　　가 있다는 주장이다.

① **天地之間**에 **別有甚事**리오. **只是陰與陽兩箇字**로대 **看是甚麽物事**라도 **都離不得**이라. **只就身上體看**이면 **才開眼**에 **不是陰**이면 **便是陽**이니 **密拶拶在這裏**요 **都不著得別物事**라. **不是仁**이면 **便是義**며 **不是剛**이면 **便是柔**니 **只自家 l 要做向前**이면 **便是陽**이요 **才收退**면 **便是陰意思**요 **才動**이면 **便是陽**이요 **才靜**이면 **便是陰**이니 **未消別看**이요 **只是一動一靜**이 **便是陰陽**이라.

　하늘과 땅사이에 달리 무슨 일이 있으리오? 다만 음과 양 두 글자뿐이나, 어떤 물건을 보더라도 여기에서 이탈하지 못한다. 사람의 몸에서 보면 겨우 눈을 뜸에 음이 아니면 곧 양이니, 다 그 안에 밀착되어 있는 것이지 별개의 사물이 있는 것이 아니다. 인(仁)이 아니면 곧 의(義)며, 강(剛)이 아니면 곧 유(柔)이니, 자기가 앞으로 전진하면 양이고, 잠시 거두어 물러나면 음의 의사이며, 잠시 움직이면 양이고, 잠시 고요하면 음이니, 별도로 볼 것이 아니며, 다만 한 번 움직이고 한 번 고요함이 음양일 뿐이다.

※ 麼 : 어찌 마.　拶 : 마주칠 찰.

伏羲ㅣ 只因此畫卦하야 以示人하시되 若只就一陰一陽이면 又不足以該衆理일새 於是에 錯綜爲六十四卦 三百八十四爻하시니라. 初只是許多卦爻러니 後來에 聖人이 又繫許多辭在下시니라. 如他書則元有這事라야 方說出這箇道理어니와 易則未曾有此事로대 先假託都說在這裏니라. 又曰 陰陽은 是氣니 才有此理면 便有此氣요 才有此氣면 便有此理니 天下萬事萬物이 何者不出於此理며 何者不出於陰陽이리오.

<복희씨>께서 다만 이런 것으로 인해서 괘를 그어서 사람들에게 보이시되, 만약 한 음과 한 양만을 그려 놓으면 뭇 이치를 다 포함시킬 수 없기 때문에, 섞어서 64괘 384효를 만드셨다. 처음에는 많은 괘와 효밖에 없더니, 뒤에 성인께서 또 그 밑에 많은 말을 붙이셨다. 다른 글 같으면 원래 어떤 일이 있어야 그 일에 대한 도리를 말했으나, 『주역』은 일찍이 이런 일이 있었던 것은 아니지만, 그 속에 가정해서 설명한 것이다.

또 말씀하기를 "음양은 기운이니, 이 이치가 있으면 이 기운이 있고, 이 기운이 있으면 이 이치가 있으므로, 천하의 모든 일과 사물이 어느 것이 이 이치에서 나오지 않았으며, 어느 것이 음양에서 나오지 않았겠는가?"

② 易은 只是陰陽ㅣ 錯綜交換代易이라. 莊生이 曰易은 以道陰陽이라하니 不爲无見이라 如奇偶剛柔는 便只是陰陽이니 做了易이니라.

『주역』은 다만 음양이 착종하고 교환하며 대신하여 바뀌는 것일 뿐이다. <장생>이 말하기를 "『주역』은 음양을 도로써 한다"하니, 잘못된 견해라 할 수 없다. 기우(홀수·짝수)와 강유는 곧 음과 양일 뿐이니, 역을 만드는 것이다.

※ 장생(莊生) : 미상(未詳), <장자(莊子)>를 폄칭하는 것이라고 생각됨.

③ 易은 是陰陽이 屈伸하야 隨時變易이니 大低古今에 有大闔闢 小闔闢이어늘 今人이 說易에 都無着摸라. 聖人이 便於六十四卦에 只以陰陽奇偶로 寫出來하시니 至於所以爲陰陽爲古今하야도 乃是此道理라.

역은 음양이 굽혔다 펴졌다해서 때에 따라 변하고 바뀌는 것이니, 대저 옛날부터 지금까지 크게 열었다 닫았다 함과 적게 열었다 닫았다 함이 있을 뿐인데, 요새 사람이『주역』을 말할 때 "도무지 더듬을 만한 것이 없다"고 말한다. 성인이 64괘에 음양과 홀수·짝수로써만 모사해 놓으셨으니, 음양이 된 까닭과 옛과 이제가 된 까닭도 다 이런 (음과 양의) 도리이다.

④ 龜山이 過黃亭詹季魯家러니 季魯ㅣ 問易한대 龜山이 取一張紙하고 畫箇圈子하야 用墨塗其半하고 云這便是易이라하니 此說이 極好라. 易은 只是一陰一陽이 做出許多般樣이라.

<구산>이 황정첨의 <계노씨>집을 지날 때 <계노>가『주역』을 여쭈니, <구산>이 종이 한장을 가져다가 동그라미를 몇 개 그려서 그 반을 까맣게 먹칠하고 말씀하기를 "저것이『주역』이다"라고 하였으니, 이 설명이 아주 좋다.『주역』은 다만 한 음과 한 양이 많은 모양을 만들어 낸 것이다.

※ 구산(龜山) :「송(宋)나라」의「장악:將樂」사람, 자는 중립(中立). 이름은 양시(楊時), 구산은 호이다. <정자>의 제자로 <주자>와 <장식(張栻)>에게 영향을 주었다. 저서로는『이정수언:二程粹言, 구산집:龜山集, 구산어록:龜山語錄』이 전한다.

⑤ 潔靜精微之謂易이라하니 自是不惹着事요 只懸空說一樣道理니 不比似他書에 各着事上說이라 所以後來에 道家ㅣ 取之하야 與老子爲類하니 便是老子說話요 也不就事上說이라. 又曰潔靜精微하니 是不犯手니라.

"'깨끗하고 고요하고 정미롭고 미세한 것이 역'이라고 말하니, 어떤 일에 고착되어 있는 것이 아니고, 하나의 도리를 국한하지 않고 포괄적으로 말한 것이므로, 다른 글이 어떤 일에 대해서 말한 것과는 비교할 수 없다. 그런 까닭에 뒤에 도가(道

家) 사람들이 『주역』을 가져다가 <노자>의 학문과 한 부류를 만드니, 이것은 <노자>의 말일 뿐이고 『주역』을 어떤 일에 국한해서 설명한 것이 아니다." 또 말씀하기를 "깨끗하고 고요하고 정미롭고 미세하니 손댈 데가 없다."

※ "깨끗하고 고요하고 정미롭고 미세한 것이 『주역』"이라는 말은 <노자>가 『주역』을 설명한 말씀이고, 또 이치에 맞으나, 후인들이 이를 특정한 일에 한정해서 설명하려고 하여 그르게 되었다.

⑥ 問卦下之辭ㅣ 爲彖辭어늘 左傳에 以爲繇辭는 何也오. 曰此只是彖辭라. 故로 孔子ㅣ 曰知者ㅣ 觀其彖辭則思過半矣라하시니라. 如元亨利貞은 乃文王所繫卦下之辭로 以斷一卦之吉凶이니 此名彖辭라. 彖은 斷也니 陸氏音中語所謂彖之經也요 大哉乾元以下는 孔子釋經之辭로 亦謂之彖이나 所謂彖之傳也라. 爻下之辭에 如潛龍勿用은 乃周公所繫之辭로 以斷一爻之吉凶也라. 天行健君子以自彊不息은 所謂大象之傳이요 潛龍勿用陽在下也는 所謂小象之傳이니 皆孔子所作也라. 天尊地卑以下는 孔子所述繫辭之傳으로 通論一經之大體凡例니 无經可附而自分上繫下繫也라. 左氏所謂繇字는 從系하니 疑亦是言繫辭라. 繫辭者는 於卦下에 繫之以辭也라.

묻기를 "괘 밑의 말이 「단사」가 되는데, 『좌전』에 「주사」라고 한 것은 어째서입니까?" 답하기를 "그것은 「단사」일 뿐이다. 그렇기 때문에 <공자>께서 말씀하시기를 '아는 사람이 「단사」를 보면 생각이 반을 지난다'고 하셨다. '원형이정'같은 것은 <문왕>께서 괘 밑에 붙이신 말로써 한 괘의 길하고 흉함을 판단하니, 이것을 「단사」라고 이름한 것이다. 단(彖)은 판단하는 것이니, 『육씨음』 중에 말한 이른바 단의 경(彖經)이고, '대재건원'이하는 <공자>께서 경을 풀이하신 말로 역시 단이라하니, 이른바 단의 전(彖傳)이라 하는 것이다. 효 밑의 말로 '잠긴용이니 쓰지 말라'는 <주공>께서 붙이신 말로 한 효의 길흉을 판단한 것이다. '하늘의 행함이 굳건하니, 군자가 이로써 스스로 굳세게 하여 쉬지 않는다'라 함은 이른바 대상의 전(大象傳)이고, '잠긴용이니 쓰지말라 함은 양이 밑에 있기 때문이다'라고 한 것은 이른바 소상의 전(小象傳)이니, 다 <공자>께서 지으신 바이다. '하늘은 높고 땅은 낮다'는 말 이하는 <공자>께서 지으신 「계사전」으로, 경전체의 대체적인 것과 범례를 논했으므로, 경에 붙일 데가 없어서 「상계사전」과 「하계사전」으로 나누었다. 『좌전』에 말한 '점괘 주(繇)'자는 옆에 '맬 계(系)'가 붙어 있으니, 역시 계사를 말하는 게 아닐까 한다. 계사라는 것은 괘 밑에 붙인 말이다.

※ 繇 : 역사 요, 말미암을 유, 점괘 주, 여기서는 '점괘 주'로 봄.

⑦ 通書에 云聖人之精은 畫卦以示요 聖人之蘊은 因卦以發이라하니 精은 是聖人本意요 蘊은 是偏傍帶來道理라. 如易有太極 是生兩儀 兩儀生四象 四象生八卦는 是聖人本意底요 如文言繫辭等孔子之言은 皆是因而發底시니 不可一例作重看이니라.

『통서』에 말하기를 "성인의 정신은 괘를 그어 보여 주셨고, 성인의 내포한 뜻은 괘로써 발하셨다"고 하니, 정신은 성인의 본뜻이고, 내포한 것은 곁으로 흘러나오는 도리이다. "역에 태극이 있으니 이것이 양의를 낳고, 양의가 사상을 낳으며, 사상이 팔괘를 낳는다"고 한 것은 성인의 근본 뜻이고, 「문언전」이나 「계사전」 등 <공자>의 말씀은 다 괘로 인해서 발명하신 것이니, 한 가지 예로 중요성을 지을 수는 없다.

※ 한가지 예로 중요성을 지을 수는 없다. : 『주역』에서 말한 많은 글들이 모두 한 가지 일을 들어 괘를 설명했는데, 이는 여러 일 중에 한 예를 들었을 뿐이므로, 그 한 가지 일로 괘의 본뜻을 한정할 수는 없다는 것이다. 즉 괘를 보고 글을 생각해야지, 글을 보고 괘를 평해서는 안된다는 것이다. 또한 괘상과 이에 딸린 계사를 같이 보아야 한다는 뜻도 된다.

⑧ 易之有象은 其取之에 有所從하고 其推之에 有所用하니 非苟爲寓言也라. 然이나 兩漢諸儒ㅣ 必欲究其所從則旣滯泥而不通하고 王弼以來로 直欲推其所用이나 則又疎略而無據하니 二者ㅣ 皆失之一偏하야 而不能闕其所疑之過也라.

『주역』의 상은 그 취함에 연유한 데가 있고 그 미루어 넓힘에 쓰이는 바가 있으니, 구차하게 말을 붙인 것이 아니다. 그러나 「전한:前漢」과 「후한:後漢」의 모든 선비가 그 상의 연유를 연구하려 하였으나 막히고 빠져 통하지 못했고, <왕필> 이후로 그 용도를 미루어 알려했으나 또한 소홀하고 생략되며 근거가 없으니, 둘 다 한쪽에 치우쳐서 의심스러움을 풀 수 없는 허물이 있다.

    ※ 우언(寓言) : 자기의 생각을 다른 사물에 빗대어 은근히 나타내는 말.
    ※ 『주역』의 상은 그 상을 취해온 연유와 그 상을 활용하는 용도를 같이 연구해야 하는 것이다.
    ※ 왕필(王弼:226~249) : 중국 삼국시대「위(魏)나라」의 학자. 자는 보사(輔嗣).

且以一端으로 論之면 乾之爲馬와 坤之爲牛는 說卦에 有明文矣요 馬之爲健과 牛之爲順은 在物에 有常理矣로대 至於案文責卦하야 若屯之有馬而無乾과 離之有牛而無坤과 乾之六龍則或疑於震과 坤之牝馬則當反爲乾은 是皆有不可曉者니라.

 또한 한 가지 예로 말하면,「건:☰」이 말(馬)이 되고「곤:☷」이 소(牛)가 되는 것은「설괘전」에 뚜렷한 글이 있고, 말의 굳셈과 소의 순한 것은 물건의 상리이다. 그러나 『주역』의 글을 살피고 괘를 맞추어보면,「둔괘:☳」에 말을 언급했지만「건:☰」이 없고,「리괘:☲」에 소를 언급했으나「곤:☷」이 없는 것과,「건괘:☰」에 언급한 여섯 용은 혹「진괘:☳」에 붙여야 하지 않는가 의심스럽고,「곤괘:☷」에 언급한 암말은 도리어「건:☰」이어야 하지 않나 하는 것은 다 알 수 없는 점이 있다.

是以로 漢儒ㅣ 求之說卦而不得이면 則遂相與創하야 爲互體 變卦 五行 納甲 飛伏之法하야 參互以求而幸其偶合하니 其說이 雖詳이나 然이나 其不可通者는 終不可通이요 其可通者도 又皆傳會穿鑿而非有自然之勢라. 雖其一二之適然而無待於巧說者라도 爲若可信이나 然이나 上無所關於義理之本源하고 下無所資於人事之訓戒니 則又何必苦心極力하야 以求於此而欲必得之哉리오.

 이렇기 때문에「한나라」선비가「설괘전」에서 찾다가 얻지 못하면, 서로 새로 창안하여 호괘·변괘·오행·납갑·비복의 법을 만들어서, 서로 구하여 우연히 맞는 것을 다행스럽게 생각하니, 그 설명이 비록 자세하나 통하지 못하는 것은 끝까지 통할 수 없고, 통하는 것도 또한 억지로 갖다 붙인 것이어서 자연의 형세가 아니다. 비록 한두 가지는 맞아서 자세한 설명을 안해도 믿을 수 있는 것 같으나, 위로는 의리의 본원에 관계가 없고, 아래로는 사람의 일에 교훈과 경계됨이 없는데, 무엇하려고 고심하고 힘을 다해서 반드시 구해서 얻으려 하겠는가?

故로 王弼이 曰義苟應健이면 何必乾乃爲馬며 爻苟合順이면 何必坤乃爲牛리오. 而程子ㅣ 亦曰理ㅣ 無形也라 故로 假象以顯義라하니 此其所以破先儒膠固支離之失하고 而開後學玩辭玩占之方엔 則至矣로다.

그러므로 <왕필>이 말씀하기를 "의리가 굳센데 응하면 어찌 반드시 「건:☰」만 말이 되며, 효가 진실로 순한 데 합치하면 어찌 「곤:☷」만 소가 되겠는가?"라고 하였고, <정자>가 또한 말씀하기를 "이치는 형상이 없기 때문에, 형상을 빌려서 뜻을 나타냈다"고 하니, 이것은 옛날 선비의 교고하고 지리한 실수를 깨뜨리며, 후학들에게 「괘사」와 점을 음미하는 방법을 깨우치게 하기엔 지극하다.

※ 교고(膠固) : 굳을 교, 굳을 고. 고루하고 변통성이 없음.
※ 지리(支離) : 뿔뿔이 흩어짐, 엉망진창으로 만듦. 여기서는 일관성없이 추론하는 것을 뜻함.

然이나 觀其意컨대 又似直以易之取象이 無復有所自來요 但如詩之比興과 孟子之譬喻而已라. 如此則是說卦之作이 爲无所與於易而近取諸身遠取諸物者도 亦剩語矣라 故로 疑其說이 亦若有未盡者니라. 因竊論之컨댄 以爲易之取象이 固必有所自來요 而其爲說이 必已具於太卜之官이나 顧今에 不可復考하니 則姑闕之하고 而直據辭中之象하야 以求象中之意하야 使足以爲訓戒而決吉凶이면 如王氏程子與吾本義之云者도 其亦可矣니 固不必深求其象之所自來라. 然이나 亦不可謂假設而遽欲忘之也니라.

그러나 그 뜻을 보면, 또한 직설적이어서 『주역』의 상을 취한 것이 근거해서 온 데가 없고, 『시경』의 비흥(比興)과 『맹자』의 비유와 같게 볼 따름이다. 이렇다면 「설괘전」의 지음이 『주역』과 관계됨이 없을 것이니, "가깝게는 몸에서 취하고, 멀게는 물건에서 취했다"라는 말이 또한 군소리가 되므로, 그 설이 또한 다하지 못한 점이 있는가 의심된다.

가만히 생각해보건대 『주역』의 상을 취함이 반드시 온 데가 있을 것이고, 그 설명이 반드시 이미 점치는 관원에게 갖추어 있었을 것이나, 지금에 와서 다시 상고해 볼 데가 없으니 잠시 그대로 놓아두고, 곧바로 계사에 언급한 상을 근거해서 상의 뜻을 찾아 교훈과 경계를 삼고 길흉을 결단하려 한다면, <왕필>과 <정자> 및 나의 『본의』에서 말한 것으로도 또한 가능할 것이니, 반드시 상이 유래하게 된 연유를 깊게 연구할 필요는 없다. 그러나 또한 상이 가정해서 상정했다하여 빨리 잊으려 해서는 안된다.

  ※ 비흥(比興) : 『시경』의 육의(六義:風, 賦, 比, 興, 雅, 頌)중, 다른 것에 비유하여 재미있게 표현하는 「비:比」와 「흥:興」의 수사법.

  ※ 잉어(剩語) : 쓸데 없는 말.

⑨ 伏羲ㅣ 畫八卦하시니 只此數畫이 該盡天下萬物之理라. 學者ㅣ 於言上會得者는 淺하고 於象上會得者는 深이어늘 王輔嗣伊川이 皆不信象하니 如今에 却不敢如此說이라. 只可說道不及見這箇了면 且從象以下說하야 免得穿鑿이라. 某嘗作易象說하니 大率以簡治繁하고 不以繁御簡이라.

<복희씨>께서 팔괘를 그으시니, 다만 이 몇 획이 천하 만물의 이치를 다 포함하였다. 배우는 이가 말로써 깨닫는 것은 얕고, 상에서 깨닫는 것은 깊은데도, <왕보사>와 <정이천>이 다 상을 믿지 않았으므로, 요새 사람들이 감히 이렇게 말하지 못했다. 다만 도리로 설명하다가 미치지 못하면, 상에 의해 덧붙여 설명함으로써 한 군데 고착됨을 면했다. 내가 일찍기 『주역』의 상에 대한 설을 지었으니, 대개 간단한 것으로써 번잡스러움을 다스렸고, 번잡스러운 것으로 간단함을 다루지는 않았다.

  ※ <왕필>과 <정자>가 상으로써 괘를 설명하는 것을 거부하고, 다만 의리로써만 해석한

것을 비판하였다.

⑩ 易之象에 似有三樣이라. 有本畫自有之象하니 如奇畫象陽 偶畫象陰이 是也요 有實取諸物之象하니 如乾坤六子ㅣ 以天地雷風之類로 象之ㅣ 是也요 有只是聖人이 以意自取那象하야 來明是義者하니 如白馬翰如 載鬼一車之類ㅣ 是也라.

『주역』의 상에 세 가지 양태가 있는 것 같다. 본 획에 자연히 있는 상이 있으니, 홀수 획은 양을 상징하고 짝수 획은 음을 상징함이 이것이고, 실제로 물건의 상을 취한 것이 있으니, 「건·곤」과 여섯 자식괘가 하늘·땅·우뢰·바람 같은 류로써 상징함이 이것이며, 성인이 뜻으로 상을 취해서 괘의 의의를 밝힌 것이 있으니, "흰말이 나는 듯하다, 귀신을 한수레 실었다"는 류가 이것이다.

※ 也: '也'자 뒤에 '六十四卦之爻一爻各是一象'라는 본문에 딸린 주(注)가 있다.

⑪ 看易에 若是靠定象去看이면 便滋味長어니와 若只恁地懸空看이면 也沒甚意思라. 又曰說易에 得其理면 則象數ㅣ 在其中이라하니 固是如此라. 然이나 泝流以觀엔 却須先見象數하고 的當下落하야 方說得理라야 不走作이니 不然하야 事無實證이면 則虛理易差也니라.

"『주역』을 볼 때, 이와 같이 정한 상에 기대어 보아 나아가면 재미있을 것이지만, 만약 (정한 상이 없이) 공중에 띄워놓고 보면 어떤 생각도 안날 것이다." 또 말씀하기를 "『주역』을 설하기를 '그 이치를 얻으면 상과 수가 그 가운데 있다'고 하니, 진실로 그렇다. 그러나 흐름을 거슬러 올라가 살필 때는, 먼저 상과 수를 보고 마땅한 것을 정해서 이치를 설명해야 잘못되지 않을 것이니, 그렇지 않아서 일에 실증이 없으면 공허한 이치로 어긋나기 쉽다.

※ 靠 : 기댈 고, 맡길 고.   泝 : 거슬러 올라갈 소.
소류(泝流) : 흐르는 물을 거슬러 올라감.   하락(下落) : 낙착(落着)함.

⑫ 上古之時에 民心이 昧然하야 不知吉凶所在라. 故로 聖人이 作易에 敎之卜筮하사 吉則行之하고 凶則避之케하시니 此是開物成務之道라. 故로 繫辭에 云以通天下之志하며 以定天下之業하며 以斷天下之疑라 하니 正謂此也니라.

 상고의 때에 민심이 어두워서, 길하고 흉함이 있는 곳을 알지 못하였다. 그러므로 성인이 『주역』을 지어 점치는 법을 가르쳐서, 길하면 행하게 하고 흉하면 피하게 하시니, 이것이 물건을 열게하고 일을 성취시키게 하는 도이다. 그렇기 때문에 「계사전」에 "역으로써 천하의 뜻을 통하고, 천하의 업무를 정하며, 천하의 의심스러움을 판단한다"고 했으니, 바로 이것을 말함이다.

  ※「계사상전」11장에 출전.

初에 但有占而無文일새 往往如今人이 用火珠林하야 起課者相似라. 但用其爻而不用其辭하니 則知古人이 占不待辭而後에 見吉凶이라. 至孔子하야 又恐人이 不知其所以然이시니라. 故로 又復逐爻解之하야 謂此爻所以吉者는 謂以中正也요 此爻所以凶者는 謂不當位也라하시니 明言之하사 使人易曉爾시니라. 至如文言之類는 却又就上面發明道理요 非是聖人本意니 知此라야 方可學易이니라.

 처음에는 점치는 법만 있고 글이 없었으니, 이따금 요새사람이 화주림법을 써서 점을 치는 것과 같다. 다만 그 효는 쓰되 그 말(繫辭)을 쓰지 않으니, 옛날 사람이 점칠 때 말을 보지 않고도 길하고 흉함을 알았다는 것을 알 수 있다.

 <공자>때 이르러 사람들이 그 까닭을 모를까 두려워 하셨다. 그래서 다시 효마다 해석하시어 이 효가 길하다고 한 까닭은 중정(中正)하기 때문이고, 이 효가 흉한 것은 위(位)가 마땅치 않기 때문이라고 하시니, 밝혀 말씀하셔서 사람들이 쉽게 알게끔 하신 것이다. 「문언전」과 같은 것은 또한 그 위에 도리를 펴서 밝힌 것이고, 성인(<문왕>)의 본 뜻이 아니니, 이런 것을 알아야 『주역』을 배울 수 있다.

  ※ 화주림(火珠林) : 화주림파가 세 개의 동전을 이용해서 점을 치고, 이의 해석에 『주역』의 「효사」를 이용하지 않고, <경방(京房)>의 「팔궁괘차지육십사괘:八宮卦次之六十四卦

」에 오행(五行) 및 납갑납지(納甲納支)·세응(世應)·처재(妻財)·자손(子孫)·부모(父母)·관귀(官鬼)를 배당해서, 천시(天時)·관운(官運)·가택(家宅)·풍수(風水)·출행(出行)·심인(尋人)·혼인(婚姻)·행인(行人)·육갑(六甲)·구직(求職)·구재(求財)·교역(交易)·소송(訴訟) 등의 길흉을 판단하는 법이다.

※ 課 : 점(占)을 치는 일.
※ <공자>께서 「상전:象傳」을 지으셔서 『주역』을 해석하신 것을 설명하였다.

⑬ 聖人一部易이 皆是假借虛設之辭는 蓋緣天下之理ㅣ 若正說出이면 便只作一件用이로대 唯以象言則當卜筮之時에 看是甚事라도 都來應得이니라.

성인의 한 벌 역이 다 가정해서 꾸며 놓은 말인 것은, 대개 천하의 이치가 만일 바로 말했다면 다만 한 가지 일에만 쓸 수 있지만, 오직 상으로써 말하면 점을 칠 때를 당해서 어떤 일을 보아도 모두 적용될 수 있기 때문이다.

⑭ 上古之易은 方是利用厚生이요 周易에 始有正德意니 如利貞은 是敎人利於貞正이요 貞吉은 是敎人貞正則吉이라. 至孔子則說得道理ㅣ 又多니라.

상고의 역은 씀을 이롭게 하고 삶을 두텁게 한 것이며, 『주역』에 비로소 바른 덕의 뜻이 있으니, "바르게 함이 이롭다(利貞)"와 같은 것은 사람들에게 '바르고 곧게 하는 것이 이롭다'는 것을 가르침이고, "바르면 길하다(貞吉)"고 함은 사람들에게 '곧고 바르면 길하다'는 것을 가르침이다. <공자>에 이르러서는 도리를 말한 것이 더 많아졌다.

⑮ 易은 只是設箇卦象하야 以明吉凶而已요 更無他說이라 又曰易은 是箇有道理底卦影이요 易은 以卜筮作이나 許多理ㅣ 便也在裏니라.

"역은 다만 개개의 괘와 상을 설정해서 길흉을 밝힌 것 뿐이고, 다른 것은 없다." 또 말씀하기를 "역은 하나의 도리가 들어 있는 괘의 형상이고, 역은 점치기 위해 지었으나, 많은 이치가 그 가운데 있다.

⑯ 易은 本卜筮之書로 後人이 以爲止於卜筮러니 至王弼하야 用老莊解하야 後人이 便只以爲理而不以爲卜筮하니 亦非라. 想當初伏羲畫卦之時에 偶見得一是陽 二是陰하야 從而畫하시고 放那裏하야 只是陽爲吉 陰爲凶하시니 无文字라. 後에 文王이 見其不可曉하시니라 故로 爲之作彖辭하시고 或占得爻處에 不可曉라 故로 周公이 爲之作爻辭하시며 又不可曉라 故로 孔子ㅣ 爲之作十翼하시니 皆解當初之意라. 今人은 不看卦爻而看繫辭하니 是猶不看刑統而看刑統之序例也니 安能曉리오. 今人이 須以卜筮之書로 看之면 方得이어니와 不然이면 不可看易이니라.

　역은 본래 점치는 책으로 후세 사람이 점으로만 사용했다. <왕필>에 이르러 <노자·장자>의 학으로 해석해서, 뒷 사람이 다만 이치로만 해석하고, 점으로 쓰지 않았으니 또한 잘못이다.

　생각컨대 당초에 <복희씨>께서 괘를 그으실 때에, 우연히 하나는 양이고 둘은 음이라는 것을 발견하여 획을 그으시고, 그것을 본따 양은 길함이 되고 음은 흉함이 되는 것으로만 삼으시고 글자는 없었다. 뒤에 <문왕>께서 그것이 잘 알 수 없음을 살피셨기 때문에 「단사」를 지으셨고, 혹 점쳐서 효가 변했을 때 알기가 어려웠으므로 <주공>께서 「효사」를 지으셨으며, 그래도 알 수 없는 것이 있기 때문에 <공자>께서 「십익」을 지으시니, 다 당초의 뜻을 해석하신 것이다.

　요새 사람은 괘와 효는 보지 않고 계사(繫辭)만 보니, 이것은 형통(형법)을 보면서 형법책의 차례만 보는 것과 같으니 어떻게 깨닫겠는가? 요새 사람이 점치는 책으로 본다면 알 수 있을 것이지만, 그렇지 않으면 『주역』을 알 수 없을 것이다.

　　※ 『주역』의 본 뜻은 점치는 책이므로, 점치는 책으로 보아야 제대로 알 수 있다는 설명이다.

⑰ 易은 只是爲卜筮而作이라. 故로 周禮에 分明言太卜이 掌三易連山

歸藏周易이라하니 古人이 於卜筮之官에 立之ㅣ 凡數人하고 秦이 去古
未遠이라 故로 周易이 亦以卜筮로 得不焚이라. 今人은 才說易是卜筮
之書면 便以爲辱累了易이라하니 見夫子ㅣ 說許多道理하고 便以爲易
이 只是說道理요 殊不知其言吉凶悔吝이 皆有理而其敎人之意ㅣ 无
不在也니 而今所以難理會時는 蓋緣亡了那卜筮之法이니라.

　역은 다만 점치기 위해 지은 것이다. 그렇기 때문에 『주례』에 분명히 "태복이 연
산·귀장·주역의 세 역을 관장한다"고 했으니, 옛사람이 점치는 관원을 여러사람을
두었고, 「진나라」는 옛날과 멀지 않았기 때문에, 『주역』이 점치는 책이라해서 타지
않게 되었다. 요새 사람은 『주역』이 점치는 책이라고 하면 곧 『주역』을 모독하는
것이라하니, <공자>께서 많은 도리를 말씀하신 것을 보고 『주역』이 곧 도리를 설
명한 것으로만 알고, 『주역』에 "길하다, 흉하다, 뉘우친다, 인색하다"고 한 것이 다
이치가 있어, 사람을 가르치는 뜻이 없는 데가 없다는 것을 모르는 것이니, 지금와
서 이해하기 어려운 것은 점치는 법을 잊어버렸기 때문이다.

　※ 의약과 복서 및 농업에 관한 책은 분서(焚書)에서 제외되었다.

如太卜掌三易之法에 連山歸藏周易이 便是別有理會나 周易之法도
而今에 却只有上下經兩篇하고 皆不見許多法了하니 所以難理會라.
今人은 却道聖人이 言理而其中因有卜筮之說이라하나 他說理後에 說
從那卜筮上來做麽아.

　태복이 세 역을 관장하는 방법에, 연산역·귀장역·주역이 별도로 점치는 법이 있었
으나, 『주역』의 법도 지금은 「상·하경」 두 편만 있고 점치는 많은 법을 볼 수 없으
니, 이해하기 어려운 이유이다. 요새 사람은 말하기를 "성인이 이치를 말씀하셨으
니, 그 가운데서 점치는 말이 있다"하나, 이치를 말한 다음에 어디서 점치는 법이
따라왔다고 말하는가?

　※ 那 : 어찌 나.　　做 : 지을 주.

⑱ 易은 只是與人卜筮하야 以決疑惑이니 若道理ㅣ 當爲면 固是便爲

요 若道理ㅣ 不當爲면 自是不可做니 何用更占이리오. 却是有一樣事에 或吉 或凶하야 兩岐道理면 處置不得이니 所以用占이라.

  역은 사람이 점을 쳐서 의혹스러운 것을 판단하는 것이니, 도리가 마땅히 해야 하면 해야 할 것이고, 도리가 마땅히 하지 않아야 하면 스스로 하지 말아야 할 것이니, 어찌 다시 점을 치겠는가? 다만 한 가지 일이 혹 길하고 혹 흉해서 두 갈래 길이면, 어떻게 처치해야 하는 것인지 알지 못하므로, 이럴때 점을 쓰게 되는 것이다.

⑲ 今學者諱言易이 本爲卜筮作하고 須要說做爲義理作하니 若果爲義理作時라면 何不直述一件文字를 如中庸大學之書하야 言義理以曉人이리오. 須得畫八卦則甚가.

  요새 학자가 『주역』이 본래 점치기 위해 지었다는 말을 꺼리고, 의리를 위해서 지었다고 말하려하니, 만약 과연 의리를 위해서 지었다면, 어째서 한 건의 글을 『중용』이나 『대학』같이 직술해서 의리를 설명함으로써 사람들을 깨우치지 않았겠는가? 팔괘를 그어 놓은들 무엇하겠는가?

  ※ 甚 : 무엇 심.

⑳ 陽爻는 多吉하고 陰爻는 多凶하나 又看他所處之地位ㅣ 如何니라. 易中에 大槪陽吉而陰凶이어늘 間亦有陽凶而陰吉者는 何故오. 蓋有當爲하고 有不當爲하니 若當爲而不爲하고 不當爲而爲之면 雖陽이나 亦凶이니라.

  양효는 길한 것이 많고, 음효는 흉한 것이 많으나, 또한 처해 있는 지위가 어떤가를 보아야 한다. 『주역』 가운데는 대개 양은 길하고 음은 흉하나, 간혹 또한 양이 흉하고 음이 길한 것이 있음은 어째서일까? 대개 마땅히 해야할 것이 있고 마땅히 하지 말아야 할 것이 있으니, 마땅히 해야하는데 하지 않고 마땅히 하지 말아야 하는데 하면, 비록 양이라도 또한 흉하다.

㉑ 易中에 却是貞吉하고 不曾有不貞吉하며 都是利貞하고 不曾說利不貞이라. 如占得乾卦면 固是大亨이나 下에 則云利貞하니 蓋正則利하고 不正則不利하야 至理之權輿와 聖人之至敎ㅣ 寓其間矣니라.

『주역』 가운데 "바르면 길하다"고 했고, "바르지 않으면 길하다"고 한 데가 없으며, "바르게 해야 이롭다"라고 하고, "바르게 하지 않아서 이롭다"는 말은 없다. 만일 점해서「건괘:☰」를 얻으면 진실로 "크게 형통하나", 이어서 바로 "바르게 해야 이롭다(利貞)"라고 했으니, 바르면 이롭고 바르지 못하면 이롭지 못해서, 지극한 이치의 싹과 성인의 지극한 가르침이 그 사이에 붙어 있다.

※ 권여(權輿) : 사물의 시작, 싹틈.

大率是爲君子設이요 非小人盜賊의 所得竊取而用이니라. 橫渠ㅣ 云 易爲君子謀요 不爲小人謀라하니 極好니라.

대개 군자를 위해서 베풀어 놓은 것이고, 소인과 도적이 훔쳐서 쓸 수 있는 것이 아니다. <횡거>가 말씀하기를 "『주역』은 군자를 위하여 꾀하고, 소인을 위해서 꾀하지 않는다"고 하니, 아주 좋은 말이다.

※ 횡거(橫渠:1020~1077) :「북송」의 성리학자, 이름은 장재(張載), 자는 자후(子厚),「횡거진:橫渠鎭」에서 태어났으므로 횡거선생이라고 불린다.

㉒ 易中利字ㅣ 多爲占者設하니 如利涉大川은 是利於行舟也요 利有攸往은 是利於啓行也요 利用祭祀와 利用享祀는 是卜祭吉이요 田獲三狐와 田獲三品은 是卜田吉이요 公用享于天子는 是卜朝覲吉이요 利建侯는 是卜立君吉이요 利用爲依遷國은 是卜遷國吉이요 利用侵伐은 是卜侵伐吉之類니라.

『주역』 가운데 "이롭다(利)"는 글자는 점치는 사람을 위해서 써놓았으니, "큰 내를 건넘이 이롭다(利涉大川)"고 함은 배를 띠우는데 이로운 것이고, "가는 바를 둠이 이롭다(利有攸往)"고 함은 가는데 이로운 것이며, "제사를 지냄이 이롭다(利用祭祀, 利用享祀)"고 함은 제사지내는데 길한 점이고, "사냥해서 여우 세마리를 잡았다(田獲三狐), 사냥해서 삼품을 얻었다(田獲三品)" 함은 사냥가는데 길한 점이며, "공이 천자에게 공물을 바친다(公用享于天子)" 함은 조회하는데 길한 점이고, "후를 세움이 이롭다(利建侯)" 함은 임금을 세우는데 길한 점이며, "나라를 옮김이 이롭다(利用爲依遷國)" 함은 나라를 옮기는데 길한 점이고, "침입해 침이 이롭다(利用侵伐)" 함은 침벌하는데 길한 점과 같은 것들이다.

※ 계행(啓行) : 길을 앞장섬, 여행길을 떠남.　　田 : 사냥할 전.

㉓ 今人이 讀易에 當分爲三等看이라. 伏羲之易은 如未有許多彖象文言說話라도 方見得易之本意니 只是要作卜筮用이라. 如伏羲畫卦那裏에 有許多文字言語리오. 只是某卦ㅣ 有某象이니 如乾有乾之象하고 坤有坤之象而已라. 今人이 說易에 未曾明乾坤之象하고 便先說乾坤之理하니 所以說得都无情理라.

요새 사람이 『주역』을 읽을 때 세 등급으로 나누어 봐야 할 것이다. <복희씨>의 역은 많은 「단·상·문언전」과 같은 말이 없었어도 역의 본 뜻을 볼 것이니, 다만 점치는 용도로 지은 것이다. <복희씨>께서 괘를 그으실 때 어디에 그 많은 문자와 언어가 있었으랴? 다만 무슨 괘는 무슨 상이 있을 뿐이니, 「건괘」는 「건괘:☰」의 상이 있고, 「곤괘」는 「곤괘:☷」의 상이 있는 것과 같다. 요새 사람들이 『주역』을 말할 때 「건·곤」의 상은 밝히지 않고 먼저 「건·곤」의 이치만을 말하니, 그래서 말하는 것에 뜻과 이치가 도무지 없는 것이다.

及文王周公하야 分爲六十四卦하시고 添入乾元亨利貞 坤元亨利牝馬之貞하시니 早不是ㅣ 伏羲之意요 已是文王周公이 自說出一般道理了시니라. 然이나 猶是就人占處說하니 如占得乾卦면 則大亨而利於正耳라. 及孔子ㅣ 繫易에 作彖象文言하샤 則以元亨利貞으로 爲乾之四德하시니 又非文王之易矣라.

<문왕>과 <주공>에 이르러서 64괘를 나누시고, "건원형이정(乾元亨利貞), 곤원형이빈마지정(坤元亨利牝馬之貞)" 등을 첨가하셨으니, 이것은 <복희씨>의 뜻

이 아니고, 이미 <문왕>과 <주공>께서 스스로 일반 도리를 설명하신 것이다. 그러나 사람들이 점치는데 쓰라고 말한 것은 같으니, 만일 점쳐서 「건괘」를 얻었으면 크게 형통하고 바르게 함이 이롭다는 것이다. <공자>에 이르러 『주역』을 찬하실 때 「단전·상전·문언전」을 지으시고, "원형이정"으로 「건괘」의 네 덕을 삼으셨으니, 또한 <문왕>의 『주역』이 아니다.

> ※ 오로지 점을 치기 위해 만든 <복희씨>의 역과, 점을 일반도리로 설명한 <문왕·주공>의 역, 그리고 천지의 운행으로써 주역을 설명한 <공자>의 역으로 나누어 봐야 한다는 설명이다.

㉔ 讀易之法이 竊疑卦爻之辭는 本爲卜筮者하야 斷吉凶而具訓戒러니 至彖象文言之作하야 始因其吉凶訓戒之意로 而推說其義理以明之니라.

『주역』을 읽는 법이, 아마도 괘효의 말은 본래 점치는 사람을 위해서 길흉을 판단하고 훈계를 갖추더니, 「단전·상전·문언전」이 지어짐에 이르러서 비로소 그 길흉과 훈계한 뜻으로 인해 의리를 미루어 말해서 밝히게 되었을 것이다.

後人은 但見孔子所說義理하고 而不復推本文王周公之本意하야 因鄙卜筮以爲不足言하니 而其所以言者ㅣ 遂遠於日用之實類라. 皆牽合委曲하고 偏主一事而言하니 无復包含該貫曲暢旁通之妙라.

뒤에 사람들은 <공자>께서 의리를 설명하신 것만 보고, 다시 <문왕>과 <주공>의 본 뜻을 근본으로 하여 미루지 않아서, 점치는 것은 비속해서 말할 것이 없다하니, 그들이 말하는 것이(『주역』을 점으로 보지 않고 의리로만 말하는 것) 일상생활에 실제로 쓰는 것과는 거리가 멀다. 다 억지로 붙여서 왜곡되고 한 가지 일에 치우쳐 말하니, 모든 것을 포함하고 관통하고 여러가지로 통하는 오묘함이 없게 되었다.

若但如此면 則聖人이 當時에 自可別作一書하고 明言義理하야 以詔後世시리니 何用假託卦象하사 爲此艱深隱晦之辭乎아. 故로 今欲凡

讀一卦一爻에 便如占筮所得하야 虛心以求其辭義之所指하야 以爲吉凶可否之決然後에 考其象之所以然者하고 求其理之所以然者하야 推之於事면 使上自王公으로 下至民庶히 所以修身治國에 皆有可用이니 私竊컨대 以爲如此求之라야 似得三聖之遺意니라.

　만일 이렇다면 성인이 당시에 스스로 별도의 한 책을 지어 의리를 설명해서 후세에 밝히셨을 것이니, 무엇하려고 괘상에 의지하여 어렵고 깊고 은미한 말을 하셨겠는가? 그렇기 때문에 하나의 괘와 하나의 효를 읽고자 할 때는, 점쳐서 얻은 것 같이해서, 욕심없이 그 말이 가리키는 뜻을 파악해서 길흉과 가부의 결단을 한 뒤에, 그 상이 왜 그런가를 참고하고, 그 이치가 왜 그런가를 연구해서 일하는데 미루어 쓰면, 위로는 왕과 공으로부터 아래로 백성과 서인에 이르기까지 몸을 닦고 나라를 다스리는데 다 쓸 수 있게 될 것이니, 가만히 생각컨대 이렇게 역의 도를 구해야 세 분 성인의 남긴 뜻을 얻을 것 같다.

㉕ 孔子之易은 非文王之易이요 文王之易은 非伏羲之易이요 伊川易傳은 自是程氏之易也라. 故로 學者ㅣ 且依古易次第하야 先讀本文則見本旨矣리라.

　<공자>의 역은 <문왕>의 역이 아니고, <문왕>의 역은 <복희씨>의 역이 아니며, <이천>의 『역전』은 자체로 <정씨(이천)>의 역이다. 그렇기 때문에 배우는 사람이 또한 옛 역의 차례를 따라서 먼저 본문을 보면 본뜻을 알 것이다.

　　※ <이천>이나 <정씨>는 <정자>를 가리키고, 『역전』은 『정전:程傳』을 뜻한다.

㉖ 看易에 須是看他未畫卦已前에 是怎生模樣하고 却就這裏하야 看他許多卦爻象數ㅣ 非是杜撰이요 都是合如此라. 未畫已前엔 便是寂然不動하야 喜怒哀樂未發之中이니 只是箇至虛至靜而已나 忽然在這至虛至靜之中에 有箇象이 方說出許多象數吉凶道理라. 所以禮에 曰潔靜精微ㅣ 易敎也라하니 蓋易之爲書ㅣ 是懸空做出來니라.

『주역』을 볼 때에 먼저 괘를 긋기 이전에 어떻게 모양이 나왔을까를 생각하고, 그 속에서 많은 괘효와 상·수가 근거없는 것이 아니고, 마땅히 이같이 해야 할 것이라는 것을 알아야 한다. 괘를 긋기 이전에는 곧 고요하고 움직이지 않아서 희노애락이 발하지 않았으니, 다만 한 개의 지극히 비고 고요한 것 뿐이나, 홀연히 그 지극히 비고 고요한 가운데서 한 개의 형상이 있어 많은 상·수와 길·흉의 도리를 도출한다. 그렇기 때문에 『예기』에 말하기를 "깨끗하고 고요하고 정미롭고 은미한 것이 역의 가르침"이라 한 것이니, 대개 『주역』의 글이 허공에서 만들어져 나온 것이다.

※ 怎 : 어찌 즘, 의문사나 반어사로 쓰임.
※ 두찬(杜撰) : 전거나 출처가 없는 문자를 써서 틀린 곳이 많은 글.

如書는 便眞箇有這政事謀謨하야 方做出書來하고 詩는 便眞箇有這人情風俗하야 方做出詩來로대 易은 却都无這已往底事요 只是懸空做底라. 未有爻畫之先엔 在易則渾然一理요 在人則湛然一心이며 旣有爻畫이라야 方見得這爻是如何요 這爻又是如何라. 然而皆是就這至虛至靜中하야 做出許多象數來니 此其所以靈이니라.

『서경』 같은 것은 참말로 그런 정사와 법이 있어서 글을 써놓은 것이고, 『시경』은 참말로 그런 인정과 풍속이 있어서 그런 시를 지어놓은 것이나, 『주역』은 도무지 그런 일이 없고 다만 허구적으로 만들어 놓은 것이다. 효의 획이 있기 전에 있어서는 역은 (모든 것이 섞여있는) 혼연한 한 이치이고, 사람에 있어서는 담연(湛然)한 한 마음인 것이며, 효의 획이 있은 다음에야 그 효가 어떤 것인가를 얻을 수 있고, 그 효가 또 어떤가를 알 수 있다. 그러나 모두 다 지극히 비고 고요한 가운데에서 많은 상과 수가 나왔으니, 이것이 괘획이 신령하게 된 까닭이다.

※ 담연(湛然) : 고요하고 침착한 모양.

㉗ 易은 須是錯綜看이라. 天下事ㅣ 无不出於此하니 善惡是非得失과 以至於屈伸消長盛衰히 看甚事하야도 都出於此라. 伏羲以前은 不知如何占考러니 至伏羲하야 將陰陽兩箇하야 畫卦以示人하사 使人으로

於此에 占考吉凶禍福케하시니 一畫은 爲陽이요 二畫은 爲陰이며 一畫은 爲奇요 二畫은 爲偶니 遂爲八卦요 又錯綜爲六十四卦하시니 凡三百八十四爻라. 文王이 又爲之彖辭하사 以釋其義하시니 无非陰陽消長盛衰屈伸之理니 聖人之所以學者는 學此而已니라.

　역은 뒤섞이고 바뀌는 것으로 보아야 한다. 천하의 일이 여기서 나오지 않은 것이 없으니, 선악·시비·득실과, 굴신·소장·성쇠에 이르기까지 무슨 일을 보더라도 모두 여기서 나온다. <복희씨> 이전은 어떻게 점을 치는지 모르더니, <복희씨>에 이르러서 음과 양 두 개를 가지고 괘를 그어 사람들에게 보이심으로써, 사람들로 하여금 이것에 의해 길흉화복을 점치게 하시니, 한 획은 양이 되고 두 획은 음이 되며, 한 획은 홀수가 되고 두 획은 짝수가 되니 드디어 팔괘가 되고, 또 섞고 바꾸어서 64괘 384효를 만드셨다. <문왕>께서 또한 「단사」를 만드셔서 그 뜻을 풀이하시니, 음과 양이 소장하고 성쇠하며 굴신하는 이치가 아닌 것이 없으니, 성인이 배우는 것은 이것을 배울 따름이다.

　※ 굴신(屈伸) : 굽혔다 폄.　　소장(消長) : 사그러졌다 자라남.
　　성쇠(盛衰) : 성대해졌다 쇠함.　　將 : 가질 장.

㉘ 易은 最難看하니 其爲書也ㅣ 廣大悉備하야 包涵萬理하고 无所不有하나 其實은 是古者卜筮書라. 不必只說理요 象數도 亦可說이니 初不曾滯於一偏이니라.

　『주역』은 가장 보기 어려우니, 그 글됨이 넓고 크며 다 갖추어져서, 만 가지 이치를 다 담고 있으며 없는 것이 없으나, 그 실상은 옛날에 점치는 글이었다. 반드시 이치만 말한 글이 아니고, 상과 수도 또한 말할 수 있었으니, 처음부터 한쪽에 치우쳐 있지 않았다.

　※ 涵 : 받아들일 함.　　滯 : 빠질 체.

某ㅣ 近看易에 見得聖人이 本无許多勞攘이라. 自是後世ㅣ 一向妄意增減하야 便要作一說하고 以强通其義하니 所以聖人經旨ㅣ 愈見不明

이라.

 내가 근래에 『주역』을 보니 성인이 본래 많은 수고를 해서 만든 것이 아님을 알았다. 후세 사람들이 하나같이 망령되이 보태고 빼서 한가지 설을 만듦으로써 억지로 그 뜻을 통하니, 성인의 경의 뜻이 더욱 밝지 못하게 되는 까닭이 되었다.

 ※ 노녕(勞攘) : 노력하고 고심함.

且如解易에 只是添虛字去迎過라야 意來便得이어늘 今人이 解易에 乃去添他實字하야 却是借他做己意說了하고 又恐或者一說이 有以破之하니 其勢ㅣ 不得不支離라. 更爲一說하야 以護吝之하니 說千說萬이라도 與易으로 全不相干이라. 此書는 本是難看底物이니 不可將小巧去說이요 又不可將大話去說이니라.

 또한 『주역』을 해석함에 다만 한개의 '빌 허(虛)'자를 더해서 봐야 뜻이 통하게 되나, 지금 사람이 『주역』을 해석할 때에 '실제 실(實)'자를 보태 그것을 빌어서 자기의 뜻으로 만들어 설명하고, 또한 혹 다른 설이 나와 자기 이론을 깰까 두려워하니, 그 형세가 지리하지 않을 수 없다. 다시 한 설을 만들어서 보호하려고 아끼니, 천 가지 만 가지를 말해도 『주역』과는 전혀 상관이 없다. 이 글(주역)은 본래 보기 어려운 물건이니, 작고 교묘하게 설명할 수도 없고 또한 크게해서 설명할 수도 없는 것이다.

 ※ 干 : 간여할 간.

㉙ **易難看은 不比他書라. 易說一箇物은 非眞是一箇物이니 如說龍은 非眞龍이라. 若他書則眞是實이니 孝悌는 便是孝悌요 仁은 便是仁이로대 易中엔 多有不可曉處니라.**

 『주역』의 보기 어려움은 다른 책과 비교할 수 없다. 『주역』에 한 가지 물건을 말한 것은 참말로 한 개의 물건이 아니니, '용(龍)'을 말한 것은 진짜 용을 말한 것이 아니다. 다른 글 같으면 진짜 사실을 말한 것이니, 효도하고 공손하는 것은 곧 효도하고 공손하는 것이고, 인은 곧 인이지만, 『주역』 가운데는 알지 못할 곳이 많다.

㉚ 易는 難看이니 無箇言語可形容得이라. 蓋爻辭는 是說箇影이로대 象이 在那裏하야 无所不包니라.

『주역』은 보기 어려우니 말로 형용해서 알 수 없다. 대개 「효사」는 하나의 그림자를 말한 것이지만, 상이 그 가운데 있어서 포함하지 않는 것이 없다.

㉛ 看易에 須著四日하야 看一卦니 一日은 看卦辭彖象하고 兩日은 看六爻하고 一日은 統看이라야 方子細니라. 又曰和靖이 學易에 一日에 只看一爻라하니 此는 物事ㅣ 成一片이라. 動著에 便都成片이니 如何看一爻得이리오. 又曰先就乾坤二卦上하야 看得本意了면 則後面에 皆有通路니라.

"『주역』을 볼 때에 나흘을 소비해서 한 괘를 보아야 하니, 하루는 「괘사」와 「단전」 및 「상전」을 보고, 이틀은 여섯 효를 보고, 하루는 통털어서 봐야 자세하게 볼 것이다." 또 말씀하기를 "<화정>이 『주역』을 배우는데 하루에 한 효를 본다하니, 이것은 사물이 한 조각만 이룬 것이다. 움직이고 나타나는데 한쪽만 이루는 것이니, 어떻게 한 효만 보아서 얻을 수 있겠는가?" 또 말씀하기를 "먼저 「건·곤」의 두 괘에 나아가서 본 뜻을 봐서 얻으면 뒷면에 다 통하는 길이 있다."

㉜ 易는 大槪欲人이 恐懼修省이니 今學易에 非必待遇事而占하야 方有所戒요 只平居에 玩味하야 看他所說道理於自家所處地位에 合是如何라. 故로 云居則觀其象而玩其辭하고 動則觀其變而玩其占이라. 孔子所謂學易은 正是平日에 常常學之니 想見聖人之所讀이 異乎人之所謂讀이라. 想見胸中에 洞然於易之理하야 无纖毫蔽處라 故로 云可以无大過라하시니라.

『주역』은 대개 사람이 두려워해서 닦고 반성케하고자 함이니, 이제 『주역』을 배울 때 반드시 일을 만나 점을 친 뒤에 훈계를 얻을 것이 아니고, 다만 평상시에 완미해서 『주역』의 말한 도리가 자기처지에 어떠한가를 보아야 한다. 그러므로 "거처할 때는 그 상을 보고 그 말을 구경하며, 움직일 때는 그 변한 것을 보고 그 점을 구경한다"고 한 것이다. <공자>께서 이르신 바『주역』을 배운다는 것은, 바로 평일에 항상 배우는 것이니, 성인의 읽는 것이 사람들의 읽는 것과 다르다고 생각된다. 가슴 가운데 역의 이치가 훤히 트여서 털끝만큼의 가린 곳도 없을 것으로 생각되기 때문에, "큰 허물이 없다"고 말씀하신 것이다.

　　※ 통연(洞然) : 훤히 알고 있는 모양.　　纖 : 가늘 섬.

㉝ 讀易之法은 先讀正經하고 不曉면 則將彖象繫辭來解니라. 又曰易爻辭는 如纖辭라.

　"『주역』을 읽는 법은 먼저 정경(經文)을 읽고 깨닫지 못하면 「단전·상전·계사전」을 가지고 풀어야 할 것이다." 또 말씀하기를 "『주역』의 「효사」는 비결의 말과 같다."

　　※ 정경(正經) : 여기서는『주역』의 경문을 뜻하는 것으로,「괘사」와「효사」를 말한다. 즉 <문왕>과 <주공>께서 쓰신 경문을 먼저 읽고도 뜻을 모르면「십익:十翼」을 보아야 한다는 설명이다.

㉞ 問易을 如何讀고. 曰只要虛其心하야 以求其義요 不要執己見이니 讀他書도 亦然이니라.

　묻기를 "『주역』을 어떻게 읽어야 합니까?" 답하기를 "다만 자기 마음을 비우고 그 뜻을 구해야 할 것이고, 자기의 소견을 고집하지 말 것이니, 다른 글을 읽을 때도 또한 같다."

㉟ 問讀易에 未能浹洽은 何也오. 曰此須是此心이 虛明寧靜이라야 自然道理ㅣ 流通하야 方包羅得許多義理니라. 蓋易은 不比詩書니 他是說盡天下後世ㅣ 无窮无盡底事理라. 只一兩字ㅣ 便是一箇道理니라. 又人이 須是經歷天下許多事變하고 讀易이라야 方知各有一理ㅣ 精審端正이어늘 今旣未盡經歷하니 非是此心이 大段虛明寧靜이면 如何見

得이리오. 此不可不自勉也니라.

묻기를 "『주역』을 읽는데 흡족하지 못한 것은 어째서 입니까?" 답하기를 "마음이 비어서 밝고 편안하며 고요해야 자연의 도리가 흘러 통해서, 곧 많은 뜻과 이치를 포함하고 망라할 것이다. 대개 『주역』은 『시경』·『서경』과 비교할 수 없으니, 『주역』은 천하 후세의 끝이 없고 다함이 없는 일의 이치를 다 말한 것이다. 다만 '양(兩)'자 하나가 곧 하나의 도리이다. 또 사람이 천하의 많은 일의 변화를 경험해 편력한 후 『주역』을 읽어야만, 『주역』의 글이 각각 하나의 이치가 있어 정밀하고 세밀하며 단정하다는 것을 알 것이나, 이제 경험과 편력을 다하지 못했으니, 마음이 크게 비어서 밝고 편안하여 고요하지 않으면 어떻게 알 수 있겠는가? 이렇기 때문에 스스로 힘쓰지 않으면 안된다."

※ 양(兩) : 음양을 표현한 것이다.

又曰 如今에 不曾經歷得許多事過면 都自揍他道理不着이니 若便去看이라도 也卒未得他受用이라. 孔子도 晩而好易하시니 可見這書ㅣ 卒未可理會니라.

또 말씀하기를 "지금과 같이 일찍이 많은 일의 경력을 쌓지 않았으면, 도무지 그 도리를 파악하지 못할 것이니, 만약 『주역』을 본다하더라도 마침내 알 수 없을 것이다. <공자>께서도 늦게야 『주역』을 좋아하셨으니, 저 글(주역)이 빨리 이해할 수 있는 것이 아님을 알 수 있다."

※ 揍 : 도리(道理) 주, 조리 주.

㊱ 問易本義는 何專以卜筮로 爲主오. 曰且須熟讀正文하고 莫看註解하라. 蓋古易은 彖象文言이 各在一處러니 至王弼하야 始合爲一하니 後世諸儒ㅣ 遂不敢與移動이라. 今難卒說이니 且須熟讀正文하야 久當自悟니라.

묻기를 "『본의』는 어째서 오로지 점으로 주장을 삼았습니까?" 답하기를 "바른 글(正文)을 숙독하고 주해(註解)를 보지 마라. 옛날 『주역』은 「단전·상전·문언전」이 각각 떨어져 있더니, <왕필>에 이르러 처음으로 합해서 하나를 만드니, 후세의 모든 선비가 감히 바꾸지 못하였다. 지금 갑자기 설명하기 어려우니, 또한 바른 글을 숙독하여 오래 되면 마땅히 스스로 깨달을 것이다."

※ 여기서 정문(正文)은 문맥상 『주역』의 경문(「괘사」와 「효사」)을 뜻하고, 주해(註解)는 「단전·상전·문언전」을 뜻하는 것 같다. 경문이 원래 점을 위해 쓰여졌기 때문에, 『본의』 역시 점해석을 위주로 했다는 뜻이다.

㊲ 問讀本義所釋卦辭ㅣ 若看得分明이면 則彖辭之義ㅣ 亦自明이니 只須略提破此是卦義요 此是卦象 卦體 卦變이면 不必更下注脚矣오. 曰某ㅣ 當初作此文字時에 正欲如此라. 蓋彖傳은 本是釋經之卦辭로 若看卦辭分明則彖亦可見이로대 但後來에 要重整頓過未及하니 不知今所解者ㅣ 能如本意否아.

묻기를 "『본의』의 「괘사」를 풀이한 것을 읽어 분명하게 안다면 「단전」의 뜻이 또한 스스로 밝혀지니, 다만 이것이 괘의(卦義)이고 이것이 괘상(卦象)·괘체·괘변이라는 것을 대략 알면, 다시 주를 달 필요가 없지 않습니까?" 답하기를 "내가 당초에 『본의』를 지을 때에 그렇게 하려고 했다. 대개 「단전」은 본래 경의 「괘사」를 해석한 것으로, 만약 「괘사」를 분명하게 보면 「단전」도 또한 알 수 있으나, 다만 뒤에 와서는 중요한 것들의 정돈이 지나치거나 미치지 못하니, 요새 풀이하는 사람이 본래의 뜻대로 풀이하는지 모르겠다."

※ 『본의』가 훌륭한 책이긴 하지만, 아직 제대로 정리정돈이 덜 되어 있는 것을 걱정한 것이다.

又曰某ㅣ 作本義에 欲將文王卦辭하야는 只大綱依文王卦辭略說하고 至其所以然之故는 却於孔子彖辭中에 發之라. 且如大畜利貞不家食吉利涉大川은 只是占得大畜者는 爲利正不家食而吉利於涉大川이요 至於剛上而尙賢等處는 乃孔子發明으로 各有所主하니 爻象도 亦然이니라. 如此면 則不失文王本意하고 又可見孔子之意로대 但而今에 未

暇整頓耳라.

  또 말씀하기를 "내가 『본의』를 지을 때 <문왕>의 「괘사」는 대강 「괘사」대로 설명하고, 그 왜그런 까닭은 <공자>의 「단전」중에서 뽑아 설명코자 했다. 또 「대축괘」의 "바르게 함이 이로우니, 집에서 먹지 않으면 길하니, 큰 내를 건넘이 이롭다"는 것은, 다만 점쳐서 「대축괘」를 얻은 사람은 '바르게 함이 이롭고, 집에서 먹지 않으면 길하며, 큰내를 건넘이 이롭다'는 것이 되고, "강이 올라가서, 어진이를 숭상하고" 등에 이르러서는, <공자>께서 발명하신 것으로서 (<문왕>과 <공자>께서) 각각 주장하는 바가 있으니, 효상(爻象:소상전)도 또한 그러하다. 이렇게 하면 <문왕>의 본 뜻을 잃어버리지 않고, 또한 <공자>의 뜻도 볼 수 있다. 다만 지금 정돈이 덜 되었을 뿐이다."

  ※ <문왕>의 「괘사」는 점으로 해석하면 되고, <공자>의 「단전」 및 「상전」은 <공자> 나름대로의 설명인데, 『본의』는 이 두 뜻을 갖추었지만, 아직 정돈이 덜되었다는 것이다.

㊳ 某解一部易하니 只是作卜筮之書어늘 今人은 說得來太精了하야 更入粗不得이로다. 如某之說은 雖粗나 却入得精이면 精義ㅣ 皆在其中이니 若曉得某說이면 則曉得羲文之易이 本是如此요 元未有許多道理在니 方不失易之本意리라. 今未曉得聖人作易之本意하고 便先要說道理면 縱饒說得好나 只是與易으로 元不相干이니라.

  내가 한 벌의 『주역』을 풀이해보니, 단지 점치는 책으로 만들어진 것인데도, 지금 사람들은 설명한 것이 너무 자세하여 다시 간략히 알려해도 어렵다. 나의 설명은 비록 간략하나, 정수를 얻으면 정미로운 뜻이 다 그 가운데 있으니, 만약 내 설명을 깨달아 얻으면 <복희씨>와 <문왕>의 역이 본래 이렇다는 것을 깨달을 것이고, 원래 많은 도리가 있던 것이 아님을 알 것이니, 『주역』의 본 뜻을 잃지 않을 것이다. 이제 성인이 『주역』을 지으신 뜻을 알지 못하고 먼저 도리를 말하려고 하면, 비록 풍요롭고 좋게 설명하나 다만 『주역』과는 원래 상관이 없는 것이다.

  ※ 지금 사람들의 『주역』 주해는 너무 자세하기만 하고 큰 뜻은 모르나, 『본의』는 간략하나 『주역』의 정수가 알기 쉽게 설명되었다는 말이다.

㊴ 某之易이 簡略者는 當時에 只是略搭記하야 兼文義라. 伊川及諸儒ㅣ 皆說了하니 某는 只就語脈中하야 略牽過這意思라.

　나의 역이 간략한 것은, (글을 쓸) 당시에 다만 요약해 실어서 글 뜻을 겸해 설명했다. <이천>과 모든 선비가 다 말했기 때문에, 나는 다만 어맥 중에서 뜻만 통하게 간략하게 썼다.

　　※ 搭 : 실을 탑.

㊵ 近得趙子欽書하니 云語孟說은 極詳하고 易說은 太略이라하니 此는 譬如燭籠에 添一條骨이면 則障了一路明이나 若能盡去其障하야 使之統體光明이면 乃更好니 蓋著不得詳說也니라.

　근래에 <조자흠>의 책을 얻었는데, 말하기를 "『논어·맹자』는 너무 자세하고, 『주역』은 너무 간략하다"고 하니, 이것은 비유컨대 촛불을 넣는 등 같아서 나무 하나를 더 대면 한가닥의 밝음을 가릴 것이나, 만약 그 막은 것을 다 버려서, 전체가 빛나고 밝게 할 수 있으면 더 좋을 것이니, 대개 더 자세히 쓸 수가 없는 것이다.

㊶ 看易에 先看某本義了하고 却看程傳하야 以相參考하라. 如未看他易하고 先看某說이면 却也易看이니 蓋不爲他說所汨故也니라.

　『주역』을 볼 때에 먼저 나의『본의』를 보고『정전』을 봐서 서로 참고하라. 만일 다른『주역』해설서를 보지 않고 먼저 나의 설명을 보면 한결 쉽게 볼 것이니, 대개 다른 설에 빠지지 않을 것이기 때문이다.

　　※ 汨 : 빠질 골.

易本義圖

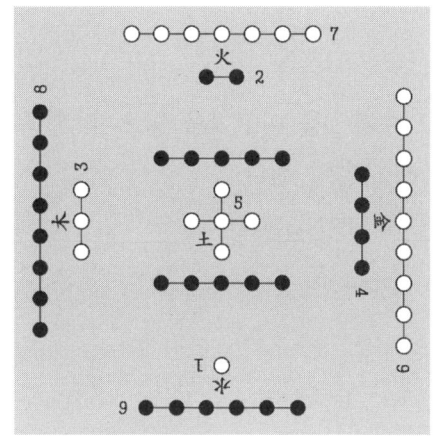 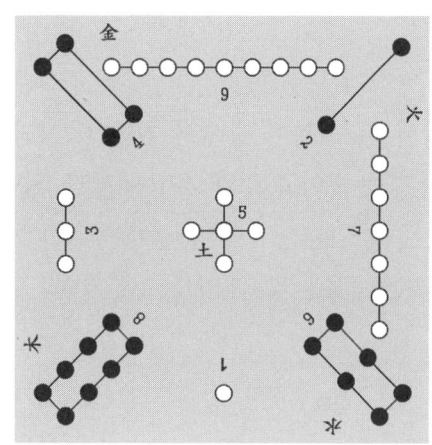

河圖之圖　　　　　　　　洛書之圖

右는 繫辭傳에 曰河出圖하고 洛出書어늘 聖人이 則之라하고 又曰 天一地二天三地四天五地六天七地八天九地十이니 天數ㅣ五 요 地數ㅣ五니 五位相得하며 而各有合하니 天數ㅣ二十有五요 地 數ㅣ三十이라. 凡天地之數ㅣ五十有五니 此ㅣ所以成變化하며 而行鬼神也라하니 此는 河圖之數也라.

　오른쪽 것은 「계사전」에 "「하수」에서 「하도」가 나오고, 「낙수」에서 「낙서」가 나오니 성인이 본받았다"라 말하고, 또 "하늘 하나, 땅 둘, 하늘 셋, 땅 넷, 하늘 다섯, 땅 여섯, 하늘 일곱, 땅 여덟, 하늘 아홉, 땅 열이니, 하늘의 수가 다섯이고 땅의 수가 다섯이다. 다섯 자리가 서로 얻으며 각각 합함이 있으니, 하늘의 수는 25이고 땅의 수는 30이다. 하늘과 땅의 수가 55니, 이것이 변화를 이루며 귀신이 행하는 것이다"라고 말했으니, 이것은 「하도」의 수다.
　　※ 「계사상전」의 11장 및 9장.

洛書는 蓋取龜象이라. 故로 其數ㅣ 戴九履一에 左三右七이오 二四ㅣ 爲肩에 六八ㅣ 爲足이라.

　「낙서」는 거북이 상에서 취했다. 그러므로 그 수가 9를 이고 1을 밟으며, 왼쪽은 3 오른쪽은 7이고, 2와 4가 어깨가 되며, 6과 8이 발이 된다.
　　※ 戴 : 머리에 이을 대. 여기서는 9가 거북의 머리에 해당한다는 뜻.
　　※ 履 : 밟을 리, 여기서는 1이 거북의 꼬리에 해당한다는 뜻.

『附錄』4)

① 孔氏(安國)ㅣ 曰河圖者는 伏羲氏ㅣ 王天下에 龍馬ㅣ 出河어늘 遂則其文하야 以畫八卦하시고 洛書者는 禹ㅣ 治水時에 神龜負文而列於背하야 有數至九어늘 禹ㅣ 遂因而第之하야 以成九類하시니라.

　<공안국>이 말씀하기를 "「하도」는 <복희씨>께서 왕하실 때 용마가 하수에서 나오자, 그 무늬를 본받아서 팔괘를 그으셨다. 「낙서」는 <우(禹)>께서 물을 다스리실 때 신령스런 거북이 등에 무늬를 배열하여 지고 나와서 그 수가 아홉까지 있

---

4). 부록(附錄) : 여기에서 부록이라 함은, 앞의 범례에서 나왔듯이 <천태동씨>의 『주역전의부록:周易傳義附錄』과 <파양동씨>의 『주역경전집정주해부록찬주:周易經傳集程朱解附錄纂註(주역회통:周易會通)』을 서로 참고하여 고정(考訂)한 것임.

었는데, <우>께서 차례로하여 아홉 가지 법도(類)를 만드셨다."고 하였다.

  ※ 공안국(孔安國 : 생몰년 미상) : 「전한:前漢」의 경학자. 고문학의 개조. 자는 자국(子
    國), 「산동성」의 「곡부:曲阜」출신.

② 劉氏(歆)ㅣ 曰伏羲氏ㅣ 繼天而王하실새 受河圖而畵之하시니 八卦ㅣ
是也요 禹治洪水하실새 賜洛書시어늘 法而陳之하시니 九疇ㅣ 是也라
河圖洛書는 相爲經緯하고 八卦九章은 相爲表裏하니라.

  <유흠>이 말씀하기를 "<복희씨>께서 하늘을 이어 왕을 하실 때 「하도」를 받아
서 그으시니 「팔괘」가 이것이다. <우>께서 홍수를 다스리실 때 「낙서」를 주심에
본받아 베풀어 놓으시니 「홍범구주」가 이것이다. 「하도」와 「낙서」는 서로 날줄 씨
줄이 되고, 「팔괘」와 「구장」은 서로 겉과 속이 된다"라 하였다.

  ※ 유흠(劉歆 : ?-A.D.23) : 「전한:前漢」의 경학자. 자는 자준(子駿), 후에 이름은 수(秀),
    영숙(穎叔)으로 고쳤다. <유향(劉向)>의 아들. <양웅(揚雄)>과 동시대 인물로 경학에 뛰
    어나 고문경학의 조종(祖宗)으로 일컬어진다. 저서에 『삼통력보:三統曆譜』가 있으나, 원
    래 문집은 없어지고 명대에 『유자준집:劉子駿集』으로 수집되었다.

③ 關氏(朗)ㅣ 曰河圖之文은 七前六後八左九右요 洛書之文은 九前
一後三左七右四前左二前右八後左六後右니라.

  <관랑>이 말씀하기를 "「하도」의 무늬는 7이 앞, 6이 뒤, 8이 왼쪽, 9가 오른쪽이
고, 「낙서」의 무늬는 9가 앞, 1이 뒤, 3이 왼쪽, 7이 오른쪽, 4가 앞의 왼쪽, 2가 앞
의 오른쪽, 8이 뒤의 왼쪽, 6이 뒤의 오른쪽이다"라 하였다.

  ※ 관랑(關朗) : 「후위:後魏」 <효제(孝帝)>때 「해주:解州」사람. 자는 자명(子明). 저서에
    는 『동극:洞極』 및 『관씨역전:關氏易傳』이 『사고제요:四庫提要』에 실려있다.

④ 邵子ㅣ 曰圓者는 星也니 曆紀之數ㅣ 其肇於此乎며 方者는 土也니
畵州井地之法이 其放於此乎인져 蓋圓者는 河圖之數요 方者는 洛書
之文이라 故로 羲文이 因之而造易하시고 禹箕ㅣ 敍之而作範也시니라.

<소자>가 말씀하기를 "둥근 것은 별(星)이니 역기(曆紀)의 수가 여기에서 비롯된 것이고, 모난 것은 땅이니 9주(州)를 긋는 것과 정전법(井田法)이 이것을 모방한 것이다. 원은 「하도」의 수이고, 네모는 「낙서」의 무늬이기 때문에, <복희씨>와 <문왕>께서 이로 말미암아 역(易)을 지으시고, <우임금>과 <기자>께서 그것을 펴서 「홍범구주」를 지으셨다."고 했다.

※ 소자(邵子:100-1077):「북송:北宋」의 학자. 이름은 소옹(邵雍), 자는 요부(堯夫), 시호는 강절(康節). <이지재(李之才)>로부터 도서선천수(圖書先天數)의 학을 전수받아 이것을 계승하면서 선천역학(先天易學)을 수립했다.

※ <소자>는 역법(曆法)에 있어서 1~10수중에서 1과 2를 이시(二始)라 하여 강유(剛柔)를 정하고, 5와 6을 이중(二中)이라하여 율력(律曆)을 정하고, 9와 10을 이종(二終)이라 하여 윤여(閏餘)를 기록하여서 이를 역기(曆紀)라고 하였다.

※ 이시(二始):1은 기(奇)이므로 강(剛)이고, 2는 우(偶)이므로 유(柔)다.
　이중(二中):5는 십간(十干)을 상징하고, 6은 십이지(十二辰,十二支)를 상징한다.
　이종(二終):윤여의 법은 19세(歲)로 1장(章)을 삼는다(19는 9와 10을 합한 수).

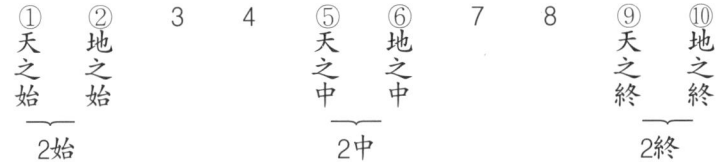

⑤ 朱子ㅣ 曰天地之間에 一氣而已로되 分而爲二면 則爲陰陽而五行造化萬物始終이 无不管於是焉이라 故로 河圖之位ㅣ 一與六이 共宗而居乎北하고 二與七이 爲朋而居乎南하고 三與八이 同道而居乎東하고 四與九ㅣ 爲友而居乎西하고 五與十이 相守而居乎中하니 蓋其所以爲數者는 不過一陰一陽一奇一偶하야 以兩其五行而已니라.

<주자>가 말씀하기를 "하늘과 땅 사이에 한 기운 뿐이나, 나뉘어 둘이 되면 음양이 되고, 오행의 조화와 만물의 비롯되고 끝남이 이것에서 관리되지 않는 것이 없다. 그렇기 때문에 「하도」의 자리가 1과 6이 근본(宗)을 같이해서 북쪽에 거처하고, 2와 7이 한 짝(朋)이 되어 남쪽에 거처하며, 3과 8이 길(道)을 같이해서 동쪽에 거처하고, 4와 9가 벗(友)이 되어 서쪽에 거처하며, 5와 10이 서로 지키면서 가운데

거처한다. 그 숫자가 된 연유는, 한 번 음하고 한 번 양하며, 한 번 홀수하고 한 번 짝수해서, 오행을 두 번 했을 따름이다."

　　※ '朱子曰'이라고 한 것은, 범례에서 말했듯이『주역본의』외에 나온 <주자>의 학설을 표시한 것이다. 여기서는『역학계몽』에서 인용한 것이다.

　　※「하도」의 숫자배열을 설명한 것이다. 1·6수, 2·7화, 3·8목, 4·9금, 5·10토의 배열이 음양으로 보면 한번 음하고 한번 양하는 상이며, 기우(奇偶)로 보면 한 번 홀수하고 한 번 짝수한 것이며, 오행으로 보면 오행을 두 번 순환한 것과 같다.

所謂天者는 陽之輕淸而位乎上者也요 所謂地者는 陰之重濁而位乎下者也니 陽數는 奇라 故로 一三五七九ㅣ 皆屬乎天하니 所謂天數五也요 陰數는 偶라 故로 二四六八十이 皆屬乎地하니 所謂地數五也라. 天數地數ㅣ 各以類而相求하니 所謂五位之相得者ㅣ 然也라.

"하늘이라 하는 것은 양이 가볍고 맑아서 위에 있는 것이고, 땅이라 하는 것은 음이 무겁고 흐려서 아래에 위치한 것이다. 양수는 홀수이기 때문에 1·3·5·7·9가 다 하늘에 속하니, '하늘의 수가 다섯'이라는 것이고, 음수는 짝수이기 때문에 2·4·6·8·10이 다 땅에 속하니, '땅의 수가 다섯'이라는 것이다. 하늘수와 땅수가 각각 같은 무리끼리 서로 구하니, 다섯 자리가 서로 얻는다고 한 것이다."

　　※「계사상전」9장의 "天數ㅣ 五요 地數 五니 五位相得하며…"를 설명한 것이다.

天이 以一生水而地ㅣ 以六成之하고 地ㅣ 以二生火而天이 以七成之하고 天이 以三生木而地ㅣ 以八成之하고 地ㅣ 以四生金而天이 以九成之하고 天이 以五生土而地ㅣ 以十成之하니 此ㅣ 又其所謂各有合焉者也라.

"하늘이 1로 물(水)을 낳으니 땅이 6으로 이루고, 땅이 2로 불(火)을 낳으니 하늘이 7로써 이루며, 하늘이 3으로 나무(木)를 낳으니 땅이 8로써 이루고, 땅이 4로 쇠(金)를 낳으니 하늘이 9로써 이루며, 하늘이 5로 흙(土)을 낳으니 땅이 10으로써 이루니, 이것이 또한 각각 합함이 있다고 한 것이다."

※ 「계사상전」 9장의 "而各有合하니…"를 설명한 것이다.

積五奇而爲二十五하고 積五偶而爲三十하니 合是二者而爲五十有五라. 此ㅣ 河圖之全數니 皆夫子之意而諸儒之說也라. 至於洛書하얀 雖夫子之所未言이나 然이나 其象其說이 已具於前하니 有以通之면 則劉歆所謂經緯表裏者를 可見矣라.

"다섯 홀수를 합해서 25가 되고, 다섯 짝수를 합해서 30이 되니, 이 두 수를 합하면 55가 된다. 이것이 「하도」의 전체 숫자이고, 다 <공자>의 뜻이며 모든 선비들의 말이다. 「낙서」에 있어서는 비록 <공자>께서 언급하시지 않았으나, 그 상과 그 말이 이미 「하도」를 설명한 글에 갖추어 있으니, 통해서 보면 <유흠>이 '날줄과 씨줄, 겉과 속'이라고 말한 것을 알 수 있다."

※ 「계사상전」 9장의 "天數ㅣ 二十有五요 地數ㅣ 三十이라…"를 설명한 것이다.

或曰 河圖洛書之位與數ㅣ 所以不同은 何也오. 曰河圖는 以五生數로 統於成數而同處其方하니 蓋揭其全하야 以示人而道其常數之體也요 洛書는 以五奇數로 統四偶數而各居其所하니 蓋主於陽하야 以統陰而肇其變數之用也라.

"혹자가 묻기를 '「하도」와 「낙서」의 자리(位)와 수(數)가 같지 않은 까닭은 어째서 입니까?' 답하기를 '「하도」는 다섯 생수로써 성수를 통솔해서 같은 방위에 거처하니, 전체를 들어 사람들에게 보임으로써 그 상수(常數)의 체를 말한 것이다. 「낙서」는 다섯 홀수로써 네 짝수를 거느리되 각각 그 방소에 거처하니, 양을 주로해서 음을 통솔함으로써 변수(變數)의 용을 시작하게 한 것이다.'"

曰其皆以五로 居中者는 何也오. 曰凡數之始는 一陰一陽而已矣라. 陽之象은 圓하니 圓者는 徑一而圍三하고 陰之象은 方하니 方者는 徑一而圍四라. 圍三者는 以一爲一이라 故로 參其一陽而爲三하고 圍四

者는 以二爲一이라 故로 兩其一陰而爲二하니 是所謂參天兩地者也라 三二之合則爲五矣니 此ㅣ 河圖洛書之數ㅣ 所以皆以五爲中也라.

 "묻기를 '「하도」와 「낙서」가 다 5로써 가운데 있게 한 것은 어째서 입니까?' 답하기를 '모든 숫자의 시작은 한 번 음하고 한 번 양하는 것 뿐이다. 양의 형상은 원인데, 원은 지름이 1이라면 둘레는 3이다. 음의 형상은 네모이니 네모는 지름이 1이라면 둘레가 4이다. 둘레가 3인 것은 1로써 1을 삼기 때문에, 그 한 양을 세번해서 3이 되고, 둘레가 4인 것은 2로써 1을 삼기 때문에, 그 한 음을 두번해서 2가 되니, 이것이 하늘은 셋하고 땅은 둘한다는 것이다. 셋과 둘을 합하면 다섯이 되므로, 「하도」와 「낙서」의 수가 다 5로써 가운데를 한 것이다.'

 ※ 삼천양지(參天兩地) : 원은 그 비율에 있어서 직경이 1이라면 원주는 3이 조금 더 되고, 네모는 직경이 1이라면 둘레는 4가 된다. 또 홀수는 한 방향으로 나가므로 1은 1이고, 3은 3이며, 5는 5로 그 수가 줄지 않으나, 짝수는 쌍방향으로 나가므로 2는 1과 1의 합이고, 4는 2와 2의 합이 되는 까닭에 그 수가 반으로 준다(「낙서」의 2,4,6,8 그림 참조).

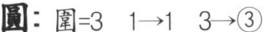　　　　

然이나 河圖는 以生數로 爲主라 故로 其中之所以爲五者ㅣ 亦具五生數之象焉하니 其下一點은 天一之象也요 其上一點은 地二之象也요 其左一點은 天三之象也요 其右一點은 地四之象也요 其中一點은 天五之象也라. 洛書는 以奇數로 爲主라 故로 其中之所以爲五者ㅣ 亦具五奇數之象焉하니 其下一點은 亦天一之象也요 其左一點은 亦天三之象也요 其中一點은 亦天五之象也요 其右一點則天七之象也요 其上一點則天九之象也라 其數與位ㅣ 皆三同而二異하니 蓋陽不可易而陰可易이요 成數는 雖陽이나 固亦生之陰也라.

 '그러나 「하도」는 생수로써 주인을 삼았기 때문에, 그 가운데 5가 된 것이 또한 다섯 생수의 형상을 갖추었으니, 그 아래 한 점은 「하늘 하나」의 상이고, 그 위에 한 점은 「땅 둘」의 형상이며, 그 왼쪽 한 점은 「하늘 셋」의 형상이고, 그 오른 쪽의 한 점은 「땅 넷」의 상이며, 가운데 한 점은 「하늘 다섯」의 형상이다. 「낙서」는 홀수로 주인을 삼았기 때문에, 그 가운데 5가 된 것이 또한 다섯 홀수의 형상을 갖추었으니, 그 아래 한 점 역시 「하늘 하나」의 형상이고, 그 왼쪽 한 점은 「하늘 셋」의 형상이며, 그 가운데 한점은 「하늘 다섯」의 형상이고, 그 오른 쪽 한 점은 「하늘 일곱」의 형상이며, 그 위에 한 점은 「하늘 아홉」의 형상이다. 그 숫자와 자리가 셋(1,3,5)은 같고 둘은 틀리니, 양은 바꾸어질 수 없으나 음은 바꿀 수 있는 것이고, 성수(7,9)는 비록 양이지만 음수(2,4)에서 나온 것이다'".

※ 「하도」와 「낙서」의 가운데 다섯 점에 대해서 설명한 것이다. <퇴계(退溪)>선생은 "「하도」는 생수의 종위(終位)로 5가 자리하니, 성수의 끝수인 10과 상합을 이루기 위한 것이고, 「낙서」는 구궁중의 하나인 기수일 뿐이니, 사정(四正)·사우(四偶)수와 더불어 하나의 기수를 이루기 위한 것이다."라고 했다.

※ 陽不可易而陰可易 : 양수가 자리한 중앙과 왼쪽 그리고 아랫쪽의 점은, 「하도」나 「낙서」에서 모두 5·3·1로 같지만, 음수가 자리한 윗쪽과 오른쪽은 「하도」에서는 2와 4이고, 「낙서」에서는 4와 2로 자리바꿈을 하였다. 「낙서」에 있어서 정방향에 음수대신 양수인 9와 7이 있지만, 그 바탕은 겯방향에 있는 4(4+5=9)와 2(2+5=7)에 있는 것이다.

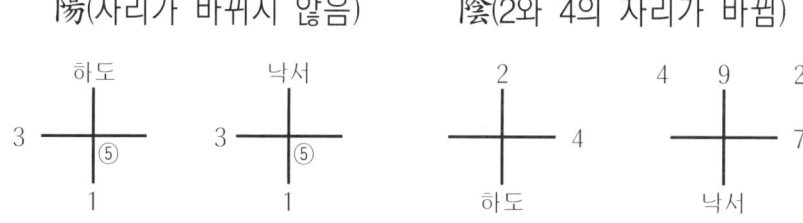

曰中央之五는 固爲五數之象矣라. 然則其爲數也ㅣ 奈何오. 曰以數言之則通乎一圖하야 由內及外하니 固各有積實可紀之數矣라. 然이나 河圖之一二三四는 各居其五象本方之外而六七八九十者는 又各因五而得數하야 以附于其生數之外요 洛書之一三七九는 亦各居其五象本方之外而二四六八者는 又各因其類하야 以附于奇數之側하니 蓋中者ㅣ 爲主而外者ㅣ 爲客이요 正者ㅣ 爲君而側者ㅣ 爲臣이니 亦各有條而不紊也니라.

"묻기를 '중앙의 5는 정말로 다섯 수의 상이 됩니다. 그렇다면 그 숫자(5)의 됨됨이는 어떻습니까?' 답하기를 '숫자로써 말하면, 한 그림에 통해서 안으로 말미암아 바깥으로 미치니, 진실로 각각 실 내용수(實)를 쌓아 벼리가 될 수 있는 수가 있다. 그러나 「하도」의 1·2·3·4는 각기 오상본방의 밖에 있고, 6·7·8·9·10은 각각 5로 인해 숫자를 얻어서 생수의 밖에 붙어 있다. 「낙서」의 1·3·7·9는 또한 각각 오상본방의 밖에 있고, 2·4·6·8은 또한 각각 그 동류를 따라 홀수의 곁에 붙어 있다. 가운데 것이 주인이 되고 바깥 것이 손님이 되며, 바로 있는 것이 인군이 되고 옆에 있는 것이 신하가 되어서, 또한 각각 조리가 있어 어지럽지 않다.'"

※ 오상본방(五象本方) : 「하도」와 「낙서」의 중심에 있는 다섯개의 점(5상)이 「하도」와 「낙서」의 중심이 되는 방위에 있으므로(本方) 「오상본방」이라고 한다.

曰其多寡之不同은 何也오. 曰河圖는 主全이라 故로 極於十而奇偶之位ㅣ 均하니 論其積實然後에 見其偶贏而奇乏也요 洛書는 主變이라 故로 極於九而其位與實이 皆奇贏而偶乏也니 必皆虛其中也然後에 陰陽之數ㅣ 均於二十而无偏爾니라.

"묻기를 '숫자가 많고 적은 것이 같지 않음은 어째서 입니까?' 답하기를 '「하도」는 전체를 주장하므로 10에서 끝나서 홀수와 짝수의 자리가 고르니, 홀수와 짝수의 합을 비교한 후에야 짝수는 남고 홀수는 모자란다는 것을 알 수 있다. 「낙서」는 변함을 주장하므로 9에서 끝나서 그 자리와 실제 내용에 모두 홀수가 남고 짝수가 모자라니, 반드시 가운데 있는 숫자를 비운 후에야 음양의 숫자가 고르게 20이 되어 기울어짐이 없다.'"

※ 贏 : 남을 영.
※ 「하도」의 자리는 홀수자리가 다섯이고, 짝수자리가 다섯으로 고르다. 그러나 홀수의 합은 25이고 짝수의 합은 30이므로 실 내용에 있어서는 짝수가 많다.
※ 「낙서」의 자리는 홀수자리가 다섯자리이고, 짝수자리가 넷으로 홀수자리가 많다. 또 실질 내용에 있어서도 홀수의 합은 25이고, 짝수의 합은 20으로 홀수의 합이 더 많다.

曰其序之不同은 何也오. 曰河圖는 以生出之次로 言之면 則始下 次上 次左 次右하야 以復于中而又始于下也요 以運行之次로 言之면 則始東 次南 次中 次西 次北하야 左旋一周而又始于東也라. 其生數之在內者는 則陽居下左而陰居上右也요 其成數之在外者는 則陰居下左而陽居上右也라.

洛書之次ㅣ 其陽數는 則首北 次東 次中 次西 次南하고 其陰數는 則首西南 次東南 次西北 次東北也니 合而言之면 則首北 次西南 次東 次東南 次中 次西北 次西 次東北而究于南也요 其運行은 則水克火 火克金 金克木 木克土하야 右旋一周하고 而土復克水也니 是ㅣ 亦各有說矣라.

"묻기를 '그 차례가 같지 않은 것은 어째서입니까?' 답하기를 「하도」는 나온 차례로 말하면, 아래에서 시작해서(1), 다음은 위로(2), 다음은 왼쪽으로(3), 다음은 오른쪽으로 해서(4), 다시 가운데로 돌아온 다음에(5) 또 아래에서 시작한다 (6,7,8,9,10의 차례). 운행하는 차례로 말하면, 동쪽에서 시작해서(3木) 남(2火)·중(5土)·서(4金)·북쪽(1水)의 차례로해서 왼쪽으로 한바퀴 돈 다음(오행의 상생), 동쪽에서 다시 시작한다(8목,7화,10토,9금,6수의 상생순서). 안에 있는 생수는 양이 아래(1)와 왼쪽(3)에 있고, 음이 위(2)와 오른쪽(4)에 있으며, 밖에 있는 성수는 음이 아래(6)와 왼쪽(8)에 있고, 양은 위(7)와 오른쪽(9)에 있다.

「낙서」의 차례에 있어서 양수는, 북쪽(1)을 머리로 해서, 다음 동쪽(3), 다음 가운데(5), 다음 서쪽(7), 다음 남쪽(9)으로 하고, 음수는 서남쪽(2)을 머리로해서, 동남쪽(4)·서북쪽(6)·동북쪽(8)으로 차례하니, 합해서 말하면 북쪽을 머리로 해서 서남쪽·동쪽·동남쪽·중(가운데)·서북쪽·서쪽·동북쪽으로 차례해서 결국은 남쪽에 이른다. 그 운행은 수극화·화극금·금극목·목극토로 오른쪽으로 한바퀴 돌아(右旋) 다시 토극수하니, 이것 또한 각기 설이 있는 것이다.'"

※ 오행의 상극 : 오행이 서로 견제 대립하여 물이 불을 이기고, 불이 금을 이기고, 금이 나무를 이기고, 나무가 흙을 이기고, 흙은 물을 이기는 작용(水克火, 火克金, 金克木, 木克土, 土克水). 이러한 작용에 의해 만물은 편중되거나 과불급이 없어져 조화로운 생활을 하게 된다.

曰其七八九六之數ㅣ 不同은 何也오. 曰河圖는 六七八九ㅣ 旣附於生數之外矣니 此는 陰陽老少進退饒乏之正也라. 其九者는 生數一三五之積也라 故로 自北而東自東而西하야 以成于四之外요 其六者는 生數二四之積也라 故로 自南而西自西而北하야 以成于一之外요 七則九之自西而南者也요 八則六之自北而東者也니 此又陽陰老少互藏其宅之變也라.

洛書之縱橫은 十五而七八九六이 迭爲消長이라 虛五分十而一含九 二含八 三含七 四含六하니 則參伍錯綜하야 无適而不遇其合焉이라. 此는 變化无窮之所以爲妙也니라.

"묻기를 '7·8·9·6의 숫자가 같지 않은 것은 어째서입니까?' 답하기를 '「하도」는 6·7·8·9의 수가 이미 생수의 바깥에 붙어 있으니, 이것은 음양노소의 진퇴하고 요핍(饒乏)하는 바름이다. 9는 생수인 1·3·5의 합이기 때문에, 북쪽(1)으로부터 동쪽(3)으로, 동쪽으로부터 (中인 5를 거쳐) 서쪽으로 해서 4의 바깥에서 이루어진다. 6은 생수 2와 4의 합이기 때문에, 남쪽(2)으로부터 서쪽(4)으로, 서쪽으로부터 북쪽으로 가서 1의 바깥에서 이룬다. 7은 9가 서쪽으로부터 남쪽으로 간 것이고, 8은 6이 북쪽으로부터 동쪽으로 간 것이다. 이것은 또 음양노소가 서로 그 집을 감추는 변화이다.

「낙서」의 가로와 세로는 15인데, 7·8·9·6이 차례로 사그러지고 커짐이 되니, 가운데의 5를 비우고 나머지 10을 나누면, 1이 9를 머금고, 2가 8을 머금고, 3이 7을 머금고, 4가 6을 머금으니, 삼오가 뒤섞여 그 합(10)을 만나지 못하는 것이 없으니, 이것이 변화가 끝이 없어 오묘하게 되는 까닭이다.'"

※ 음양노소의 진퇴하고 요핍(남고 모자람)하는 바름이다. : 양은 7에서 9로 나아가고 음은 8에서 6으로 물러나니, 이것이 음양 두 기운의 유행하는 상도(常道)이다. 9는 8보다 많고 7은 6보다 많으며, 6은 7보다 적고 8은 9보다 적으니, 이는 요핍의 바름이다(음양 數理의 유행하는 常道이다).

※ 陰陽老少互藏其宅之變也 : 「하도」의 생성수를 사위(四位:노양위 1, 소음위 2, 소양위 3, 노음위 4)와 사수(四數:노양수 9, 소음수 8, 소양수 7, 노음수 6)로 나눌 때, 노양수(9)는 노양위(1)가 아닌 노음위(4)의 밖에 있고, 노음수(6)는 노음위(4)가 아닌 노양위(1)의 밖에 놓여 있으니, 이것이 노양과 노음의 '호장기택지변'이다.

또 소양수(7)는 소양위(3)가 아닌 소음위(2)의 밖에 있고, 소음수(8)는 소음위(2)가 아닌 소양위(3)의 밖에 놓여 있으니, 이것이 소양과 소음의 '호장기택지변'이다.

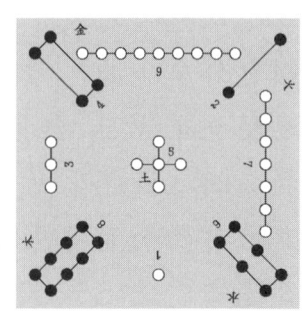

※ 삼오가 뒤섞여 : 여기서 '삼오(參伍)'란 생수의 합이 세 개의 5를 만드는 변화를 말한다. 즉 중앙의 5는 자체로 5가 되고, 1과 4의 합이 5가 되며, 2와 3의 합 역시 5가 되니 '삼오'가 된다. 이 세개의 5가 뒤섞여 변화하더라도 그 짝이 되는 수와 합하여 10이 되지 않는 경우가 없으니, 그 변화가 끝없이 이어지는 것이다. 또한 「낙서」에서 5(토)는 본체가 되고, 4(금)가 1(수)을 생하는 과정은 종(縱)이 되며, 3(목)이 2(화)를 생하는 과정은 횡(橫)이 되므로 사통팔달하는 오상(五象)을 회복하게 된다. 이러한 변화는 <위백양(魏伯陽)>에 의해 「삼오지정도:參伍至精圖」와 「수화광곽도:水火匡廓圖」로 응용 발전되었다.

然則聖人之則之也는 奈何오. 曰則河圖者는 虛其中이요 則洛書者는 總其實也니라. 河圖之虛五與十者는 太極也요 奇數二十과 偶數二十者는 兩儀也요 以一二三四로 爲六七八九者는 四象也요 析四方之合하야 以爲乾坤離坎하고 補四偶之空하야 以爲兌震巽艮者는 八卦也니라.

洛書之實은 其一은 爲五行이요 其二는 爲五事요 其三은 爲八政이요 其四는 爲五紀요 其五는 爲皇極이요 其六은 位三德이요 其七은 爲稽疑요 其八은 爲庶徵이요 其九는 爲福極이니 其位與數ㅣ 尤曉然矣니라.

"'그렇다면 성인이 본받았다는 것은 무엇입니까?' 답하기를 '「하도」를 본받은 것은 그 가운데 수를 비운 것이고, 「낙서」를 본받은 것은 그 수를 다 쓴 것이다. 「하도」의 5와 10을 비운 것이 태극이고, 홀수 20과 짝수 20은 양의며, 1·2·3·4로 6·7·8·9가 된 것은 사상이고, 사정방의 합을 쪼개서 「건·곤·리·감」을 만들고 네 모서리의 빈 곳을 채워서 「태·진·손·간」을 만든 것은 팔괘이다.

「낙서」의 수는 1은 오행이 되고, 2는 오사(五事)가 되며, 3은 팔정(八政)이 되고, 4는 오기(五紀)가 되며, 5는 황극(皇極)이 되고, 6은 삼덕(三德)이 되며, 7은 계의(稽疑)가 되고, 8은 서징(庶徵)이 되며, 9는 복극(福極)이 되니, 그 자리와 수가 더욱 뚜렷하다.'"

※『주역』「계사상전」11장에 "河出圖 洛出書 聖人則之"에 근거해서 팔괘의 생성과 「하도」를 연관짓는 여러 설이 있는데 <주자>는 다음과 같은 주장을 펴고 있다.

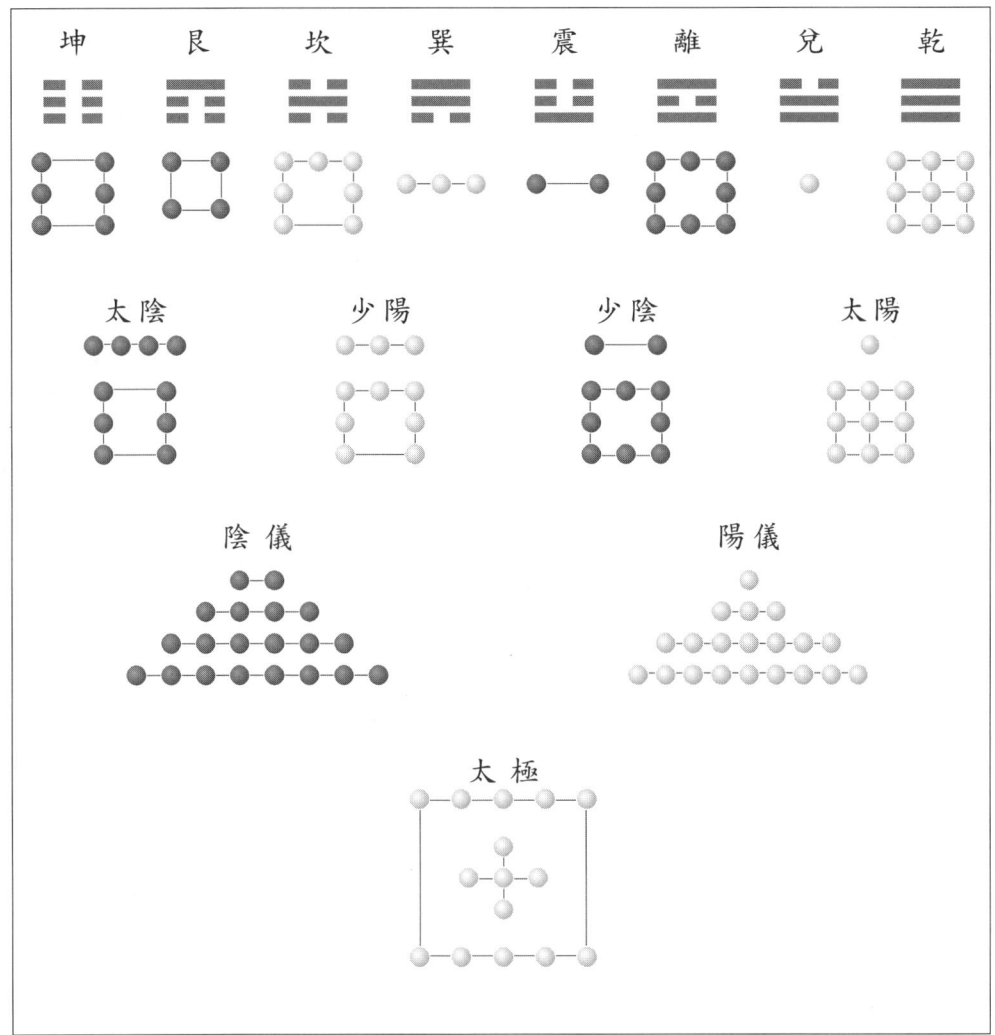

曰洛書而虛其中五는 則亦太極也요 奇偶ㅣ 各居二十은 則亦兩儀也요 一二三四而含九八七六하야 縱橫十五而互爲七八九六은 則亦四象也요 四方之正으로 以爲乾坤離坎하고 四偶之偏으로 以爲兌震巽艮

은 則亦八卦也요 河圖之一六爲水하고 二七爲火하고 三八爲木하고 四九爲金하고 五十爲土하니 則固洪範之五行이요 而五十五者는 又九疇之子目也니 是는 則洛書ㅣ 固可以爲易이요 而河圖도 亦可以爲範矣니 又安知圖之不爲書며 書之不爲圖也耶아.

"답하기를 '「낙서」의 가운데 5를 비우면 또한 태극이고, 홀수와 짝수가 각각 20씩 있음은 또한 양의이다. 1·2·3·4가 9·8·7·6을 머금어서 가로와 세로로 15가 되어 서로 7·8과 9·6이 되는 것은 또한 사상이고, 사방의 정방위로 「건·곤·리·감」을 삼고, 사방의 곁방위로 「태·진·손·간」을 만듦은 또한 팔괘이다. 「하도」의 1·6이 물이 되고, 2·7이 불이 되며, 3·8이 나무가 되고, 4·9가 쇠가 되며, 5·10이 흙이 되니 「홍범」의 오행이다. 「하도」수 55는 또한 「구주:九疇」의 자목이다. 이것은 「낙서」도 『주역』을 만들 수 있고, 「하도」 또한 「홍범구주」를 만들 수 있는 것이니, 또한 「하도」가 「낙서」가 되지 않음과 「낙서」가 「하도」가 되지 않음을 어떻게 알 수 있으랴(「하도」도 「낙서」가 되고, 「낙서」도 「하도」가 된다)?'"

※ 자목(子目) : 작은 제목(小目 또는 細目)

曰是는 其時ㅣ 雖有先後며 數ㅣ 雖有多寡나 然이나 其爲理則一而已라 但易은 乃伏羲之先得乎圖而初无所待於書하고 範則大禹之所獨得乎書 而未必追考於圖爾라.

且以河圖而虛十이면 則洛書四十有五之數也요 虛五면 則大衍五十之數也요 積五與十이면 則洛書縱橫十五之數也요 以五乘十 以十乘五면 則又皆大衍之數也니라.

洛書之五가 又自含五하니 則得十而通爲大衍之數矣요 積五與十이면 則得十五而通爲河圖之數矣니 苟明乎此則橫斜曲直이 无所不通而河圖洛書ㅣ 又豈有先後彼此之間哉리오.

"답하기를 '이것은 시대에 비록 선후가 있고, 숫자는 비록 많고 적음이 있으나, 그 이치는 하나일 따름이다. 다만 역은 <복희씨>가 「하도」에서 먼저 얻었기 때문에 처음에는 「낙서」를 기다릴 필요가 없었고, 「홍범」은 <우>가 홀로 「낙서」에서 얻었으니, 반드시 「하도」에서 상고하지는 않은 것이다.

또한 「하도」에서 가운데 10을 비우면 「낙서」의 45수이고, 5를 비우면 대연수 50이며, 5와 10을 합하면 「낙서」의 가로와 세로 15수이고, 5에 10을 곱하거나 10에 5를 곱하면 둘 다 대연수이다.

「낙서」의 5가 또한 스스로 5를 포함했으니, 즉 10이 되어 대연수가 되는 것과 통하고, 5와 10을 합하면 15가 되어 「하도」의 수와 통한다. 이런 것을 밝히면, 모든 것이 통하지 않는 것이 없으니, 「하도」와 「낙서」가 또한 어찌 선후와 피차의 차이가 있겠는가?'"

※ 생수(1,2,3,4,5)의 끝수인 5에 성수(6,7,8,9,10)의 끝수인 10을 곱하면 50이 되며, 역으로 10에 5를 곱해도 50이 된다. 이 50은 생수와 성수의 최종수를 서로 곱한 것이므로, 천지대연지수(天地大衍之數:大衍數)라고 하며, 5를 처음 넓힌(初衍) 10을 소연수(小衍數)라고 한다.

※ 「낙서」의 중앙 5는 수를 얻은 순서에 따라 하(下:1)·좌(左:3)·중(中:5)의 점은 양수이고, 상(上:2)·우(右:4)의 점은 음수이다. 이렇게 「낙서」의 중궁 5에는 표현되지는 않았지만 내부에 숨어있는 다섯 수가 있으므로, 「낙서」의 5가 스스로 5를 포함했다고 한 것이다. 5에 5를 합하면 10이 되는데, 여기에 바깥의 40을 합하면 50으로 대연수가 된다.

※ 5에 10을 더하거나, 중궁(中宮)의 세 양수와 두 음수의 상을 모두 합하면 15가 된다 (1+2+3+4+5=15). 이 15에 바깥의 40을 합하면 「하도」수인 55가 된다.

※ 앞서 "朱子曰"부터 여기까지는 <주자>의 『역학계몽:易學啓蒙』에서 인용한 것이다.

⑥ 西山蔡氏ㅣ 曰古今傳記에 自孔安國劉向父子班固로 皆以爲河圖로 授羲하고 洛書로 錫禹라하며 關子明邵康節이 皆以爲十爲河圖하고 九爲洛書하니 蓋大傳에 旣陳天地五十有五之數하고 洪範에 又明言天乃錫禹洪範九疇而九宮之數는 戴九履一 左三右七하며 二四ㅣ 爲肩하고 六八ㅣ 爲足하니 正龜背之象也라.

<서산채씨>가 말하길 "옛과 지금의 전해오는 기록에, <공안국>과 <유향>부자 및 <반고>가 모두 '「하도」는 <복희씨>에게 주었고, 「낙서」는 <우>에게 주었다'고 하며, <관자명>과 <소강절>이 '10수는 「하도」가 되고, 9수는 「낙서」가 된다'

고 하였다. 「계사전」에 하늘과 땅의 55수를 베풀었고, 「홍범」에 또한 '하늘이 <우>에게 「홍범구주」를 주셨다'고 밝혔으니, 9궁의 수는 9를 이고, 1을 밟아 왼쪽에 3 오른쪽에 7이며, 2와 4가 어깨가 되고 6과 8이 발이 되므로, 바로 거북등의 형상이다."

※ 반고(班固:32~92) : 「후한:後漢」의 역사가. 자는 맹현(孟賢), 아버지인 <반표(班彪)>의 뜻을 이어 20여년에 걸쳐 『한서:漢書』를 저술하다 옥사하자 그의 누이인 <반소(班昭)>가 보완하여 완성하였다. 저서에 『백호통:白虎通』·『양도부:兩都賦』 등이 있다.

唯劉牧意見이 以九로 爲河圖하고 十으로 爲洛書하야 託言出於希夷라 하니 旣與先儒舊說로 不合이요 又引大傳하야 以爲二者ㅣ 皆出於伏羲之世라하니 其易置圖書는 竝无明驗이로대 但謂伏羲ㅣ 兼取圖書則易範之數ㅣ 誠相表裏하니 爲可疑耳나 其實은 天地之理ㅣ 一而已矣니 雖時有古今先後之不同이나 而其理則不容有二也라. 故로 伏羲ㅣ 但據河圖以作易則不必預見洛書而已로대 逆與之合矣요 大禹ㅣ 但據洛書以作範則亦不必追考河圖而已로대 暗與之符矣라 其所以然者는 何哉오. 誠以此理之外에 无復它理故也라.

"오직 <유목>의 의견이 '9수가 「하도」가 되고 10수가 「낙서」가 된다 하여 <희이>선생에게서 나왔다'라고 하니, 이미 먼저 선비들의 옛 말과는 맞지 않는다. 또한 「계사전」을 인용해서 '두 가지가 다 <복희씨> 때 나왔다'하니, 그 「하도」와 「낙서」를 바꾸어 말한 것은 뚜렷한 증거가 없다. 다만 '<복희씨>가 「하도」와 「낙서」를 다 취했다'고 한 것은, 『주역』과 「홍범」의 숫자가 정말로 서로 겉과 속이 되므로 의심할 수 있으나, 실상은 하늘과 땅의 이치는 하나일 뿐이니, 때가 비록 고금과 선후가 같지 않음은 있더라도, 그 이치는 둘이 있을 수 없다. 그러므로 <복희씨>가 「하도」에만 근거해서 역을 지었고 미리 「낙서」를 보지 않았으나 역(逆)으로 합치되고, <우>가 다만 「낙서」만 근거해서 「홍범구주」를 지었고 「하도」를 참고하지 않았으나 저절로 부합된 것이다. 그 까닭은 어째서인가? 진실로 이러한 이치 밖에 다시 다른 이치가 없기 때문이다."

※ 희이(希夷) : 「송나라」의 「진원:眞源」 사람. 자는 도남(圖南), 성명은 진단(陳摶), 자

호는 부요자(扶搖子)이고 희이는 <송태조(宋太祖)>가 내린 호이다.「무당산:武當山」에 은거하여 선술(仙術)을 수련하여 <송태종>에게 중용되었다. 그의 철학적 위치는 높아서 <위백양(魏伯陽), 종리(鐘離), 여동빈(呂洞賓), 진단(陳摶), 충방(种放), 목수(穆修), 이지재(李之才), 소옹(邵翁)>으로 이어지는 도맥의 중심에 있다. 특히 무극도(无極圖) 용도(龍圖) 선천태극도(先天太極圖)의 세 그림은 역학사에 길이 남을 도면으로, 후에 <주돈이(周惇頤)>에게 영향을 주었다. 저서로는 지금은 전하지 않는『역룡:易龍』을 비롯해『지현편:指玄篇』81장과『삼봉우언:三峰寓言, 고양집:高陽集, 조담집:釣潭集』이 있다.

然이나 不特此耳라 律呂에 有五聲十二律而其相乘之數ㅣ 究於六十이요 日名에 有十幹十二支而其相乘之數ㅣ 亦究於六十이니 二者는 皆出於易之後하고 其起數ㅣ 又各不同이나 然이나 與易之陰陽策數ㅣ 老少로 自相配合하야 皆爲六十者와 无不若合符契也라. 下至運氣參同太一之屬이 雖不足道나 然이나 亦无不相通하니 蓋自然之理也라.

"그러나 이것 뿐만이 아니다. 율려에 다섯 소리와 열두 풍류(五聲十二律)가 있고, 그 서로 곱한 숫자가 결국 60이 되며, 날짜 이름에 10간 12지가 있고, 그 서로 교합되는 숫자도 결국은 60이다. 두 가지는 다 역의 뒤에 나왔고, 그 숫자를 일으키는 방법이 또한 각각 같지 않으나, 역의 노음·노양과 소음·소양의 책수가 서로 맞아서 다 60이 되는 것과 부절을 합한 것 같이 맞는다. 기타 오운육기(五運六氣)와『참동계(參同契)』및 태일(太一)의 부류가 비록 말할 것은 못되나 또한 서로 통하지 않는 것이 없으니 대개 자연의 이치이다."

※ 노양책수 36과 노음책수 24를 합하면 60이고, 소양책수 28과 소음책수 32를 합하면 역시 60이 된다.

※ 부계(符契) : 부절(符節)과 같은 뜻으로, 꼭 들어맞음을 비유.

※ 오운(五運)은 갑기(甲己)가 토(土)가 되고(따라서 갑기년에는 토운이 통솔한다. 이하 같음), 을경(乙庚)이 금(金)이 되며, 병신(丙辛)이 수(水)가 되고, 정임(丁壬)이 목(木)이 되며, 무계(戊癸)가 화(火)가 되어 천지를 운행하며, 기후에 영향을 주는 것을 말한다.

※ 육기(六氣)는 천지에 승강하며 기후를 통어하는 삼음삼양(三陰三陽)을 말한다. 즉 자오(子午)는 소음군화(少陰君火)이고, 축미(丑未)는 태음습토(太陰濕土)이며, 인신(寅申)은 소양상화(少陽相火)이고, 묘유(卯酉)는 양명조금(陽明燥金)이며, 진술(辰戌)은 태양한수(太陽寒水)이고, 사해(巳亥)는 궐음풍목(厥陰風木)의 여섯 기운으로 기후를 주관하는 것을 말한다. 이 삼음삼양은 서로 대대하며 기후를 주관하는데, 예를 들어 소음기가 위

에 있을 때는 이에 대대가 되는 양명이 아래에 있게 된다. 위에서 기를 주관하는 것을 사천주기(司天主氣)라 하고, 아래에서 이에 상응하는 것을 재천객기(在泉客氣)라고 한다.

※ 참동계(參同契) : 「후한:後漢」의 <위백양(魏伯陽)>이 짓고, <서종사(徐從事)>가 주를 달았다는 수양서(修養書)로, 역의 효상(爻象)을 인용해 단(丹)을 이루는 술법을 기술한 음양서(陰陽書)이다. '참'이란 섞였다는 뜻이고, '동'이란 통했다는 뜻이며, '계'란 합한다는 뜻이므로, 『주역』과 더불어 이치와 뜻이 통하고 합한다는 의미다. 「건·곤」을 천지로 삼고, 「감·리」를 출입문으로 삼되, 그 쓰임에 있어서는 「건·곤」을 약을 만드는 솥그릇으로, 「감·리」를 약물로 보았다. 즉 「건·곤」을 상하로 삼고, 그 사이를 약물인 「감·리」가 오르내리며 단(丹)을 이루는데, 「건·곤·감·리」를 제외한 60괘를 하루에 두 괘씩 사용하여 한달 30일을 화후(火候)하게 하는 것이다.

※ 태일(太一) : 『역위건착도(易緯乾鑿度)』에 "태을은 태일을 말한다. 그 수를 취하여 구궁(九宮)을 유행한다."고 하였다. 즉 북진신(北辰神:북극성)인 태일이 구궁도(九宮圖)의 8괘궁(卦宮)을 순행하다 다시 자신의 거처인 중앙에 돌아온다는 데서, 그 위치에 따라 기후 및 길흉을 판단하는 여러 점법이 발달했다.

假令今世에 復有圖書者ㅣ 出이라도 其數ㅣ 亦必相符나 可謂伏羲ㅣ 有取於今日而作易乎아. 大傳所謂河出圖洛出書聖人則之者는 亦汎言聖人이 作易作範에 其原이 皆出於天之意니 如言以卜筮者尙其占과 與莫大乎蓍龜之類라. 易之書ㅣ 豈有龜與卜之法乎아. 亦言其理ㅣ 無二而已爾라.

"가령 요새 다시 「하도」와 「낙서」 같은 것이 나온다 하더라도, 그 숫자가 또한 반드시 서로 부합할 것이지만, <복희씨>가 오늘에 와서 보고 역을 지었다고 할 수 있겠는가? 「계사전」에 '「하수」에서 「하도」가 나오고 「낙수」에서 「낙서」가 나오니, 성인이 본받았다'고 한 것은, 또한 성인이 역을 짓고 「홍범」을 지음에 그 근원이 하늘의 뜻에서 나왔다고 일반적으로 말한 것이니, '점치는 사람은 그 점을 숭상하고'와 '시초와 거북점 보다 큰 게 없다'고 한 류와 같은 것이다. 『주역』의 글에 어찌 점치는 법(龜卜)이 있는가? 또한 그 이치가 둘이 없다고 말한 것 뿐이다."

※ 앞서 <유목>이 「계사전」의 "하수에서 「하도」가 나오고 낙수에서 「낙서」가 나오니, 성인이 본받았다"라는 글귀를 인용해 「하도」와 「낙서」가 모두 <복희씨> 때 나왔다고 말한 것에 대한 계속된 반박이다. 즉 여기에서 '성인'이라고 한 것은 <복희씨> 한 분을 지칭한 것이 아니라는 것이다.

⑦ 朱子ㅣ 曰世傳一至九數者는 爲河圖요 一至十數者는 爲洛書라하니
正是反而置之라 予ㅣ 於啓蒙에 辨之詳矣어니와 近讀大戴禮明堂篇하
니 言其制度에 有曰二九四七五三六一八이라 하거늘 鄭氏註에 云法龜
文也라하니 得此一證則漢人이 固以此九數者로 爲洛書矣라.

　<주자>가 말씀하기를 "세상에 전하기를 '1부터 9까지의 숫자는 「하도」가 되고,
1부터 10까지의 숫자는 「낙서」가 된다'고 하니, 정반대로 놓았다. 내가『역학계몽』
에 자세히 분별했다. 최근에『대대례(大戴禮)』의「명당」편을 보니, 그 제도를 말한
곳에 '2·9·4·7·5·3·6·1·8'이라고 쓰여 있는데, <정씨>의 주에 '거북무늬를 본받은
것'이라 하였다. 이 증거를 보면「한(漢)나라」사람이 정말로 이 아홉수로써「낙서」
를 삼은 것이다."

　　※ 대대례(大戴禮) :「전한:前漢」의 <대덕(戴德)>이 지은 책으로, 고례(古禮) 204편을
　　85편으로 정리해 지었다. <후창(后倉)>의 문하에서 같이 예를 배운 그의 조카인 <대성(戴
　　聖)>과 구별하기 위해, <대덕>을 대대(大戴), <대성>을 소대(小戴)라고 불렀었다. 따라서
　　<대덕>이 지은 85편의 예를『대대례』라고 하고, 그의 조카가 지은 49편의 예를『소대례:
　　小戴禮』(지금의『예기:禮記』)라고 한다.
　　※ 정씨주 :「후한:後漢」의 경학자인 <정현(鄭玄)>을 말한다.

又曰夫以河圖洛書로 爲不足信이라하니 自歐陽公以來로 已有此說이
나 然이나 終无奈顧命繫辭論語에 皆有是言而諸儒所傳二圖之數ㅣ
雖有交互而无乖戾하고 順數逆推에 縱橫曲直이 皆有明法하니 不可
得而破除也라.

　또 말씀하기를 "'「하도」와 「낙서」를 믿을 수 없다'하니, <구양수>이래로 이미
이런 설이(「하도」와「낙서」를 믿을 수 없다는) 있었다. 그러나『서경』의「고명:顧
命」편과『주역』의「계사전」그리고『논어』에 다「하도」「낙서」에 대한 말이 있고,
모든 선비가 전하는 두 그림의 숫자가 서로 바뀌는 수는 있어도 어긋남이 없으며,
순리대로 세어보고 역으로 미루어 봄에, 가로 세로 굽고 곧은 것이 다 밝은 법도가
있으니 없앨 수가 없다."

　　※ 구양수(歐陽修:1007~1072) :「북송:北宋」의 정치가이자 문인. 자는 영숙(永叔), 호는

취옹(醉翁) 또는 육일거사(六一居士), 시호는 문충(文忠). 당송팔대가의 한 사람이다. 저서로는 『신당서:新唐書, 모시본의:毛詩本義, 육일시화:六一詩話』 등이 있다.

※ 고명(顧命) : 『서경(書經)』의 편명(篇名)으로, 「주(周)나라」의 <성왕(成王)>이 뒷 일을 중신들에게 부탁한 유언을 기록한 것임.

至如河圖하야 與易之天一地十者로 合而載天地五十有五之數하니 則固易之所自出也요 洛書는 與洪範之初一至次九者로 合而具九疇之數하니 則固洪範之所自出也라.

"「하도」와 같은 것은 『주역』 「계사전」에 '하늘 하나, 땅 열'이라 한 것과 합치되고, 하늘과 땅의 55숫자를 갖추어 있으니 진실로 역이 나온 곳이다. 「낙서」는 『서경』 「홍범」의 1부터 9에 이른 것과 합치되고, 구주(九疇)의 숫자를 갖추었으니, 참으로 「홍범」이 근거해서 나온 것이다."

繫辭에 雖不言伏羲ㅣ 受河圖以作易이나 然이나 所謂仰觀俯察하고 近取遠取라하니 安知河圖ㅣ 非其中之一事耶아. 大抵聖人의 制作所由ㅣ 初非一端이나 然이나 其法象之規模는 必有最親切處하니 如鴻荒之世ㅣ 天地之間에 陰陽之氣ㅣ 雖各有象이나 然이나 初未嘗有數也러니 至於河圖之出然後에 五十有五之數와 奇偶生成을 粲然可見하니 此其所以深發聖人之獨智요 又非汎然氣象之所可得而擬也라.

"비록 「계사전」에 <복희씨>께서 「하도」를 받아서 역을 지었다고 말하지 않았으나, '우러러서 관찰하고 구부려서 살펴본다'라고 하고 '가까이서 취하고 멀리서 취한다'고 하였으니, 「하도」가 그 중의 한 가지 일이 아닌지 어찌 알겠는가?

성인이 만들 때 연유한 것이 처음부터 한 가지 단서만은 아닐 것이나, 그 상을 본받음은 반드시 가깝고 절실한 곳이 있을 것이다. 태초의 세상에는 하늘과 땅 사이에 비록 음양의 기운이 각각의 상(象)이 있었으나, 그러나 아직 숫자는 없었다. 「하도」가 나온 다음에 55의 수와 홀수·짝수가 생성됨을 환하게 볼 수 있으니, 이것은 「하도」가 성인의 독특한 지혜를 깊게 계발한 것이고, 보통의 기상과 비길 것이 아니다."

是以로 仰觀俯察하고 遠求近取하야 至此而後에야 兩儀四象八卦之陰陽奇偶를 可得而言이니 雖繫辭所論聖人作易之由者ㅣ 非一이로대 而不害其得此而後에 決也라.

　"이렇기 때문에 위로 하늘을 보고 아래로 땅을 살피며, 멀리 구하고 가깝게 취해서, 「하도」에 이르러서야 양의·사상·팔괘의 음양과 홀·짝을 말할 수 있었으니, 비록 「계사전」에 성인이 말미암아 역을 지었다고 말한 것이 한 가지가 아니지만, 「하도」를 얻은 다음에 지었다해도 틀린 말이 아닐 것이다."

又曰以大傳之文으로 詳之면 河圖洛書는 蓋皆聖人所取하야 以爲八卦者요 而九疇도 亦竝出焉이라. 今以其象으로 觀之면 則虛其中者는 所以爲易也요 實其中者는 所以爲洪範也니 其所以爲易者ㅣ 已具於前段矣라. 所以爲洪範은 則河圖에 九疇之象과 洛書에 五行之數ㅣ 有不可誣者하니 恐不得以其出於緯書而略之也니라.

　또 말씀하기를 "「계사전」의 글로 자세히 살펴보면, 「하도」와 「낙서」는 다 성인이 취해서 팔괘를 만든 것이고, 구주 또한 같이 나왔다. 지금 그 상으로 관찰해 보면 가운데 수를 비운 것은 역을 만든 것이고, 가운데 수를 채운 것은 「홍범」을 만든 것이니, 그 역이 되는 까닭은 앞에 설명했다. 「홍범」이 되는 까닭은 「하도」에 구주의 상과 「낙서」에 오행의 수가 속일 수 없이 드러나니, 그 말이 「위서」에서 나왔다 해서 생략할 수 없다."

　※ 가운데 수를 비운 것은 역을 만든 것이고, 가운데 수를 채운 것은 「홍범」을 만든 것이니 : 앞의 "「하도」로 말미암아 역을 지은 것을" 등의 말과 상반된다. 그러나 「하도」와 「낙서」는 상호보완관계이므로 이치로 보면 윗글 역시 통한다.

　※ 위서(緯書) : 작자와 년대를 확실히 알 수 없어서 내용을 신빙할 수 없는 책으로, 경서(經書)와 상대적인 개념이다. 정통적인 육경(六經)에는 모두 위서가 있는데, 여기서는 위서중에서 『역위:易緯』를 말한다.

⑧ 古人ㅣ 做易에 其巧를 不可言하니 太陽數九와 少陰數八과 少陽數七과 太陰數六을 初亦不知其數如何恁地나 元來只是十數니 太陽은 居一하니 除了本身하면 便是九箇요 少陰은 居二하니 除了本身하면 便是八箇요 少陽은 居三하니 除了本身하면 便是七箇요 太陰은 居四하니 除了本身하면 便是六箇라. 這處는 都不曾有人見得이라.

"옛사람이 역을 지은 교묘함을 말로 할 수 없다. 태양수 9, 소음수 8, 소양수 7, 태음수 6을 처음에는 그 숫자가 어떻게 이와 같이 된 것인지 몰랐으나, 원래 모두 10수(十)인데, 태양은 첫 번째 있으니 자기 자신을 빼면 9가 되고, 소음은 두 번째 있으니 자기 자신을 빼면 8이며, 소양은 세 번째 있으니 자기 자신을 빼면 7이고, 태음은 네 번째 있으니 자기 자신을 빼면 6이다. 이런 것은 도무지 사람들이 알지 못했다."

　　※ 임지(恁地) : 이와 같은.

問老陽少陰少陽老陰에 除了本身一二三四면 便是九八七六之數니 今觀啓蒙컨덴 陽進陰退之說도 也是如此잇가. 曰他進退도 亦是如此하니 不是人이 去强敎他進退니라. 但是以十으로 言之면 則如前說하야 大故分曉어니와 若以十五로 言之라도 則九便對六이요 七便對八이니 曉得時에 這物事ㅣ 也好則劇이니라.

묻기를 "노양·소음·소양·노음에서 자기 자신(1·2·3·4)을 빼면 9·8·7·6의 수가 되니, 『역학계몽』에 양은 나아가고 음은 물러난다는 말도 이것 아닙니까?" 답하기를 "그 나아가고 물러나는 것도 또한 이와 같으니, 사람이 강제로 나아가고 물러나게 한 것이 아니다. 다만 숫자 10을 가지고 말하면 앞에 말한 것과 같이 되어서 확실하게 알 수 있거니와, 만일 15로 말할지라도 9를 빼면 6이 되고, 7을 빼면 8이 되니, 알고보면 그것이 극적으로 들어 맞는다."

　　※ 노양·소음·소양·노음에서 자기 자신(1·2·3·4)을 빼면 9·8·7·6의 수가 되는 것은 10을 기준으로 했을 때의 결과이다. 「낙서」의 대합수(對合數)인 15를 놓고 볼 때도, 노양수 9를 빼면 노음수 6이 되고, 소양수 7을 빼면 소음수 8이 되니, 사상수인 6·7·8·9가 나온다.

⑨ 問看河圖上此數ㅣ 控定了잇가. 曰天地는 只是不會說하야 倩他聖人出來說이라. 若天地ㅣ 自會說話면 想更說得好在리니 如河圖洛書는 便是天地ㅣ 畫出底니라.

 묻기를 "「하도」를 보면 이런 숫자가 다 설명되어 있습니까?" 답하기를 "하늘과 땅은 말을 하지 못해서 성인을 시켜서 말한 것이다. 만약 하늘과 땅이 말을 한다면 더 좋은 말을 했을 것이니, 「하도」와 「낙서」 같은 것은 하늘과 땅이 그어낸 것이다."

 ※ 倩 : 고용할 청
 ※ 「하도」는 말이 없고 다만 1부터 10까지를 상징한 그림만 있다. 이 그림만 보고도 태극·양의·사상·팔괘 등의 숫자를 알 수 있냐고 물은 것이다.

⑩ 謂甘叔懷曰 曾看河圖洛書數否아. 无事時에 好看이니 且得自家心이 流轉得動이라.

 <감숙회>에게 말씀하기를, "전에 「하도」와 「낙서」를 본 적이 있는가? 일이 없을 때 보는 것이 좋으니, 자기 마음이 흘러 움직여 얻음이 있을 것이다."

 ※ 「하도」와 「낙서」를 깊이 연구하면 저절로 천지의 이치에 통하는 바가 있을 것이라는 말씀이다.

伏羲八卦次序之圖

八	七	六	五	四	三	二	一	八卦
坤	艮	坎	巽	震	離	兌	乾	
太陰		少陽		少陰		太陽		四象
陰				陽				兩儀
太極								

右는 繫辭傳에 曰易有太極하니 是生兩儀하고 兩儀ㅣ生四象하고 四象이 生八卦라하니 邵子ㅣ曰一分爲二하고 二分爲四하고 四分爲八也라하고 說卦傳에 曰易은 逆數也라하니 邵子ㅣ曰乾一 兌二 離三 震四 巽五 坎六 艮七 坤八이라. 自乾至坤이 皆得未生之卦니 若逆推四時之比也라하니 後六十四卦次序도 倣此하니라.

오른쪽 그림은 「계사전」에 "역에 태극이 있으니 이것이 양의를 낳고, 양의가 사상을 낳고, 사상이 팔괘를 낳았다"라 하니, <소자>가 말씀하기를 "하나가 나뉘어 둘이 되고, 둘이 나뉘어 넷이 되며, 넷이 나뉘어 여덟이 된다."고 하며,

「설괘전」에 "역은 수를 거스리는 것"이라고 하니, <소자>가 말씀하기를 "「건: ☰」이 첫 번째, 「태: ☱」가 두 번째, 「리: ☲」가 세 번째, 「진: ☳」이 네 번째, 「손: ☴」이 다섯 번째, 「감: ☵」이 여섯 번째, 「간: ☶」이 일곱 번째, 「곤: ☷」이 여덟 번째이다. 「건」으로부터 「곤」에 이르는 것이 다 생기지 않은 괘를 얻는 것이므로, 사시(四時)를 거꾸로 미루어 아는 것 같다"고 하니, 뒤의 64괘도 이와 같다.

『附錄』

① 朱子ㅣ 曰太極者는 象數未形而其理已具之稱이요 形器已具而其理无朕之目이니 在河圖洛書엔 皆虛中之象也라. 太極之判에 始生一奇一偶而爲一畫者ㅣ 二니 是爲兩儀요 其數則陽一而陰二니 在河圖洛書엔 則奇偶ㅣ 是也라.

　<주자>가 말씀하기를 "태극(太極)은 상과 수는 형성되지 않았지만 그 이치는 이미 갖추고 있는 것의 이름이고, 형태와 기관은 이미 갖추어 졌지만 그 이치에 있어서는 조짐이 없는 것을 가리킴이니, 「하도」와 「낙서」에 있어서는 둘 다 가운데를 비운 상이다.

　태극이 갈라짐에 비로소 홀(━) 하나와 짝(╌) 하나가 생겨서, 한 획을 그린 것이 2개이니, 이것이 양의가 되고, 그 수는 양은 1이고 음은 2이니, 「하도」와 「낙서」에 있어서는 홀수와 짝수가 이것이다."

　※「하도」에서는 1·3·5·7·9의 수는 홀에 해당하고, 2·4·6·8·10은 짝에 해당한다.「낙서」
　　에 있어서는 1·3·5·7·9가 홀에 해당하고, 2·4·6·8이 짝에 해당한다.

兩儀之上에 各生一奇一偶而爲二畫者ㅣ 四니 是謂四象이요 其位는 則太陽一 少陰二 少陽三 太陰四요 其數는 則太陽九 少陰八 少陽七 太陰六이라. 以河圖言之면 則六者는 一而得於五者也요 七者는 二而得於五者也요 八者는 三而得於五者也요 九者는 四而得於五者也며 以洛書言之면 則九者는 十分一之餘也요 八者는 十分二之餘也요 七者는 十分三之餘也요 六者는 十分四之餘也라.

　"양의의 위에 각기 홀 하나와 짝 하나가 생겨, 두 획을 그은 것이 4개이니, 이것을 사상(四象)이라고 하고, 그 자리는 태양(⚌)이 1, 소음(⚍)이 2, 소양(⚎)이 3, 태음(⚏)이 4이고, 그 숫자는 태양이 9, 소음이 8, 소양이 7, 태음이 6이다. 「하도」로 말하면 6은 1이 5를 얻은 것이고, 7은 2가 5를 얻은 것이며, 8은 3이 5를 얻은 것이고, 9는 4가 5를 얻은 것이며, 「낙서」로 말하면 9는 10에서 1을 뺀 나머지고, 8은 10에서 2를 뺀 나머지며, 7은 10에서 3을 뺀 나머지고, 6은 10에서 4를 뺀 나머지이다."

四象之上에 各生一奇一偶而爲三畫者ㅣ 八이니 於是에 三才ㅣ 略具而有八卦之名矣라. 其位는 則乾一 兌二 離三 震四 巽五 坎六 艮七 坤八이니 在河圖엔 則乾坤離坎은 分居四實하고 兌震巽艮은 分居四虛하며 在洛書엔 則乾坤離坎은 分居四方하고 兌震巽艮은 分居四隅也라.

"사상의 위에 각각 홀 하나와 짝 하나가 생겨서 세 획이 된 것이 8개이니, 이렇게 해서 삼재(三才)가 대략 갖추어지고 팔괘의 이름이 있게 되었다. 그 자리는 「건」이 첫 번째, 「태」가 두 번째, 「리」가 세 번째, 「진」이 네 번째, 「손」이 다섯 번째, 「감」이 여섯 번째, 「간」이 일곱 번째, 「곤」이 여덟 번째이니, 「하도」에서는 「건(9)·곤(6)·리(8)·감(7)」이 네 방향의 바깥쪽에 있고, 「태(1)·진(2)·손(3)·간(4)」은 사방의 안쪽에 자리하며, 「낙서」에 있어서는 「건·곤·리·감」은 사정방(四正方)에 있고, 「태·진·손·간」은 네 모서리에 있다."

※ **實虛** : 여기서는 생수를 '허'라 하고, 성수를 '실'이라고 하였다. 생수는 성수를 이루어야만 그 용도로 사용될 수 있기 때문이다. 따라서 '실'은 하도에 있어서 바깥이 되고, '허'는 안쪽이 된다.

② 問易有太極 是生兩儀 兩儀生四象 四象生八卦한대 曰此太極은 却是爲畫卦說이라. 當未畫卦前하야 太極은 只是一箇混淪底道理로 裏面에 包含陰陽剛柔奇偶하야 无所不有라가 及畫一奇一偶하야 是生兩儀라. 再於一奇畫上에 加一奇하니 此是陽中之陽이요 又於一奇畫上에 加一偶하니 此是陽中之陰이요 又於一偶上에 加一奇하니 此是陰中之陽이요 又於一偶上에 加一偶하니 此是陰中之陰이니 是謂四象이라.

"역에 태극이 있으니 이것이 양의를 낳고, 양의가 사상을 낳고, 사상이 팔괘를 낳는다"는 것을 물으니, 답하기를 "여기에서 태극은 괘를 긋기 위해 말한 것이다. 괘를 긋기 전에는, 태극은 다만 한 개의 섞여져 있는 도리(道理)로, 속에 음·양과 강·유와 홀·짝을 다 포함해서 없는 것이 없다가, 홀 하나(━) 짝 하나 (━ ━)를 긋는데 미쳐서야 양의를 낳는다. 홀수획 위에 홀수획 하나를 더한 것이 양가운데 양이고(⚌), 또한 홀수획 위에 짝수획 하나를 더한 것이 양가운데 음이며(⚏), 또 짝수획 위에 홀수획 하나를 더한 것이 음가운데 양이고(⚎), 또 짝수획 위에 짝수획 하나를 더한 것이 음가운데 음이니(⚏), 이것을 사상이라고 한다.

所謂八卦者는 一象上에 有兩卦니 每象에 各添一奇一偶면 便是八卦라. 或說에 一爲儀요 二爲象이요 三爲卦니 四象은 如春夏秋冬ㅣ 金木水火ㅣ 東西南北이라하니 无不可推矣라.

　팔괘라는 것은 하나의 상(象) 위에 두 괘가 있는 것이니, 상마다 각각 홀 하나 짝 하나를 더하면 이것이 팔괘이다. 혹자가 말하기를 '하나가 양의가 되고, 둘이 사상이 되고, 셋이 팔괘가 되니, 사상은 춘하추동·금목수화·동서남북과 같은 것이다'라고 하니 여러가지로 유추해서 해석할 수 있다."

伏羲八卦方位之圖

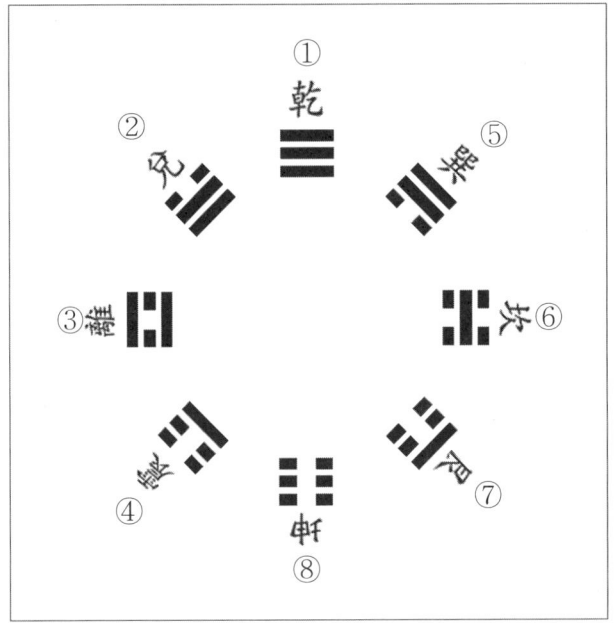

右는 說卦傳에 曰天地ㅣ定位에 山澤이 通氣하며 雷風이 相薄하며 水火ㅣ不相射하야 八卦相錯하니 數往者는 順코 知來者는 逆이라하니 邵子曰 乾南 坤北 離東 坎西 震東北 兌東南 巽西南 艮西北이니 自震至乾은 爲順이요 自巽至坤은 爲逆이라. 後六十四卦方位도 倣此하니라.

오른쪽의 그림은 「설괘전」에 "하늘과 땅이 자리를 정함에 산과 못이 기운을 통하며, 우뢰와 바람이 서로 부딪치며, 물과 불이 서로 쏘지 않아서 팔괘가 서로 섞이니, 지난 것을 세는 것은 순하고 오는 것을 아는 것은 거스림이라"고 하니, <소자>가 말씀하기를 "「건」이 남쪽에, 「곤」이 북쪽에, 「리」가 동쪽에, 「감」이 서쪽에, 「진」이 동북쪽에, 「태」가 동남쪽에, 「손」이 서남쪽에, 「간」이 서북쪽에 있으니, 「진」으로 부터 「건」에 이르는 것이 순한 것이 되고, 「손」으로 부터 「곤」에 이르는 것이 거스림이 된다."라고 했다. 뒤의 64괘 방위도 이와 같다."

『附錄』

① 邵子曰 乾坤縱而六子橫은 易之本也라. 又曰震始交陰而陽生이요 巽始消陽而陰生이며 兌는 陽長也요 艮은 陰長也며 震兌는 在天之陰也요 巽艮은 在地之陽也라. 故로 震兌는 上陰而下陽이요 巽艮은 上陽而下陰이라. 天은 以始生으로 言之라 故로 陰上而陽下하니 交泰之義也요 地는 以旣成으로 言之라 故로 陽上而陰下하니 尊卑之位也라. 乾坤이 定上下之位하고 坎離는 列左右之門하니 天地之所闔闢과 日月之所出入과 春夏秋冬과 晦朔弦望과 晝夜長短과 行度盈縮이 莫不由乎此矣니라.

<소자>가 말씀하기를 "「건」과 「곤」이 세로로 있고, 여섯 자식괘가 가로로 있음은 역의 근본이다." 또 말씀하기를 "「진」은 (「건」이) 처음으로 음과 사귀어 양을 낳은 것이고, 「손」은 (「곤」이) 처음으로 양을 사그러뜨리고 음을 낳은 것이며, 「태」는 양이 크는 것이고, 「간」은 음이 크는 것이며, 「진」과 「태」는 하늘에 있는 음이고, 「손」과 「간」은 땅에 있는 양이다. 그렇기 때문에 「진」과 「태」는 위가 음이고 아래는 양이며, 「손」과 「간」은 위가 양이고 아래는 음이다. 하늘은 처음 나는 것으로 말했으므로 음은 위에 있고 양은 아래 있으니, 음양이 사귀어 태평한 뜻이고, 땅은 이미 이루어진 것으로 말했으므로 양은 위에 있고 음은 아래 있으니, 높고 낮은 자리다.

「건」과 「곤」이 위와 아래의 자리를 정하고, 「감」과 「리」가 좌우의 문을 벌리니, 하늘과 땅의 열고 닫힘과, 해와 달의 나가고 들어옴과, 봄·여름·가을·겨울, 그믐·초

하루·상현·하현·보름과, 낮과 밤의 길고 짧음과, 도수(度數) 운행의 차고 이그러짐이 여기에서 연유하지 않음이 없다."

又曰此一節은 明伏羲八卦也라. 八卦相錯者는 明交相錯而成六十四也요 數往者順은 若順天而行이니 是左旋也요 皆已生之卦也라 故로 云數往也요 知來者逆은 若逆天而行이니 是右行也요 皆未生之卦也라 故로 云知來也니 夫易之數는 由逆而成矣니라. 此一節은 直解圖意니 若逆知四時之謂也라.

또 말씀하기를 "이 한 귀절은 「복희팔괘」를 밝힌 것이다. '팔괘가 서로 섞인다(八卦相錯)'고 함은 사귀어 서로 섞여 64괘를 이룸을 밝힌 것이다. '지난 것을 세는 것은 순하다(數往者順)'고 함은 하늘에 순히해서 행함과 같으니, 왼쪽으로 도는 것이고, 다 이미 생겨난 괘이므로, '지난 것을 센다(數往)'고 했다. '오는 것을 아는 것은 거스림이다(知來者逆)'고 함은 하늘에 거스려 행함과 같으니, 이것은 오른쪽으로 가는 것이고, 다 생기지 않은 괘이므로, '오는 것을 안다(知來)'고 했다. 대개 역의 수는 거스림을 말미암아 이루어지는 것이다. 이 한귀절은 바로 그림의 뜻을 해석한 것이니, 사시를 거스려서 안다는 것과 같다."라고 하셨다.

※ <소강절> 선생의 『황극경세』「관물외편」의 내용이다.

② 朱子ㅣ 答董銖曰所問先天圖曲折과 細詳圖意는 若自乾一로 橫排하야 至坤八은 此則全是自然이라 故로 說卦에 云易은 逆數也라하고 若如圓圖는 則須如此라야 方見陰陽消長次第니 雖自稍涉安排나 然이나 亦莫非自然之理라. 自冬至夏至는 爲順이니 蓋與前逆數者로 相反이요 自夏至冬至는 爲逆이니 蓋如前逆數者로 同이라. 其左右는 與今天文說左右로 不同하니 蓋從中而分其初면 若有左右之勢爾니라.

<주자>가 <동수>에게 대답해 말씀하기를 "물어본 선천도의 곡절과 상세한 그림의 뜻은, 첫 번째 「건」부터 여덟 번째 「곤」까지 가로로 벌려 놓은 이것은 완전히 자연스러운 것이다. 그러므로 「설괘전」에 '역은 거스려서 세는 것(易은 逆數也)'이

라고 했다. 원도는 이렇게 해야만 음과 양이 소장(消長)하는 차례를 볼 수 있으니, 비록 조금은 인위적으로 안배를 한 것이나, 또한 자연의 이치가 아닌 것이 없다.
　겨울부터 하지에 이름은 순함이 되니, 앞의 '거스려서 센다(逆數)'는 것과 서로 반대되고, 여름으로부터 동지까지 이르는 것이 거스림이 되니, 앞의 '거스려서 센다'는 것과 같다. 그 왼쪽 오른쪽은 지금의 천문에서 말하는 왼쪽 오른쪽과 같지 않으니, 가운데를 따라 처음을 나누면 왼쪽 오른쪽의 형세가 있는 것과 같다."

　※ 동수(董銖):「송나라」덕흥(德興)사람. 자는 숙중(叔重), <주자>의 문인. 질의와 토론을 즐겼고, 반간선생(槃澗, 또는 盤澗先生)이라고 불림. 저서로는『성리주해:性理註解』와『역서주:易書註』가 있다.
　※ 盖 : 蓋의 속자.
　※ 易은 逆數也 : '皆自己生以得未生之卦(자신은 이미 생겼으나 생기지 않은 괘를 얻음)'이라는 본문 주(註)가 있다.
　※ 盖與前逆數者로 相反 : '皆自未生而反得已生之卦(자신은 생기지 않았으나 도리어 이미 생긴 괘를 얻음)'이라는 본문 주(註)가 있다.

又曰易은 逆數也는 以康節說이면 方可通이나 但方圖則一向皆逆이요 若以圓圖看이면 又只是一半逆이니 不知如何니라.

　또 말씀하기를 "'주역은 거스려서 센다'는 <소강절>의 말로 보면 통할 수 있으나, 다만 방도(方圖)는 한결같이 거스렸고 원도(圓圖)로 본다면 반쪽만 거스렸으니 어떻게 된 것인지 모르겠다."

③ 西山蔡氏ㅣ 曰其法이 自子中으로 至午中은 爲陽이니 初四爻ㅣ 皆陽이요 中前二爻ㅣ 皆陰이며 後二爻ㅣ 皆陽이요 上一爻ㅣ 爲陰이며 二爻ㅣ 爲陽이며 三爻ㅣ 爲陰이며 四爻ㅣ 爲陽이라. 自午中으로 至子中은 爲陰이니 初四爻ㅣ 皆陰이요 中前二爻ㅣ 爲陽이며 後二爻ㅣ 爲陰이요 上一爻ㅣ 爲陽이며 二爻ㅣ 爲陰이며 三爻ㅣ 爲陽이며 四爻ㅣ 爲陰이라. 在陽엔 中上二爻는 則先陰而後陽이니 陽生於陰也요 在陰엔 中上二爻는 則先陽而後陰이니 陰生於陽也라. 其序가 始震終坤者는 以陰陽消息으로 爲數也니라.

<서산채씨>가 말씀하기를 "그 방법이 자방(子方)의 가운데서부터 오방(午方)의 가운데에 이르는 것은 양이 되니, 처음의 네 효가 다 양이요, 가운데 있는 앞의 두 효는 다 음이고, 뒤의 두 효는 다 양이요, 위의 첫 번째 효는 음이고, 두 번째 효는 양이며, 세 번째 효는 음이고, 네 번째 효는 양이다. 오방(午方)의 가운데서부터 자방(子方)의 가운데까지 이르는 것은 음이 되니, 처음 네 효는 다 음이요, 가운데의 앞쪽 두 효는 양이고, 뒤의 두 효는 음이요, 위의 첫 번째 효는 양이고, 두 번째 효는 음이며, 세 번째 효는 양이고, 네 번째 효는 음이다.

　양방(陽方)에 있어서는 중효와 상효 두 효는 음이 먼저 오고 양이 뒤에 오니, 양이 음에서 나오는 것이고, 음방에 있어서는 중효와 상효 두 효는 양이 먼저하고 음이 뒤에 하니, 음이 양에서 나오는 것이다. 그 차례가 「진:☳」에서 시작해서 「곤:☷」에서 끝나는 것은, 음양소식으로 수(차례)를 만든 것이다."

伏羲六十四卦次序之圖

復	頤	屯	益	震	噬嗑	隨	无妄	明夷	賁	既濟	家人	豐	離	革	同人	臨	損	節	中孚	歸妹	睽	兌	履	泰	大畜	需	小畜	大壯	大有	夬	乾	
																																64
																																32
																																16
震								離								兌								乾								八卦
少陰																太陽																四象
陽																																兩儀
太極																																

坤	剝	比	觀	豫	晉	萃	否	謙	艮	蹇	漸	小過	旅	咸	遯	師	蒙	坎	渙	解	未濟	困	訟	升	蠱	井	巽	恒	鼎	大過	姤	
																																64
																																32
																																16
坤								艮								坎								巽								八卦
太陰																少陽																四象
陰																																兩儀
太極																																

右前八卦次序圖는 卽繫辭傳所謂八卦成列者요 此圖는 卽其
所謂因而重之者也라. 故로 下三畫은 卽前圖之八卦요 上三畫
則各以其序로 重之而下卦ㅣ 因亦各衍而爲八也라. 若逐爻漸
生이면 則邵子所謂八分爲十六이요 十六分爲三十二요 三十二
分爲六十四者니 尤見法象自然之妙也니라.

오른쪽 앞의 「팔괘차서도」는 「계사전」에서 말한 "팔괘가 열을 이루었다"는 것이고, 이 그림은 「계사전」에서 말한 "인해서 거듭했다"는 것이다. 그러므로 아래에 있는 세 획은 곧 앞 그림의 팔괘이고, 위의 세 획은 각각 그 차례대로 거듭한 것이며, 또한 아래괘 하나에 각각 여덟 괘씩 차례로 놓은 것이다. 만약 효를 따라 (한 획 한 획) 점점 생겨나면, <소자>가 말씀한 "8이 분화되어 16이 되고, 16이 32가 되며, 32가 64가 됨"이니, 더욱 법칙과 형상의 자연한 묘용을 볼 수 있다.

※ 八卦成列, 因而重之 : 「계사하전」 1장에 출전.

『附錄』

① 朱子ㅣ 曰易有太極하니 是生兩儀하고 兩儀ㅣ 生四象하고 四象이
生八卦라하니 此一節은 乃孔子ㅣ 發明伏羲畫卦自然之形體次第로
最爲切要라. 古今說者에 惟康節明道二先生이 爲能知之라 故로 康節
之言에 曰一分爲二요 二分爲四요 四分爲八이요 八分爲十六이요 十
六分爲三十二요 三十二分爲六十四니 猶根之有幹하고 幹之有枝하야
愈大則愈少하고 愈細則愈繁而明道先生이 以爲加一倍法이라하니 其
發明孔子之言에 又可謂最切要矣니라.

<주자>가 말씀하기를 "'역에 태극이 있으니 이것이 양의를 낳고, 양의가 사상을

낳고, 사상이 팔괘를 낳았다'고 하니, 이 한 귀절은 <공자>께서 <복희씨>의 괘를 그은 자연스러운 형체의 차례를 밝힌 것으로 가장 절실하고 중요하다. 옛날부터 지금까지 말한 사람 가운데 오직 <강절>과 <명도> 두 선생이 능히 알았다고 할 수 있다. 그렇기 때문에 <강절>의 말씀에 '하나가 나뉘어 둘이 되고, 둘이 나뉘어 넷이 되고, 넷이 나뉘어 여덟이 되고, 여덟이 나뉘어 열여섯이 되고, 열여섯이 나뉘어 서른둘이 되고, 서른둘이 나뉘어 예순넷이 되니, 뿌리에 줄기가 있고 줄기에 가지가 있는 것 같아서, 커질수록 더욱 적어지고, 가늘수록 더욱 번성하다'고 했고, <명도선생>이 '한 배 만큼 더하는 법'이라고 하니, <공자>의 말씀을 발명한 것 중에 또한 가장 간절하고 긴요하다고 할 수 있다."

※ 易有太極 是生兩儀 兩儀生四象 四象生八卦 : 「계사상전」 11장에 출전.

※ 뿌리에 줄기가 있고 줄기에 가지가 있는 것 같아서, 커질수록 적어지고, 가늘수록 더욱 번성하다 : 태극은 뿌리이고, 양의부터 32까지는 줄기에 해당하며, 끝의 64는 가지에 해당한다. 그러므로 뿌리에 해당하는 태극 쪽으로 갈수록 차지하고 있는 면적은 크지만 갯수는 적어지고, 가지에 해당하는 64쪽으로 갈수록 차지하고 있는 면적은 작아지지만 갯수는 많아지는 것이다.

蓋以河圖洛書로 論之컨댄 太極者는 虛中之象也요 兩儀者는 陰陽奇偶之象也요 四象者는 河圖之一合六 二合七 三合八 四合九와 洛書之一含九ㅣ 二含八ㅣ 三含七ㅣ 四含六也요 八卦者는 河圖四實四虛之數와 洛書四正四隅之位也라.

"「하도」와 「낙서」로써 말하면 태극은 가운데 부분의 비어 있는 상이고, 양의는 음과 양, 홀과 짝의 상이며, 사상은 「하도」의 1과 6, 2와 7, 3과 8, 4와 9가 합하는 것과, 「낙서」의 1이 9, 2가 8, 3이 7, 4가 6을 머금은 것이고, 팔괘는 「하도」의 안에 있는 네 개의 수와 바깥에 있는 네 개의 수, 「낙서」의 네 정방위와 네 모서리 방위이다."

※ 태극은 가운데 부분의 비어 있는 상이고 : 일생이법(一生二法)으로 괘가 나올 때, 태극은 괘획(卦畫)에 들어가지 않고 양의부터 사용되듯이, 「하도」의 5·10이나 「낙서」의 5는 태극과 같아서 동정(動靜)과 허실(虛實)을 겸용하며 있을 뿐이다. 다시 말해 5는 생수의 끝수이고 10은 성수의 끝수로, 5는 다른 사상수를 도와 이루게 하고 10은 쓰일 데가 없기 때문이다.

以卦畫으로 言之면 太極者는 象數未形之全體也요 兩儀者는 ―爲陽 而--爲陰이니 陽數ㅣ 一而陰數ㅣ 二也요 四象者는 陽之上에 生一陽 則爲⚌而謂之太陽이고 生一陰則爲⚍而謂之少陰이요 陰之上에 生一 陽則爲⚎而謂之少陽이고 生一陰則爲⚏而謂之太陰也라. 四象이 旣 立則太陽은 居一而含九하고 少陰은 居二而含八하고 少陽은 居三而 含七하고 太陰은 居四而含六하니 此ㅣ 六七八九之數所由定也라.

"괘획으로써 말하면 태극은 상과 수가 형성되지 않은 전체이고, 양의(兩儀)는 '―'이 양이 되고 '--'가 음이 되니, 양수는 하나고 음수는 둘이다. 사상은 양의(陽儀:―) 위에 한 양을 낳으면 '⚌'이 되어서 태양이라 하고, 한 음을 낳으면 '⚍'이 되어서 소음이라 하며, 음의(陰儀:--) 위에 한 양을 낳으면 '⚎'이 되어서 소양이라 하고, 한 음을 낳으면 '⚏'이 되어서 태음이라 한다. 사상이 이미 세워지면 태양은 첫 번째자리에서 9를 머금고, 소음은 두 번째자리에서 8을 머금고, 소양은 세 번째자리에서 7을 머금고, 태음은 네 번째자리에서 6을 머금으니, 이것이 6·7·8·9의 수가 정해진 연유이다."

八卦者는 太陽之上에 生一陽則爲☰而名乾하고 生一陰則爲☱而名 兌하며 少陰之上에 生一陽則爲☲而名離하고 生一陰則爲☳而名震하 며 少陽之上에 生一陽則爲☴而名巽하고 生一陰則爲☵而名坎하며 太陰之上에 生一陽則爲☶而名艮하고 生一陰則爲☷而名坤하니 康節 先天之說에 所謂乾一 兌二 離三 震四 巽五 坎六 艮七 坤八者ㅣ 蓋 謂此也니라.

"팔괘는 태양(⚌) 위에 한 양을 낳으면 '☰'이 되니 「건」이라 이름하고, 한 음을 낳으면 '☱'이 되니 「태」라 이름하며, 소음(⚍) 위에 한 양을 낳으면 '☲'이 되니 「리」라 이름하고, 한 음을 낳으면 '☳'이 되므로 「진」이라 이름하며, 소양(⚎) 위에 한 양을 낳으면 '☴'이 되어 「손」이라 이름하고, 한 음을 낳으면 '☵'이 되므로 「감」이라 이름하며, 태음(⚏) 위에 한 양을 낳으면 '☶'이 되니 「간」이라 이름하고, 한 음을 낳으면 '☷'이 되므로 「곤」이라 이름하니, <강절>의 선천설에 '첫 번째가 「건」, 두 번째가 「태」, 세 번째가 「리」, 네 번째가 「진」, 다섯 번째가 「손」, 여섯 번째가 「감」, 일곱 번째가 「간」, 여덟 번째가 「곤」'이라고 함이 이것을 이른다."

至於八卦之上에 又各生一陰一陽則爲四畫者ㅣ 十有六이니 經雖无文而康節所謂八分爲十六者ㅣ 此也요 四畫之上에 又各生一陰一陽則爲五畫者ㅣ 三十有二니 經雖无文而康節所謂十六分爲三十二者ㅣ 此也요 五畫之上에 又各生一陰一陽則爲六畫之卦ㅣ 六十有四而八卦ㅣ 相重하야도 又各得乾一 兌二 離三 震四 巽五 坎六 艮七 坤八之次하니 其在圖에 可見矣라.

"팔괘의 위에 또 각각 한 음과 한 양을 낳으면 네 획이 되는 것이 16개이니, 경(經:주역)에 비록 언급은 없으나, <강절>이 말씀한 '8이 나뉘어 16이 된다'고 함이 이것이다. 네 획의 위에 또 각각 한 음과 한 양을 낳으면 다섯 획이 되는 것이 32개니, 경에 비록 언급은 없으나 <강절>이 '16이 나뉘어 32가 된다'고 말씀한 것이 이것이다. 다섯 획의 위에 또 각각 한 음과 한 양을 낳으면 여섯 획이 되는 괘가 64개가 되고, 팔괘를 서로 거듭해도 각각 첫 번째 「건」·두 번째 「태」·세 번째 「리」·네 번째 「진」·다섯 번째 「손」·여섯 번째 「감」·일곱 번째 「간」·여덟 번째 「곤」의 차례를 얻으니, 그것은 그림에서 알 수 있다."

※ 64괘를 얻는 방법에 일생이법과 일정팔회법이 있는데, 어느 방법으로 64괘를 얻든 그 결과가 부절을 맞춘듯이 같음을 설명했다. 「계사전」에는 일정팔회법만 설명되어 있고, 일생이법에 대해서는 팔괘생성까지만 설명되어 있다.
① 일생이법(一生二法) : 팔괘 위에 각기 양과 음을 낳음을 세 번 거듭하면 64괘가 된다.
② 일정팔회법(一貞八悔法) : 팔괘 위에 팔괘를 거듭하여 64괘를 얻는 방법이다.

② 天地之間에 莫非太極陰陽之妙니 聖人이 仰觀俯察하사 遠求近取에 固有超然而默契於心矣시니라. 故로 自兩儀未分으로 渾然太極而兩儀 四象 六十四卦之理ㅣ 已粲然於其中이라. 太極分而兩儀則太

極은 固太極이며 兩儀는 固兩儀也요 兩儀分而四象則兩儀ㅣ 又爲太極而四象이 又爲兩儀矣라. 自是而推하야 四而八하고 八而十六하고 十六而三十二하고 三十二而六十四하야 以至於有百千萬億之无窮하니 雖見於模畫하야 若有先後而出於人爲나 然이나 其已定之形과 已成之勢ㅣ 固已具於渾然之中而不容毫髮思慮作爲於其間也라.

하늘과 땅 사이에 태극과 음양의 묘한 이치로 되지 않은 것이 없으니, 성인께서 우러러 보고 굽어 살펴서, 멀리 구하고 가까운 것을 취하심에 초연히 마음 속에 저절로 부합됨이 있으셨다. 그러므로 양의(兩儀)가 나누어지기 전부터 혼연한 태극에 양의와 사상 그리고 64괘의 이치가 이미 그 가운데에 밝았다. 태극이 나뉘어 양의가 되면, 태극은 태극이고 양의는 양의이다. 양의가 나뉘어 사상이 되면, 양의가 또한 태극이 되고 사상이 또한 양의가 된다. 이로부터 미루어서 4가 8이 되고, 8이 16이 되며, 16이 32가 되고, 32가 64가 되어서 백천만억의 끝없는 데까지 이르니, 비록 모조된 획에 나타나서 먼저와 뒤가 있어 인위적으로 나온 것 같으나, 이미 정해진 형상과 이루어진 형세가 혼연한 가운데 갖추어져 있어서, 그 사이에 털끝만한 생각과 조작도 있을 수 없다.

③ 答袁樞ㅣ 曰要見得聖人作易根原을 直截分明인댄 不如且看卷首橫圖라. 自始初止有兩畫時로 漸次看起하야 以至生滿六畫之後면 其先後多寡ㅣ 旣有次第而位置ㅣ 分明하야 不費辭說이니 於此에 看得이면 方見六十四卦ㅣ 全是天理自然에 挨排出來라. 聖人이 只是見得分明하야 便只依本畫出이요 元不曾用一毫智力添助니라.

<원추>에게 대답해 말씀하기를 "성인이 역을 지은 근원을 분명하게 알려면, 책머리에 있는 횡도(옆으로 된 그림)를 보는 것이 좋습니다. 처음에 두 획만 있을 때부터 점차로 보아서 여섯 획이 생겨 가득할 때까지 이르면, 선후와 다과(多寡)에 차례가 있고 위치가 분명해서 말이 필요없으니, 여기에서 보면 64괘가 모두 하늘 이치의 자연함에서 차례대로 배출되어 나왔음을 알 것입니다. 성인이 다만 분명하게 봐서 본래대로 그어놓은 것일 뿐, 원래부터 털끝만한 지혜도 첨가해 도운 것이 아닙

니다."

※ 원추(袁樞:1131~1205) : 「남송:南宋」의 건안(建安) 사람. 자는 궤중(机仲). 저서에는 『역학색은:易學索隱, 역동자문:易童子問』 등이 있다. <주자:1130~1200>와 동시대 사람이다.

※ 挨 : 차례대로 다가올 애.

④ 問四爻 五爻者는 何所主名고. 曰一畫이 爲儀하고 二畫이 爲象하며 三畫이 爲卦則八卦ㅣ 備矣라. 此上에 若旋次各加陰陽一畫하야 則積至三重이면 再成八卦者ㅣ 八이니 方有六十四卦之名이라. 若徑以八卦로 徧加乎一卦之上이면 則亦如其位而得名焉이나 方其四畫之時엔 未成外卦라 故不得而名之耳라. 又曰第四畫者는 以八卦로 爲太極而復生之兩儀也요 第五畫者는 八卦之四象也요 第六畫者는 八卦之八卦也라.

묻기를 "네 번째와 다섯 번째효는 무엇이라고 합니까?" 답하기를 "한 획이 모습(兩儀)이 되고, 두 획이 상(四象)이 되며, 세 획이 괘가 되니 팔괘가 갖추어졌다. 이 위에 만약 다시 차례로 각각 음양 한 획씩을 더해서 세 번 거듭하게 되면, 다시 팔괘가 되는 것이 여덟 개이니, 그때서야 64괘의 이름이 있는 것이다. 만약 바로 팔괘로써 한 괘의 위에 더하면, 또한 그와 같이 되어서 (64괘의) 이름을 얻을 것이나, 그 네 획이 되었을 때는 외괘(바깥의 괘)가 다 되지 않았으므로 이름을 지을 수 없다." 또 말씀하기를 "네 번째 획은 팔괘로 태극을 삼아 다시 양의를 낳은 것이고, 다섯 번째 획은 팔괘의 사상이며, 여섯 번째 획은 팔괘의 팔괘이다."

⑤ 又詩에 曰諸儒談易謾紛紛하니 只見繁枝不見根이라 觀象徒勞推互體요 玩辭亦是逞空言이라 須知一本能雙幹이면 始信千兒與萬孫이라 喫緊包義爲人意를 悠悠千古向誰論고.

또 시에 말씀하기를 "모든 선비가 역을 말하는데 공연히 어지럽고 뒤엉켰으니/ 다만 번성한 가지만 보고 뿌리는 보지 못했도다/ 상을 보고는 공연히 호괘(互卦)나

미루어 보느라 수고스럽고/ 말을 음미함에 또한 빈말만 늘어 놓는다/ 한 뿌리가 두 줄기가 될 수 있음을 알면/ 비로소 천의 아들과 만의 손자가 나옴을 믿을 것이다/ <복희씨>가 사람들을 위해 베풀어 놓은 긴요한 뜻을/ 아득한 옛날에 누구를 보고 말했을까/"

　　※ 謾 : 속일, 업신여길 만

伏羲六十四卦 方位之圖

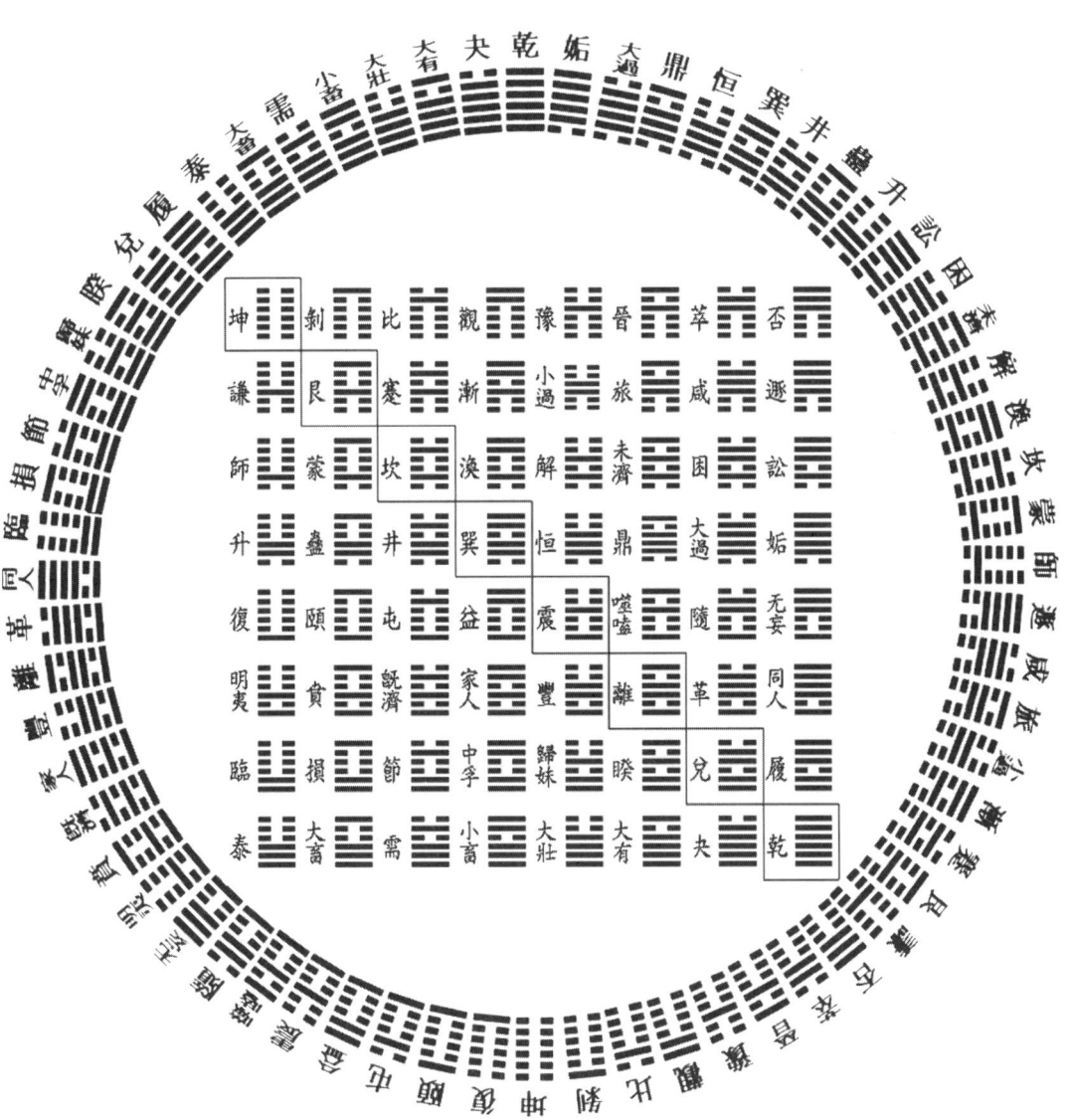

右ㅣ 伏羲四圖는 其說이 皆出於邵氏라. 蓋邵氏는 得之李之才 挺之하고 挺之는 得之穆脩伯長하고 伯長은 得之華山希夷先生 陳摶圖南者하니 所謂先天之學也라. 此圖圓布者는 乾盡午中하고 坤盡子中하며 離盡卯中하고 坎盡酉中하니 陽生於子中하야 極於午中하고 陰生於午中하야 極於子中하니 其陽은 在南하고 其陰은 在北이라.

"오른쪽 <복희씨>의 네 그림은 그 말이 다 <소씨>에게서 나왔다. <소씨>는 <이지재(정지)>에게 얻었고, <정지>는 <목수(백장)>에게 얻었으며, <백장>은 화산의 <희이선생(진단,도남)>에게서 얻으니, 이른바 선천의 학문이라는 것이다.
 이 그림의 둥글게 펼쳐 있는 것(圓圖)은, 「건:乾」은 오방(午方)의 가운데서 다하고, 「곤:坤」은 자방(子方)의 가운데서 다하며, 「리:離」는 묘방(卯方)의 가운데서 다하고, 「감:坎」은 유방(酉方)의 가운데서 다하니, 양은 자방의 가운데서 나서 오방의 가운데서 극하고, 음은 오방의 가운데서 나서 자방의 가운데서 극하므로, 양은 남쪽에 있고 음은 북쪽에 있다.

方布者는 乾始於西北하고 坤盡於東南하며 其陽은 在北하고 其陰은 在南하니 此二者는 陰陽對待之數라. 圓於外者는 爲陽이요 方於中者는 爲陰이니 圓者는 動而爲天이요 方者는 靜而爲地者也니라.

 네모 그림(方圖)은 「건」은 서북에서 시작하고 「곤」은 동남에서 다하며, 양은 북쪽에 있고 음은 남쪽에 있으니, 이 두 가지는 음양의 대대되는 수이다. 바깥의 원은 양이 되고, 가운데 네모진 것은 음이 되니, 둥근 것은 움직여 하늘이 되고 모난 것은 고요하여 땅이 되는 것이다."

　　※ 여기에서 <소씨>란 <소강절>선생을 말한다.
　　※ 이지재(李之才:?~1045) : 「송(宋)나라」의 「북해:北海」사람. 자는 정지(挺之). <목수

(穆脩)>를 스승으로 섬겨 역을 전수받아, 도서상수(圖書象數)의 변통에 능했다. 특히 그가 남긴 「변괘반대도:變卦反對圖」8편과 「육십사괘상생도:六十四卦相生圖」는 후세 역학에 지대한 영향을 주었다. ※ 挺 : 뺄 정.

※ 목수(穆脩) : 「송(宋)나라」의 「운주:鄆州」사람. 자는 백장(伯長). 홀로 고문(古文)을 연구해서 학자로서의 명성이 높았다.

※ 진희이 : 74쪽 참조. ※ 搏 : 뭉칠 단.

『附錄』

① 邵子ㅣ 曰太極이 旣分에 兩儀ㅣ 立矣요 陽上交於陰하고 陰下交於陽而四象이 生矣요 陽交於陰하고 陰交於陽而生天之四象하고 剛交於柔하고 柔交於剛而生地之四象하야 八卦相錯而後에 萬物이 生焉이라 是故로 一分爲二하고 二分爲四하고 四分爲八하고 八分爲十六하고 十六分爲三十二하고 三十二分爲六十四하니 猶根之有幹하고 幹之有枝하야 愈大則愈少하고 愈細則愈繁이라 是故로 乾以分之하고 坤以翕之하며 震以長之하고 巽以消之하나니 長則分하고 分則消하며 消則翕也라 乾坤은 定位也요 震巽은 一交也요 兌離坎艮은 再交也라 故로 震은 陽少而陰尙多也요 巽은 陰少而陽尙多也요 兌離는 陽浸多也요 坎艮은 陰浸多也라.

<소자>가 말씀하기를 "태극이 이미 나뉨에 양의가 세워졌고, 양이 올라가 음과 사귀고 음이 내려가 양과 사귀어 사상이 생겼으며, 양이 음에게 사귀고 음이 양에게 사귀어 하늘의 사상을 낳고, 강한 것이 부드러운 것에 사귀고 부드러운 것이 강한 것에 사귀어 땅의 사상을 낳아 팔괘가 섞인 뒤에 만물이 나온다. 그러므로 하나가 나뉘어 둘이 되고, 둘이 나뉘어 넷이 되고, 넷이 나뉘어 여덟이 되고, 여덟이 나뉘어 열여섯이 되고, 열여섯이 나뉘어 서른둘이 되고, 서른둘이 나뉘어 예순넷이 되니,

뿌리에 줄기가 있고 줄기에 가지가 있는 것 같아서, 커질수록 더욱 적어지고, 가늘수록 더욱 번성한다.

이렇기 때문에 「건:☰」으로 나누고 「곤:☷」으로 합하며, 「진:☳」으로 키우고 「손:☴」으로 사그러 뜨리니, 크면 나뉘어지고, 나뉘면 사그러지며, 사그러지면 합하게 된다. 「건」과 「곤」은 자리를 정한 것이고, 「진」과 「손」은 (「건」과 「곤」이) 첫번째 사귄 것이며, 「태:☱, 리:☲, 감:☵, 간:☶」은 두 번째 사귄 것이다. 그렇기 때문에 「진」은 양이 적은 반면 음이 오히려 많고, 「손」은 음이 적고 양이 오히려 많으며, 「태」와 「리」는 양이 점점 많아지는 것이고, 「감」과 「간」은 음이 점점 많아지는 것이다."

※ "태극이 나뉨에 양의가 세워졌다"는 말은, 원도에서 좌변의 초효는 모두 양효이고 우변의 초효는 모두 음효가 된 것을 뜻한다.

※ "양이 올라가 음과 사귀고 음이 내려가 양과 사귀어 사상이 생겼다"는 말은, 초효부터 2효까지를 설명한 것으로, 원도의 좌변 윗쪽의 16괘는 태양이고, 좌변 아랫쪽의 16괘는 소음이며, 우변 윗쪽의 16괘는 소양이고, 우변 아랫쪽의 16괘는 태음인 것을 뜻한다.

※ "양이 음에게 사귀고 음이 양에게 사귀어 하늘의 사상을 낳고, 강한 것이 부드러운 것에 사귀고 부드러운 것이 강한 것에 사귀어 땅의 사상을 낳아"라는 말은 두 번째 효가 세 번째 효를 낳았다는 것을 설명한 글이다. 여기에서 양은 태양, 음은 태음, 강은 소양, 유는 소음을 뜻하는데, 태양 위에 홀수로 나뉜 것은 「건」이고 짝수로 나뉜 것은 「태」이며, 태음 위에 홀수로 나뉜 것은 「간」이고 짝수로 나뉜 것은 「곤」이며, 소양 위에 홀수로 나뉜 것은 「손」이고 짝수로 나뉜 것은 「감」이며, 소음 위에 홀수로 나뉜 것은 「리」이고 짝수로 나뉜 것은 「진」이 된다.

※ "팔괘가 섞인 뒤에 만물이 나온다"는 말은 팔괘를 거듭해서 64괘를 이룬 후에야 만물을 표상한다는 뜻이다.

※ 翕 : 합할 흡.

又曰無極之前은 陰含陽也요 有象之後는 陽分陰也니 陰爲陽之母요 陽爲陰之父라 故로 母孕男長而爲復하고 父生長女而爲姤하니 是以로 陽起於復而陰起於姤也라. 又曰陽在陰中엔 陽逆行하고 陰在陽中엔 陰逆行하며 陽在陽中하고 陰在陰中則皆順行하니 此眞至之理를 按圖에 可見矣라.

또 말씀하기를 "무극 이전에는 음이 양을 머금고, 상이 있은 뒤에는 양이 음을 나누니, 음은 양의 어머니가 되고, 양은 음의 아버지가 된다. 그러므로 어머니(☷)가 장남(☳)을 잉태하여 「복괘:☷」가 되고, 아버지(☰)가 장녀(☴)를 낳아 「구괘:☰」가 되므로, 양은 「복괘」에서 일어나고 음은 「구괘」에서 일어난다."

또 말씀하기를 "양이 음 가운데 있을 때는 양이 역행하고, 음이 양 가운데 있을 때는 음이 역행하며, 양이 양 가운데 있을 때와 음이 음 가운데 있을 때는 다 순행하니, 이러한 참되고 지극한 이치를 그림에서 살피면 알 수 있다."

※ 원도에서 좌변은 그 기반인 초효가 양이므로(陽儀) 양에 속하고, 우변은 초효가 음이므로(陰儀) 음에 속한다. 「진」은 양이 하나고, 「리」와 「태」는 둘이며, 「건」은 셋이므로, 양이 「진」으로부터 「건」으로 순행하는 상이다(양이 양가운데 있을 때).

「손」은 음이 하나고, 「감」과 「간」은 둘이며, 「곤」은 셋이므로, 음이 「손」으로부터 「곤」으로 순행하는 상이다(음이 음가운데 있음).

「곤」은 양이 없고, 「간」과 「감」은 하나며, 「손」은 둘이므로, 양이 「곤」에서 「손」으로 역행하는 상이다(양이 음가운데 있음).

「건」은 음이 없고, 「태」와 「리」는 하나며, 「진」은 둘이므로, 음이 「건」에서 「진」으로 역행하는 상이다(음이 양가운데 있음).

又曰復至乾이 凡百一十有二陽이요 姤至坤이 凡八十陽이며 姤至坤이 凡百一十有二陰이요 復至乾이 凡八十陰이라. 又曰坎離者는 陰陽之限也라 故로 離當寅坎當申而數常踰之者는 陰陽之溢也라. 然이나 用數는 不過乎中也라.

또 말씀하기를 "「복괘:☷」부터 「건괘:☰」까지가 112양이고, 「구괘:☰」부터 「곤괘:☷」까지가 80양이며, 「구괘」부터 「곤괘」까지 112음이고, 「복괘」부터 「건괘」까지 80음이다." 또 말씀하기를 "「감:☵」과 「리:☲」는 음양의 경계이다. 그렇기 때문에 「리」는 인방(寅方)에 해당하고, 「감」은 신방(申方)에 해당되나, 수(數)가 항상 넘치는 것은 음양의 넘침이다. 그러나 수를 쓰는 것은 중을 지나지 않는다."

※ 「복괘」부터 「건괘」까지인 좌변에는 양이 많고, 「구괘」부터 「곤괘」까지인 우변에는 음이 많다.

※ 음양의 경계에 대한 <소자>의 설에 대해, <주자>는 "「리」는 묘에 해당하고 「감」은 유

에 해당한다"고 하였다.

※ <옥재호씨(玉齋胡氏)>는 "봄은 양인데 인에서 시작하므로, 「리」가 인에 해당돼야 하고 또 인은 양의 뿌리가 된다. 가을은 음인데 신에서 시작하므로, 「감」이 신에 해당돼야 하고 또 신은 음의 뿌리가 된다. 수가 항상 넘친다고 한 것은, 「리」가 비록 인에 해당하나 묘의 중간에서 다하고, 「감」이 비록 신에 해당하나 유의 중간에서 다하게 된다. 이것이 인과 신의 경계를 넘어서 음양의 넘침이 되는 것이다. 수를 쓰는 것은 중을 지나지 않는다고 한 것은, 인신을 취하고 묘유를 취하지 않기 때문이다. 자시에 양이 생기나 인시에야 그 온후한 기운이 쓰이게 되고, 오시에 음이 생기나 신시에야 차가운 기운이 엉기게 되므로, 수를 씀이 인신의 중간을 넘지 않는다는 것을 밝힌 것이다."

又大易吟에 曰天地定位에 否泰反類하고 山澤通氣에 損咸見義하며 風雷相薄에 恒益起意하고 水火相射에 旣濟未濟하며 四象相交에 成十六事하고 八卦相盪에 爲六十四라.

또 「대역음」이라는 시에서 읊기를 "하늘과 땅이 자리를 정함에 「비」와 「태」가 정반대의 류가 되고/ 산과 못이 기운을 통함에 「손」과 「함」의 뜻을 나타내며/ 바람과 우뢰가 부딪침에 「항」과 「익」의 뜻을 일으키고/ 물과 불이 서로 쏨에 「기제」와 「미제」가 되며/ 사상이 서로 사귐에 열여섯 일을 이루고/ 팔괘가 서로 섞임에 육십사괘가 된다/"

※ 방도를 설명한 시다. 방도에서 「건」이 서북의 끝에 있고 「곤」이 동남의 끝에 있는 것이 하늘과 땅이 자리를 정한 상이 된다.

※ 「비」와 「태」, 「손」과 「함」, 「항」과 「익」, 「기제」와 「미제」는 「복희8괘」로 이루어진 조합이며, 「64괘 방도」에서는 방도의 대각선상에 자리하고, 원도에서도 서로 대대가 되며 위치하고 있다. 따라서 이 여덟괘는 64괘를 대표하는 것이다.

又詩에 曰耳目聰明男子身이 洪鈞賦予不爲貧이라 須探月窟方知物이요 未躡天根豈識人가 乾遇巽時觀月窟이요 地逢雷處見天根이라 天根月窟閒來往하니 三十六宮都是春이라.

또 시에 말씀하기를 "귀와 눈이 총명한 남자의 몸을/ 홍균(조물주)이 나에게 주어 가난치 않다/ 월굴을 더듬어야 물건을 알 수 있고/ 천근을 밟지 않고 어찌 사람을 알겠는가/「건:☰」과「손:☴」이 만날 때(복희 64괘 방위도에서「구괘:䷪」) 월굴을 볼 수 있고/ 땅이 우뢰를 만나는 곳(복희 64괘 방위도에서「복괘:䷗」)에 천근을 볼 수 있다/ 천근과 월굴이 한가로이 왔다 갔다하니/ 서른여섯 궁이 모두 봄이로다/"

※ 원도를 설명한 시다. 천근(天根)은 하늘 뿌리라는 말로 양을 말하고, 월굴(月窟)은 달이 있는 굴이라는 말로 음을 말한다. 원도에서「복괘」부터「건괘」까지 좌변에 있는 괘가 양에 해당하고,「구괘」부터「곤괘」까지 우변에 있는 괘가 음에 해당한다. 천근과 원굴 사이를 즉 괘로는「구괘」와「복괘」사이를, 우주로는 하늘과 땅의 중심을 오가며 만물을 낳는 것이고, 인체로는 신장과 폐사이를 기운이 오가며 단(丹)을 쌓는 것에 해당한다.

※ 36궁 :『주역』64괘를 부도전괘(8괘)는 그대로 계산하고, 도전괘(56괘)는 두 괘를 한 괘로 치면 36괘가 된다. 따라서『주역』전체 또는 우주 전체를 뜻한다.

② 朱子ㅣ 曰圓圖는 乾在南 坤在北이고 方圖는 坤在南 乾在北이라. 乾位는 陽畫之聚ㅣ 爲多하고 坤位는 陰畫之聚ㅣ 爲多하니 此는 陰陽之各以類而聚也요 亦莫不有自然之法象焉이라.

<주자>가 말씀하기를 "원도는「건괘:☰」가 남쪽에 있고「곤괘:☷」는 북쪽에 있으며, 방도는「곤괘」가 남쪽에 있고「건괘」는 북쪽에 있다.「건괘」의 자리는 양획의 모임이 많고,「곤괘」의 자리는 음획의 모임이 많으니, 이것은 음양이 각기 류로써 모인 것이고, 또한 자연의 법상(法象)이 아닌 것이 없다."

又曰圓圖는 象天이니 一順一逆하야 流行中에 有對待하니 如震八卦ㅣ 對巽八卦之類요 方圖는 象地니 有逆无順하야 定位中에 有對待하야 四角이 相對하니 如乾八卦ㅣ 對坤八卦之類니 此則方圓圖之辨也라. 圓圖ㅣ 象天者는 天圓而動하야 包乎地外요 方圖ㅣ 象地者는 地方而靜하야 圍乎天中이라. 圓圖者는 天道之陰陽이요 方圖者는 地道之柔剛이니 震離兌乾은 爲天之陽 地之剛이요 巽坎艮坤은 爲天之陰 地之柔라. 地道는 承天而行하야 以地之柔剛으로 應天之陰陽하니 同一理也로대 特在天者는 一逆一順하니 卦氣所以運이요 在地者는 惟主乎逆

하니 卦畫所以成耳라.

또 말씀하기를 "원도는 하늘을 형상했다. 한 번은 순하고 한 번은 거스려서 흘러가는 가운데 상대됨이 있으니, 「진:☳」의 여덟 괘와 「손:☴」의 여덟 괘가 상대되는 류와 같은 것이다. 방도는 땅을 형상했다. 거스림은 있고 순함은 없어서, 자리를 정한 가운데 상대됨이 있어 네 모서리가 서로 상대되니, 「건:☰」의 여덟괘가 「곤:☷」의 여덟괘와 상대되는 류와 같은 것이다. 이것은 방도와 원도의 구별이다. 원도가 하늘을 형상한 것은, 하늘은 둥글고 움직여서 땅 밖을 싼 것이고, 방도가 땅을 형상 것은, 땅이 모나고 고요해서 하늘 가운데 있는 동산인 것이다.

원도는 천도(天道)의 음양이고, 방도는 지도(地道)의 강유이니,「진·리·태·건」은 하늘의 양과 땅의 강이고,「손·감·간·곤」은 하늘의 음과 땅의 유이다. 지도는 하늘을 받들어 행해서 땅의 유와 강으로써 하늘의 음과 양에 응하니 동일한 이치이나, 특히 하늘에 있는 것은 한번 거스리고 한번 순하니 괘의 기운이 움직이는 바이고, 땅에 있는 것은 오직 거스림을 주로하니 괘획이 이루어지는 바다."

※ 囿 : 동산 유
※ 한 번은 순하고 한 번은 거스려서 : 원도에서 「건괘」부터 「복괘」까지 좌변의 괘는 순하고, 「구괘」부터 「곤괘」까지 우변의 괘는 거스리는 상이다.
※ 거스림은 있고 순함은 없어서 : 방도에서 「곤괘」부터 「건괘」까지 8,7,6,5,4,3,2,1의 차례로 거스리기만 한다.
※ <소강절선생>은 팔괘를 나눌 때 그 출발점을 양의(兩儀)에서 보았다. 「즉 건·태·리·진」은 양의(陽儀)에서 나왔으므로 각기 태양·태음·소양·소음이 되고(하늘의 사상), 「손·감·간·곤」은 음의(陰儀)에서 나왔으므로 각기 소강·소유·태강·태유(땅의 사상)가 된다고 보았다.
여기에 대해 <주자>는 그 출발점을 사상(四象)에서 보았다. 즉 「건·태」는 태양에서, 「간·곤」은 태음에서 나왔으므로 하늘의 사상이 되고, 「리·진」은 소양에서, 「손·감」은 소음에서 나왔으므로 땅의 사상이 된다고 보았다. 위의 글은 <주자>의 설이다.

③ 問邵子ㅣ 云先天之學은 心法也라. 圖皆從中起하니 萬化萬事가 生于心이라하니 何也오. 曰其中白處는 便是太極이요 三十二陰 三十二陽은 便是兩儀요 十六陰 十六陽底ㅣ 便是四象이요 八陰 八陽底ㅣ 便是八卦라. 又曰萬物萬化ㅣ 皆從這裏流出하니 是心法이요 皆從中

起也라.

묻기를 "<소자>께서 '선천의 학문은 마음의 법이다. 그림이 다 가운데를 좇아서 일어나니, 만 가지 변화와 만 가지 일이 마음에서 나온다'라고 하셨는데, 무슨 뜻입니까?" 답하기를 "그 가운데 빈 곳은 태극이고, 32음과 32양은 양의이며, 16음과 16양은 사상이고, 8음과 8양은 팔괘이다." 또 답하기를 "만 가지 물건과 변화가 다 그 가운데에서 나오니, 이것이 마음의 법이고 다 가운데를 좇아 서 일어난다."

※ 원도에 있어 중간의 빈 곳이 태극에 해당하므로, 모든 것이 가운데를 좇아서 일어난다고 하였다. 첫 번째 효가 32음 32양으로 나뉜 것은 양의이고, 두 번째 효가 16개씩 음양으로 두 번 나뉜 것은 사상이며, 세 번째 효가 8개씩 음양으로 여덟 번 나뉜 것은 팔괘에 해당한다.

問圖雖無文이나 吾ㅣ 終日言之라도 不離乎是는 何也오. 曰先天圖今所寫者ㅣ 是ㅣ 以一歲之運으로 言之나 若大而古今十二萬九千六百年도 亦只是這圈子요 小而一日十二時도 亦只是這圈子니 都從復上推起去라. 又曰以月言之면 自坤而震은 月之始生初三日也요 至兌則月之上弦初八日也요 至乾則月之望十五日也요 至巽則月之始虧十八日也요 至艮則月之下弦二十三日也요 至坤則月之晦三十日也라.

묻기를 "'그림에 글이 없으나 내가 종일 말해도 여기서 떠나지 않는다(할말이 더 있다)'함은, 무슨 뜻입니까?" 답하기를 "선천도의 지금 그려 놓은 것은 1년의 운행으로 말한 것이나, 만약 크게 해서 옛과 지금의 129,600년이라 할지라도 또한 이 범위일 뿐이고, 작게 해서 하루 12시라도 또한 이 범위일 따름이니, 모두 「복괘:☷☳」부터 위로 일으켜 나아간다." 또 말씀하기를 "달(月)로 말하면 「곤괘:☷☷」로부터 「진괘:☷☳」까지는 달이 처음 난 초삼일이고, 「태괘:☱」까지 이르면 상현달인 초팔일이며, 「건괘:☰」에 이르면 보름달인 십오일이고, 「손괘:☴」에 이르면 달이 이지러지기 시작하는 십팔일이고, 「간괘:☶」에 이르면 하현달인 이십삼일이며, 「곤괘:坤卦」에 이르면 그믐달인 삼십일이다."

※ 그림에 글이 없으나 내가 종일 말해도 여기서 떠나지 않는다(할말이 더 있다)는 <소강절선생>의 말씀이다.

※ 129,600년은 1원(元)의 기간을 말하는 것으로, 우주가 혼돈으로 시작해서 다시 혼돈으로 돌아가는 한 주기를 말한다. 하루 12시라고 한 것은, 하루를 12지로 나누었을 때의 기간을 말한다. 즉 하루를 자·축·인·묘·진·사·오·미·신·유·술·해의 12시로 본 것이다.

※ 달에 대한 말은 음력 2월이나 8월의 달 움직임에 의해 달의 모습과 괘상을 연결해서 말한 것이다(예를 들어 「진:☳」의 괘상은 초승달의 형상이다). 본래는 「복희팔괘방위도」를 보고 한 말이나, 여기서는 「복희육십사괘방위도」에 맞추어 설명했다. 뒤에 나오는 납갑법과 아울러 『참동계』에 자세히 설명되어 있다.

又曰一日엔 有一日之運하고 一歲엔 有一歲之運하야 大而天地之終始와 小而人物之生死와 遠而古今之世變이 皆不外乎此하니 只是一箇盈虛消息之理라 如納甲法에 乾納甲壬하고 坤納乙癸하며 離納己하고 坎納戊하며 巽納辛하고 震納庚하며 兌納丁하고 艮納丙도 亦是此라.

또 말씀하기를 "하루에는 하루의 운행이 있고, 한 해에는 한 해의 운행이 있어서, 크게는 하늘과 땅의 마치고 시작함과, 작게는 사람과 물건의 낳고 죽음과, 멀게는 옛과 이제의 세상 변함이 다 이것의 바깥에 있지 않으니, 한 개의 영허(盈虛)하고 소식(消息)하는 이치일 뿐이다. 납갑법에 「건」은 갑임(甲壬)을 들이고, 「곤」은 을계(乙癸)를 들이고, 「리」는 기(己)를 들이고, 「감」은 무(戊)를 들이고, 「손」은 신(辛)을 들이고, 「진」은 경(庚)을 들이고, 「태」는 정(丁)을 들이고, 「간」은 병(丙)을 들이는 것도 또한 이와 같다."

※ 납갑이란 태음(太陰:달)이 지구를 회전하며 돌 때, 그 위치에 따라 괘상(卦象)에 응하는 십간(十干)의 자리를 들인다는 뜻이다.

④ 易訓變易하고 又訓交易은 是博易之義니 觀先天圖면 便可見이라. 東邊一畫陰은 便對西邊一畫陽하니 蓋東一邊은 本皆是陽이요 西一邊은 本皆是陰이며 東邊陰畫은 本皆是自西邊來요 西邊陽畫은 都是自東邊來라 姤在西는 是東邊五畫陽이 過來요 復在東은 是西邊五畫陰이 過來니 互相博易而成이라 易之變이 雖多般이나 然이나 此是第一變이라.

역을 변역(變易)으로 풀이하고 또 교역(交易)이라 풀이한 것은, 넓게 바꾼다는 뜻이니, 선천도를 보면 알 수 있다. 동쪽에 첫 번째 획 음은 서쪽의 첫 번째 획 양과 대가 되니, 동쪽 첫 번째 변은 본래 다 양이고, 서쪽 첫 번째 변은 본래 다 음이며, 동쪽 음획은 본래 다 서쪽변에서 온 것이고, 서쪽에 양획은 모두 동쪽변에서 온 것이다. 「구괘: ☰」가 서쪽에 있는 것은 이것은 동쪽의 다섯 획 양이 온 것이고, 「복괘: ☷」가 동쪽에 있는 것은 서쪽의 다섯 획 음이 온 것이니, 서로 넓게 바꿔서 이루어진 것이다. 역의 변함이 비록 여러가지나, 이것이 제일 첫째 변함이다.

※「복희 64괘방위도」에서 왼쪽은 양이 바탕이 되고, 오른쪽은 음이 바탕이 되어서 괘를 이룬다고 본 것이다. 따라서 왼쪽에 있는 음효는 모두 오른쪽에서 온 것이고, 오른쪽의 양효는 모두 왼쪽에서 온 것으로 보았다.

又曰陽中에 有陰하고 陰中에 有陽은 兩邊이 交易하야 各各相對나 其實은 非此往彼來요 只是其象이 如此라. 然이나 聖人이 當初에 亦不恁地思量이요 只是畫一箇陰 畫一箇陽하시니 每箇ㅣ 便生兩箇라. 就一箇陽上하야 又生一箇陽 一箇陰하고 就一箇陰上하야 又生一箇陰 一箇陽하니 只管恁地去면 自一爲二하고 二爲四하고 四爲八하고 八爲十六하고 十六爲三十二하고 三十二爲六十四하야 旣成에 便如此齊整이니 皆是天地本然之妙ㅣ 元如此로대 但略假聖人手하야 畫出來니라.

또 말씀하기를 "양가운데 음이 있고 음가운데 양이 있음은, 두 변이 교역하여 각각 상대가 되나, 그 실상은 이것이 가고 저것이 온 것이 아니고, 다만 그 상이 이와 같은 것이다. 그러나 성인이 당초에 또한 그렇게 생각하지 않으셨고, 다만 한 개의 음을 긋고 한 개의 양을 그으시니, 매 개가 두 개를 생했다(兩儀가 되었다). 한 개의 양 위에 나아가 또 한 개의 양과 한개의 음을 생하고, 한 개의 음 위에 나아가 또 한 개의 음과 한 개의 양을 생했다. 이렇게 해서 가다 보면 자연히 하나가 둘이 되고, 둘이 넷이 되고, 넷이 여덟이 되고, 여덟이 열여섯이 되고, 열여섯이 서른둘이 되고, 서른둘이 예순넷이 되어서, 다 이루어짐에 이와 같이 가지런히 정돈된 것이니, 하늘과 땅의 본연의 묘함이 원래 다 이와 같은 것이나, 다만 성인의 손을 빌려 그어서 나온 것이다."

⑤ 問先天圖에 有自然之象數라하니 伏羲ㅣ 當初에 亦知其然否아. 曰也不見得如何라. 但橫圖는 據見在底畫이 較自然이요 圓圖는 便是就這中間抝做兩截하야 恁地轉來底ㅣ 是奇며 恁地轉去底ㅣ 是偶니 有些造作이요 不甚依他元初畫底라 伏羲ㅣ 當初에 也只見太極下面에 有箇陰陽하고 便知得一生二ㅣ 二又生四ㅣ 四又生八하야 恁地推去하야 做成這物事요 不覺成來에 却如此齊整이라.

　　묻기를 "선천도에 자연의 상과 수가 있다 하니, <복희씨>께서 처음에 또한 그런 것을 알았습니까?" 답하기를 "어떠한지 알 수 없다. 다만 횡도는 그 그어놓은 것이 비교적 자연스럽고, 원도는 그 중간을 둘로 잘라서 이 쪽으로 오는 것은 홀, 저 쪽으로 가는 것은 짝으로 한 것이니, 약간의 조작이 있고, 원래 그어 놓은 대로 한 것은 아니다. <복희씨>께서 당초에 다만 태극의 아랫면에 음과 양이 있다는 것을 보시고, 하나가 둘을 낳고, 둘이 또 넷을 낳고, 넷이 또 여덟을 낳는다는 것을 알아서, 이렇게 미루어 가서 이런 것을 만든 것이고, 만들은 뒤에 이와 같이 가지런히 정돈될 것이라고는 깨닫지 못했을 것이다."

　　※ 抝 : 꺾을 요.　　些 : 적을 사.

⑥ 答葉永卿曰先天之說은 此須先將六十四卦하야 作一橫圖則震巽復姤가 正在中間하니 先自震復으로 却行하야 以至於乾하고 乃自巽姤而順行하야 以至於坤이면 便成圓圖而春夏秋冬과 晦朔弦望과 晝夜昏旦이 皆有次第하니 此ㅣ 作圖之大指也라. 又左方百九十二爻는 本皆陽이요 右方百九十二爻는 本皆陰이나 乃以對望으로 交相博易而成이라 此圖ㅣ 若不從中起하고 以向兩端而但從頭至尾면 則此等類를 皆不可通矣라. 試用此意推之면 當自見得也니라.

　　<엽영경>에게 대답해 말씀하기를 "선천의 설은 먼저 64괘로 하나의 횡도를 만들면 「진·손·복·구괘」가 정중간에 있으니, 먼저 「진·복괘」로부터 뒷걸음질 해서 「건괘」에 이르고, 「손·구괘」로부터 순하게 가서 「곤괘」에 이르면 바로 원도를 이루어서, 봄·여름·가을·겨울과 그믐·초하루·상하현·보름과 낮·밤·저녁·새벽이 다 차례

가 있게 되니, 이것이 그림을 만든 큰 지침이다. 또한 왼쪽의 192효는 본래 다 양이고, 오른쪽의 192효는 본래 다 음이나, 마주 바라보며 서로 사귀고 넓게 바뀌어서 이루어진 것이다. 이 그림이 만일 가운데부터 일으키지 않고, 두 끝을 향해서 단지 머리를 좇아 꼬리까지 이른다면 이런 것들을 다 통할 수 없을 것이다. 이런 뜻을 가지고 미루어 넓히면 마땅히 스스로 알 수 있을 것이다.

※ 각행(却行) : 뒷걸음질 침.
※ 「복괘」와 「구괘」는 정중간에 있는 괘이지만, 「진괘」와 「손괘」가 정중간에 있는 괘는 아니다. 다만 여기서는 소성괘로써의 「진」과 「손」을 상징적으로 나타낸 것이 아닌가 한다.
※ 중간에서부터 일으키지 않았다면, 서로 대대하여 사귀고 바뀌는 뜻은 없게 된다.

⑦ 先天은 乃伏羲本圖요 非康節所自作이라. 雖无言語나 而所該ㅣ 甚廣하니 凡今易中一字一義라도 无不自其中流出者라.

"선천도는 <복희씨>의 본래 그림이고, <강절>이 만든 것이 아니다. 비록 (그림에) 말은 없으나 포함하고 있는 것이 심히 넓으니, 무릇 지금의 역 가운데 한 글자 한 뜻이라도 그 가운데에서 흘러나오지 않은 것이 없다."

⑧ 問先天圖가 與太極圖로 不同은 如何오. 曰中間虛者ㅣ 便是太極이라. 他圖說은 從中起니 今不合方圖ㅣ 在中間塞하야 却待取出放外라. 他兩邊生者는 卽是陰根陽 陽根陰이니 這箇는 有對나 從中出者는 无對니라.

묻기를 "선천도가 태극도와 같지 않은 것은 어째서입니까?" 답하기를 "중간에 빈 것이 태극이다. 선천도설은 중간에서 일으키니, 이제 방도(方圖)가 가운데가 막혀서 속의 것을 바깥으로 방출시켜야 하는 것과는 합치되지 않는다. 태극도의 '양쪽 변에서 생긴다'는 것은 '음이 양에 뿌리하고 양이 음에 뿌리한다'는 것이니, 태극도는 서로 대응됨이 있으나, '가운데서 나온다'는 이론은 대응됨이 없다."

⑨ 問先天圖에 如何移出方圖在下오 曰是某挑出이라.

묻기를 "선천도에 어떻게 방도(方圖)를 아래에 옮겨 놓았습니까?" 답하기를 "내가 도출해 냈다."

　※ 挑 : 돋을 도.
　※ <주자>가 방도를 원도 안에 두었다는 것인데, 확인할 길은 없다.

文王八卦次序之圖

	坤母			乾父		
兌離巽	☷ ☷ ☷			☰ ☰ ☰		艮坎震
	兌少女	離中女	巽長女	艮少男	坎中男	震長男
	☱	☲	☴	☶	☵	☳
	得坤上爻	得坤中爻	得坤下爻	得乾上爻	得乾中爻	得乾下爻

右는 見說卦라.

오른쪽 「문왕팔괘차서도」는 「설괘전」에 나타나 있다.

※ 「설괘전」 10장 참조

『附錄』

① 朱子ㅣ 曰坤이 求於乾하야 得其初九而爲震이라 故로 曰一索而得男이요 乾이 求於坤하야 得其初六而爲巽이라 故로 曰一索而得女요 坤이 再求而得乾之九二하야 以爲坎이라 故로 曰再索而得男이요 乾이 再求而得坤之六二하야 以爲離라 故로 曰再索而得女요 坤이 三求而得乾之九三하야 以爲艮이라 故로 曰三索而得男이요 乾이 三求而得坤之六三하야 以爲兌라 故로 曰三索而得女라. 又曰乾이 索於坤而得女하고 坤이 索於乾而得男은 初間畫卦時에 不是恁地요 只是畫卦後에 便見有此象耳라.

　주자가 말씀하기를 "「곤:☷」이 「건:☰」에게 구해서 「건」의 「초구」를 얻어 「진:☳」이 됐기 때문에, '첫 번째 구해서 사내를 얻었다'고 했다. 「건」이 「곤」에게 구해서 「곤」의 「초육」을 얻어 「손:☴」이 되었기 때문에, '첫 번째 구해서 계집을 얻었다'고 했다. 「곤」이 두 번째 구해서 「건」의 「구이」를 얻어 「감:☵」이 되었기 때문에, '두 번째 구해서 사내를 얻었다'고 했다. 「건」이 두 번째 구해서 「곤」의 「육이」를 얻어 「리:☲」가 되었기 때문에, '두 번째 구해서 계집을 얻었다'고 했다. 「곤」이 세 번째 구해서 「건」의 「구삼」을 얻어 「간:☶」이 되었기 때문에, '세 번째 구해서 사내를 얻었다'고 했다. 「건」이 세 번째 구해서 「곤」의 「육삼」을 얻어 「태:☱」가 되었기 때문에, '세 번째 구하여 계집을 얻었다'고 했다."

　또 말씀하기를 "「건:☰」이 「곤:☷」에게 구해서 딸을 얻고, 「곤」이 「건」에게 구해서 사내를 얻음은, 처음 괘를 그을 때에 그런 것이 아니고, 다만 괘를 그은 뒤에 이런 상이 있음을 본 것이다."

文王八卦方位之圖

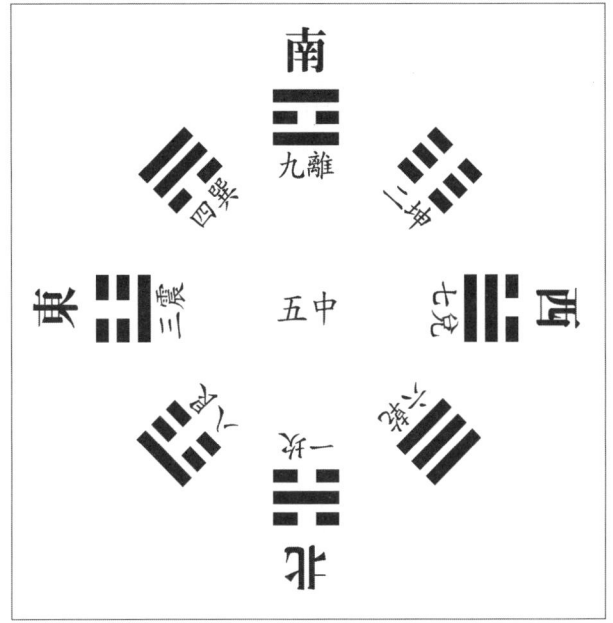

右는 見說卦라. 邵子ㅣ曰 此는 文王八卦니 乃入用之位요 後天之學也라.

오른쪽「문왕팔괘방위도」는「설괘전」에 나타나 있다. <소자>가 말씀하기를 "이것은「문왕팔괘」이니 용(用:쓰임)에 들어가는 자리며, 후천의 학문이다."라고 했다.

※「설괘전」5장 참조
※ 선천의 학문이 체가 되고, 후천의 학문은 용이 된다.

『附錄』

① 邵子ㅣ 曰至哉라. 文王之作易也여. 其得天地之用乎ㄴ저. 故로 乾坤交而爲泰하고 坎離交而爲旣濟也라. 乾生於子하고 坤生於午하며 坎終於寅하고 離終於申은 以應天之時也요 置乾於西北하고 退坤於西南은 長子ㅣ 用事而長女ㅣ 代母요 坎離ㅣ 得位而兌艮이 爲偶는 以應地之方也니 王者之法이 其盡於是矣니라.

<소자>가 말씀하기를 "지극하도다! <문왕>의 『주역』을 지으심이여! 하늘과 땅의 쓰임을 얻었구나! 그러므로 「건:☰」과 「곤:☷」이 사귀어 「태괘:䷊」가 되고 「감:☵」과 「리:☲」가 사귀어 「기제괘:䷾」가 되었다.

「건」은 자에서 생기고 「곤」은 오에서 생기며, 「감」은 인에서 마치고 「리」는 신에서 마침은 하늘의 때에 응한 것이다. 「건」을 서북쪽에 두고 「곤」을 서남쪽으로 물림은, 장남이 일을 하고 장녀가 어머니를 대신한 것이고, 「감」과 「리」가 자리를 얻고 「태」와 「간」이 짝이 됨은, 땅의 모난 것에 응한 것이니, 왕(王)하는 이의 법이 여기에 다 있다."

※ 선천도에서 「건」은 오방에 있으나 자방인 「복괘」에서 생기기 시작하고, 「곤」은 자방에 있으나 오방인 「구괘」에서 생기며, 「리」는 인방에서 시작하나 신방에서 「감괘」와 사귀어 마치게 되고, 「감」은 신방에서 시작하게 되나 인방에서 「리괘」와 사귀어 마치게 된다. 이상은 다 하늘의 사시 운행에 관한 것이고, 방위는 후천괘에서 바뀌므로 하늘의 때에 응한 것이라고 하였다.

※ 艮 : 「문왕팔괘방위도」를 볼 때, '震'을 잘못 기록한 것이 아닌가 생각한다.

※ 후천괘에서 「건」과 「곤」이 자리를 물려주면, 「리」가 올라가 「건」의 자리를 얻고, 「감」은 내려가 「곤」의 자리를 얻는다. 「진」은 동방에서 「건」을 대신해 일을 시작하고(雷以動之), 「손」은 동남방에서 「곤」을 대신해 만물을 기르게 된다(風以散之). 「감」과 「리」는 후천의 실질적인 작용자이므로 「건·곤」의 위치에서 만물을 불리고(潤之) 말리는(烜之) 일을 하여, 「태」에서 가을의 추수를 맡고(兌以說之) 「간」에서 만물을 절제할 수 있게 한다(艮以止之). 이렇게 해서 8방의 방위를 맡아 행하며, 또 노모(老母)인 「곤」의 곁에는 장녀(손)·중녀(리)·소녀(태)가, 노부(老父)인 「건」의 곁에서는 장남(진)·중남(감)·소남(간)이 봉양하고 있는 상이다. 이상의 것은 움직일 수 없는 땅의 방위를 정한 것이므로 땅의 모난 것에 응했다고 한 것이다.

又曰 易者는 一陰一陽之謂也니 震兌는 始交者也라 故로 當朝夕之位하고 坎離는 交之極者也라 故로 當子午之位하고 巽艮은 不交而陰陽猶雜也라 故로 當用中之偏하고 乾坤은 純陽純陰也라 故로 當不用之位也라.

  또 말씀하시기를 "역은 한 번 음하고 한 번 양하는 것을 이른다. 「진」과 「태」는 처음 사귄 것이기 때문에, 아침과 저녁의 자리에 해당한다. 「감」과 「리」는 사귐의 극치이기 때문에 자방과 오방의 자리에 해당한다. 「손」과 「간」은 사귀지 않았으되 음양이 섞였으므로, 용(쓰임)가운데 치우친 방위에 해당하고, 「건」과 「곤」은 순양과 순음이기 때문에 쓰이지 않는 자리에 해당한다."

    ※ 괘상의 음양 위치로써 각각 방위를 정한 것이다. 양은 위에 있고 음은 아래에 있는 것인데, 「진」은 양이 아래에 있고 「태」는 음이 위에 있으므로 처음 사귄다고 했다. 「감」은 양이 중간에 있고 「리」는 음이 중간에 있으므로 사귐의 극치라고 했다. 「손」은 음이 아래에 있고 「간」은 양이 위에 있어 각기 음양의 바른 위치에 해당하므로 사귀지 않았다고 하였다.

又曰 兌離巽은 得陽之多者也요 艮坎震은 得陰之多者也니 是以로 爲天地用也라. 乾은 極陽이요 坤은 極陰이니 是以로 不用也라. 又曰 震兌橫而六卦縱은 易之用也라.

  또 말씀하기를 "「태·리·손」은 양을 많이 얻은 것이고, 「간·감·진」은 음을 많이 얻은 것이니, 이 때문에 천지의 쓰임이 되었다. 「건」은 양이 극한 것이고, 「곤」은 음이 극한 것이므로 쓰이지 않는다." 또 말씀하기를 "「진·태」가 가로로 있고, (나머지) 여섯괘가 세로로 있는 것은 역의 쓰임이다."

    ※ 양은 나아감을 중시하기 때문에 장남(☳)을 동방의 정방위에 두고, 음은 물러남을 중시하기 때문에 소녀(☱)를 서방의 정방위에 두었다.

② 朱子ㅣ 答袁樞曰來喩에 謂冬春爲陽이요 夏秋爲陰이라하니 以文王八卦로 論之면 則自西北之乾으로 以至東方之震이 皆父與三男之位也요 自東南之巽으로 以至西方之兌ㅣ 皆母與三女之位也라. 故로 坤

蹇解卦之象辭에 皆以東北으로 爲陽方하고 西南으로 爲陰方하니 然則 謂冬春爲陽이요 夏秋爲陰이 亦是一說이라. 但說卦에 又以乾으로 爲 西北則陰有不盡乎西하고 以巽으로 爲東南則陽有不盡乎東이나 此亦 以來書之說로 推之而說卦之文이 適與象辭로 相爲表裏하니 亦可以 見此圖之出於文王也로대 但此自是一說이요 與他說十二卦之類로 各不相通耳라.

　　<주자>가 <원추>에게 답해 말씀하기를 "보내주신 글에서 '겨울과 봄이 양이 되고, 여름과 가을이 음이 된다'고 하셨으니, 「문왕팔괘」로 말하면 서북쪽의 「건」으로부터 동방의 「진」에 이르는 것이 다 아버지와 세 아들의 자리고, 동남쪽의 「손」으로부터 서쪽의 「태」에 이르는 것이 다 어머니와 세 딸의 자리입니다. 그러므로 「곤괘:坤卦」·「건괘:蹇卦」·「해괘:解卦」의 「괘사」에 모두 동북쪽을 양방으로 했고 서남쪽을 음방으로 했으니, '겨울과 봄이 양이 되고, 여름과 가을이 음이 된다'는 것이 또한 하나의 학설이 됩니다. 다만 「설괘전」에 「건」으로 서북쪽을 삼았으니 음이 서쪽에서 다하지 않은 것이고, 「손」으로 동남쪽을 삼았으니 양이 동쪽에서 다 끝나지 않은 것이나, 이것이 또한 보내신 글의 학설로 미루어 볼 수 있고, 「설괘전」의 글이 마침 「괘사」와 서로 겉과 속이 되니, 또한 이 그림이 <문왕>에게서 나온 것을 알 수 있습니다. 다만 이것이 스스로 하나의 학설이고, 다른 학설의 12괘를 말한 것 하고는 각각 서로 통하지 않을 뿐입니다."

　　※ 북방과 동방이 양에 해당하고, 남방과 서방이 음이 된다는 <원추>의 학설을 인정한 내용이다. 여기서 12괘라고 한 것은 12시괘를 뜻하는 것으로, <원추>의 편지에 포함된 내용 같다.

又曰 據邵氏說에 先天者는 伏羲所畫之易也요 後天者는 文王所演之 易也라하니 伏羲之易은 初无文字하고 只有一圖하야 以寓其象數而天 地萬物之理와 陰陽始終之變이 具焉이요 文王之易은 卽今之周易而 孔子所爲作傳者ㅣ 是也라.

　　또 말씀하기를 "<소씨>의 설에 의하면, '선천은 <복희씨>께서 그으신 역이고, 후천은 <문왕>께서 부연하신 역이다'라고 하니, 「복희씨 역」은 처음에는 문자가 없고 다만 한 그림만 있었는데, 거기에 상과 수를 붙임으로써 천지 만물의 이치와 음양의 시작함과 마치는 변화가 갖추어졌다. 「문왕 역」은 곧 지금의 『주역』이고, <공자>께서 「전」을 지어 해설하신 것이 이것이다."

孔子ㅣ 旣因文王之易하야 以作傳則其所論이 固當專以文王之易으로 爲主라. 然이나 不推本伏羲始畫之易하고 只從中半說起면 不識向上根原矣라. 故로 十翼之中에 如八卦成列因而重之와 太極兩儀四象八卦而天地山澤雷風水火之類는 皆本伏羲畫易之意而某於啓蒙原卦畫一篇에 亦分兩義하니 伏羲ㅣ 在前이요 文王이 在後니라. 必欲知聖人作易之本이면 則當考伏羲之畫하고 若只欲知今易書文義면 則但求之文王之經과 孔子之傳이면 足矣니 兩者는 初不相妨而亦不可以相雜也라.

"<공자>께서 이미 「문왕 역」으로 인해서 「전」을 지으셨으니, 그 말씀하신 것이 마땅히 전적으로 「문왕 역」을 위주로 했다. 그러나 <복희씨>의 처음 그으신 역을 미루어 근본하지 않고, 다만 중반의 말만을 좇아 일으키면 위에 있는 근원을 알 수 없다. 그러므로 「십익」 가운데에 '팔괘가 열을 이루니…, 인해서 거듭했다'고 한 것과 '태극·양의·사상·팔괘, 천지·산택·뇌풍·수화'와 같은 종류의 글은, 본래 <복희씨>께서 역을 그으신 뜻이고, 내가 『역학계몽』의 「원괘획」 편에 또한 두 뜻을 나누었으니, <복희씨>께서 앞에 있고 <문왕>께서 뒤에 있는 것이다. 반드시 성인이 역을 지으신 근본을 알고자 한다면, 마땅히 <복희씨>의 획을 상고하고, 만약 지금의 역서(易書)의 글 뜻만을 알려고 하면 <문왕>의 경(經:괘사)과 <공자>의 「전」에서 구하면 족할 것이니, 두 가지는 처음부터 서로 방해되지 않고 또한 서로 섞여서도 안된다."

又曰自初未有畫時로 說到六畫滿處者는 邵子所謂先天之學也요 卦成之後에 各因一義推說은 邵子所謂後天之學也니 如繫辭說卦에 三才六位之說은 卽所謂後天者也라. 先天後天이 旣各自爲一義而後天說中에 取義ㅣ 又多不同하나 彼此ㅣ 自不相妨이니 不可執一而廢百

也니라.

　또 말씀하기를 "처음에 획이 없을 때부터 여섯 획이 가득찰 때까지의 설명은, <소자>가 말한 선천의 학문이다. 괘가 이루어진 뒤에 각각 한 가지 뜻씩 미루어 말한 것은, <소자>가 말한 후천의 학문이니,「계사전」과「설괘전」에 삼재(三才)와 여섯 자리에 대한 설명은 이른바 후천의 학이다. 선천과 후천이 이미 각각 별도의 뜻이 되고, 후천학설 중에도 뜻을 취함이 또한 같지 않은 것이 많으나, 선천학과 후천학이 서로 방해되지 않으니, 한 가지를 고집해서 백 가지를 없앨 수 없는 것이다."

③　西山蔡氏曰伏羲八卦는 是數之自然이요 文王八卦는 乃是見之於用이라. 或謂先天은 乃模寫天地所以然이니 純乎天理者也요 後天은 乃整頓天地所當然之理하야 參以人事라하니 此意固好나 然이나 先天이 豈非人事리오. 後天도 亦是天理之自然이니 顧有明體致用之不同이요 二者不可相无라. 故로 夫子ㅣ 釋帝出乎震一章하시고 又以先天으로 說六子之用也시니라. 邵子ㅣ 以帝出乎震으로 爲文王所定이나 今觀連山에 首艮은 以萬物이 成終成始니 恐古亦有此矣니라.

　<서산채씨>가 말씀하기를 "「복희팔괘」는 수의 자연스러운 것이고,「문왕팔괘」는 쓰임에서 볼 수 있다. 혹자가 말하기를 '선천은 하늘과 땅의 이치를 모조해서 베낀 것이니 하늘의 이치에 순수한 것이고, 후천은 천지의 당연한 이치를 정돈해서 사람의 일에 참여시켰다'하니 이 뜻은 진실로 좋은 말이다. 그러나 선천이 어찌 사람의 일이 아니리오? 후천도 또한 하늘 이치의 자연스러운 것이니, 생각컨대 본체를 밝히는 것과 쓰임을 이루는 것에 같지 않음이 있는 것이고, 두 가지가 서로 없앨 수 없는 것이다. 그러므로 <공자>께서「제출호진」장을 해석하시고, 또한 선천으로 여섯 자식괘의 쓰임을 설명하신 것이다. <소자>가「제출호진」장을 <문왕>께서 정한 것이라 했으나, 이제「연산역」을 봄에「간괘」를 머리에 놓은 것은,「간괘」에서 만물이 끝을 이루고 시작을 이루기 때문이니, 옛날에도 또한 이것이 있었던 것이 아닌가 한다."

卦變圖

(彖傳에 或以卦變으로 爲說하니 今作此圖하야 以明之라. 蓋易中之一義요 非畫卦作易之本指也니라)

(「단전」에 혹 괘변으로써 설명한 것이 있으니, 지금 이 그림을 만들어서 밝혔다. 『주역』 가운데 한 가지의 뜻이고, 괘를 긋고 역을 지은 본 뜻은 아니다.)

凡一陰一陽之卦 各六 皆自復姤而來					
復	師	謙	豫	比	剝
姤	同人	履	小畜	大有	夬

凡二陰二陽之卦 各十有五 皆自臨遯而來					
	臨	明夷	震	屯	頤
		升	解	坎	蒙
			小過	蹇	艮
				萃	晉
					觀

	遯	訟	巽	鼎	大過
		无妄	家人	離	革
			中孚	睽	兌
				大畜	需
					大壯

凡三陰三陽之卦 各二十 皆自泰否而來

		泰	歸妹	節	損
			豐	旣濟	賁
				隨	噬嗑
					益
			恒	井	蠱
				未濟	困

역본의도

						渙
					咸	旅
						漸
						否
		否	漸	旅	咸	
				渙	未濟	困
					蠱	井
						恒
			益	噬嗑		隨
					賁	既濟
						豐
					損	節

					䷵ 歸妹
					䷊ 泰
凡四陰四陽之卦 各十有五 皆自大壯觀而來					
			䷡ 大壯	䷄ 需	䷙ 大畜
				䷹ 兌	䷥ 睽
					䷼ 中孚
				䷰ 革	䷝ 離
					䷤ 家人
					䷘ 无妄
				䷛ 大過	䷱ 鼎
					䷸ 巽
					䷅ 訟

						遯
				觀	晉	萃
					艮	蹇
						小過
					蒙	坎
						解
						升
					頤	屯
						震
						明夷
						臨

凡五陰五陽之卦 各六 皆自夬剝而來

					䷪夬	䷍大有
						䷈小畜
						䷉履
						䷌同人
						䷫姤
					䷖剝	䷇比
						䷏豫
						䷎謙
						䷆師
						䷗復

※ <u>而</u> : 본문에는 '而'자가 빠져 있는 것을 넣었다.

右易之圖는 九니 有天地自然之易하고 有伏羲之易하고 有文王周公之易하고 有孔子之易이라 自伏羲以上은 皆无文字하고 只有圖畫하니 最宜深玩이라야 可見作易本原精微之意오 文王以下는 方有文字하니 卽今之周易이라. 然이나 讀者ㅣ 亦宜各就本文消息이오 不可便以孔子之說로 爲文王之說也니라.

오른쪽 역의 그림은 아홉 개인데, 천지자연의 역이 있고, <복희씨>의 역이 있고, <문왕·주공>의 역이 있고, <공자>의 역이 있다. <복희씨> 이전은 문자가 없고 다만 그림과 획만 있으니, 가장 깊게 음미해야만 역을 지은 본원의 정미로운 뜻을 알 것이고, <문왕> 이후는 문자가 있었으니 곧 지금의 『주역』이다. 그러나 읽는 사람이 또한 마땅히 각기 본문의 뜻(消息)을 파악해야 할 것이고, <공자>의 말을 곧 <문왕>의 말로 삼아서는 안된다.

※ <주자>는 여러 곳에서 <문왕>과 <공자>가 서로 다른 해석을 하고 있다고 주장한다. 예를 들어 <공자>의 사덕설(四德說)도 <문왕>의 본래 뜻은 점풀이에 있다고 하였다.

『附錄』

① 董銖ㅣ 問近에 略考卦變하야 以象辭考之면 說卦變者ㅣ 凡九卦로 蓋言成卦之由로대 凡象辭에 不取成卦之由則不言所變之爻어늘 程子ㅣ 專以乾坤으로 言變卦라. 然이나 只是上下兩體皆變者라야 可通이오 若只一體變者則不通이라. 兩體變者는 凡七卦니 隨蠱賁咸恒漸渙이 是也오 一體變者는 兩卦니 訟无妄이 是也니 七卦中에 取剛來下柔와 剛上柔下之類者는 可通이나 至一體變者則以來로 爲自外來라 故로 說得有礙하니 大凡卦變에 須觀兩體上下爲變이라야 方知其所由以成之卦라하니

<동수>가 질문하기를 "근래에 대략 괘변을 고찰하여 「단사」로써 맞추어보면, 괘변을 말한 것이 모두 아홉 괘로 괘가 이루어진 연유를 말했으되, 「단사」에 괘가 이루어진 연유를 취하지 않았을 때는 변한 효를 말하지 않았는데도, <정자>께서 「건」과 「곤」으로써만 괘변을 말했습니다. 그러나 단지 위와 아래 두 괘체가 다 변한 것이라야 통하고, 한 괘체만 변한 것에는 통하지 않습니다.
　두 체가 변한 것은 모두 일곱 괘로 「수·고·비·함·항·점·환괘」가 이것이고, 한 체가 변한 것은 두 괘로 「송·무망괘」가 이것입니다. 일곱 괘중에 '강이 와서 유의 밑에 하고, 강이 올라가고 유가 내려온다'와 같은 것은 통할 수 있으나, 한 괘체가 변한 것은 '以來(온다)'를 '밖으로부터 온다'고 했습니다. 그렇기 때문에 말이 통하지 않으니, 대개 괘변에 두 괘체가 위와 아래가 변한 것으로 보아야 괘를 이룬 연유를 알 수 있습니다"고 하니,

> ※ 바깥으로부터 온다 : 『정전:程傳』에 「송괘:訟卦」의 「괘사」를 설명하면서 "自外來而成訟…,自外來而得中"라고 하였다.
> ※ <정자>는 모든 괘는 「건:☰」과 「곤:☷」으로부터 말미암아 이루어졌다고 보았다. 즉 「건」과 「곤」이 부모가 되어 사귐에 의해 8괘나 64괘가 나왔다는 것이다. 예를 들어 「리:☲」는 「건」의 중효에 「곤」이 와서 사귄 것이고, 「간:☶」은 「곤」의 상효에 「건」이 와서 사귄 것이므로, 「리」의 괘변을 설명할 때 "柔得中(유가 중을 얻었다)"하고, 「간」에는 "剛上(강이 올라갔다)"이라고 한다는 것이다. 또 「송괘」의 경우로 보면, 상괘인 「건:☰」은 그대로 있고, 하괘인 「감:☵」은 「곤:☷」에 「건」의 중효가 와서(自外來) 「송괘」가 되고 또 득중했다는 뜻으로 해석했다.

朱子ㅣ 曰便是此處ㅣ 說得有礙라. 且程傳賁卦에 所云豈有乾坤重而爲泰하고 又自泰而變爲賁之理리오하니 若其說이 果然則所謂乾坤이 變而爲六子하고 八卦ㅣ 重而爲六十四하니 皆由乾坤而變者와 其說이 不得而通矣라.

　<주자>가 답하기를 "바로 이곳이 말이 막히는 곳이다. 또한 『정전』의 「비괘:䷕」에 설명하기를 '어찌 「건:☰」과 「곤:☷」이 거듭해서 「태괘:䷊」가 되고, 또 「태괘」로 부터 변해서 「비괘」가 되는 이치가 있겠는가?'라 하시니, 만일 그 말씀이 과연 그러하다면, '「건」과 「곤」이 변해서 여섯 자식괘가 되고, 팔괘가 거듭해서 64괘가

되었으니, 다「건:☰」과「곤:☷」으로부터 말미암아 변한 것이다'라고 한 말과, 그 설(說)이 통하지 않는다."

※ 礙 : 거리낄 애(俗字:碍)
※『정전(「비괘:賁卦」의「단전」설명문)』에는 "豈有乾坤重而爲泰 又由泰而變之理"로 되어있다.
※ "乾坤이 變而爲六子하고 八卦ㅣ 重而爲六十四하니 皆由乾坤之變" : 역시 『정전』「비괘」의「단전」설명문에 있는 글이다.
※ <정자>의 괘변설에 대한 <주자>의 비판이다. 그러나 <주자>의 이러한 논리는 이해가 가지 않는 면이 있다. <정자>의 '「태괘」가 변해서「비괘」가 될 수 없다'는 것은,「건:☰」과「곤:☷」이 사귀어「간:☶」이 되고「리:☲」가 된 후에, 이 두 괘가 거듭해서「비괘」가 된 것이지,「태괘」자체에서 효가 자리이동을 해서「비괘」가 된 것이 아니라는 뜻이다. 따라서 『정전』에서 말한 "…팔괘가 거듭해서 64괘가 되었으니, 다「건」과「곤」이 변함으로 말미암은 것이다"와 서로 상충되지 않는다고 생각한다.

蓋有則俱有하야 自一畫而二하고 二而四하고 四而八하야 而八卦ㅣ 成하고 八而十六하고 十六而三十二하고 三十二而六十四而重卦ㅣ 備라. 故로 有八卦則有六十四矣니 此ㅣ 康節所謂先天者也라. 若震一索而得男以下는 乃是已有此卦了하고 就此卦生出此義니 皆所謂後天之學也라.

"대개 있으면 함께 있어서 한 획으로부터 둘이 되고, 둘이 넷이 되고, 넷이 여덟이 되어 팔괘가 이루어지고, 여덟이 열여섯이 되고, 열여섯이 서른둘이 되고, 서른둘이 예순넷이 되어 거듭한 괘(重卦)가 갖추어진 것이다. 그렇기 때문에 팔괘가 있으면 64괘가 있게 되는 것이니, 이것이 <강절>이 말한 선천이라는 것이다. '「진:☳」은 첫 번째 사귀어 사내를 얻었다' 이하는, 이미 이러한 괘가 있고 이 괘에서 나아가 이런 뜻이 나온 것이니, 이른바 후천의 학문이다."

※「진」은 첫 번째 사귀어 아들을 얻었다 :「설괘전」10장의 글로,「건」과「곤」이 사귀어 여섯 자식괘를 낳았다는 내용이다. 이 글은 <정자>의 '「건」과「곤」으로부터 모든 괘가 나왔다'는 설을 뒷받침한다. 그러나 이 설에 대해 <주자>는 64괘와 마찬가지로 괘가 이미 나온 후에 설명하기 위한 내용일 뿐이라고 했다.

今所謂卦變者는 亦是有卦之後에 聖人이 見得有此象이라 故로 發於象辭어늘 安得謂之乾坤이 重而爲是卦하니 則更不可變而爲他卦耶아. 若論先天이면 一卦도 亦无로대 旣畫之後엔 乾一兌二離三震四로 至坤居末이니 又安有乾坤이 變而爲六子之理리오. 凡今易中所言이 皆是後天之易耳라. 以此로 見得康節先天後天之說이 最爲有功이니라.

"지금 말하는 괘변은 또한 이러한 괘가 있은 뒤에, 성인이 이런 상이 있는 것을 보셨기 때문에 「단사:괘사」에다 밝히신 것인데, 어찌 '「건」과 「곤」이 거듭돼서 이 괘가 되었으니, 다시는 변해서 다른 괘가 될 수 없다'고 할 것인가? 만약 선천을 논한다면 한 괘도 또한 없을 것이나, 이미 괘를 그은 다음은 첫 번째 「건」, 두 번째 「태」, 세 번째 「리」, 네 번째 「진」으로부터 끝에는 「곤」이 있을 것이니, 또 어찌 「건」과 「곤」이 변해서 여섯 자식괘가 되는 이치가 있겠는가? 지금 『주역』 가운데 있는 말이 다 후천의 역이다. 이렇기 때문에 <강절>의 선천·후천 학설이 가장 공이 있다는 것을 알 수 있다."

※ <주자>에 의하면, 일생이법(一生二法)에 의해 8괘가 자연스럽게 도출되고, 일생이법 또는 인이중지(因而重之)하여 64괘가 도출되는 것이다. 괘가 나온 후에 그 역할에 따라 부모괘와 자식괘로 나뉘었을 뿐이지, 「건」과 「곤」이 부모가 되어 다른 괘들을 낳음은 아니라는 뜻이다.

② 太極 兩儀 四象 八卦者는 伏羲畫卦之法也요 說卦天地定位로 至坤以藏之는 以見伏羲所畫八卦之位也요 帝出乎震以下는 文王이 卽伏羲已成之卦而推其義類之辭也니 如卦變圖剛來柔進之類도 亦是就卦已成後에 用意推說하야 以見此爲自彼卦而來耳요 非眞先有彼卦而後에 方有此卦也니라.

"태극·양의·사상·팔괘는 <복희씨>께서 괘를 그으신 방법이고, 「설괘전」에 '하늘과 땅이 자리를 정함에(3장)'로부터 '「곤」으로써 감춘다(4장)'까지는 <복희씨>께서 그으신 팔괘의 자리를 나타낸 것이며, '제가 「진」에서 나온다(5장)'부터는 <문왕>께서 <복희씨>가 이미 이루어 놓은 괘에다 뜻을 미루어 넓혀서 설명한 말이다. 괘변도의 '강이 오고, 유가 나아간다'는 종류 같은 것도, 또한 괘가 이미 이루어진 다음에 뜻으로 미루어서 이 괘는 저 괘로부터 왔다고 말한 것이지, 진짜로 먼저 저런 괘가 있은 다음에 이런 괘가 있다는 것이 아니다."

古註에 說ㅣ 賁卦는 自泰卦而來라하되 先儒ㅣ 非之하야 以爲乾坤合而爲泰어늘 豈有泰復變爲賁之理리오하니 殊不知若論伏羲畫卦則六十四卦ㅣ 一時俱了하니 雖乾坤이라도 亦无能生諸卦之理라. 若如文王孔子之說則縱橫曲直이 反覆相生하야 无所不可리니 要在看得活絡하야 无所拘泥면 則无不通耳라.

"옛 주(古註)에 말하기를 '「비괘」는 「태괘」로부터 왔다'고 했으되, 이전의 선비가 그르다 하여 '「건」과 「곤」이 합해서 「태괘」가 되었는데, 어떻게 「태괘」가 다시 변해서 「비괘」가 되는 이치가 있으리오?'라고 하니, 만일 <복희씨>께서 괘를 그으신 것으로 말한다면, 64괘가 일시에 다 갖추어졌으니, 비록 「건」과 「곤」이라도 또한 모든 괘를 낳는 이치가 없다는 것을 모른 것이다. 만일 <문왕>과 <공자>의 말씀과 같이하면, 종횡과 곡직이 반복상생해서 할 수 없는 것이 없을 것이니, 중요한 것은 융통성 있게 보아서 구애받고 빠지지 않으면 통하지 않음이 없을 뿐이라는 데 있다."

※ 역시 <정자>의 괘변설을 비판한 것이다.
※ 종횡곡직(縱橫曲直) : '종횡'은 가로와 세로를, '곡직'은 굽고 곧은 것이니, 자유자재라는 뜻이다.

③ 伊川이 不取卦變之說하야 至柔來而文剛과 剛自外來而爲主於內諸處를 皆牽强說了하고 王輔嗣卦變이 又變得不自然하나 某之說을 却覺得하면 有自然氣象하니 只是換了一爻라. 非是聖人이 合下作卦如此요 自是卦成了면 自然有此象이니라.

"<이천>이 괘변의 학설을 취하지 않아서 '유가 와서 강을 무늬한다'와 '강이 밖으로부터 와서 안의 주인이 된다'는 등의 곳을 다 억지로 설명했고, <왕보사>의 괘변설이 또한 변화가 자연스럽지 못하나, 나(朱子)의 학설을 깨달으면 자연스러운 기상이 있으니, 다만 한 효만 바꾸면 된다. 성인이 원래 괘를 이렇게 만드신 것이 아니고, 괘가 이루어지면 자연히 이러한 상이 있는 것이다."

※ 다만 한 효만 바꾸면 된다 : <주자>의 괘변설은 괘안에서 효가 상하이동을 하여 다른 괘로 바뀌는 것이다.

④ 朱漢上易卦變에 只變到三爻而止하니 於卦辭에 多有不通處일새 某ㅣ 更推盡去하니 方通이라. 如无妄에 剛自外來而爲主於內는 只是 初剛이 自訟二移下來요 晉에 柔進而上行은 只是五柔ㅣ 自觀四로 挨 上去니 此等類는 按漢上卦變則通不得이니라.

"<주한상>의 역괘변에 다만 변함에 세 효만으로 그치니,「괘사」에 통하지 않는 곳이 많기 때문에, 내(朱子)가 다시 미루어 넓혀서 통하지 않는 데를 없애니 이제야 통하게 되었다. 가령「무망괘」의 '강이 밖으로부터 와서 안의 주인이 되었다'와 같은 것은, 다만「초구」의 강한 것이「송괘:訟卦」의 이효에서 내려온 것이고(☰→☰),「진괘:晉卦」에 '유가 나아가 올라간다'고 함은 단지 오효의 부드러운 것이「관괘:觀卦」의 사효자리로부터 위로 올라감이니(☰→☰), 이와 같은 류는 <주한상>의 괘변설로는 통하지 않는다."

※ 주한상(朱漢上:1072~1138) :「남송:南宋」의 경학자인 주진(朱震)을 말함.

⑤ 卦有兩樣生하야 有從兩儀四象加倍生來底하고 有卦中互換自生 一卦底하니 互換成卦는 不過換兩爻라. 這般變卦는 伊川이 破之나 及 到那剛來而得中하야 却推不行이라. 大率在就義理上看은 不過如剛 自外來而得中과 分剛上而文柔等處요 看其餘는 多在占處用也라. 賁 變節之象이 這雖无緊要나 然이나 後面에 有數處象辭ㅣ 不如此看이면 无來處하야 解不得이라.

"괘의 나옴에 두 가지 모양이 있어서, 양의·사상으로부터 한 배씩 더해서 나오는 것이 있고, 괘 가운데서 서로 바꾸어 스스로 한 괘를 낳는 것이 있으니, 서로 바꾸어 괘를 이루는 것은 두 효를 바꾸는 것에 지나지 않는다. 이런 괘변은 <이천>이 알아냈으나, '강이 와서 중을 얻는다'는 데에 이르러서는 통하지 못한다. 대개 의리 상으로 보아야 할 곳은 '강이 밖으로부터 와서 중을 얻었다'와 '강을 나누어 올라가 유를 무늬 놓았다" 등과 같은 곳이고, 그 나머지를 보는 것은 점치는 곳에 쓰이는 것이 많다. 「비괘:䷖」가 변해서 「절괘:䷻」가 되는 상이 비록 긴요한 것은 없으나, 뒷면에 두어 군데 「단사」가 이렇게 보지 않으면 온 데가 없어서 풀 수가 없다.

※ <쌍호호씨>가 말하길 "「단전」중에 『본의』가 괘변을 설명한 것이 19괘(訟·泰·否·隨·蠱·噬嗑·賁·无妄·大畜·咸·恒·晉·睽·蹇·解·升·鼎·漸·渙)"라고 했다.

※ 괘변도의 괘가 유래된 경위와 『본의』의 해석에는 차이가 있다. 예를 들어 『본의』에는 「수괘:隨卦」가 「곤괘:困卦」·「서합괘:噬嗑卦」·「미제괘:未濟卦」에서 왔다고 했으나, 그림에는 「태괘:泰卦」와 「비괘:否卦」에서 왔다고 했다. 그래서 「괘변도」의 첫머리에 "象傳에 或以卦變으로 爲說하니 今作此圖하야 以明之라. 蓋易中之一義요 非畫卦作易之本指也니라(「단전」에 혹 괘변으로써 설명한 것이 있으니, 지금 이 그림을 만들어서 밝혔다. 『주역』가운데 한 가지의 뜻이고, 괘를 긋고 역을 지은 본 뜻은 아니다.)"라는 주를 단 것이다.

五贊5)

1 『原象:상의 근원에 대한 글』

太一肇判에 陰降陽升하니 陽一以施하고 陰兩而承이라. 惟皇昊羲ㅣ 仰觀俯察하사 奇偶旣陳에 兩儀斯設하시니라.

　태일(太一)이 비로소 나뉨에 음은 내려가고 양은 올라가니, 양은 하나로써 베풀고 음은 둘로 이어 받았다. 오직 <복희 황제>께서 우러러 보고 굽어 살피시어, 홀과 짝이 베풀어짐에 양의를 베푸시니라.

　　※ 태일 : 음양이 나뉘어지기 전의 상태를 말하며, 굳이 태극과 구별한다면, 태극은 태일에서 조금 더 진척되어 음양으로 나뉘어지기 바로 전의 상태를 말한다.
　　※ 肇;비롯할 조.
　　※ <복희씨>께서 태극에서 음양이 나뉘어진 것을 살펴 양의를 그으셨다.

旣幹乃支하야 一各生兩하고 陰陽交錯하야 以立四象이라. 奇加以奇하니 曰陽之陽이요 奇而加偶하니 陽陰以章이요 偶而加奇하니 陰內陽外요 偶復加偶하시니 陰與陰會라.

　이미 줄기가 생기고 가지를 쳐서 하나가 각각 둘을 낳고, 음양이 사귀며 섞여서 사상이 서게 되었다. 홀에 홀을 더하시니 양의 양이고(⚌), 홀에 짝을 더하시니 양과 음이 무늬하며(⚎), 짝에 홀을 더하시니 음은 안에 양은 바깥에 있고(⚍), 짝에 짝을 더하시니 음과 음이 만남이라(⚏).

---

　　5). 오찬(五贊) : 이 글은 <주자>가 『본의』를 쓰고, 후학을 위해 역을 좀더 바르게 이해할 수 있도록, 「원상:原象, 술지:述旨, 명서:明筮, 계류:稽類, 경학:警學」의 다섯 가지를 밝힌 것이다.

※ <복희씨>께서 양의에서 사상으로 나뉜 것을 살펴 사상을 그으셨다.

兩一旣分에 一復生兩하니 三才在目이요 八卦指掌이라. 奇奇而奇하니 初一曰乾이요 奇奇而偶하니 兌次二焉이요 奇偶而奇하니 次三曰離요 奇偶而偶하니 四震以隨요 偶奇而奇하니 巽居次五요 偶奇而偶하니 坎六斯覲요 偶偶而奇하니 艮居次七이요 偶偶而偶하니 坤八以畢이라.

양의와 태일이 이미 나뉘고 하나가 다시 둘을 낳으니, 삼재(三才)가 눈 앞에 있으며 팔괘가 손바닥 안에 있게 되었다. 홀과 홀에 홀을 더하시니 제일 첫 번째는 「건:☰」이고, 홀과 홀에 짝을 더하시니 「태:☱」가 두 번째 차례하며, 홀과 짝에 홀을 더하시니 다음 세 번째는 「리:☲」이고, 홀과 짝에 짝을 더하시니 네 번째는 진(☳)이 따르며, 짝과 홀에 홀을 더하시니 「손:☴」이 다섯 번째 있고, 짝과 홀에 짝을 더하시니 「감:☵」을 여섯 번째 보게 되며, 짝과 짝에 홀을 더하시니 「간:☶」이 일곱 번째 있고, 짝과 짝에 짝을 더하시니 「곤:☷」이 여덟 번째로 마쳤다.

※ <복희씨>께서 사상에서 팔괘가 나뉘는 것을 보시고 팔괘를 그으셨다.

初畫爲儀하고 中畫爲象하며 上畫卦成하니 人文斯朗이라. 因而重之하야 一貞八悔하니 六十四卦ㅣ 由內達外라. 交易爲體하니 往此來彼요 變易爲用하니 時靜時動이라.

첫 획은 모습(양의)이 되고, 중간 획은 상(사상)이 되며, 윗 획은 괘(팔괘)를 이루니 인류의 문명이 밝아졌다. (팔괘를) 인해서 거듭 놓아 일정팔회하니, 64괘가 안으로부터 바깥에 미쳤다. 교역(사귀어 바뀌는 것)이 본체가 되니 이것이 가고 저것이 오며, 변역(변하여 바뀌는 것)이 쓰임이 되니 때로 고요하고 때로 움직인다.

※ 일정팔회(一貞八悔) : 체가 되는 괘를 아래로 놓고, 그 위에 팔괘를 순차적으로 놓는 조합. 일정팔회의 방법으로 하면 8x8=64가 된다. 즉 하체는 바뀌지 않으므로 '정(貞)'이 되고, 상체는 여덟 번 바뀌므로 '회(悔)'가 된다. 일생이법(一生二法)에 의해 팔괘를 이룬 후에는 계속해서 16, 32, 64로 분화하지 않고, 일정팔회에 의해 바로 6획괘인 64괘를 이룬다.

※ "이것이 가고 저것이 오며"는 괘에 음효와 양효가 섞인 것을 말하며, "때로 고요하고

때로 움직인다."는 효가 동하고 동하지 않은 것을 말한다.
※ <복희씨>께서 팔괘를 거듭해서 64괘를 그으신 일을 설명했다.

降帝而王하고 **傳夏歷商**에 **有占无文**하니 **民用弗章**일새 **文王繫象**하시고 **周公繫爻**하시니라.

오제(五帝)를 지나 삼왕(三王)에 이르르고 「하나라」와 「상나라」를 지남에, 점만 있고 글이 없으니 백성들의 쓰는 것이 빛나지 못했다. 그래서 <문왕>께서 「단사: 괘사」을 붙이시고 <주공>께서 「효사」를 붙이셨다.
※ 여기에서 「점」은 괘상을 말한다.

視此八卦면 **二純六交**니 **乃乾斯父**요 **乃坤斯母**며 **震坎艮男**이요 **巽離兌女**라. **離南坎北**이요 **震東兌西**며 **乾坤艮巽**은 **位以四維**라. **建官立師**하고 **命曰周易**이로다.

이 팔괘를 보면 두 순수한 괘와 여섯 사귄 괘이니, 「건」은 아버지고 「곤」은 어머니며, 「진·감·간」은 아들이고 「손·리·태」는 딸이다. 「리」는 남쪽 「감」은 북쪽이고, 「진」은 동쪽 「태」는 서쪽이며, 「건·곤·간·손」은 네 사잇방위에 자리했다. 점치는 관원을 세우고 사(師)를 세워 「주역」이라 이름했다.
※ '두 순수한 괘'는 「건☰」과 「곤☷」이고, '여섯 사귄 괘'는 나머지 여섯 자식괘이다.
※ 사(師) : 「주나라」 때의 지관(地官), 또는 악공(樂工).
※ 「문왕팔괘방위도」를 설명했다.

孔聖傳之하시니 **是爲十翼**이요 **遭秦弗燬**타가 **及宋而明**이라. **邵傳羲畵**하고 **程演周經**하야 **象陳數列**하고 **言盡理得**하니 **彌億萬年**에 **永著常式**하리라.

<공자>께서 「전」을 지으시니 이것이 『십익』이다. 「진나라」를 거쳐도 타지 않다가 「송나라」 때에 와서 밝혀졌다. <소강절>이 <복희씨>의 획을 전하고, <정자>

는 『주역』을 연역(演繹)하여서, 상이 베풀어지고 수가 벌려지며, 말을 다하고(잘 설명하고) 이치가 얻어졌으니, 아득한 억만 년에 길이 떳떳한 법이 나타날 것이다.

※ 爐 : 불에 탈 신.   彌 : 아득할 미.

※ 조진불신(遭秦弗爐) : <진시황> 때 분서갱유(焚書坑儒)를 당한 것을 말함.

※ 급송이명(及宋而明) : <소강절선생> 및 <정자>에 의해 『주역』의 상수리(象數理)의 뜻이 밝혀짐을 뜻함.

2 『述旨:뜻을 기술함』

昔在上古에 世質民淳하야 是非莫別이요 利害不分이라. 風氣旣開에 乃生聖人하시니 聰明睿知ㅣ 出類超群이라. 仰觀俯察하샤 始畫奇偶하시고 敎之卜筮하샤 以斷可否하시며 作爲君師하샤 開鑿戶牖하시니 民用不迷하고 以有常守러니 降及中古에 世變風移하야 淳澆質喪하고 民僞日滋라.

　옛날 오랜 옛날에 세상이 질박하고 백성은 순박하여, 옳고 그름을 구별하지 못하고 이해(利害)가 분명하지 못했다. 풍기(風氣)가 이미 열림에 성인이 나오시니, 총명하고 예지로움이 무리와 류에 뛰어났다. 우러러 보고 굽어 살피시어 홀수획과 짝수획을 처음 그으시고, 점치는 것을 가르쳐서 가능한 것과 그렇지 못한 것을 판단하게 하시며, 임금과 스승을 세워 출입문을 열게하시니, 백성의 씀이 미혹되지 않고 떳떳한 지킴이 있었다. 중고에 내려옴에 세상이 변하고 풍속이 바뀌어서, 순박함이 없어지고 질박함이 상실되며 백성의 거짓이 날로 불어났다.

　　※ 풍기(風氣) : 인생에 영향을 미치는 자연계의 기운.
　　※ 개착호유(開鑿戶牖) : 「호유」는 지게문과 들창문으로, 어두운 집을 밝게 하고 출입을 가능하게 하여 밝은 삶을 영위하게 하여주었다는 뜻이다.
　　※ 澆 : 엷어질 요.

穆穆文王이 身蒙大難이시나 安土樂天하시고 惟世之患하샤 乃本卦義하야 繫此彖辭하시며 爰及周公에 六爻是資하야 因事設敎ㅣ 丁寧詳密하시니 必中必正이라야 乃亨乃吉이라. 語子惟孝요 語臣則忠이며 鉤深闡微가 如日之中터니 爰暨末流에 淫於術數하야 僂句成欺하고 黃裳亦誤라.

　목목한 <문왕>께서 몸에 큰 환난을 입으셨으나, 처한 곳을 편안히 하고 천명을 즐기며, 오직 세상을 근심하시어 괘의 뜻을 근본으로 해서 「단사:괘사」를 붙이셨다.

<주공>에 이르름에 여섯 효를 바탕해서 일을 따라 가르침을 베푸심이 친절하고 자세하니, 반드시 중(中)하고 반드시 정(正)해야 형통하고 길하다고 했다. 자식에겐 오직 효도를 말했고 신하에겐 충성을 말했으며, 깊은 것을 끌어내고 작은 것을 밝힌 것이 해가 중천에 뜬 것과 같더니, 후세에 이르러서는 술수에 빠져 <누구(점을 치는 거북이 이름)>로 속임을 이루고, "황상(黃裳)" 또한 잘못됐다.

※ 穆穆 : 덕이 있어 훌륭한 모습.　　鉤 : 갈고리, 구부릴 구.
※ 僂句 :『춘추좌전』<소공(昭公)> 25년조에 <장소백(臧昭伯)>의「누구:僂句」라는 신묘한 거북이를, 그의 사촌동생인 <장회(臧會)>가 몰래 훔쳐 점을 쳐서는, 그 점괘대로 행하여 결국 <장소백>의 지위를 차지하고는, "僂句不余欺也"라고 하면서 좋아했다는 고사에서 연유한다.
※ 曁 : 이를 기.
※ 黃裳 :『춘추좌전』<소공> 12년에 <남괴(南蒯)>가 <계평자(季平子)>를 배반하고자 점을 했을 때 나온 점괘(坤之比). 불의한 일에 주역점을 쳤으나 욕심에 가려 그 해석을 올바로 못하게 되었으므로, 결국 실패해 오히려 죽임을 당했다.

大哉孔子시여. **晩好是書**하샤 **韋編旣絶**이라. **八索以袪**하샤 **乃作彖象十翼之篇**하실새 **專用義理**하야 **發揮經言**하시니 **居省象辭**하고 **動察變占**이면 **存亡進退**와 **陟降飛潛**에 **曰毫曰釐**가 **匪差匪繆**라.

크시도다! <공자>시여! 늦게 이 글을 좋아하시어 가죽으로 만든 책 끈이 이미 끊어졌다. 여덟 개의 특성으로 분류하시어「단전」과「상전」의『십익』을 지으심에, 오로지 의리로써『역경』의 말을 발휘하셨으니, 평소에는 상과 말을 살펴보고, 움직일 때는 변한 점을 살피면, 존하고 망하며 나아가고 물러남과, 올라가고 내려오며 날고 잠김에 털끝만치도 어긋나지 않는다.

※ 袪 : 재앙을 떨어없앨 거.　　繆 : 어긋날 류.
※ 八索以袪 : 세상만물을 여덟으로 분류하여 8괘와 대응시킴.

假我數年이면 **庶无大咎**라하시니 **恭惟三古**에 **四聖一心**으로 **垂象炳明**하샤 **千載是臨**이어시늘 **惟是學者**는 **不本其初**하고 **文辭象數**에 **或肆或拘**

로다. 嗟予小子아. 旣微且陋하야 鑽仰沒身하리니 奚測奚究리오. 匪警滋荒이요 匪識滋漏라 維用存疑하야 敢曰垂後하노라.

"나에게 몇 년만 더 주면 거의 큰 허물이 없을 것이다"라고 하셨으니, 오직 세 시대의 옛날에, 네 분 성인이 한 마음으로 상을 드리움이 밝게 빛나서 천년에 군림하고 있거늘, 오직 배우는 사람은 그 처음을 근본하지 않고, 글과 말 그리고 상과 수에 혹 번거로워지고 혹 구애되었다. 아! 나 작은 사람이여! 미미하고 좁아서 뚫으려 하고 우러러 보다 일생을 마치리니, 어떻게 헤아리며 어떻게 연구하겠는가? 경계하지 않으면 거칠어지고 기록하지 않으면 잃어버릴 것이니, 오직 의심스러운 곳을 남겨서 감히 후세에 전한다.

※ 혹사혹구(或肆或拘) : 혹 이치에서 동떨어지게 해석하고, 혹 구속되어 협소하게 해석한다.

※ 찬앙(鑽仰) : 『논어』「자한:子罕」편에 "仰之彌高 鑽之彌堅"라 했으니, <공자>의 도가 우러러보면 더욱 높고, 뚫으려고 해도 더욱 굳어서 알기 힘들다고 한 <안자>의 말이다.

3 『明筮:점하는 것을 밝힘』

倚數之元은 參天兩地니 衍而極之면 五十乃備라. 是曰大衍이니 虛一无爲요 其爲用者는 四十九蓍라.

 숫자를 붙인 근원은 하늘은 셋하고 땅은 둘한 것(參天兩地)이니, 넓혀서 극도로 하면 50의 수가 갖추어진다. 이것을 대연수라 하니, 하나는 비워서 쓰지 않고, 그 쓰는 것은 마흔아홉 개의 시초이다.

> ※ 하늘수 3과 땅수 2를 합하면 생수의 끝수인 5가 된다. 이 5와 성수의 끝수인 10을 곱하면 50이 되므로, 50을 대연수라고 한다.

信手平分하야 置右於几하고 取右一蓍하야 掛左小指하고 乃以右手로 揲左之策하야 四四之餘를 歸之于扐호대 初扐左手ㅣ无名指間하고 右策左揲하니 將指是安이라.

 손을 펴고 고르게 나누어서 오른쪽 것은 궤(책상)에 놓고(왼쪽 것은 하늘, 오른쪽 것은 땅으로 양의를 상징), 오른쪽의 시초 하나를 취해서 왼쪽 새끼 손가락 사이에 걸고(삼재를 상징), 오른손으로 왼쪽의 시초를 세어 넷으로 나눈(사시를 상징) 나머지를 손가락 사이에 끼되, 처음은 왼손 무명지 손가락 사이에 끼고(윤달을 상징), 오른쪽의 시초를 왼손으로 세니(5년에 재윤을 상징) 엄지 손가락만 편해졌다.

> ※ 엄지 손가락만 편해졌다 : 엄지 손가락을 제외한 모든 손가락 사이에 시초가 걸려 있다는 의미이다.

再扐之奇를 通掛之算이면 不五則九니 是謂一變이라. 置此掛扐하고 再用存策하야 分掛揲歸를 復準前式이라. 三亦如之하니 奇皆四八이라.

 두 번 손가락에 낀 나머지의 합을 통털어 세면, 다섯 개가 아니면 아홉 개가 되니, 이것을 일변(한 번 변한 것)이라 한다. 이 걸고 낀 것을 놓아두고, 다시 남은 시초를 써서 나누고 세며 끼는 것을 다시 앞의 방법과 같이 한다. 세 번째도 역시 그렇게 하니, 나머지가 다(두 번째나 세 번째) 넷 아니면 여덟이다.

> ※ 두 번 손가락에 낀 나머지의 합 : 왼손에 걸은 시초의 총수, 즉 두 번에 걸친 나머지와 처음 한 개를 낀 것.

三變旣備하면 數斯可察이니 數之可察에 其辨伊何오. 四五爲少요 八九爲多라. 三少爲九니 是曰老陽이요 三多爲六이니 老陰是當이라. 一少兩多는 少陽之七이요 孰八少陰고 少兩多一이라. 旣得初爻어든 復合前蓍하야 四十有九를 如前之爲하라. 三變一爻니 通十八變이면 六爻發揮하야 卦體可見이라.

세 번 변함이 다 끝나면 수를 살필 수 있으니, 수를 살피는 법은 어떻게 하는가? 네 개와 다섯 개는 적은 것이 되고, 여덟 개와 아홉 개는 많은 것이 된다. 셋이 다 적으면 9가 되니 이것이 노양이고, 셋이 다 많으면 6이 되니 노음이 이에 해당한다. 하나는 적고 둘은 많은 것은 소양의 7이고, 어느 것이 소음의 8인가 하면, 적은 것이 두 개이고 많은 것이 하나이다. 처음의 효를 얻거든, 다시 앞의 시초를 합해 마흔아홉 개를 전과 같이 하라. 세 번 변해 한 효가 되니, 전부 18번 변하면 여섯 효가 발휘하여 괘체를 볼 수 있다.

> ※ 여섯 효가 발휘하니 괘체를 볼 수 있다 : 18변을 마치면 여섯 획이 확정되므로 어떤 괘인지 알 수 있게 된다.

老極而變이요 少守其常이니 六爻皆守어든 彖辭是當이요 變視其爻요 兩兼首尾라. 變及三爻어든 占兩卦體요 或四或五어든 視彼所存호대 四二五一이니 二分一專이라. 皆變而他면 新成舊毁요 消息盈虛니 舍此視彼하라. 乾占用九요 坤占用六이며 泰愕匪人이요 姤喜來復이라.

노양과 노음은 극해서 변하고, 소양과 소음은 그 항상함을 지키니, 여섯 효가 다 변하지 않은 것은 「괘사」를 보아야 하고, (한 효가) 변했을 때는 그 효를 보며, 두 효가 변했을 때는 윗 효와 아랫 효를 본다. 변하는 것이 세 효가 되는 것은 두 괘체 (本卦와 之卦)를 보아 점치고, 혹 네 효나 다섯 효가 변하면 지괘의 불변 효를 보되, 네 효가 변한 것은 남아 있는(불변 효) 두 효를 보고, 다섯 효가 변한 것은 남은 한 효를 보는 것이니, (불변 효가) 둘일 경우는 윗 효와 아랫 효로 나누어 보고, (불변 효가) 하나일 경우는 (그 하나만) 전일하게 본다. 다 변해서 다른 괘가 되면 새로운 괘가 이루어지고 옛 것(본괘)이 허물어지며, 소식(消息)하고 영허(盈虛)하는 것이니, 본괘를 놓아두고 변해서 나온 괘(之卦)를 본다. 「건괘:乾卦」는 다 변하면 용구(用九)를 보아 점치고, 「곤괘:坤卦」는 다 변하면 용육(用六)을 보고 점치며, 「태괘:泰卦」는 「비괘:否卦」가 됨을 두려워하고, 「구괘:姤卦」는 「복괘:復卦」가 오는 것을 기뻐한다.

※ 「태괘:泰卦」는 「비괘:否卦」가 됨을 두려워하고, 「구괘:姤卦」는 「복괘:復卦」가 오는 것을 기뻐한다. : 태평한 세상의 뜻을 가진 「태괘」가 모두 변하면 "사람도 아니라(否之匪人)"는 「비괘」가 된다. 따라서 두려워하는 것이다. 또 음이 생기기 시작하는 「구괘」가 모두 변하면 회복한다는 「복괘」가 되니, 그 회복함을 기뻐하는 것이다.

※ 愕 : 놀라 당황할 악.

4 『稽類:상의 종류를 상고해 본 것』

八卦之象은 說卦詳焉이나 考之於經이면 其用弗專이라. 象以情言하고 象以象告하니 唯是之求면 斯得其要니라.

　팔괘의 상은 「설괘전」에 자세히 했으나, 경에서 상고해 보면 그 쓰임이 한 가지만이 아니다. 「단사」는 뜻으로 말하고 「상사」는 상으로써 고하니, 이것으로써 찾으면 그 요점을 얻을 것이다.

乾健天行이요 坤順地從이며 震動爲雷이요 巽入木風며 坎險水泉이요 亦雲亦雨며 離麗文明이요 電日而火며 艮止爲山이요 兌說爲澤이니 以是擧之면 其要斯得이라.

　「건:☰」은 굳셈이고 하늘의 운행이며, 「곤:☷」은 순함이고 땅의 따름이며, 「진:☳」은 움직임이고 우뢰가 되며, 「손:☴」은 들어감(入)이고 나무 또는 바람이 되며, 「감:☵」은 험함이고 물(水)·샘(泉)이 되며 또한 구름 또는 비가 되고, 「리:☲」는 걸림과 문명함이고 번개·해·불이 되며, 「간:☶」은 그침이 되고 산이 되며, 「태:☱」는 기뻐함이 되고 못이 되니, 이것으로써 보면 그 요점을 얻을 것이다.

　　※ 「건:乾」·「곤:坤」에서 육자괘(六子卦)가 나오는 순서대로, 팔괘의 뜻과 상을 설명했다.

凡卦六虛에 奇偶殊位하야 奇陽偶陰이 各以其類하니 得位爲正이요 二五爲中이며 二臣五君이요 初始上終이라.

　괘의 육허(六虛)에 홀수와 짝수의 자리가 달라서, 홀수자리는 양이고 짝수자리는 음인 것이 각각 그 류로써 하니, 자리를 얻음이 정(바른 것)이 되고, 이효와 오효가 중(가운데)이 되며, 이효는 신하자리이고 오효는 임금자리이며, 초효는 시작이고 상효는 마지막이다.

　　※ 육허(六虛) : 괘의 여섯 빈자리(六位)를 뜻한다. 특히 육위(六位)라 하지 않고 육허라

할 때는 여섯 자리에 아직 음효와 양효가 정해지지 않아서 자유로이 출입한다는 뜻이 있다.

※ 류(類) : 여기서는 홀수 자리에는 양이 류이고, 짝수 자리에는 음이 류가 된다.

貞悔體分하고 **爻以位應**하니 **陰陽相求**라야 **乃得其正**이라. **凡陽斯淑**이니 **君子居之**하고 **凡陰斯慝**이니 **小人是爲**라. **常可類求**요 **變非例測**이나 **非常曷變**가 **謹此爲則**하노라.

정(貞)과 회(悔)로 상하괘체가 나뉘고 효는 자리로써 응하니, 음양이 서로 구해야 그 정(바름)을 얻는다. 양은 착한 것이니 군자에 해당하고, 음은 사특한 것이니 소인이 된다. 상도(常道)는 류로서 구할 수 있으나, 변하는 것은 상례로써 헤아릴 수 없다. 그러나 상도가 아니면 어떻게 변할 수 있겠는가? 삼가 이것으로 법을 삼노라.

※ 정(貞)이 하체(하괘)가 되고 회(悔)가 상체(상괘)가 된다.

※ 淑 : 착할 숙.   慝 : 사특할 특.

※ 상도(常道)는 류로서 구할 수 있으나 : 여기서는 양이 양자리에 있고 음이 음자리에 있는 것이 상도이다.

5 『警學:배우는 이를 경계함』

讀易之法은 先正其心하고 肅容端席하야 有翼其臨호대 于卦于爻에 如筮斯得하며 假彼象辭하야 爲我儀則하라. 字從其訓하고 句逆其情하며 事因其理하고 意適其平하라.

　『주역』을 읽는 법은 먼저 마음을 바르게 하고, 용모를 엄숙하게 하고 단정히 앉아서 경건하게 임하되, 모든 괘와 효에 점쳐서 얻은 것 같이 하며, 상과 말을 빌려서 나의 본받음과 법으로 삼으라. 글자마다 그 훈계를 따르고 구절마다 그 뜻을 추구하며, 일은 그 이치에 맞게 하고 뜻은 평화롭게 하라.

　　※ 익(翼)은 경(敬)과 통한다.

曰否曰臧을 如目斯見하고 曰止曰行을 如足斯踐하며 毋寬以略하고 毋密以窮하며 毋固而可하고 毋必而通하야 平易從容이 自表而裏하라. 及其貫之면 萬事一理라. 理定旣實이나 事來尙虛요 用應始有나 體該本無니 稽實待虛하고 存體應用하며 執古御今하고 由靜制動하라.

　"그르다, 착하다"라고 말한 것을 눈으로 보는 듯이 하고, "그친다, 행한다"고 말한 것을 발로 밟는 듯이 하며, 너그럽게 하되 생략하지 말고 엄밀하되 궁하게 하지 말며, 고집하지 말고 적합하게 하며, 반드시를 기약하지 말고 융통성있게 해서, 평이하고 종용함이 겉으로부터 속에까지 이르니, 그것을 익혀 관통하게 되면 만 가지 일이 한 이치이다. 이치는 정해져서 이미 차있으나 일의 옴은 오히려 비어 있고, 용(用)은 응함에 따라 비로소 있는 것이나 체(體)는 모든 것을 갖추었으되 본래 없는 것이니, 찬(實) 것으로 빈 것을 기다리고 체를 보존해서 용에 응하며, 옛 것을 가지고 지금을 제어하고 고요한 것으로 움직이는 것을 제제하라.

潔靜精微를 是之謂易이니 體之在我하면 動有常吉하리라. 在昔程氏ㅣ

繼周紹孔에 奧指宏綱이 星陳極拱이로대 唯斯未啓하고 以俟後人일새
小子狂簡이나 敢述而申하노라.

  깨끗하고 고요하고 정미롭고 은미한 것을 역이라고 말하니, 체득해서 나에게 있게하면 움직임에 항상 길함이 있으리라. 옛날에 <정씨>가 「주나라」의 <문왕·주공>과 <공자>를 이음에, 깊은 뜻과 큰 벼리(근본)가 북극성을 중심으로 별을 둘러 놓은 것 같았으나, 오직 이것만은 가르치지 않고 뒷 사람을 기다리므로, 내(朱子)가 소홀하고 거치나 감히 기술해서 폈다.

  ※ 紹 : 이을 소.   奧 : 깊을 오.   指 : 뜻 지.   宏 : 클 굉.   極 : 북극성 극.
    拱 : 두를 공, 꽂을 공.   啓 : 가르칠 계.

  ※ 광간(狂簡) : 뜻은 크나 행함은 이에 미치지 못해, 소홀하고 거칠다는 뜻으로, 『논어』의 「공야장」편에 "歸與 歸與인져. 吾黨之小子狂簡하야(돌아가자! 돌아가자! 내 무리의 소자들이 뜻은 크나 일에는 미치지 못해서)"에서 연유한다.

筮儀

■ 擇地潔處하야 爲蓍室南戶하고 置牀于室中央하라.

◉ 땅의 깨끗한 곳을 가려서 시초 두는 집을 만들어 남쪽으로 창이 나게하고, 방 가운데 상을 놓는다.

牀大는 約長五尺 廣三尺하고 毋太近壁하라.

상의 크기는 길이 다섯자 넓이 세 자 정도로 하고, 너무 벽에 가까이 두지 않는다.

※ 시초 두는 집을 만들어야 신이 의지하여 거처할 수 있고, 또 점치는 사람도 경건한 마음을 가질 수 있다. 또 중앙에 상을 두지 않고 한쪽으로 치우치면, 그 치우친 쪽의 기운을 많이 받게 된다.

■ 蓍五十莖을 韜以纁帛하야 貯以皁囊하고 納之櫝中하야 置于牀北하라.

◉ 시초 50줄기를 분홍빛 비단으로 싸서 검은 주머니에 넣고, 함 가운데 넣어 상의 북쪽에 둔다.

※ 莖 : 줄기 경.　　韜 : 감출 도.　　纁 : 분홍빛 훈.　　皁 : 검을 조.

櫝은 以竹筒ㅣ 或堅木ㅣ 或布漆로 爲之하니 圓徑三寸이요 如蓍之長이라. 半爲底半爲蓋호대 下別爲臺函之하야 使不偃이니라.

함은 대나무통이나 단단한 나무 또는 베로 바른 옻나무로 만든다. 원의 직경을 세 치로 하고, 길이는 시초에 맞게 한다. 두 쪽으로 나누어 반은 밑으로 하고 반은 뚜껑으로 삼되, 아래에 별도로 받침대를 받쳐서 넘어지지 않게 한다.

※ 筒 : 대통 통.　　櫝 : 함 독(나무로 짠 궤, 신주를 넣어두는 궤).　　仆 : 넘어질 부.
※ 촌(寸) : 『한서(漢書)』에 의하면, 10푼(分)이 1치(寸)가 되고, 10치가 1자(尺)가 된다. 현재의 미터법으로 환산하면, 「주(周)나라」때부터 「전한:前漢」 때까지는 1치가 2.25cm에 해당한다.
※ 상의 방향을 잡을 때 사람이 앉는 쪽을 남, 그 맞은 편을 북으로 삼는다. 따라서 사람의 왼쪽이 서가 되고, 오른쪽이 동이 된다.

▎設木格于櫝南하야 居牀二分之北하라.

◉ 나무시렁을 함의 남쪽(앞)에 설치해서, 상의 두 푼 북쪽(뒤)에 있게 한다.

格은 以廣木板으로 爲之하되 高一尺하고 長竟牀이라. 當中하야 爲兩大刻호대 相距一尺하고 大刻之西에 爲三小刻호대 相距各五寸하야 許下施橫足하고 側立案上하라.

　시렁은 넓은 나무판으로 만들되, 높이는 한 자로 하고, 길이는 상에 맞춘다. 가운데에 큰 홈 두 개를 만들되 간격을 한 자 되게 한다. 큰 홈의 서쪽(왼편)에 세 개의 작은 홈을 만들되, 간격을 각각 다섯 치로 해서 밑에 발을 놓을 수 있게 하고, 책상 위에 옆으로 세운다.

▎置香爐一于格南하고 香合一于爐南하야 日炷香致敬하라. 將筮則灑掃拂拭滌硯하고 一注水ㅣ 及筆一ㅣ 墨一ㅣ 黃漆板一을 于爐東東上하고 筮者ㅣ 齊潔衣冠하야 北面盥手焚香致敬하라.

◉ 향로를 시렁의 남쪽(앞)에 놓고, 향합 하나를 향로 남쪽(앞)에 놓아 날마다 향을 피우고 정성을 드린다. 점치려 할 때는 물뿌려가며 쓸고 벼루를 닦은 후, 연적에 물을 붓고 먹 하나 칠판 하나를 향로의 동쪽(오른쪽)과 동쪽 위에 놓는다. 점치는 사람이 목욕재계하고 의관을 깨끗이 한 후, 북쪽을 향하여 서서 손을 씻고 향을 태우며 정성을 드린다.
　※ 灑 : 뿌릴 쇄(灑掃:물을 뿌리고 비로 씀).　　滌 : 씻을 척, 청소하다.

筮者ㅣ 北面은 見儀禮라. 若使人筮엔 則主人이 焚香畢少退北面立하고 筮者進立於牀前하야 少西南向受命하라. 主人이 直述所占之事호대 筮者ㅣ 許諾하면 主人이 右還西向立하고 筮者ㅣ 右還北向立이라.

  점치는 사람이 북쪽으로 얼굴을 향하는 것은 의례(儀禮)에 나타나 있다. 만일 사람을 시켜 점을 칠 때는, 주인(점을 의뢰한 사람)이 향을 태운 후 조금 물러나 북쪽을 향해 서고, 점치는 사람이 상 앞에 나아가 조금 서남쪽으로 향하여 서서 주인의 명을 받는다. 주인이 바로 점치는 일을 직접 고하되, 점치는 사람이 허락하면 주인이 오른쪽으로 돌아 서쪽을 향해 서고, 점치는 사람이 오른쪽으로 돌아 북쪽을 향해 선다.

▎兩手로 奉櫝蓋하야 置于格南爐北하고 出蓍于櫝하야 去囊解韜하야 置于櫝東하고 合五十策하야 兩手執之하고 熏於爐上하고

  ◉ 두 손으로 함의 뚜껑을 열어서 시령과 향로 사이에 둔다. 시초를 함에서 내어 주머니와 싼 것을 푼 후 함의 동쪽(오른쪽)에 놓고, 50개의 시초를 두 손으로 잡고 향로 위에 쪼이고,

此後所用蓍策之數는 其說이 竝見啓蒙이라.

  이 뒤에 쓰이는 시초의 책수는 그 설명이 『역학계몽』에 나타나 있다.

▎命之曰 假爾泰筮有常하노라. 假爾泰筮有常하노라. 某官姓名이 今以某事云云을 未知可否하야 爰質所疑于神于靈하오니 吉凶得失과 悔吝憂虞를 惟爾有神은 尚明告之하라하고 乃以右手로 取其一策하야 反於櫝中而以左右手로 中分四十九策하야 置格之左右兩大刻하고

  ◉ 명하기를 "영명한 시초의 상도(常道)있음을 빌립니다. 영명한 시초의 상도있음을 빌립니다. 지금 무슨 관직 누가 아무일로 되고 안됨을 몰라서 신령께 여쭈오니, 길하고 흉하며, 얻고

잃으며, 뉘우치고 인색하며, 근심하고 걱정함을 신이 시여 밝게 가르쳐 주소서!" 하고, 오른손으로 시초 하나를 취해서 함 가운데 넣고, 두 손으로 나머지 마흔아홉 개의 시초를 나누어서, 시령의 왼쪽 오른쪽 두 큰 홈에 둔다.

此는 第一營이니 所謂分而爲二하야 以象兩者也라.

 이것이 첫 번째 경영함이니, 이른바 "둘로 나누어서 양의(兩儀)를 상징한다"는 것이다.

■ 次以左手로 取左大刻之策하야 執之而以右手로 取右大刻之一策하야 掛于左手之小指間하고

 ◉ 다음은 왼손으로 왼쪽 큰 홈의 시초를 취해서 잡고, 오른손으로 오른쪽 큰 홈의 시초 중 하나를 취해서 왼손 새끼 손가락 사이에 건다.

此는 第二營이니 所謂掛一하야 以象三者也라.

 이것은 두 번째 경영함이니, 이른바 "하나를 걸어 삼재(三才)를 상징한다"고 한 것이다.

■ 次以右手로 四揲左手之策하고

 ◉ 다음은 오른손으로 왼손의 시초를 넷 씩 센다.

此는 第三營之半이니 所謂揲之以四하야 以象四時者也라.

 이것은 세 번째 경영의 반이니, 이른바 "넷 씩 세어서 사시(四時)를 상징한다"고 한 것이다.

次歸其所餘之策호대 或一或二或三或四를 而扐之左手无名指

間하고

◉ 다음은 세고 남은 시초를 처리하되, 한 개·두 개·세 개·네 개 중에 하나를 왼쪽 무명지 사이에 끼고,

此는 第四營之半이니 所謂歸奇於扐하야 以象閏者也라.
　이것은 네 번째 경영의 반이니, 이른바 "나머지를 끼어서 윤달을 상징한다"고 한 것이다.

▌次以右手로 反過揲之策於左大刻하고 遂取右大刻之策하야 執之而以左手四揲之하고

◉ 다음은 오른손으로 다 센 시초를 왼쪽 큰 홈에 되돌려 놓고, 오른쪽 큰 홈의 시초를 잡고 왼손으로 넷 씩 세고,

此는 第三營之半이라.
　이것이 세 번째 경영의 반이다.
　　※ 앞서 세 번째 경영의 반을 했고, 이번에 다시 그 반을 했으므로 세 번째 경영을 마친 것이다.

▌次歸其所餘之策호대 如前而扐之左手中指之間하고

◉ 다음은 그 남은 시초를 처리하되, 앞에서와 같이 왼손 가운데 손가락 사이에 끼고,

此는 第四營之半이니 所謂再扐하야 以象閏者也라. 一變所餘之策은 左一則右必三이요 左二則右亦二요 左三則右必一이요 左四則右亦四니 通掛一之策하야 不五則九라. 五以一其四而爲奇하고 九以兩其四而爲偶하니 奇者三而偶者一也라.

이것은 네 번째 경영의 반이니, 이른바 "두 번 끼어 윤달을 상징한다"고 말한 것이다. 한 번 변하고 남은 시초는, 왼쪽이(왼쪽 큰 홈의 시초를 세고 남은 것) 한 개면 오른쪽은(오른쪽 큰 홈의 시초를 세고 남은 것) 반드시 세 개이고, 왼쪽이 두 개면 오른쪽 또한 두 개고, 왼쪽이 세 개면 오른쪽은 반드시 한 개이고, 왼쪽이 네 개면 오른쪽 또한 네 개니, 걸어놓은 시초까지 합해서 다섯 개가 아니면 아홉 개가 된다. 다섯 개는 넷을 한 번하니 홀수가 되고, 아홉 개는 넷이 두 번 있어 짝수가 되니, 홀수는 세 번하고 짝수는 한 번이다.

※ 5에서 괘(掛)한 1을 빼면 4가 남는다. 4를 사시를 상징해서 세는 수인 4로 나누면, 몫이 1이 되므로 홀수(奇數)라고 한다. 9에서 괘한 1을 빼면 8이 남는다. 8을 4로 나누면 몫이 2가 되므로 짝수(偶數)라고 한다.

※ 홀수는 세 번하고 짝수는 한 번이다 : 5가 나오는 방법은 3가지가 되고, 9가 나오는 방법은 1가지라는 뜻이다.

■ **次以右手**로 **反過揲之策於右大刻而合左手一掛二扐之策**하야 **置於格上第一小刻**하면

◉ 다음에 오른손으로 다 센 시초를 오른쪽 큰 홈에 올려놓고, 왼손의 한 번 걸고 두 번 끼운 시초를 합해서, 시렁 위의 제일 첫 번째 작은 홈에 놓으면,

以東爲上하니 **後放此**라.

동쪽으로 위(上)를 삼으니, 뒤에도 이와 같이 한다.

※ 동쪽으로 위를 삼는다는 뜻은, 제일 첫 번째 작은 홈이 동쪽에서 첫 번째라는 뜻이다.

■ **是爲一變**이라. **再以兩手**로 **取左右大刻之蓍合之**하야

◉ 이것이 1변이다. 다시 두 손으로 왼쪽 오른쪽 큰 홈의 시초를 취해 합해서,

或四十四策이요 **或四十策**이라.

혹 44개의 시초이거나, 40개의 시초이다.

※ 1변에서 첫 번째 작은 홈에 9개를 놓았을 때는 40개이고, 5개를 놓았을 때는 44개이다.

▎復四營을 如第一變之儀하고 而置其掛扐之策於格上第二小刻하면 是爲二變이라.

◉ 다시 네 번 경영하기를 1변할 때 하던 방법과 같이 하고, 걸고 낀 시초를 시렁 위 두 번째 작은 홈에 놓으면, 이것이 2변이다.

二變所餘之策이 左一則右必二요 左二則右必一이요 左三則右必四요 左四則右必三이라 通掛一之策이 不四則八이니 四以一其四而爲奇요 八以兩其四而爲偶니 奇偶各得四之二焉이라.

2변하고 남은 시초가 왼쪽이 한 개면 오른쪽은 반드시 두 개고, 왼쪽이 두 개면 오른쪽은 반드시 한 개며, 왼쪽이 세 개면 오른쪽은 반드시 네 개고, 왼쪽이 네 개면 오른쪽은 반드시 세 개가 된다. 걸어놓은 시초까지 합해서 네 개 아니면 여덟 개가 되니, 네 개는 넷을 한 번해서 홀수가 되고, 여덟 개는 넷을 두 번해서 짝수가 되니, 홀수와 짝수가 각각 네 가지 중에 두 가지를 얻은 것이다.

※ 4에서 괘(掛)한 1을 빼면 4로 나눌 수가 없으므로, 그대로 나누면 몫이 1이 되니 홀수(奇數)라고 한다. 8역시 그대로 둔 채 4로 나누면 몫이 2가 되므로 짝수(偶數)라고 한다.
※ 홀수와 짝수가 각각 네 가지 중에 두 가지를 얻은 것이다. 홀수가 나오는 방법이 2 가지이고, 짝수가 나오는 방법 역시 2가지이므로, 2변에서 나오는 방법 4가지 중 각기 2 가지씩 얻었다고 한 것이다.

▎又再取左右大刻之蓍하야 合之하고

◉ 또 다시 왼쪽과 오른쪽 큰 홈의 시초를 취해서 합하고,

或四十策이요 或三十六策이요 或三十二策이라

혹 40개의 시초이거나, 36개 또는 32개의 시초이다.

※ 1변에서 첫 번째 작은 홈에 5개를 놓고, 2변에서 두 번째 작은 홈에 4개를 놓았을 경우는 40개이고, 8개를 놓았을 경우는 36개이다. 1변에서 첫 번째 작은 홈에 9개를 놓고, 2변에서 두 번째 작은 홈에 4개를 놓았을 경우는 36개이고, 8개를 놓았을 경우는 32개이다.

■ 復四營을 如第二變之儀하야 而置其掛扐之策於格上第三小刻하면 是爲三變이라.

◉ 다시 네 번 경영하기를 2변할 때와 같이 하고, 걸고 낀 시초를 시렁 위의 세 번째 작은 홈에 놓으면, 이것이 3변이다.

三變餘策은 與二變同이라.

3변하고 남은 시초가치는 2변할 때와 같다.

※ 2변과 마찬가지로 4개 아니면 8개가 나오는데, 4개가 나오는 방법이 2가지이고, 8개가 나오는 방법도 2가지가 된다는 뜻이다.

■ 三變旣畢하면 乃視其三變所得掛扐過揲之策하야 而畫其爻於版이라.

◉ 3변을 마치면 세 번 변해서 걸고 끼어 세어놓은 시초를 보고, 그 효를 칠판 위에 긋는다.

掛扐之數ㅣ 五四爲奇요 九八爲偶니 掛扐이 三奇에 合十三策이면 則過揲三十六策而爲老陽하고 其畫은 爲□니 所謂重也요 掛扐이 兩奇一偶에 合十七策이면 則過揲三十二策而爲少陰이요 其畫은 爲--니 所謂柝也요 掛扐이 兩偶一奇에 合二十一策이면 則過揲二十八策而爲少陽이요 其畫爲-니 所謂單也요 掛扐이 三偶에 合二十五策이면 則過揲二十四策而爲老陰이요 其畫 ×니 所謂交也라.

걸고 낀 숫자가 5개와 4개는 홀수가 되고, 9개와 8개는 짝수가 된다. 걸고 낀 것이 세 무더기가 다 홀수여서 합해서 13개면, 세고 남은 시초가 36으로 노양이 되고, 그 획은 '口'이 되니 '중(重)'이라 한다. 걸고 낀 것이 두 무더기는 홀수고 한 무더기는 짝수여서 합친 것이 17개면, 세고 남은 시초가 32로 소음이 되고, 그 획은 '--'이 되니 '탁(柝)'이라고 한다. 걸고 낀 것이 짝수가 두 무더기이고 홀수가 한 무더기여서 합해서 21개면, 세고 남은 시초가 28로 소양이 되고, 그 획은 '―'이 되니 '단(單)'이라 한다. 걸고 낀 것이 세 무더기가 다 짝수여서 합해서 25개가 되면, 세고 남은 시초가 24개로 노양이 되고, 그 획은 '╳'이 되니 '교(交)'라고 한다.

※ 합해서 13개면 : 1변에 5개, 2변과 3변에 각각 4개일 경우다(5+4+4). 또 49 13=36인데, 이 36을 노양책수(老陽策數)라 하고, 36을 4(四時의 변화)로 나누어 얻은 9를 노양수라고 한다. 그 표시를 '口'로 하는 것은 소양획인 '―'이 거듭 쌓여서 무거워졌으므로, 이제 둘로 나누어지려고 가운데를 비우는 상태를 표시한다.

※ 합친 것이 17개면 : 1변에 9개, 2변과 3변에 각각 4개, 또는 1변에 5개, 2변에 8개, 3변에 4개일 경우다(9+4+4, 또는 5+8+4). 또 49-17=32인데, 이 32를 소음책수라 하고, 32를 4로 나누어 얻은 8을 소음수라고 한다. 그 표시를 '--'로 한 것은, 짝수라는 뜻과 실(實)하지 못하고 터진 것을 뜻한다.

※ 합해서 21개면 : 1변에 9개, 2변에 8개, 3변에 4개, 또는 1변에 5개, 2변과 3변에 각각 8개일 경우다(9+8+4, 또는 5+8+8). 또 49-21=28인데, 이 28을 소양책수라 하고, 28을 4로 나누어 얻은 7을 소양수라고 한다. 그 표시를 '―'로 한 것은, 홀수라는 뜻과 실하다는 것을 뜻한다.

※ 합해서 25개가 되면 : 1변에 9개, 2변과 3변에 각각 8개일 경우다(9+8+8). 또 49-25=24인데, 이 24를 노음책수라 하고, 24을 4로 나누어 얻은 6을 노음수라고 한다. 그 표시를 '╳'로 한 것은, 두 소음이 사귀어 중간이 실해져가는 상태를 표시한다.

如是하야 每三變而成爻하고

● 이와 같이하여 세 번씩 변해서 한 효를 이루고,

第一第四第七第十第十三第十六ㅣ 凡六變은 竝同이로대 但第三變 以下는 不命而但用四十九蓍耳라. 第二第五第八第十一第十四第十七ㅣ 凡六變도 亦同이며 第三第六第九第十二第十五第十八ㅣ 凡六變도 亦同이라.

1변·4변·7변·10변·13변·16변의 여섯 가지 변한 것은 다 같고, 다만 3변 이후는 점치는 명령말을 다시하지 않으며, 다만 49개의 시초를 쓴다. 2변·5변·8변·11변·14변·17변의 여섯 가지 변함도 또한 같으며, 3변·6변·9변·12변·15변·18변의 여섯 가지 변함도 또한 같다.

※ 한 효를 얻는 데 3변이 필요하므로, 한 괘를 얻는 데는 모두 18변이 필요하다. 이 중 매효의 1변에 해당하는 1·4·7·10·13·16변에서 세고 남은 시초 갯수는 5개 아니면 9개로 같다는 뜻이다. 이하도 같은 방식의 설명이다.

▌凡十有八變而成卦하니 乃考其卦之變하야 而占其事之吉凶이라.

◉ 모두 열여덟 번 변해서 괘를 이루니, 그 괘의 변한 것을 상고해서 일의 길하고 흉한 것을 점친다.

卦變은 別有圖說하니 見啓蒙하니라.

괘변에 대한 것은 별도의 그림과 설명이 있으니, 『역학계몽』에 있다.

▌禮畢에 韜蓍하야 襲之以囊하고 入櫝加蓋하며 斂筆硯墨版하고 再焚香致敬而退니라.

◉ 예를 마치면 시초를 싸서 주머니에 담아 함에 넣고 뚜껑을 덮으며, 붓과 벼루·먹·칠판을 걷고 다시 향을 태우며 정성을 드리고 물러난다.

如使人筮면 則主人이 焚香揖筮者而退니라.

사람을 시켜 점을 쳤으면, 주인이 향을 태우고 점치는 사람에게 읍한 후 물러난다.

重天乾(1)
중 천 건

【本義】周는 代名也요 易은 書名也라. 其卦는 本伏羲所畵이니 有交易變易之義라 故로 謂之易이요 其辭는 則文王周公所繫라 故로 繫之周라.

 '주(周)'는 시대의 명칭이고, '역(易)'은 책의 이름이다. 그 괘는 본래 <복희씨>께서 그리신 것이니, 교역하고 변역하는 뜻이 있다. 그러므로 「역」이라고 말한 것이다. 그 말은 (「괘사」와 「효사」) <문왕>과 <주공>께서 붙이신 것이다. 그러므로 '주(周)'라고 붙인 것이다.

  ※ 여기서 【本義】라 함은 <주자(朱子)>가 『주역』을 풀이한 『주역본의:周易本義』를 뜻한다. 『정전』과는 달리 『본의』는 64괘 뿐만 아니라 「계사전」이후도 해석하였다. 『본의』는 『정전』과 비교하여 다른 점 및 설명이 부족하다고 한 부분을 추가로 설명한 것이기 때문에, 『본의』만 보아서는 <주자>의 뜻이 다 밝혀지지 않는다. 따라서 『정전』을 보고 비교 보충한다는 마음으로 『본의』를 읽어야 할 것이다. 「朱子曰」이라고 한 부분은 『본의』이외에 『주자문집·어류』등에서 역에 관한 내용을 발췌한 것이다.

  ※ 주자(朱子:1130~1200) : 이름은 희(熹). 「남송:南宋」의 대학자로, 자는 원회(元晦) 또는 중회(仲晦), 호는 회암(晦庵)·회옹(晦翁). 경학(經學)에 정통한 주자학(朱子學)의 비조(鼻祖)로 성리학을 대성(大成)하였다. 저서로는 『자치통감강목:資治通鑑綱目, 사서집주:四書集註, 근사록:近思錄, 주자대전:朱子大全』등이 있다.

  ※ 『주역:周易』은 「주나라」때 <문왕>과 <주공>에 의해 완성된 역이라는 뜻과, 보편적이며 천지사방을 두루 포함하는 역이라는 뜻이 있다.

以其簡袠重大라 故로 分爲上下兩篇이라. 經은 則伏羲之畵과 文王周公之辭也니 幷孔子所作之傳十篇하야 凡十二篇이라. 中間에 頗爲諸

儒所亂일새 近世晁氏ㅣ 始正其失而未能盡合古文이러니 呂氏ㅣ 又更定著하야 爲經二卷과 傳十卷하니 乃復孔氏之舊云이라.

　죽간과 책 거죽이 무겁고 컸으므로, 「상편」과 「하편」으로 나누었다. 경은 <복희씨>의 획과 <문왕·주공>께서 해석하여 붙이신 말이니, <공자>께서 지으신 10편과 더불어 12편이 된다. 중간에 여러 선비들이 어지럽혔는데, 근세에 <조씨>가 비로소 그 잃어버린 것을 바르게 하였으나 옛 글 모습을 다 합하지(회복하지)는 못하였다. <여씨>가 다시 경2권과 전10권을 정하여 편찬하니, 이에 <공자>의 옛 것을 회복했다 이르는 것이다.

　※ 간(簡) : 대쪽 간, 또는 대쪽에 쓴 책 간.　　질(袠) : 책갑 질(帙).
　※ 조씨(晁氏:1059~1129) : 「숭산:嵩山」의 <조열지(晁說之)>를 이름. 「북송:北宋」의 경학자로 자는 이도(以道). 저서로는 『춘추전:春秋傳, 중용해:中庸解, 유언:儒言, 숭산집:嵩山集』 등이 전한다.
　※ 여씨(呂氏:1137~1181) : 「동래:東萊」의 <여조겸(呂祖謙)>을 이름. 「남송:南宋」의 사학자(史學者)며 이학자(理學者), 자는 백공(伯恭). 저서로는 『동래집:東萊集, 춘추좌씨전설:春秋左氏傳說, 동래좌씨박의:東萊左氏博議, 고주역:古周易』 등이 있음.
　※ <조열지>는 옛 경문(經文)을 고정하여 8권으로 하고, <여조겸>이 이를 경2권과 전10권으로 나누었다. 이른바 『고주역:古周易』이라고 하는 여러 판본 중 이 두 본이 가장 정돈되었으므로, <주자>도 이 『고주역』을 원본으로 삼아 『본의』를 썼다.
　※ 乃復孔氏之舊云 : <여조겸>이 지은 『고주역:古周易』에서 『주역』의 완성된 과정을 설명하는 가운데 "…復得其全矣하니 疑ㅣ 此는 孔氏之舊也…"라는 글이 있다. 또 <여조겸>은 이 글의 앞에서 <공자>를 "공씨(孔氏)"라고 칭했다(…漢田何之易其傳出於孔氏上下經十翼…).

乾은 元코 亨코 利코 貞하니라.
● [정자] 건은 원하고 형하고 이하고 정하니라.
● [주자] 건은 크게 형통하고 바름이 이로우니라.

【傳】上古聖人이 始畫八卦하시니 三才之道ㅣ 備矣요 因而重之하야

以盡天下之變이라 故로 六畫而成卦하니 重乾이 爲乾이라.

　옛날에 성인이 8괘를 그리시니 천지인 3재의 도를 갖추었다. 이 8괘로 인하여 거듭함으로써(一貞八悔:64괘를 만듦) 천하의 변화를 다 표현했다. 그러므로 6획이 괘를 이루었으니,「건:☰」을 거듭한 것이「건:☰」이 된다.

　　※ 여기서【傳】이라 함은 <정자(程子:여기서는 伊川선생인 程頤를 말함)>가 주역을 풀이한『이천역전:伊川易傳(줄여서 程傳, 또는 易傳이라고도 함)』을 의미한다.『이천역전』은『주역』의 여러 판본 중에서『왕필본:王弼本』에 근거하였으므로,『왕필본』과 마찬가지로 64괘에 대한 해석만 있고,「계사전·설괘전·서괘전·잡괘전」등에 대한 풀이는 없다. 다만「계사전·설괘전·서괘전」등에서는『경설:經說·이정문집:二程文集』등에서『주역』과 관계가 된 부분을 발췌하여「정자왈:程子曰」로 표시하였다.

　　※ 이천선생(伊川:1033~1107) :「북송:北宋」의 대학자로, 자는 정숙(正叔), 시호는 정공(正公)이며, 본명은 이(頤)다. <주렴계(周濂溪)>의 제자로 이기(理氣)철학을 처음으로 제창하여 유교에 철학적 기초를 부여하였다. 저서로는『역전:易傳, 정씨경설:程氏經說, 어록:語錄, 이천문집:伊川文集』등이 있다. 그의 형인 <정호(程顥)>와 함께 <이정자(二程子)>라고 존칭된다.

　　※ <정자>가「건괘」의 괘상(☰)이 만들어진 연유를 설명한 것이다.

乾은 天也니 天者는 天之形體요 乾者는 天之性情이라. 乾은 健也니 健而无息之謂乾이라. 夫天을 專言之則道也니 天且弗違ㅣ 是也며 分而言之면 則以形體로 謂之天이요 以主宰로 謂之帝요 以功用으로 謂之鬼神이요 以妙用으로 謂之神이요 以性情으로 謂之乾이니 乾者는 萬物之始라. 故로 爲天 爲陽 爲父 爲君이니라.

　「건:☰」은 하늘이니, '천(天)'은 하늘의 형체이고, '건(乾)'은 하늘의 성정이다. '건'은 굳셈이니, 굳세서 쉬지 않고 행하는 것을 '건'이라 이른다. 하늘을 오로지 말하면 도(道)이니, "하늘 또한 어기지 않는다"는 것이 이것이다. 나누어 말하면, 형체로써는 천(天)이고, 주재자로써는 제(帝)라 하며, 공용으로써는 귀신(鬼神)이라 하고, 묘용으로써는 신(神)이라 하며, 성정으로써는 건(乾)이라고 이르니,「건」은 만물의 시작이다. 그러므로 하늘이 되고, 양(陽)이 되며, 아비가 되고, 인군이 되는 것이다.

　　※ 用 : '用'자가 없는 판본도 있다.

元亨利貞을 謂之四德이니 元者는 萬物之始요 亨者는 萬物之長이요 利者는 萬物之遂요 貞者는 萬物之成이라. 唯乾坤에 有此四德이요 在他卦엔 則隨事而變焉이라. 故로 元은 專爲善大하고 利는 主於正固라야 亨貞之體ㅣ 各稱其事하니 四德之義ㅣ 廣矣大矣로다.

'원형이정(元亨利貞)'을 「4덕:四德」이라 말하니, '원'은 만물의 시작이고, '형'은 만물의 자라남이며, '이'는 만물의 이룸이고(과정), '정'은 만물의 완성이다. 오직 「건괘:☰」와 「곤괘:☷☷」에만 이 4덕이 있고, 다른 괘에서는 일에 따라 변하는 것이다. 그러므로 '원'은 한결같이 선(善)하며 큰 것이 되고, '이'는 바르고 굳음을 주장함이 되어야, '형'과 '정'의 체가 각기 그 일에 맞으니 「4덕」의 뜻이 넓고 큰 것이다.

※ 하늘에만 '원형이정'의 「4덕」이 있고 땅은 이를 본받을 뿐이기 때문에, 「곤괘:坤卦」에 있어서조차 "원형이빈마지정(元亨利牝馬之貞)"이라했다. 또 '암소의 바름(牝牛之貞)'이라 하지 않고 '암말의 바름(牝馬之貞)'이라하여 하늘을 본받았다는 뜻을 밝혔다(말은 하늘의 굳셈을 상징하는 동물).

【本義】六畫者는 伏羲所畫之卦也라. -者는 奇也니 陽之數也요 乾者는 健也니 陽之性也라. 本註에 乾字는 三畫卦之名也요 下者는 內卦也요 上者는 外卦也라. 經文에 乾字는 六畫卦之名也라.

6획은 <복희씨>께서 그리신 괘이다. '━'은 홀수니 양의 수이고, '건(乾)'은 굳센 것이니 양의 성품이다. 본주에 '건(乾)'이라는 글자는 3획괘의 이름이고, '하(下)'라고 한 것은 내괘를, '상(上)'이라고 한 것은 외괘를 뜻한다. 경문에 있는 '건(乾)'자는 6획괘의 이름이다.

※ ━ : 「건괘」는 여섯 개의 양효로 되어 있다. 「건괘」를 구성하는 양효(━)는 끊어지지 않고 하나로 이어져 있으니, 양의 수인 홀수라는 것이다.
※ 본주(本註) : 「건괘」 그림 옆에 있는 '乾上 乾下(건상 건하)' 네 글자를 말함.
※ 경문(經文) : 「괘사」와 「효사」, 여기서는 「건괘」의 「괘사」인 "건원형이정(乾元亨利貞)"을 말한다.

伏羲ㅣ 仰觀俯察하야 見陰陽에 有奇耦之數라. 故로 畫一奇하야 以象陽하고 畫一耦하야 以象陰하며 見一陰一陽이 有各生一陰一陽之象이

라. 故로 自下而上으로 再倍而三하야 以成八卦하며 見陽之性이 健而
其成形之大者ㅣ 爲天이라. 故로 三奇之卦를 名之하야 曰乾而擬之於
天也시니라.

　<복희씨>께서 우러러 보고 구부려 살피셔서 음과 양에 홀수와 짝수가 있음을 보
셨다. 그러므로 한 개의 '━'을 그려 양을 형상하고, 한 개의 '╍'을 그려 음을 형
상하셨다. 한 음과 한 양이 각기 한 음과 한 양을 생하는 형상이 있음을 보셨다. 그
러므로 아래로부터 위로 두 번 거듭해서 세 획으로 8괘를 이루셨다. 양의 성질이 굳
세어 그 형체를 이룸의 큰 것이 하늘이 됨을 보셨다. 그러므로 세 홀수로 된 괘
(☰)를 '건(乾)'이라 이름하여 하늘에 견주셨다.

三畫이 已具에 八卦ㅣ 已成하니 則又三倍其畫하야 以成六畫而於八
卦之上에 各加八卦하야 以成六十四卦也라. 此卦는 六畫이 皆奇요 上
下皆乾이니 則陽之純而健之至也라. 故로 乾之名과 天之象을 皆不易
焉이니라.

　3획이 이미 갖추어짐에 8괘가 이루어지니, 또 그 획을 세 번 거듭하여 6획을 이
루고, 8괘의 위에 각기 8괘를 더해 64괘를 이루었다. 이「건괘」는 6획이 다 홀수이
고 아래와 위가 다「건:☰」이니, 양의 순전함이며, 굳셈의 지극함이다. 그러므로「
건」의 이름과 하늘의 상을 다 바꾸지 못하는 것이다.

　　※ 소성괘일 때 이름이 건(乾)이고 상은 하늘(天)이다.「건」은 양으로만 되어 있고 굳셈이
　　　지극하기 때문에, 대성괘가 되어서도 소성괘일 때의 이름과 상을 그대로 간직하는 것이다.

元亨利貞은 文王所繫之辭로 以斷一卦之吉凶이니 所謂彖辭者也라.
元은 大也요 亨은 通也요 利는 宜也요 貞은 正而固也라. 文王이 以爲
乾道ㅣ 大通而至正이라 故로 於筮에 得此卦而六爻ㅣ 皆不變者는 言
其占이 當得大通而必利在正固然後에 可以保其終也라하니 此는 聖
人所以作易하사 敎人卜筮에 而可以開物成務之精意니 餘卦ㅣ 放此
니라.

　'원형이정'은 <문왕>께서 붙이신 말로, 한 괘의 길흉을 판단한 것이니, 이른바「

단사:彖辭」이다. '원'은 큰 것이고, '형'은 통하는 것이며, '이'는 마땅한 것이고, '정'은 바르고 굳은 것이다. <문왕>께서 「건」의 도가 "크게 통하고 지극히 바름'이 되기 때문에, 점을 해서 이 괘를 얻고 6효가 다 변하지 않으면, 그 점은 '마땅히 크게 형통함을 얻고, 반드시 바르고 굳게해야 이로움이 있어서, 그 마침을 보존할 수 있다"라 하시니, 이는 성인이 역을 지으시어 사람에게 점(卜筮)을 가르침에, 사물을 열고(원형) 업무를 이루는(이정) 정미로운 뜻이니, 다른 괘도 이에 준한다.

※ 다른 괘도 이를 모방한다 :「괘사」는 <문왕>께서 점을 위해 풀이해 놓으신 것이니, 다른 괘도 점사로 풀이해야 한다는 뜻이다.

初九는 潛龍이니 勿用이니라.
◉ 초구는 잠긴 용이니 쓰지 말지니라.

▤ . 陽氣方萌 晦養俟時

※ 潛 : 잠길 잠, 숨을 잠.　勿 : 말 물.

【傳】下爻ㅣ 爲初요 九는 陽數之盛이라 故로 以名陽爻라. 理는 无形也라 故로 假象以顯義하니 乾은 以龍爲象이라. 龍之爲物이 靈變不測이라 故로 以象乾道變化와 陽氣消息과 聖人進退하니라.

아래 효가 '초(初)'가 되고, '구(九)'는 양수의 성함(노양)이기 때문에 양효를 이름한다. 이치는 형체가 없는 까닭에, 형상을 빌어서 뜻을 나타내니, 「건:▤」은 용(龍)으로써 상을 삼았다. 용의 물건됨이 신령스러워서 변화를 헤아리지 못하므로, 용으로써 「건」의 도가 변화하는 것과, 양의 기운이 사라지고 불어남, 그리고 성인이 나아가고 물러남을 형상한 것이다.

初九는 在一卦之下하니 爲始物之端이요 陽氣方萌이라. 聖人이 側微하야 若龍之潛隱하니 未可自用이요 當晦養以俟時니라.

「초구」는 한 괘의 아래에 있으니, 물건의 시작하는 단서가 되고, 양기가 이제 막 싹트는 때이다. 성인이 비천하여 용이 물에 잠겨 숨어 있는 것과 같으니, 아직 스스로 쓸 수 없는 것이고, 마땅히 (몸을) 숨기고 수양하면서 때를 기다려야 한다.

　　※ <정자>는「건괘」여섯 효, 특히 초효부터 사효까지는 <순임금>이 등극하시기 전으로 비유했는데, <순임금>이 비천한 신분일 때(側陋時)는 '잠룡(潛龍)'에, 도자기 굽고 고기잡을 때는 '현룡(見龍)'에, <요임금>에게까지 큰 덕이 알려졌을 때(升聞時)는 '건건(乾乾)'에, <요임금>이 <순>을 대록(大麓:<요임금>이 <순임금>에게 禪位한 장소)에 받아들여 그 능력을 시험할 때는 '혹약(或躍)'에 각각 비유하였다.

【本義】初九者는 卦下陽爻之名이라. 凡畫卦者ㅣ 自下而上이라 故로 以下爻로 爲初라. 陽數는 九爲老요 七爲少니 老變而少不變이라 故로 謂陽爻爲九라.

「초구:初九」는 괘의 아래 양효의 이름이다. 무릇 괘는 아래로부터 위로 그리는 것이므로, 아래 효로써 '초(처음)'를 삼는다. 양의 수는 9가 '노(老:늙음)'가 되고 7이 '소(少:젊음)'가 되는데, '노'는 변하고 '소'는 변하지 않으므로, 양효를 '구(9)'라고 한다.

　　※ 畫卦 :「사고전서:四庫全書」본에는 '卦畫'으로 되어 있다.

　　※ 양이 늙으면 후퇴하여 소음으로 변하고(9→8), 음이 늙으면 전진하여 소양으로 변한다(6→7). 그러나 소양은 자란다해도 그대로 양이며(7→9), 소음 역시 자란다 해도 그대로 음으로(8→6), 음양이 바뀌지 않는다.

潛龍勿用은 周公所繫之辭로 以斷一爻之吉凶이니 所謂爻辭者也라. 潛은 藏也요 龍은 陽物也라. 初陽은 在下하야 未可施用이라 故로 其象이 爲潛龍이요 其占에 曰勿用이라. 凡遇乾而此爻變者는 當觀此象而玩其占也ㅣ라. 餘爻ㅣ 放此하니라.

'잠룡물용(潛龍勿用)'은 <주공>이 붙이신 말로 한 효의 길흉을 판단한 것이니, 이른바「효사:爻辭」다. '잠(潛)'은 감춤이고, '용(龍)'은 양의 물건이다. 초효의 양은 아래에 있어서 베풀어 쓰지를 못하므로, 그 상이 '잠룡(잠긴 용)'이 되고, 그 점에 '물용(쓰지 못한다)'이라 했다. 무릇「건괘:䷀」를 만나서 이 효가 변한 사람은, 마땅히 이 상을 보고 그 점을 완미해야 할 것이다. 나머지 효도 이에 준한다.

　　※ 이 상을 보고 그 점을 구경할 것이다 : 상은 '잠룡'을 말하며, 점(판단)은 '물용'을 뜻한

다. 즉 상은 현재상황인 「건괘」에서 「초구」가 변하는 상을 말하고, 점이란 '잠룡'의 상을 보고 움직여서는 안된다고 판단해주는 것이다.

九二는 見龍在田이니 利見大人이니라.

● 구이는 나타난 용이 밭에 있으니, 대인을 봄이 이로우니라.

▦ 出潛離隱 物所利見

※ 見 : 나타날 현.

【傳】田은 地上也라. 出見於地上하야 其德이 已著하니 以聖人으로 言之면 舜之田漁時也라. 利見大德之君하야 以行其道하고 君亦利見大德之臣하야 以共成其功하며 天下는 利見大德之人하야 以被其澤이니 大德之君은 九五也라. 乾坤은 純體니 不分剛柔而以同德으로 相應이라.

'전(田)'은 땅 위를 말한다. 땅 위에 출현하여 그 덕이 이미 나타나니, 성인으로서 말하면 <순>이 사냥하고 물고기 잡는 때이다. 큰 덕이 있는 인군을 만나 그 도를 행하는 것이 이롭고, 인군 역시 큰 덕이 있는 신하를 만나 그 공을 함께 이루는 것이 이로우며, 천하는 큰 덕이 있는 사람을 보아 그 덕택을 입음이 이로운 것이니, 큰 덕이 있는 인군은 「구오:九五」이다. 「건:☰」과 「곤:☷」은 순수한 체이니, 강과 유를 나누지 않고 같은 덕으로써 상응하는 것이다.

※ 田 : 밭 전, 사냥할 전(佃).
※ 인군(人君) : 임금, 인주(人主)의 뜻으로, 사람을 다스리는 최고 위정자를 말함.
※ 같은 덕으로써 상응하는 것이다. : '상응(相應)'이라는 것은 음과 양이 만났을 때를 말하지만, 「건괘」는 양효로만 이루어진 순양체이고, 「곤괘」는 음효로만 이루어진 순음체이다. 「구이」나 「구오」는 둘 다 양이므로 상응하는 것이 아닌데도, 그 덕이 중(中)을 갖춘 큰 덕으로 같기 때문에 "동덕으로써 상응한다"고 하였다. 여기서 강유를 나누지 않았다는 말은, 음양을 따지지 않았다는 뜻이다.

【本義】二는 謂自下而上第二爻也니 後放此라. 九二│ 剛健中正하고

出潛離隱하야 澤及於物하니 物所利見이라. 故로 其象이 爲見龍在田이요 其占이 爲利見大人이라.

 '이(二)'는 아래로부터 위로 두 번째 효를 말하니, 뒤에 나오는 효의 이름도 이를 따른다. 「구이:九二」가 강건중정하고, 잠기고 숨은 데서 나와서 덕택이 물건에 미치니, 물건이 (九二를) 이롭게 보는 것이다. 그러므로 그 상이 '현룡재전(見龍在田)'이고, 그 점이 '이견대인(利見大人)'이 된다.

九二丨 雖未得位나 而大人之德이 已著하니 常人은 不足以當之라. 故로 値此爻之變者丨 但爲利見此人而已니 蓋亦謂在下之大人也라. 此는 以爻與占者로 相爲主賓하야 自爲一例하니 若有見龍之德이면 則爲利見九五在上之大人矣라.

 「구이」가 비록 '지위(位:자리)'는 얻지 못했지만 대인(大人)의 덕이 이미 나타났으니, 보통사람은 이를 감당하지 못한다. 그러므로 이 효의 변함을 만난 자는, 다만 덕이 있는 사람을 만나는 것이 이로울 뿐이니, 또한 아래에 있는 대인을 말한다. 이것은 효와 점치는 사람이 서로 주인과 손님이 되어 하나의 예가 되니, (점치는 사람이) 나타난 용의 덕이 있다면 위에 있는 대인인 「구오」를 만나면 이로움이 된다.

 ※ 「구이」와 같이 중정한 덕이 있는 사람이라면 인군인 구오대인을 만나 자신의 경륜을 펴는 것이지만, 그러한 덕이 없는 일반사람이 이러한 점을 얻었을 때는, 단지 「구이」 같은 덕이 있는 사람을 만남이 좋을 뿐이다. 즉 같은 점이 나오더라도 자신의 능력과 처지에 따라 처신에 대한 해석이 다른 것이다. 이것이 바로 손님에 따라 주인의 대함이 다르다는 뜻이다.

九三은 君子丨 終日乾乾하야 夕惕若하면 厲하나 无咎丨리라.

- [정자] 구삼은 군자가 날이 마치도록 굳세고 굳세어서 저녁에 두려워 하면, 위태로우나 허물은 없으리라.
- [주자] 구삼은 군자가 날이 마치도록 굳세고 굳세어서 저녁에 두려워 하니, 위태로우나 허물은 없으리라.

性體剛健 日夕不懈

※ 乾 : 굳셀 건.　　惕 : 두려울 척(心+易).　　若 : 같을 약.
　 厲 : 위태로울 려.　　无 : 없을 무(毋·無와 同字).　　咎 : 허물 구.
※ <정자>는 의리로 해석하였으므로 현재 상황은 이렇지만, 행동에 따라 결과가 나온다고 풀이했고, <주자>는 점으로 해석했기 때문에 현재상황은 이러하니, 어떤 결과가 있다고 단정해서 풀이한 것이다. 이하의 풀이도 마찬가지다.

【傳】三雖人位나 已在下體之上하야 未離於下而尊顯者也니 舜之玄德升聞時也라. 日夕不懈而兢惕하니 則雖處危地나 而无咎라. 在下之人而君德이 已著하야 天下ㅣ 將歸之하니 其危懼를 可知라. 雖言聖人事나 苟不設戒면 則何以爲敎리오. 作易之義也니라.

　삼효자리가 비록 사람의 자리(位)나 이미 하체(내괘)의 위(上)에 있어서, 아래에서는 떠나지 못하면서 높이 드러난 자니, <순>의 높은 덕이 소문나서 위에 까지 알려진 때다. 종일토록 게으르지 아니하고도 두려워하고 두려워하니, 비록 위태한 곳에 있으나 허물이 없다. 아래에 있는 사람으로 인군의 덕이 이미 나타나 천하가 장차 돌아가게 되었으니, 그 위태함과 두려움을 알 수 있다. 비록 성인의 일을 말했으나 진실로 경계의 말을 베풀지 않는다면 어찌 가르침이 되리오? 『주역』을 지으신 뜻이다.

※ 현덕(玄德) : 심오하게 숨은 덕이라는 뜻이니, 공덕을 베풀고도 그것을 기억조차 않는 덕이다.
※ 승문(升聞) : 윗 사람이 저절로 듣게 됨, 여기서는 <요임금>이 <순>의 현덕을 듣게 됨을 말함.
※ 인군의 자리에 오르기도 전에 인군의 덕이 있다고 알려지면, 주변의 질시를 받게 되니 위태롭다. 「구삼」은 성인의 덕이 있으므로 굳이 경계사를 둘 필요가 없지만, 다른 일반인을 위해 '종일건건 석척약'의 경계사를 둔 것이다.

【本義】九는 陽爻요 三은 陽位라. 重剛不中으로 居下之上하니 乃危地也라. 然이나 性體剛健하니 有能乾乾惕厲之象이라 故로 其占이 如此라. 君子는 指占者而言이니 言能憂懼如是면 則雖處危地라도 而无咎也라.

'구(九)'는 양의 효이고, '삼(三)'은 양의 자리다. 거듭 강하고 중(中)을 얻지 못한 상태로 하괘(내괘)의 제일 위에 있으니 위태한 자리이다. 그러나 체와 성질이 강건하니, 능히 종일토록 성실히 하면서도 두려워하고 위태롭게 여기는 상이 있기 때문에 그 점이 이와 같다. '군자(君子)'는 점치는 자를 가리켜 말한 것이니, 근심하고 두려워함을 이와 같이 하면, 비록 위태한 처지에 있더라도 허물이 없음을 말한 것이다.

※ 괘에서 홀수자리인 초효·삼효·오효는 양자리(陽位)이다. 양이 양자리에 있으므로 중강(重剛)이다.

九四는 或躍在淵하면 无咎ㅣ리라.
- [정자] 구사는 혹 뛰어 못에 있으면 허물이 없으리라.
- [주자] 구사는 혹 뛰어 못에 있으니 허물이 없으리라.

 改革之際 進退未定

※ 躍 : 뛸 약.　　淵 : 못 연, 웅덩이 연.　　无 : 없을 무.　　咎 : 허물 구.

【傳】淵은 龍之所安也요 或은 疑辭니 謂非必也라. 躍不躍을 唯及時하야 以就安耳라. 聖人之動은 无不時也니 舜之歷試時也라.

'연(淵)'은 용(龍)의 편안한 곳이고, '혹(或)'은 의심하는 말이니 반드시 하는 것은 아님을 말한다. 뛰거나 뛰지 않음을 오직 때에 따름으로써, 편안한 데로 나아가는 것이다. 성인의 움직임은 때가 아님이 없으니, <순>이 시험을 거치는 때다.

【本義】或者는 疑而未定之辭요 躍者는 无所緣而絶於地나 特未飛爾라. 淵者는 上空下洞하야 深昧不測之所니 龍之在是는 若下於田이나 或躍而起면 則向乎天矣라.

'혹(或)'은 의심하여 정하지 않은 말이고, '약(躍)'은 연고 없이 땅에서 떨어져 있는 것이나, 나는 것은 아니다. '연(淵)'은 위는 공허하고 아래는 뚫려서 깊고 어두워 헤아리지 못하는 곳이니, 용이 여기에(淵) 있는 것은 밭보다 아래있는 것 같으나,

혹 뛰어 일어나면 하늘로 올라가는 것이다.

    ※ 爾:「사고전서」본에는 '耳'자로 됨.
    ※ 洞:막힘없이 통할 통.

九陽四陰하고 **居上之下**하니 **改革之際**요 **進退**ㅣ **未定之時也**라. 故로 **其象**이 **如此**하고 **其占**이 **能隨時進退**면 **則无咎也**라.

    '구(陽)'가 사효의 음자리에 있고 상괘의 아래에 있으니 개혁하는 즈음이며, 나아가고 물러남을 정하지 못한 때다. 그러므로 그 상이 이와 같고, 그 점이 때에 따라 진퇴를 한다면 허물이 없는 것이다.

九五는 **飛龍在天**이니 **利見大人**이니라.
● 구오는 나는 용이 하늘에 있으니, 대인을 봄이 이로우니라.

旣得天位 利見大德

    ※ 飛:날 비.   見:볼 견(만나서 봄).

【傳】進位乎天位也라. **聖人**이 **旣得天位**면 **則利見在下大德之人**하야 **與共成天下之事**요 **天下**ㅣ **固利見夫大德之君也**라.

    천위(天位:하늘 자리)에 나아가 자리한 것이다. 성인이 천위를 얻으면, 아래에 있는 큰 덕이 있는 사람을 만나서 더불어 천하의 일을 같이 이루는 것이 이롭고, 천하는 진실로 큰 덕이 있는 인군을 보는 것이 이롭다.

【本義】剛健中正하야 **以居尊位**하니 **如以聖人之德**으로 **居聖人之位**라. 故로 **其象**이 **如此而占法**이 **與九二**로 **同**이나 **特所利見者**는 **在上之大人爾**니 **若有其位則爲利見九二在下之大人也**라.

    강건하고 중정하여 존귀한 자리에 있으니, 성인의 덕으로써 성인의 자리(位)에 있는 것과 같다. 그러므로 그 상이 이와 같고 점법이 「구이」와 같으나, 틀린 점은 만나서 이로운 자가 위에 있는 대인이니, 만약 (점치는 사람이) 「구오」의 자리에 있는 사람이면 아래에 있는 대인인 「구이」를 만남이 이로운 것이다.

　　※ 점법이 「구이」와 더불어 같다는 말은, 「구오」와 같이 강건중정하고 지위도 있는 사람이라면, 구이대인 같은 어진 신하를 만나는 것이 이롭고, 그렇지 못한 보통사람은 구오대인과 같은 큰 덕이 있는 인군을 보는 것이 이롭다는 뜻이다.

　　※ 爾: 「사고전서」 본에는 '耳'자로 되어 있다.

　　※ <양시(楊時)>는 <정자>의 말을 이어 "<순임금>이 공덕을 칭송받으며 조회를 받던 때"라고 하였다.

上九는 亢龍이니 有悔리라.

◉ 상구는 높은 용이니, 뉘우침이 있으리라.

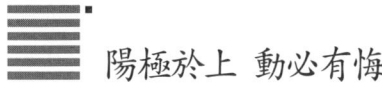 陽極於上 動必有悔

　　※ 亢: 높을 항, 오를 항. 지나치게 높거나 올라간 상태를 말한다.
　　悔: 뉘우칠 회.

【傳】九五者는 位之極中正者요 得時之極이니 過此則亢矣라. 上九는 至於亢極이라 故로 有悔也니 有過則有悔라. 唯聖人이라야 知進退存亡而无過니 則不至於悔也라.

「구오:九五」는 자리의 지극히 중정한 것이며 때의 지극함을 얻은 것이니, 이를 지나면 지나치게 높아진다. 「상구:上九」는 지나치게 높고 극한 데 이르른 것이므로 후회가 있으니, 지나침이 있으면 뉘우침이 있는 것이다. 오직 성인이라야 나아가고 물러나며 존하고 망하는 것을 알아 지나침이 없으니, 뉘우침에 이르지 않는 것이다.

　　※ 白雲郭氏曰 三은 過而惕이라 故로 无咎요 上은 過而亢이라 故로 有悔니 龍德은 莫善於惕이요 莫不善於亢이라. 亢則貪位慕祿하야 不知進退存亡하니 其悔宜矣라. 堯老舜攝하고 舜亦以命禹요 伊尹復政厥辟하고 周公復子明辟하셨으니 君臣之間에 皆有是道니라.

　　: <백운곽씨>가 말하길 "「구삼」은 지나치지만 두려워하므로 허물이 없고, 「상구」는 지나친데도 더욱 올라가므로 후회가 있게 되니, 용(龍)의 덕은 두려워하는 것이 최선이고 지나

치게 높아지는 것이 최악인 것이다. 지나치게 높아지면, 자리와 녹봉을 탐해서 진퇴존망의 도를 모르니, 후회가 있게 된다.

    <요임금>은 연로하심에 <순>에게 정사를 맡기시고, <순임금> 역시 자식이 아닌 <우>에게 선위하였으며, <이윤>은 섭정당시 유폐시켰던 <태갑(太甲)>에게 다시 정사를 돌보게 하고 지극히 모셨으며, <주공>은 섭정하다가 <성왕(成王)>이 밝은 임금이 되도록 하고 정사를 되돌려 주셨으니, 인군과 신하의 사이에 모두 이러한 도(진퇴존망을 알아 행하는 도, 極則變 變則通의 道)가 있는 것이다."

【本義】上者는 最上一爻之名이요 亢者는 過於上而不能下之意也라. 陽極於上하야 動必有悔라 故로 其象占이 如此라.

  '상(上)'이라는 것은 가장 위에 있는 효의 이름이고, '항(亢)'은 오름이 지나쳐서 내려가지 못하는 뜻이다. 양이 위에서 극하면서 동하면 반드시 후회가 있기 때문에, 그 상과 점이 이와 같다.

用九는 見群龍호대 无首하면 吉하리라.
- [정자] 용구는 뭇 용을 보되 머리함이 없으면 길하리라.
- [주자] 용구는 뭇 용이 머리함이 없음을 보니 길하리라.

  ※ 首 : 머리 수, 우두머리 수.

【傳】用九者는 處乾剛之道하야 以陽으로 居乾이니 體純乎剛者也라. 剛柔相濟라야 爲中이어늘 而乃以純剛하니 是過乎剛也라. 見群龍은 謂觀諸陽之義니 无爲首則吉也요 以剛으로 爲天下先이면 凶之道也라.

  「용구:用九」는 「건:☰」의 강한 도에 처하여, 양으로써 「건:☰」에 거하니, 체가 강함의 순수한 것이다(강한 것으로써만 이루어졌다). 강과 유가 서로 다스려져서 조화가 되어야 '중(中)'이 되는 것인데, 순전한 강으로써 하니 강이 지나친 것이다. '뭇 용을 봄(見群龍)'은 모든 양의 뜻을 봄을 말하니, 머리가 되려고 하지 않으면 길하고, 강으로써 천하에 먼저하려 하면 흉한 도이다.

【本義】用九는 言凡筮得陽爻者ㅣ 皆用九而不用七이니 蓋諸卦百九十二陽爻之通例也라. 以此卦純陽而居首라 故로 於此에 發之하고 而聖人이 因繫之辭하사 使遇此卦而六爻皆變者는 卽此占之케하시니 蓋六陽이 皆變하야 剛而能柔하니 吉之道也라. 故로 爲群龍无首之象이요 而其占이 爲如是則吉也니라.

'구를 씀(用九)'은 점을 해서 양효를 얻은 자가, 모두 '구(九)'는 쓰되 '칠(七)'은 쓰지 않음을 말하니, 모든 괘 192개 양효에 통용되는 예이다. 이 괘가 순양으로써 머리(64괘 중 첫 번째)에 있으므로 여기에서 발명하고, 성인이 이로 인해 말을 붙이셔서, 이 괘를 만나서 여섯 양이 다 변하면 이것으로 점치게 하셨으니, 여섯 양이 다 변하여 강하면서도 유할 수 있으므로 길한 도이다. 그러므로 뭇 용이 머리하지 않는 상이 되고, 그 점이 이와 같이 하면 길하게 된다.

※ 『주역』은 64괘로 이루어졌으므로 효로는 모두 384효(64×6=384)가 되고, 384효는 양효 192효와 음효 192효로 구성되어 있다.

春秋傳에 曰乾之坤에 曰見群龍无首吉이라하니 蓋卽純坤卦辭牝馬之貞先迷後得東北喪朋之意라.

『춘추전』에 말하길 「건지곤:乾之坤」에 "뭇 용을 보되 머리하지 않으면 길하다(見群龍无首吉)"라고 말했으니, 대개 「순곤괘:☷☷」의 「괘사」에 "빈마지정, 선미후득, 동북상붕"의 뜻이다.

※ 건지곤(乾之坤) : 「건괘:乾卦」에서 「곤괘:坤卦」로 갔다는 말로, 「건괘」에서 「곤괘」가 되려면 여섯 효가 모두 변해야 한다. 즉 「건괘」 여섯 양효가 모두 변해 그 지괘(之卦)가 「곤괘」가 됨으로써 여섯 효가 모두 음효로 되었다는 뜻이다. 물론 「건괘」에서 「곤괘」로 간 것이므로, 처음부터 음효로 이루어진 「곤괘」와는 차이가 있다. 그러므로 강하면서도 부드럽다고 한 것이다. 즉 「건지곤」은 「용구」의 다른 표현이다.

※ 『춘추전』 <소공(昭公)> 29년조에 용(龍)이 「진(晉)나라」 도읍인 「강:絳」에 나타난 일로, <위헌자(魏獻子)>에게 <채묵(蔡墨)>이 답하는 말 가운데, "…其坤 曰見群龍无首吉…"이 나온다.

※ "빈마지정(牝馬之貞)"은 숫말이 아닌 암말의 바름이라는 뜻이고, "선미후득(先迷後得)"은 먼저하면 아득하여 그 도를 잃고, 나중하면 순해서 그 항상함을 얻는다는 뜻이며, "동북상붕(東北喪朋)"은 곤도(坤道)를 버리고 건도(乾道)를 따른다는 뜻이다. 「건괘」의

여섯 효가 다 변하면 「곤괘」가 되는데(☰→☷), 「용구」에 '나서지 않으면 길하다'는 뜻과, 「곤괘」의 「괘사」에 '암말, 뒤에 하면 얻는다, 건도를 이어 움직인다'는 뜻과 서로 통한다.

彖曰 大哉라. 乾元이여. 萬物이 資始하나니 乃統天이로다.

● 단에 말하길 크도다! 건의 원이여! 만물이 바탕해서 비롯하나니, 이에 하늘을 거느리도다!

※ 彖 : 판단할 단.　資 : 바탕할 자.　乃 : 이에 내.　統 : 거느릴 통.

【本義】彖은 卽文王所繫之辭요 傳者는 孔子所以釋經之辭也니 後凡言傳者도 倣此하니라.

'단(彖)'은 <문왕>께서 붙이신 말이고, 「전:傳」은 <공자>께서 경문(經文)을 해석하신 말이니, 뒤에 「전」이라고 말한 것도 이를 따른다.

※ <문왕>께서 쓰신 「단:彖(괘사)」을 「단경:彖經」이라 하고, <공자>께서 이를 해석하신 글을 「단경」의 주석(註釋)이라는 뜻에서 「단전:彖傳」이라고 한다.

○ 此는 專以天道로 明乾義하고 又析元亨利貞爲四德하야 以發明之요 而此一節은 首釋元義也라. 大哉는 歎辭라. 元은 大也며 始也니 乾元은 天德之大始라. 故로 萬物之生이 皆資之以爲始也라. 又爲四德之首而貫乎天德之始終이라 故로 曰統天이라.

이것은 오로지 천도(하늘의 운행)로써 「건괘」의 뜻을 밝히시고, 또 '원형이정'이 「4덕」이 됨을 분석해서 밝히신 것이며, 이 1절은 '원(元)'의 뜻을 첫 번째로 해석하신 것이다.

'대재(大哉)'는 감탄하는 말이다. '원(元)'은 큰 것이며 시작함이니, '건원(乾元)'은 천덕(天德:원형이정의 4덕)이 크게 시작하는 것이다. 그러므로 만물의 생겨남이 다 '건원'을 바탕으로 해서 시작한다. 또 「4덕」의 머리가 되어 '천덕'의 시작과 마침을 통괄하므로, '통천(統天:하늘을 거느림)'이라고 하였다.

※ 貫 : 꿸 관, 거느릴 관.

> 雲行雨施하야 品物이 流形하나니라.
> ◉ 구름이 행하고 비가 베풀어서 뭇 물건이 형상을 흘리느니라.

※ 品 : 뭇 품, 갖가지 품.　　形 : 얼굴 형, 형상 형.　　流 : 흐를 류.

【本義】此는 釋乾之亨也라.

　이는 「건:乾」의 '형(亨)'을 해석한 것이다.

　※ 誠齋楊氏曰 象에 言元利貞而獨不言亨者는 蓋雲行雨施는 卽氣之亨也요 品物流形은 卽形之亨也니라.

　: <성재양씨:誠齋楊氏>가 말하길 "「단」에 '원(大哉 乾元)'과 '이정(保合大和 乃利貞)'은 말했지만, '형'은 언급하지 않음은, '운행우시(雲行雨施)'는 기운의 '형'이고, '품물유형(品物流形)'은 형체의 '형'인 것이다."

> 大明終始하면 六位時成하나니 時乘六龍하야 以御天하나니라.
> ◉ 마침과 비롯함을 크게 밝히면 여섯 위(6효)가 때로 이루나니, 때로 여섯 용을 타서 하늘을 어거하느니라.

※ 乘 : 탈 승.　　御 : 말몰 어, 어거할 어(거느림, 통치의 뜻).

【本義】始는 卽元也요 終은 謂貞也니 不終則无始요 不貞則无以爲元也라. 此는 言聖人이 大明乾道之終始면 則見卦之六位가 各以時成而乘此六陽하야 以行天道하니 是는 乃聖人之元亨也라.

　'시(始)'는 '원(元)'이고, '종(終)'은 '정(貞)'을 말하니, '종(마침)'이 아니면 시작이 없고, '정'이 아니면 '원(시작)'이 되지 않는다. 이는 성인이 건도(乾道)의 마침과 시작을 크게 밝히면, 괘의 여섯 자리가 각기 때에 따라 이루어짐을 보고, 이 여섯 양을 타서 천도가 행하게 됨을 말한 것이니, 이는 성인의 '원형(元亨)'이다.

乾道ㅣ 變化애 各正性命하나니 保合大和하야 乃利貞하나라.

◉ [정자] 건의 도가 변하고 화함에 각기 성명을 바로 하나니, 크게 화합함을 보전하고 합해서 이에 이하고 정하나라.
◉ [주자] 건의 도가 변하고 화함에, 각기 성명을 바로하여 크게 화합함을 보전하고 합하나니, 이에 바름이 이로우니라.

※ 保 : 보존할 보, 지킬 보.

【本義】變者는 化之漸이요 化者는 變之成이라. 物所受ㅣ 爲性이요 天所賦ㅣ 爲命이라. 大和는 陰陽會合沖和之氣也라. 各正者는 得於有生之初요 保合者는 全於已生之後니 此는 言乾道ㅣ 變化에 无所不利而萬物이 各得其性命하야 以自全이니 以釋利貞之義也라.

'변(變)'은 '화(化)'의 점차함(화하는 데로 가는 과정)이고, '화(化)'는 '변(變)'의 완성이다. 물건이 받은 것이 '성(性)'이 되고, 하늘이 부여하는 것이 '명(命)'이 된다. '대화(大和)'는 음양이 모여 합해서 조화된 기운이다. '각정(各正)'은 생함이 있는 처음에 얻는 것이고, '보합(保合)'은 이미 생긴 후에 온전히 하는 것이다. 위의 말은 '건도(乾道)'가 변화함에 이롭지 않은 바가 없고, 만물이 각각 그 '성'과 '명'을 얻음으로써 스스로 온전히 함을 말하니, 이로써 '이정'의 뜻을 해석한 것이다.

※ 충화지기(沖和之氣) : '충화'는 부드럽게 화함을 말하니, '충화지기'는 천지 사이의 조화된 기운을 뜻한다.
※ 沖 : 「사고전서」 본에는 '中'자로 되어 있다.
※ 각정(各正) : 중용의 "天命之謂性"과 비견된다.
　보합(保合) : 중용의 "率性之謂道"에 해당한다.

首出庶物에 萬國이 咸寧하나니라.

◉ 뭇 물건에 머리로 나옴에 만국이 다 편안하느니라.

※ 咸 : 다 함.　庶 : 무리 서.　寧 : 편안할 녕.

【傳】卦下之辭ㅣ 爲彖이니 夫子ㅣ 從而釋之를 通謂之彖이라. 彖者는 言一卦之義라 故로 知者觀其彖辭면 則思過半矣라하시니라.

　괘(卦) 아래의 글이 「단:彖」이니, <공자>께서 「단」을 좇아서 해석한 것을 통상 '단:彖'이라고 부른다. 「단」은 한 괘의 전체 뜻을 말하니, "지혜로운 자가 「단」의 글을 살피면 생각이 반을 지나리라"고 하셨다.

　　※ 之 : '之'자가 없는 판본도 있다.
　　※ 괘 아래의 글이 <문왕>께서 지으신 「단경:彖經」이고, 「단경」을 <공자>께서 풀이하신 글을 「단전:彖傳」이라고 한다. 「단전」은 본래 따로 책을 구성하고 있던 것을 경문(「단사」와 「효사」)과 붙여놓고, 「단경:彖辭 또는 卦辭」과 구별하기 위해 '단왈(彖曰)' 두 글자를 앞에 붙였다. 「비지범례」 참조
　　※ <정자>는 <공자>의 「단전」이 모두 끝난 "수출서물만국함녕(首出庶物萬國咸寧)"에 와서야 그 첫 주석을 달았다. 중간 중간 문단을 나누어 총 다섯 단락으로 주석한 <주자>의 『본의』와는 차이가 있다.
　　※ 「계사하전」 9장에 "知者 觀其彖辭 則思過半矣"라고 하여, <문왕>께서 쓰신 「괘사」만 보더라도 괘의 뜻을 반이상 알 수 있다고 하였다. 그러나 여기서 <정자>가 말씀한 「단」은 <공자>께서 쓰신 「단전」을 뜻하는 것이라고 보여진다. 그렇다 하더라도 <문왕>께서 쓰신 「단경:彖經」이나 <공자>께서 쓰신 「단전」 모두가 괘 전체의 뜻을 풀이한 것이므로, 서로 뜻이 통한다고 하겠다.

大哉乾元은 贊乾元이 始萬物之道ㅣ 大也라. 四德之元은 猶五常之仁이니 偏言則一事요 專言則包四者라. 萬物資始乃統天은 言元也요 乾元은 統言天之道也니 天道ㅣ 始萬物하고 物資始於天也라.

　'대재건원(大哉乾元)'은 '건원'이 만물을 시작하게 하는 도가 큼을 찬미한 것이다. 「4덕」의 '원'은 「오상:五常」의 '인(仁)'과 같으니, 치우쳐서 말하면 한 가지 일이고(「사덕」 중 '원'만을 말함), 합쳐서 말하면 「4덕」을 포괄한다. '만물자시내통천(萬物資始乃統天)'은 '원'을 말하고, '건원'은 하늘의 도를 통괄해서 말한 것이니, 하늘의 도는 만물을 시작하게 하고, 만물은 하늘을 바탕하여 시작한다.

　　※ 專 : 다스릴 전, 하나로 합칠 전.
　　※ 「오상:五常」은 '인예의지신(仁禮義智信)'으로, 「4덕」과 비교해보면 '인'은 '원'에, '예'는 '형'에, '의'는 '이'에, '지'는 '정'에 해당한다. '신'은 '원형이정'에 고루 들어있는

토왕지절(土旺之節)에 해당한다.
　※ 物 : '萬物'로 되어 있는 판본도 있다.

雲行雨施品物流形은 言亨也니 天道ㅣ 運行하야 生育萬物也라. 大明天道之終始면 則見卦之六位가 各以時成하나니 卦之初終은 乃天道終始요 乘此六爻之時는 乃天運也니 以御天은 謂以當天運이라.

　'운행우시 품물유형(雲行雨施 品物流形)'은 '형'을 말하니, 하늘의 도가 운행하여 만물을 낳고 기르는 것이다. 하늘 도의 처음과 끝을 크게 밝히면, 괘(卦)의 여섯 자리가 각기 때에 따라 이룸을 본다. 괘의 처음과 끝은 '하늘 도의 처음과 끝'이고, 이 여섯 효의 때를 탐은 '하늘의 운행'이 되니, '이어천(以御天)'은 하늘의 운행에 마땅하게 함을 말한다.

　　※ 만물을 낳는 것은 '원'에, 기르는 것은 '형'에 해당한다.
　　※ 하늘의 운행에 마땅하게 함 : 하늘의 운행과 여섯 효의 때에 따른 운행이 일치함을 말한다. 즉 하늘의 운행이 「초구」에 해당할 때(양기가 미미하여 잠룡일 때)는 '勿用(쓰지말라)'이 '이어천(以御天)'인 셈이다.

乾道ㅣ 變化에 生育萬物하니 洪纖高下에 各以其類로 各正性命也라. 天所賦ㅣ 爲命이요 物所受ㅣ 爲性이라. 保合大和乃利貞은 保는 謂常存이요 合은 謂常和니 保合大和하야 是以로 利且貞也라. 天地之道ㅣ 常久而不已者니 保合大和也일새니라.

　하늘 도가 변화함에 만물을 나서 기르니, 홍섬(큰 것과 작은 것)과 고하(높고 낮음)에 각기 그 무리로써 각각의 성과 명을 바르게 한다. 하늘이 부여하는 것이 '명(命)'이고, 만물이 받는 것이 '성(性)'이다. '보합대화내이정(保合大和乃利貞)'은, '보(保)'는 항상 존재함을 말하고, '합(合)'은 항상 조화로움을 말하니, '보합대화'해서 이로써 '이(利)'하고 '정(貞)'하는 것이다. 하늘과 땅의 도가 항상 오래해서 그치지 않는 것은 '보합대화'하기 때문이다.

　　※ 홍섬(洪纖) : 홍세(洪細) 즉 대(大)와 소(小)를 뜻함.
　　※ '보합대화'하여 「사덕」중에 '이'와 '정'을 이음으로써, '원형이정'의 「사덕」이 끊임없이 이어지는 것이다. 따라서 '보합대화'는 '이정'에 대한 설명이기도 하지만, 통괄적으로 보면

'원형이정'으로 끊임없이 순환한다는 뜻도 된다.

天爲萬物之祖요 王爲萬邦之宗이라. 乾道ㅣ 首出庶物而萬彙ㅣ 亨하고 君道ㅣ 尊臨天位而四海ㅣ 從하나니 王者ㅣ 體天之道則萬國이 咸寧也니라.

하늘은 만물의 조상이고, 왕은 온 세상의 우두머리다. 건도(乾道)가 만물의 머리로 나옴에 온 세상의 무리가 형통하고, 인군의 도가 하늘자리(九五)에 존귀하게 임함에 온 백성이 따르니, 왕이 하늘 도를 체득함에 모든 나라가 다 편안한 것이다.

【本義】聖人이 在上하사 高出於物은 猶乾道之變化也요 萬國이 各得其所而咸寧은 猶萬物之各正性命而保合大和也니 此는 言聖人之利貞也라.

성인이 위에 계시면서 만물보다 높게 나옴은 건도(乾道)의 변화와 같고, 모든 나라가 각기 그 할 바를 얻어 다 편안함은, 만물이 각기 성과 명을 바르게 해서 크게 조화로움을 보존하고 합함과 같으니, 이는 성인의 '이정'을 말한 것이다.

蓋嘗統而論之컨대 元者는 物之始生이요 亨者는 物之暢茂요 利則向於實也요 貞則實之成也라. 實之旣成則其根蔕ㅣ 脫落하야 可復種而生矣니 此ㅣ 四德之所以循環而无端也라. 然而四者之間에 生氣流行하야 初无間斷하니 此ㅣ 元之所以包四德而統天也라.

통괄해서 말하면, '원'은 만물이 처음 생겨남이고, '형'은 만물이 창성해서 무성함이며, '이'는 결실로 향함이고, '정'은 결실의 이룸이다. 결실이 이미 이루어지면, 그 뿌리나 꼭지가 떨어져서 다시 종자가 되어 생겨날 수 있으니, 이렇게 함으로써 「4덕」이 순환해서 끝이 없는 것이다. 그러나 「4덕」 사이에 생하는 기운이 널리 행해져 처음부터 끊어짐이 없으니, 이것이 '원'이 「4덕」을 포괄해서 하늘을 거느리는 까닭이다.

※ 근체(根蔕) : 뿌리와 꼭지라는 뜻으로, 사물의 토대나 기초를 의미하기도 함.

其以聖人而言이면 則孔子之意ㅣ 蓋以此卦로 爲聖人이시니 得天位하고 行天道하야 而致太平之占也라. 雖其文義ㅣ 有非文王之舊者나 然이나 讀者ㅣ 各以其意로 求之면 則幷行而不悖也니 坤卦도 放此하노라.

　성인으로써 말하면 <공자>의 뜻이 이 괘로써 성인을 삼으셨으니, '천위(天位)'를 얻고 하늘 도를 행하여 태평한 세상을 이루는 점이다. 비록 그 문장의 뜻이 <문왕>의 옛 것과 다르나, 읽는 자가 각기 그 뜻으로써 구한다면, 두 뜻을 같이 행해도 거슬리지 않으니, 「곤괘:坤卦」도 이와 같이 풀이한다.

　　※ 천위(天位) : 하늘 자리, 즉 인군의 자리.

　　※ <주자>는 「건괘」「괘사」인 "乾元亨利貞"을 해석함에 있어 <공자>나 <정자>와는 의견을 달리했다. 즉 <문왕>께서 "건"은 크게 형통하고 바르게 함이 이롭다."라는 의미로 「괘사」를 지으셨는데, <공자>께서 이를 "「건」은 원하고 형하고 이하고 정하니라"라는 「4덕」의 뜻으로 해석하셨다는 것이다. 따라서 <문왕>의 본래 취지와는 어긋나지만, <공자>같이 「4덕」으로 해석해도 이치에 어긋나지 않는다는 것이다.

> 象曰 天行이 健하니 君子ㅣ 以하야 自彊不息하나니라.
> ● 상에 말하길 하늘의 운행이 굳건하니, 군자가 본받아서 스스로 굳세어 쉬지 않느니라.

　　※ 健 : 굳셀 건.　　彊 : 굳셀 강.　　息 : 쉴 식, 그칠 식.

【傳】卦下象은 解一卦之象이요 爻下象은 解一爻之象이니 諸卦ㅣ 皆取象하야 以爲法하니라. 乾道覆育之象이 至大하야 非聖人이면 莫能體로대 欲人이 皆可取法也라 故로 取其行健而已라. 至健은 固足以見天道也니 君子ㅣ 以自彊不息으로 法天行之健也라.

　「괘사:卦辭」아래의 「상전:大象傳」은 한 괘의 상을 해석한 것이고, 「효사:爻辭」 아래의 「상전:小象傳」은 한 효의 상을 해석한 것이니, 모든 괘가 상을 취해서 본받음을 삼는다. 건도(乾道)의 감싸 기르는 상이 지극히 커서 성인이 아니면 체득하기 힘드나, 사람들에게 모두 본받아 취하게 하고자 하므로, 그 굳건하게 운행함 만을 취했을 뿐이다. 지극히 굳건함은 하늘의 도에서 볼 수 있으니, 군자가 '자강불식(自彊不息)'으로써 하늘 운행의 굳건함을 본받는 것이다.

※ 부육(覆育) : 천지(天地)가 만물을 감싸 기름.

【本義】象者는 卦之上下兩象과 及兩象之六爻니 周公所繫之辭也라.

 '상(象)'은 괘(卦)의 위 아래 두 상(大象傳)과 두 상의 여섯 효(小象傳)이니, <주공>께서 붙이신 글이다.

 ※ 「대상전」은 물론 「소상전」도 <공자>께서 지으신 것이므로, <주공>은 <공자>의 오기(誤記)가 아닌가 한다.

○ 天은 乾卦之象也라. 凡重卦는 皆取重義어늘 此獨不然者는 天은 一而已라. 但言天行은 則見其一日一周하고 而明日에 又一周하야 若重複之象이라. 非至健이면 不能也니 君子ㅣ 法之하야 不以人欲으로 害其天德之剛이면 則自彊而不息矣라.

 '천(天)'은 「건괘」의 상이다. 중괘(重卦)는 다 거듭했다는 뜻을 취했지만, 「건괘」만은 그렇지 않은 것은, 하늘은 하나이기 때문이다. 단지 '천행(天行:하늘의 운행)'이라고만 말한 것은, 하루 한 번 돌고 다음 날 또 한 번 돌아 중복하는 상같음을 나타낸 것이다. 지극히 굳건하지 않으면 할 수 없으므로, 군자가 이를 본받아서 사람의 욕심으로 하늘 덕의 강건함을 해치지 못하게 하면, 즉 스스로 굳세어서 쉬지 않는 것이다.

 ※ 중괘(重卦) : 다른 괘가 섞이지 않고 순수하게 이루어졌다는 뜻으로, 순괘(純卦)라고도 한다. 같은 소성괘를 거듭하여 대성괘를 이룬 「乾☰」·「坤☷」·「兌☱」·「離☲」·「震☳」·「坎☵」·「艮☶」·「巽☴」의 여덟 괘를 말한다.

 ※ 雙湖胡氏曰 夫子六十四卦大象은 自釋伏羲一卦兩體之象으로 象皆夫子所自取요 文王周公所未嘗有라. 故로 與卦爻之辭로 絶不相關이라. 六十四卦에 皆著一以字하니 以者ㅣ 所以體易而用之也라. 卽一以字로 示萬世學者用易之方하시니 不可不察也니라.

 : <쌍호호씨>가 말하길 "<공자>의 64괘 「대상전」은 <복희씨> 대성괘의 내괘 및 외괘의 상을 해석한 것으로, 「상전」은 모두 <공자>께서 취하신 것이고, <문왕·주공>때는 있지 않았다. 그러므로 「괘사」나 「효사」와는 떨어져 있어 상관이 없었다. 64괘에 모두 한 개의 '이(以)'자를 썼으니, '이(以)'는 역을 본받아서 쓰는 것이다. 즉 하나의 '이(以)'자로 후대

의 학자에게 『주역』을 쓰는 방법을 보이셨으니, 살펴보지 않으면 안되는 것이다."

※ 雲峯胡氏曰 上經四卦는 乾曰天行이요 坤曰地勢요 坎曰水洊至요 離曰明兩作이니 先體而後用也며 下經四卦는 震曰洊雷요 艮曰兼山이요 巽曰隨風이요 兌曰麗澤이니 先用而後體也라. 乾坤不言重은 異於六子也요 稱健不稱乾은 異於坤也라. 然이나 乾雖不言重而言天行은 則一日一周하고 明日又一周하니 而重之義已見於行之一字요 自強은 所以爲天德之剛이니 或以人欲으로 害之면 則息矣니라.

: <운봉호씨>가 말하길 "중괘(重卦) 중에 「상경」의 4괘는, 「건괘」는 '천행', 「곤괘」는 '지세', 「감괘」는 '수천지', 「리괘」는 '명량작'이라고 말하여, 먼저 체(體)를 말하고 뒤에 그 용(用:쓰임)을 말했다. 「하경」의 4괘에 「진괘」에는 '천뢰'라 하고, 「간괘」에 '겸산', 「손괘」에 '수풍', 「태괘」에 '리택'이라고 하여 먼저 '용'을 말하고 뒤에 '체'를 말했다(「대상전」에서 「상경」의 4괘는 천,지,수,명 등 그 체를 먼저 말했고, 「하경」의 4괘는 천,겸,수,리 등 그 용을 먼저 말했다). 「건괘」와 「곤괘」에 '중(重)'을 말하지 않은 것은, 부모괘(「건·곤」)와 여섯 자식괘(「진·감·간·손·리·태」)를 구별한 것이다. 또 「건괘」에 '건괘 건(乾)'이라 하지 않고 '굳셀 건(健)'이라고 한 것은, 「곤괘」와 차이를 둔 것이다. 「건괘」에 비록 '중(重)'을 말하지는 않았으나 '천행'을 말한 것은, 즉 하루 한 번 돌고 다음 날 또 한 번 돔이니, '거듭 중(重)'의 뜻이 '다닐 행(行)'이라는 글자 속에 나타난 것이다. '스스로 굳셈'은 하늘 덕의 강건함이 되니, 혹 사람의 욕심으로써 그것을 해하면 그치게 되는 것이다."

潛龍勿用은 陽在下也ㅣ오

◉ '잠긴 용이니 쓰지 말라' 함은 양이 아래에 있음이고,

【傳】陽氣在下하고 君子ㅣ 處微하니 未可用也라.

양의 기운이 아래에 있고 군자가 미미한 데 처해 있으니 쓰지 못하는 것이다.

【本義】陽은 謂九요 下는 謂潛이라.

'양(陽)'은 노양수 '9'를 말하고, '하(下)'는 잠기어 있음을 말한다.

※ 下는 謂潛이라 : 「사고전서」본에는 이 글귀가 없다.

※ 朱子曰 潛龍兩字는 是初九之象이요 勿用兩字는 是告占者之辭라. 孔子ㅣ 作小象하샤 又釋其所以爲潛龍者는 以其在下也니 諸爻ㅣ 皆如此推測이면 自分明이니라.

: <주자>가 말씀하길 "'잠룡(潛龍)' 두 글자는 「초구」의 상이고, '물용(勿用)' 두 글자는

점의 뜻을 알리는 말이다. <공자>께서 「소상전」을 지으셔서, 또 그 '잠룡'이 되는 까닭을 '아래에 있음으로써'라고 해석하시니, 모든 효가 이와 같이 추측하면 저절로 분명해진다."

※ 이하 일곱 귀절은 효의 상에 대한 설명으로 「소상전:小象傳」이라고 한다. 다른 괘의 경우는 「효사」 아래에 그에 해당하는 「소상전」을 붙였으나, 「건괘」만은 <문왕>의 「괘사」와 <주공>의 「효사」를 먼저하고, <공자>의 「단전:彖傳」·「대상전:大象傳」·「소상전:小象傳」·「문언전:文言傳」의 차례로 설명하여 『역경:易經』이 이루어진 과정을 나타냈다.

見龍在田은 德施普也 ㅣ오

● '현룡재전'은 덕의 베풂이 넓음이고,

※ 普 : 넓을 보.

【傳】見於地上하야 德化及物하니 其施ㅣ 已普也라.

땅 위에 나타나서 덕화가 만물에 미치니, 그 베풂이 이미 넓은 것이다.

※ 이 글에 대해 <주자>는 "九二ㅣ 君德已著로대 至九五然後에야 得其位耳니라 : <주자>가 말씀하길, 「구이」가 인군의 덕이 이미 나타났지만, 「구오」에 이른 다음에야 그 지위를 얻을 수 있다."고 해서, 덕을 널리 베푸는 것은 「구오」라야 가능하다고 했다.

終日乾乾은 反復道也 ㅣ오

● [정자] '종일토록 굳세고 굳셈'은 반복함을 도로써 함이고,
● [주자] '종일토록 굳세고 굳셈'은 도를 반복함이고,

※ 復 : 회복할 복.

【傳】進退動息을 必以道也라.

나아가고 물러가며 움직이고 그치는 것을 반드시 도로써 함이다.

※ 程子曰 反復道也는 言終日乾乾하야 往來를 皆由於道也니라. 三은 位在二體之中하니 可進而上이요 可退而下라 故로 言反復이니라

: <정자>가 말씀하길, "'반복도야(反復道也)'는 '종일건건(終日乾乾)'해서 왕래하는 것을 모두 도에 따라 함을 말한다. 「구삼」은 상체와 하체의 중간에 자리하니, 나아가서 상체

에 있을 수도 있고 물러나서 하체에 있을 수도 있다. 그러므로 '반복'이라고 말한 것이다 (이 글귀는 아랫 글(本義)인 '反復은 重複踐行之意라'의 밑에 있는 것을, <정자>의 글이므로 옮겨 적었다).

【本義】反復은 重複踐行之意라.

'반복(反復)'은 거듭 거듭하여 실천에 옮기는 뜻이다.

或躍在淵은 進이 无咎也ㅣ오
◉ '혹약재연'은 나아감이 허물이 없음이고,

【傳】量可而進하되 適其時면 則无咎也라.

가능함을 헤아려 나아가되, 그 때에 맞게 하면 허물이 없다.

　　※ 進 : '進也'로 되어 있는 판본도 있다.
　　※ 也 : '也'자가 없는 판본도 있다.

【本義】可以進而不必進也라.

나아갈 수는 있지만 반드시 나아감은 아니다.

飛龍在天은 大人造也ㅣ오
◉ '나는 용이 하늘에 있음'은 대인의 지음이고,

【傳】大人之爲는 聖人之事也라.

대인이 하는 것은 성인의 일이다.

　　※ 人 : '人'자가 없는 판본도 있다.

【本義】造는 猶作也라.

'지을 조(造)'자는 '지을 작(作)'과 같다.

亢龍有悔는 盈不可久也ㅣ오
- '높은 용이니 뉘우침이 있으리라'는 가득 찬 것이 오래가지 못함이요,

※ 盈 : 찰 영.

【傳】盈則變하니 有悔也라.

차면 변하니 뉘우침이 있는 것이다.

※ 雲峯胡氏曰 乾上九는 陽之盈이니 盈則必消라 故로 不可久요 坤上六은 陰之虛니 虛則必息이라 故로 稱龍焉이라.

: <운봉호씨>가 말하길, "「건괘」의 「상구」는 양의 가득참이니, 가득차면 반드시 소멸되기 때문에 '오래가지 못하는 것(不可久)'이고,「곤괘」의 「상육」은 음의 허함이니, 허하면 반드시 불어나기 때문에 '용(龍)'이라고 일컬었다(稱龍焉)."

用九는 天德은 不可爲首也ㅣ라.
- '용구'는 하늘 덕은 머리하지 못함이라.

【傳】用九는 天德也라. 天德은 陽剛이온 復用剛而好先이면 則過矣니라.

「용구:用九」는 하늘의 덕이다. '천덕(하늘 덕)'은 양강(陽剛)한데, 여기에 다시 강을 써서 앞서기를 좋아하면 지나친 것이다.

※ 東萊呂氏曰 乾者는 萬物之首로대 非有心於首萬物也니 雖爲首而實未嘗爲首也라. 老子ㅣ 竊窺无首之義而曰 後其身而身先居라하니 其後는 乃所以致其先이니 跡雖不爲首나 心實爲首也라. 觀此컨대 可知老易公私之辨이라.

: <동래여씨>가 말하길 "「건」은 만물의 머리이나, 마음을 만물의 머리에 둔 것은 아니니, 비록 머리가 되었지만 머리가 되려한 것은 아니다. <노자>가 이 '무수'의 뜻을 그윽히 삭여 말씀하길 '몸을 뒤로 하였으나 몸이 먼저 자리한다'고 했으니, 그 뒤에 하는 것은 먼저 함을 이루게 하려는 것이니, 행동은 비록 머리하지 않으나 마음은 실지

로는 머리가 된 것이다. 이것을 볼 때 <노자>의 공과 사의 구별이 바뀌었음을 알 수 있다."

【本義】言陽剛은 不可爲物先이라 故로 六陽이 皆變而吉이라.

  양강(陽剛)한 것은 만물에 앞서서는 안되기 때문에, 여섯 양이 다 변해야 길하다고 말한 것이다.

○ 天行以下를 先儒ㅣ 謂之大象이라하고 潛龍以下를 先儒ㅣ 謂之小象이라하니 後도 放此하니라.

  '천행(天行)'으로부터 그 아랫 글을 선유(先儒)들이 「대상:大象」이라 했고, '잠룡(潛龍)'으로부터 아랫 글을 선유들이 「소상:小象」이라 하였으니, 이후로도 이를 따른다.

건문언전 1절

> 文言曰 元者는 善之長也ㅣ오 亨者는 嘉之會也ㅣ오 利者는 義之和也ㅣ오 貞者는 事之幹也ㅣ니
>
> ● 문언에 말하길 원은 착함의 어른이요, 형은 아름다움의 모임이요, 이는 의리의 화함이요, 정은 일의 줄기이니(일을 주장함이니),

※ 嘉 : 아름다울 가.   幹 : 주장할 간, 줄기 간.   體 : 바탕체, 본받을 체.

【傳】它卦는 彖象而已로대 獨乾坤에 更設文言하야 以發明其義하시니 推乾之道하야 施於人事라. 元亨利貞은 乾之四德이니 在人則元者는 衆善之首也요 亨者는 嘉美之會也요 利者는 和合於義也요 貞者는 幹事之用也라.

  다른 괘는 「단전」과 「상전」뿐인데, 「건괘」와 「곤괘」만은 다시 「문언전:文言傳」

을 두어 그 뜻을 드러내 밝히셨으니, 「건」의 도를 미루어서 사람의 일에 베푼 것이다. '원형이정'은 「건」의 「4덕」이니, 사람에 있어서 '원'은 모든 착한 것의 으뜸이고, '형'은 아름다움의 모임이며, '이'는 의리에 화합함이고, '정'은 일의 씀을 주장함이다.

※ 它 : 다를 타.
※ 其 : '文'자로 되어 있는 판본도 있다.

【本義】 此篇에 申象傳象傳之意하사 以盡乾坤二卦之蘊하시니 而餘卦之設은 因可以例推云이라.

이 편에서 「단전」과 「상전」의 뜻을 거듭해서 「건·곤」 두 괘의 내포된 뜻을 다 밝히셨으니, 나머지 괘의 베풂은 이것을 준례로 미루어 나갈 수 있다.

○ 元者는 生物之始니 天地之德이 莫先於此라. 故로 於時에 爲春이요 於人則爲仁而衆善之長也라. 亨者는 生物之通이니 物至於此에 莫不嘉美라. 故로 於時에 爲夏요 於人則爲禮而衆美之會也라.

'원'은 생물의 시작이니, 천지의 덕이 이보다 먼저하는 것이 없다. 그러므로 때로는 봄이 되고, 사람에게는 어짊(仁)이 되어, 모든 착한 것의 어른이 된다. '형'은 생물의 형통함이니, 물건이 이에 이르르면 아름답지 않은 것이 없다. 그러므로 때로는 여름이 되고, 사람에게는 예의(禮)가 되어, 뭇 아름다움의 모임이 된다.

※ 蘊 : 쌓을 온.

利者는 生物之遂니 物各得宜하야 不相妨害라. 故로 於時에 爲秋요 於人則爲義而得其分之和라. 貞者는 生物之成이니 實理ㅣ 具備하야 隨在各足이라. 故로 於時에 爲冬이요 於人則爲智而爲衆事之幹이라. 幹은 木之身이니 而枝葉所依以立者也라.

'이'는 생물의 이룸이니, 물건이 각각 마땅함을 얻어 서로 방해하지 않는다. 그러므로 때로는 가을이 되고, 사람에게는 의리(義)가 되어, 나눔에 화합을 얻는다. '정'은 생물의 완성이니, 실제 행해지는 이치가 갖추어져서 상황에 따라 각기 만족함이 있다. 그러므로 때로는 겨울이 되고, 사람에게는 지혜(智)가 되어, 뭇 일의 줄기가 된다. '간(幹:줄기)'은 나무의 몸통이니, 가지와 잎새가 의지해서 서있는 것이다.

　※ 智 : 「사고전서」 본에는 '知'자로 되어 있다.
　※ 나눔에 화합을 얻는다. : 어떤 것을 나누어 가질 때 의리가 없다면 불화하여 다투게 되므로, 나눔에는 반드시 의리가 필요하다.

君子ㅣ 體仁이 足以長人이며
● 군자가 인을 체득함이 족히 사람의 어른이 되며,

【傳】體法於乾之仁이 乃爲君長之道하니 足以長人也라. 體仁은 體元也니 比而效之를 謂之體라.

「건」의 인(仁)을 체득해 본받음이 인군과 어른의 도가 되니, '족이장인(사람의 어른되기에 충분함)'이다. '체인(體仁)'은 하늘의 '원'을 체득하는 것이니, 견주어 본받는 것을 '체(體)'라 한다.

嘉會ㅣ 足以合禮ㅣ며
● 모임을 아름답게 함이 족히 예에 합하며,

【傳】得會通之嘉하니 乃合於禮也라. 不合禮면 則非理니 豈得爲嘉며 非理면 安有亨乎아.

모으고 통하는 것의 아름다움을 얻으니, 예절에 합치되는 것이다. 예절에 합치되지 않으면 이치가 아니니 어찌 아름다움이 될 것이며, 이치가 아니면 어찌 형통함이 있겠는가?

利物이 足以和義ㅣ며

◉ 물건을 이롭게 함이 족히 의리에 화합하며,

【傳】和於義라야 乃能利物이니 豈有不得其宜而能利物者乎아.

의리에 화합해야 물건을 이롭게 할 수 있으니, 그 마땅함을 얻지 못하고 어찌 물건을 이롭게 할 수 있으랴?

※ 毅齋沈氏曰 義與利는 自人心言之면 則義爲天理며 利爲人欲이요 自天理言之면 則利者는 義之宜며 義者는 利之理니 公天下之利면 則擧天下萬物이 各正其性命矣니라.

: <의재심씨>가 말하길 "'의(義)'와 '이(利)'는, 인심으로 말하면 '의'는 하늘의 이치가 되고, '이'는 사람의 욕심이 되며, 하늘의 이치로 말하면 '이'는 '의'의 마땅함이고, '의'는 '이'의 이치이니('의'는 곧 '이'를 얻기 위한 방법이다. 즉 만물이 각기 그 얻을 바의 이익을 갖게하는 것이 의로운 일이다), 천하의 '이'를 공변되게 하면, 천하의 만물이 각기 그 '성'과 '명'을 바로 하게 된다.

貞固ㅣ 足以幹事니ㅣ

◉ 바르고 굳음이 족히 일을 주장함이니,

【傳】貞固하니 所以能幹事也라.

'정고(貞固)'하니 능히 일을 주장할 수 있다.

※ 貞 : '正'자로 되어 있는 판본도 있다.

【本義】以仁爲體면 則无一物不在所愛之中이라 故로 足以長人이요 嘉其所會면 則无不合禮요 使物各得其所利면 則義无不和라. 貞固者는 知正之所在而固守之니 所謂知而弗去者也라. 故로 足以爲事之幹이라.

인(仁)으로써 체(體)를 삼으면 한 물건도 사랑하는 가운데 있지 않음이 없으므로, 사람의 어른되기에 충분하고, 그 모으는 바를 아름답게 하면 예절에 합하지 않은 바가 없으며, 물건으로 하여금 각각 그 이로운 바를 얻게 하면 의리가 화합하지 않음이 없다. '정고(貞固)'는 바름이 있는 바를 알아서 굳게 지킴이니, 이른바 "알아서 버리지 않는 것"이다. 그러므로 충분히 일의 줄기가 될 수 있다.

※ "君子體仁 足以長人"부터 "貞固 足以幹事"까지의 네 귀절을, <정자>는 넷으로 나누어 설명했고, <주자>는 한 문단으로 설명했다.

※ 雙湖胡氏曰 在乾엔 爲元亨利貞이요 在君子엔 爲仁義禮智라. 雖不言智나 而貞固者는 智之事也니 非智면 及安能貞固리오. 此ㅣ 仁智交接이니 卽貞下起元之義也니라.

: <쌍호호씨>가 말하길 "하늘에 있어서는 '원형이정'이 되고, 군자에 있어서는 '인의예지'가 된다. '지(智)'를 말하지는 않았으나 '정고'는 '지'의 일이다. '지'가 아니면 어찌 바르고 굳으리요? 이것은 '인(仁)'과 '지(智)'가 서로 만나 사귐이니, '정(지)'의 아래에서 '원(인)'이 나오는 뜻이다."

※ 호일계(胡一桂:생몰년 미상) : 「원(元)나라」의 경학가(經學家). 자는 정방(庭芳). 쌍호선생(雙湖先生)이라고 불린다. 저서로는 『역본의부록찬소:易本義附錄纂疏』 등이 있다.

君子ㅣ 行此四德者ㅣ라 故로 曰乾元亨利貞이라.

◉ 군자가 이 네 가지 덕을 행하느니라. 그러므로 (역에) 말하길 '건원형이정'이라.

【傳】行此四德은 乃合於乾也라.

'이 네 덕을 행함(行此四德)'은, 곧 「건」에 합치되는 것이다.

※ 군자가 「4덕」을 행하는 것=건도(乾道)의 운행.

【本義】非君子之至健이면 无以行此라. 故로 曰乾元亨利貞이라하니라.

군자의 지극히 굳셈이 아니면, 이 「4덕」을 행하지 못한다. 그러므로 『역경』에 말하길 '「건」은 크게 형통하고 바르게 함이 이로우니라'고 한 것이다.

○ 此第一節은 申象傳之意라. 與春秋傳所載穆姜之言으로 不異하니 疑古者에 已有此語어늘 穆姜이 稱之而夫子ㅣ 亦有取焉이라. 故로 下

文에 別以子曰로 表孔子之辭하니 蓋傳者가 欲以明此章之爲古語也니라.

 이 제 1절은 「단전」의 뜻을 부연 설명한 것이다. 『춘추전』에 실린 <목강>의 말과 더불어 다르지 않으니, 아마 옛적에 이미 이 말이 있었는데, <목강>이 그 말을 인용했고, <공자>께서도 취하신 것이다. 그러므로 아랫 글에 별도로 '자왈(子曰)'이라고 해서, <공자>의 말씀을 따로 표시하였으니, 전하는 자가 이 장이 예로부터 있던 말이라는 것을 밝히고자 한 것이다.

 ※ '文言曰元者 善之長也'부터 '故 曰乾元亨利貞'까지가 「문언전」을 6개의 절로 나눌 때, 제 1절에 해당한다는 뜻이다. 여기에서 <주자>가 「단전」이라고 한 것은, 「단경:彖經」 즉 <문왕>께서 쓰신 「괘사」를 뜻한다. 다시말해 「괘사」의 "乾元亨利貞"을 다시 해석한 것이 「문언전」 제 1절이라는 것이다.

 ※ <목강>의 말 : 『대산 주역강해:大山 周易講解』「상권」p81 「문언전과 사덕설:文言傳과 四德說」참조

 ※ 「문언전」에는 '문언왈(文言曰), 고왈(故曰), 자왈(子曰), 초구왈(初九曰), 구이왈(九二曰), 구삼왈(九三曰), 구사왈(九四曰), 구오왈(九五曰), 상구왈(上九曰)' 등 '왈(曰)'자를 넣은 부분이 있다. 이 중 '문언왈'은 「문언전」 전체를 이끌기 위한 말인 동시에, <공자>의 창작이 아닌 예로부터 전해온 말이라는 것을 밝히기 위한 표현이고, '고왈(故曰)'은 『역경:易經』 중 「단경:彖經」의 글을 인용했다는 뜻이며, '초구왈, 구이왈, 구삼왈, 구사왈, 구오왈, 상구왈'은 『역경』 중 「효사」의 글을 인용한 것이고, '자왈'은 그 「효사」의 글을 다시 부연 설명하기 위한 <공자> 당신의 말씀이다.

 ※ 東萊呂氏曰 漢上에 謂ㅣ 王弼이 以文言으로 附於乾坤二卦라하고 按淳于俊이 謂ㅣ 鄭康成이 合彖象於經이라하고 不言合彖象文言於經하니 則朱氏之說이 是也니라.

 : <동래여씨>가 말하길 "『한상역전:漢上易傳』에 이르되 '<왕필>이 「문언전」을 「건·곤」 2괘에 붙여 놓았다.'하였고, <순우준>이 '<정강성(鄭玄)>이 「단전」과 「상전」을 경문에 합해 놓았다.'고 말하고, "「단전」과 「상전」 및 「문언전」을 경문에 합해 놓았다'고 말하지 않은 것을 살펴볼 때, <주한상(주진)>의 말(<왕필>이 「문언전」을…)이 옳다."

 ※ 위의 글을 볼 때, <공자>께서 <문왕·주공>이 붙인 「경문」과 당신의 「십익」이 혼돈될까 염려하여 합해 놓지 않은 것을, 후의 학자들이 합해놓고, 「문언전」만은 <왕필>에 이르

러서 경문에 합해 놓은 것을 알 수 있다.

※ 한상역전(漢上易傳) : 「송(宋)나라」 때의 유학자인 주진(朱震:1072-1138)이 지은 역해설서. 본문 11권, 괘도(卦圖) 3권, 총설(叢說) 1권으로 되어 있다. 주진은 <왕필> 등 의리학파와는 달리 상수학을 연구하여 상수학파의 종조가 되었고, <한상>이라는 이름은 그가 거처한 지명에서 연유.

※ 왕필(王弼:서기226-249) : 삼국(三國)시대 「위(魏)나라」의 경학자. 건안칠자(建安七子)의 한 사람, 자는 보사(輔嗣), 저서로는 『주역주:周易注』 및 『주역약례:周易略例』와 『노자주:老子注』 등이 전한다.

※ 建安丘氏曰 六十四卦象辭에 曰元亨利貞者는 乾坤屯隨臨无妄革也로대 如坤은 元亨利牝馬之貞이요 屯隨之大亨貞과 臨无妄革之大亨以正은 皆只是大亨而利於正이로대 獨乾謂之四德者는 非夫子所自取也라. 按左氏傳襄公九年에 穆姜이 往東宮筮之하야 遇艮之隨하고 至十二年而孔子始生하시니 上距穆姜十四年이라. 穆姜之時에 已誦隨繇之辭하야 曰元은 體之長也요 亨은 嘉之會也요 利는 義之和也요 貞은 事之幹也니 體仁이 足以長人이며 嘉德ㅣ 足以合禮며 利物이 足以和義며 貞固ㅣ 足以幹事라하니 其言이 比今文言컨대 纔易數字하니 則知四德之論이 蓋古有요 是言이 非出於孔子明矣라. 特夫子繫易之時에 見此四字ㅣ 所該甚大하야 隨卦ㅣ 不足以盡之라 故로 削其辭而附于乾이라. 然이나 元亨利貞은 在乾엔 可以四德言이로대 他卦엔 只當本文王之意而釋之也라.
 : <건안구씨>가 말하길, "64괘의 「단사」에 '원형이정'을 다 말한 것이 「건·곤·둔·수·임·무망·혁괘」인데, 「곤괘」는 '원형이빈마지정'이라 했고, 「둔괘」와 「수괘」의 '대형정'과 「임·무망·혁괘」의 '대형이정'은, 다 크게 형통하고 바른 것이 이롭다는 뜻이나, 유독 「건괘」에만 「4덕」을 말한 것은 <공자>께서 스스로 취하신 것이 아니다.
살펴보건대 『춘추좌씨전』 <양공> 9년조에 <목강>이 동궁으로 가서 점을 쳐서 '간지수(艮之隨:艮之八, 즉 「간괘」에서 「육이」만 동하지 않고 나머지 다섯 효가 동하여 「택뢰수괘」가 됨)'가 나왔고, 12년에 이르러 <공자> 비로소 탄신하시니, <목강>과 14년의 거리가 있다. <목강>의 시절에 이미 「수괘」의 점풀이 말에 '원체지장야, 형가지회야, 이의지화야, 정사지간야, 체인족이장인, 가덕족이합례, 이물족이화의, 정고족이간사'라는 말이 있었으니, 그 말이 지금의 「문언전」과 비교하면 겨우 몇 자만이 다를 뿐이니, 「4덕」의 이론이 옛적에도 있었고 이 말이 <공자>께서 밝혀 나온 것이 아님을 알 수 있다.
특별히 <공자>께서 『역경』에 말을 붙이실 때, 이 네 글자가 그 갖춤이 심히 커서 「수괘」로는 그 뜻을 다하지 못할 것을 아시고, 그 글을 정리해서 「건괘」에 붙이셨다. 그러나 '원형이정'은 「건괘」에 있어서는 「4덕」으로 말할 수 있지만, 다른 괘에 있어서는 마땅히 <문왕>의 본래 뜻으로 그 말을 해석하여야 한다."

※ 건안구씨(建安丘氏) : 「송(宋)나라」 말, 「원(元)나라」 초엽의 유학자인 <구부국(丘富國:자는 行可)>을 말함. 저서로는 『주역집해:周易輯解, 경세유서:經世遺書』 등이 있다.

※ 雲峯胡氏曰 天行健은 天之乾也요 君子行此四德은 君子之乾也라.
 : <운봉호씨>가 말하길 "'천행건(天行健)'은 하늘의 굳셈이고, '군자행차사덕'은 군자의 굳셈이다."

※ 운봉호씨(雲峯胡氏) : 성명은 <호병문(胡炳文:생년 및 졸년 미상)>으로 「원(元)나라」의 이학가(理學家). 자는 중호(仲虎), 일반적으로 <운봉(雲峯)선생>이라고 불린다. <주자>를 조종으로 삼아 깊이 연구하였다. 『주역본의통석:周易本義通釋, 서집전:書集傳, 춘추집전:春秋集傳, 예서찬술:禮書纂述, 운봉집:雲峯集』 등의 저술이 있다.

■ 건문언전 2절

初九曰 潛龍勿用은 何謂也오. 子ㅣ曰 龍德而隱者也ㅣ니 不易乎世하며 不成乎名하야 遯世无悶하며 不見是而无悶하야 樂則行之하고 憂則違之하야 確乎其不可拔이 潛龍也ㅣ라.

● 초구에 말하길 '잠긴 용이니 쓰지 말라' 함은 어찌 이름인고? 공자께서 말씀하시되 "용의 덕이되 숨어 있는 사람이니, 세상을 바꾸지 아니하며, 이름을 이루지 아니하여서, 세상을 피해 살아도 민망하지 아니하며, 옳음을 알아주지 않아도 민망함이 없어서, 즐거우면 행하고, 근심스러우면 어겨서, 확고하여 뽑을 수 없는 것이 '잠룡'이다."

※ 隱 : 숨을 은.   遯 : 피할 돈(둔).   悶 : 민망할 민, 번민할 민.
 違 : 어길 위, 피할 위.   拔 : 뺄 발.

【傳】自此以下는 言乾之用이니 用九之道也라. 初九는 陽之微요 龍德之潛隱이니 乃聖賢之在側陋也라. 守其道하야 不隨世而變하며 晦其行하야 不求知於時하며 自信自樂하야 見可而動하고 知難而避하야

其守ㅣ 堅不可奪하니 潛龍之德也라.

　이로부터 아래는 「건:乾」의 쓰임을 말한 것이니, '구(九)'를 쓰는 도이다. 「초구」는 양의 미미함이며 용덕(龍德)이 잠기고 숨겨짐이니, 성인 또는 현인이 지체가 낮을 때이다. 그 도를 지켜서 세상을 따라 변하지 아니하며, 그 행실을 감추어서 당시에 알아줄 것을 구하지 아니하며, 스스로 믿고 즐기면서 가능함을 보면 움직이고, 어려운 것을 알면 피해서, 그 지킴이 견고해 빼앗지 못하니 '잠룡(潛龍)'의 덕이다.

【本義】龍德은 聖人之德也라. 在下라 故로 隱이라. 易은 謂變其所守니라. 大抵乾卦六爻를 文言에 皆以聖人으로 明之하시니 有隱顯而无淺深也라.

　'용덕(龍德)'은 성인의 덕이다. 아래에 있으므로 '숨는다(隱)'고 했다. '역(易)'은 그 지키는 바를 바꿈을 말한다. 「문언전」에 「건괘」의 여섯 효를 모두 성인으로써 (표상하여) 밝히셨으니, 숨고 나타남은 있되 얕고 깊음은 없는 것이다.

　　※ 숨고 나타남은 있되 얕고 깊음은 없는 것이다 : 「건괘」의 여섯 효는 모두 성인으로써의 덕을 갖추고 있으므로, 때에 따라 스스로 물러나 숨거나 세상에 나와 일하는 차이는 있지만, 그 덕이 모자라거나 충분하다는 차이는 없는 것이다.

九二曰 見龍在田利見大人은 何謂也오. 子ㅣ曰 龍德而正中者也ㅣ니 庸言之信하며 庸行之謹하야 閑邪存其誠하며 善世而不伐하며 德博而化ㅣ니 易曰見龍在田利見大人이라하니 君德也ㅣ라.

● 구이에 말하길 '나타난 용이 밭에 있으니 대인을 봄이 이로움'은 어찌 이름인고? 공자께서 말씀하시되, "용의 덕으로 정히 가운데 한 사람이니, 평상시 말을 미덥게 하며 평상시 행실을 삼가하여, 간사함을 막고 그 정성을 보존하며, 세상을 착하게 해도 자랑하지 않으며, 덕을 넓게 펼쳐 교화시키니 역에 말하길 '현룡재전 이견대인'이라하니 인군의 덕이라."

　　※ 庸 : 떳떳 용, 평소 용.　　謹 : 삼갈 근.　　閑 : 막을 한.

【傳】以龍德而處正中者也라. 在卦之正中하야 爲得正中之義하니 庸

信庸謹을 造次라도 必於是也라. 旣處无過之地則唯在閑邪니 邪旣閑則誠存矣리라. 善世而不伐은 不有其善也요 德博而化는 正己而物正也니 皆大人之事요 雖非君位나 君之德也라.

용덕(龍德)으로써 정히 '중(中)'에 처한 것이다. 괘의 정히 가운데 있어서 정히 '중'을 얻은 뜻이 되니, 평상시에 말을 미덥게 하고 행실을 삼가함을 잠깐이라도 반드시 중덕(中德)으로 한다. 이미 허물이 없는 처지면 오직 간사한 것만 막으면 되니, 간사한 것을 막으면 정성이 보존될 것이다. '세상을 착하게 해도 자랑하지 않음(善世而不伐)'은 그 착한 일을 한 체 하지 않는 것이고, '덕을 넓게 펼쳐 교화시킴(德博而化)'은 내 몸을 바르게 해서 물건을 바르게 함이니, 다 대인의 일이며, 비록 인군의 자리는 아니나 인군의 덕이다.

【本義】正中은 不潛而未躍之時也라. 常言도 亦信하며 常行도 亦謹하니 盛德之至也라. 閑邪存其誠은 无斁亦保之意라. 言君德也者는 釋大人之爲九二也라.

'정중(正中)'은 잠기지도 않고 도약하지도 않은 때다. 평상시의 말도 믿음이 있고, 평상시의 행함도 삼가함이 있으니, 덕의 성함이 지극하다. '간사함을 막고 그 정성을 보존함(閑邪存其誠)'은 『시경』의 "싫어함이 없더라도 잘 보존해야 한다"는 뜻이다. '군덕(君德:인군의 덕)'을 말한 것은 대인이 「구이」가 됨을 해석한 것이다.

※ 斁 : 싫어할 역.
※ 싫어할 만한 것은 없더라도 또한 잘 보존해야 한다는 뜻 : 「구이」는 정중한 덕이 있으므로, 자신에게 비록 사특함은 없더라도 또한 마땅히 그 정성스런 마음을 잘 보존해야 한다는 뜻이다.

九三曰 君子終日乾乾夕惕若厲无咎는 何謂也오. 子ㅣ曰 君子ㅣ進德修業하나니 忠信이 所以進德也ㅣ오 修辭立其誠이 所以居業也ㅣ라. 知至至之라 可與幾也ㅣ며 知終終之라 可與存義也ㅣ니 是故로 居上位而不驕하며 在下位而不

憂하나니 故로 乾乾하야 因其時而惕하면 雖危나 无咎矣리라.

● 구삼에 말하길 '군자종일건건석척약려무구'는 무엇을 이름인고? 공자께서 말씀하시되 "군자 덕에 나아가며 업을 닦나니 충성되고 미덥게 함이 덕에 나아가는 바요, 말을 닦고 그 정성을 세움이 업에 거하는 바라. 이를 줄을 알고 이르므로 더불어 기미할 수 있으며, 마칠 줄을 알고 마치므로 더불어 의리를 보존할 수 있으니, 이런 까닭에 높은 자리에 있어도 교만하지 아니하며 낮은 자리에 있어도 근심하지 않나니, 그러므로 굳세고 굳세게해서 그 때에 따라 두려워하면 비록 위태하나 허물이 없으리라."

※ 가여기(可與幾) : 조그마한 조짐도 알아서 대처할 수 있음.

【傳】三이 居下之上하야 而君德이 已著하니 將何爲哉오. 唯進德修業而已라. 內積忠信이 所以進德也오 擇言篤志ㅣ 所以居業也라.

「구삼」이 하괘의 제일 윗 자리에 거처해서 인군의 덕이 이미 드러났으니, 장차 어찌할 것인가? 오직 덕을 행하고 업을 닦을 뿐이다. 안으로 충성되고 미더움을 쌓는 것이 '덕을 행함(進德)'이고, 말을 가려서 하고 뜻을 돈독히 하는 것이 '업에 거함(居業)'이다.

知至至之는 致知也니 求知所至而後에 至之라. 知之ㅣ 在先이라 故로 可與幾니 所謂始條理者는 知之事也요 知終終之는 力行也니 旣知所終이면 則力進而終之라. 守之在後라 故로 可與存義니 所謂終條理者는 聖之事也라. 此는 學之始終也니 君子之學이 如是라. 故로 知處上下之道하야 而无驕憂하고 不懈而知懼면 雖在危地나 而无咎也니라.

'이를 줄을 알고 이름(知至至之)'은 앎을 이룸(致知)이니, 이를 바를 구해서 안 후에 이르는 것이다. 먼저 알기 때문에 '더불어 기미할 수 있다(可與幾)'고 했으니, 이른바 "조리를 시작하는 것은 지혜로운 자의 일이요"라는 것이다. '마칠 줄을 알고 마침(知終終之)'은 힘써 행함이니, 이미 마칠 바를 알면 힘써 행하여 잘 마치는 것이다. 지키는 것이 뒤이기 때문에(지키는 것은 알고난 다음의 일이다) '더불어 의리를 보존할 수 있음(可與存義)'이라 했으니, 이른바 "조리를 마치는 것은 성인의 일"이라 한 것이다. 이는 배움의 시작과 마침이니(배움의 모든 것이다), 군자의 배움이 이와 같다. 그러므로 위와 아래에 처하는 도를 알아서 교만과 근심이 없고, 게

을리 아니하고 두려워할 줄 알면, 비록 위태한 처지에 있으나 허물이 없는 것이다.

　　※ 後 : '後'자가 없는 판본도 있다.
　　※ 『맹자』「만장장구 하:萬章章句下」에서 <공자>께서 세 분 성인(伯夷,伊尹,柳下惠)의 일을 모두 갖춰 집대성(集大成)이 되신 일을 말한 것이다. 즉 세 분 성인은 일부분에 있어서는 성인의 경지에 이르렀으나, 여타의 부분은 <공자>처럼 시중(時中)이 되지 못함을 쇠소리와 옥소리를 비유해 지(智)와 성(聖)을 구분한 것이다. 원문에는 "…始條理者 智之事也 終條理者 聖之事也(조리를 시작하는 것은 지혜로운 자의 일이요, 조리를 마치는 것은 성인의 일이다)"로 되어 있는데, 여기서 "시조리자"라고 한 것은 쇠소리가 울려 퍼지는 것을 말하고, "종조리자"는 이를 잘 조화해서 마치 옥소리처럼 온화한 화음을 이루는 것을 말한다.

【本義】忠信이 主於心者는 无一念之不誠也요 脩辭ㅣ 見於事者는 无一言之不實也니 雖有忠信之心이나 然이나 非脩辭立誠이면 則无以居之라. 知至至之는 進德之事요 知終終之는 居業之事니 所以終日乾乾而夕猶惕若者ㅣ 以此故也라. 可上可下하야 不驕不憂하니 所謂无咎也라.

　'충신(忠信)'이 마음에 주장이 되는 사람은 한 생각도 정성스럽지 않음이 없고, '수사(修辭)'가 일에 나타난 자는 한마디도 진실되지 않음이 없으니(언행일치), 비록 충성스럽고 미더운 마음이 있으나, 말을 닦고 정성을 세우지 않으면 유지할 수가 없다. '이를 줄을 알고 이름(知至至之)'은 덕을 행하는 일이고, '마칠 줄을 알고 마침(知終終之)'은 일을 보존하는(居業) 일이니, 종일토록 열심히 하면서도 저녁에는 오히려 두려워하는 것이 이러한 까닭이다. 윗자리에 있을 수도 있고 아랫자리에 있을 수도 있어서, 교만하지 않고 근심하지 아니하니, 허물이 없다고 말한 것이다.

　　※ 雲峯胡氏曰 忠信은 主於心하고 脩辭는 見於事하니 主於心은 是德이요 見於事는 是業이라. 進者는 日新而不已요 居者는 一定而不易이니 曰至日幾에 皆進字意요 曰終日存에 皆居字意니라.
　　: <운봉호씨>가 말하길, "충신(忠信)은 마음의 주인이 되고 수사(修辭)는 일에 나타나니, 마음의 주인은 '덕(德)'이고 일에 나타나는 것은 '업(業)'이다. '진(進)'은 날로 새로와져서 그치지 않는 것이고, '거(居)'는 일정해서 바뀌지 않는 것이니, '지(至)'를 말하고 '기(幾)'를 말한 것에 다 '진(進)'자의 뜻이 있고, '종(終)'을 말하고 '존(存)'을 말한 것에 다 '거(居)'자의 뜻이 있다.

> 九四曰 或躍在淵无咎는 何謂也오. 子ㅣ曰 上下无常이 非爲邪也ㅣ며 進退无恒이 非離群也ㅣ라. 君子進德修業은 欲及時也ㅣ니 故로 无咎ㅣ니라.
>
> ● 구사에 말하길 '혹약재연무구'는 무엇을 이름인고? 공자께서 대답하시되 "오르고 내림에 항상함이 없음이 간사함을 하고자 함이 아니며, 나아가고 물러남에 항상함이 없음이 무리를 떠나려 함이 아니다. '군자 진덕수업'은 때에 미치고자 함이니, 그러므로 허물이 없느니라."

【傳】 或躍或處하야 上下无常하며 或進或退하야 去就從宜는 非爲邪枉이요 非離群類라. 進德脩業은 欲及時耳니 時行時止하야 不可恒也라 故로 云或하니라.

혹 뛰기도 하고 머물기도 하여 오르고 내림에 항상함이 없으며, 혹 나아가기도 하고 물러나기도 해서 거취에 마땅함을 따름은, 간사하게 굽히는 것이 아니며, 자기 무리를 떠나려는 것이 아니다. '진덕수업(進德修業)'은 때에 미치고자 함이니, 때에 따라 행하고 그쳐서 항상 똑같이 하지 않으므로 '혹(或)'이라 말한 것이다.

※ 거취(去就) : 떠남과 나아감, 출처(出處), 진퇴(進退).

深淵者는 龍之所安也니 在淵은 謂躍就所安이요 淵在深而言躍은 但取進就所安之義라. 或은 疑辭니 隨時而未可必也라. 君子之順時는 猶影之隨形하니 可離면 非道也라.

깊은 못(淵)은 용(龍)이 편안한 곳이니, '못에 있음(在淵)'은 뛰어서 편안한 곳으로 나아감을 말하고, 못이 깊은 데 있는데도 '뛴다(躍)'고 말한 것은, 단지 편안한 장소로 나아간다는 뜻을 취한 것이다. '혹(或)'은 의심하는 말이니, 때에 따라서 하되 반드시 하는 것은 아니다. 군자가 때를 따르는 것은 그림자가 형체를 따르는 것과 같으니, 떠날 수 있으면 도가 아니다.

※ 『중용』「제 1장」의 "道也者는 不可須臾離也니 可離면 非道也라(도는 잠시도 떠날 수 없는 것이니, 떠날 수 있으면 도가 아니다)"

【本義】內卦는 以德學으로 言이요 外卦는 以時位로 言이라. 進德脩業은 九三에 備矣하니 此則欲其及時而進也라.

내괘(內卦)는 덕과 학문으로 말했고, 외괘(外卦)는 때와 위(位)로써 말했다. '진덕수업(進德修業)'은 「구삼」에서 갖추었으니, 여기서는 때에 미치어 나아가고자 함이다.

※ '진덕수업(進德修業)'의 과정은 구삼(九三)효에서 이미 다 겪었으므로, 자신을 시험해 보는 것만 남은 것이다.

九五曰 飛龍在天利見大人은 何謂也오. 子ㅣ曰 同聲相應하며 同氣相求하야 水流濕하며 火就燥하며 雲從龍하며 風從虎ㅣ라. 聖人이 作而萬物이 覩하나니 本乎天者는 親上하고 本乎地者는 親下하나니 則各從其類也ㅣ니라.

- 구오에 말하길 '나는 용이 하늘에 있으니, 대인을 봄이 이로움'은 무엇을 이름인고? 공자께서 말씀하시되 "같은 소리는 서로 응하며 같은 기운끼리는 서로 구해서, 물은 젖은 데로 흐르며 불은 마른 데로 나아가며, 구름은 용을 좇으며 바람은 범을 따르느니라. 성인이 일어남에 만물이 바라보나니, 하늘에 근본한 것은 위를 친하고, 땅에 근본한 것은 아래를 친하나니, 곧 각기 그 류를 따르느니라."

【傳】人之與聖人은 類也라. 五以龍德으로 升尊位하니 人之類ㅣ 莫不歸仰이온 況同德乎아. 上應於下하고 下從於上하니 同聲相應同氣相求也요 流濕就燥從龍從虎는 皆以氣類라. 故로 聖人이 作而萬物이 皆覩하니 上旣見下하고 下亦見上이라.

사람이 성인과 더부는 것은 같은 무리이기 때문이다. 「구오」가 용덕(龍德)으로 높은 자리(尊位)에 올랐으니, 사람들이 모여들어 우러르지 않음이 없는데, 하물며 덕이 같음에랴? 위는 아래에 응하고 아래는 위를 따르니 '같은 소리는 서로 응하며 같은 기운끼리는 서로 구함(同聲相應 同氣相求)'이고, '젖은 데로 흐르고, 마른 데로 타오르며, 용을 좇고, 호랑이를 따른다' 함은 다 기운이 같기 때문이다. 그러므로 성인이 일을 하심에 만물이 다 보게 되니, 위에서 이미 아래를 보고 아래 또한 위를 보는 것이다.

物은 人也니 古語에 云人物은 物論이라하니 謂人也라. 易中에 利見大人은 其言則同이나 義則有異하니 如訟之利見大人은 謂宜見大德中正之人이면 則其辨이 明하니 言在見前이요 乾之二五則聖人이 旣出하야 上下ㅣ 相見하야 共成其事하니 所利者ㅣ 見大人也니 言在見後라.

　'물(物)'은 사람이니, 옛 말에도 "인물(人物)은 물(物)을 논한 것"이라 했으므로, 사람을 이른 것이다.『역경』에 '이견대인(利見大人)'은 그 표현은 같지만 뜻은 다르다.「송괘:訟卦」의 '이견대인'은 큰 덕을 갖춘 중정한 사람을 보면 그 분별이 밝으니, 보기 전에 있음을(아직 대인을 보지 못했음을) 말하고,「건괘:乾卦」의「구이」나「구오」는 성인이 이미 출현하여, 윗 성인과 아랫 성인이 서로 만나 함께 그 일을 이루니, 이로운 것은 대인을 보는 것이므로, 본 뒤에 있음을 말한 것이다(구오대인과 구이대인은 이미 만나서 성인의 정치를 편 상태임).

本乎天者는 如日月星辰이요 本乎地者는 如蟲獸草木이라. 陰陽이 各從其類하니 人物이 莫不然也라.

　'하늘에 근본한 것(本乎天者)'은 해·달·별·어두운 별 같은 것이고, '땅에 근본한 것(本乎地者)'은 벌레·짐승·풀·나무 같은 것이다. 음양이 각기 그 류를 좇으니, 사람이나 물건이 그렇지 않은 것이 없다.

【本義】作은 起也요 物은 猶人也요 覩는 釋利見之意也라 本乎天者는 謂動物이요 本乎地者는 謂植物이니 物各從其類라. 聖人은 人類之首也라 故로 興起於上則人皆見之니라.

　'작(作)'은 일어남이고, '물(物)'은 사람이며, '도(覩)'는 '이견(利見)'의 뜻을 해석한 것이다. '하늘에 근본한 것(本乎天者)'은 동물을 이름이고, '땅을 근본한 것(本乎地者)'은 식물을 이름이니, 물건이 각각 그 류를 따르는 것이다. 성인은 인류의 으뜸이므로, 위에서 흥기하면 사람이 모두 그것을 보는 것이다.

> 上九曰 亢龍有悔는 何謂也ㅣ오. 子ㅣ曰 貴而无位하며 高而无民하며 賢人이 在下位而无輔ㅣ라. 是以動而有悔也ㅣ니라.
>
> ◉ 상구에 말하길 '높은 용이니 뉘우침이 있으리라'는 무엇을 이름인고? 공자께서 말씀하시되 "귀해도 지위가 없으며 높아도 백성이 없으며 어진 사람이 아래에 있어도 돕는 이가 없느니라. 그러므로 움직임에 뉘우침이 있느니라."

【傳】九居上이로대 而不當尊位하니 是以로 无民无輔하야 動則有悔也라.

'구(陽)'가 위(상효)에 거하되 존귀한 지위에 해당하지 않으니, 이런 까닭에 백성도 없고 보필할 이도 없어서 움직이면 후회가 있게 된다.

【本義】賢人在下位는 謂九五以下요 无輔는 以上九ㅣ 過高志滿하야 不來輔助之也라.

'현인이 아래에 있음(賢人在下位)'은 「구오」로부터 아래를 이름이고, '돕지 않음(无輔)'는 「상구」가 지나치게 높고 뜻이 교만해서 와서 돕지 않는 것이다.

※ 誠齋楊氏曰 六龍之首라 故曰貴高요 自四以下ㅣ 皆從九五라 故曰无輔니라.

: <성재양씨>가 말하길, "여섯 용 중에 으뜸이기 때문에 귀하고 높다했으며, 「구사」부터 아래 효들이 모두 「구오」를 따르기 때문에 돕지 않는다고 했다."

※ 進齋徐氏曰 爻辭에 但言有悔로대 而夫子ㅣ 以動으로 釋之하시니 蓋吉凶悔吝은 生乎動也니라.

: <진재서씨>가 말하길, "「효사」에는 '후회가 있다'고만 말했는데, <공자>께서 '動(움직임)'으로써 풀이하시니, 길흉회린은 움직임으로부터 나오는 것이다."

○ 此는 第二節이니 申象傳之意라.

이는 제 2절이니 「상전」의 뜻을 거듭 밝힌 것이다.

※ 여기서 「상전」이라고 한 것은, 「효사」를 잘못 표기한 것 같다.

건문언전 3절

> 潛龍勿用은 下也ㅣ오
> ◉ '잠긴 용이니 쓰지말라'는 아래함이고,

【傳】此以下는 言乾之時니 勿用은 以在下로 未可用也라.

이로써 아래는(「문언전」 제 3절) 「건:乾」의 때를 말했으니, '쓰지 말라(勿用)' 함은 아래에 있기 때문에 쓰지 못하는 것이다.

※ 雲峯胡氏曰 陽在下也는 以氣言이요 此曰下也는 以人言이니라 : <운봉호씨>가 말하길, "'양재하야(陽在下也)'의 '하'는 기(氣)로써 말한 것이고(양기운이 미미함), 여기에서 '하(下)'라고 말한 것은 사람으로써(지위가 낮음) 말한 것이다."

> 見龍在田은 時舍也ㅣ오
> ◉ [정자] '나타난 용이 밭에 있음'은 때로 그침이고,
> ◉ [주자] '나타난 용이 밭에 있음'은 때가 버림이고,

【傳】隨時而止也라.

때에 따라 그치는 것이다.

【本義】言未爲時用也라.

쓰일 때가 안되었음을 말한다.

> 終日乾乾은 行事也ㅣ오
> ◉ '종일토록 굳세고 굳세게 함'은 일을 행함이고,

【傳】進德脩業也라.

(안으로는) 덕을 행하고, (밖으로는) 업을 닦는 것이다.

※ 雲峯胡氏曰 行ㅣ 所當行也니라 : <운봉호씨>가 말하길, "마땅히 행할 것을 행하는 것이다."

> 或躍在淵은 自試也 ㅣ오
◉ '혹약재연'은 스스로 시험함이고,

【傳】隨時自用也라.
때에 따라 스스로 쓰는 것이다.

【本義】未遽有爲요 姑試其可라.
급히 하지 않고, 잠시 그 가능성을 시험하는 것이다.
　※ 姑 : 잠시 고.

> 飛龍在天은 上治也 ㅣ오
◉ '나는 용이 하늘에 있음'은 위에서 다스림이고,

【傳】得位而行하니 上之治也라.
자리를 얻어 행하니, 윗 사람의 다스림이다.

【本義】居上以治下라.
윗 자리에 거처해서 아래를 다스림이다.

> 亢龍有悔는 窮之災也 ㅣ오
◉ '높은 용이니 후회가 있음'은 궁해서 재앙이 되는 것이고,

【傳】窮極而災至也라.
궁한 것이 극하면 재앙이 오는 것이다.

> 乾元用九는 天下ㅣ 治也 ㅣ라.
◉ 건원의 구를 씀은 천하가 다스려짐이라.

【傳】用九之道는 天與聖人이 同하니 得其用則天下ㅣ 治也라.

「구」를 쓰는 도는 하늘과 성인이 같으니, 그 씀을 얻으면 천하가 다스려지니라.

【本義】言乾元用九는 見與他卦로 不同하니 君道ㅣ 剛而能柔면 天下ㅣ 无不治矣리라.

'건원이 구를 씀(乾元用九)'이라고 말한 것은 다른 괘와 더불어 같지 않음을 나타낸 것이니, 인군의 도가 강하면서도 부드러우면 천하가 다스려지지 않음이 없을 것이다.

○ 此는 第三節이니 再申前意라.

이는 제 3절이니 앞의 뜻(「소상전」)을 다시 편 것이다.

※ 雲峯胡氏曰 乾元用九與他卦不同者는 蓋一百九十二爻가 皆用九하야 各有所指로대 乾之用九는 則獨以剛而能柔하니 人君治天下之道ㅣ 當如是也라. 所以與他卦不同이니라.

: <운봉호씨>가 말하길, "건원용구가 다른 괘와 다르다'고 한 것은, 192효(陽爻)가 모두 구(9)를 써서 각기 가리키는 바가 있되, 「건:乾」의 구를 씀은 홀로 강하면서도 부드러우니, 인군이 천하를 다스리는 도가 마땅히 이와 같아야 한다. 이 때문에 다른 괘와 다르다.

※ 앞에서는 "用九는 見群龍호대 无首하면 吉하리라"와 "用九는 天德은 不可爲首也라"고 한 것이 뒤에서는 "乾元用九는 天下治也라"와 "乾元用九는 乃見天則이라"고 하여 '건원용구'로 바뀐 것은, 원덕(元德)이 「사덕」을 통괄한다는 것을 강조한 것이다.

건문언전 4절

潛龍勿用은 陽氣潛藏이오

◉ '잠긴 용이니 쓰지 말라'는 양의 기운이 잠겨 감추어 짐이고,

【傳】此以下는 言乾之義라. 方陽微潛藏之時에 君子ㅣ 亦當晦隱하야 未可用也라.

이로써 아래는 「건:乾」의 뜻을 말했다. 양이 미미해서 잠겨 감추어질 때는, 군자 또한 마땅히 감추고 숨어있으면서 나서지 않아야 한다.

見龍在田은 **天下** l **文明**이오
◉ '나타난 용이 밭에 있음'은 천하가 문명함이고,

【傳】龍德이 見於地上하니 則天下 l 見其文明之化也니라.

용덕(龍德)이 땅 위에 나타나니, 천하가 그 문명의 화함을 보게 된다.

※ <u>之化也</u> : '而化之'로 되어 있는 판본도 있다.

【本義】雖不在上位나 然이나 天下 l 已被其化니라.

윗 자리에 있지는 않지만, 천하가 이미 그 덕화를 입는 것이다.

終日乾乾은 **與時偕行**이오
◉ '종일토록 굳세고 굳세게 함'은 때와 더불어 함께 행함이고,

【傳】隨時而進也라.

때에 따라 나아가는 것이다.

【本義】時 l 當然也라.

때가 그러한 것이다.

※ 臨川吳氏曰 行은 卽行事之行이니 時當如此라. 故로 曰與時偕行이니라.

: <임천오씨>가 말하길 "'행(行)'은 '일을 행한다' 할 때의 '행'이니, 때가 마땅히 이와 같은 것이다. 그러므로 '여시해행'이라 한 것이다."

※ 임천오씨(臨川吳氏) : 본명은 오징(吳澄:1249-1333), 자는 유청(幼淸). 「원(元)나라」의 이학가(理學家). 저서로는 『서찬언:書纂言, 역찬언:易纂言, 춘추찬언:春秋纂言, 예기찬언:禮記纂言』 등이 있다.

> 或躍在淵은 乾道ㅣ 乃革이오
> ◉ '혹약재연'은 건의 도가 이에 바뀜이고,

【傳】離下位而升上位하니 上下革矣라.
아랫 자리에서 떠나 윗 자리로 올라가니, 위와 아래가 바뀌는 것이다.

【本義】離下而上하니 變革之時라.
아래를 떠나 올라가니 변혁하는 때이다.

> 飛龍在天은 乃位乎天德이오
> ◉ '나는 용이 하늘에 있음'은 이에 천덕에 자리함이고,

【傳】正位乎上位하니 當天德이라.
윗 자리에서 자리를 바로했으니, '천덕(天德)'에 합당한 것이다.
  ※ 德:'德矣'로 되어 있는 판본도 있다.

【本義】天德은 卽天位也니 蓋唯有是德이라야 乃宜居是位라. 故로 以名之하니라.
'천덕(天德)'은 하늘 자리에 나아감이니, 오직 이 덕이 있어야 마땅히 이 자리에 거처할 수 있다. 그러므로 이로써 ('천덕'이라고) 이름했다.

> 亢龍有悔는 與時偕極이오
> ◉ '높은 용이니 후회가 있음'은 때와 더불어 모두 극함이고,

【傳】時旣極하니 則處時者ㅣ 亦極矣라.

때가 이미 극하니, 때에 처하는 자 역시 극한 것이다.

　※ 隆山李氏曰 時行則偕行은 可也로대 時極則偕極은 是爲不知變이니라. : <융산이씨>가 말하길 "행할 때가 되어 모두 행하는 것은 옳은 일이지만, 때가 극한데 모두 극하는 것은 변화를 모르는 행위이다."

　※ 進齋徐氏曰 乾은 以德으로 明爻하니 初曰德之隱이요 二曰德之中이요 三四皆曰進德이요 五曰位乎天德이로대 獨上不言德者는 過中은 非德이요 亢則有悔니 故로 不言德이라.

　: <진재서씨>가 말하길 "건괘:乾卦」는 덕으로써 효를 밝혔으니, 「초구」는 덕의 감춤(隱)이고, 「구이」는 덕의 중(中)이며, 「구삼」과 「구사」는 덕에 나아감(進德)이고, 「구오」는 천덕(天德)에 자리했다고 말했는데, 「상구」만은 덕을 말하지 않은 것은 중(中)을 지난 것은 덕이 아닌데다 지나치게 높아지면 후회가 있게 되므로 덕을 말하지 않은 것이다."

乾元用九는 乃見天則이라.
◉ '건원이 구를 씀'은 이에 하늘 법칙을 봄이라.

【傳】 用九之道는 天之則也니 天之法則을 謂天道也라. 或이 問乾之六爻ㅣ 皆聖人之事乎아. 曰盡其道者는 聖人也요 得失則吉凶이 存焉하니 豈特乾哉리오. 諸卦ㅣ 皆然也니라.

　구(陽)를 쓰는 도는 하늘의 법칙이니, 하늘의 법칙을 '천도(天道)'라 이른다. 혹이 묻기를 "「건:乾」의 여섯 효가 다 성인의 일입니까?" 대답하기를 "그 도를 다한 자는 성인이고, 얻거나 잃으면 길과 흉이 존재하니, 어찌 특별히 「건괘:乾卦」뿐이랴? 모든 괘가 다 그러하니라."

【本義】 剛而能柔는 天之法也라.

　강하면서도 부드러울 수 있는 것은 하늘의 법칙이다.

○ 此는 第四節이니 又申前意라.

　이는 제 4절이니, 또 앞의(「소상전」을 다시 해석한 제 3절) 뜻을 부연한 것이다.

■ 건문언전 5절

> 乾元者는 始而亨者也ㅣ오
> ◉ 건원은 시작해서 형통한 것이고,

【傳】又反覆詳說하야 以盡其義하니 旣始則必亨이요 不亨則息矣라.

또 반복해서 자세히 말해 그 뜻을 다했으니, 이미 시작했다면 반드시 형통할 것이고, 형통하지 않으면 그칠 것이다.

【本義】始則必亨은 理勢ㅣ 然也니라.

시작하면 반드시 형통함은 이치의 흐름이 그러한 것이다.

> 利貞者는 性情也ㅣ라.
> ◉ 이정은 성과 정이라.

【傳】乾之性情也라. 旣始而亨하나 非利貞이면 其能不息乎아.

「건:乾」의 성정이다. 이미 시작해서 형통하나, '이(利)'와 '정(貞)'이 아니면 어찌 그치지 않으랴?

【本義】收斂歸藏하니 乃見性情之實이라.

거두고 감추니, 이에 성정의 실질을 볼 수 있다.

> 乾始ㅣ 能以美利로 利天下ㅣ라 不言所利하니 大矣哉ㅣ라.
> ◉ 건의 시작이 능히 아름다운 이(利)로써 천하를 이롭게 하므로 이로운 바를 말하지 못하니 크도다!

【傳】乾始之道ㅣ 能使庶類로 生成하야 天下ㅣ 蒙其美利호대 而不言所利者는 蓋无所不利하야 非可指名也라. 故로 贊其利之大曰大矣哉ㅣ라 하니라.

「건」의 시작하는 도가 뭇 류(만물)로 하여금 생하고 이룰 수 있게 하여, 천하가 그 아름다운 이로움을 받았으되, 이로운 바를 말하지 못하는 것은, 어디 하나도 이롭지 않은 곳이 없어서 (특정한) 이름을 지적할 수 없는 것이다. 그러므로 그 이로움의 큼을 칭찬하여 '크도다(大矣哉)'라고 한 것이다.

【本義】始者는 元而亨也요 利天下者는 利也요 不言所利者는 貞也라. 或이 曰坤에 利牝馬는 則言所利矣라하니라.

'시작(始)'이라고 한 것은 '원(元:시작)'해서 '형(亨:형통)'함이고, '천하를 이롭게 한다(利天下)'는 '이(利)'며, '이로운 바를 말하지 못함(不言所利)'은 '정(貞)'이다. 혹자가 말하길 "「곤괘:坤卦」에 '암말이 이롭다(利牝馬)'고 한 것은 이로운 바를 말한 것이다"라고 하였다.

※ 節齋蔡氏曰 不言所利는 此所以爲大也요 如言利建侯와 利涉大川은 則言所利矣니라.

: <절재채씨>가 말하길 "'이로운 바를 말하지 못함'은 이것이 큰 것이 되는 까닭이고(모두가 이롭기 때문에 특정한 곳을 지정할 수가 없다), '후를 세우는 것이 이롭다'와 '큰 내를 건넘이 이롭다'라고 말함은 이로운 바를 말한 것이다."

※ 절재채씨(節齋蔡氏) : 본명은 채연(蔡淵). 「송(宋)나라」 사람, <채원정(蔡元定)>의 아들, 자는 백정(伯靜), 호는 절재(節齋). 저서로는 『주역훈해:周易訓解, 역상의언:易象意言』 등이 있다.

大哉라. 乾乎여. 剛健中正純粹ㅣ 精也ㅣ오

- [정자] 크도다! 건이여! 강하고 굳세며 중하고 정하며 순전하고 순수함이 정미롭고,
- [주자] 크도다! 건이여! 강하고 굳세며 중하고 정함이 순전하고 순수하여 정미롭고,

【本義】剛은 以體로 言이요 健은 兼用言이요 中者는 其行이 无過不及이요 正者는 其立이 不偏이니 四者는 乾之德也라. 純者는 不雜於陰柔요 粹者는 不雜於邪惡이니 蓋剛健中正之至極而精者는 又純粹之至極也라.

'강(剛)'은 체로써 말했고, '건(健)'은 용을 겸해서 말했으며, '중(中)'은 그 행함

이 지나치거나 미치지 못함이 없는 것이고, '정(正)'은 그 서있음(立)에 치우치지 않음이니, '강건중정'은 「건:乾」의 덕이다. '순(純)'은 음유(陰柔)에 섞이지 않는 것이고, '수(粹)'는 사악한 것에 섞이지 않음이니, '강건중정'의 지극한 것이며, '정(精)'은 또한 순수한 것의 지극함이다.

或이 疑乾剛无柔하야 不得言中正者라하나 不然也라. 天地之間에 本一氣之流行而有動靜爾니 以其流行之統體而言이면 則但謂之乾而无所不包矣요 以其動靜으로 分之然後에야 有陰陽剛柔之別也니라.

혹자가 「건:乾」이 강하기만 하고 유(柔)가 없는 것을 의심하여 "중정(中正)을 얻지 못했다"고 말하나 그렇지 않다. 본래 하늘과 땅 사이에 한 기운이 유행(流行)함에 동과 정이 있을 뿐이니, 그 유행의 통괄하는 본체로써 말하면 다만 「건」이라고 하여 (건으로써) 포함하지 않은 바가 없고, 그 동과 정으로써 나눈 후에야 음과 양, 강과 유의 나뉨이 있는 것이다.

※ 爾 : 「사고전서」본에는 '耳'자로 되어 있다.
※ 其 : 「사고전서」본에는 '其'자가 없다.
※ 「건:乾」에 음양과 강유가 포함되어 있다가, 동하거나 정할 때에야 비로소 나뉘는 것이다.

六爻發揮는 旁通情也ㅣ오
● 여섯 효가 발휘하는 것은 두루 뜻을 통함이고,

※ 방통(旁通) : 자세하고 간곡하게 통함(曲盡함).

【本義】旁通은 猶言曲盡이라.
'두루 통한다(旁通)'는 자세히 다함을 말한다.

時乘六龍하야 以御天也ㅣ니 雲行雨施ㅣ라 天下平也ㅣ라.
● 때로 여섯 용을 타서 하늘을 어거하니 구름이 행하고 비가 베풀어지는 까닭에 천하가 평안하니라.

【傳】大哉는 贊乾道之大也니 以剛健中正純粹六者로 形容乾道요 精은 謂六者之精極이라. 以六爻發揮로 旁通하야 盡其情義니 乘六爻之時하야 以當天運이면 則天之功用이 著矣라. 故로 見雲行雨施하야 陰陽溥暢하니 天下和平之道也라.

'크도다(大哉)'는 「건:乾」의 도가 큼을 찬양함이니, '강건중정순수(剛健中正純粹)'의 여섯으로 「건」의 도를 형용한 것이고, '정(精)'은 이 여섯 가지의 정미로움이 지극함을 말한 것이다. 여섯 효를 발휘함으로써 두루 통하여 그 뜻과 의리를 다함이니, 여섯 효의 때를 타서 하늘의 운행을 맡으면 하늘의 공용이 나타나는 것이다. 그러므로 구름이 행하고 비가 베풀어져서 음과 양이 크게 화창해지는 것을 볼 수 있으니, 천하가 화합해 평안해지는 도이다.

※ 見 : '曰'자로 되어 있는 판본도 있다.
※ 溥 : 클 부.

【本義】言聖人이 時乘六龍하야 以御天은 則如天之雲行雨施하야 而天下平也라.

성인이 때로 여섯 용을 타서 하늘을 어거함은, 하늘에 구름이 행하고 비가 베풀어져서 천하가 평안해지는 것과 같음을 말한다.

○ 此는 第五節이니 復申首章之意라.

이는 제 5절이니, 머릿 장의(「단전」의 뜻을 편 「문언전」 제 1절) 뜻을 거듭 편 것이다.

※ 中溪張氏曰 象엔 言雲行雨施而以品物流形으로 繼之하니 則雲雨는 爲乾之雲雨요 此는 言雲行雨施而以天下平으로 繼之하니 則聖人之功은 卽乾而雲雨는 乃聖人之德澤也라.

: <중계장씨>가 말하길 "「단전」엔 '구름이 행하고 비가 베풀어진다'를 말하고 '품물이 형체를 흘린다'로써 이으니, 구름과 비는 「건:乾」의 구름과 비가 된다. 여기서는 '구름이 행하고 비가 베풀어진다'를 말하고 '천하가 평안해진다'로써 이으니, 성인의 공은 곧 「건:乾」이고 구름과 비는 성인의 덕택인 것이다."

※ 雲峯胡氏曰 象엔 言元亨利貞을 屬之乾이로대 而文言엔 以屬之君子하니 乾之德은 固在君子躬行中也요 象傳엔 言雲行雨施를 屬之乾이로대 而文言엔 以屬之聖人하니 乾之功은 固在聖人發用內也니라.
: <운봉호씨>가 말하길 "「단경:괘사」엔 '원형이정'을 말하여 「건:乾」에 속하게 했으되, 「문언전」엔 군자(君子)에 속하게 했으니, 「건」의 덕은 진실로 군자가 몸소 행하는 가운데 있는 것이다. 「단전」엔 '운행우시'를 「건」에 속하게 했으되, 「문언전」엔 성인(聖人)에 속하게 했으니, 「건」의 공은 진실로 성인이 발명하여 쓰는 가운데 있는 것이다."

건문언전 6절

君子ㅣ 以成德爲行하나니 日可見之ㅣ 行也ㅣ라. 潛之爲言也는 隱而未見하며 行而未成이라. 是以君子ㅣ 弗用也하나니라.

- [정자] 군자가 덕을 이룸으로써 행실을 삼나니, 날로 볼 수 있는 것이 행실이라. '잠'의 말됨은 숨어서 나타나지 않으며, 행하여 이루지 못함이라. 이로써 군자가 쓰지 않느니라.
- [주자] 군자가 이룬 덕으로 행실을 삼나니, 날로 볼 수 있는 것이 행실이라. '잠'의 말됨은 숨어서 나타나지 않으며, 행하여 이루지 못함이라. 이로써 군자가 쓰지 않느니라.

【傳】德之成에 其事可見者는 行也라. 德成而後에 可施於用이어늘 初方潛隱未見하야 其行이 未成하니 未成은 未著也라. 是以로 君子ㅣ 弗用也니라.

덕을 이룸에 그 일을 볼 수 있는 것이 행실이다. 덕을 이룬 후에 쓰임이 베풀어질 수 있는 것인데, 초효는 바야흐로 잠기고 숨겨짐에 나타나지 않아서 그 행실이 아직 이루어지지 못한 것이니, '이루지 못함(未成)'은 나타나지 않은 것이다. 이 때문에 군자가 쓰지 않는 것이다.

【本義】成德은 已成之德也라. 初九는 固成德이로대 但其行이 未可見爾라.

'성덕(成德)'은 이미 이룬 덕이다. 「초구」는 진실로 덕을 이루었으되, 다만 그 행실이 나타날 수 없는 것이다.

　　※ 爾 : 「사고전서」본에는 '耳'자로 되어 있다.

> 君子ㅣ 學以聚之하고 問以辨之하며 寬以居之하고 仁以行之하나니 易曰見龍在田利見大人이라하니 君德也ㅣ라.
>
> ● 군자가 배워서 모으고, 물어서 분별하며, 너그러움으로써 거하고, 어짊으로써 행하나니, 역에 말하길 '나타난 용이 밭에 있으니 대인을 봄이 이롭다'고 하니 인군의 덕이다.

【傳】聖人이 在下하야 雖已顯이나 而未得位면 則進德修業而已라. 學聚問辨은 進德也요 寬居仁行은 修業也라. 君德이 已著하야 利見大人하니 而進以行之耳라. 進居其位者는 舜禹也시고 進行其道者는 伊傅也시니라.

　성인이 아래에 있어서 비록 이미 (덕이) 나타났으나, 지위를 얻지 못하면 덕을 행하고 업을 닦을 뿐이다. 배워서 모으고 물어서 분별함은 '덕을 행함(進德)'이고, 너그러움으로 거처하고 어짊으로 행하는 것은 '업을 닦음(修業)'이다. 인군의 덕이 이미 나타나서 대인을 봄이 이로우니 나아가서 행하는 것이다. 나아가 그 직위에 거처하신 분은 <순임금>과 <우임금>이시고, 나아가 그 도를 행하신 분은 <이윤(伊尹)>과 <부열(傅說)>이시다.

　　※ 진덕(進德) : 덕을 향상시킴, 덕을 기름.

【本義】蓋由四者하야 以成大人之德하고 再言君德하야 以深明九二之爲大人也라.

　'학·문·관·인'의 네 가지로 말미암아 대인의 덕을 이루고, 다시 인군의 덕을 말해서 「구이」의 대인이 됨을 깊이 밝혔다.

　　※ 廣平游氏曰 乾之道는 不盡於九二라 故로 有學問之功이요 坤之道는 盛於六二라 故로 不習无不利니라. : <광평유씨>가 말하길 "「건:乾」의 도는 「구이」에서 다한 것이 아니므로 학문의 공이 있는 것이고, 「곤:坤」의 도는 「육이」에서 성대한 것이므로 배우지 않아도 이롭지 않음이 없는 것이다."

> 九三은 重剛而不中하야 上不在天하며 下不在田이라 故로 乾乾하야 因其時而惕하면 雖危나 无咎矣리라.
>
> ● 구삼은 거듭 강하고 중에 처함이 아니어서, 위로는 하늘에 있지 않고 아래로는 밭에 있지 않음이라. 그러므로 굳건하게 노력해서 그 때에 따라서 두려워하면 비록 위태하나 허물이 없으리라.

【傳】三이 重剛하니 剛之盛也라. 過中而居下之上하야 上未至於天하고 而下已離於田하니 危懼之地也라. 因時順處하고 乾乾兢惕하야 以防危라. 故로 雖危나 而不至於咎요 君子ㅣ 順時兢惕하니 所以能泰也라.

「구삼」이 거듭 강하니 강이 성한 것이다. '중(中)'을 지나 아랫 괘의 제일 위에 거해서, 위로는 하늘에 이르지 못했고 아래로는 이미 밭에서 떠났으니, 위태하고 두려운 처지이다. 때를 따라 그 처지에 순하고, 굳세게 노력하면서도 조심하고 두려워함으로써 위태함을 막는다. 그러므로 비록 위태하나 허물에는 이르지 않는 것이고, 군자가 때에 순하고 두려워할 곳에 두려워하니 능히 태평해지는 것이다.

【本義】重剛은 謂陽爻陽位라.

'거듭 강함(重剛)'은 양효(陽爻)에 양위(陽位)를 말한다.

> 九四는 重剛而不中하야 上不在天하며 下不在田하며 中不在人이라 故로 或之하니 或之者는 疑之也ㅣ니 故로 无咎ㅣ라.
>
> ● 구사는 거듭 강하고 중이 아니어서 위로는 하늘에 있지 않으며, 아래로는 밭에 있지 않으며, 가운데로는 사람에 있지 않음이라. 그러므로 '혹'이라하니, '혹'이란 것은 의심하는 것인 까닭에 허물이 없느니라.

【傳】四는 不在天不在田이요 而出人之上矣니 危地也라. 疑者는 未決之辭니 處非可必也요 或進或退는 唯所安耳니 所以无咎也라.

「구사」는 하늘에도 있지 아니하고 밭에도 있지 아니하고, 사람자리의 위에 나오니 위태한 처지다. '의(疑)'는 결단하지 않은 말이니, 꼭 그렇게 처리하는 것은 아니고, 혹 나아가고 혹 물러나기도 하는 것은, 오직 편안하고자 함이니, 이로써 허물이 없는 것이다.

【本義】 九四는 非重剛이니 重字는 疑衍이라. 在人은 謂三이요 或者는 隨時而未定也라.

「구사」는 '거듭 강함(重剛)'이 아니니, '거듭 중(重)'자는 의심컨대 연문(衍文)이다. '사람에 있음(在人)'은 삼효자리를 이름이고, '혹(或)'은 때에 따라하고 정해지지 않은 것이다.

※ 雲峯胡氏曰 九三九四는 當合看이니 復之六四에 曰中行은 四居五陰之中也요 益之三四에 皆曰中行은 三與四居六爻之中也라. 乾之三四도 亦居六爻之中이로대 而文言以不中稱之는 非但謂其不中也요 謂其重剛而不中爾라. 蓋下乾之剛은 以二爲中이요 三則重剛而過乎中이며 上乾之剛은 以五爲中이요 四則重剛而不及乎中이니 過면 則憂요 不及이면 則疑라. 然이나 憂所當憂하니 卒於无憂요 疑所當疑하니 卒於无疑니 此二爻ㅣ 所以皆无咎니라.

: <운봉호씨>가 말하길 "「구삼」과 「구사」는 마땅히 합해서 살펴야 한다. 「복괘:復卦」의 「육사」에 '중행(中行)'이라고 한 것은 「육사」가 다섯 음의 가운데 있기 때문이고, 「익괘:益卦」의 「육삼」과 「육사」에 모두 '중행'이라고 한 것은 「육삼」과 「육사」가 여섯 효의 가운데 있기 때문이다. 「건괘:乾卦」의 「구삼」과 「구사」 또한 여섯 효의 중간에 있되, 「문언전」에 '부중:중이 아님'이라고 한 것은, 단지 '부중'을 말하려 한 것이 아니고 '거듭 강하고 중이 아님'을 말한 것이다. 하괘 「건:乾」의 강함은 「구이」를 '중'으로 삼고 「구삼」은 거듭 강하고 '중'을 넘은 것이며, 상괘 「건:乾」의 강함은 「구오」를 '중'으로 삼고 「구사」는 거듭 강하고 '중'에 미치지 못한 것이니, ('중'을) 넘으면 근심이 되고 미치지 못하면 의심하는 것이다. 그러나 근심할 곳에서 근심하니 마침내 근심이 없어지고, 의심할 곳에서 의심하니 마침내 의심이 없어지므로, 이로써 이 두 효가 다 허물이 없는 것이다.

夫大人者는 與天地合其德하며 與日月合其明하며 與四時合其序하며 與鬼神合其吉凶하야 先天而天弗違하며 後天

而奉天時하나니 天且弗違온 而況於人乎ㅣ며 況於鬼神乎ㅣ여.

● 무릇 대인은 천지와 더불어 그 덕을 합하며, 일월과 더불어 그 밝음을 합하며, 사시와 더불어 그 차례를 합하며, 귀신과 더불어 그 길흉을 합해서, 하늘에 앞서해도 하늘이 어기지 아니하며, 하늘을 뒤따라해도 하늘의 때를 받드나니, 하늘도 또한 어기지 아니할진대 하물며 사람에게 있어서며 하물며 귀신에 있어서랴!

【傳】大人이 與天地日月四時鬼神으로 合者는 合乎道也라. 天地者는 道也요 鬼神者는 造化之跡也라. 聖人이 先於天而天ㅣ 同之하고 後於天而能順天者는 合於道而已니라. 合於道하니 則人與鬼神이 豈能違也리오.

'대인(大人)'이 하늘과 땅, 해와 달, 사계절, 귀신과 더불어 합한다고 함은 도에 합하는 것이다. '하늘과 땅(天地)'은 도(道)이고, '귀신'은 조화의 자취이다. 성인이 하늘에 먼저 해도 하늘이 같이 하고, 하늘에 뒤에 해도 능히 하늘을 따라하니 도에 합할 뿐이다. 도에 합하니, 사람과 귀신이 어찌 어길 수 있겠는가?

【本義】大人은 卽釋爻辭所利見之大人也라. 有是德而當其位하니 乃可以當之라. 人이 與天地鬼神으로 本无二理로대 特蔽於有我之私하니 是以로 梏於形體而不能相通이라. 大人은 无私하야 以道로 爲體하니 曾何彼此와 先後之可言哉리오. 先天不違는 謂意之所爲ㅣ 黙與道契요 後天奉天은 謂知理如是하야 奉而行之라.

'대인(大人)'은 「효사」의 '이견대인'을 해석한 것이다. 이러한 덕이 있고 그 자리를 맡으니, 이에 감당할 수 있는 것이다. 사람이 천지·귀신과 더불어 본래 두 이치가 없는 것인데, 특별히 나라고 하는 사사로움에 가리니, 이로써 형체의 형틀에 묶여서 서로 통하지 못한다. 대인은 사사로움이 없어서 도로써 체를 삼으니, 어찌 저쪽이나 이쪽, 먼저와 나중을 말하리오? '하늘에 앞서해도 (하늘이) 어기지 않음'은 뜻의 하는 바가 약속을 안했어도 도와 더불어 맞음을 말하고, '하늘을 뒤따라해도 (하늘을) 받듦'은 이치가 이와 같음을 알아서 받들어 행한다는 말이다.

※ 梏 : 형틀에 묶을 곡.

回紇이 謂郭子儀曰卜者ㅣ 言此行에 當見一大人而還이라하니 其占이 蓋與此合이라. 若子儀者는 雖未及乎夫子之所論이나 然이나 其至公无我은 亦可謂當時之大人矣로다.

「회흘」땅의 사람들이 <곽자의>에게 말하길 "점친 자가 이번의 행함에(회흘을 평정하고자 하는 군사 행동에) 마땅히 한 대인을 보고 돌아온다고 했다"라고 하였으니, 그 점이 대개 이와('부대인자는…') 더불어 합치된다. <곽자의> 같은 사람은 비록 <공자>께서 말씀하신 데에는('부대인자는…') 못미치나, 그러나 그 지극히 공변되고 사사로움이 없음은 또한 당시의 '대인'이라 이를 수 있을 것이다.

※ 회흘(回紇) : 중국의 고대 서북지역 또는 그 민족을 일컬음.
※ 곽자의(郭子儀:697~781) : 「당(唐)나라」 <대종(代宗)> 때의 저명한 장수. 「회흘」족과 주변의 소수민족들이 연합하여 독립하려하자, <곽자의>가 설복하여 귀순시켰다.

亢之爲言也는 知進而不知退하며 知存而不知亡하며 知得而不知喪이니

● '항'의 말됨은 나아갈 줄은 알고 물러날 줄은 모르며, 존재할 줄은 알고 망할 줄은 모르며, 얻을 줄은 알고 잃을 줄은 모르니,

【本義】所以動而有悔也라.

이런 까닭에 동하면 뉘우침이 있는 것이다.

※ 厚齋馮氏曰 進退者는 身也요 存亡者는 位也요 得喪者는 物也라. 此爻는 窮上反下니 則退矣요 九變爲六하니 則亡矣요 无民无輔하니 則喪矣니라.

: <후재풍씨>가 말하길 "나아가고 물러나는 것은 몸이고, 존하고 망하는 것은 지위이며, 얻고 잃는 것은 물건이다. 이 효는 위에서 궁하여 아래로 돌이키는 것이니 물러나는 것이고, '구(陽)'가 변하여 '육(陰)'이 되니 망하는 것이며, 백성도 없고 보좌해 줄 사람도 없으니 잃는 것이다."

> 其唯聖人乎아. 知進退存亡而不失其正者ㅣ 其唯聖人乎인져.
>
> ● 그 오직 성인 뿐이신가! 진퇴존망을 알아서 그 바름을 잃지 않는 자, 그 오직 성인뿐이신제!

【傳】極之甚이 爲亢이니 至於亢者는 不知進退存亡得喪之理也라. 聖人은 則知而處之하시니 皆不失其正이라 故로 不至於亢也라.

  극한 것의 심함이 '항(亢)'이니, '항'에 이른 자는 나아가고 물러가며, 존재하고 망하며, 얻고 잃는 이치를 모르는 것이다. 성인은 알아서 처신하시니, 이 모든 일에 그 바름을 잃지 않으므로 '항'에 이르지 않는다.

【本義】知其理勢如是하야 而處之以道면 則不至於有悔矣니 固非計私以避害者也라. 再言其唯聖人乎는 始若設問而卒自應之也시니라.

  그 이치의 형세가 이와 같음을 알아, 처신함을 도로써 하면 후회함에 이르지 않을 것이니, 진실로 사사로움을 꾀해서 해를 피하는 것이 아니다. 두 번 '그 오직 성인뿐이신가(其唯聖人乎)'라고 말한 것은, 처음은 의문을 베풀고 나중에 이에 호응해서 답하신 것이다.

○ 此는 第六節이니 復申第二第三第四節之意라.

  이는 제 6절이니 제 2절·3절·4절의 뜻을 다시 편 것이다.

坤上 坤下 重地坤(2)
중지곤

坤은 元코 亨코 利코 牝馬之貞이니
- [정자] 곤은 원하고 형하고 이하고 암말의 정함이니,
- [주자] 곤은 크게 형통하고 암말의 바름이 이로우니,

柔順健行 合於坤德

【傳】坤은 乾之對也라. 四德이 同而貞體則異하니 乾은 以剛固로 爲貞이요 坤은 則柔順而貞이라. 牝馬는 柔順而健行이라 故로 取其象하야 曰牝馬之貞이라.

「곤:坤」은 「건:乾」의 상대이다. 「4덕:원형이정」이 같으면서도 '정(貞)'의 체는 다르니, 「건」은 강하고 굳음으로써 '정'을 삼고, 「곤」은 유순해서 바른 것이다. '빈마(암말)'는 유순하면서 굳세게 행하므로, 그 상을 취하여 '암말의 정(牝馬之貞)'이라고 말한 것이다.

※ 則: '以'자로 되어 있는 판본도 있다.   而: '爲'자로 되어 있는 판본도 있다.

※ 程子曰 利字ㅣ 不聯牝馬爲義이니 如云利牝馬之貞이면 則坤便只有三德이니라.
 : <정자>가 말씀하길 "'이(利)'자는 '빈마(牝馬)'와 이어서 뜻을 삼지 못하니, 만약 '암말의 바름이 이롭다(利牝馬之貞)'고 하면 「곤:坤」이 단지 3덕만 있게 된다."

※ 朱子曰 利牝馬之貞에 不可將利字하야 自作一句니 後云主利도 却當如此絶句라. 伊川이 只爲泥那四德하야 所以如此說이니 不通이라.
 : <주자>가 말씀하길 "'이빈마지정'에서 '이(利)'자 만으로 한 구(句)를 이루지 못하니, 뒤에 '주리(主利)'라고 말한 것도 이러한 구에 해당된다. <이천>께서 「사덕」이론에 빠져서 이와 같이 설명한 것이니 통하지 않는다. ※ '利牝馬之貞이니'를 '利코 牝馬之貞이니'로 해석했다는 뜻이다.

> 君子의 有攸往이니라.
> - [정자] 군자의 갈 바를 두느니라.
> - [주자] 군자가 갈 바가 있으면,

【傳】君子所行이 柔順而利且貞하니 合坤德也라.

군자의 행하는 바가 유순해서 이롭고도 바르니, 「곤:坤」의 덕과 합한다.

> 先하면 迷하고 後하면 得하리니 主利하니라.
> - [정자] 먼저 하면 아득하고 뒤에 하면 얻으리니 이로움을 주장하니라.
> - [주자] 먼저 하면 아득하고 뒤에 하면 얻어서 이로움을 주장하니,

【傳】陰은 從陽者也라. 待唱而和하니 陰而先陽이면 則爲迷錯이요 居後라야 乃得其常也라. 主利는 利萬物則主於坤이니 生成은 皆地之功也라. 臣道ㅣ 亦然하야 君令臣行하니 勞於事者는 臣之職也라.

음은 양을 따르는 것이다. 부름을 기다려 화답하니, 음이 양에 앞서면 아득하여 어긋나고, 뒤에 있어야 그 항상함을 얻게 된다. '이로움을 주장함(主利)'은 만물을 이롭게 하는 것을 「곤:坤」에서 맡음이니, 낳아서 이루는 것은 다 땅의 공적이다. 신하의 도가 또한 그러해서 인군은 명령하고 신하는 그것을 행하니, 일에 있어 수고로운 것은 신하의 직분인 것이다.

> 西南은 得朋이오 東北은 喪朋이니 安貞하야 吉하니라.
> - [정자] 서와 남은 벗을 얻고 동과 북은 벗을 잃으니, 안정하여 길하니라.
> - [주자] 서와 남은 벗을 얻고 동과 북은 벗을 잃으니, 안정하면 길하리라.

【傳】西南은 陰方이요 東北은 陽方이니 陰必從陽하야 離喪其朋類라야 乃能成化育之功이요 而有安貞之吉이라. 得其常則安하고 安於常則

貞하니 是以로 吉也라.

　서와 남은 음의 방소이고, 동과 북은 양의 방소이니, 음이 반드시 양을 따라서 그 벗들(陰)을 떠나 멀리해야, 화육의 공을 이룰 수 있고 안정의 길함이 있다. 항상함을 얻으면 편안해지고, 항상한 데 편안하면 바르게 되므로 길하게 되는 것이다.

【本義】--者는 偶也니 陰之數也요 坤者는 順也니 陰之性也라. 註中者는 三劃卦之名也요 經中者는 六劃卦之名也라. 陰之成形이 莫大於地하니 此卦三劃이 皆偶라 故로 名坤而象地라. 重之하야 又得坤焉이면 則是陰之純이요 順之至라. 故로 其名與象은 皆不易也라.

　'--'는 짝이니 음의 수이고, 「곤:☷」은 순하니 음의 성질이다. '주(註)'에 있는 '곤(坤)'자는 3획괘(☷)의 이름이고, 경문(經文)에 있는 '곤(坤)'자는 6획괘(☷☷)의 이름이다. 음의 형체를 이룸이 땅보다 큰 것이 없으니, 이 괘의 세 획이 모두 짝수이므로, 「곤:☷」이라 이름하여 땅을 표상한 것이다. 거듭해서 또 「곤:☷+☷=☷☷」을 얻으면, 이것이 음의 순전함이고 순한 것의 지극함이다. 그러므로 그 이름과 형상은 바꾸지 못하는 것이다.

　※ -- : 「곤괘」는 여섯 개의 음효로 되어 있다. 「곤괘」를 구성하는 음효(--)는 끊어져서 두 개로 되어 있으므로, 음의 수인 짝수라는 것이다.
　※ 주(註) : 「곤괘」 그림 옆에 있는 「坤上 坤下」 네 글자를 말한다. 원래의 경(經)에는 「곤괘」 그림만 있던 것을, 훗날 "하괘 「곤」과 상괘 「곤」이 중첩되어서 된 것이 「중지곤:重地坤」이라"고 해석한 것이니, 주석을 달았다고 한 것이다.
　※ 경(經) : 「괘사」와 「효사」, 여기서는 「곤괘」의 「괘사」인 "坤元亨利牝馬之貞…"을 말한다.
　※ 이름과 형상을 바꾸지 못하는 것:3획괘일 때 「곤」이라는 이름과 '땅'을 형상하였는데, 그것이 중첩한 6획괘가 되었어도 그 이름과 형상은 바뀔 수 없다는 것이다.

牝馬는 順而健行者라. 陽先陰後하니 陽은 主義하고 陰은 主利라. 西南은 陰方이요 東北은 陽方이라. 安은 順之爲也요 貞은 健之守也라. 遇此卦者는 其占이 爲大亨而利以順健으로 爲正하니 如有所往이면 則先迷

後得하야 而主於利라. 往西南이면 則得朋이요 往東北이면 則喪朋이니 大抵能安於正이면 則吉也리라.

'암말(牝馬)'은 순하면서(牝) 굳세게 행하는 것(馬)이다. 양은 먼저하고 음은 뒤에 하니, 양은 의리를 맡아하고 음은 이로움을 맡아한다. '서'와 '남'은 음의 방소이고, '동'과 '북'은 양의 방소이다. '안(安)'은 순하게 하는 것이고, '정(貞)'은 굳세게 지킴이다. 이「곤괘」를 만난 자는, 그 점이 크게 형통하며 순하고 굳셈으로써 바름을 삼음이 이로우니, 갈 바가 있다면 앞서서 행하면 아득하고 뒤에 하면 얻어서 이로움을 주관한다. 서남으로 가면 벗을 얻고 동북으로 가면 벗을 잃으니, 대개 바른 데에서 편안히 할 수 있으면 길할 것이다.

※ 問東北喪朋西南得朋은 何也오. 曰陰不比陽이니 陰只理會得一半하야 不似라. 陽兼得陰이라 故로 无所不利요 陰半用이라 故로 得於西南하고 喪於東北하니 先迷後得以下도 亦然이라. 自王弼以下로 皆不知此하야 錯解了라. 又曰 占得坤體에 從西南方이면 得其朋이요 從東北方이면 失其朋이니 西南은 陰方이요 東北은 陽方이라. 坤比乾減半이니라.

: 여쭈기를 "'동북상붕 서남득붕'은 무엇입니까?" <주자>가 답하기를 "음은 양과 비교할 수 없으니, 음은 단지 양의 반 만을 얻을 뿐이어서 비슷하지 않다. 양은 음을 겸해서 얻으므로, 이롭지 않은 바가 없는 것이고, 음은 양의 반을 쓰므로, 서와 남방에서는 얻고 동과 북방에서는 잃으니, '선미후득'으로부터 아랫 글도 또한 같은 이치이다. <왕필>이래로 다 이러한 이치를 몰라서 잘못 해석했다." 또 말씀하길 "점을 해서「곤괘:坤卦」를 얻어, 서와 남방을 따르면 벗을 얻고 동과 북방을 따르면 벗을 잃으니, 서와 남은 음의 방소이고 동과 북은 양의 방소이다.「곤:坤」은「건:乾」에 비해 반을 빼는 것이다."

※「건」은 모든 것을 다 갖추었으므로 이롭지 않은 바가 없고,「곤」은「건」에 비해 반 밖에 갖추지 못했으므로, '선후(先後)'에 있어서는 '후'가 이롭고, 동서남북 사방에 있어서는 음방인 서와 남방이 편안한 것이다.

彖曰至哉라. 坤元이여. 萬物이 資生하나니 乃順承天이니

● 단에 말하길 지극하도다! 곤의 원이여! 만물이 바탕하여 생하나니, 이에 순히 하늘을 이으니,

【本義】此는 以地道로 明坤之義而首言元也라. 至는 極也니 比大면

義ㅣ 差緩이라. 始者는 氣之始요 生者는 形之始니 順承天施는 地之道也라.

　이는 땅의 도(道)로써 「곤:坤」의 뜻을 밝히고, 첫 머리로 '원(元)'을 말한 것이다. '지(至)'는 지극함이니 '대(大)'와 비교하면 뜻이 조금 못미치는 것이다. '시(始)'는 기운의 시작이고, '생(生)'은 형체의 시작이니, 하늘의 베풂을 순히 잇는 것이 땅의 도이다.

　※ 「건괘:乾卦」「단전」의 "大哉라 乾元이여 萬物이 資始하나니 乃統天이로다"와 비교하여 설명한 것이다.
　※ 차완(差緩) : 조금 느즈러짐.

坤厚載物이 德合无疆하며
◉ 곤이 두터워 만물을 실음이 덕이 지경이 없는 데 합하며,

【傳】資生之道ㅣ 可謂大矣나 乾旣稱大라 故로 坤稱至하니 至는 義ㅣ 差緩하야 不若大之盛也라. 聖人이 於尊卑之辨에 謹嚴이 如此라. 萬物이 資乾以始하고 資坤以生하니 父母之道也라. 順承天施하야 以成其功은 坤之厚德이요 持載萬物은 合於乾之无疆也니라.

　(만물이) 바탕해서 생하는 도(道)가 크다고 이를 것이나, 「건:乾」에 이미 '크다(大)'고 일컬은 까닭에 「곤:坤」은 '지극하다(至)'고 일컬으니, '지'는 뜻이 조금 못미쳐 '대'의 성대한 것 보다는 못하다. 성인이 높고 낮음을 분별함에 있어서 삼가하고 엄숙함이 이와 같으시다. 만물이 「건」을 바탕해서 시작하고, 「곤」을 바탕해서 생하니 부모의 도이다. 하늘의 베풂을 순히 이음으로써 그 공을 이룸은 「곤」의 두터운 덕이고, 만물을 간직하고 실음은 「건」의 지경이 없음에 합하는 것이다.

含弘光大하야 品物이 咸亨하나니라.
◉ 머금으며 넓으며 빛나며 커서 품물이 다 형통하느니라.

【本義】 言亨也라. 德合无疆은 謂配乾也라.

'형(亨)'을 말했다. '덕합무강(德合无疆)'은 「건」과 짝이 됨을 말한 것이다.

※ 廣平游氏曰 其靜也翕이라 故曰舍弘이니 舍은 言无所不容이요 弘은 言无所不有라. 其動也闢이라 故曰光大니 光은 言无所不著요 大는 言无所不被니 此ㅣ 所以德合无疆也라.

: <광평유씨>가 말하길 "고요할 때는 닫히기 때문에 '함홍(含弘)'이라 했으니, '함'은 포용하지 않음이 없음을 말하고, '홍'은 있지 않는 곳이 없음을 말한다. 움직일 때는 열리기 때문에 '광대(光大)'라고 했으니, '광'은 드러나지 않음이 없음을 말하고, '대'는 혜택을 입지 않음이 없음을 말하니, 이렇게 함으로써 '덕합무강'이 되는 것이다."

> 牝馬는 地類ㅣ니 行地无疆하며 柔順利貞이 君子攸行이라.
> ● 암말은 땅의 무리이니, 땅을 행함에 지경이 없으며, 유순하고 이정함이 군자의 행하는 바이다.

【傳】 以含弘光大四者로 形容坤道하니 猶乾之剛健中正純粹也라 含은 包容也요 弘은 寬裕也요 光은 昭明也요 大는 博厚也니 有此四者라 故로 能成承天之功하야 品物이 咸得亨遂하니라.

'함홍광대(含弘光大)' 네 가지로써 「곤」의 도를 형용했으니, 「건」의 '강건중정순수(剛健中正純粹)'와 같은 것이다. '함'은 포용함이고, '홍'은 관대해 너그러움이며, '광'은 비추어 밝힘이고, '대'는 넓고 두터움이니, 이 네 가지가 있는 까닭에 능히 하늘을 받들어 잇는 공을 이루어 모든 물건(品物)이 다 형통함을 이룬다.

※ 承 : '順'자로 되어 있는 판본도 있다.   物 : '類'자로 되어 있는 판본도 있다.
※ 품물(品物) : 여러가지 종류의 물건 들.

取牝馬爲象者는 以其柔順而健行이니 地之類也요 行地无疆은 謂健也라. 乾健坤順인데 坤亦健乎아. 曰非健이면 何以配乾이리오. 未有乾行而坤止也니 其動也ㅣ 剛이 不害其爲柔也라. 柔順而利貞은 乃坤德也요 君子之所行也니 君子之道ㅣ 合坤德也니라.

'암말(牝馬)'을 취해서 표상한 것은 그 유순하면서 굳세게 행하는 까닭이니 땅의 종류이고, '땅을 행함에 지경이 없음(行地无疆)'은 굳셈을 이른다. "「건:乾」은 굳세고 「곤:坤」은 순한 것인데 「곤」역시 굳세다는 것입니까?" 대답하기를 "굳세지 않으면 어찌 「건」의 짝이 되리오? 「건」은 행하는데 「곤」은 그치는 경우는 없으니, 그 '동함이 강하다(其動也 剛)'고 한 것이 유(柔)가 됨을 해치지 않는 것이다. 유순(柔順)하고 이정(利貞)함은 「곤」의 덕이며 군자의 행하는 바니, 군자의 도가 「곤」의 덕에 합하는 것이다."

※ 동함이 강하다 : 「곤문언전」에 "至柔而動也 剛"이라고 한 것을 말함.

【本義】言利貞也라. 馬는 乾之象이어늘 而以爲地類者는 牝은 陰物而馬又行地之物也라. 行地无疆은 則順而健矣요 柔順利貞은 坤之德也라. 君子攸行은 人之所行이 如坤之德也니 所行이 如是則其占이 如下文所云也라.

'이정(利貞)'을 말했다. '말(馬)'은 「건:乾」을 표상한 것인데도 땅의 류가 됨은, '암컷(牝)'은 음물이고 말 또한 땅에서 행하는 물건인 까닭이다. '땅을 다님에 지경이 없음(行地无疆)'은 순하면서 굳센 것이고, '유순하고 바름이 이로움(柔順利貞)'은 「곤」의 덕이다. '군자의 행하는 바(君子攸行)'는 사람의 행하는 바가 「곤」의 덕과 같음이니, 행하는 바가 이와 같으면, 그 점이 아랫 글에 말한 바와 같다.

※ 是 : 「사고전서」 본에는 '此'자로 되어 있다.

先하면 迷하야 失道하고 後하면 順하야 得常하리니 西南得朋은 乃與類行이오 東北喪朋은 乃終有慶하리니

◉ [정자] 먼저 하면 아득해서 도를 잃고, 뒤에 하면 순해서 항상함을 얻으리니, 서와 남에서 벗을 얻음은 무리로 더불어 행함이고, 동과 북에서 벗을 잃음은 마침내 경사가 있으리니,
◉ [주자] 먼저 하면 아득해서 도를 잃고, 뒤에 하면 순해서 항상함을 얻으리니, 서와 남에서 벗을 얻음은 무리로 더불어 행함이고, 동과 북은 벗을 잃으나 마침내 경사가 있으리니,

【本義】陽大陰小하야 陽得兼陰이나 陰不得兼陽이라. 故로 坤之德은

常減於乾之半也라. 東北이 雖喪朋이나 然이나 反之西南이면 則終有慶矣라.

  양은 크고 음은 작아서, 양은 음을 겸하지만 음은 양을 겸하지 못한다. 그러므로 「곤:坤」의 덕은 항상 「건:乾」에서 반을 더는 것이다. 동과 북에서 비록 벗을 잃었으나, 반대로 서와 남으로 가면 마침내 경사가 있게 된다.

    ※ <정자>는 동과 북에서 비록 벗을 잃지만 경사가 따르게 된다고 했고, <주자>는 동과 북은 양방이니 벗을 잃고 서와 남은 음방이니 경사가 있게 된다고 풀이했다.

安貞之吉이 應地无疆이니라.
◉ 안정하여 길함이 땅의 지경이 없음에 응하느니라.

【傳】乾之用은 陽之爲也요 坤之用은 陰之爲也라. 形而上曰ㅣ 天地之道요 形而下曰ㅣ 陰陽之功이니 先迷後得以下는 言陰道也라.

  「건:乾」의 쓰임은 양이 하는 것이고, 「곤:坤」의 쓰임은 음이 하는 것이다. 형이상적으로 말하면 하늘과 땅의 도이고, 형이하적으로 말하면 음과 양의 공이니, '선미후득(先迷後得)'으로부터 아랫 글은 음의 도를 말한 것이다.

先唱則迷하야 失陰道하고 後和則順하야 而得其常理라. 西南은 陰方이니 從其類하야 得朋也요 東北은 陽方이니 離其類하야 喪朋也라. 離其類而從陽이면 則能成生物之功하야 終有吉慶也니 與類行者는 本也요 從於陽者는 用也라. 陰體는 柔躁라 故로 從於陽則能安貞而吉하야 應地道之无疆也니 陰而不安貞이면 豈能應地之道리오.

  먼저 해서 부르면 아득하여 음의 도를 잃고, 뒤에 하여 화답하면 순해서 그 항상한 이치를 얻는다. 서와 남은 음의 방소니 같은 무리를 좇아서 벗을 얻는 것이고, 동과 북은 양의 방소니 같은 무리를 떠나서 벗을 잃는 것이다. 같은 무리를 떠나서 양을 좇으면(음양이 화합하면), 물건을 생하는 공을 이루어 마침내 길하고 경사가 있게 되니, 같은 무리와 더불어 행하는 것은 본질이고, 양을 좇는 것은 쓰임이다.

음의 체는 부드러우면서도 조급한 까닭에, 양을 따르면 능히 안정하고 길해서 땅의 지경이 없는 도에 응하니, 음이 안정하지 못하면 어찌 능히 땅의 도에 응하겠는가?

象有三无疆이 蓋不同也니 德合无疆은 天之不已也요 應地无疆은 地之无窮也요 行地无疆은 馬之健行也니라.

「단전」에 세 번 '무강(无疆)'이라 한 것이 모두 다른 뜻이니, '덕합무강(德合无疆)'은 하늘의 그치지 않음이고, '응지무강(應地无疆)'은 땅의 무궁한 것이며, '행지무강(行地无疆)'은 말의 굳세게 행함이다.

※ '덕합무강(德合无疆)'은 하늘의 그치지 않고 운행하는 덕에 합한다는 것이고, '응지무강(應地无疆)'은 땅의 끝이 없는 덕에 합한다는 것이며, '행지무강(行地无疆)'은 말의 굳세게 움직이는 덕에 합한다는 뜻이다.

※ 이에 대해 <주자>의 문인인 <잠실진씨(潛室陳氏)>는 "德合无疆은 是坤配乾之德이요 行地无疆은 是坤之本德이요 應地无疆은 是人法坤之德이니라:'덕합무강'은 「곤」이 건의 덕에 짝함이고, '행지무강'은 「곤」의 본래 덕이며, '응지무강'은 사람이 「곤」의 덕을 본받는 것이다."라고 하였다.

【本義】安而且貞하니 地之德也니라.

편안하고 또 바르게 하니 땅의 덕이다.

象曰 地勢ㅣ 坤이니 君子ㅣ 以하야 厚德으로 載物하나니라.
◉ 상에 말하길 땅의 형세가 곤이니, 군자가 본받아서 두터운 덕으로 만물을 싣느니라.

【傳】坤道之大ㅣ 猶乾也니 非聖人이면 孰能體之리오. 地厚而其勢順傾이라 故로 取其順厚之象하야 而云地勢坤也라. 君子ㅣ 觀坤厚之象하야 以深厚之德으로 容載庶物하나니라.

곤도(坤道)의 큼이 「건:乾」과 같으니, 성인이 아니면 누가 능히 체득하리오? 땅이 두텁고 그 형세가 순하게 기울어졌으므로, 그 순하고 두터운 형상을 취해서 '땅의 형세가 「곤」(地勢坤)'이라고 했다. 군자가 「곤」의 두터운 형상을 보아서, 깊고 두터운 덕으로 뭇 물건을 포용해서 싣는 것이다.

※ 或問 坤者는 臣道也니 在君亦有用乎잇가. 程子曰 厚德載物이 豈非人君之用이리오. :

혹자가 여쭈기를 "「곤」은 신하의 도인데, 인군도 쓸 수가 있습니까?" <정자>가 답하기를 "두터운 덕으로 만물을 포용하는 것이 어찌 인군의 쓰임이 아니겠는가?"

【本義】 地는 坤之象이니 亦一而已라 故로 不言重而言其勢之順하니 則見其高下相因之无窮하야 至順極厚而无所不載也라.

'지(地)'는 「곤」의 형상이니 또한 하나일 따름이다. 그러므로 '거듭 중(重)'이라 말하지 않고 그 형세의 순함을 말했으니, 즉 그 높고 낮음이 서로 끝없이 이어져, 지극히 순하고 지극히 두터워 싣지 않음이 없음을 보는 것이다.

※ 李氏開曰 天以氣運이라 故로 曰行이요 地以形載라 故로 曰勢라.

: <이개>가 말하길 "하늘은 기로써 운행하므로 '행(行)'이라 했고, 땅은 형체로써 실으므로 '세(勢)'라고 하였다."

※ 이개(李開:1135~1176) : 「남송:南宋」의 「촉자주:蜀資州」 사람. 자는 거비(去非), 호는 소주(小舟). 저서에 『역해:易解』 30권이 있으나 전하지 않는다.

※ 誠齋楊氏曰 地之體不厚면 則載萬物이라도 不勝其重이요 君子之德不厚면 則載萬民이라도 不勝其衆也라.

: <성재양씨>가 말하길 "땅의 체가 두텁지 않으면 만물을 실어도 그 무게를 이기지 못하고, 군자의 덕이 두텁지 못하면 만민을 얻는다 하더라도 그 많음을 이기지 못하는 것이다."

初六은 **履霜**하면 **堅冰**이 **至**하나니라.

◉ 초육은 서리를 밟으면 굳은 얼음이 이르느니라.

陰始生下 當知漸盛

※ 冰 : 얼음 빙(氷의 본자).

【傳】陰爻稱六은 陰之盛也요 八則陽生矣니 非純盛也라. 陰이 始生於下하니 至微也로대 聖人이 於陰之始生에 以其將長으로 則爲之戒라. 陰之始에 凝而爲霜이요 履霜하면 則當知陰漸盛하야 而至堅冰矣니 猶小人이 始雖甚微나 不可使長이요 長則至於盛也라.

 음효를 '육(6)'이라 일컬음은 음의 성함이고(노음), 팔(8)은 양에서 생김이니(노양이 변해서 소음이 됨), 순전하게 성한 것은 아니다. 음이 이제 막 아래에서 생겨나니 지극히 미미한 것이지만, 성인이 음의 처음 생겨날 때에 장차 자랄 것을 예상함으로써 경계를 삼으셨다. 음이 처음 엉겨서 서리가 되고, 서리를 밟으면 음이 점차 성해져서 굳은 얼음이 됨을 알 수 있으니, 마치 소인이 처음에는 매우 미미할지라도 자라지 못하게 할 것이고, 자라면 성극함에 이르는 것과 같은 것이다.

【本義】六은 陰爻之名이니 陰數는 六老而八少라 故로 謂陰爻爲六也라. 霜은 陰氣所結이니 盛則水凍而爲冰이라. 此爻는 陰이 始生於下하야 其端이 甚微나 而其勢ㅣ 必盛이라 故로 其象이 如履霜則知堅冰之將至也라.

 '육(6)'은 음효의 이름이다. 음수는 '6'이 노음이고 '8'은 소음이기 때문에, 음효를 '육'이라고 말한 것이다. '서리(霜)'는 음기가 맺힌 것이니, 음기가 성(盛)하면 물이 얼어서 얼음이 된다. 이 효는 음이 아래에서 처음 생겨서 그 단서가 심히 미미하나, 그 기세가 반드시 성하게 되므로, 그 형상이 서리를 밟으면 굳은 얼음이 될 것을 아는 것과 같다.

夫陰陽者는 造化之本으로 不能相无而消長有常하니 亦非人所能損益也라. 然이나 陽은 主生하고 陰은 主殺하니 則其類ㅣ 有淑慝之分焉이라. 故로 聖人이 作易에 於其不能相无者엔 旣以健順仁義之屬으로 明之하샤 而无所偏主하시고 至其消長之際와 淑慝之分엔 則未嘗不致其扶陽抑陰之意焉하시나니 蓋所以贊化育而參天地者니 其旨ㅣ 深矣로다. 不言其占者는 謹微之意가 已可見於象中矣라.

음양은 조화의 근본이므로 서로 없어서는 안되며, 사라지고 자라남에 항상함이 있으니 또한 사람이 덜고 더할 수 있는 바가 아니다. 그러나 양은 살리는 것을 맡고 음은 죽이는 것을 맡으니, 그 종류에 맑고(陽) 사특한(陰) 나눔이 있다. 그러므로 성인이 역을 지으심에 그 '서로 없어서는 안되는 것'에 있어서는, 이미 굳셈과 순함 어짊과 의로움으로써 밝히셔서 치우치게 주장함이 없게 하시고, '사라지고 자라나는 즈음과 맑고 사특한 것의 나눔'에 있어서는, 양을 북돋고 음을 억제하는 뜻을 이루지 않음이 없게 하시니, 이로써 화육을 돕고 천지에 참가하는 것이니, 그 뜻이 깊다. '점(占)'을 말하지 않은 것은, 은미할 때부터 삼가하는 뜻이 이미 상(象)가운데 나타났기 때문이다.

※ '履霜堅冰至'라고 하는 「곤괘」 초육의 상(象)을 설명한 말에, 이미 지금 비록 음이 미미하지만 경계하라는 뜻의 점(占)이 들어있는 것이다.

> 象曰 履霜堅冰은 陰始凝也ㅣ니 馴致其道하야 至堅冰也하나니라.
>
> ◉ [정자] 상에 말하길 '서리를 밟아 굳은 얼음'이라는 것은 음이 처음 엉김이니, 그 도를 길들여 이루어서 굳은 얼음에 이르게 하느니라.
> ◉ [주자] 상에 말하길 '초육이상(초육이 서리를 밟음)'은 음이 처음 엉김이니, 그 도를 길들여 이루어서 굳은 얼음에 이르게 하느니라.

【傳】陰은 始凝而爲霜이나 漸盛則至於堅冰이요 小人은 雖微나 長則漸至於盛하니 故로 戒於初라. 馴은 謂習이니 習而至於盛이라. 習은 因循也라.

음은 처음 엉길 때는 서리가 되나 점점 성하면 굳은 얼음에 이르고, 소인은 비록 미미하나 자라면 점차 성한 데 이르므로, 처음(초육)을 경계했다. '순(馴)'은 익힘(習)을 말하니, 익혀서 성한 데 이르는 것이다. '습(習)'은 이어서 따름이다.

※ 冰 : '冰也'로 되어 있는 판본도 있다.
※ 인순(因循) : 옛 습관을 고치지 못하고 따름.

【本義】按魏志컨대 作初六履霜하니 今當從之라. 馴은 順習也라.

『위지』를 살펴보건대 '초육이상(初六履霜)'이라 하였으니, 이제 이를 따른다. '순(馴)'은 순하게 익히는 것이다.

※ 『위지:魏志』「문제기:文帝紀」편에는 '履霜堅冰'이 '初六履霜'으로 되어 있다.

六二는 直方大라 不習이라도 无不利하니라.

◉ 육이는 곧고 모나서 큰지라, 익히지 않아도 이롭지 않음이 없느니라.

陰位在中 統言坤道

【傳】二는 陰位요 在下라 故로 爲坤之主하니 統言坤道라. 中正在下ㅣ 地之道也니 以直方大三者로 形容其德用하야 盡地之道矣라.

「육이」는 음의 자리이고 아래에 있으므로 「곤괘:坤卦」의 주효가 되니, 곤도(坤道)를 총괄해서 말한 것이다. 중정(中正)함으로 아래에 있음이 땅의 도이니, '직방대(直方大)' 셋으로써 그 덕의 쓰임을 형용하여 땅의 도를 다 말했다.

由直方大라 故로 不習而无所不利라. 不習은 謂其自然이니 在坤道則莫之爲而爲也요 在聖人則從容中道也라. 直方大는 孟子所謂至大至剛以直也로대 在坤體라 故로 以方으로 易剛하니 猶貞加牝馬也라. 言氣則先大하니 大는 氣之體也요 於坤則先直方이니 由直方而大也라. 直方大라야 足以盡地道니 在人識之耳라.

'곧고 모나서 큼(直方大)'이기 때문에 익히지 않아도 이롭지 않은 바가 없다. '불습(不習)'은 그 자연함을 말하니, 곤도에 있어서는 하려하지 않아도 되는 것이고, 성인에 있어서는 중도를 따름이다. '직방대(直方大)'는 『맹자』에 말한 "지극히 크고 지극히 강하니 곧음으로써"라는 것이지만, 「곤체:坤體」에 있기 때문에 '방정함(方)'으로써 '강'자를 바꾸었으니, '정(貞)'에다 '빈마(牝馬)'를 더함과 같다. 기운에 있어서는 '큰 것(大)'을 먼저 말했으니 '큰 것(大)'은 기(氣)의 체이고, 「곤」에는 '곧고 방정함(直方)'을 먼저 말했으니 곧고 방정함으로 말미암아 크는 것이다. '직방대'해야 땅의 도를 다 할 수 있으니, 사람에 있어서도 이를 알아야 할 것이다.

　　　※ 『맹자』의 「공손추장 상」에 출전 : "其爲氣也ㅣ 至大至剛하니 以直養而無害면…
　　　(그 기됨이 지극히 크고 지극히 강하니, 정직함으로써 잘 기르고 해침이 없으면…)".

乾坤은 純體니 以位相應이나 二는 坤之主라 故로 不取五應이니 不以君道로 處五也요 乾則二五ㅣ 相應이라.

「건:☰」과 「곤:☷」은 순수한 체이니 지위로써 서로 응하나, 「육이」는 「곤」의 주인이므로 「육오」와 응함을 취하지 않은 것이니, 인군의 도로써 「육오」에 거처하지 않는 것이고, 「건괘」는 「구이」와 「구오」가 서로 응한다.

　　　※ 厚齋馮氏曰 乾六爻에 莫盛於五요 坤六爻에 莫盛於二는 何也오. 中而且正하고
　　　乾尊坤卑하야 各盡其道也니라.

　　　: <후재풍씨>가 말하길 "「건괘:乾卦」의 여섯 효 중에서 「구오」보다 더 성한 것이 없고, 「곤괘:坤卦」의 여섯 효 중에서는 「육이」보다 더 성한 것이 없는 것은 무슨 까닭인가? '중(中)'을 얻고 또한 '정(正)'을 얻었으며(「건괘」 5효나 「곤괘」 2효가 모두 중정임), 「건괘」는 높고 「곤괘」는 낮은 것이니 (「건」의 「구오」와 「곤」의 「육이」가) 각각 그 도를 다한 것이다."

　　　※ 후재풍씨(厚齋馮氏) : 「송나라」의 「도창:都昌」 사람. 이름은 의(椅), 자는 의지(儀之) 또는 기지(奇之), 호는 후재(厚齋). 박학다식하고 경학에 밝았다. 저서에 『후재역학:厚齋易學, 주역집설명해:周易輯說明解, 경설:經說, 속사기급시문지록:續史記及詩文志錄 200여권』이 있다.

【本義】柔順正固는 坤之直也요 賦形有定은 坤之方也요 德合无疆은 坤之大也라. 六二ㅣ 柔順而中正하고 又得坤道之純者라 故로 其德이 內直外方而又盛大하야 不待學習而无不利라. 占者ㅣ 有其德이면 則其占이 如是也니라.

유순하고 정고(貞固)함은 「곤」의 '곧음(直)'이고, 형체를 부여하고 정해짐이 있음은 「곤」의 '방정함(方)'이며, 덕이 지경이 없는데 합함은 곤의 '큼(大)'이다. 「육이」가 유순하면서 중정하고 또 곤도(坤道)의 순수함을 얻은 효이므로, 그 덕이 안으로는 곧고 밖으로는 방정하고도 성대해서, 배우고 익힘을 기다리지 않아도 이롭

지 않음이 없다. 점치는 자가 이러한 덕이 있으면 그 점이 이와 같다.

※ 盛大:「사고전서」본에는 '順大'로 되어 있다.

※ 雲峯胡氏曰 乾五爻는 皆取象이로대 唯九三은 獨指其性體剛健者로 言之요 坤五爻는 各取象이로대 唯六二는 獨指其性體柔順者로 言之니 初三五는 柔順而不正이요 四上은 柔順而不中이로대 唯六二는 柔順而中正하니 得坤道之純者也라. 正則內直이요 中則外方이며 直則生物不可屈撓요 方則賦形不可移易이니 內直外方에 其德이 自然盛大하야 不待習熟而无不利라. 占者ㅣ 如之면 則自然无不利也라. 初六은 占在象中이요 六二는 象在占中이니 學者ㅣ 會於辭意之表라야 可也니라.

: <운봉호씨>가 말하길 "「건:乾」의 다섯 효는 모두 상(象)을 취했으되, 오직 「구삼」만은 체와 성질이 강건하다는 것으로 말했고, 「곤:坤」의 다섯 효는 각기 상(象)을 취했으되, 오직 「육이」만은 체와 성질이 유순하다는 것으로 말했다. (곤괘의) 초효·삼효·오효는 유순하되 정(正)을 얻지 못했고, 사효와 상효는 유순하되 중(中)을 얻지 못했지만, 오직 「육이」만은 유순하고도 중정(中正)하니 곤도(坤道)의 순전함을 얻은 것이다.

정(正)을 얻으면 안이 곧고(直), 중(中)을 얻으면 밖이 방정하며(方), 곧으면 물건을 생함에 굽히거나 흔들리지 않고, 방정하면 부여받은 형상이 옮기거나 바뀌지 않으니, 안이 곧고 밖이 방정함에 그 덕이 자연히 성대해져서 학습하여 익힘을 기다리지 않아도 이롭지 않음이 없다. 점치는 자가 이렇게 하면, 자연히 모든 것이 이롭게 된다. 「초육」은 점이 상 가운데 있고, 「육이」는 상이 점 가운데 있으니, 배우는 자는 계사(繫辭)가 표현하고자 하는 뜻을 알아야 되는 것이다."

象曰 六二之動이 直以方也ㅣ니 不習无不利는 地道ㅣ 光也ㅣ라.

● 상에 말하길 육이의 행동이 곧고 방정하니, '익히지 않아도 이롭지 않음이 없다'는 것은 땅의 도가 빛남이라.

【傳】承天而動이 直以方耳요 直方則大矣니 直方之義ㅣ 其大无窮이라. 地道ㅣ 光顯에 其功을 順成하니 豈習而後利哉아.

하늘을 받들어서 움직임이 곧고 방정한 것이고, 곧고 방정하면 커지게 되니, 곧고 방정한 뜻은 그 큼이 무궁한 것이다. 땅의 도가 빛나게 나타남에 그 공을 순하게 이루니, 어찌 익힌 후에 이로우랴?

> 六三은 含章可貞이니 或從王事하야 无成有終이니라.
> - [정자] 육삼은 빛남을 머금어 바를 수 있으니, 혹 왕의 일을 좇아서 이룸은 없어도 마침이 있느니라.
> - [주자] 육삼은 빛남을 머금어 바를 수 있으나, 혹 왕의 일을 좇으면 이룸은 없어도 마침이 있으리라.
>
> ䷁ 內含章美 可貞以守

【傳】三居下之上하니 得位者也라. 爲臣之道는 當含晦其章美하야 有善則歸之於君이라야 乃可常而得正하리니 上无忌惡之心하고 下得柔順之道也라.

「육삼:六三」이 아랫 괘의 제일 윗 자리에 거처하니 지위(地位)를 얻은 것이다. 신하의 도(道)됨은 마땅히 자신의 빛나고 아름다움을 감추어, 잘함이 있으면 인군에게 돌려야 이에 떳떳해서 바름을 얻을 것이니, 윗 사람은 꺼리고 미워하는 마음이 없고, 아랫 사람에게는 유순한 도를 얻는 것이다.

 ※ 柔: '恭'자로 되어 있는 판본도 있다.
 ※ 王氏大寶曰 剛柔相雜을 曰文이요 文之成者를 曰章이라하니 剛動而柔縕之ㅣ 含章也라.: <왕대보>가 말하길 "강과 유가 섞인 것을 '문(文)'이라 하고, '문'의 성대한 것을 '장(章)'이라고 하니, 강이 동하면서 유가 쌓인 것이 '함장(含章)'이다."
 ※ 왕대보(王大寶:생몰년 미상): 「남송:南宋」의 「조주:潮州」사람. 자는 원구(元龜). 저서에 『주역증의:周易証義』 10권이 있었으나 전하지 않는다.

可貞은 謂可貞固守之요 又可以常久而无悔咎也라. 或從上之事호대 不敢當其成功하고 唯奉事以守其終耳니 守職以終其事는 臣之道也라.

'가정(可貞)'은 바르고 굳게 지켜나가며, 또 항상하게 오래해서 뉘우침과 허물이 없음을 말한다. 혹 윗 사람의 일을 따라서 하되, 감히 그 공을 자신의 것으로 만들지 말고, 오직 일을 받들어서 그 마침만 지킬 뿐이니, 직분을 지켜서 그 일을 마침이 신하의 도인 것이다.

※ 答 : '吝'자로 되어 있는 판본도 있다.
※ 事 : '事者'로 되어 있는 판본도 있다.

【本義】六은 陰이요 三은 陽이니 內含章美하야 可貞以守나 然이나 居下之上하니 不終含藏이라. 故로 或時出而從上之事면 則始雖无成이나 而後必有終이리라. 爻有此象이라 故로 戒占者ㅣ 有此德이면 則如此占也라.

'육(陰)'은 음이고 '삼(삼효자리)'은 양이니, 안으로 빛나고 아름다움을 머금어 곧게해서 지킬 수 있으나, 아랫 괘의 맨 위에 있으므로 끝까지 감추지는 못한다. 그러므로 혹 때로 나가서 윗 사람의 일을 따르면, 처음에는 비록 이룸이 없더라도 뒤에는 반드시 마침이 있게 될 것이다. 효에 이러한 형상이 있는 까닭에, 점치는 자가 이러한 덕이 있으면 이 점과 같이 된다고 경계한 것이다.

> 象曰 含章可貞이나 以時發也ㅣ오
> ● 상에 말하길 '함장가정'이나 때로써 발함이고,

【傳】夫子ㅣ 懼人之守文而不達義也하사 又從而明之하시니 言爲臣處下之道ㅣ 不當有其功善이요 必含晦其美라야 乃正而可常이라. 然이나 義所當爲者면 則以時而發이요 不有其功耳니 不失其宜라야 乃以時也라. 非含藏終不爲也니 含而不爲는 不盡忠者也니라.

<공자>께서 사람이 글만 지키려 하고 뜻에는 통달하지 못할까 걱정하셔서 또 이어서 밝혀 놓으시니, 신하가 아래에 처하는 도가 그 공로와 잘한 것을 내세움이 옳지 않고, 반드시 그 아름다움을 감추어야 바르게 되어 떳떳해질 수 있음을 말하신 것이다. 그러나 의리가 마땅히 하여야 할 것이 있으면, 때에 따라 발하고 그 공을

내세우지 않을 뿐이니, 그 마땅함을 잃지 않아야 때로써 한 것이 된다. 감추어서 끝까지 하지 않는 것이 아니니, 머금고 하지 않는 것은 충성을 다하지 않는 것이다.

※ 漢上朱氏曰 含章者는 坤之靜也요 以時發者는 坤之動也라. : <한상주씨>가 말하길 "'함장'은 「곤」이 정(靜)한 것이고, '이시발'은 「곤」이 동(動)한 것이다."

或從王事는 知光大也 l 라.
◉ '혹종왕사'는 앎이 빛나고 큼이라.

【傳】象에 只擧上句나 解義則幷及下文이니 它卦도 皆然이라. 或從王事而能无成有終者는 是其知之光大也라. 唯其知之光大라 故로 能含晦라. 淺暗之人은 有善이면 唯恐人之不知하나니 豈能含章也리오.

「소상전」에 다만 윗 귀절(혹종왕사)만을 들었으나, 뜻을 해석하는 데는 아랫 글(무성유종)까지 미치니, 다른 괘도 다 그렇다. '혹 왕의 일을 좇아(或從王事)' 해서 능히 '이룸은 없어도 마침은 있다(无成有終)'는 것은 그 앎이 빛나고 큰 것이다. 오직 그 앎이 빛나고 크기 때문에, 감출 수(자기를 드러내지 않음) 있는 것이다. 얕고 어두운 사람은 잘한 것이 있으면, 다른 사람이 알아주지 못할 것을 두려워하니, 어찌 능히 빛난 것을 머금을 수 있겠는가(자기 자랑을 하지 않을 수 있겠는가)?

六四는 括囊이면 无咎 l 며 无譽 l 리라
◉ [정자] 육사는 주머니를 매면 허물이 없으며 영예로움도 없으리라
◉ [주자] 육사는 주머니를 맸으니, 허물이 없으며 영예로움도 없으리라

☷ 上下閉隔 晦藏无譽

【傳】四 l 居近五之位나 而无相得之義하니 乃上下閉隔之時요 其自處以正이나 危疑之地也라. 若晦藏其知를 如括結囊口而不露면 則可得无咎요 不然則有害也니 旣晦藏하니 則无譽矣라.

「육사:六四」가 오효자리에 가까우나 서로 얻는 뜻이 없으니, 위와 아래가 닫히고 막히는 때이고, 스스로 바름으로써 처세함이 되나 위태하고 의심스러운 처지이다. 만약 그 앎을 어둡게 해서 감추는 것을, 주머니의 입을 매는 것 같이 해서 드러내지 않으면 허물이 없을 것이고, 그렇지 않으면 해가 있으나, 이미 어둡게 해서 감추었으니 영예도 없는 것이다.

※ 폐격(閉隔) : 가두어 격리함.　　露 : 드러날 로.

【本義】括囊은 言結囊口而不出也요 譽者는 過實之名이니 謹密이 如是면 則无咎而亦无譽矣리라. 六四ㅣ 重陰不中이라 故로 其象占이 如此하니 蓋或事當謹密이요 或時當隱遁也라.

'괄낭(括囊)'은 주머니 입을 묶어서 내놓지 않음을 말하고, '예(譽)'는 실제보다 지나친 이름이니, 삼가하고 주밀함이 이와 같으면 허물이 없고 또한 영예도 없을 것이다. 「육사」가 거듭 음하고(음자리에 음효) 중(中)이 아니므로, 그 상(괄낭무구)과 점(무구무예)이 이와 같으니, 혹 일이 삼가하고 면밀하게 해야 마땅하고, 혹은 때가 숨어야 마땅한 것이다.

※ 雲峯胡氏曰 陰虛하야 能受하니 有囊象이라. 六三의 含章과 六四의 括囊은 皆 取舍蓄不露之象이로대 三은 以陰으로 居陽하니 猶或可出而從王事요 六四는 以陰으로 居陰하니 惟可括囊하야 不出而已라.

: <운봉호씨>가 말하길 "음은 허(虛)하여 받아들일 수 있으니 주머니의 상이 있다. 「육삼」의 「함장」과 「육사」의 「괄낭」은 모두 함축해서 드러내지 않는 상을 취한 것이되, 「육삼」은 음효가 양자리에 있으니 혹 나가서 인군의 일을 좇는 것이고, 「육사」는 음으로써 음자리에 있으니 오직 주머니를 묶어서 나오지 않을 뿐이다."

象曰 括囊无咎는 愼不害也ㅣ라.

◉ 상에 말하되 '괄낭무구'는 삼가하면 해롭지 않느니라.

【傳】能愼如此면 則无害也라.

삼가함을 이와 같이 할 수 있으면 해가 없다.

六五는 黃裳이면 元吉이라.

◉ [정자] 육오는 누런 치마면 크게 착하고 길하리라.
◉ [주자] 육오는 누런 치마니 크게 길하니라.

以陰居尊 充內見外

【傳】坤雖臣道나 五ㅣ 實君位라 故로 爲之戒云黃裳元吉이라. 黃은 中色이요 裳은 下服이니 守中而居下則元吉은 謂守其分也라. 元은 大而善也로대 爻象에 唯言守中居下則元吉이라하니 不盡發其義也라.

「곤:坤」이 비록 신하의 도이나 「구오」가 실제로 인군의 자리이므로, 경계하여 '누런 치마면 크게 길할 것(黃裳元吉)'이라고 말하였다. '황(黃)'은 중앙의 색이고, '상(裳)'은 아래 옷이니, 중(中)을 지키면서 아래에 거처하면 크게 착하고 길함은, 그 분수를 지킴을 말한다. '원(元)'은 크고 선함이로되, 「효사」와 「상전」에 오직 중을 지키면서 아래에 거처하면 크게 착하고 길하다고 말했으니, 그 뜻을 다 밝힌 것은 아니다.

黃裳이 旣元吉則居尊이니 爲天下大凶을 可知라. 後之人이 未達則此義ㅣ 晦矣리니 不得不辨也라. 五는 尊位也니 在它卦엔 六居五면 或爲柔順하고 或爲文明하며 或爲暗弱이로대 在坤則爲居尊位나 陰者는 臣道也며 婦道也라.

누런 치마가 크게 착하고 길했다면 존귀한 데 거처함이니, 천하가 크게 흉함을 알 수 있다. 후세 사람들이 확실히 알지 못하면 이 뜻이 어두워지리니, 분별하지 않을 수 없는 것이다. 「육오」는 존귀한 자리니, 다른 괘에 있어서는 육(陰)이 오효자리에 있으면 혹 '유순하다(柔順)' 하고, 혹 '문명하다(文明)' 하며, 혹 '어둡고 약하다(暗弱)'고 했으되, 「곤괘」에 있어서는 존귀한 자리에 있으나 음(陰)은 신하의 도며 지어미의 도가 된다.

※ 다른 괘는 오효자리에 비록 음이 왔다 할지라도 인군으로 삼았으나, 「곤괘」는 신하의

도를 말한 괘이므로, 「육오」가 인군이 되지 못한다.

臣居尊位는 羿莽이 是也니 猶可言也어니와 婦居尊位는 女媧氏武氏ㅣ 是也니 非常之變을 不可言也라. 故로 有黃裳之戒而不盡言也라. 或疑在革에 湯武之事는 猶盡言之로대 獨於此에 不言은 何也오. 曰廢興은 理之常也나 以陰居尊位는 非常之變也라.

신하가 존귀한 자리에 있었던 이는 <후예(后羿)>와 <왕망(王莽)>이니 오히려 말할 수 있거니와, 지어미가 존귀한 자리에 있었던 것은 <여와씨(女媧氏)>와 <측천무후(則天武后)>니, 떳떳하지 못한 변괴를 말로 표현할 수가 없다(입에 담기 어려운 변괴다). 그러므로 '누런 치마(黃裳)'의 경계를 두었고 말을 다하지 않은 것이다. 혹이 의심하기를 "「혁괘」에서 <탕왕>과 <무왕>의 일은 오히려 다 말하되, 유독 여기에서 말하지 않음은 어찌된 일입니까?" 대답하되 "폐하고 흥함은 이치의 떳떳함이지만, 음으로써 존귀한 자리에 거처함은 떳떳하지 못한 변고이다."

※ 후예(后羿) : 「하(夏)나라」때 힘이 쎄고 활을 잘 쏘았다는 제후로, <태강왕(太康王)>과 <중강왕(中康王)> 때부터 재주와 군사를 믿고 왕을 능멸하다가, <중강왕>의 아들인 <상왕(相王)>때 왕권을 찬탈하여, 그의 신하인 <한착(寒浞)>에게 죽임을 당할 때까지 40년간을 왕위에 있었다. <한착>은 다시 <상왕>의 아들인 <소강왕(小康王)>에게 주살됨으로써 「하나라」 왕조가 다시 이어지게 되었다.

※ 왕망(王莽) : 「전한:前漢」의 정치가. 딸이 왕비가 된 것을 기화로 세력을 늘려 왕권을 찬탈하여 「신(新)나라」를 세웠다. <애제(哀帝)>를 폐하고 <평제(平帝)>를 독살한 뒤, 스스로 가제(假帝)라 칭하며 국호를 「신:新」이라고 하여 약 25년을 왕위에 있었다. 그가 죽고 난 후 2년만에 「후한:後漢」의 <광무제(光武帝)>에게 멸망되었다.

※ 측천무후(則天武后) : 「당(唐)나라」<고종(高宗)>의 황후로, <고종>이 죽자 그의 아들인 <중종(中宗)>과 <예종(睿宗)>을 폐하고 제위(帝位)에 올라 국호를 「주:周」라고 고쳤다. 온갖 음학(陰虐)한 생활을 하다가 재상인 <장간지(張柬之)> 등에 의해 폐위되었다.

※ 變 : '大'자로 되어 있는 판본도 있다.

【本義】黃은 中色이요 裳은 下飾이라. 六五ㅣ 以陰居尊하야 中順之德이 充諸內而見於外라 故로 其象이 如此而其占이 爲大善之吉也라. 占者ㅣ 德必如是면 則其占이 亦如是矣라.

'황(黃)'은 중앙의 색이고(누런 색은 중앙 土색), '치마(裳)'는 아래를 꾸미는 것이다. 「육오」가 음으로써 존귀한 데 거처하여, 중순한 덕이 안에 충만해서 밖으로 나타나므로, 그 상이 이와 같고 그 점이 크게 선한 길함이 된다. 점치는 자의 덕이 반드시 이와 같으면, 그 점이 또한 이와 같다.

春秋傳에 南蒯ㅣ 將叛할새 筮得此爻하야 以爲大吉이라하여늘 子服惠伯이 曰忠信之事則可커니와 不然이면 必敗하리라. 外强內溫은 忠也요 和以率貞은 信也라. 故로 曰黃裳元吉이라하니 黃은 中之色也요 裳은 下之飾也요 元은 善之長也라. 中不忠이면 不得其色이요 下不共이면 不得其飾이요 事不善이면 不得其極이라. 且夫易은 不可以占險일새 三者ㅣ 有闕이면 筮雖當이라도 未也라하더니 後에 蒯ㅣ 果敗하니 此可以見占法矣로다.

『춘추전』에 <남괴>가 장차 반란을 일으키려 할 때, 점을 해서 이 효를 얻어 "크게 길하다"고 하니, <자복혜백>이 말하되 "충성되고 미더운 일이면 옳거니와, 그렇지 않으면 반드시 패하리라. 밖이 강하고 안으로 온순한 것은 충성이고, 화합해서 바름을 따르는 것은 신의이다. 그러므로 '누런 치마면 크게 길하다(黃裳元吉)'고 하였으니, '황'은 중앙의 색이고, '상'은 아래를 꾸미는 것이며, '원'은 착함의 어른이다. 마음(中)이 충성되지 않으면 그 색(黃)을 얻지 못하고, 아래에서 공손하지 않으면 그 꾸밈을 얻지 못할 것이며, 일이 선하지 않으면 그 지극함(결과)을 얻지 못한다. 또한 역(易)이라는 것은 험한 일(부정한 일)을 점칠 수 없으니, 3가지(忠·共·善)에서 빠짐이 있으면 점쳐서 이 효를 얻었다하더라도 점괘대로 안된다."라고 하더니, 후에 과연 <남괴>가 패하였으니, 이것으로 점치는 법을 볼 수 있다.

※ 蒯 : 황모 괴.　　※ 『춘추전』 소공(昭公) 12년조.
※ 밖이 강하고 안으로 온순 : 「육오」가 동하면 외괘는 「감☵」이니 강하고, 내괘는 「곤:☷」이니 온순하다.
※ 三 : 「사고전서」 본에는 '二'자로 되어 있다.
※ 當 : 『춘추전』 소공(昭公) 12년조에는 '吉'자로 되어 있다.

象曰 黃裳元吉은 文在中也ㅣ라.

◉ 상에 말하길 '황상원길'은 문채가 중에 있음이라.

【傳】黃은 中之文이니 在中은 不過也라. 內積至美而居下라 故로 爲元吉이라.

'황'은 가운데의 문채이니, '가운데에 있음(在中)'은 지나치지 않은 것이다. 안으로 지극히 아름다움을 쌓았으면서 아래에 거처하므로, 크게 착하고 길함이 된다.

【本義】文在中而見於外也라.

문채가 가운데(中) 있으면서 밖에 나타나는 것이다.

上六은 龍戰于野하니 其血이 玄黃이로다.

◉ 상육은 용이 들에서 싸우니, 그 피가 검고 누르도다.

陰盛陽爭 兩敗俱傷

【傳】陰은 從陽者也나 然이나 盛極則抗而爭이라. 六旣極矣에 復進不已면 則必戰이라 故로 云戰于野라하니 野는 謂進至於外也라. 旣敵矣니 必皆傷이라 故로 其血이 玄黃이라.

음은 양을 따르는 것이나, 성해서 극하게 되면 (양에) 대항해서 싸운다. 「상육」이 이미 극함에 다시 나아가기를 그치지 않으면 반드시 싸우게 되는 까닭에 '들에서 싸운다(戰于野)'고 하였으니, '들(野)'은 나아가 밖에 이른 것을 말한다. 이미 적수가 되었으니 반드시 둘 다 상하므로, '그 피가 검고 누른 것(其血玄黃)'이다.

【本義】陰盛之極에 至與陽爭하야 兩敗俱傷하니 其象이 如此라. 占者ㅣ 如是면 其凶을 可知라.

음의 성함이 극함에 양과 더불어 다투는 데 이르러서, 둘이 다 패하여 함께 상하니, 그 상이 이와 같다. 점치는 자가 이와 같으면 그 흉함을 알 수 있다.

象曰 龍戰于野는 其道ㅣ 窮也ㅣ라.
◉ 상에 말하길 '용이 들에서 싸움'은 그 도가 궁함이라.

【傳】陰盛하야 至於窮極이면 則必爭而傷也라.

음이 성해서 궁극함에 이르면 반드시 다투어서 상하게 된다.

用六은 利永貞하니라.
◉ 용육은 오래하고 바르게 함이 이로우니라.

【傳】坤之用六은 猶乾之用九니 用陰之道也라. 陰道ㅣ 柔而難常이라 故로 用六之道ㅣ 利在常永貞固라.

「곤:坤」의 육(陰)을 씀은 「건:乾」의 구(陽)을 씀과 같으니, 음을 쓰는 도이다. 음의 도가 부드러워서 항상하기 어려운 까닭에 육을 쓰는 도가 항상 영구하고 정고함에 이로움이 있는 것이다.

※ 厚齋馮氏曰 乾極矣에 九將變而爲六이니 能用九면 則不失其爲君之道요 坤極矣에 六將變而爲九니 能用六이면 則不失其爲臣之節이라. 用九는 在无首요 用六은 在永貞이니 永貞은 所以用六也라.

: <후재풍씨>가 말하길 "건이 극함에 구(陽)가 장차 변하여 육(陰)이 되니, 구를 잘 쓰면 인군의 도를 잃지 않게 된다. 「곤」이 극함에 육(陰)이 장차 변하여 구가 되니, 육을 잘 쓰면 신하의 절도를 잃지 않게 된다. 구를 씀은 '머리하지 않음(无首)'에 있고 육을 씀은 '오래도록 곧게 바름(永貞)'에 있으니, 이 때문에 '영정'은 육을 쓰는 것이다."

【本義】用六은 言凡得陰爻者니 皆用六而不用八은 亦通例也라. 以此卦純陰而居首라 故로 發之하니 遇此卦而六爻俱變者는 其占이 如

此辭라. 蓋陰이 柔而不能固守나 變而爲陽이면 則能永貞矣라. 故로 戒占者ㅣ 以利永貞이니 卽乾之利貞也라. 自坤而變이라 故로 <u>不足於元亨云</u>이라.

 '용육(用六)'은 음효를 얻은 것을 말하니, 육(6)을 쓰고 팔(8)을 쓰지 않는 것은 또한 일반적인 예이다. 이 괘가 순전한 음으로써 제일 앞에 있는 까닭에 발명한 것이니, 이 괘를 만나 여섯 효가 다 변한 것은 그 점이 이 글과 같다. 대개 음이 부드러워 능히 굳게 지키지 못하나, 변해서 양이 되면 길이 바를 수 있다. 그러므로 점치는 자를 '오래도록 바르게 함이 이로움(利永貞)'으로 경계했으니, 즉 「건괘」의 '바르게 함이 이롭다(利貞)'는 것이다. 「곤괘:坤卦」로부터 변했으므로, '원형(元亨)'을 말하는 데까지는 미치지 못한 것이다('이정'은 말했지만 '원형'은 말 안함).

 ※ <u>不足於元亨云</u> : 「사고전서」본에는 '不足以大亨云'으로 되어 있다.

象曰 用六永貞은 以大終也ㅣ라.

◉ 상에 말하길 '용육은 길이 바르게 함'은 큼으로써 마침이라.

【傳】陰旣貞固不足이니 則不能永終이라. 故로 用六之道는 利在盛大於終하니 能大於終이라야 乃永貞也라.

 음은 바르고 굳음이 족하지 못하니 능히 마침을 영구토록 하지 못한다. 그러므로 육(陰)을 쓰는 도는 마침에 성대함이 이로우니, 마침에 성대할 수 있어야 '오래도록 바르게 함(永貞)'이다.

  ※ 沙隨程氏曰 乾은 以元爲本하니 所以資始요 坤은 以貞爲主하니 所以大終也라.
  : <사수정씨>가 말하길 "「건」은 '원(시작)'으로써 근본을 삼으니 이로써 '바탕해 시작(資始)'하고, 「곤」은 '정(마침)'으로써 주장을 삼으니 이로써 '큼으로써 마침(大終)'인 것이다.
  ※ 사수정씨(沙隨程氏) : 「남송:南宋」의 경학가. 이름은 형(逈), 자는 가구(可久), 호는 사수(沙隨). 저서에는 『주역고점법:周易古占法, 주역장구외편:周易章句外編』 등이 있다.

【本義】初陰後陽이라 故로 曰大終이라.

처음은 음이었다가 뒤에는 양이므로, '크게 마침(大終)'이라고 말했다.

※ 음은 작은 것이고 양은 큰 것인데, 음이 양으로 변했으니 커진 것이다.

곤문언전 1절

> 文言曰 坤은 至柔而動也ㅣ 剛하고 至靜而德方하니
> ◉ 문언에 말하길 곤은 지극히 유순하되 움직임에 강하고, 지극히 고요하되 덕이 방정하니,

【本義】剛方은 釋牝馬之貞也니 方은 謂生物有常이라.

'강(剛)'과 '방(方)'은 '암말의 바름(牝馬之貞)'을 풀이한 것이니, '방'은 물건을 생함에 항상함이 있음을 말한다.

> 後得하야 主(利)而有常하며
> ◉ 뒤에 하면 얻어서 (이로움을) 주장하여 항상함이 있으며,

【本義】程傳에 曰主下에 當有利字라.

『정전』에 '주(主)'자 아래에 마땅히 '이(利)'자가 있어야 한다고 말했다.

※ 경전에 '主而有常'을 '主利而有常'으로 해야 한다는 뜻이다.

> 含萬物而化ㅣ 光하니
> ◉ 만물을 머금어 화함이 빛나니,

【本義】復明亨義라.

다시 '형(亨)'의 뜻을 밝혔다.

※ 臨川吳氏曰 象傳에 言含弘光大는 此言靜翕之時엔 含萬物生意於中이요 動闢엔 則化生萬物而光輝라.

: <임천오씨>가 말하길 "「단전」에 '함홍광대'라 말한 것은, 고요히 닫혀 있을때 는 만물을 생하려는 뜻을 그 가운데 머금고 있고, 동하여 열리면 만물을 화생해서 빛나게 함을 말한다."

坤道ㅣ 其順乎인져. 承天而時行하나니라.
◉ 곤의 도가 그 순한 것인져! 하늘을 이어 때로 행하느니라.

【傳】坤道ㅣ 至柔而其動則剛하고 坤體ㅣ 至靜而其德則方하나니 動剛故로 應乾不違요 德方故로 生物有常이라. 陰之道는 待唱而和라 故로 居後爲得이요 而主利成萬物하니 坤之常也요 含容萬類하니 其功化ㅣ 光大也라. 主字下에 脫利字라. 坤道其順乎인져 承天而時行은 承天之施하야 行不違時니 贊坤道之順也라.

「곤:坤」의 도가 지극히 부드럽되 움직이면 강하고, 「곤」의 체가 지극히 고요하되 덕은 방정하다. 움직임에 강하므로 「건」에 응해서 어기지 않고, 덕이 방정하므로 물건을 생함에 항상함이 있다. 음의 도는 부름을 기다려 화답하므로, 뒤에 거처하면 얻음이 되고, 이로움을 주장해 만물을 이루니 「곤」의 떳떳함이며, 만 가지 류를 포용하니 그 화육하는 공이 빛나고 크다. '주(主)'자 아래에 '이(利)'자가 빠졌다. '곤의 도가 그 순한 것인져! 하늘을 이어 때로 행함(坤道其順乎承天而時行)'은 하늘의 베풂을 받들어 행함에 때를 어기지 않음이니, 곤도의 순함을 찬양한 것이다.

【本義】復明順承天之義라.

순하게 하늘을 받드는 뜻을 다시 밝혔다.

○ 此以上은 申象傳之意니라.

이로부터 윗글은 「단전」의 뜻을 거듭 편 것이다.

곤문언전 2절

> 積善之家는 必有餘慶하고 積不善之家는 必有餘殃하나니 臣弑其君하며 子弑其父ㅣ 非一朝一夕之故ㅣ라. 其所由來者ㅣ 漸矣니 由辨之不早辨也ㅣ니 易曰 履霜堅冰至라하니 蓋言順也ㅣ라.
>
> ● 착한 것을 쌓은 집은 반드시 남은 경사가 있고, 착하지 않은 것을 쌓은 집은 반드시 남은 재앙이 있나니, 신하가 그 인군을 죽이며, 자식이 그 아비를 죽임이 하루아침 하루저녁의 연고가 아님이라. 그 말미암아 온 바가 점차한 것이니, 분별할 것을 일찍 분별하지 못함으로 말미암은 것이니, 역에 말하길 '서리를 밟으면 굳은 얼음이 이른다'고 하니, 대개 순함(삼가함)을 말함이다.

※ 「곤괘」「초육」에 대한 부연 설명이다.

【傳】天下之事ㅣ 未有不由積而成이니 家之所積者ㅣ 善이면 則福慶이 及於子孫이어니와 所積이 不善이면 則災殃이 流於後世하야 其大ㅣ 至於弑逆之禍하나니 皆因積累而至요 非朝夕의 所能成也라.

 천하의 일이 쌓음으로 말미암아 이루지 않은 것이 없다. 집(가문)에 쌓은 것이 착하면 복과 경사가 자손에 미치거니와, 쌓은 바가 착하지 못하면 재앙이 후세에 내려가, 그 큼이 시역(弑逆)하는 재앙에 이르니, 다 오랫동안 쌓음으로 인해서 이르게 된 것이고, 하루아침 하루저녁에 이룰 수 있는 것이 아니다.

明者는 則知漸不可長하니 小積成大를 辯之於早하야 不使順長이라 故로 天下之惡이 无由而成하니 乃知霜冰之戒也라. 霜而至於冰과 小惡而至於大는 皆事勢之順長也라.

 현명한 자는 점차 자라면 안될 것을 아니, 작은 것이 쌓여서 큰 것이 됨을 일찍 분별하여 커나가지 못하게 한다. 그러므로 천하의 악이 말미암아 이루지 못하니, '서리가 굳어 얼음이 된다'는 경계를 안 것이다. 서리가 얼음이 되는 것과 작은 악이 큰 악이 됨은, 모두 일의 형세가 순리대로 커간 것이다.

※ 於, 於 : '於'자가 모두 없는 판본도 있다.

【本義】古字에 順愼이 通用하니 按此컨대 當作愼이니 言當辯之於微也니라.

옛 글자에 '순(順)'과 '신(愼)'은 통용했다. 이것으로 살펴 보건대 마땅히 '신'으로 해야하니, 미미할 때 분별해야 함을 말한 것이다.

※ 辯:「사고전서」본에는 '辨'자로 되어 있다.

> 直은 其正也ㅣ오 方은 其義也ㅣ니 君子ㅣ 敬以直內하고 義以方外하야 敬義立而德不孤하나니 直方大不習无不利는 則不疑其所行也ㅣ라.
>
> ● '직'은 그 바름이요 '방'은 그 의로운 것이니; 군자가 공경함으로써 안을 곧게하고 의리로써 밖을 방정하게 해서, 경과 의가 섬에 덕이 외롭지 아니하나니 '곧고 모나서 큰지라, 익히지 않아도 이롭지 않음이 없음'은 즉 그 행하는 바를 의심하지 않음이라.

※「곤괘」「육이」에 대한 부연 설명이다.

【傳】直은 言其正也요 方은 言其義也니 君子ㅣ 主敬하야 以直其內하고 守義하야 以方其外라. 敬立而內直하며 義形而外方하나니 義形於外는 非在外也라. 敬義ㅣ 旣立애 其德이 盛矣라 不期大而大矣니 德不孤也라. 无所用而不周하며 无所施而不利하니 孰爲疑乎리오.

'직(直)'은 그 바름을 말한 것이고, '방(方)'은 그 의로움을 말한 것이니, 군자가 공경을 주장함으로써 그 안을 바르게 하고, 의리를 지킴으로써 그 바깥을 방정하게 한다. 공경이 섬에 안이 바르며, 의리가 드러남에 밖이 방정해지니, 의리가 바깥에 드러남은 (의리가) 밖에 있다는 것이 아니다. 공경과 의리가 이미 서게 되면 그 덕이 성해지므로, 클 것을 기약하지 않아도 커지니, 덕이 외롭지 않게 된다(그래서 '大'의 설명이 빠졌다). 씀에 두루하지 않음이 없으며, 베풂에 이롭지 않음이 없으니 누가 의심하겠는가?

※ 而, 而:둘 다 '則'자로 되어 있는 판본도 있다.

【本義】此는 以學而言之也라. 正은 謂本體요 義는 謂裁制요 敬則本體之守也요 直內方外는 程傳에 備矣라. 不孤는 言大也라. 疑故로 習而後에 利니 不疑면 則何假於習이리오.

　이것은 배움으로써 말한 것이다. '정(正)'은 본체를 말한 것이고, '의(義)'는 재단해서 제어함을 말함이며, '경(敬)'은 본체를 지킴이고, '직내방외(直內方外)'는 『정전』에 다 설명 되었다. '불고(不孤)'는 '대(큼)'를 말한 것이다. 의심하는 까닭에 익힌 후에 이로우니, 의심하지 않으면 어찌 익힘을 빌리겠는가?

> 陰雖有美나 含之하야 以從王事하야 弗敢成也ㅣ니 地道也ㅣ며 妻道也ㅣ며 臣道也ㅣ니 地道는 无成而代有終也ㅣ니라.
> ● 음이 비록 아름다움이 있으나 머금어서 왕의 일을 좇아서 감히 이루지는 못하니, 땅의 도며 지어미의 도며 신하의 도니, 땅의 도는 이룸은 없되 (천도를) 이어서 마침이 있느니라.

　※「곤괘」의 「육삼」에 대한 부연 설명이다.

【傳】爲下之道는 不居其功하고 含晦其章美하야 以從王事호대 代上以終其事요 而不敢有其成功也니 猶地道ㅣ 代天終物호대 而成功則主於天也라. 妻道도 亦然하니라.

　아래가 된 도리는 그 공에 머물지 아니하고, 그 빛나고 아름다움을 어둡게 감추어서 왕의 일을 따르되, 윗 사람을 이어서 그 일을 마치고 감히 그 성공은 (자기 것으로) 두지 않으니, 마치 땅의 도가 하늘을 이어서 일을 마치되, 이룬 공은 하늘에 맡기는(돌리는) 것과 같다. 지어미의 도(道) 또한 그러하다.

> 天地變化하면 草木이 蕃하고 天地閉하면 賢人이 隱하나니 易曰括囊无咎无譽ㅣ라하니 蓋言謹也ㅣ라.
> ● 천지가 변화하면 초목이 번성하고, 천지가 닫히면 현인이 숨나니, 역에 말하길 '괄낭무구무예'라하니 대개 삼가함을 말함이라.

　※「곤괘」의 「육사」에 대한 부연 설명이다.

【傳】四居上하야 近君이나 而无相得之義라 故로 爲隔絶之象이라. 天地交感이면 則變化萬物하야 草木이 蕃盛하고 君臣이 相際而道亨이어니와 天地閉隔이면 則萬物이 不遂하고 君臣이 道絶하야 賢者ㅣ 隱遯하나니 四ㅣ 於閉隔之時에 括囊晦藏이면 則雖无令譽나 可得无咎리니 言當謹自守也라.

「육사」가 상괘(上卦)에 거처해서 인군에 가까우나, 서로 얻는 뜻이 없는 까닭에, 막히고 끊어지는 상이 되었다. 천지가 교감하면, 만물이 변화하여 초목이 번성하고 인군과 신하가 서로 만나서 도가 형통하지만, 천지가 닫히고 막히면, 만물이 이루지 못하고 군신의 도가 끊겨서 어진 자가 숨어 피하게 된다. 「육사」가 닫히고 막힌 때에 주머니를 매고 어둡게 해서 감추면, 비록 영예는 없지만 허물도 없을 것이니, 마땅히 삼가해서 스스로 지켜야 한다는 말이다.

君子ㅣ 黃中通理하야

- [정자] 군자가 가운데가 누렇게 문채나고 이치에 통해서,
- [주자] 군자가 중덕이 안에 있고 이치에 통해서,

※ 「곤괘」의 「육오」에 대한 부연 설명이다.

【本義】黃中은 言中德이 在內니 釋黃字之義也니라.

'황중(黃中)'은 중덕(가운데 덕)이 안에 있음을 말하니, '누를 황(黃)'자의 뜻을 풀이한 것이다.

正位居體하야

- 바른자리에 몸을 거하여,

【本義】雖在尊位나 而居下體하니 釋裳字之義也니라.

비록 존귀한 자리에 있으나 하체에 거하니, '치마 상(裳)'자의 뜻을 풀이한 것이다.

> 美在其中而暢於四支하며 發於事業하나니 美之至也ㅣ라.
> ● 아름다움이 그 가운데 있어 사지에 빛나며 사업을 발하나니, 아름다움의 지극함이라.

【傳】黃中은 文居中也라. 君子ㅣ 文中而達於理하니 居正位而不失爲下之體라. 五는 尊位나 在坤엔 則惟取中正之義라. 美積於中而通暢於四體하고 發見於事業하니 德美之至盛也니라.

'황중(黃中)'은 문채가 가운데 있는 것이다. 군자가 가운데가 문채나고 이치에 통달하니, 바른 자리에 거해서 아래가 된 몸을(아랫 사람이라는 것을) 잃지 않는다. 「육오」는 높은 자리이나, 「곤괘」에서는 오직 '중정(中正)'의 뜻만을 취했다. 아름다움이 중(中)에 쌓여 사체(四支)에 통창하고 사업에 발흥하여 나타나니, 덕과 아름다움이 지극히 성대한 것이다.

※ 則惟: '故惟'로 되어 있는 판본도 있다.

【本義】美在其中은 復釋黃中이요 暢於四支는 復釋居體라.

'아름다움이 그 가운데 있음(美在其中)'은 다시 '황중(黃中)'을 풀이한 것이고, '사지에 빛남(暢於四支)'은 '거체(居體)'를 다시 해석한 것이다.

> 陰疑於陽하면 必戰하나니 爲其嫌於无陽也ㅣ라 故로 稱龍焉하고 猶未離其類也ㅣ라 故로 稱血焉하니 夫玄黃者는 天地之雜也ㅣ니 天玄而地黃하니라.
> ● 음이 양을 의심하면 반드시 싸우나니, 그 양이 없음을 의심함이라 그러므로 용이라 일컫고, 오히려 그 동류를 떠나지 못하는지라 그러므로 혈(피)이라고 일컬으니, 무릇 '검고 누르다'는 것은 하늘과 땅의 섞임이니 하늘은 검고 땅은 누르니라.

※ 「곤괘」의 「상육」를 부연 설명한 것임.

【傳】陽大陰小하니 陰必從陽이로대 陰旣盛極이면 與陽으로 偕矣니 是疑於陽也요 不相從則必戰이라. 卦雖純陰이나 恐疑无陽이라 故로 稱

龍하니 見其與陽戰也라.

  양은 크고 음은 작으므로 음은 반드시 양을 따르나, 음이 이미 성극(盛極)하면 양과 더불어 함께하니, 이것이 양을 의심하는 것이고, 서로 따르지 않으면 반드시 싸운다. 괘가 비록 순음(純陰)이나 양이 없음을 두려워하고 의심하므로, 용(龍)이라고 일컬은 것이니, 음이 양과 더불어 싸우는 것을 나타낸 것이다.

于野는 進不已而至於外也니 盛極而進不已則戰矣라. 雖盛極이나 不離陰類也어늘 而與陽爭하니 其傷을 可知라 故로 稱血이라. 陰旣盛極하야 至與陽爭하니 雖陽이나 不能无傷이라 故로 其血이 玄黃이라. 玄黃은 天地之色이니 謂皆傷也라.

  '들에서(于野)'는 나아감을 그치지 않아 밖에까지 다달은 것이니, 성극해서 나아가기를 그치지 않으면 싸우게 되는 것이다. 비록 성극하지만 음의 류를 떠나지 못했는데도 양과 더불어 싸우니, 그 상하게 됨을 알 수 있기 때문에, '피(血)'라고 말했다. 음이 이미 성극하여 양과 더불어 다투는 데까지 이르니, 비록 양이라도 상하지 않을 수 없는 까닭에 그 피가 검고 누른 것이다. '검고 누름(玄黃)'은 하늘과 땅의 색이니, 둘 다 상함을 말한다.

【本義】疑는 謂鈞敵而无小大之差也라. 坤雖无陽이나 然이나 陽未嘗无也라. 血은 陰屬이니 蓋氣는 陽이요 而血은 陰也라. 玄黃은 天地之正色이니 言陰陽이 皆傷也라.

  '의심함(疑)'은 균등한 상대로 작고 큼의 차이가 없음을 말한 것이다. 「곤」이 비록 양이 없으나 양이 일찍이 없는 것은 아니다. '피(血)'은 음에 속하니, 기(氣)는 양이고 피(血)는 음이다. '검고 누름(玄黃)'은 천지의 바른 색이니, 음과 양이 다 상함을 말한다.

  ※ 而 : 「사고전서」 본에는 '而'자가 없다.
  ※ 雲峯胡氏曰 上六은 亦當與六三으로 竝看이라 故로 皆揭以陰之一字라. 三曰陰雖有美含之는 猶知有陽也요 上曰陰疑於陽必戰은 則與陽爲均敵而无小大之差矣라. 天道不可一日无陽이라 故로 稱龍하니 於盛陰之時라도 存陽也라. 戰而俱傷하

니 在臣子엔 雖罪不容誅나 在君父엔 則宜早辯也라. 蓋能辯之於初면 則如六五之 黃裳元吉이니 積善之慶이 有餘也요 不能辯之於初면 則如上六之其血玄黃이니 積不善之殃이 有餘也니라.

: <운봉호씨>가 말하길 "「상육」은 또한 「육삼」과 함께 살펴야 되므로, 두 효 모두 '음(陰)'자를 말했다. 「육삼」에 '음수유미 함지'라 한 것은 양이 있음을 안 것이고, 「상육」에 '음의어양 필전'은 양과 균등한 상대로 작고 큼의 차이가 없는 것이다. 천도(天道)는 하루라도 양이 없을 수 없으므로 용(龍)이라고 했으니, 음이 성극한 때에도 양이 존재하는 것이다. 싸워서 함께 상하니, 신하나 자식은 비록 죄가 죽임을 용납할 수가 없으나, 인군과 아비는 마땅히 일찍 분별해야 하는 것이다. 처음(초효)에 능히 분별했다면 「육오」의 '황상원길'과 같으니 선을 쌓음으로 인한 경사가 남을 것이고, 분별하지 못했다면 「상육」의 '기혈현황'과 같으니 불선을 쌓음으로 인한 재앙이 남을 것이다."

○ 此以上은 申象傳之意라.

이로부터 윗 글은 「상전」의 뜻을 편 것이다.

坎上 水雷屯(3)
震下 수 뢰 둔

【傳】屯은 序卦에 曰有天地然後에 萬物이 生焉하니 盈天地之間者ㅣ 惟萬物이라 故로 受之以屯하니 屯者는 盈也ㅣ니 屯者는 物之始生也ㅣ라하니 萬物이 始生에 鬱結未通이라 故로 爲盈塞於天地之間이니 至通暢茂盛이면 則塞意亡矣라.

「둔:䷂」은 「서괘전」에 "천지가 있은 뒤에 만물이 생겨나니, 천지 사이에 가득 차 있는 것이 오직 만물이다. 그러므로 (「건·곤」괘 다음에) 「둔괘」로써 받으니, 「둔」은 가득참이며, 「둔」은 물건의 처음 생함이다."고 했다. 만물이 처음 생함에 막히고 맺혀서 통하지 못하므로, 천지 사이에 가득차고 막힘이 되니, 통창하고 무성함에 이르면 막히는 뜻이 없어진다.

  ※ 旦 : '曰'자가 없는 판본도 있다.
  ※ 울결(鬱結) : 기운이 막혀 펴지 못하는 모양.
  ※ 통창(通暢) : 통달함, 조리가 훤하게 밝음.

天地ㅣ 生萬物이요 屯은 物之始生이라 故로 繼乾坤之後라. 以二象으로 言之면 雲雷之興이니 陰陽ㅣ 始交也요 以二體로 言之면 震始交於下며 坎始交於中이니 陰陽ㅣ 相交하야 乃成雲雷라.

  천지가 만물을 낳는 것이고, 「둔」은 물건이 처음 나오는 것이므로, 「건·곤」의 뒤를 이었다. 두 상으로써 말하면 구름(☵)과 우뢰(☳)가 일어남이니 음양이 처음 사귀는 것이고, 두 체로써 말하면 「진:☳」은 아래에서 처음 사귀고, 「감:☵」은 가운데에서 처음 사귀니, 음양이 서로 사귀어 구름과 우뢰를 이루는 것이다.

陰陽이 始交에 雲雷ㅣ 相應이나 而未成澤이라. 故로 爲屯이니 若已成

澤則爲解也라. 又動於險中하니 亦屯之義라. 陰陽이 不交則爲否요 始交而未暢則爲屯이니 在時엔 則天下屯難하야 未亨泰之時也라.

음양이 처음 사귀는 까닭에 구름과 우뢰가 서로 응하나, 못을 이루지는 못한다. 그러므로 「둔」이 되었으니, 만약 이미 못을 이루었다면 풀림(䷧)이 된다. 또 험한 가운데서 움직이니 역시 「둔」의 뜻이다. 음양이 사귀지 못하면 막힘(䷋)이 되고, 처음 사귀어 통창하지 못하면 어려움(䷂)이 되니, 때에 있어서는 천하가 어렵고 힘들어서 형통하고 태평하지 못한 때이다.

※ 「둔」은 음양이 이제 막 사귀기 시작하여 아직 통창하지 못한 상태를 말한다.

※ 雲峯胡氏曰 屯蒙이 繼乾坤之後하야 上下體有震坎艮은 坤交乾而成也요 震則乾坤之始交라 故로 先焉이라.

: <운봉호씨>가 말하길 "「둔·몽」이 「건·곤」의 뒤를 이어서 상체와 하체에 「진(☳)·감(☵)·간(☶)」이 있음은 「곤:☷」이 「건:☰」과 사귀어 이루어진 것이고, 「진」은 「건」과 「곤」이 처음 사귄 것이므로 먼저 나온 것이다."

屯은 元亨코 利貞하니 勿用有攸往이오 利建侯하니라.

◉ 둔은 크게 형통하고 바르게 함이 이로우니, 가는 바를 두지 말고 제후를 세움이 이로우니라.

䷂ 方屯之時 廣資輔助

【傳】屯은 有大亨之道요 而處之엔 利在貞固하니 非貞固면 何以濟屯이리오. 方屯之時에 未可有所往也니 天下之屯을 豈獨力으로 所能濟리오. 必廣資輔助라 故로 利建侯也니라.

「둔:屯」은 크게 형통하는 도가 있고, 처세함엔 이로움이 바르고 굳음(利貞)에 있으니, 바르고 굳음이 아니면 어찌 「둔:어려움」을 다스리겠는가? 「둔」의 때에는 가는 바를 두지 못하니, 천하의 「둔」을 어찌 혼자 힘으로 다스릴 수 있겠는가? 반드시 널리 보필과 도움을 받아야 하기 때문에, 후를 세움이 이로운 것이다.

※ 貞, 貞 : 둘 다 '正'자로 되어 있는 판본도 있다.

※ 或問 程傳에 只言宜建侯를 輔助라하니 如何잇가. 朱子曰 易只有三處에 言利建侯하니 屯兩言之하고 豫一言之하야 皆言立君하며 左氏도 分明有立君之說하니 衛公子元遇屯에 則可見矣라.

 : 혹자가 여쭈기를 "『정전』에 '의건후'를 단지 보필하여 돕는 뜻으로 말씀했는데 어떻게 생각하십니까?" <주자>가 답하기를 "『역경』에 단지 세 군데에 '이건후'를 언급했는데, 「둔괘」에 두 번 언급했고 「예괘」에 한 번 언급하여, 모두 인군을 세우는 뜻으로 말했으며, 『춘추좌씨전(昭公 7년조)』에도 인군을 세우는 뜻으로 밝혀 놓았으니, 「위나라」 공자(公子)인 <원>에 대해 점을 쳐서 「둔괘」를 얻은 내용에서도 알 수 있다."

【本義】 震坎은 皆三畫卦之名이라. 震은 一陽이 動於二陰之下라 故로 其德이 爲動이요 其象은 爲雷며 坎은 一陽이 陷於二陰之間이라 故로 其德이 爲陷爲險이요 其象은 爲雲爲雨爲水라.

 '진(震)'과 '감(坎)'은 모두 3획괘의 이름이다.「진」은 양 하나가 두 음의 아래에서 동하는 까닭에 그 덕이 움직임이 되고, 그 상은 우뢰가 되며,「감」은 양 하나가 두 음 사이에 빠지는 까닭에, 그 덕이 빠짐이 되고 험함도 되며, 그 상은 구름·비·물이 된다.

※ '진(☳)'과 '감(☵)': 괘 그림 옆의 '진하(震下)' '감상(坎上)'이라고 쓰인 글자를 말한다.
※ 二陰之間:「사고전서」본에는 '二陰之下'로 되어 있다.

屯은 六畫卦之名也요 難也니 物始生而未通之意라. 故로 其爲字ㅣ 象屮ㅣ 穿地始出而未申也요 其卦ㅣ 以震遇坎하니 乾坤이 始交而遇險陷이라 故로 其名이 爲屯이라.

 '둔(䷂)'은 6획괘의 이름이며, 어려움이니, 물건이 처음 생겨남에 통하지 못하는 뜻이다. 그러므로 그 글자 됨이 '풀(屮)'이 땅을 뚫고 처음 나와서 펴지 못함을 상징한 것이고, 그 괘가「진:☳」으로써「감:☵」을 만났으니,「건:☰」과「곤:☷」이 처음 사귐에 험하고 빠지게 되기 때문에, 그 이름이「둔」이 되었다.

震動이 在下하고 坎險이 在上하니 是ㅣ 能動乎險中이라. 能動하니 雖

可以亨이나 而在險이니 則宜守正而未可遽進이라. 故로 筮得之者ㅣ 其占이 爲大亨而利於正이로대 但未可遽有所往耳라. 又初九는 陽이 居陰下하야 而爲成卦之主하니 是ㅣ 能以賢으로 下人하야 得民이니 而可君之象이라. 故로 筮立君者ㅣ 遇之면 則吉也라.

「진」의 움직임이 아래에 있고 「감」의 험함이 위에 있으니, 이것이 능히 험한 가운데 동하는 것이다. 동할 수 있으므로 형통하지만, 험한 데 있으니 바름을 지키는 것이 마땅하고 함부로 나아가지 말아야 한다. 그러므로 점을 쳐서 이 괘를 얻은 자는, 그 점이 크게 형통하고 바르게 함이 이롭지만, 다만 급히 가는 바를 두어서는 안된다. 또 「초구」는 양이 음 아래에 거해서 괘를 이룸에 주효가 되었으니, 이것이 어짊으로써 다른 사람에게 낮출 수 있어서 백성을 얻는 것이므로, 인군의 형상이랄 수 있다. 그러므로 인군을 세우려는 자가 점을 쳐서 이 괘를 만나면 길하다.

※ 雲峯胡氏曰 初九는 以震之一陽으로 居陰下而爲成卦之主라. 元亨은 震之動也요 利貞은 爲震遇坎而言也니 非不利有攸往이요 不可輕用以往也라. 易言利建侯者ㅣ 二니 豫建侯는 上震也요 屯建侯는 下震也라. 震長子와 震驚百里에 皆有侯象이라.

: <운봉호씨>가 말하길 "「초구」는 「진☳」의 양 하나가 음의 아래에 있으면서 「둔괘」가 되는 주효가 되었다. '원형(元亨)'은 「진」의 움직임이고, '이정(利貞)'은 「진」이 「감」을 만남을 말하니, '가는 바를 둠이 이롭지 못하다'는 것이 아니라 '함부로 움직여 가지 말라'는 뜻이다. 『역경』에 '이건후'가 두 번 나오는데, 「예괘」의 '건후'는 상괘의 「진」을 말하고, 「둔괘」의 '건후'는 하괘에 있는 「진」을 말한다. '「진」은 장자(맏아들)'라고 한 것과 '「진:우뢰」가 백 리를 놀라게 한다'고 한 것에 모두 제후의 상이 있다."

象曰 屯은 剛柔ㅣ 始交而難生하며

◉ 단에 말하길 둔은 강과 유가 처음 사귀어 어렵게 나오며,

【本義】 以二體로 釋卦名義라. 始交는 謂震이요 難生은 謂坎이라.

두 체로써 괘명의 뜻을 풀이하였다. '처음 사귐(始交)'는 「진☳」을 이름이고, '어렵게 생함(難生)'은 「감☵」을 뜻한다.

※ 中溪張氏曰 乾坤之後에 一索得震하니 爲始交요 再索得坎하니 爲難生이라. 而

者는 承上接下之辭니 所以合震坎之義而釋其爲屯也라.

: <중계장씨>가 말하길 "「건:☰」과 「곤:☷」 뒤에 처음 구해서 「진」을 얻으니 '시교(처음 사귐)'가 되고, 두번째 구해서 「감」을 얻으니 '난생(어렵게 생김)'이 된다. '말이을 이(而)'는 윗 글을 이어 아랫 글과 접속되게 하는 것이니, '시교이난생'으로써 「진」과 「감」의 뜻을 합해서 「둔」이 됨을 풀이한 것이다."

動乎險中하니
◉ 험한 가운데 움직이니,

【傳】以雲雷二象으로 言之면 則剛柔ㅣ 始交也요 以坎震二體로 言之면 動乎險中也라. 剛柔ㅣ 始交에 未能通暢하니 則艱屯이라. 故로 云難生이요 又動於險中하니 爲艱屯之義라.

구름과 우뢰의 두 상으로써 말하면 강과 유가 처음 사귐이고, 「감:☵」과 「진:☳」의 두 체로써 말하면 험한 가운데서 움직이는 것이다. 강과 유가 처음 사귐에 통창하지 못하니 어렵고 험하다. 그러므로 '어렵게 생함(難生)'이라 이르고, 또 험한 가운데 움직이니 '어렵고 험함(艱屯)'의 뜻이 된다.

※ 『정전』과 『본의』에 있어 상(象)과 체(體)의 개념이 다르다. 『정전』에서 상은 하늘·땅·우뢰·바람·구름·불·산·못 등으로 표현되며 구체적인 형상을 의미하나, 『본의』에서는 「건·곤·진·손·감·리·간·태」 등 소성괘명으로 표현되는 괘상(卦象)을 의미한다. 또 『정전』에서 체라고 하면 「건·곤·진·손·감·리·간·태」로 표현하되 그 성정을 의미하고, 『본의』에서의 체는 효 하나 하나의 역할을 지적할 때 사용된다.

大亨貞은
◉ [정자] 크게 형통하고 바름은
◉ [주자] 크게 형통하고 바르니라.

【本義】以二體之德으로 釋卦辭니 動은 震之爲也요 險은 坎之地也라. 自此以下는 釋元亨利貞이니 乃用文王本意라.

두 체의 덕으로써 「괘사」를 설명했으니, '움직임(動)'은 「진: ☳」이 하는 것이고, '험함(險)'은 「감: ☵」의 영역이다. 이로부터 아래는 (「괘사」의) '원형이정'을 풀이했으니, <문왕> 본래의 뜻을 쓴 것이다.

※『정전』에서 "象曰 屯 剛柔 始交而難生 動乎險中"과 "大亨貞 雷雨之動滿盈"을 각기 한단락으로 본 것과는 달리,『본의』는 "象曰 屯 剛柔 始交而難生"과 "動乎險中 大亨貞"을 각기 한단락으로 보았다.

※『본의』에서 <문왕> '본래의 뜻'이라 함은, <공자>의 「4덕설」이 아닌 '크게 형통하고 바르면 이롭다'는 점사적 풀이를 말한다.

雷雨之動이 滿盈일새라.
◉ [정자] 우뢰와 비의 움직임이 가득하기 때문이다.
◉ [주자] 우뢰와 비의 움직임이 가득차서,

【傳】所謂大亨而貞者는 雷雨之動이 滿盈也일새니 陰陽이 始交則艱屯하야 未能通暢이라가 及其和洽則成雷雨하야 滿盈於天地之間에 生物이 乃遂하니 屯에 有大亨之道也라. 所以能大亨은 由夫貞也니 非貞固면 安能出屯이리오. 人之處屯에 有致大亨之道도 亦在夫貞固也니라.

이른바 '크게 형통(大亨)'하고 '바름(貞)'이라 함은, '우뢰와 비의 움직임이 가득차 있기 때문(雷雨之動 滿盈)'이다. 음과 양이 처음 사귀면 간둔(艱屯)하여 통창(通暢)하지 못하다가, 그 화하고 흡족함에 미치면 우뢰와 비를 이루어서, 천지 사이에 가득차게 되어 생물이 이루어지니, 「둔: ䷂」에 크게 형통한 도가 있다. 크게 형통할 수 있음은 바름(貞)으로 말미암으니, 정고(바르고 굳음)하지 않으면 어찌 「둔: 어려움」에서 나올 수 있겠는가? 사람이 「둔」에 처함에 크게 형통한 도를 이룸이 있음도, 정고히 하는 데 있는 것이다.

※ 貞 : '正'자로 되어 있는 판본도 있다.
※ 夫, 夫 : 둘 다 '夫'자가 없는 판본도 있다.
※ 洽 : 흡족할 흡

> 天造草昧에는 宜建侯ㅣ오 而不寧이니라.
> ⊙ [정자] 하늘의 지음이 초매할 때는 마땅히 후를 세울 것이고, 편안히 하지 않느니라.
> ⊙ [주자] 하늘의 지음이 초매라. 마땅히 후를 세울 것이고, 편안히 하지 않느니라.

【傳】上文은 言天地生物之義요 此는 言時事라. 天造는 謂時運也요 草는 草亂无倫序요 昧는 冥昧不明이라. 當此時運하야 所宜建立輔助면 則可以濟屯이요 雖建侯自輔나 又當憂勤兢畏하야 不遑寧處니 聖人之深戒也라.

　윗 글은 천지가 물건을 생하는 뜻을 말씀했고, 여기서는 때와 일을 말씀했다. '하늘이 지음(天造)'는 때의 운수를 말하고, '초(草)'는 풀이 질서가 없어 어지러움이고, '매(昧)'는 어두워서 밝지 못함이다. 이러한 때의 운수를 당해서 마땅히 보조할 자를 세우면 「둔」을 다스릴 수 있고, 비록 후를 세워 스스로를 보필하게 하더라도, 근심하고 부지런하며 두려워해서 잠시도 편하게 거처하지 말아야 하니 성인이 깊이 경계하심이다.

　　※ 言 : '旣言'으로 되어 있는 판본도 있다.
　　※ 天 : '夫天'으로 되어 있는 판본도 있다.
　　※ 此 : '是以此'로 되어 있는 판본도 있다.
　　※ 兢 : 삼갈 긍, 두려워할 긍.　　兢畏 : 두려워 함.

　※ 龜山楊氏曰 天造草昧는 非寧居之時라 故로 宜建侯而不寧이라. 建侯는 所以自輔也니 使人各有主而天下定矣라.
　: <구산양씨>가 말하길 "하늘의 지음이 초매할 때는 편안히 거처하는 때가 아니므로, 후를 세움이 마땅하고 편안히 지내지 못하는 것이다. '후를 세운다'함은 스스로를 돕는 것이니, 사람들에게 각기 주인이 있게 해서 천하가 안정해지도록 하는 것이다."

　※ 或問 剛柔始交而難生을 程傳에 以雲雷之象으로 爲始交하야 謂震始交於下하고 坎始交於中이라하니 如何오. 朱子曰 剛柔始交는 只指震言이니 所謂震一索而得男也라. 此三句는 各有所指니 剛柔始交而難生은 是以二體로 釋卦名義요 動乎險中大亨貞은 是以二體之德으로 釋卦辭요 雷雨之動滿盈天造草昧宜建侯而不寧은 是以二體之象으로 釋卦辭니 只如此看이면 甚明이어늘 緣後來說者ㅣ 交雜混了

라 故로 覺語意重複이니라.

: 혹자가 여쭈기를 "강유시교이난생'을 『정전』에서는 구름과 우뢰의 상으로써 '시교(처음 사귐)'를 삼아서 말씀하기를; '「진」이 아래에서 처음 사귀고 「감」이 중효에서 처음 사귐이라'고 하니 어떻게 생각하십니까?" <주자>가 답하기를 "강유시교'는 「진」으로써만 말한 것이니, 이른바 '「진」은 처음 구해서 아들을 얻은 것'에 해당한다. 이 세 귀절은 각기 가리키는 바가 있으니, '강유시교이난생'은 두 체로써 「둔」이라는 괘명의 뜻을 풀이한 것이고, '동호험중대형정'은 두 체의 덕으로써 「괘사」를 풀이한 것이며, '뇌우지동만영 천조초매 의건후이불녕'은 두 체의 상으로써 「괘사」를 풀이한 것이다. 단지 이와같이 보면 극명하게 밝혀질 것인데, 뒤의 풀이하는 자들이 이리저리 섞어서 혼란스럽게 하였으므로, 말뜻이 중복되는 것 같이 느끼게 된 것이다."

【本義】以二體之象으로 釋卦辭니 雷는 震象이요 雨는 坎象이라. 天造는 猶言天運이요 草는 雜亂이요 昧는 晦冥也라.

두 체의 상으로써 「괘사」를 설명하였으니, '우뢰(雷)'는 「진: ☳」의 형상이고, '비(雨)'는 「감: ☵」의 상이다. '하늘이 지음(天造)'은 하늘의 운행이란 말과 같고, '초(草)'는 섞이어 어지러움이고, '매(昧)'는 어두움이다.

陰陽交而雷雨作하고 雜亂晦冥하야 塞乎兩間하니 天下ㅣ 未定하고 名分이 未明이라. 宜立君以統治요 而未可遽謂安寧之時也라. 不取初九爻義者는 取義多端하야 姑擧其一也라.

음양이 사귀어 우뢰와 비를 짓고, 어지럽게 섞이고 어두워서 하늘과 땅 사이가 막히니, 천하가 정해지지 못하고 명분이 밝지 못했다. 마땅히 인군을 세워서 통치해야 하고, 안녕한 때라고 이를 수 없다. 「초구효」의 뜻을 취하지 않은 것은, 뜻을 취함에 단서가 많아서 하나만 들어 말한 것이다.

※ 晦冥:「사고전서」본에는 '冥悔'로 되어 있다.
※ 『정전』은 "雷雨之動 滿盈"과 "天造草昧 宜建侯 而不寧"을 각기 한 단락으로 나누었다.

※ 雲峯胡氏曰 象傳에 自屯以下는 例分作兩節이니 釋卦名이 是一節이요 釋卦辭ㅣ 是一節이라. 或卦辭有未盡者는 從而推廣之하니 如乾坤文言이 是也라. 本義는 但分卦體 卦象 卦德 卦變하야 而象之旨盡矣로대 惟屯에 曰二體之象하고 又曰二

體之德하야 見卦象 卦德하니 又因卦體而見之也라.

: <운봉호씨>가 말하길, "「단전」에 「둔괘」이하는 두 마디의 글로 나누었으니, 괘의 이름을 풀이한 것이 일절이고 「괘사」를 풀이한 것이 일절이다. 혹 「괘사」에 다 설명하지 못한 것은 따라서 미루어 넓혔으니 「건괘」와 「곤괘」의 「문언전」 같은 것이다. 『본의』에서는 괘체·괘상·괘덕·괘변으로 나누어 「단전」의 뜻을 다 말했으나, 오직 「둔괘」만은 '(괘상이라 하지 않고) 두 체의 상'이라하고 또 '(괘덕이라 하지 않고) 두 체의 덕'이라하여 괘상과 괘덕을 나타냈으니, 또한 괘체로 인하여 그것을 나타낸 것이다."

象曰 雲雷ㅣ 屯이니 君子ㅣ 以하야 經綸하나니라.
● 상에 말하길 구름과 우뢰가 둔이니, 군자가 본받아서 경륜하나니라.

【傳】坎不云雨而云雲者는 雲은 爲雨而未成者也라. 未能成雨ㅣ 所以爲屯이니 君子ㅣ 觀屯之象하야 經綸天下之事하야 以濟於屯難이라. 經은 緯요 綸은 緝이니 謂營爲也라.

「감:☵」을 비(雨)라 하지 않고 '구름(雲)'이라고 말한 것은, 구름은 비가 될 것이지만 아직 이루지는 못한 것이다. 비를 이루지 못한 것이 「둔」이 되니, 군자가 「둔:☳」의 형상을 보고 천하의 일을 경륜함으로써 어려움을 다스리는 것이다. '경(經)'은 씨날이고, '륜(綸)'은 이음이니 일을 영위함을 말한다.

※ 屯 : '屯'자가 없는 판본도 있다.
※ 緝 : 이을 집.

【本義】坎不言水而言雲者는 未通之意라. 經綸은 治絲之事니 經으로 引之하고 綸으로 理之也요 屯難之世에 君子有爲之時也니라.

「감:☵」에 물(水)을 말하지 않고 '구름(雲)'이라 한 것은 통하지 않는다는 뜻이다. '경륜(經綸)'은 실을 다스리는 일이니, '경'으로 이끌고 '륜'으로 다스리는 것이고, 어려운 세상에 군자가 할 일이 있는 때이다.

> 初九는 磐桓이니 利居貞하며 利建侯하니라.
> - [정자] 초구는 머뭇거림이니, 바른 데 거함이 이로우며 후(보필할 자)를 세움이 이로우니라.
> - [주자] 초구는 머뭇거림이니, 바른 데 거함이 이로우며 세워서 제후가(자신이) 됨이 이로우니라.
>
> ䷂. 成卦之主 爲民所歸

※ 반환(磐桓) : 머뭇거리며 제자리를 맴돌음.

【傳】初│ 以陽爻로 在下하니 乃剛明之才나 當屯難之世하야 居下位者也니 未能便往濟屯이라 故로 磐桓也라. 方屯之初에 不磐桓而遽進이면 則犯難矣라. 故로 宜居正而固其志라.

「초구」가 양효로써 아래에 있으므로 강하고 현명한 재질이나, 어려운 세상을 맞아 아랫 자리에 거하였으니, 선뜻 가서 「둔:屯」을 다스리지 못하는 까닭에 '머뭇거리는 것(磐桓)'이다. 「둔」의 처음에 머뭇거리지 않고 급히 나아가면 어려움을 범한다. 그러므로 바른데 거해서 그 뜻을 굳게해야 한다.

凡人이 處屯難이면 則鮮能守正이나 苟无貞固之守면 則將失義리니 安能濟時之屯乎아. 居屯之世하야 方屯於下하니 所宜有助라야 乃居屯에 濟屯之道也라. 故로 取建侯之義하니 謂求輔助也라.

사람이 어려움에 처하면 바름을 지키는 이가 적으나, 진실로 정고한 지킴이 없다면 의리를 잃게 될 것이니 어찌 때의 어려움을 다스릴 수 있겠는가? 「둔」의 세상에 거하여 바야흐로 아래에서 어려우니, 마땅히 도움이 있어야 「둔」에 거하여 「둔」을 다스리는 도가 된다. 그러므로 후를 세우는 뜻을 취하였으니, 보필과 도움을 구하는 것을 말한다.

※ 東萊呂氏曰 說者│謂初以剛居剛하야 在屯難之世니 恐其銳於進이라 故로 戒之以磐桓이라하나 此說不然이라. 蓋初以剛明之才로 乃能與時消息하고 自制其剛하야 磐桓而不敢騁이니 此正所謂自勝之强也요 此正所謂剛也라. 惟剛然後에야 能磐桓이니 孰謂以剛爲戒乎아.

: <동래여씨>가 말하길 "학설을 펴는 사람들이 '초효가 강으로써 강 자리에 있으면서 어려운 세상에 처해있으므로, 급히 나아가는 것을 우려하여 반환(磐桓)으로 경계하였다'라고 말하나, 이 설명은 그르다. 초효가 강명한 재질로써, 때에 따라 소식(消息)할 수 있고 그 강을 자제할 수 있어서, 머뭇거리며 급히 나아가지 않으니, 이것이 바로 스스로를 이기는 강(剛)이라는 것이고, 이것이 바로 강이라고 하는 것이다. 오직 강한 다음에야 머뭇거릴 수 있으니, 어찌 강하기 때문에 경계를 두었다고 말할 수 있겠는가?"

※ 濾川毛氏曰 利居貞者는 其利在我요 利建侯者는 其利在民이라.
: <여천모씨>가 말하길 "'이거정'은 그 이익이 나에게 있고, '이건후'는 그 이익이 백성에게 있다."고 하였다.

【本義】磐桓은 難進之貌라. 屯難之初에 以陽으로 在下하고 又居動體하야 而上應陰柔險陷之爻라 故로 有磐桓之象이라. 然이나 居得其正이라 故로 其占이 利於居貞이라. 又本成卦之主요 以陽으로 下陰하야 爲民所歸하니 侯之象也라. 故로 其象이 又如此요 而占者ㅣ 如是면 則利建以爲侯也라.

'머뭇거림(磐桓)'은 나아가기 어려운 모양이다. 어려움의 초기에 양으로써 아래에 있고, 또 동하는 체에 거하면서 위로는 음유하고 험함(險陷)한 효에 응하므로, '머뭇거리는' 상이 있다. 그러나 거처함에 그 바름을 얻으니(得正), 그 점이 '바른데 거함이 이롭다'이다. 또 본래 「둔괘:屯卦」를 이루는 주효이고, 양으로써 음의 아래에 내려가 백성이 모여드니 제후의 상이다. 그러므로 그 상이 또 이와 같고, 점치는 자가 이와 같은 처지면 세워서 스스로 제후가 됨이 이롭다.

※ 或問ㅣ 初九利建侯에 本義云ㅣ 占者如是면 則利建以爲侯라하니 此는 占與象으로 異하니 如何니잇가. 朱子曰 卦辭는 通論一卦니 所謂侯者는 乃屬他人이니 卽爻之初九也요 爻辭는 專言一爻니 所謂侯者는 乃其自己라 故로 不同也라.
: 혹자가 묻기를 "「초구」의 '이건후'에 대해 『본의』에서는 '점치는 자가 이와 같은 처지면 스스로 제후가 됨이 이롭다'라 하니, 이는 점(占)과 「괘사」와 다른데 어떻게 된 것입니까?" <주자>가 답하기를 "「괘사」는 한 괘를 전체적으로 논한 것이니, '후(侯)'라고 말한 것은 다른 사람에게 속한 것이므로 「초구」를 가리키는 것이고, 「효사」는 오로지 한 효만을 말한 것이므로 '후'라고 함은 자기를 뜻하므로 같지 않은 것이다."

> ## 象曰 雖磐桓하나 志行正也ㅣ며
> ◉ 상에 말하길 비록 머뭇거리나 뜻이 바른 것을 행하며,

【傳】賢人이 在下에 時苟未利하니 雖磐桓하야 未能遂往濟時之屯이나 然이나 有濟屯之志와 與濟屯之用하니 志在行其正也라.

어진 사람이 아래에 있는데, 때가 진실로 이롭지 못하니, 비록 머뭇거리며 급히 가서 때의 어려움을 다스리지는 못하나, 「둔」을 다스리려는 뜻과 「둔」을 다스림에 쓰임이 있으니, 뜻이 그 바름을 행하는 데 있는 것이다.

> ※ 臨川吳氏曰 志行正은 因爻辭居貞而廣其義니 居則不行이요 行則不居라 初ㅣ 陽剛之才로 雖磐桓未可進이나 其志ㅣ 固在於得行其正也요 居而貞은 非其志也라.
>
> : <임천오씨>가 말하길 "'지행정'은 「효사」의 '거정'에 의거해 그 뜻을 넓힌 것이니, '거(居)'하면 '행(行)'하지 않는 것이고 '행'하면 '거'하지 않는 것이다. 「초구」가 양강한 재질로 비록 머뭇거리며 나아가지는 못하나, 진실로 그 뜻이 바름을 행하는 데 있지 가만히 있으면서 바른 체만 하는 것은 그 뜻이 아니다."

> ## 以貴下賤하니 大得民也ㅣ로다.
> ◉ 귀함으로써 천한 데 아래하니 크게 백성을 얻도다.

【傳】九當屯難之時하야 以陽而來居陰下하니 爲以貴下賤之象이라. 方屯之時에 陰柔는 不能自存이어늘 有一剛陽之才하니 衆所歸從也요 更能自處卑下하니 所以大得民也라.

「초구」가 「둔」의 어려운 때를 맞아 양으로써 음의 아래로 와서 거하니, '귀함으로써 천한 것에 아래하는' 상이 된다. 바야흐로 「둔」의 때에 음유(陰柔)는 스스로 존립하지 못하는데, 한 강양한 재질이 있으니 뭇 무리가 다 모여들어 따르고, 더욱이 스스로 비천하고 낮은 데 처하니, 이로써 크게 백성을 얻는 것이다.

或疑方屯于下어늘 何有貴乎아하니 夫以剛明之才로 而下於陰柔하고 以能濟屯之才로 而下於不能하니 乃以貴下賤也온 況陽之於陰에 自爲貴乎아.

혹자가 의심하여 "아래에서 어려움을 맞았는데 어찌 귀함이 있으랴?"하니, 강명한 재질로 음유함에 아래하고, 「둔」을 다스릴 수 있는 재질로써 능하지 못한 것에 아래하니, 귀함으로써 천한 데 아래하는 것인데, 하물며 양이 음보다 스스로 귀함이 됨에랴?

※ 誠齋楊氏曰 震以一陽으로 爲二陰之主라 故로 曰貴요 二陰賤而一陽下之라 故로 曰下賤로다.

: <성재양씨>가 말하길 "「진:☳」은 양 하나가 두 음의 주인이 되므로 '귀(貴)'라고 말했고, 두 음이 천한 것인데도 양이 아래하므로 '하천(下賤)'이라고 했다."

※ 雲峯胡氏曰 乾坤은 初爻에 提出陰陽二字하고 此는 則以陽으로 爲貴하고 陰爲賤하며 陽爲君하고 陰爲臣하니 尊陽之義ㅣ 益嚴矣라.

: <운봉호씨>가 말하길 "「건」과 「곤」은 초효(初爻)에 음과 양 두 글자만을 말했고, 여기서는 양은 귀하고 음은 천한 것으로 했으며, 양은 인군이고 음은 신하로 삼았으니, 양을 높이는 뜻이 더욱 엄정하다."

六二는 屯如邅如하며 乘馬班如하니 匪寇ㅣ면 婚媾리니 女子ㅣ 貞하야 不字ㅣ라가 十年에야 乃字ㅣ로다.

● [정자] 육이는 어려우며 걷기 어려우며 말을 탔다가 내리니, 도적이 아니면 청혼해 오리니, 여자가 곧아서 시집가지 않다가 십년 만에야 이에 시집가도다.
● [주자] 육이는 어려우며 걷기 어려우며 말을 타서 나란히 하니, 도적이 아니라 청혼해 온 것이니, 여자가 곧아서 시집가지 않다가 십년 만에야 이에 시집가도다.

☵☳ • 居中得正 守其志節

※ 邅 : 걷기 어려울 전.

【傳】二以陰柔로 居屯之世하야 雖正應이 在上이나 而逼於初剛이라

故로 屯難邅回라. 如는 辭也요 乘馬는 欲行也니 欲從正應而復班如하야 不能進也라. 班은 分布之義라. 下馬ㅣ 爲班이니 與馬異處也라.

「육이」가 음유함으로써 「둔」의 세상에 거하여, 비록 정응(正應)이 위에 있으나 강한 「초구」의 핍박을 받는 까닭에, 어렵고 어려워 제자리를 맴돈다. '여(如)'는 어조사고, '말을 탐(乘馬)'은 가고자 함이니, 정응을 좇고자 하다가 다시 내려서 나아가지 못하는 것이다. '반(班)'은 분포의 뜻이다. 말에서 내림이 '반(나란히 섬)'이 되니, 말과는 다른 곳에 처하는 것이다.

※ 正 : '五'자로 되어 있는 판본도 있다.
※ 辭 : '辭助'로 되어 있는 판본도 있다.
※ 분포(分布) : 나누어 널리 퍼져 있음.

二當屯世하야 雖不能自濟나 而居中得正하고 有應在上하니 不失義者也라. 然이나 逼近於初하고 陰은 乃陽所求며 柔者는 剛所陵이니 柔ㅣ 當屯時하야 固難自濟요 又爲剛陽所逼이라 故로 爲難也라.

「육이」가 어려운 세상을 맞아 스스로 다스리지는 못하나, 중(中)에 거하며 정(正)을 얻고 위(九五)로 응함이 있으니 의리를 잃지 않는다. 그러나 「초구」에 가깝고, 음은 양의 구하는 바며, 유는 강이 능멸히 여기는 바니, 유가 「둔」의 때를 당해서 자력으로 다스리기가 어렵고, 또 강한 양의 핍박하는 바가 되므로 어려움이 된다.

設匪逼於寇難이면 則往求於婚媾矣니 婚媾는 正應也요 寇는 非理而至者라. 二守中正하야 不苟合於初하니 所以不字나 苟貞固不易이라가 至于十年이면 屯極必通이니 乃獲正應而字育矣라. 以女子陰柔로도 苟能守其志節하야 久면 必獲通이온 況君子ㅣ 守道에 不回乎아.

가령 도적에게 핍박되지 않았다면 가서 혼구(婚媾)를 구할 것이니, '혼구'는 정응이고, '도적(寇)'은 까닭없이 다가오는 것이다. 「육이」가 중정을 지켜서 구차하게 「초구」에 합하지 않음으로써 시집을 가지 않으나(不字), 진실로 바르고 굳어서 바꾸지 않다가, 십 년에 이르면 「둔」이 극해져서 반드시 통하게 되니, 정응을 얻어 시집을 가서 (자식을) 기르는 것이다. 여자의 음유함으로도 진실로 뜻과 절개를 지킴이 오래되면 반드시 통함을 얻을 것인데, 하물며 군자가 도를 지키고 있는데 회복하지 않으랴?

   ※ 設 : 가령 설.　　　※ 貞 : '正'으로 되어 있는 판본도 있다.
   ※ 或問ㅣ 匪寇婚媾를 程傳云設匪逼於寇難則往求於婚媾이라하니 此說如何니잇가. 朱子曰 此四字ㅣ 文義ㅣ 不應必如此費力解라. 六二ㅣ 乘初九之剛하야 下爲陽所逼이라. 然이나 非爲寇也요 乃來求己爲婚媾耳니 此婚媾與己는 皆正指六二也라.
   : 혹자가 여쭈기를 "'비구혼구'를 『정전』에 '가령 도적에게 핍박되지 않았다면 가서 혼구(婚媾)를 구할 것이다'라고 했는데 이 설은 어떠합니까?" <주자>가 답하기를 "'비구혼구' 네 글자는 글의 뜻이, 반드시 이와 같이 힘들여 풀 필요가 없다. 「육이」가 「초구」의 강을 타서 아래로 양의 핍박받음이 되나, (초구가) 도적은 아니고 자기(육이)에게 와서 혼인하기를 구하니, 여기서 '혼구'와 '자기'는 모두 「육이」를 가리키는 것이다."

初爲賢明剛正之人이어늘 而爲寇하야 以侵逼於人은 何也오. 曰此는 自據二以柔로 近剛而爲義요 更不計初之德이 如何也니 易之取義ㅣ 如此라.

   "「초구」가 현명하고 강정(剛正)한 사람인데, 도적이 되어 다른 사람을 침노하고 핍박함은 어떤 연유입니까?" 답하되 "이는 「육이」가 유로써 강에 가까운 것으로 뜻을 삼음이고, 다시 「초구」의 덕이 '어떠하다' 하는 계산을 한 것이 아니니, 『역경』의 뜻을 취함이 이와 같다."

   ※ 進齋徐氏曰 易之道에 有己正而他爻取之以爲邪者요 有己凶而他爻得之以獲吉者니 屯之初는 非不正也而二近之엔 則爲寇요 旅之上은 非不凶也而五承之엔 則有譽命이니라.
   : <진재서씨>가 말하길 "역의 도에 '자신은 바르되 다른 효가 취하면 사악함이 되는 것'이 있고, '자신은 흉하되, 다른 효가 얻으면 길함이 되는 것'이 있다. 「둔괘」의 「초구」는 바르지만 「육이」가 가까이 하면 도적이 되고, 「여괘」의 「상구」는 흉하지만 「육오」가 이으면 영예와 복록이 있게 된다."

【本義】班은 分布不進之貌라. 字는 許嫁也니 禮에 曰女子ㅣ 許嫁에

筓而字라하니라. 六二│ 陰柔中正하고 有應於上而乘初剛이라 故로 爲所難而邅回不進이라. 然이나 初非爲寇也요 乃求與己爲婚媾耳로대 但己守正이라 故로 不之許라가 至于十年하야 數窮理極이면 則妄求者│ 去하고 正應者│ 合하니 而可許矣라. 爻有此象이라 故로 因以戒占者니라.

'반(班)'은 나란히 서서 나아가지 못하는 모양이다. '자(字)'는 시집을 허락함이니, 『예기:禮記』에 "여자가 시집감을 허락한 뒤에는 비녀를 꽂고 자를 부른다."라고 하였다. 「육이」가 음유하나 중정(中正)하고, 위에 응함이 있으나 「초구」의 강을 탔다. 그러므로 어렵고 어려워 제자리를 돌면서 나아가지 못한다. 그러나 「초구」가 도적질을 하자는 것이 아니고, 자기(六二)와 더불어 혼인을 하자고 하는 것이지만, 다만 자기가 바름을 지키는 까닭에 허락하지 않다가, 십 년에 이르러 수(數)는 궁하고 이치가 극하면, 망령되이 구했던 자는 가버리고 바르게 응하는 자는 합하게 되니, 비로소 시집을 간다. 효에 이런 상이 있으므로, 이로 인하여 점치는 사람을 경계한 것이다.

※ 筓 : 비녀 계.
※ 『예기:禮記』「곡례:曲禮」편에 "男子│ 二十이어든 冠而字하고… 女子│ 許嫁에 筓而字라(남자가 20세가 되면 관례를 행하고 자를 부른다. … 여자가 시집감을 허락한 뒤에는 비녀를 꽂고 자를 부른다)."
※ 雲峯胡氏曰 屯如는 以時言이니 塞而未遽通也요 邅如는 以遇屯之時者而言이니 回而未遽進也라. 屯者는 陰陽之始交로 二與四는 陰居陰이요 初與五는 陽居陽이니 二應五하고 四應初라 故로 皆曰婚媾라하야 取陰陽之始交也라.

: <운봉호씨>가 말하길 "'둔여(屯如)'는 때로써 말한 것이니 막혀서 바로 통하지 않을 때라는 것이고, '전여(邅如)'는 '둔'의 때를 만난 자로써 말한 것이니 맴돌면서 빨리 나아가지 못하는 것이다. 「둔」은 음과 양이 처음으로 사귀는 것인데, 「육이」와 「육사」는 음이 음자리에 거한 것이고 「초구」와 「구오」는 양자리에 양이 거한 것이니, 「육이」와 「구오」가 응하고 「육사」와 「초구」가 응한다. 그러므로 (육이와 육사에) 모두 '혼구(婚媾)'라고 말하여 음과 양이 처음 사귀는 뜻을 취한 것이다."

象曰 六二之難은 乘剛也│오 十年乃字는 反常也│라.

◉ 상에 말하길 육이의 어려움은 강을 탔음이요, '십년만에 시집감'은 떳떳한 법칙으로 돌아옴 이라.

【傳】六二┃ 居屯之時而又乘剛하야 爲剛陽所逼하니 是其患難也라. 至於十年이면 則難久必通矣리니 乃得反其常하야 與正應으로 合也라. 十은 數之終也라.

「육이」가 「둔」의 때에 거하고, 강을 타서 강양한 「초구」에게 핍박받는 바가 되니, 이것이 환난이다. 십 년에 이르면 어려운 것이 오래되어 반드시 통하게 되리니, 이에 그 상도로 돌아가 정응과 더불어 합한다. '열(十)'은 수의 끝이다.

※ 雲峯胡氏曰 柔乘剛은 非常也요 十年乃字는 則應乎剛而反常矣라.
: <운봉호씨>가 말하길 "유(六二)가 강(初九)을 탄 것은 떳떳하지 못한 것이고, 십년 만에 시집을 가는 것은 강(九五)에 응해서 상도로 돌아온 것이다."

六三은 卽鹿无虞┃라 惟入于林中이니 君子┃ 幾하야 不如舍┃니 往하면 吝하리라.

◉ 육삼은 사슴을 쫓음에 몰잇꾼이 없느니라. 오직 숲속으로 들어감이니, 군자가 기미를 보아 그치는 것만 같지 못하니, 가면 인색하리라.

不中不正 妄行取困

【傳】六三은 以陰柔로 居剛하니 柔旣不能安屯이요 居剛而不中正하니 則妄動이라. 雖貪於所求나 旣不足以自濟하고 又无應援하니 將安之乎아. 如卽鹿而无虞人也라. 入山林者는 必有虞人以導之어늘 无導之者면 則惟陷入于林莽中이라. 君子┃ 見事之幾微하야 不若舍而勿逐이니 往則徒取窮吝而已라.

「육삼」은 음유함으로써 강한 데 거하니, 유(육삼)가 「둔」에 편안하지 못한 것이고, 강에 거하면서 중정(中正)하지 못하니 망령되이 행동한다. 비록 구하는 바를 탐하나, 스스로 다스리지 못하고 응해서 도와줌도 없으니, 장차 어디를 가겠는가(무엇을 할 수 있겠는가)? 마치 사슴을 잡으러 가서 몰잇꾼이 없는 것과 같다.

　산의 숲 속에 들어가는 자는 반드시 몰잇꾼의 인도를 받아야 하는데, 인도하는 사람이 없으면 숲 속에 빠져 들어갈 것이다. 군자가 일의 기미를 보아 그쳐서 쫓아가지 않는 것만 못하니, 가면 궁하고 인색해질 뿐이다.

　　※ 陰 : '陰'자가 없는 판본도 있다.
　　※ 莽 : 풀 우거질 망.

【本義】陰柔居下하야 不中不正하고 上无正應하야 妄行取困하니 爲逐鹿无虞陷入林中之象이라. 君子ㅣ 見幾하야 不如舍去니 若往逐而不舍면 必致羞吝이라. 戒占者ㅣ 宜如是也니라.

　음유(陰柔)로 아래에 거하여, 중하지도 정하지도 못하고 위로는 정응이 없어서, 망령되이 행해서 곤함을 취하는 것이니, 사슴을 사냥함에 몰잇꾼이 없어 숲 속에 빠져 들어가는 형상이 된다. 군자는 기미를 보아 그치고 가지 않는 것만 못하니, 만약 쫓아 가기만 하고 그치지 않으면 반드시 부끄럽고 인색함에 이를 것이다. 점치는 사람이 마땅히 이와 같이 해야한다고 경계한 것이다.

　　※ 朱子曰 六三은 陰柔在下而居陽位하야 陰不安於陰하니 則貪求陽하야 欲乘이라. 陰卽妄行故로 不中不正하고 又上无正應하야 妄行取困하니 所以爲卽鹿无虞陷入林中之象이라. 此爻ㅣ 在六二六四之間하니 便是林中之象이요 鹿은 陽物로 指五요 无虞는 无應也라. 以此로 觸類而長之면 當自見得이리라.

　　: <주자>가 말씀하길 "육삼"은 음유가 아래에 있으면서 양자리에 있어서 음(陰)은 음을 불안해 하니 양을 구해서 타고자 한다. 음이 망령되이 행동하는 까닭에, 중정(中正)하지도 못하고 위로 정응이 없어서 망령되이 행동하여 곤궁함을 취하니, 사슴을 쫓음에 몰잇꾼이 없어 숲속에 빠져 들어가는 형상이 되는 것이다. 이 효가 「육이」와 「육사」의 사이에 있으니 숲속의 상이고, '녹(사슴)'은 양물(陽物)로 「구오」를 가리키고, 몰잇꾼이 없다는 것은 응원이 없는 것이다. 이러한 방법으로 살펴서 넓혀나가면 스스로 깨닫는 바가 있을 것이다."

　　※ 建安丘氏曰 屯에 四陰爻로대 二四上은 皆言乘馬而三獨言卽鹿者는 蓋二四上爻는 皆以陰居陰으로 才位皆柔하니 不能進者라. 故로 有乘馬班如之象이니 班者는 將進而止하야 不能往者也라. 六三은 以陰居陽하야 爻柔位剛躁於進者라. 故로 有卽鹿无虞之象이니 无虞卽鹿者는 不量而進하야 徒勞而无功也니라.

: <건안구씨>가 말하길 "「둔」에 네 음효가 있되, 「육이·육사·상육」은 모두 '승마(말을 탐)'를 말하고 「육삼」만은 '즉록(사슴사냥에 나아감)'이라고 했다. 「육이·육사·상육」은 모두 음으로써 음자리에 거하여 재질과 자리가 모두 유(柔)하니 나아갈 수 없는 것이다. 그러므로 '승마반여'의 상이 있으니, '반(班)'은 나아가려다 그쳐서 갈 수가 없는 것이다. 「육삼」은 음으로써 양자리에 거하여 효는 유(柔)하되 자리는 강해서 나아감에 조급한 것이다. 그러므로 '즉록무우'의 상이 있으니, 몰잇꾼이 없으면서도 사슴사냥에 나서는 것은 헤아리지 못하고 나아가 헛수고만 하고 공이 없는 것이다."

象曰 卽鹿无虞는 以從禽也 l 오 君子 l 舍之는 往하면 吝窮也 l 라.

◉ 상에 말하길 '사슴을 쫓는 데 몰잇꾼이 없음'은 새를 좇음이요, '군자가 그치는 것'은 가면 인색하고 궁함이라.

【傳】事不可而妄動은 以從欲也요 无虞而卽鹿은 以貪禽也라. 當屯之時하야 不可動而動하니 猶无虞而卽鹿하야 以有從禽之心也라. 君子則見幾而舍之不從하니 若往則可吝而困窮也리라.

가능하지 않은 일에 망령되이 행동함은 욕심을 따르는 것이고, 몰잇꾼이 없으면서 사슴 사냥에 나아감은 새를 탐하는 것이다. 「둔」의 때를 맞아 동하지 않아야 할 때에 동하니, 몰잇꾼이 없으면서 사슴 사냥에 나아가 새를 쫓아가는 마음을 두는 것과 같다. 군자는 기미를 보아서 그치고 쫓지 않으니, 만약 쫓으면 인색하고 곤궁해진다.

※ 困窮 : '窮困'으로 되어 있는 판본도 있다.

六四는 乘馬班如 l 니 求婚媾하야 往하면 吉하야 无不利하리라.

◉ [정자] 육사는 말을 탔다가 내리니, 청혼을 구하여 가면 길해서 이롭지 않음이 없으리라.
◉ [주자] 육사는 말을 타서 나란히 하니, 청혼을 구하거든 가면 길해서 이롭지 않음이 없으리라.

知己不足 求賢自輔

【傳】六四는 以柔順으로 居近君之位하야 得於上者也니 而其才ㅣ 不足以濟屯이라. 故로 欲進而復止하니 乘馬班如也라. 己旣不足以濟時之屯하니 若能求賢以自輔면 則可濟矣라.

「육사」는 유순함으로써 인군의 자리에 가까이 거해서 윗 사람에 의지한 자이므로, 그 재질이 「둔」을 다스리기에는 부족하다. 그러므로 나아가고자 하다가 다시 그치니 '말을 탔다가 내림(승마반여)'이다. 스스로는 때의 어려움을 다스리기에 부족하니, 어진이를 구해서 보필하면 다스릴 수 있다.

初ㅣ 陽剛之賢으로 乃是正應이니 己之婚媾也라. 若求此陽剛之婚媾하야 往與共輔陽剛中正之君하야 濟時之屯이면 則吉而无所不利也라. 居公卿之位하야 己之才ㅣ 雖不足以濟時之屯이나 若能求在下之賢하야 親而用之면 何所不濟哉리오.

「초구」가 양강한 어짊으로 정응이 되니 자신(「육사」)의 배필이다. 이 양강한 배필을 구하여 가서, 양강중정한 인군을 함께 보필하여 때의 어려움을 다스리면, 길하고 이롭지 않음이 없다. 공(公)이나 경(卿)의 자리에 있으면서 자신의 재주가 비록 때의 어려움을 다스리는데는 부족할지라도, 만약 아래에 있는 어진 사람을 구하여, 친하게 사귀면서 쓴다면 어떤 것인들 다스리지 못하겠는가?

※ 陽剛, 陽剛 : 둘 다 '剛陽'으로 되어 있는 판본도 있다.
※ 陽 : '陽'자가 없는 판본도 있다.

※ 東萊呂氏曰 屯之六四는 居近君之位로대 其才陰柔하야 不足以濟屯이라. 故로 將進復止하니 如乘馬之班如라. 若能自知不足하야 下親暱於初하고 與之同向前하야 共濟天下之事면 則吉无不利라. 夫子釋之曰 求而往明也라하시니 明之一字ㅣ 最宜詳玩이라. 蓋得時得位로대 肯自伏弱求賢하야 自助니 非明者면 能之乎아.
: <동래여씨>가 말하길 "「둔」의 「육사」는 인군자리에 가까이 거했으되, 그 재질이 음유하

여「둔」을 다스리기에는 부족하다. 그러므로 나아가려다가 다시 그치니, 말을 탔다가 내리는 것과 같다. 만약 자신의 부족한 것을 알아서 아래로「초구」와 친하게 하면서, 함께 앞으로 나아가 천하의 일을 함께 다스린다면 길하고 이롭지 않음이 없는 것이다. <공자>께서 풀이하시길 '구해서 가는 것은 현명한 것이다'라고 하시니, '명(明)'자 하나를 가장 자세히 완미해야 할 것이다. 때를 얻고 지위를 얻었으되, 스스로 약한 것을 인정해 현명한 자를 구해서 돕는 것이니, 현명한 자가 아니면 능할 수 있겠는가?"

【本義】陰柔居屯하니 不能上進이라 故로 爲乘馬班如之象이라. 然이나 初九ㅣ 守正居下하야 以應於己라 故로 其占이 爲下求婚媾則吉也라.

음유함으로「둔」에 거했으니 위로 나아가지 못한다. 그러므로 '말을 타서 나란히 함(승마반여)'의 형상이 된다. 그러나「초구」가 바름을 지키며 아래에 있으면서 자기(「육사」)에게 응하기 때문에, '아래로 혼인을 구하면 길하다'는 점이 된다.

※ 雲峯胡氏曰 凡爻例에 上爲往이요 下爲來라. 六四ㅣ 下而從初로대 亦謂之往者는 據我適人이면 於文에 當言往이요 不可言來라. 如需上六에 三人來는 據人適我니 可謂之來요 不可謂往이니 又變例也라. 男下女爲婚이니 初下二婚媾也로대 二之不字는 非應也요 初下四는 求婚媾也로대 四之往者는 應也라. 士夫ㅣ 有不待求而往者하니 讀二四爻辭면 亦可愧矣라. 諸家多以求婚媾로 爲四求初로대 唯本義謂初居下하야 而應於己하고 四待下之求而後에 往이면 則吉이라하니 必如是而後에 合男女婚媾之禮요 必如是而後에 見士夫出處之義니라.

: <운봉호씨>가 말하길 "일반적인 효(爻)의 예에 올라감을 '왕(往)'으로 삼고 내려옴을 '래(來)'로 한다.「육사」가 내려가「초구」를 따르는 것인데도 '왕'이라고 한 것은, 내가 상대방에게 가는 것에 의거하면, 문세(文勢)가 '왕'이라고 해야지 '래'라고 하지 못하는 것이다.「수괘」의「상육」에 '세 사람이 온다'고 한 것도, 상대가 나에게 온 것에 의했으므로, '래'라 했고 '왕'이라고 하지 못했으니 또 한가지의 예외인 것이다. 남자가 여자에게 아래하는 것이 혼인(婚媾)이 되는데,「초구」가「육이」의 아래에 있으므로 '혼구(婚媾)'지만,「육이」가 시집감을 허락하지 않는 것은 정응이 아니기 때문이고,「초구」가「육사」의 아래에 있는 것은 배필을 구하는 것이지만,「육사」가 가는 것은 정응이기 때문이다. 사대부가 구함을 기다리지 않고 가는 사람이 있으니,「육이」와「육사」의 효사를 읽으면 또한 부끄러울 것이다. 그러므로 여러 학자들이 '구혼구(배필을 구함)'로써「육사」가「초구」를 구하는 것으로 했으되, 오직 『본의』에서만은 「「초구」가 아래에 있어서 자기에게 응하고, 정응인「육사」가 아래의 구함을 기다린 후에 가면 길하다'고 하니, 반드시 이와같이 한 후에야 남녀의 배필을 구하는(婚媾) 예절에 합당하고, 반드시 이와같이 한 후에야 사대부의 나아

가고 머무는 의리를 알 것이다."

> 象曰 求而往은 明也ㅣ라.
> - [정자] 상에 말하길 구해서 가는 것은 밝음이라.
> - [주자] 상에 말하길 구하거든 가는 것은 밝음이라.

【傳】知己不足하고 求賢自輔而後에 往이면 可謂明矣어니와 居得致之(地)하여도 己不能而遂已면 至暗者也라.

　자기의 부족함을 알고, 어진이를 구하여 도운 뒤에 가면 밝다고 이르거니와, 이룸을 얻는 땅에 거하면서도, 자기가 능치 못하다고 해서 그만두면 지극히 어두운 자이다.

　　※ (地) : '位'자로 되어 있는 판본도 있다.

> 九五는 屯其膏ㅣ니 小貞이면 吉코 大貞이면 凶하리라.
> - [정자] 구오는 고택이 베풀어지기 어려우니, 조금 바르게 하면 길하고 크게 바르게 하려하면 흉하리라.
> - [주자] 구오는 고택이 베풀어지기 어려우니, 작은 일에는 바르게 하면 길하고 큰 일에는 바르게 하더라도 흉하리라.
>
> 屯難之世 施爲不行

　　※ 둔기고(屯其膏) : 고택을 베풀기가 어려움, 즉 선정을 베풀고자하나 여건이 어려움.

【傳】五ㅣ 居尊得正하야 而當屯時하니 若有剛明之賢하야 爲之輔면 則能濟屯矣나 以其无臣也라 故로 屯其膏라.

　「구오」가 존귀한 데 거하고 바름을 얻어 「둔」의 때를 맞았으니, 만약에 강명한 어진이가 있어 보필을 받는다면 어려움을 다스릴 수 있을 것이지만, 그 신하가 없기 때문에, '고택이 베풀기 어려움(屯其膏)'이라 했다.

人君之尊은 雖屯難之世라도 於其名位엔 非有損也어니와 唯其施爲ㅣ 有所不行하고 德澤이 有所不下하니 是ㅣ 屯其膏요 人君之屯也라. 旣膏澤이 有所不下하니 是는 威權이 不在己也라. 威權이 去己而欲驟正之면 求凶之道니 魯昭公高貴鄕公之事ㅣ 是也라. 故로 小貞則吉也라.

　인군의 존귀함은, 비록 어려운 세상이라도 그 이름과 지위는 줄어들지 않으나, 다만 그 베풂에 행하지 못하는 바가 있고, 덕택이 아래로 내려지지 못하는 바가 있으니, 이것이 그 고택에서 어려운 것이며 인군의 어려움이다. 고택이 아래로 내리지 못하니, 이것은 위엄과 권세가 자기에게 있지 않은 것이다. 위엄과 권세가 자기에서 멀어졌는데도 서둘러 바르게 하고자 한다면 흉함을 구할 뿐이니, 「노나라」의 <소공>과 고귀향공의 일이 이것이다. 그러므로 '조금씩 바르게 하면 길하다'고 한 것이다.

　※ 驟 : 신속할 취.
　※ 「노나라」는 <양중(襄仲)>이 <문공(文公)>의 적자인 <악(惡)>과 <시(視)>를 죽이고, <선공(宣公)>을 세운 이래 정권이 계씨(季氏) 문중으로 넘어갔다. <소공>에 이르러서 군주로써 나라를 장악할 수 없을정도가 되자 계씨에게 대항하다가 계평자에 의해 쫓겨났다.
　※ 위魏나라 대장군 사마사가 황제(조방曹芳)을 폐하고, 고귀향공 조모曹髦를 맞이하여 황제를 삼았는데, 사마씨의 꼭두각시 노릇에 화가 나서 사마씨를 치다가 죽임을 당했다.

小貞은 則漸正之也니 若盤庚周宣이 脩德用賢하야 復先王之政할새 諸侯ㅣ 復朝하니 謂以道馴致하야 爲之不暴也라. 又非恬然不爲니 若唐之僖昭也하야 不爲면 則常屯以至於亡矣라.

　'조금 바르다(小貞)'함은 점차 바르게 하는 것이니, <반경>과 「주나라」의 <선왕>이 덕을 닦고 어진이를 써서 선왕의 정치를 회복함에, 제후들이 다시 조회를 하는 것과 같으니, 도로써 잘 길들여 포악하지 않게 한 것을 말한다. 또 편안하다고 고치지 않아서는 안되니, 「당나라」의 <희종(僖宗)>과 <소종(昭宗)>과 같아서 고치지 않으면, 항상 어려워서 망하는 데 이르게 된다.

　※ 반경(盤庚) : 「은(殷)나라」를 중흥시킨 왕. 17대 왕으로서 도읍을 「상(商)나라」의 시조인 「성탕:成湯」이 국가를 세울 때의 옛 도읍지로 옮김으로써 중흥의 발판을 삼음. 이 때부터 「상(商)나라」를 「은나라」라고 부름.

※ 주선(周宣) : 「주(周)나라」의 11대 왕인 <선왕(宣王)>으로 「주나라」를 중흥시킴.

【本義】九五ㅣ 雖以陽剛中正으로 居尊位나 然이나 當屯之時하야 陷於險中하니 雖有六二正應이나 而陰柔才弱하야 不足以濟요 初九ㅣ 得民於下하야 衆皆歸之하니 九五ㅣ 坎體에 有膏潤이나 而不得施하야 爲屯其膏之象이라. 占者ㅣ 以處小事면 則守正하야 猶可獲吉이어니와 以處大事면 (則雖正)이라도 而不免於凶이리라.

「구오」가 양강하고 중정함으로써 존귀한 지위에 거했으나, 「둔」의 때를 맞아 험한 가운데 빠졌으니, 비록 아래로 정응인 「육이」가 있지만 음유하고 재질이 약해서 다스리지는 못한다. 「초구」가 아래에서 백성을 얻어 모든 민중이 「초구」에게 돌아가니, 「구오」가 「감☵」의 체에 있어서 고택의 윤택함이 있으나 베풀지 못하여, '정치함에 있어서 어려움(屯其膏)'의 상이 된다. 점치는 자가 (이 효를 얻었을 때) 작은 일이면 바름을 지켜 오히려 길함을 얻거니와, 큰 일이면 비록 바르게 하더라도 흉함을 면치 못할 것이다.

※ (則雖正) : 「사고전서」본에는 '則雖守正'으로 되어 있다.

> 象曰 屯其膏는 施ㅣ 未光也ㅣ라.
> ● 상에 말하길 '고택이 베풀어지기 어려움'은 베풂이 빛나지 못함이라.

【傳】膏澤이 不下及이라 是以로 德施ㅣ 未能光大也니 人君之屯也라.

고택이 내려가 미치지 못하므로, 덕을 베풂이 광대하지 못하니 인군의 어려움이다.

※ 中溪張氏曰 光은 陽德也요 五ㅣ 陽體니 本明이로대 以陷於坎中하야 爲二陰所揜이라 故로 曰施未光也라.

: <중계장씨>가 말하길 "광(光)'은 양의 덕이고, 「구오」는 양체(陽體)니 본래 밝은 것이지만, 「감☵」에 빠져서 두 음에 가린 것이 되므로, '베풂이 빛나지 못하다'고 하였다."

> 上六는 乘馬班如하야 泣血漣如ㅣ로다.
> - [정자] 상육은 말을 탔다가 내려서 피눈물이 물흐르듯 하도다.
> - [주자] 상육은 말을 타서 나란히 해서 피눈물이 물흐르듯 하도다.
>
> ䷂ 陰柔无應 進无所之

【傳】六以陰柔로 居屯之終하고 在險之極하야 而无應援하니 居則不安하고 動无所之라. 乘馬欲往이라가 復班如不進하야 窮厄之甚이 至於泣血漣如하니 屯之極也라. 若陽剛而有助면 則屯旣極이니 可濟矣리라.

「상육」이 음유함으로써 「둔」의 끝에 거하고, 험함(☵)의 끝에 있으면서 응하여 도와줌도 없으니, 머무르면 편안하지 못하고 움직여서 갈 곳도 없다. 말을 타고 가려하다가 다시 내려서 나아가지 못하여, 궁액의 심함이 '피눈물이 물흐르듯함(泣血漣如)'에 이르렀으니 어려움의 극치이다. 만약에 (자신이) 양강하고 돕는 이가 있었다면, 「둔」이 이미 극하니 다스릴 수 있었을 것이다.

※ 東萊呂氏曰 屯極則當通은 如亂極則當治라. 上居屯之極이니 正是一機會나 然이나 六以陰柔居之하니 雖欲有爲而才不足하야 坐失機會라. 故로 乘馬班如泣血漣如也라. 象所以言何可長也者는 蓋謂屯極之時에 若不變而爲治면 卽入於亂亡이니 只有兩件하야 更不容停待라.

: <동래여씨>가 말하길 "「둔」이 극하면 통하게 되는 것은, 난세가 극하면 치세가 오는 것과 같다. 「상육」은 「둔」의 극에 거했으니 바로 좋은 기회이나, 「상육」이 음유함으로써 거하니 고치고자 하나 재질이 부족하여 앉아서 기회를 잃는 까닭에, '승마반여'하고 '읍혈연여'하는 것이다. 「소상전」에 '하가장야'라고 한 것은 「둔」이 극한 때에 변해서 다스리지 않으면 난세가 되고 망하는데 들어가리란 말이니, 다만 두 가지 길 밖에 없어서 지체하거나 기다리는 것을 허용하지 않는 것이다."

【本義】陰柔无應하야 處屯之終하니 進无所之하야 憂懼而已라. 故로 其象이 如此라.

음유하고 응함이 없이 「둔」의 끝에 처했으니, 나아감에 갈 곳이 없어서 근심하고 두려울 뿐이다. 그러므로 그 상이 이와 같다.

　　※ 雲峯胡氏曰 爻에 言乘馬班如者ㅣ 三이니 二班如는 待五應也요 四班如는 待初應也로대 上은 陰柔无應하고 處屯之終하야 其班如也는 獨无所待進이요 又无所之하야 憂懼而已라. 蓋初는 得時하니 二比初하야 亦得之하고 五는 失時하니 上比五하야 亦失之라.

　　: <운봉호씨>가 말하길 "「효사」에 '승마반여'라고 한 것이 세 곳이다. 「육이」의 '반여'는 「구오」의 응함을 기다림이고, 「육사」의 '반여'는 「초구」의 응함을 기다림인데, 「상육」은 음유하고 정응도 없이 「둔」의 마침에 처해서 '반여'함은, 홀로 오는 이를 기다릴 것도 없고, 또 갈 곳도 없어서 근심스럽고 두려워할 뿐이다. 「초구」는 때를 얻었으니 「육이」가 「초구」를 도와서 얻게 하고, 「구오」는 때를 잃었으니 「상육」이 「구오」를 도와서 또한 잃게 된 것이다.

象曰 泣血漣如ㅣ어니 何可長也ㅣ리오.

● 상에 말하길 '읍혈연여'니 어찌 가히 오래가리오.

【傳】屯難ㅣ 窮極하야 莫知所爲라 故로 至泣血顚沛ㅣ 如此하니 其能長久乎아. 夫卦者는 事也요 爻者는 事之時也니 分三而又兩之면 足以包括衆理요 引而伸之하야 觸類而長之면 天下之能事ㅣ 畢矣라.

　　어려움이 궁극해서 할 바를 아지 못하기 때문에, 피눈물을 흘리며 엎어지고 자빠짐에 이르니, 어찌 오래 가리오? 괘(卦)라는 것은 일이고, 효(爻)라는 것은 일의 때이니, 셋으로 나누고(3획괘:소성괘) 또 둘로 나누면(6획괘:대성괘) 모든 이치를 포괄할 것이고, 이끌어 넓혀서(8괘를 이끌어 64괘로 펴서) 만 가지 종류에 접촉하고 넓히면 천하의 일을 다 마칠 수 있을 것이다.

　　※ 전패(顚沛) : 발이 걸려 넘어짐.

山水蒙(4) 산수몽

艮上
坎下

【傳】蒙은 序卦에 屯者는 盈也ㅣ니 屯者는 物之始生也ㅣ라. 物生必蒙이라 故로 受之以蒙하니 蒙者는 蒙也ㅣ니 物之穉也ㅣ라하니 屯者는 物之始生이니 物始生에 穉小하야 蒙昧未發하니 蒙所以次屯也라.

「몽:☵☶」은 「서괘전」에 "「둔:☳☵」은 가득참이니,「둔」은 물건의 처음 생긴 것이다. 물건이 생겨남에 반드시 어리므로 「몽」으로써 이으니,「몽」은 몽매함이니 물건의 어린 것이다."고 하였다. 「둔」은 물건이 처음 나온 것이니, 물건이 처음 나옴에 어리고 작아서 몽매하고 아직 개발(開發)이 안되었으니,「몽괘」를 「둔괘」 다음에 놓은 것이다.

 ※ 穉 : 어릴 치(稚).
 ※ 개발(開發) : 정신적인 계발(啓發)의 의미를 포괄하는 넓은 의미의 개발이다. 이하의 문장에서 개발이라 한 것도 마찬가지이다.

爲卦ㅣ 艮上坎下하니 艮은 爲山爲止요 坎은 爲水爲險이라. 山下有險하고 遇險而止하야 莫知所之하니 蒙之象也라. 水必行之나 物始出에 未有所之라 故로 爲蒙이나 及其進이면 則爲亨義라.

괘됨이 「간:☶」은 위에 있고 「감:☵」은 아래에 있으니,「간」은 산이 되고 그침이 되며,「감」은 물이 되고 험함이 된다. 산 아래에 험함이 있고, 험함을 만나 그쳐서 갈 바를 알지 못하니 「몽」의 형상이다. 물은 흘러가는 것이나, 물건이 처음 나옴에 아직 갈 곳이 없기 때문에 「몽」이 되지만, 나아가게 되면 형통한 뜻이 된다.

 ※ 誠齋楊氏曰 蒙猶屯也나 屯者는 物之初로대 非物之厄이요 蒙者는 人之初로대 非性之昧라. 勾而未舒曰屯이요 穉而未達曰蒙이라.

: <성재양씨>가 말하길 "「몽」은 「둔」과 비슷하나, 「둔」은 물건의 초창기이지만 물건의 액운은 아니고, 「몽」은 사람의 어린 것이지만 성품이 어두운 것은 아니니, 구부러져서 아직 펴지 못한 것이 「둔」이고, 어려서 통달하지 못한 것이 「몽」인 것이다."

※ 雙湖胡氏曰 乾坤之後에 屯은 主在震初九一爻하고 蒙은 主在坎九二一爻하니 此는 長子代父요 長弟次兄之象이며 艮爲少男하야 方有待於開發하니 此는 屯蒙 次乾坤之義라. 屯建侯는 有君道焉하고 蒙求我는 有師道焉하니 天地旣位에 君師 立矣라.

: <쌍호호씨>가 말하길 "「건☰」과 「곤☷」의 다음에, 「둔☵☳」은 「진☳」의 「초구」효가 주효이고, 「몽☶☵」은 「감☵」의 「구이」효가 주효이니, 이는 장자(長子)가 아버지(父)를 대신하고, 큰 동생이 형을 잇는 상이며, 「간☶」은 소남으로 개발을 기다리는 것이니, 이는 「둔·몽」이 「건·곤」의 다음에 있는 뜻이다. 「둔」의 '건후(建侯)'는 인군의 도가 있고, 「몽」의 '구아(求我)'는 스승의 도가 있으니, 천지가 이미 자리함에 인군과 스승이 서는 것이다."

蒙은 亨하니 匪我ㅣ 求童蒙이라 童蒙이 求我ㅣ니 初筮ㅣ어든 告하고 再三이면 瀆이라 瀆則不告이니 利貞하니라.

● 몽은 형통하니 내가 동몽을 구함이 아니라 동몽이 나를 구함이니, 처음 점치거든 알려주고 두 번 세 번하면 더럽히는 것이다. 더럽히면 알려주지 말지니 바르게 함이 이로우니라.

☶☵ 蒙昧開發 可以致亨

【傳】蒙에 有開發之理하니 亨之義也요 卦才ㅣ 時中하니 乃致亨之道라. 六五ㅣ 爲蒙之主而九二는 發蒙者也니 我는 謂二也라. 二非蒙主나 五旣順巽於二하니 二ㅣ 乃發蒙者也라 故로 主二而言이라.

「몽:蒙」에 개발하는 이치가 있으니 형통한 뜻이고, 괘의 재질이 때에 맞게(中)하니 형통함을 이루는 도이다. 「육오」가 「몽」의 주효가 되고 「구이」는 「몽」을 개발하는 자이니, '나(我)'는 「구이」를 이른다. 「구이」가 「몽」의 주효는 아나, 「육오」가 「구이」에 손순하니, 「구이」가 이에 「몽」을 개발하는 것이므로, 「구이」를 주로해서 말했다.

匪我 求童蒙 童蒙 求我는 五居尊位하야 有柔順之德하고 而方在童蒙하야 與二로 爲正應而中德이 又同하니 能用二之道하야 以發其蒙也라. 二以剛中之德으로 在下하니 爲君所信嚮이라. 當以道로 自守하야 待君至誠求己而後에 應之면 則能用其道니 匪我求於童蒙이요 乃童蒙이 來求於我也니라.

 '내가 동몽을 구하는 것이 아니라, 동몽이 나를 구한다(匪我 求童蒙 童蒙 求我)' 함은, 「육오」가 높은 자리에 있으면서 유순한 덕이 있고, 동몽(童蒙)의 때에 있어 「구이」와 정응이 되며 중덕(中德)이 또한 같으니, 「구이」의 도를 씀으로써 그 「몽」을 개발할 수 있는 것이다. 「구이」가 강중한 덕으로 아래에 있으니, 인군의 신임하는 바가 된다. 도로써 스스로를 지키면서 인군이 지극한 정성으로 자기를 구함을 기다린 뒤에 부름에 응하면 그 도를 쓸 수 있으니, 내가 동몽을 구함이 아니고 동몽이 나에게 와서 구함이 되는 것이다.

筮는 占決也라. 初筮告은 謂至誠一意로 以求己則告之요 再三則瀆慢矣라 故로 不告也니 發蒙之道ㅣ 利以貞正이라. 又二雖剛中이나 然이나 居陰이라 故로 宜有戒니라.

 '서(筮)'는 점쳐서 결단하는 것이다. '처음 점치거든 알려줌(初筮告)'은 지극한 정성과 한결같은 뜻으로 나에게 구하면 가르쳐주고, 두 번 세 번하면 모독하는 것이므로 가르쳐주지 않으니, 「몽」을 개발하는 도는 바르게 해야 이롭다. 또 「구이」가 비록 강중하나 음자리에 있으므로 경계사를 두었다.

※ 毅齋沈氏曰 蒙昧而能亨者는 由九二ㅣ 以剛中之德으로 時而發之니 所以亨也라. : <의재심씨>가 말하길 "몽매하면서도 형통할 수 있는 것은, 「구이」가 강중한 덕으로써 때에 맞춰 개발하기 때문에 형통한 것이다."

【本義】艮亦三劃卦之名이라. 一陽이 止於二陰之上이라 故로 其德이 爲止요 其象이 爲山이라. 蒙은 昧也니 物生之初에 蒙昧未明也라. 其卦ㅣ 以坎遇艮하야 山下有險하니 蒙之地也요 內險外止하니 蒙之意也라 故로 其名이 爲蒙이라. 亨以下는 占辭也라.

「간:☶」은 또한 3획괘(소성괘)의 이름이다. 한 양이 두 음의 위에 그치므로, 그 덕이 그침이 되고 그 형상이 산이 된다. 「몽」은 어두움이니, 물건이 생긴 처음에는 몽매해서 밝지 못한 것이다. 그 괘가 「감:☵」으로써 「간:☶」을 만나, 산아래 험함이 있는 것이니 「몽」의 처지이고, 안은 험하고 밖으로는 그치니 「몽」의 뜻이므로, 그 이름이 「몽」이 된다. '형(亨)'자 아래는 점풀이 말이다.

九二는 內卦之主로 以剛居中하니 能發人之蒙者而與六五로 陰陽이 相應이라 故로 遇此卦者ㅣ 有亨道也라. 我는 二也요 童蒙은 幼穉而蒙昧니 謂五也라.

「구이」는 내괘의 주효로 강함으로써 중(中)에 거하니 다른 사람의 몽매함을 개발할 수 있는 것이고, 「육오」와 더불어 음과 양이 서로 응하므로, 이 괘를 만나는 자가 형통하는 도가 있다. '나(我)'는 「구이」이고, '동몽(童蒙)'은 유치하고 몽매함이니 「육오」를 말한다.

筮者ㅣ 明이면 則人當求我니 而其亨이 在人이요 筮者ㅣ 暗이면 則我當求人이니 而亨이 在我라. 人求我者엔 當視其可否而應之요 我求人者엔 當致其精一而扣之하나니 而明者之養蒙과 與蒙者之自養이 又皆利於以正也니라.

점치는 자가 현명하면 남이 나(점치는 자)를 구하는 까닭에 그 형통함이 남에게 있고, 점치는 자가 어두우면 내가 남을 구하기 때문에 형통함이 내게 있다. 남이 나를 구할 때는 그 가부를 보아 응해야 하고, 내가 남을 구할 때는 정일한 마음으로 물어야 하니, 현명한 자의 「몽」을 기름과 몽매한 자의 스스로를 기름이, 모두 바름으로써 함이 이로운 것이다.

※ 暗 : 「사고전서」본에는 '매(昧)'로 되어 있다.
※ 扣 : 물을 구.
※ 雲峯胡氏曰 諸家訓亨與利貞을 以亨屬蒙이요 利貞屬養蒙者로대 惟本義以爲 蒙與養蒙者ㅣ 皆有亨道而利於貞이라하니 易必如是看이라야 方爲不滯也라.
: <운봉호씨>가 말하길 "모든 학자들이 '형(亨)'과 '이정(利貞)'을 풀이하기를 '형'은 '몽

(蒙)'에 속한 것이고, '이정'은 '양몽(養蒙)'에 속한 것으로 했는데, 오직 『본의』만은 '몽'과 '양몽'하는 사람이 다 형통한 도가 있고 바르게 함이 이로운 것으로 했으니, 『역경』을 이런 방법으로 보아야만 막히지 않을 것이다."

象曰 蒙은 山下有險하고 險而止ㅣ 蒙이라.

◉ 단에 말하길 몽은 산 아래 험한 것이 있고 험해서 그치는 것이 몽이라.

【本義】 以卦象卦德으로 釋卦名이니 有兩義라.

괘상과 괘덕으로 괘명을 풀이함이니 두 뜻이 있다.

※ '산하유험(山下有險)'은 괘상이고, '험이지(險而止)'는 괘덕이며, '몽(蒙)'은 괘명이다.

※ 雲峯胡氏曰 卦象分上下하야 艮山下有坎水之險이 是一義요 卦德分內外하야 內險己不能安하고 外止又不能進이 是一義라.

: <운봉호씨>가 말하길 "괘상을 상하로 나누어 간산(艮山☶) 아래에 감수(坎水☵)의 험함이 있는 것이 한 가지 뜻이고, 괘덕을 내외로 나누어 안이 험해서 자신이 편치 못하고 밖은 그쳐서 나아가지 못함이 한 가지 뜻이다."

蒙亨은 以亨行이니 時中也ㅣ오 匪我求童蒙童蒙求我는 志應也ㅣ오

◉ '몽은 형통함'은 형통함으로써 행함이니 때에 맞춰 중도를 행함이고, '내가 동몽을 구함이 아니라 동몽이 나를 구함'은 뜻이 응함이고,

◉ '몽은 형통함'은 형통함으로써 행하여 때에 맞춰 중도를 행함이요, '내가 동몽을 구함이 아니라 동몽이 나를 구함'은 뜻이 응함이요,

---

【傳】 山下有險은 內險하니 不可處요 外止하니 莫能進하야 未知所爲라 故로 爲昏蒙之義라. 蒙亨以亨行時中也는 蒙之能亨은 以亨道로 行也니 所謂亨道는 時中也라. 時는 謂得君之應이요 中은 謂處得其中이니 得中則時也라.

'산 아래 험한 것이 있음(山下有險)'은, 안으로 험하니 거처하지 못하고, 밖으로

는 그치니 나아가지 못해서 할 바를 알지 못하는 까닭에 어둡고 어린 뜻이 된다. '몽은 형통함은 형통함으로써 행함이니 때에 맞춰 중도를 행함(蒙亨 以亨行 時中也)'은 「몽」의 형통함은 형통한 도로써 행함이니, 이른바 "형통한 도는 때에 맞춰 중도를 행한다"는 것이다. '시(時)'는 인군의 부름을 받는 것이고, '중(中)'은 처하는 데 그 중도를 얻음을 말하니, 중도를 얻으면 때에 맞는 것이다.

※ 時:'得時'로 되어 있는 판본도 있다.

匪我求童蒙童蒙求我志應也는 二以剛明之賢으로 處於下하고 五以童蒙으로 居上하니 非是二求於五요 蓋五之志ㅣ 應於二也라. 賢者ㅣ在下하니 豈可自進하야 以求於君이리오. 苟自求之면 必无能信用之理라. 古之人이 所以必待人君致敬盡禮而後에 往者는 非欲自爲尊大니 蓋其尊德樂道ㅣ 不如是면 不足與有爲也니라.

'내가 동몽을 구함이 아니라 동몽이 나를 구함은 뜻이 응함'이라 함은 「구이」가 강명한 어짊으로써 아래에 처하고, 「육오」는 동몽(童蒙)으로써 위에 거처하니, 「구이」가 「육오」를 구함이 아니고, 「육오」의 뜻이 「구이」를 부른(應) 것이다. 현명한 자가 아래에 있으니, 어찌 스스로 나아가서 인군을 구하겠는가? 구차하게 구하면 필시 신용을 얻을 리가 없다. 옛 사람이 반드시 인군이 공경과 예를 다함을 기다린 뒤에 (인군에게) 가는 것은, 스스로를 존대하고자 함이 아니니, 그 인군의 덕을 높이고 도를 즐김이 이와 같지 않으면, 더불어 일을 하지 못하는 것이다.

※ 以:'以'자가 없는 판본도 있다.
※ 厚齋馮氏曰 學記云ㅣ 當其可之謂時라. 九二ㅣ 陽明하야 其於五陰之暗에 時而發之호대 无過不及하니 所以亨也라.
: <후재풍씨>가 말하길 "『학기』에 이르기를 '적절한 것을 시(時)라고 한다'고 했다. 「구이」가 양명해서 음암한 「육오」를 때로 개발하되, 지나치거나 모자람이 없으니 형통하게 되는 것이다."

初筮告은 以剛中也ㅣ오 再三瀆瀆則不告은 瀆蒙也일새니

◉ '처음 점치거든 알려줌'은 강하고 가운데 함으로써요, '두 번 세 번하면 더럽히는 것이니,

더럽히면 알려주지 말라' 함은 몽을 더럽히기 때문이니,

【傳】初筮는 謂誠一而來하야 求決其蒙이니 則當以剛中之道로 告而開發之라. 再三은 煩數也니 來筮之意ㅣ 煩數不能誠一이면 則瀆慢矣니 不當告也라. 告之라도 必不能信受리니 徒爲煩瀆이라. 故로 曰瀆蒙也라하니 求者告者ㅣ 皆煩瀆矣라.

'처음 점침(初筮)'은 한결같은 정성으로 와서 그 몽매함을 결단해주기를 구함을 이르니, 마땅히 강중한 도로써 가르쳐서 그것을 개발해주어야 한다. '두 번 세 번 점침(再三)'은 번삭(煩數)함이니, 와서 점치는 뜻이 번삭해서 한결같이 정성스럽지 못하면 모독하는 것이므로 마땅히 가르치지 않는다. 가르치더라도 믿고 받아들이지 않으니, 한갓 번거롭고 더럽히기만 할 것이다. 그러므로 '「몽」을 더럽힘(瀆蒙)'이라 했으니, 묻는 자와 가르치는 자가 다 번거롭고 더럽혀지는 것이다.

※ 번삭(煩數) : 번거롭게 자주함(數:자주 삭).

蒙以養正이 聖功也ㅣ라.
● 몽으로써 바른 것을 기름이 성인이 되는 공이다.

【傳】卦辭에 曰利貞이라하고 象에 復伸其義하야 以明不止爲戒於二요 實養蒙之道也라. 未發之謂蒙이니 以純一未發之蒙而養其正이 乃作聖之功也라. 發而後禁이면 則扞格而難勝이니 養正於蒙이 學之至善也라. 蒙之六爻에 二陽은 爲治蒙者요 四陰은 皆處蒙者也라.

「괘사」에 '이정(利貞)'이라하고, 「단전」에 다시 그 뜻을 펴서 「구이」만을 경계하는 것이 아니고, 실은 「몽」을 기르는 도라는 것을 밝힌 것이다. 개발되지 않은 것을 「몽」이라 이르니, 순일하고 개발되지 않은 「몽」에서 그 바름을 기르는 것이 성인(聖人)을 이루는 공이 된다. 개발된 뒤에 금지하면 막혀서 고치기 어려우니, 「몽」일 때 바름을 기르는 것이 배움의 최선책이다. 「몽䷃」의 여섯 효에서 두 양은 「몽」을 다스리는 자가 되고, 네 음은 다 「몽」의 처지로 배우는 자이다.

※ 한격(扞格) : 완강하게 거절하여 가까이 하지 못하게 함.

【本義】以卦體로 釋卦辭也라. 九二┃以可亨之道로 發人之蒙而又得其時之中하니 謂如下文所指之事는 皆以亨行而當其可也라. 志應者는 二는 剛明하고 五는 柔暗이라 故로 二不求五而五求二하니 其志┃自相應也라.

괘체로써 「괘사」를 풀이한 것이다. 「구이」가 형통한 도로써 다른 사람의 「몽」을 개발하고, 또 때의 중을 얻었으니, 아랫 글에서 가리킨 바의 일과 같은 것은 다 형통함으로써 행하고(亨行) 적절함을 말한 것이다(時中). '뜻이 응함(志應)'은 「구이」는 강명(剛明)하고 「육오」는 유암(柔暗)한 까닭에, 「구이」가 「육오」를 구하지 않아도, 「육오」가 「구이」를 구하므로 그 뜻이 서로 응하는 것이다.

※ '시중(時中)은 「구이」를, '지응(志應)은 「육오」와 「구이」를, '강중(剛中)'은 「구이」를 뜻하고, 이 셋은 괘체를 설명한 것이다.

以剛中者는 以剛而中이라 故로 能告而有節也라. 瀆은 筮者┃二三이면 則問者┃固瀆而告者도 亦瀆矣라. 蒙以養正은 乃作聖之功이니 所以釋利貞之義也라.

'강중으로써 함(以剛中)'은 강함으로써 중(中)을 한 것이므로, 가르치는 데 능히 절도가 있다. '더럽힘(瀆)'은 점치는 자가 두 번 세 번 점을 치면 묻는 자도 더러워지고, 알려주는 자도 또한 더러워진다. 「몽」으로써 바른 것을 기름(蒙以養正)'은 성인을 이루는 공이 되니, 이로써 '이정(利貞)'의 뜻을 풀이한 것이다.

※ 或問 本義云┃ 九二以可亨之道로 發人之蒙而又得其時之中하니 如下文所指之事는 皆以亨行而當其可라하니 何以見其當其可니잇가. 朱子曰 下文所謂二五以志相應而初筮則告之하고 再三瀆則不告은 皆時中也요 初筮告以剛中者도 亦指九二┃ 有剛中之德이라 故로 能告而有節하니 夫能告而有節은 卽所謂以剛而中也라.

: 혹자가 여쭈기를 "『본의』에 '「구이」가 형통한 도로써 다른 사람의 「몽」을 개발하고, 또 때의 중을 얻었으니, 아랫 글에서 가리킨 바의 일과 같은 것은 다 형통함으로써 행하고(亨行) 적절한 것이다'고 하니, 어찌 적절할 것을 알 수 있습니까?" <주자>가 답하기를 "아랫 글에 '「구이」와 「육오」가 뜻으로써 서로 응하고, 처음 점치거든 알려주고 두 번 세 번하면

알려주지 않는다'고 말함은 다 때로 중함이고, '처음 점치면 알려준다는 것은 강중하기 때문'이라고 한 것도 「구이」가 강중한 덕이 있기 때문에 알려줌에 절도가 있음을 가리킨 것이니, '알려줌에 절도가 있다'는 것은 '강중하기 때문임(以剛中)'을 말한 것이다."

象曰 山下出泉이 蒙이니 君子ㅣ 以하야 果行하며 育德하나니라.

● 상에 말하길 산 아래 샘이 솟아나는 것이 몽이니, 군자가 본받아서 과감히 행하며 덕을 기르느니라.

【傳】山下出泉은 出而遇險하야 未有所之ㅣ 蒙之象也니 若人이 蒙穉하야 未知所適也라. 君子ㅣ 觀蒙之象하야 以果行育德하나니 觀其出而未能通行이면 則以果決其所行하고 觀其始出而未有所向이면 則以養育其明德也니라.

'산 아래 샘이 솟음(山下出泉)'은 나아가다 험함을 만남에 갈 바를 두지 못하는 것이 「몽☶☵」의 형상이니, 사람이 어리고 몽매해서 갈 바를 알지 못함과 같다. 군자가 「몽」의 상을 보아 과감히 행하고 덕을 기르니, 나아감에 통행하지 못함을 보면 행할 바를 과감히 결단하고, 처음 나아가서 갈 방향을 모를 때는 그 밝은 덕을 양육하는 것이다.

> ※ 南軒張氏曰 泉始出而遇險에 未有所之하니 如人蒙穉에 未有所適이라. 貴於果行이나 育德하야 充而達之也니 育德之義ㅣ 尤當深體라.
>
> : <남헌장씨>가 말하길 "샘이 처음 나와서 험함을 만남에 갈 바를 모르는 것이니, 사람이 몽매하고 어림에 갈 바를 모르는 것과 같다. 과감히 행함을 귀하게 여기나 덕을 길러 채워서 통달해 가는 것이니, '덕을 기른다(育德)'는 뜻을 더욱 깊이 체득해야 한다."

【本義】泉은 水之始出者니 必行而有漸也라.

'샘(泉)'은 물이 처음 솟는 것이니, 반드시 행함에 점차함이 있다.

> 初六은 發蒙호대 利用刑人하야 用說桎梏이니 以往이면 吝하리라.
>
> ◉ [정자] 초육은 몽을 개발하되 사람에게 형벌함을 쓰고서 질곡을 벗기는 방법이 이로우니, 형벌로써만 해나가면 인색하리라.
> ◉ [주자] 초육은 몽을 개발할 것이니, 사람에게 형벌함을 쓰고 질곡을 벗기는 방법이 이롭고, 형벌로써만 해나가면 인색하리라.
>
> 發蒙之初 所以正法

【傳】初以陰暗으로 居下하니 下民之蒙也라. 爻言發之之道하니 發下民之蒙호대 當明刑禁以示之하야 使之知畏然後에 從而敎導之라.

「초육」이 음암(陰暗)함으로써 아래에 있으니, 아랫 백성의 몽매함이다. 「효사」에 「몽」을 개발하는 도를 말했으니, 아랫 백성의 몽매함을 개발하되, 마땅히 형벌과 금함을 밝혀 보임으로써 두려움을 알게 한 뒤에, 거기에 따라 가르치고 인도해야 한다.

※ 蒙 : '象'자로 되어 있는 판본도 있다.

自古聖王이 爲治에 設刑罰以齊其衆하시고 明敎化而善其俗하시니 刑罰立而後에 敎化行이라. 雖聖人이 尙德而不尙刑이서도 未嘗偏廢也라. 故로 爲政之始에 立法이 居先이요 治蒙之初엔 威之以刑者는 所以說去其昏蒙之桎梏이라. 桎梏은 謂拘束也니 不去其昏蒙之桎梏이면 則善敎ㅣ 无由而入이라.

예로부터 성왕(聖王)께서 다스리심에, 형벌을 베풀어서 그 민중을 다스리시고, 교화를 밝혀 그 풍속을 선하게 하시니, 형벌이 선 뒤에 교화가 행해지는 것이다. 비록 성인께서 덕을 숭상하고 형벌을 숭상하지 않으셨더라도, 일찍이 한 쪽으로 치우치거나 폐하지 않으셨다. 그러므로 정치를 시작할 때에 법을 먼저 세우고, 교육을 시작할 때에 형벌로써 위엄있게 함은, 이럼으로써 혼몽한 질곡을 벗기는 것이다. '질곡(桎梏)'은 구속함을 말하니, 그 혼몽한 질곡을 벗겨주지 않으면 선한 가르침이 들어갈 수 없다.

旣以刑禁으로 率之면 雖使心未能喩나 亦當畏威以從하야 不敢肆其昏蒙之欲이니 然後에 漸能知善道而革其非心이면 則可以移風易俗矣어니와 苟專用刑以爲治면 則蒙雖畏나 而終不能發하야 苟免而无恥니 治化不可得而成矣라. 故로 以往이면 則可吝이라.

 먼저 형벌과 금법(禁法)으로써 이끌어 가면, 비록 마음으로 깨우치게는 못하더라도, 또한 마땅히 위엄을 두려워하며 따름으로써 감히 혼몽한 욕심을 펼치지 못한다. 그런 뒤에 점차 선도(善道)를 알아서 그 그릇된 마음을 고치면, 풍속을 옮기고 바꿀 수 있을 것이나, 오로지 형벌만을 써서 다스리면, 몽매한 사람이 비록 두려워하나 끝내 (몽매함을) 개발하지 못해서, 구차하게 (형벌만) 면하려고만 하고 부끄러움은 없을 것이니, 교화가 이루어지지 못할 것이다. 그러므로 형벌로써만 해나가면 인색하게 된다.

  ※ 喩 : 깨우칠 유.
  ※ 其 : '其'자가 없는 판본도 있다.

【本義】以陰居下하니 蒙之甚也라. 占者ㅣ 遇此면 當發其蒙이나 然이나 發之之道는 當痛懲而暫舍之하야 以觀其後니 若遂往而不舍면 則致羞吝矣라. 戒占者ㅣ 當如是也니라.

 음으로써 아래에 거하니 몽매함이 심하다. 점치는 자가 이 효를 만나면 그 몽매함을 개발해야 한다. 그러나 개발하는 도는 고통으로 징계했다가 잠깐 그쳐서 그 결과를 살펴야 마땅하니, 만약 계속해서 형벌만 주고 그치지 않으면 부끄럽고 인색하게 된다. 점치는 사람이 마땅히 이와 같이 해야 한다고 경계한 것이다.

象曰 利用刑人은 以正法也ㅣ라.
◉ 상에 말하길 '이용형인'은 법을 바로함이라.

【傳】治蒙之始에 立其防限하야 明其罪罰은 正其法也니 使之由之하야 漸至於化也라. 或疑發蒙之初에 遽用刑人이면 无乃不敎而誅乎아 하니 不知立法制刑이 乃所以敎也라. 蓋後之論刑者ㅣ 不復知敎化ㅣ 在其中矣니라.

몽매함을 다스리는 처음에, 한계(禁法)를 세워서 죄와 벌을 밝히는 것은 그 법을 바르게 함이니, 이로 말미암아 점차 교화되도록 하는 것이다. 혹자가 의심하여 "몽매함을 개발하는 처음에 형벌만 쓰면, 가르치지는 않고 벌만 주는 것이 아닙니까?" 하니, 법을 세우고 형벌을 제도화함이 가르치는 것임을 모르는 것이다. 아마도 후세에 형벌을 논하는 자가, 또한 교화가 법을 세우고 형벌을 제도화하는 가운데 있음을 알지 못한 것이다.

【本義】發蒙之初에 法不可不正이니 懲戒는 所以正法也니라.

몽매함을 개발하는 처음에 법을 바로해야 하니, 징계함은 법을 바르게 하려는 것이다.

九二는 包蒙이면 吉하고 納婦ㅣ면 吉하리니 子ㅣ 克家ㅣ로다.

- [정자] 구이는 몽을 감싸면 길하고, 지어미를 들이면 길하리니, 자식이 집을 다스리도다.
- [주자] 구이는 몽을 감쌈이니 길하고, 지어미를 들이니 길하며, 자식이 집을 다스림이라.

陽剛內主 統治群陰

【傳】包는 含容也라. 二居蒙之世하야 有剛明之才하고 而與六五之君으로 相應하야 中德이 又同하니 當時之任者也라. 必廣其含容하고 哀矜昏愚하면 則能發天下之蒙하고 成治蒙之功하야 其道ㅣ 廣하고 其施ㅣ 博하리니 如是則吉也라.

'포(包)'는 머금고 용납하는 것이다. 「구이」가 몽매한 세상에 거하여 강명한 재주가 있고, 인군인 「육오」와 응하여 중덕(中德)이 또한 같으니, 당시의 책임을 맡은 자이다. 반드시 관용을 넓히고, 어둡고 우매함을 불쌍히 여기면, 천하의 몽매함을 개발하고 「몽」을 다스리는 공을 이루어, 그 도와 베풂이 넓어질 것이므로, 이와 같이하면 길할 것이다.

　　※ 중덕(中德) :「구이」와 「육오」가 모두 득중(得中)함.

卦唯二陽爻나 上九는 剛而過하고 唯九二는 有剛中之德而應於五하니 用於時而獨明者也로대 苟恃其明하야 專於自任이면 則其德이 不弘이라. 故로 雖婦人之柔闇이라도 尙當納其所善이면 則其明이 廣矣리라. 又以諸爻ㅣ 皆陰故로 云婦니라.

　괘에 오직 두 양효가 있으나 「상구」는 강하되 지나치고, 오직 「구이」만이 강중한 덕이 있고 「육오」에 응하니, 당시에 있어 홀로 밝은 자이다. 그러나 그 밝음만 믿고서, 스스로 책임을 전적으로 맡으면 그 덕이 넓어지지 못한다. 그러므로 비록 부인의 유암(柔闇)함일지라도, 그 선한 것을 받아들인다면 그 밝음이 넓어질 것이다. 또 모든 효가 음효이기 때문에 '지어미(婦)'라고 했다.

堯舜之聖은 天下所莫及也로대 尙曰淸問下民하야 取人爲善也하시니 二能包納하면 則克濟其君之事니 猶子能治其家也라. 五旣陰柔라 故로 發蒙之功이 皆在於二하니 以家言之면 五는 父也요 二는 子也라. 二能主蒙之功하니 乃人子ㅣ 克治其家也라.

　<요임금>과 <순임금>같은 성인(聖人)은 천하가 미치지 못하는 바로되, 오히려 "아랫 백성에게 맑게 물어서 사람의 선함을 취하라"고 하셨다. 「구이」가 능히 포용하여 받아들이면, 그 인군의 일을 다스릴 수 있을 것이니, 자식이 그 집을 다스리는 것과 같다. 「육오」가 음유한 까닭에, 몽매함을 개발하는 공이 모두 「구이」에게 있으니, 집으로써 말하면 「육오」가 아비이고, 「구이」는 자식이다. 「구이」가 능히 계몽(啓蒙)의 공을 맡으니, 곧 사람의 자식이 능히 집을 다스리는 것이다.

　　※ 隆山李氏曰 震以建侯而有經綸之功은 此長子事也요 坎以剛中而有克家之能
　　은 此次子事也요 艮以柔巽而得童蒙之吉은 此少子事也니 乾坤三子ㅣ 至是各得
　　其宜矣라.

: <융산이씨>가 말하길 "「진☳」으로써 후를 세워 경륜하는 공이 있음은 장자(長子)의 일이고, 「감☵」으로써 강중(剛中)해서 집을 다스리는 능함이 있음은 차자(次子)의 일이며, 「간☶」으로써 유손(柔巽)하여 동몽(童蒙)의 길함이 있음은 소자(少子)의 일이니, 「건·곤」과 세 아들이 여기에 이르러 각기 그 마땅함을 얻은 것이다."

【本義】九二│ 以陽剛으로 爲內卦之主하야 統治群陰하니 當發蒙之任者라. 然이나 所治│ 旣廣하고 物性이 不齊하야 不可一槪取必이로대 而爻之德이 剛而不過하니 爲能有所包容之象이요 又以陽受陰하니 爲納婦之象이요 又居下位而能任上事하니 爲子克家之象이라. 故로 占者│ 有其德而當其事면 則如是而吉也라.

「구이」가 양강함으로써 내괘의 주효가 되어 뭇 음을 다스리니, 「몽」을 개발하는 책임을 맡은 사람이다. 그러나 다스리는 바가 넓고 물건의 성질이 같지 않아서, 반드시 한 가지로만 저울질해서 취하지는 못하지만, 효의 덕이 강하면서도 지나치지 않으니 능히 포용하는 상이 있고, 또 양으로써 음을 받아들이니 부인을 들이는 상이며, 아랫 자리에 거해서 위의 일을 맡으니 자식이 집안을 다스리는 상이 된다. 그러므로 점치는 자가 그 덕이 있으면서 그 일을 맡으면 이와 같아서 길하다.

※ 陽剛:「사고전서」본에는 '剛陽'으로 되어 있다.
※ 槪:저울 개.

象曰 子克家는 剛柔│ 接也│라.
● 상에 말하길 '자극가'는 강과 유가 만남이라.

【傳】子而克治其家者는 父之信任이 專也요 二能主蒙之功者는 五之信任이 專也니 二與五剛柔之情이 相接이라. 故로 得行其剛中之道하야 成發蒙之功하니 苟非上下之情이 相接이면 則二雖剛中이나 安能尸其事乎리오.

자식이 그 집을 다스릴 수 있는 것은 아비의 신임이 전일(專一)함이고, 「구이」가

계몽(啓蒙)의 공을 맡은 것은 「육오」의 신임이 전일한 것이니, 「구이」와 「육오」의 강하고 유한 뜻이 서로 만난 것이다. 그러므로 그 강중한 도를 행하여 「몽」을 개발하는 공을 이루니, 진실로 상하의 뜻이 서로 만나지 않으면, 「구이」가 비록 강중하나 어찌 그 일을 주관할 수 있겠는가?

【本義】指二五之應이라.

「구이」와 「육오」의 응함을 가리킨 것이다.

※ 雲峯胡氏曰 剛柔에 有上下之分이라 故로 屯二之於初에 惡其乘이요 剛柔에 有往來之情이라 故로 蒙二之於五에 喜其接이라.

: <운봉호씨>가 말하길 "강과 유에 상하의 분수가 있으므로, 「둔괘」의 「육이」가 「초구」에 있어서 그 강을 탐을 미워하는 것이고, 강과 유에 왕래하는 정이 있으므로, 「몽괘」의 「구이」가 「육오」에 있어서 그 만남을 기뻐하는 것이다."

六三은 勿用取女ㅣ니 見金夫하고 不有躬하니 无攸利하니라.

● 육삼은 여자를 취하지 말지니, 돈이 많은 사내를 보고 몸을 두지 못하니 이로울 바가 없느니라.

陰柔處蒙 女之妄動

【傳】三은 以陰柔로 處蒙闇하야 不中不正하니 女之妄動者也라. 正應이 在上이나 不能遠從하고 近見九二ㅣ 爲群蒙所歸하야 得時之盛이라 故로 捨其正應而從之하니 是는 女之見金夫也라. 女之從人이 當由正禮어늘 乃見人之多金하고 說而從之하야 不能保有其身者也니 无所往而利矣니라.

「육삼」은 음유함으로써 몽매하고 어두운 데 처하여 중(中)도 아니고 정(正)도 아니니, 여자가 망령되이 움직이는 것이다. 정응(正應:「상구」)이 위에 있으나 멀어서 좇지를 못하고, 가까이 있는 「구이」가 뭇 몽매한 자들의 따르는 바가 되어 때의 성함을 얻는 것을 봤기 때문에 그 정응을 버리고 「구이」를 따르니, 이것이 여자가 돈

많은 사내를 보는 것이다. 여자가 사람을 좇음이 마땅히 바른 예(禮)로 말미암아야 하는데도, 돈많은 사람을 보고 기뻐하며 좇아서 그 몸을 보존하지 못하니, 가서 이로울 바가 없는 것이다.

【本義】六三은 陰柔로 不中不正하니 女之見金夫하야 而不能有其身之象也라. 占者ㅣ 遇之면 則其取女에 必得如是之人이니 无所利矣라. 金夫는 蓋以金賂己而挑之니 若魯秋胡之爲者라.

「육삼」은 음유로 중도 아니고 정도 아니니, 여자가 돈많은 사내를 보고 그 몸을 지키지 못하는 형상이다. 점치는 자가 이 효를 만나면, 그 여자를 취하고자함에 반드시 이와 같은 사람을 얻을 것이니, 이로울 바가 없다. '금부(金夫)'는 돈으로써 자기에게 돈을 주면서 꾀는 것이니, 「노나라」 <추호>가 한 짓과 같은 것이다.

※ 挑 : 부추길 도.

※ 추호(秋胡) : 춘추시대 「노나라」 사람으로 장가든 지 닷새 만에 벼슬을 하러 집을 나가 5년 만에야 돌아오게 되었다. 오는 길에 뽕을 따는 여인이 심히 아름다워 보여서 5년 동안 번 돈을 주면서 꾈려고 하였다. 뽕을 따는 아낙네는 돈을 본 체 만 체하면서 집으로 돌아갔는데, <추호>가 집에 돌아와 보니 그 아낙네가 자신의 처임을 알게 되었다. <추호>의 처는 <추호>가 불효(不孝)하고 불의(不義)한 자라고 꾸짖으며 물에 빠져 죽었다.

象曰 勿用取女는 行이 不順也ㅣ라.

● [정자] 상에 말하길 '여자를 취하지 말음'은 행실이 순하지 않음이라.
● [주자] 상에 말하길 '여자를 취하지 말음'은 행실을 삼가하지 않음이라.

【傳】女之如此는 其行이 邪僻하야 不順하니 不可取也라.

여자가 이와 같이 하면, 그 행실이 간사하고 편벽되어 순하지 못하니 취하지 않는 것이다.

【本義】順은 當作愼이니 蓋順愼은 古字通用이라. 荀子에 順墨을 作愼墨이라하고 且行不愼이니 於經意에 尤親切하니 今當從之하노라.

'순할 순(順)'은 마땅히 '삼가할 신(愼)'으로 지어야 할 것이니, 대개 '순'과 '신'은 옛 글자에 통용했다. 『순자』에 '순묵(順墨)'을 '신묵(愼墨)'이라하고, 또 '행불신(行不愼)'이 경전(經典)의 뜻에 더욱 가까우므로, 이제 마땅히 이것을 따른다.

※ 『순자』의 「유효:儒效」편에 출전.

六四는 困蒙이니 吝토다.
◉ 육사는 곤한 몽이니 인색하도다.

遠陽无應 困蒙之象

【傳】四以陰柔而蒙闇으로 无剛明之親援하니 无由自發其蒙하야 困於昏蒙者也니 其可吝이 甚矣로다. 吝은 不足也니 謂可少也라.

「육사」가 음유하고 몽암(蒙闇)함으로써 강명(剛明)한 자의 친해서 이끌어줌이 없으니, 스스로 몽매함을 개발하지 못해서 어둡고 몽매한 데 곤한 자니, 그 인색함이 심하다. '인(吝)'은 부족함이니 적음을 말한다.

※ 몽암(蒙闇) : 몽매하고 어두움.

【本義】旣遠於陽하고 又无正應하니 爲困於蒙之象이라. 占者ㅣ 如是면 可羞吝也라. 能求剛明之德하야 而親近之면 則可免矣라.

이미 양에서 멀고 또 정응도 없으니, 「몽」에서 곤한 상이 된다. 점치는 자가 이와 같으면 부끄럽고 인색하다. 능히 강명한 덕이 있는 사람을 구해서 친근히 하면 (곤함을) 면할 수 있을 것이다.

象曰 困蒙之吝은 獨遠實也ㅣ라.
◉ 상에 말하길 '몽에 곤해서 인색함'은 홀로 실(양)에서 멂이라.

【傳】蒙之時엔 陽剛이 爲發蒙者라. 四ㅣ 陰柔而最遠於剛하야 乃愚蒙之人이로대 而不比近賢者하니 无由得明矣라 故로 困於蒙이라. 可羞吝者는 以其獨遠於賢明之人也니 不能親賢하야 以致困이면 可吝之甚也라. 實은 謂陽剛也라.

「몽」의 때에는 양강(陽剛)이 「몽」을 개발하는 자가 된다. 「육사」가 음유하면서 강(剛)에 가장 멀어서, 어리석고 몽매한 사람인데도 현명한 사람을 가까이 하지 못하니, 밝음을 얻는 연고가 없기 때문에 「몽」에 곤한 것이다. 부끄럽고 인색함은 홀로 현명한 사람에게서 멀기 때문이니, 현명한 사람을 친하지 못함으로써 곤함을 이루면 인색함이 심한 것이다. '실(實)'은 양강(「구이」와 「상구」)을 이른다.

【本義】實은 叶韻이니 去聲이라.

'실(實)'은 협운이니 거성(去聲)이다.

※ 實 : 여기서는 '순(順:「육삼」과 「상구」의 「소상전」)'이나 '손(巽:「육오」의 「소상전」)'과 같이 거성으로 읽어야 하고, 그 뜻은 양은 실하고 음은 허하므로 열매 실(實)로 해야 한다는 뜻이다. '양(陽)'이라고 하면 평성이 되므로 '순(順)'이나 '손(巽)'과 협운이 되지 않는다. 그러나 지금의 자전(字典) 상에서는 '實'자가 입성(入聲)일 경우는 '열매 실', 거성(去聲)일 경우는 '이를 지'로 되어 있다.

※ 叶 : 화합할 협. 협운(叶韻) : 어떤 운의 문자(文字)가 다른 운에 통용됨.

※ 沙隨程氏曰 小象은 叶聲韻이라. 故로 太玄測亦有韻이니 孔氏正義於離爻에 亦嘗論之라.

 : <사수정씨>가 말하길 "「소상전」은 협운으로 되어 있다. 그러므로 『태현경』의 「태현측」도 또한 운이 있으니, <공영달>의 리(離)효에 대한 『정의』에 자세히 논해 놓았다."

※ 鄱陽董氏曰 今易은 自坤以後六十三卦에 小象傳散入爻辭之下하야 遂不可以韻讀之로대 本義一用古易이라 故로 多論叶韻而尤詳備於小過旣濟二卦하니 則通一部易하야 皆可類矣라.

 : <파양동씨>가 말하길 "지금 『역경』은 「곤괘」부터 63괘에 「소상전」을 「효사」아래에 나누어 놓아서 운(韻)을 읽을 수가 없지만, 『본의』는 『고역:古易』을 사용했기 때문에(「소상전」을 「효사」 밑에 놓기 전의 역) 협운을 많이 논해 놓았다. (협운에 대해)「소과괘」와 「기제괘」에 더욱 상세하게 갖추었으니, 모든 괘를 통하여 다 유추할 수 있다."

六五는 童蒙이니 吉하니라.
◉ 육오는 어린 몽이니 길하니라.

柔中居尊 以聽於人

【傳】五以柔順으로 居君位하야 下應於二하고 以柔中之德으로 任剛明之才하니 足以治天下之蒙이라 故로 吉也라. 童은 取未發而資於人也니 爲人君者ㅣ 苟能至誠任賢하야 以成其功이면 何異乎出於己也리오.

「육오」가 유순함으로써 인군의 자리에 거하여 아래로 「구이」에 응하고, 유중(柔中)한 덕으로 강명(剛明)한 재주에게 맡기니, 충분히 천하의 「몽」을 다스릴 수 있으므로 길하다. '동(童)'은 개발되지 못한 것을 다른 사람에게 힘입어 개발함을 취한 것이니, 인군이 된 자가 진실로 지성으로 어진 이에게 맡겨서 그 공을 이루게 할 수 있으면, 어찌 자기에게서 나오는 것과 다르리오?

【本義】柔中居尊하야 下應九二하고 純一未發로 以聽於人이라 故로 其象이 爲童蒙而其占이 爲如是則吉也라.

유중(柔中)으로 존귀한 데 거하여 아래로 「구이」에게 응하고, 순일하고 개발되지 못한 상태로 남의 말을 들으므로, 그 상이 '동몽(童蒙)'이고, 그 점이 이와 같이 하면 길하다.

象曰 童蒙之吉은 順以巽也일새라.
◉ 상에 말하길 동몽의 길함은 순하고 겸손하기 때문이다.

【傳】舍己從人은 順從也요 降志下求는 卑巽也니 能如是면 優於天下矣라.

자기를 버리고 남을 좇음은 순종하는 것이고(順), 뜻을 낮추어 아랫 사람에게 구함은 낮추고 겸손함이니(巽), 능히 이와 같이 하면 천하에서 뛰어날 것이다.

※ 雙湖胡氏曰 順은 以爻柔言이요 巽은 以志應言이라. : <쌍호호씨>가 말하길 "순(順)'은 효가 부드럽기 때문에(陰爻) 말한 것이고, '손(巽)'은 뜻이 서로 응하기 때문에 말한 것이다."

上九는 擊蒙이니 不利爲寇ㅣ오 利禦寇하니라.
- [정자] 상구는 몽을 쳐야하니 도적이 됨은 이롭지 않고, 도적을 막음이 이로우니라.
- [주자] 상구는 몽을 침이니 도적이 됨은 이롭지 않고, 도적을 막음이 이로우니라.

☷ 以剛居上 擊蒙之象

【傳】九ㅣ 居蒙之終하니 是當蒙極之時요 人之愚蒙이 旣極하야 如苗民之不率爲寇爲亂者니 當擊伐之라. 然이나 九居上하야 剛極而不中이라 故로 戒不利爲寇라. 治人之蒙은 乃禦寇也요 肆爲貪暴는 乃爲寇也니 若舜之征有苗와 周公之誅三監은 禦寇也요 秦皇漢武는 窮兵誅伐하니 爲寇也라.

「상구」가 「몽」의 끝에 거하니, 이는 「몽」이 극한 때이고, 사람의 어리석고 몽매함이 이미 극해서, 「묘:苗」의 백성이 따르지 않고 도적이 되고 난을 일으키는 것과 같으니, 마땅히 그것을 정벌해야 한다. 그러나 「상구」가 위에 거하여 강한 것이 극하고 중(中)하지 못하기 때문에, 경계하여 '도적이 됨이 이롭지 않다(不利爲寇)'고 했다.

사람의 몽매함을 다스림은 도적을 막는 것이고, 방자해서 탐하고 포학함은 도적이 되는 것이니, <순임금>께서 「묘족:苗族」을 친 것과 <주공>께서 「삼감」을 벤 것은 도적을 막는 것이고, <진시황>과 <한무제>는 병사를 다하도록 베이고 정벌했으니 도적이 된 것이다.

※ 삼감(三監): 「주(周)나라」를 세운 후 「은(殷)나라」의 유민(遺民)을 다스리게 한 벼슬로, <무경(武庚:일설에는 霍叔)·관숙(管叔)·채숙(蔡叔)>을 말한다. 이들이 자신의 임무를

버리고, <주왕(紂王)>의 아들인 <무경(武庚)>을 도와 반란을 일으키자, <주공>이 이를 토벌하고 주살한 일을 말함.

※ 궁병(窮兵) : 병사를 다하도록 싸움.

【本義】以剛居上하니 治蒙過剛이라 故로 爲擊蒙之象이라. 然이나 取必太過하고 攻治太深이면 則必反爲之害니 惟捍其外誘하야 以全其眞純이면 則雖過於嚴密이나 乃爲得宜라. 故로 戒占者ㅣ 如此라 凡事ㅣ 皆然하니 不止爲誨人也라.

강으로써 위에 거하니, 「몽」을 다스림에 지나치게 강하므로 '몽을 침(擊蒙)'의 상이 된다. 그러나 취하는 것이 지나치고 공격하여 다스리는 것이 지나치면 반드시 도리어 해가 되니, 오직 바깥의 유혹을 막아서 그 참되고 순수함을 온전히 하면 비록 엄밀한 데 지나치나 마땅함을 얻을 것이다. 그러므로 점치는 사람이 이와 같이 하라고 경계한 것이다. 모든 일에 다 이러하니, 사람을 가르치는 데만 그치는 것이 아니다.

※ 捍 : 막을 한.   誨 : 가르칠 회.

> 象曰 利用禦寇는 上下ㅣ 順也ㅣ라.

◉ 상에 말하길 '도적 막음을 씀이 이로운 것'은 위와 아래가 순함이라.

【傳】利用禦寇는 上下ㅣ 皆得其順也라. 上不爲過暴하고 下得擊去其蒙하니 禦寇之義也라.

'도적 막음을 씀이 이로운 것(利用禦寇)'는 위와 아래가 다 순함을 얻는 것이다. 위에서는 지나치게 포학하지 않고, 아래에서는 그 몽매함을 쳐서 없애니 도적을 막는 뜻이다.

【本義】禦寇以剛하니 上下ㅣ 皆得其道라.

도적을 막는 데 강으로써 하니, 위와 아래가 다 도를 얻는 것이다.

※ 雲峯胡氏曰 上之剛이 不爲寇而止寇는 上之順也요 下之人이 隨其所止而止之는 下之順也라.
 : <운봉호씨>가 말하길 "「상구」의 강이 도적이 안되고 도적을 막는 것은 위의 순함이고, 아랫 사람이 그칠 곳을 따라서 그치는 것은 아래의 순함이다."

䷄ 坎上 乾下 水天需(5)
수 천 수

【傳】需는 序卦에 蒙者는 蒙也니 物之穉也라 物穉ㅣ 不可不養也라 故로 受之以需하니 需者는 飮食之道也라하니 夫物之幼穉는 必待養而成이라. 養物之所需者는 飮食也라 故로 曰需者는 飮食之道也라.

「수:䷄」는 「서괘전」에 "「몽:䷃」은 어린 것이니 생물의 어린 것이다. 생물이 어리면 기르지 않을 수 없기 때문에 「수괘」로써 받았으니, 「수」라는 것은 음식의 도리이다."라고 하였다. 어린 것은 반드시 기름을 기다려야 완성되는 것이다. 생물을 기르는 데 필요한 것은 음식이기 때문에, "「수」는 음식의 도리"라고 한 것이다.

雲上於天은 有蒸潤之象이요 飮食은 所以潤益於物이라. 故로 需爲飮食之道니 所以次蒙也라. 卦之大意는 須待之義니 序卦엔 取所須之大者耳라. 乾은 健之性이니 必進者也로대 乃處坎險之下하고 險爲之阻라 故로 須待而後에 進也라.

구름(☵)이 하늘(☰) 위에 있는 것은 증발하고 불어나는 상이며, 음식은 생물을 윤택하고 유익하게 한다. 그러므로 「수」가 음식의 도가 되니, 「몽괘」 다음에 놓은 이유이다.

괘의 큰 뜻은 기다린다는 것이니, 「서괘전」에서는 기다림 중에서 큰 것을 취했을 뿐이다. 「건:☰」은 굳센 성질이니 반드시 나아가는 것이나, 험한 「감:☵」의 아래에 처했고, 험함은 가는 것을 막는 것이므로, 기다린 다음에 나아가는 것이다.

※ 徂徠石氏曰 凡乾在下者는 必當上復이라. 今欲上復이로대 前遇坎險하야 未可直進이니 宜須待之라.

: <조래석씨>가 말하길 "「건:☰」이 하괘에 있으면 반드시 상괘로 회복한다. 이제 상괘로 회복하고자 하나, 앞에 「감:☵」의 험함을 만나 바로 나아가지를 못하니 마땅히 기다려야

한다."

需는 有孚하야 光亨코 貞吉하니 利涉大川하나라.
- [정자] 수는 믿음이 있어서 빛나서 형통하고 바르게 해서 길하니 큰 내를 건넘이 이로우니라.
- [주자] 수가 믿음이 있으면 빛나고 형통하며 바르면 길하여 큰 내를 건넘이 이로우니라.

☰☵ 以健遇險 需待之義

【傳】需者는 須待也니 以二體로 言之면 乾之剛健이 上進而遇險하야 未能進也라 故로 爲需待之義요 以卦才로 言之면 五居君位하야 爲需之主하고 有剛健中正之德而誠信이 充實於中하니 中實은 有孚也라.

「수:需」는 기다리는 것이다. 두 괘체로써 말하면, 강건한 「건:☰」이 위로 올라가는데 험한 것(☵)을 만나서 나갈 수 없기 때문에, 기다리는 뜻이 된다. 괘의 재질로 말하면, 「구오」가 인군자리에 있어서 「수괘」의 주인이 되고, 강건하고 중정한 덕이 있어서 정성과 믿음이 중(中)에 가득찼으니, 중이 실(實)하다 함은 믿음이 있는 것이다.

有孚면 則光明而能亨通하고 得貞正而吉也니 以此而需면 何所不濟리오. 雖險이나 无難矣라 故로 利涉大川也라. 凡貞吉에 有旣正且吉者와 有得正則吉者하니 當辨也라.

믿음이 있으면 광명하여 형통할 수 있고 곧고 바름을 얻어 길하니, 이것으로써 기다리면 어떤 것을 다스리지 못하겠는가? 비록 험하다 하더라도 어려움이 없을 것이기 때문에, '큰 내를 건넘이 이로운 것(利涉大川)'이다.

(주역의) '정길(貞吉)'이라고 말한 것에, '이미 바르고 길한 것'과 '바름을 얻으면 길한 것'이 있으니, 마땅히 분별해야 한다.

※ 正 : '正'자가 없는 판본도 있다.

【本義】需는 待也라. 以乾遇坎하니 乾健坎險하야 以剛遇險이요 而不遽進하야 以陷於險하니 待之義也라. 孚는 信之在中者也라. 其卦ㅣ 九五ㅣ 以坎體로 中實하고 陽剛中正而居尊位하니 爲有孚得正之象이라.

「수」는 기다리는 것이다. 「건:☰」으로써 「감:☵」을 만났으니, 「건」은 굳세고 「감」은 험하여 강이 험함을 만난 것이고, 급격히 나아가 험한 데 빠지지 않으니 기다리는 뜻이다. '부(孚)'는 믿음이 가운데(中) 있는 것이다. 「수괘」는 「구오」가 「감체:☵」로써 가운데가 실하고, 양강중정하여 높은 자리(位)에 거처하니, 믿음이 있고 바름을 얻는 상이 된다.

坎水ㅣ 在前에 乾健으로 臨之하니 將涉水而不輕進之象이라. 故로 占者ㅣ 爲有所待而能有信則光亨矣요 若又得正이면 則吉而利涉大川이라. 正固면 无所不利로대 而涉川이 尤貴於能待니 則不欲速而犯難也라.

「감:☵」의 물이 앞에 있음에 「건:☰」의 굳셈으로 임하니, 장차 물을 건널 것이나 가볍게 나아가지는 않는 상이다. 그러므로 점치는 사람이 기다리면서 믿음이 있게 할 수 있으면 빛나며 형통할 것이고, 만약 또 바름을 얻으면 길해서 큰 내를 건넘이 이롭다. 바르고 굳게 하면 이롭지 않음이 없으나, 내를 건너는 것이 기다릴 줄 아는 것 보다 더욱 귀하니, 급히 서둘다가 어려움을 범하는 것을 막고자 함이다.

象曰 需는 須也ㅣ니 險이 在前也ㅣ니 剛健而不陷하니 其義ㅣ 不困窮矣라.

● 단에 말하기를 수는 기다리는 것이니, 험한 것이 앞에 있으니, 강건하되 빠지지 않으니, 그 의리가 곤궁하지 않다.

【傳】需之義는 須也니 以險在於前하야 未可遽進이라 故로 需待而行也라. 以乾之剛健으로 而能需待不輕動이라 故로 不陷於險하니 其義ㅣ 不至於困窮也라.

'수'의 뜻은 기다리는 것이니, 험한 것이 앞에 있어서 빨리 나갈 수 없기 때문에 기다려서 행하는 것이다. 「건:☰」의 강건함으로써 기다리며 가볍게 움직이지 않으므로 험한 데 빠지지 않으니, 그 의리가 곤궁한 데 이르지 않는 것이다.

剛健之人은 其動이 必躁어늘 乃能需待而動하니 處之至善者也라. 故로 夫子ㅣ 贊之云ㅣ 其義不困窮矣라하시니라.

강건한 사람은 그 행동이 반드시 조급한 것인데, 기다렸다가 움직일 수 있으니, 지극히 잘 처신하는 사람이다. 그래서 <공자>께서 찬미해서 말씀하시기를 '그 의리가 곤궁하지 않다'고 하셨다.

【本義】此는 以卦德으로 釋卦名義라.
이것은 괘덕으로써 괘의 이름과 뜻을 풀이한 것이다.

※ 험함(險陷)은 「감:☵」의 괘덕이고, 강건(剛健)은 「건:☰」의 괘덕이다.

需有孚光亨貞吉은 位乎天位하야 以正中也ㅣ오
◉ '수유부광형정길'은 하늘 자리에 자리해서 바르고 가운데하는 도로 하기 때문이고,

【傳】五以剛實로 居中하니 爲孚之象이요 而得其所需하니 亦爲有孚之義라. 以乾剛而至誠이라 故로 其德이 光明而能亨通하고 得貞正而吉也니 所以能然者는 以居天位而得正中也라. 居天位는 指五요 以正中은 兼二言이라 故로 云正中이라.

「구오」가 강실(剛實)함으로써 가운데 거처하니 믿음이 있는 상이 되고, 그 기다림을 얻으니 또한 믿음이 있는 뜻이 된다. 「건:☰」이 강하면서 지극히 정성스럽기 때문에 그 덕이 광명하여 형통할 수 있고, 곧고 바름을 얻어 길한 것이니, 능히 그렇게 할 수 있는 것은, 하늘 자리에 거처해서 정(正)과 중(中)을 얻었기 때문이다. '하늘자리에 거한다' 함은 「구오」를 가리킨 것이고, '정중으로써 했다(以正中)' 함은 「구이」를 겸해서 말한 것이므로 '정중(正中)'이라고 한 것이다.

※ 「구이」는 '중'은 얻었지만 '정'을 얻은 것은 아니다. 「구오」는 '중'과 '정'을 다 얻었으므로 '중정'이다. 여기서 '중정'이라 하지 않고 '정중'이라고 한 것은 「구오:정」와 「구이:중」를 아울러서 말하였다는 뜻이다.

利涉大川은 往有功也ㅣ라.
◉ '큰 내를 건넘이 이로움'은 가서 공이 있음이라.

【傳】旣有孚而貞正하야 雖涉險阻라도 往則有功也니 需道之至善也라. 以乾剛而能需면 何所不利리오.

이미 믿음이 있으면서 곧고 바르어서, 비록 험하고 막힌 것을 건너더라도 가면 공이 있게 되니, 「수」의 도에 지극히 잘 처하는 것이다. 「건:☰」의 강함으로써 기다릴 수 있으면, 어떤 것이 이롭지 않겠는가?

【本義】以卦體及兩象으로 釋卦辭라.

괘체와 두 괘의 상(「건」과 「감」)으로 「괘사」를 풀이한 것이다.

※ '位乎天位'와 '正中'은 「구오」와 「구이」를 가리키는 괘체이다.

象日 雲上於天이 需ㅣ니 君子ㅣ 以하야 飮食宴樂하나니라.
◉ 상에 말하기를 구름이 하늘에 오르는 것이 수니, 군자가 본받아서 마시고 먹으며 잔치벌여 즐기느니라.

【傳】雲氣ㅣ 蒸而上升於天하야 必待陰陽和洽然後에 成雨어늘 雲方上於天하니 未成雨也라 故로 爲須待之義라. 陰陽之氣ㅣ 交感而未成雨澤이 猶君子ㅣ 畜其才德이로대 而未施於用也라.

구름기운이 증발해서 하늘에 올라가, 반드시 음양이 화합해서 흡족하게 되기를 기다린 뒤에 비를 이루는 것인데, 구름이 방금 하늘에 올라갔으니 아직 비를 이루지 못하기 때문에 기다리는 뜻이 된다. 음양의 기운이 교감해서 비와 못을 이루지 못하는 것이, 군자가 그 재질과 덕을 쌓았지만 아직 쓸 곳에 베풀지 못하는 것과 같다.

君子ㅣ 觀雲上於天하야 需而爲雨之象하야 懷其道德하야 安以待時하고 飮食으로 以養其氣體하야 宴樂以和其心志하나니 所謂居易以俟命也라.

군자가 구름이 하늘에 올라가서 기다렸다가 비가 되는 상을 관찰해서, 도덕을 품으면서 편안하게 때를 기다리고, 음식으로 자기의 기운과 몸을 기르며, 잔치하고 즐김으로써 자기의 마음과 뜻을 화락하게 하니, 이른바 "평이하게 거처하면서 천명을 기다린다"는 말이다.

　　※ 和 : '養'자로 되어 있는 판본도 있다.
　　※ 거이이사명(居易以俟命) : "君子는 居易以俟命하고 小人은 行險以徼幸이니라(군자는 평이하게 거처하면서 천명을 기다리고, 소인은 위험한 것을 행하면서 요행을 바란다)"『중용』 14장에 출전.

【本義】雲上於天에 无所復爲니 待其陰陽之和而自雨爾라. 事之當需者도 亦不容更有所爲요 但飮食宴樂하야 俟其自至而已니 一有所爲면 則非需也라.

구름이 하늘에 올라감에 다시 더 할 일이 없으니, 음양이 화합해서 스스로 비올 때를 기다려야 한다. 마땅히 기다려야 할 일은 또한 다시 하려고 하지 말고, 다만 마시고 먹으며 잔치하고 즐기면서 저절로 (때가) 이르기를 기다릴 뿐이니, 하나라도 하는 것이 있다면 기다림이 아니다.

初九는 需于郊ㅣ라. 利用恒이니 无咎ㅣ리라.
　●　초구는 들에서 기다림이라. 항상함을 씀이 이로우니 허물이 없으리라.
　　　處於曠遠 安守其常

【傳】需者는 以遇險이라 故로 需而後에 進이라. 初ㅣ 最遠於險이라 故로 爲需于郊니 郊는 曠遠之地也라. 處於曠遠하니 利在安守其常則无咎也어니와 不能安常이면 則躁動犯難하리니 豈能需於遠而无過也리오.

「수」는 험한 것을 만났기 때문에, 기다린 다음에 나아가는 것이다. 「초구」가 험한 데로부터 가장 멀리 있기 때문에, '들에서 기다리는 것(需于郊)'이 되니, '들(郊)'은 넓고 먼 땅이다. 넓고 먼 데 거처하므로, 상도(常道)를 편안히 지키면 이로워서 허물이 없을 것이나, 상도를 편안히 하지 못하면 조급하게 움직여 어려움을 범할 것이니, 어찌 먼 데서 기다려 허물이 없게 할 수 있겠는가?

※ 曠 : 넓을 광.

【本義】郊는 曠遠之地니 未近於險之象也요 而初九ㅣ 陽剛하니 又有能恒於其所之象이라. 故로 戒占者ㅣ 能如是則无咎也니라.

'들(郊)'은 넓고 먼 땅이니 험한 데로부터 가깝지 않은 상이며, 「초구」가 양강하니 또한 자기의 처소에 항상할 수 있는 상이 있다. 그러므로 점치는 사람이 이와 같이 할 수 있으면 허물이 없을 것이라고 경계한 것이다.

> 象曰 需于郊는 不犯難行也ㅣ오 利用恒无咎는 未失常也ㅣ라.
>
> ● 상에 말하기를 '들에서 기다리는 것'은 어려운 것을 범하여 행하지 않음이고, '항상함을 씀이 이로워서 허물이 없다'는 것은 상도를 잃지 않음이라.

【傳】處曠遠者는 不犯冒險難而行也라. 陽之爲物은 剛健上進者也어늘 初能需待於曠遠之地하야 不犯險難而進하고 復宜安處不失其常하니 則可以无咎矣요 雖不進而志動者는 不能安其常也니 君子之需時也에 安靜自守하야 志雖有須而恬然若將終身焉이라야 乃能用常也라.

넓고 먼 데 거처하는 사람은, 험난한 것을 무릅쓰고 행하지 않는 것이다. 양의 물건됨은 강건해서 위로 올라가는 것인데, 「초구」가 넓고 먼 땅에서 기다릴 수 있어서, 험난한 것을 범하며 나아가지 않고 다시 편안히 거처해서 상도를 잃지 않으니, 허물이 없을 수 있는 것이다. 비록 나아가지 않지만 뜻이 움직이는 것은, 상도를 편안히 하지 못하는 것이니, 군자가 때를 기다릴 때는 안정하며 스스로 지켜서, 비록 기다리나 뜻은 편안히 하여 종신토록 할 것 같이 하여야 상도를 쓸 줄 아는 것이다.

九二는 **需于沙**ㅣ라. **小有言**하나 **終吉**하리라.

- 구이는 모래에서 기다림이라. 조금 말을 들으나 마침내 길하리라.

漸近於險 寬裕自處

【傳】坎爲水요 **水近則有沙**니 **二**ㅣ **去險漸近**이라 **故**로 **爲需于沙**라. **漸近於險難**하니 **雖未至於患害**나 **已小有言矣**라. **凡患難之辭**에 **大小**ㅣ **有殊**하야 **小者**ㅣ **至於有言**하니 **言語之傷**은 **至小者也**라.

「감 ☵」은 물이 되고, 물에 가까우면 모래가 있으니, 「구이」가 험한 데로 점점 가깝게 가기 때문에, '모래에서 기다리는 것(需于沙)'이 된다. 점차 험난한 데 가까우니, 비록 근심과 해로운 데까지는 이르지 않으나, 이미 조금 말을 듣는 것이다. (주역에) 환난에 대한 말이 크고 작은 차이가 있어서, 작은 것은 '말을 듣는 데 이르름'이니, 말에 의해 상함(말을 듣는 것)은 지극히 작은 것이다.

二以剛陽之才로 **而居柔守中**하야 **寬裕自處**하니 **需之善也**라. **雖去險漸近**이나 **而未至於險**이라 **故**로 **小有言語之傷**이나 **而无大害**니 **終得其吉也**라.

「구이」가 강양한 재주로써 유한 자리에 거하면서 중을 지켜서, 스스로 너그럽게 처신하니 기다림에 잘 처하는 것이다. 비록 험한 데로 가서 점차 가까와지나 아직 험한 데 이르지 않았기 때문에, 조금은 말에 의한 상함이 있으나 큰 해는 없는 것이니, 마침내 길함을 얻는 것이다.

【本義】沙則近於險矣요 言語之傷은 亦災害之小者라. 漸進近坎이라 故로 有此象이요 剛中能需라 故로 得終吉하니 戒占者ㅣ 當如是也라.

'모래(沙)'는 험한 데 가까운 것이고, 말에 의해 상함은 또한 재해 중에서는 작은 것이다. 점차 나아가서 「감: ☵」에 가깝기 때문에 이런 상이 있고, 강중해서 능히 기다릴 수 있기 때문에 마침내 길함을 얻는 것이니, 점치는 사람이 마땅히 이와 같이 해야함을 경계한 것이다.

※ 雲峯胡氏曰 初는 最遠坎이니 利用恒하야 乃无咎요 九二는 漸近坎이니 小有言矣어늘 而曰終吉者는 初九는 以剛居剛하니 恐其躁急이라 故로 雖遠險이나 猶有戒辭요 九二는 以剛居柔하니 性寬而得中이라 故로 雖近險이나 而不害其爲吉이라.
: <운봉호씨>가 말하길 "「초구」는 「감: ☵」에서 제일 머니 '항상항을 씀이 이로워 허물이 없는 것'이고, 「구이」는 「감」에 점차 가까와지니 '조금 말을 듣는 것'인데도 '마침내는 길하다'고 한 것은, 「초구」는 강으로써 강에 거하니 조급할 것을 염려하기 때문에 험한 데서 멀지만 경계를 둔 것이고, 「구이」는 강으로써 유에 거하니 성품이 넉넉하면서 중을 얻은 것이므로, 험한 데서 가깝지만 해를 입지 않고 길한 것이다."

象曰 需于沙는 衍으로 在中也ㅣ니 雖小有言하나 以吉로 終也ㅣ리라.

◉ 상에 말하기를 '모래에서 기다림'은 너그러움으로 가운데 있음이니, 비록 조금 말을 들으나 길함으로써 마치리라.

【傳】衍은 寬綽也라. 二雖近險而以寬裕로 居中이라 故로 雖小有言語及之나 終得其吉이니 善處者也라.

'연(衍)'은 너그러운 것이다. 「구이」가 비록 험한 데 가까우나, 너그러움으로써 중(中)에 거하고 있으므로, 비록 조금 말을 들으나 마침내 길함을 얻으니, 잘 처신하는 것이다.

※ 綽 : 너그러울 작.

【本義】衍은 寬意니 以寬居中하야 不急進也니라.

'연'은 너그럽다는 뜻이니, 너그러움으로써 중에 거해서 급하게 나아가지 않는 것이다.

> 九三은 需于泥니 致寇至리라.
> ◉ 구삼은 진흙에서 기다림이니, 도적이 옴을 이루리라.
>
> ☷ 過剛不中 去險愈近

【傳】泥는 逼於水也라. 旣進逼於險하니 當致寇難之至也라. 三이 剛而不中하고 又居健體之上하니 有進動之象이라. 故로 致寇也니 苟非敬愼이면 則致喪敗矣리라.

  '진흙(泥)'은 물에 닿는 것이다. 이미 험한 데로 나아가서 닿았으니, 마땅히 도적과 환난이 이를 것이다. 「구삼」이 강하되 부중(不中)하고, 또한 굳센 괘체(☰)의 제일 위에 거처하니, 움직여 나아가는 상이 있다. 그러므로 도적을 오도록 한 것이니, 진실로 공경하고 삼가하지 않으면 잃고 패망할 것이다.

【本義】泥는 將陷於險矣요 寇則害之大者라. 九三이 去險愈近而過剛不中이라 故로 其象이 如此라.

  '진흙(泥)'은 장차 험한 데 빠짐이고, '도적(寇)'은 해로움의 큰 것이다. 「구삼」이 험한 데로 가서 더욱 가깝고, 지나치게 강하고 중을 얻지 못했기 때문에 그 상이 이와 같다.

  ※ 朱子曰 以其迫近坎險이라 故로 有致寇至之象이라 : <주자>가 말씀하길 "험한 「감☵」에 가깝게 다가섰으므로, 도적이 이르는 상이 있다."

> 象曰 需于泥는 災在外也ㅣ라. 自我致寇하니 敬愼이면 不敗也ㅣ리라.
> ◉ 상에 말하기를 '진흙에 기다린다' 함은 재앙이 바깥에 있는 것이다. 나로부터 도적을 오게 했으니 공경하고 삼가면 패망하지 않으리라.

【傳】三이 切逼上體之險難이라 故로 云災在外也라. 災는 患難之通稱이나 對眚而言則分也라. 三之致寇는 由己進而迫之라 故로 云自我라. 寇自己致하니 若能敬愼하야 量宜而進이면 則无喪敗也리라. 需之時는 須而後에 進也라. 其義l 在相時而動이요 非戒其不得進也니 直使敬愼하야 毋失其宜耳니라.

「구삼」이 위에 있는 괘체(☵)의 험난함에 매우 접근했기 때문에, '재앙이 바깥에 있다(災在外也)'고 말한 것이다. '재앙 재(災)'자는 환난의 통칭이나, 자기가 지은 '재앙 생(眚)'자와 상대해서 말하면 구분된다. 「구삼」에서 도적이 오도록 한 것은, 자기가 나아감으로 말미암아 접근했기 때문에, '나로부터 했다(自我)'고 했다. 도적을 스스로 불렀으니, 만약 공경하고 삼가하면서 마땅함을 헤아려 나아가면 잃어버리고 패망함이 없을 것이다.

「수」의 때는 기다린 다음에 나아가는 것이다. 그 뜻이 때를 봐서 움직임에 있고, 나아갈 수 없다고 경계한 것이 아니니, 오직 공경하고 삼가해서 마땅함을 잃지 않게 해야 할 것이다.

※ 迫 : 접근할 박.

【本義】外는 謂外卦라. 敬愼不敗는 發明占外之占이니 聖人示人之意l 切矣라.

'바깥(外)'는 외괘(外卦)를 말한 것이다. '공경하고 삼가하면 패망하지 않는다(敬愼不敗)'는 것은, 점 바깥의 점(숨긴 뜻)을 밝힌 것이니, 성인께서 사람에게 보이는 뜻이 간절하다.

六四는 需于血이니 出自穴이로다.

- [정자] 육사는 피에서 기다림이니 구멍으로부터 나오도다.
- [주자] 육사는 피에서 기다림이나 구멍으로부터 나오리라.

 以柔居險 順以從時

【傳】四는 以陰柔之質로 處於險하야 而下當三陽之進하니 傷於險難者也라 故로 云需于血이요 旣傷於險難하니 則不能安處하야 必失其居라 故로 云出自穴이니 穴은 物之所安也라.

「육사」는 음유한 자질로써 험한 데 거처해서, 아래로 세 양(☰)이 올라오는 것을 맞으니, 험난한 데에서 상하는 것이므로 '피에서 기다린다(需于血)'고 했다. 이미 험난한 데에서 상했으니, 편안히 거처할 수 없어서 반드시 그 거처를 잃을 것이므로, '구멍으로부터 나온다'고 했으니, '구멍(穴)'은 물건이 편안히 있는 곳이다.

順以從時하야 不競於險難하니 所以不至於凶也요 以柔居陰하니 非能競者也라. 若陽이 居之면 則必凶矣리니 蓋无中正之德하야 徒以剛競於險이면 適足以致凶耳니라.

순하게 때를 좇아서 험난한 데서 다투지 않으니, 흉한 데까지 이르지 않는 것이며, 유로써 음자리에 거처하였으니 다툴 능력이 없는 것이다. 만약 양이 거처했다면 반드시 흉할 것이니, 중정(中正)의 덕이 없으면서 한갓 강한 것으로써 험한 데서 다투면, 반드시 흉함을 이루게 될 것이다.

【本義】血者는 殺傷之地요 穴者는 險陷之所라. 四交坎體하야 入乎險矣라 故로 爲需于血之象이라. 然이나 柔得其正하야 需而不進이라 故로 又爲出自穴之象하니 占者ㅣ 如是면 則雖在傷地나 而終得出也리라.

'피(血)'라는 것은 살상(殺傷)하는 땅이라는 것이고, '구멍(穴)'이라는 것은 험하고 빠지는 곳이다. 「육사」가 「감체(☵)」와 사귀어 험한 데에 들어왔기 때문에, '피에서 기다리는(需于血)' 상이 된다. 그러나 유가 바름을 얻어서, 기다리며 나아가지 않기 때문에, '구멍으로부터 나오는(出自穴)' 상이 된다. 점치는 사람이 이와 같이 하면, 비록 상하는 자리에 있으나 마침내 나올 수 있을 것이다.

※ 雙湖胡氏曰 坎爲水爲血이로대 今不曰需于水而曰需于血이라 故로 本義以爲 殺傷之地요 四는 下卦之上이니 又有出自穴之象이라.

: <쌍호호씨>가 말하길 "감(☵)은 물도 되고 피도 되는데, 여기서 '물에서 기다린다'고

하지 않고 '피에서 기다린다'고 했으므로, 『본의』에서 '살상하는 땅'이라 했고, 「육사」는 하괘의 위에 있으니 또한 '구멍에서 나오는' 상이 있다."

※ 雲峯胡氏曰 出自穴을 諸家以爲三陽方來에 四出而不安於穴이로대 本義以爲 四ㅣ 陰柔得正하야 可出而不陷於穴이라. 夫以小畜之時엔 下三陽이 竝進而六四 當之면 其終也ㅣ 猶血去惕出이어니와 需之時엔 三陽이 非急於進者니 四ㅣ 需于 血而終得出自穴者ㅣ 宜也어늘 以爲不安於其穴者는 過矣라.

: <운봉호씨>가 말하길 "'구멍에서 나옴'을 여러 학자들이 세 양이 찾아옴에 「육사」가 피해 나오는 까닭에 구멍에서 편안하지 못한 것으로 풀이했는데, 『본의』는 「육사」가 음유함으로써 바름을 얻어서 나올 수 있으므로 구멍에 빠지지 않는 것이라고 풀이했다. 「소축괘」일 때는 아래의 세 양이 함께 나아가는데 「육사」가 그치게 하니 '피가 사라지고 두려운데서 나옴'이지만, 「수괘」의 때에는 세 양이 급히 나아가지 않으니, 「육사」가 피에서 기다리더라도 종국에는 구멍에서 나옴이 마땅한 것인데도, 구멍에서 편안하지 못한 것으로 풀이하는 것은 지나친 것이다."

象曰 需于血은 順以聽也ㅣ라.

◉ 상에 말하기를 '수우혈'은 순함으로써 들음이라.

【傳】四以陰柔로 居於險難之中하니 不能固處라 故로 退出自穴이라. 蓋陰柔는 不能與時競하나니 不能處則退라. 是順從以聽於時니 所以 不至於凶也라.

「육사」가 음유(陰柔)로써 험난함 속에서 거처하니, 굳게 거처할 수 없는 까닭에 구멍으로부터 나와 물러나는 것이다. 음유는 때와 더불어 다투지 못하니, 거처하지 못하면 물러난다. 이것이 때에 순종해서 듣는 것이니, 흉한 데까지 이르지 않는 까닭이다.

※ 陰柔 : '柔弱'으로 되어 있는 판본도 있다.

九五는 需于酒食이니 貞코 吉하니라.

◉ [정자] 구오는 술과 음식으로 기다림이니 바르고 길하니라.
◉ [주자] 구오는 술과 음식으로 기다림이니 바르면 길하리라.

☷☰ 剛陽中正 安以待之

【傳】五以陽剛으로 居中하야 得正位乎天位하니 克盡其道矣라. 以此而需면 何需不獲이리오. 故로 宴安酒食以俟之면 所須를 必得也요 旣得貞正而所需를 必遂하니 可謂吉矣라.

「구오」가 양강으로써 중에 거처하여, 하늘 자리에서 바름을 얻으니, 「수」의 도를 다한 것이다. 이런 것으로써 기다리면, 무엇을 기다려서 얻지 못하겠는가? 그렇기 때문에 술과 음식으로 편안히 잔치하면서 기다리면, 기다리는 바를 반드시 얻을 것이고, 이미 굳고 바름을 얻어서 기다리는 것을 반드시 이루니, 길하다고 말할 수 있다.

【本義】酒食은 宴樂之具니 言安以待之라. 九五ㅣ 陽剛中正하야 需于尊位라 故로 有此象하니 占者ㅣ 如是而貞固면 則得吉也리라.

'술과 음식(酒食)'은 잔치하고 즐기는 도구이니, 편안히 기다리라는 말이다. 「구오」가 양강으로 중정해서, 높은 자리에서 기다리기 때문에 이런 상이 있으니, 점치는 사람이 이와 같이 하고 굳고 바르게 하면 길함을 얻을 것이다.

象曰 酒食貞吉은 以中正也ㅣ라.
● 상에 말하기를 '주식정길'은 중정하기 때문이다.

【傳】需于酒食而貞且吉者는 以五ㅣ 得中正而盡其道也라.

술과 음식으로 기다리며 바르고 또 길하다는 것은, 「구오」가 중정을 얻어 그 도를 다하기 때문이다.

上六은 入于穴이니 有不速之客三人이 來하리니 敬之면 終

吉이리라.

● 상육은 구멍에 들어감이니, 청하지 않은 손님 세 사람이 오리니, 공경하면 마침내 길하리라.

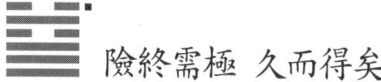 險終需極 久而得矣

【傳】需는 以險在前하니 需時以後에 進이라. 上六은 居險之終하니 終則變矣요 在需之極하니 久而得矣요 陰止於六하니 乃安其處라. 故로 爲入于穴이니 穴은 所安也라. 安而旣止면 後者ㅣ 必至하리니 不速之客三人은 謂下之三陽이라.

「수」는 험한 것이 앞에 있으니, 때를 기다린 뒤에 나아가는 것이다. 「상육」은 험함의 마지막에 거처하니 마지막은 변하는 것이고, 기다림의 끝에 있으니 오래 해서 얻을 것이며, 음이 육(六)의 자리(음자리)에 그쳤으니 그 처소에 편안히 있는 것이다. 그러므로 '구멍에 들어감(入于穴)'이 되니, '구멍(穴)'은 편안한 곳이다. 편안히 그쳐 있으면, 뒤에 오는 자가 반드시 이를 것이니, '청하지 않은 손님 세 사람(不速之客三人)'은 아래에 있는 세 양(☰)을 말한다.

乾之三陽은 非在下之物이니 需時而進者也라. 需旣極矣라 故로 皆上進하니 不速不促之而自來也라. 上六이 旣需得其安處에 群剛之來에도 苟不起忌疾忿競之心하니 至誠盡敬以待之면 雖甚剛暴라도 豈有侵陵之理리오. 故로 終吉也라.

「건:☰」의 세 양은 아래에 있을 물건이 아니므로, 때를 기다려서 나아간다. 기다림이 이미 극도에 달했기 때문에 다 위로 나아가니, 청하지 않고 재촉하지 않아도 스스로 오는 것이다. 「상육」이 자기의 편안한 곳을 기다려서 얻음에, 뭇 강한 것이 오더라도 시기하고 질투하며 분해하고 경쟁하는 마음을 일으키지 않으니, 지극한 정성으로 공경을 다해서 기다리면, 비록 (세 양이) 심히 강포하더라도 어찌 침범하고 능멸하는 이치가 있겠는가? 그렇기 때문에 마침내 길한 것이다.

※ 促 : 재촉할 촉.

或疑ㅣ 二陰이 居三陽之上이 得爲安乎아. 曰三陽은 乾體로 志在上進하나 六은 陰位로 非所止之正이라 故로 无爭奪之意하니 敬之則吉也라.

혹자가 의심하기를, "두 음이 세 양의 위에 거처하는 것이 편안한 것입니까?" 대답하기를 "세 양은 「건:☰」의 괘체로 뜻이 위로 올라가는 데 있으나, 육(六)은 음자리로 (「건」이) 그치는 바른 자리가 아니기 때문에 쟁탈하는 뜻이 없으니, 공경하면 길한 것이다."

【本義】陰居險極하야 无復有需하니 有陷而入穴之象이요 下應九三이나 九三은 與下二陽으로 需極竝進하니 爲不速客三人之象이며 柔ㅣ 不能禦而能順之하니 有敬之之象이라. 占者ㅣ 當陷險中이나 然이나 於非意之來에 敬以待之면 則得終吉也리라.

음이 험한 것의 끝에 처해서 다시 더 기다릴 것이 없으니, 빠져서 구멍으로 들어가는 상이 있다. 아래로 「구삼」과 응하나, 「구삼」은 아래 두 양과 함께 기다림이 극함에 같이 나아가니, '청하지 않은 손님 세 사람'의 상이 된다. 유가 막을 수 없어 순히 하니, 공경하는 상이 있다. 점치는 사람이 험한 가운데 빠졌으나, 뜻 밖에 오는 사람을 공경해서 대접하면, 끝내는 길함을 얻을 것이다.

> 象曰 不速之客來敬之終吉은 雖不當位나 未大失也ㅣ라.
>
> ⦿ 상에 말하기를 '청하지 않은 손님이 와서 공경해서 마침내 길하다' 함은, 비록 위는 마땅치 않으나 크게 잃지는 아니함이라.

【傳】不當位는 謂以陰而在上也라. 爻에 以六으로 居陰을 爲所安하니 象에 復盡其義하야 明陰宜在下而居上이 爲不當位也라. 然이나 能敬愼以自處하면 則陽不能陵하야 終得其吉이니 雖不當位而未至於大失也라.

'위(位)가 마땅치 않다(不當位)' 함은, 음으로써 위에 있다는 말이다. 「효사」에는 육이 음자리에 있는 것으로써 편안함을 삼았으니, 「소상전」에 다시 그 뜻을 다해서 음은 마땅히 아래에 있어야 하는데, 위에 있는 것이 위가 마땅치 않음을 밝힌 것이다. 그러나 공경하고 삼가함으로써 스스로 처신할 수 있으면, 양이 능멸하지 못해서 마침내 길함을 얻을 것이니, 비록 위는 마땅치 않으나 크게 잃는 데까지 이르지는 않는 것이다.

【本義】以陰居上하니 是爲當位어늘 言不當位는 未詳이라.

음으로 상효(上爻)에 거처하니 위가 마땅한 것(當位)이 되는데, '위가 마땅치 못하다(不當位)'고 말한 것은 잘 모르겠다.

※ 미상(未詳) : 자세히 모르겠다, 즉 잘 모르겠다는 뜻이다. 『본의』에서는 간혹 눈에 띄는 표현인데, 확실히 아는 것은 아는 것이고 그렇지 않은 것은 모른다고 할 수 있는 대학자의 면모를 볼 수 있다.

※ 或問ㅣ 不當位는 如何니잇가. 朱子曰 凡初上二爻는 皆无位요 二는 士요 三은 卿大夫요 四는 大臣이요 五는 君位니 上六之不當位는 如父老不任家事而退閒과 僧家之有西堂之類라. 王弼說에 初上无陰陽定位라하야늘 伊川이 云ㅣ 陰陽奇偶ㅣ 豈容无也리오. 乾上九貴而无位와 需上六不當位는 乃爵位之位요 非陰陽之位라하니 此說極好니라.

: 혹자가 여쭈기를 "'부당위'는 어째서입니까?" <주자>가 답하기를 "초효와 상효는 다 위(位)가 없고, 이효는 선비며, 삼효는 경대부이고, 사효는 대신이며, 오효는 인군자리이니, 「상육」에 '부당위'라고 한 것은 아비가 늙음에 집안 일을 맡지 않고 물러나 쉬는 것과, 스님들의 서당을 두는 것과 같은 것이다. <왕필>의 설에 '초효와 상효는 음양의 정한 자리가 없다'하니, <이천>이 말씀하기를 '음양기우가 어찌 없겠는가? 「건괘」의 「상구」에 「귀하되 지위가 없다」와 「수괘」의 「상육」에 「자리가 마땅치 않다」는 작위의 지위를 말한 것이고 음양의 자리를 말한 것이 아니라'고 했으니 <이천>의 이 설이 극히 좋은 것이다."

天水訟(6)
천 수 송

乾
坎

【傳】訟은 序卦에 飮食必有訟이라 故로 受之以訟이라하니 人之所需者는 飮食이요 旣有所須면 爭訟이 所由起也니 訟所以次需也라. 爲卦ㅣ 乾上坎下하니 以二象으로 言之면 天陽은 上行하고 水性은 就下하야 其行이 相違하니 所以成訟也요 以二體로 言之면 上剛下險하야 剛險이 相接하니 能无訟乎아. 又人이 內險阻而外剛强하니 所以訟也니라.

「송: 」은 「서괘전」에 "음식에는 반드시 송사가 있기 때문에 「송괘」로써 받았다"라고 했다. 사람이 필요한 것은 음식이고, 이미 필요한 것이 생기면 다투고 송사함이 이로인해 일어나니, 「송괘」가 「수괘: 」 다음에 온 것이다. 괘됨이 「건: 」이 위에 있고 「감: 」이 아래 있다. 두 괘의 상으로 말하면, 양인 하늘(☰)은 위로 가고 물(☵)의 성질은 아래로 가서, 행함이 서로 어긋나니 송사를 이루게 되는 까닭이다. 두 괘체로써 말하면, 위는 강(☰)하고 아래는 험(☵)해서 강한 것과 험한 것이 서로 접해 있으니, 송사가 없을 수 있겠는가? 또 사람으로 말하면 안은 험해서 막히고 바깥은 강하고 굳세니, 이 때문에 송사를 하게 되는 것이다.

※ 建安丘氏曰 訟字는 從言從公하니 言出於公이면 則爲訟이요 不公이면 則爲誣爲詐니 非訟也라.

: <건안구씨>가 말하길 "'송(訟)'자는 '말씀 언(言)'과 '공변될 공(公)'자가 합한 것이니, 말이 공변되게 나오면 '송(訟)'이 되고, 공변되지 않으면 '무(誣)'가 되고 '사(詐)'가 되니 송사가 아니다."

※ 雲峯胡氏曰 屯蒙之後에 繼以需訟은 需由於屯하니 世不屯이면 无需요 訟由於蒙이니 人不蒙이면 无訟이라.

: <운봉호씨>가 말하길 "「둔괘」와 「몽괘」의 뒤에 「수괘」와 「송괘」로써 이음은, 기다림은 어려움에서 말미암으니 세상이 어렵지 않으면 기다림이 없고, 송사는 몽매함으로 말미암으니 사람이 몽매하지 않으면 송사가 없는 것이다."

訟은 有孚ㅣ나 窒하야 惕하니 中은 吉코 終은 凶하니

- [정자] 송은 믿음을 두나 막혀서 두려우니, 중함은 길하고 끝까지 함은 흉하니,
- [주자] 송은 믿음을 두나 막히니, 두려워하여 중함은 길하고 끝까지 함은 흉하니,

 內險外健 所以爲訟

【傳】訟之道는 必有其孚實이니 中无其實이면 乃是誣妄이요 凶之道也나 卦之中實이 爲有孚之象이라. 訟者는 與人爭辯而待決於人이니 雖有孚라도 亦須窒塞未通이요 不窒則已明하야 无訟矣라. 事旣未辯하야 吉凶을 未可必也라 故로 有畏惕이라. 中吉은 得中則吉也요 終凶은 終極其事則凶也라.

송사를 하는 도는 반드시 믿음과 실질이 있어야 한다. 속에 진실이 없으면 속이고 망령된 것이니 흉한 도리이나, 괘가 가운데가 실하니 믿음이 있는 상이 된다. 송사라는 것은 사람과 다투고 변론해서 남에게 판결을 기다리는 것이니, 비록 (승소한다는) 믿음이 있더라도 또한 막혀서 통하지 않는 것이며, 막히지 않았다면 이미 밝아서 송사가 없을 것이다. 일을 분별하지 못해서, 길하고 흉함을 반드시 기약할 수 없기 때문에 두려움이 있는 것이다. '중함은 길하고(中吉)'라 함은, 중도를 얻으면 길하다는 것이고, '끝까지 함은 흉하다(終凶)'라는 것은, 송사를 끝까지 하면 흉하다는 것이다.

※ 厚齋馮氏曰 有孚而窒焉이라 故로 訟이요 訟而未明이면 則惕이라.
: <후재풍씨>가 말하길 "믿음이 있으나 막히기 때문에 송사인 것이고, 송사에 밝지 못하면 두려운 것이다."

利見大人이오 不利涉大川하리라.

- 대인을 봄이 이롭고 큰 내를 건넘이 이롭지 아니하니라.

【傳】訟者는 求辯其曲直也라 故로 利見於大人이니 大人則能以其剛

明中正으로 決所訟也라. 訟非和平之事니 當擇安地而處요 不可陷於 危險이라 故로 不利涉大川也라.

　송사라는 것은 잘못되고 잘된 것의 판별을 구하는 것이므로, '대인을 봄이 이롭다'고 했으니, '대인(大人)'은 강명하고 중정함으로써 송사하는 바를 판결할 수 있는 것이다. 송사는 화평한 일이 아니니, 마땅히 편안한 곳을 가려서 거처해야 하고 위험한 데 빠져서는 안되므로, '큰 내를 건넘이 이롭지 않다(不利涉大川)'고 한 것이다.

【本義】訟은 爭辯也라. 上乾下坎하니 乾剛坎險하야 上剛以制其下하고 下險以伺其上이요 又爲內險而外健이요 又爲己險而彼健이니 皆訟之道也라. 九二ㅣ 中實이나 上无應與하고 又爲加憂하며 且於卦變에 自遯而來하야 爲剛來居二而當下卦之中하니 有有孚而見窒能懼而得中之象이요 上九는 過剛으로 居訟之極하니 有終極其訟之象이요 九五는 剛健中正으로 以居尊位하야 有大人之象이로대 以剛乘險하고 以實履陷하니 有不利涉大川之象이라. 故로 戒占者ㅣ 必有爭辯之事호대 而隨其所處하야 爲吉凶也니라.

　송사는 다투고 변론하는 것이다. 위에는 「건:☰」이 있고 아래는 「감:☵」이 있으니, 「건」은 강하고 「감」은 험해서, 위는 강함으로써 아래를 제재하고 아래는 험함으로써 위를 엿보며, 또 안은 험하고 바깥은 굳센 것이 되며, 또 자기는 험하고 상대는 굳센 것이 되니, 다 송사하는 일이다.
　「구이」는 가운데서 실하나 위로 응이 없고, 또한 근심하는 것이 되며(坎體), 또 괘변에 「돈괘:☶」로부터 왔으므로, 강이 와서 이효 자리에 거처함으로써 아랫 괘의 중을 얻은 것이 됐으니, 믿음이 있으나 막힌 것을 보고 두려워하며 중을 얻는 상이 있는 것이다. 「상구」는 지나치게 강한 것으로 「송괘」의 끝에 거처하니, 송사를 끝까지 하는 상이 있고, 「구오」는 강건중정으로 존위(尊位)에 거처해서 대인의 상이 있되, 강한 것으로써 험한 것을 타고, 실한 것으로써 빠지는 데를 밟으니, 큰 내를 건넘이 이롭지 않은 상이 있다. 그러므로 점치는 사람이 반드시 다투고 변론하는 일이 있을 것이나, 그 처신하는 바에 따라서 길하거나 흉하게 될 것이라고 경계한 것이다.

※ 伺 : 헤아릴 사, 엿볼 사.
※ 以剛乘險 : 「사고전서」 본에는 '以明乘險'으로 되어 있다.
※ 「구이」는 하괘의 중을 얻고 양효이나, 위의 「구오」가 같은 양효이므로 응하지 못하고, 「구이」가 속해 있는 「감:坎」은 근심을 더하는 상(加憂)이다. 「돈괘」의 「구삼효」가 아래로 내려와 「구이효」가 됨으로써 「송괘」가 되었다는 괘변설이다.
※ 「구오」는 양효로써(剛健) 양자리에 있고(正) 상괘의 중(中)을 얻었으며, 인군자리에 있으므로 대인의 상이 된다. 또 상괘는 「건:乾」으로 강하고 실한 괘이며, 하괘는 「감:坎」괘로 험하고 빠지는 괘이다.

> 象曰 訟은 上剛下險하야 險而健이 訟이라.
> ◉ 단에 말하길 송은 위는 강하고 아래는 험해서, 험하면서 굳셈이 송이다.

【傳】訟之爲卦ㅣ 上剛下險하니 險而又健也요 又爲險健相接이요 內險外健이니 皆所以爲訟也라. 若健而不險이면 不生訟也요 險而不健이면 不能訟也로대 險而又健이라 是以訟也라.

「송:☰☵」의 괘됨이 위는 강하고(☰) 아래는 험하니(☵), 험하고 또 굳센 것이며, 또한 험한 것과 굳센 것이 서로 접함이 되고, 안은 험하고 바깥은 굳센 것이니, 다 송사를 하게 되는 이유다. 만약 굳세어도 험하지 않으면 송사가 생기지 않고, 험해도 굳세지 않으면 송사를 할 수 없으나, 험하고 또 굳세기 때문에 송사가 되는 것이다.

【本義】以卦德으로 釋卦名義라.
괘덕으로써 괘의 이름과 뜻을 풀이한 것이다.
※ 강함(剛)과 굳셈(健)은 「건:☰」의 괘덕이고, 험함(險)은 「감:☵」의 괘덕이다.

> 訟有孚窒惕中吉은 剛來而得中也ㅣ오
> ◉ '송유부질척중길'은 강이 와서 중을 얻음이고,

【傳】訟之道ㅣ 固如是니 又據卦才而言이라. 九二ㅣ 以剛으로 自外來

而成訟하니 則二乃訟之主也요 以剛으로 處中하니 中實之象이라 故로 爲有孚라. 處訟之時엔 雖有孚信이나 亦必艱阻窒塞하야 而有惕懼하니 不窒則不成訟矣요 又居險陷之中하니 亦爲窒塞惕懼之義라. 二以陽剛으로 自外來而得中하야 爲以剛來訟而不過之義하니 是以吉也라.

　송사하는 도가 이와 같은 것이니, 또 괘의 재질에 의거해 말한 것이다. 「구이」가 강으로써 바깥으로부터 와서 「송괘」를 이루었으니, 「구이」가 송사의 주인이며, 강으로써 중에 처했으니, 중이 실한 상이므로 '믿음이 있다(有孚)'가 된다. 송사하는 때에는, 비록 믿음이 있더라도 또한 어렵고 막혀서 두려움이 있을 것이니, 막히지 않으면 송사를 이루지 않을 것이고, 또 험하고 빠지는 가운데 거처하니 역시 막히고 두려운 뜻이 된다. 「구이」가 양강으로써 밖으로부터 와 중을 얻어서, 강으로써 왔기 때문에 송사를 해도 지나치지 않는 뜻이 되므로 길하다.

　　※ 강으로써 바깥으로부터 와서 「송괘」를 이뤘으니 : <정자>는 모든 괘는 「건: ☰」과 「곤: ☷」두 괘로부터 이루어졌다고 보았다. 따라서 「곤괘」에 「건괘」의 중효가 와서 사귄 것이 「감: ☵」이 되므로, 밖으로부터 왔다고 한 것이다.

卦有更取成卦之由하야 爲義者는 此ㅣ 是也니 卦義에 不取成卦之由면 則更不言所變之爻也라. 據卦辭컨대 二乃善也어늘 而爻中에 不見其善은 蓋卦辭엔 取其有孚得中而言하니 乃善也요 爻則以自下訟上으로 爲義하니 所取ㅣ 不同也라.

　괘에 다시 괘가 이루어진 연유를 취해서 뜻을 삼은 것이 있으니, 「송괘」가 이런 것이다. 괘의 뜻에 괘가 이루어진 연유를 취하지 않았으면, 다시 변한 효를 말하지 않았다. 「괘사」를 보면 「구이」는 착한 것인데, 「효사」에는 착함을 볼 수 없는 것은, 「괘사」엔 「구이」가 믿음이 있으며 중을 얻은 점을 취해서 말했으니 착한 것이고, 「효사」에는 아랫 사람이 윗 사람과 송사하는 것으로 뜻을 삼았으니, 취한 것이 같지 않은 것이다.

終凶은 訟不可成也ㅣ오

◉ '끝까지 함은 흉하다' 함은 송사는 이룰 수 없는 것이고,

【傳】訟非善事요 不得已也니 安可終極其事리오. 極意於其事면 則凶矣라 故로 曰不可成也라하니 成은 謂窮盡其事也라.

  송사라는 것은 좋은 일이 아니고 마지못해 하는 것이니, 어떻게 송사를 끝까지 하겠는가? 송사에 끝까지 마음을 쓰면 흉하므로, '이룰 수 없다(不可成也)'고 한 것이니, '이룬다(成)'는 것은 송사를 끝까지 함을 말한다.

利見大人은 尙中正也ㅣ오

◉ '대인을 봄이 이로움'은 숭상함이 중정이고,

【傳】訟者는 求辯其是非也라 辯之當이 乃中正也라 故로 利見大人하니 以所尙者ㅣ 中正也라. 聽者ㅣ 非其人이면 則或不得其中正也니 中正大人은 九五ㅣ 是也라.

  송사라는 것은 옳고 그른 것을 분별해 줄 것을 구하는 것이다. 분별함을 마땅히 하는 것이 중정이므로, '대인을 봄이 이롭다(利見大人)'고 했으니, 숭상하는 것이 중정이기 때문이다. 송사를 듣는 사람이 대인이 아니면 혹 중정을 얻지 못할 것이니, 중정한 대인은 「구오」를 말한 것이다.

    ※ 非 : '或非'로 되어 있는 판본도 있다.

不利涉大川은 入于淵也ㅣ라.

◉ '큰 내를 건넘이 이롭지 않음'은 못으로 들어감이라.

【傳】與人訟者는 必處其身於安平之地라. 若蹈危險이면 則陷其身矣리니 乃入于深淵也라. 卦中에 有中正險陷之象이라.

  남과 송사하는 사람은 반드시 자기의 몸을 평안한 곳에 두어야 한다. 만약 위험한 곳을 밟으면 그 몸이 빠질 것이니, 깊은 못으로 들어가는 것이다. 괘 가운데에 중정하고도 험하고 빠지는 상이 있다.

【本義】以卦變卦體卦象으로 釋卦辭라.

괘변 괘체 괘상으로써 「괘사」를 풀이한 것이다.

※ '剛來而得中'이 괘변이고(<정자>와는 달리 「遯卦」에서 왔다고 봄), '中吉·終凶·得中·中正'은 괘체이며, '大川·淵'은 괘상이다.

象曰 天與水ㅣ 違行이 訟이니 君子ㅣ 以하야 作事謀始하나니라.

● 상에 말하길 하늘과 물이 어긋나게 행함이 송이니, 군자가 본받아서 일을 지음에 처음을 꾀하느니라.

【傳】天上水下하야 相違而行하야 二體ㅣ 違戾하니 訟之由也라. 若上下ㅣ 相順이면 訟何由興이리오. 君子ㅣ 觀象하야 知人情이 有爭訟之道라 故로 凡所作事를 必謀其始니 絶訟端於事之始면 則訟无由生矣라. 謀始之義ㅣ 廣矣니 若愼交結明契券之類ㅣ 是也라.

하늘은 위에 있고 물은 아래에 있어서 서로 어긋나게 행하여 두 체가 어그러지니, 송사가 생기는 연유이다. 만약 위와 아래가 서로 순하면 송사가 어떻게 일어나겠는가? 군자가 상을 관찰하여, 사람의 정이 다투고 송사하는 길이 있음을 아는 까닭에, 모든 일에 반드시 그 처음을 꾀하니, 일의 처음에 송사의 단서를 끊어버리면 송사가 생겨날 수가 없다. 처음을 꾀하는 뜻이 넓으니, 사귐을 삼가하고 계약을 명확하게 하는 류가 이런 것이다.

【本義】天上水下하야 其行이 相違하니 作事謀始하면 訟端이 絶矣라.

하늘은 위에 있고 물은 아래에 있어 그 행함이 서로 어긋나니, 일을 지음에 처음을 꾀하면 송사의 단서가 끊어질 것이다.

初六은 不永所事ㅣ면 小有言하나 終吉이리라.

● [정자] 초육은 일하는(송사) 바를 길게하지 않으면, 조금 말을 들으나 마침내 길하리라.

◉ [주자] 초육은 일하는(송사) 바를 길게하지 않으니, 조금 말을 들으나 마침내 길하리라.

☵☰. 陰柔居下 不能終訟

【傳】六以柔弱으로 居下하니 不能終極其訟者也라. 故로 於訟之初에 因六之才하야 爲之戒曰若不長永其事면 則雖小有言이나 終得吉也라. 蓋訟非可長之事요 以陰柔之才而訟於下하니 難以吉矣로대 以上有應援而能不永其事라 故로 雖小有言이나 終得吉也라. 有言은 災之小者也니 不永其事而不至於凶이 乃訟之吉也라.

「초육」이 유약함으로써 아래에 거처하니 송사를 끝까지 할 수 없다. 그러므로 송사의 처음에 「초육」의 재질을 봐서 경계해 말하기를, '만약 송사를 길게하지 않으면, 비록 조금 말을 들으나 마침내 길함을 얻는다'고 한 것이다. 송사는 길게할 수 있는 일이 아니고, 음유한 재질로 아래에서 송사하니 길하기가 어려우나, 위로 응원함이 있고 송사를 길게하지 않기 때문에, 비록 조금 말을 들으나 마침내 길함을 얻는 것이다. '말을 듣는 것(有言)'은 재앙의 작은 것이니, 송사를 길게하지 않아서 흉한 데 이르지 않음이 송사의 길한 것이다.

※ 蘭氏廷瑞曰 六爻에 唯初與三은 陰柔而不爭이라 故로 不言訟이라.
: <난정서>가 말하길 "「송괘」의 여섯 효 중에 오직 「초육」과 「육삼」은 음유해서 다투지 않으니, '송사(訟)'를 말하지 않았다."

【本義】陰柔居下하야 不能終訟이라 故로 其象占이 如此라.

음유한 것이 아래에 거처해서 끝까지 송사를 할 수 없기 때문에, 그 상과 점이 이와 같다.

※ '不永所事'는 상이고 '小有言·終吉'은 점이다.

象曰 不永所事는 訟不可長也ㅣ니

◉ 상에 말하기를 '불영소사'는 송사를 길게 할 수 없음이니,

【傳】六이 以柔弱而訟於下하니 其義ㅣ 固不可長永也라. 永其訟則 不勝而禍難이 及矣리니 又於訟之初에 卽戒訟非可長之事也라.

「초육」이 유약함으로써 아래에서 송사하니, 그 뜻이 오래할 수 없다. 송사를 오래 하면 이기지 못해서 화와 어려움이 미칠 것이니, 또한 송사의 처음에 송사가 오래할 수 있는 일이 아니라는 것을 경계한 것이다.

雖小有言이나 其辯이 明也ㅣ라.
● 비록 조금 말을 들으나 그 분별이 밝은 것이다.

【傳】柔弱居下하니 才不能訟이라. 雖不永所事나 旣訟矣니 必有小災라 故로 小有言也요 旣不永其事하고 又上有剛陽之正應하니 辯理之明이라. 故로 終得其吉也니 不然이면 其能免乎아. 在訟之義에 同位而相應은 相與者也라 故로 初於四엔 爲獲其辯明하고 同位而不相得은 相訟者也라 故로 二與五는 爲對敵也라.

유약함으로 아래에 거처하니 재질이 송사를 할 수 없다. 송사를 길게할 수 없으나 이미 송사를 했으니, 반드시 작은 재앙이 있기 때문에 '조금 말을 듣는 것(小有言)'이다. 이미 송사를 길게하지 않고, 또 위로 강한 양의 정응(正應)이 있으니 이치를 분별함이 밝다. 그러므로 마침내 길함을 얻는 것이니, 그렇지 않으면 (송사로 인한 재앙을) 면할 수 있겠는가? 「송」의 뜻에 있어서 자리가 같으면서 서로 응하면 서로 돕는 것이기 때문에, 「초육」이 「구사」에게 그 밝게 분별함을 얻는 것이고, 자리가 같으면서 서로 얻지 못하면 서로 송사를 하는 까닭에 「구이」와 「구오」가 대적이 되는 것이다.

※ 「초육」은 하괘의 초효이고 「구사」는 상괘의 초효로 그 자리가 같으며, 서로 정응이 되므로 서로 돕는 관계이다. 그러나 「구이」와 「구오」는 서로 자리는 상·하괘의 중효로 같지만 둘 다 양효로 음양으로 응하지 못하므로 오히려 송사를 벌이는 것이다.

九二는 不克訟이니 歸而逋하야 其邑人이 三百戶ㅣ면 无眚하

- [정자] 구이는 송사를 이기지 못함이니, 돌아가 도망가서 그 읍사람이 삼백 호면 재앙이 없으리라.
- [주자] 구이는 송사를 이기지 못하여 돌아가 도망감이니, 그 읍사람이 삼백 호면 재앙이 없으리라.

上應陽剛 勢不可敵

【傳】二五는 相應之地로대 而兩剛은 不相與하니 相訟者也라. 九二ㅣ 自外來하야 以剛處險하야 爲訟之主하니 乃與五爲敵이나 五以中正으로 處君位하니 其可敵乎아. 是爲訟而義不克也라. 若能知其義之不可하고 退歸而逋避하야 以寡約自處면 則得无過眚也라. 必逋者는 避爲敵之地也요 三百戶는 邑之至小者니 若處强大면 是猶競也니 能无眚乎아. 眚은 過也며 處不當也니 與知惡而爲로 有分也라.

「구이」와 「구오」는 서로 응하는 자리이나, 두 강한 것은 서로 더불지 않으니 서로 송사를 하는 것이다. 「구이」가 바깥으로부터 와서, 강으로써 험한 데 거처하여 송사의 주인이 되니 「구오」와 적이 되는 것이나, 「구오」가 중정(中正)으로써 인군 자리에 거처하니 대적할 수 있겠는가? 이렇기 때문에 송사를 해도 의리가 이기지 못하는 것이다.

만약 의리가 옳지 않은 것을 알고 송사를 물린 후 도피해서, 겸손하고 검소함으로써 처신하면 과실(過失)과 재앙이 없을 것이다. 반드시 도망해야 함은 대적이 되는 자리를 피하는 것이고, '삼백 호(三百戶)'는 읍의 지극히 작은 것이다. 만약 강대하게 처신하면 경쟁하는 것과 같으니 재앙이 없을 수 있겠는가? '재앙 생(眚)'은 과실(過失)이며 처함이 마땅치 못한 것이니, 나쁜 것을 알고 한 것과 구분된다.

【本義】九二ㅣ 陽剛으로 爲險之主하니 本欲訟者也라. 然이나 以剛居柔하고 得下之中하야 而上應九五陽剛居尊하니 勢不可敵이라 故로 其象占이 如此라. 邑人三百戶는 邑之小者로 言自處卑約하야 以免災患이니 占者ㅣ 如是則无眚矣리라.

「구이」가 양강함으로 험한 데(☵)의 주인이 되니, 본래 송사를 하고자 한다. 그러나 강으로써 음자리에 거처하고 아랫 괘의 중(中)을 얻어서, 위의 양강하고 높은 자리에 있는 「구오」와 대응하니 형세가 대적할 수 없기 때문에 그 상과 점이 이와 같다. '읍인삼백호(邑人三百戶)'는 읍의 작은 것으로, 스스로 낮추고 검소하게 처신해서 재앙과 근심을 면하라는 말이니, 점치는 사람이 이와 같이 하면 재앙이 없을 것이다.

象曰 不克訟하야 歸逋竄也ㅣ니

● 상에 말하기를 송사를 이기지 못해서 돌아가 피해 숨음이니,

【傳】義旣不敵이라 故로 不能訟이니 歸而逋竄은 避去其所也라.

의리가 이미 대적할 수 없기 때문에 송사를 하지 못하니, '돌아가 피해 숨음'은 그 자리를 피해가는 것이다.

自下訟上이 患至ㅣ 掇也ㅣ리라.

● [정자] 아래로부터 위와 송사하는 것이 환난의 이름을 취하는 것 같으리라.
● [주자] 아래로부터 위와 송사하는 것이 환난의 이름을 취하리라.

【傳】自下而訟其上하니 義乖勢屈하야 禍患之至ㅣ 猶拾掇而取之니 言易得也라.

아래로부터 그 위와 송사하니 의리가 어긋나고 형세가 굽혀져서, 화와 근심의 이르름이 스스로 주워서 취한 것 같다는 것이니 쉽게 얻음을 말한다.

【本義】掇은 自取也라.

'철(掇)'은 스스로 취하는 것이다.

六三은 食舊德하야 貞하면 厲하나 終吉이리니

◉ 육삼은 옛 덕을 먹어서 바르게 하면, 위태로우나 마침내 길하리니,

質本陰柔 守分无求

【傳】三雖居剛而應上이나 然이나 質本陰柔하고 處險而介二剛之間하야 危懼하니 非爲訟者也라 祿者는 稱德而受니 食舊德은 謂處其素分이라. 貞은 謂堅固自守요 厲終吉은 謂雖處危地나 能知危懼면 則終必獲吉也니 守素分而无求면 則不訟矣라. 處危는 謂在險而承乘이 皆剛與居하니 訟之時也라.

「육삼」이 비록 강한 데 거처하고 위와 응했으나 자질이 본래 음유하고, 험한 데 거처하면서 두 양(剛) 사이에 끼어 위태하고 두려워하니 송사를 벌이지 않는다. 녹(祿)이라는 것은 덕에 맞게 받는 것이니, '옛 덕을 먹는다(食舊德)'는 것은 본래의 분수에 처한다는 것이다. '정(貞)'은 견고하게 스스로를 지키는 것이고, '위태로우나 마침내 길하다(厲終吉)' 함은 비록 위태한 자리에 있으나 위태하고 두려운 것을 알 수 있으면 마침내 길함을 얻는다는 것이니, 본래의 분수를 지켜 욕심내는 것이 없다면 송사를 하지 않을 것이다. 위태한 데 거처한다는 것은, 험한 데(☵) 있으면서 위로 잇고(九四) 아래로 타는 것(九二)이 다 강한 것과 더불어 거처하니 송사하는 때임을 말한다.

或從王事하야 无成이로다.
◉ [정자] 혹 왕의 일에 종사하여 이룸이 없도다.
◉ [주자] 혹 왕의 일에 종사할지라도 이룸이 없으리라.

【傳】柔는 從剛者也요 下는 從上者也라. 三이 不爲訟而從上九所爲라 故로 曰或從王事无成이라하니 謂從上而成不在己也라. 訟者는 剛健之事라 故로 初則不永하고 三則從上하니 皆非能訟者也라. 二爻ㅣ 皆以陰柔不終而得吉이요 四亦以不克而渝로 得吉하니 訟以能止로 爲善也라.

유는 강을 좇는 것이고, 아랫 사람은 윗 사람을 좇는 것이다. 「육삼」이 송사를 하지 않고 「상구」가 하는 일을 좇기 때문에, '혹 왕의 일에 종사하여 이룸이 없다(或從王事无成)'고 한 것이니, 윗 사람을 좇되 이루는 것은 내게 있지 않다는 말이다. 송사는 강하고 굳센 일이기 때문에, 「초육」은 길게하지 않고, 「육삼」은 「상구」를 좇으니 다 송사를 할 수 없는 것이다. 두 효가 다 음유해서 끝까지 송사를 하지 않아 길함을 얻는 것이고, 「구사」 또한 이기지 못함에 마음을 바꿔 길함을 얻으니, 송사는 그칠 수 있는 것으로써 착함을 삼는 것이다.

※ 陰 : '處'자로 되어 있는 판본도 있다.

【本義】食은 猶食邑之食이니 言所享也라. 六三이 陰柔하야 非能訟者라 故로 守舊居正하면 則雖危而終吉이리라. 然이나 或出而從上之事면 則亦必无成功이리니 占者ㅣ 守常而不出則善也라.

'식(食)'은 식읍(食邑)이라는 '식'이니 향수(享受)하는 것을 말한다. 「육삼」이 음유하여 송사를 할 수 있는 사람이 아니기 때문에, 옛 것을 지키고 바른 데 거처하면 비록 위태하나 마침내 길할 것이다. 그러나 혹 나아가서 윗 사람의 일에 종사한다면 또한 성공하지 못할 것이니, 점치는 사람이 상도를 지켜 나아가지 않으면 좋을 것이다.

> 象曰 食舊德하니 從上이라도 吉也ㅣ리라.
> ⊙ [정자] 상에 말하기를 옛 덕을 먹으니 위를 좇더라도 길하리라.
> ⊙ [주자] 상에 말하기를 옛 덕을 먹음은 위를 좇으면 길하리라.

【傳】守其素分하니 雖從上之所爲라도 非由己也라. 故로 无成而終得其吉也리라.

본래의 분수를 지키니, 비록 윗 사람의 하는 일을 좇더라도 자기로 연유된 것이 아니다. 그렇기 때문에 이룸은 없지만 마침내 길함을 얻을 것이다.

※ 雖, 之 : '雖'자와 '之'자가 없는 판본도 있다.

【本義】從上吉은 謂隨人則吉이니 明自主事면 則无成功也라.

'위를 좇아 길하다(從上吉)' 함은 남을 따르면 길하다는 말이니, 스스로 일을 주관하면 성공이 없을 것이라는 것을 밝힌 것이다.

> 九四는 不克訟이라. 復卽命하야 渝하야 安貞하면 吉하리라.
> - [정자] 구사는 송사를 이기지 못함이라. 돌아와 명에 나아가서 변혁해서 편안하고 바르게 하면 길하리라.
> - [주자] 구사는 송사를 이기지 못함이라. 돌아와 명에 나아가서 변혁해서 바름에 편안함이니 길하리라.
>
>  剛健欲訟 无與對敵

【傳】四以陽剛而居健體하야 不得中正하니 本爲訟者也나 承五履三而應初하니 五는 君也니 義不克訟이요 三은 居下而柔하니 不與之訟이요 初는 正應而順從하니 非與訟者也라. 四雖剛健欲訟이나 无與對敵하니 其訟이 无由而興이라 故로 不克訟也요 又居柔以應柔하니 亦爲能止之義라. 旣義不克訟이나 若能克其剛念欲訟之心하야 復卽就於命하고 革其心平其氣하야 變而爲安貞則吉矣리라.

「구사」가 양강(陽剛)함으로써 굳센 괘체(☰)에 거처하면서 중정(中正)을 얻지 못했으니 본래 송사를 하는 사람이다. 그러나 위로는 「구오」를 이어 받들고, 아래로는 「육삼」을 밟으며, 「초육」과는 정응이니, 「구오」는 인군이므로 의리가 송사를 이기지 못하고, 「육삼」은 아래에 있으면서 유하므로 송사를 하지 않으며, 「초육」은 정응이며 (「구사」에게) 순종하므로 더불어 송사를 하지 않는다.

「구사」가 비록 강건해서 송사를 하고자하나, 대적할 사람이 없어 송사가 일어날 수 없기 때문에 '송사를 이기지 못한다(不克訟)'는 것이고, 또 유(柔)에 거처해서 유와 응하니 역시 그칠 수 있는 뜻이 된다. 이미 의리가 송사를 이기지 못하나, 만약 강해서 송사를 하고자 하는 욕심을 이겨서 돌아와 명에 나아가고, 그 마음을 변혁하고 그 기운을 평안하게 해서 안정하게 변하도록 하면 길할 것이다.

※ 初 : '於初'로 되어 있는 판본도 있다.

※ <정자>는 '송사를 이기지 못한다'를, 「구사」와 관련이 있는 세 효를 하나하나 거명하면서 풀이하였다. 즉 바로 위에 있는 「구오」는 인군이므로 신하인 「구사」가 이길 수 없고, 바로 밑에 있는 「육삼」은 자신이 약하므로 아예 송사를 하고자 하는 마음이 없으며, 정응 관계인 「초육」은 서로 짝이 되는데다 순종하려는 마음이 있기 때문에 송사가 되지 않으므로, 결국 「구사」가 송사를 할 수 없다는 뜻으로 밝혔다.

命은 謂正理니 失正理면 爲方命이라 故로 以卽命爲復也라. 方은 不順也니 書云方命圮族이라하고 孟子에 云方命虐民이라하니라. 夫剛健而不中正則躁動이라 故로 不安處요 非中正이라 故로 不貞이니 不安貞은 所以好訟也라. 若義不克訟而不訟하야 反就正理하고 變其不安貞하야 爲安貞則吉矣리라.

'명(命)'은 바른 이치를 이름이니, 바른 이치를 잃으면 명을 거스르는 것이 되기 때문에 명에 나아감이 회복하는 것이 된다. '방(方)'은 순히하지 않는 것이니, 『서경』에 "명을 거스리고 백성을 갈라놓음(方命圮族)"이라 했고, 『맹자』에 "명을 거스리고 백성을 학대한다(方命虐民)"고 했다. 강건하면서 중정하지 못하면 조급히 움직이기 때문에 편안히 거처하지 못하고, 중정하지 않기 때문에 곧고 바르지 못하니(不貞), 안정(安貞)하지 못한 것이 송사를 좋아하게 되는 까닭이다. 만약 의리가 송사를 이기지 못해서, 송사를 하지 않고 돌이켜서 바른 이치에 나아가고, 안정하지 못한 것을 변경해서 안정하게 하면 길할 것이다.

※ 방명비족(方命圮族) : 『서경:書經』의 「요전:堯典」에 9년 홍수를 다스릴 사람으로 <곤(鯀)>을 추천하자, <요임금>께서 그를 평하신 말씀으로, 왕명을 거스리고 백성을 편벽되게 다스림으로써 서로 파당짓게 한다는 뜻.

※ 방명학민(方命虐民) : 『맹자:孟子』「양혜왕(梁惠王) 하(下)」에 <제경공(齊景公)>과 <안자(晏子)>의 대화 중에 나오는 말로, 왕명을 거역하고 백성을 학대한다는 뜻.

【本義】卽은 就也요 命은 正理也요 渝는 變也라. 九四ㅣ 剛而不中이라 故로 有訟象이요 以其居柔라 故로 又爲不克而復就正理하니 渝變其心하야 安處於正之象이라. 占者ㅣ 如是則吉也리라.

'즉(卽)'은 나아가는 것이고, '명(命)'은 바른 이치이며, '유(渝)'는 변하는 것이다. 「구사」가 강하면서 중(中)을 얻지 못했기 때문에 송사를 하는 상이 있고, 유(柔)한 데 거처하기 때문에 또한 이기지는 못하나 회복해 바른 이치에 나아가니, 그 마음을 변경시켜서 바른 데 편안히 거처하는 상이 된다. 점치는 사람이 이와 같이 하면 길할 것이다.

象曰 復卽命渝安貞은 不失也ㅣ라.
◉ 상에 말하기를 '복즉명유안정'은 잃지 않음이라.

【傳】能如是하면 則爲无失矣니 所以吉也라.

이와 같이 할 수 있으면 잃음이 없을 것이므로 길하다.

九五는 訟애 元吉이라.
◉ [정자] 구오는 송사에 크게 착하고 길하니라.
◉ [주자] 구오는 송사에 크게 길하리라.

 中正居尊 所以元吉

【傳】以中正으로 居尊位하니 治訟者也요 治訟에 得其中正하니 所以元吉也라. 元吉은 大吉而盡善也니 吉大而不盡善者도 有矣니라.

중정(中正)으로써 높은 자리에 거처하니 송사를 다스리는 사람이고, 송사를 다스림에 중정을 얻었으니 착하고 길한 것이다. '원길(元吉)'은 크게 길하면서 더할 나위 없이 착함이니, 크게 길하면서도 덜 착한 것도 있는 것이다.

※ <정자>는 '원길(元吉)'을 단순히 '크게 길한 것'으로만 보지 않고, '크게 길하면서도 누구의 원망도 받지않는 옳음이 있다'로 풀이하였다.

【本義】陽剛中正으로 以居尊位하니 聽訟而得其平者也라 占者ㅣ 遇

之면 訟而有理니 必獲伸矣라.

　양강중정함으로써 높은 자리에 거처하니 송사를 들음에 그 공평함을 얻은 사람이다. 점치는 사람이 이 효를 만나면 송사를 함에 이유가 있으니, 반드시 이길 것이다.

　　　※ 송사를 함에 이유가 있고, 판결하는 사람이 공평하니, 반드시 이기는 것이다.

象曰 訟元吉은 以中正也 ㅣ라.

● 상에 말하기를 '송원길'은 중정함으로써라.

【傳】中正之道어늘 何施而不元吉이리오.

　중정한 도인데, 어디에 베풀은들 크게 착하고 길하지 않으리오?

【本義】中則聽不偏하고 正則斷合理라.

　'중(中)'했으니 듣는 것이 치우치지 않고, '정(正)'했으니 판단이 이치에 맞는다.

上九는 或錫之鞶帶라도 終朝三褫之리라.

● 상구는 혹 반대(띠)를 주더라도 조회를 마치는 동안 세 번 빼앗으리라.

以訟得之 豈能安久

【傳】九以陽으로 居上하니 剛健之極이요 又處訟之終하니 極其訟者也라. 人之肆其剛强하야 窮極於訟하니 取禍喪身이 固其理也라. 設或使之善訟能勝하야 窮極不已하야 至於受服命之賞이라도 是亦與人仇爭이니 所獲을 其能安保之乎리오. 故로 終一朝而三見褫奪也라.

　「상구」는 양으로써 상효(上爻)에 거처하니 강건이 극하고, 또 「송괘:訟卦」의 끝에 거처하니 송사를 끝까지 하는 자이다. 사람이 강하고 굳센 것을 방자히 해서 송사를 끝까지 하니, 화를 취하고 몸을 망치게 됨이 정해진 이치이다. 설혹 송사를 잘해 이길 수 있어서, 끝까지 송사를 해서 벼슬을 받는 상을 타는 데 이르더라도, 이것 또한 다른 사람과 원수로 다투는 것이니, 얻은 것을 편안하게 보존할 수 있겠는가? 그러므로 하루 아침을 마침에도 세 번 빼앗김을 볼 것이다.

【本義】鞶帶는 命服之飾이요 褫는 奪也라. 以剛으로 居訟極하니 終訟而能勝之라. 故로 有錫命受服之象이나 然이나 以訟으로 得之하니 豈能安久리오. 故로 又有終朝三褫之象이라. 其占이 爲終訟无理하야 而或取勝이나 然이나 其所得을 終必失之라하시니 聖人爲戒之意ㅣ深矣시니라.

'반대(鞶帶)'는 명복(命服)의 장식이고, '치(褫)'는 뺏는 것이다. 강(剛)으로써 「송괘」의 끝에 거처하니 끝까지 송사를 해서 이길 수 있는 것이다. 그러므로 명을 받고 관복을 받는 상이 있으나, 송사로써 얻은 것이니 어떻게 오래갈 수 있겠는가? 그렇기 때문에 또한 '조회를 마치는 동안 세번 빼앗기는(終朝三褫)' 상이 있다. 그 점(占)이 끝까지 송사를 무리하게 해서 혹 이기기는 하나, 그 얻는 것을 마침내는 반드시 잃을 것이라고 하시니, 성인께서 경계를 하시는 뜻이 깊다.

※ 명복(命服): 관복(官服)을 말한다. 「중국」에서 사대부의 신분을 일명(一命)에서 구명(九命)으로 나누고, 그 명(命)에 따라 빛깔과 모양을 달리한 옷을 입었다.

※ 厚齋馮氏曰 初六上九에 不能无訟이 明矣어늘 而初에 不言訟은 杜其始也요 上에 不言訟은 惡其終也라.

: <후재풍씨>가 말하길 "「초육」과 「상구」에 송사가 없을 수 없음이 명확한데, 「초육」에 '송(訟)'을 말하지 않은 것은 그 시작을 막은 것이고, 「상구」에 '송(訟)'을 말하지 않은 것은 그 끝까지 송사하는 것을 미워한 것이다.

象曰 以訟受服이 亦不足敬也ㅣ라.

◉ 상에 말하기를 '송사로써 관복을 받음'이 또한 공경할 만한 것이 못 된다.

【傳】窮極訟事하야 設使受服命之寵이라도 亦且不足敬而可賤惡이온

況又禍患이 隨至乎아.

 송사를 끝까지 해서 설사 관복을 받는 총애를 받더라도, 또한 공경할 것이 못 되고 천하고 미워할 일인데, 하물며 또 화와 근심이 따름에랴?

地水師(7)

坤上
坎下
지 수 사

【傳】師는 序卦에 訟必有衆起라 故로 受之以師라하니 師之興은 由有爭也니 所以次訟也라. 爲卦ㅣ 坤上坎下하니 以二體로 言之면 地中有水하니 爲衆聚之象이요 以二卦之義로 言之면 內險外順하야 險道而以順하니 行師之義也요 以爻로 言之하면 一陽而爲衆陰之主하니 統衆之象也라. 比는 以一陽으로 爲衆陰之主而在上하니 君之象也요 師는 以一陽으로 爲衆陰之主而在下하니 將帥之象也라.

「사: ䷆」는 「서괘전」에 "송사에는 반드시 무리가 일어나기 때문에 '사괘'로써 받았다"고 하였다. 군사를 일으킴은 다툼이 있기 때문이니, '송괘: ䷅' 다음에 '사괘'를 놓은 것이다. 괘됨이 「곤:☷」이 위에 있고 「감:☵」이 아래에 있으니, 두 괘체로 말하면 땅(☷) 가운데 물(☵)이 있으니 무리가 모이는 상이 되고, 두 괘의 의의로 말하면 안은 험(☵)하고 바깥은 순해서(☷) 험한 길을 순함으로써 하는 것이니 군사를 행하는 뜻이며, 효(爻)로써 말하면 한 양이 뭇 음의 주인이 되니 무리를 거느리는 상이다.

「비괘: ䷇」는 한 양으로써 뭇 음의 주장이 되어 위에 있으니 인군의 상이고, 「사괘: ䷆」는 한 양으로써 뭇 음의 주장이 되어 아래에 있으니 장수의 상이다.

師는 貞이니 丈人이라아 吉코 无咎하리라.

- [정자] 사는 바르게 함이니 장인이라야 길하고 허물이 없으리라.
- [주자] 사는 바르게 하고 장인이라야 길하고 허물이 없으리라.

 興師動衆 以正爲本

【傳】師之道는 以正爲本이니 興師動衆하야 以毒天下而不以正이면 民弗從也리니 强驅之耳라. 故로 師는 以貞爲主니라.

  '군사(師)'의 도는 바름으로써 근본을 삼으니, 군사를 일으키고 무리를 움직여서 천하를 고통스럽게 하는데, 바름으로써 하지 않으면 백성이 좇지 않을 것이니, 억지로 몰고 가는 것이다. 그렇기 때문에 「사」는 바름으로 주장을 삼는 것이다.

其動이 雖正也나 帥之者ㅣ 必丈人이라야 則吉而无咎也리라. 蓋有吉而有咎者하고 有无咎而不吉者하니 吉且无咎는 乃盡善也라. 丈人者는 尊嚴之稱이니 帥師總衆에 非衆所尊信畏服이면 則安能得人心之從이리오.

  군사의 움직임이 비록 바르나, 통솔하는 사람이 반드시 장인(丈人)이라야 길하고 허물이 없을 것이다. 길해도 허물이 있는 것이 있고, 허물이 없더라도 길하지 않은 것이 있으니, 길하고 또 허물이 없는 것은 더할 나위 없이 좋은 것이다. '장인(丈人)'은 존엄한 사람을 일컬으니, 군사를 통솔하고 무리를 거느림에, 무리가 존경해 믿고 두려워 굴복하는 사람이 아니면, 어떻게 인심의 따름을 얻겠는가?

故로 司馬穰苴ㅣ 擢自微賤하야 授之以衆하되 乃以衆心未服일새 請莊賈爲將也니 所謂丈人은 不必素居崇貴요 但其才謀德業이 衆所畏服이면 則是也라. 如穰苴ㅣ 旣誅莊賈에 則衆心이 畏服하니 乃丈人矣라. 又如淮陰侯ㅣ 起於微賤하야 遂爲大將하니 蓋其謀爲에 有以使人尊畏也라.

  그렇기 때문에 <사마양저>가 미천한데서 발탁돼서 무리를 통솔하게 되었으나, 무리의 마음이 굴복하지 않기 때문에 <장가>를 청해서 부장(副將)을 삼은 것이니, 이른바 장인이라는 것은 본래부터 높고 귀한 데 있는 사람일 필요는 없고, 다만 그 재주와 지모 그리고 덕업(德業)이 무리가 두려워하고 굴복할 수 있으면 되는 것이다. 마치 <양저>가 <장가>를 베어 죽이자 무리의 마음이 두려워 굴복하니, 장인이 된 것과 같다. 또 <회음후(韓信)>가 미천한 데서 일어나서 대장이 된 것과 같으니, 대개 그 지모와 행동에 사람들이 높이고 두려워하게 함이 있는 것이다.

   ※ 苴 : 신바닥창 저 擢 : 뽑을, 발탁(拔擢)할 탁
   ※ <u>畏服</u> : '嚴畏'로 되어 있는 판본도 있다.
   ※ 미천한 출신인 <사마양저>가 장군으로써의 위엄을 세우기 위해 귀족출신인 <장가>를 감군(監軍)으로 삼았으나, <사마양저>를 무시하고 명령을 어기며 기한을 지체하자, <사마양저>가 본보기로 목을 베어 군령을 세운「춘추시대」「제나라」의 고사에서 연유한다.

【本義】師는 兵衆也라. 下坎上坤하야 坎險坤順이요 坎水坤地니 古者에 寓兵於農은 伏至險於大順하고 藏不測於至靜之中이라.

 '사(師)'는 군사의 무리다. 아래에는「감 ☵」이 있고 위에는「곤 ☷」이 있어서,「감」은 험하고「곤」은 순하며,「감」은 물이고「곤」은 땅이니, 옛날에 병사를 농민에 붙여 놓은 것은 지극히 험한 것을 크게 순한 데 잠복시키고, 헤아리지 못할 것을 지극히 고요한 가운데 감춘 것이다.

又卦에 惟九二一陽이 居下卦之中하니 爲將之象이요 上下五陰이 順以從之하니 爲衆之象이요 九二ㅣ 以剛居下而用事하고 六五ㅣ 以柔居上而任之하니 爲人君命將出師之象이라. 故로 其卦之名에 曰師라하니라. 丈人은 長老之稱이니 用師之道ㅣ 利於得正而任老成之人이라야 乃得吉而无咎하니 戒占者ㅣ 亦必如是也니라.

 또 괘에 오직「구이」한 양만이 아랫 괘의 가운데 거처하니 장수의 상이 되고, 위와 아래의 다섯 음이 순하게 따르니 무리의 상이 되며,「구이」가 강한 것으로써 아래에 있으면서 일을 하고,「육오」가 유(柔)로써 위에 있으면서 일을 맡기니, 인군이 장수에게 명령하여 군사를 내는 상이 된다. 그러므로 괘의 이름을 '사(師)'라고 했다.

 '장인(丈人)'은 장로(長老)를 일컬음이니, 군사를 쓰는 도가 바름을 얻음이 이롭고, 노성한 사람에 맡겨야 길하고 허물이 없음을 얻을 것이다. 점치는 사람이 또한 반드시 이와 같이 하라고 경계한 것이다.

   ※ 노성(老成) : 경험을 쌓아 일에 익숙함.

> 象曰師는 衆也ㅣ오 貞은 正也ㅣ니 能以衆正하면 可以王矣리라.
>
> ⊙ [정자] 단에 말하기를 사는 무리요 정은 바름이니, 무리를(무리로써) 바르게 할 수 있으면, 이로써 왕노릇 할 수 있으리라.
> ⊙ [주자] 단에 말하기를 사는 무리요 정은 바름이니, 무리를 다스려서 바르게 할 수 있으면, 왕노릇 할 수 있으리라.

【傳】能使衆人으로 皆正이면 可以王天下矣라 得衆心服從而歸正하니 王道ㅣ 止於是也라.

뭇 사람들을 다 바르게 할 수 있으면 천하의 왕노릇을 할 수 있다. 무리의 마음이 복종해서 바른 데로 돌아감을 얻으니, 왕하는 도가 이에 있을 뿐이다.

【本義】此는 以卦體로 釋師貞之義라. 以는 謂能左右之也라. 一陽이 在下之中하야 而五陰이 皆爲所以也니 能以衆正則王者之師矣라.

이것은 괘체로써 「사」는 바르고(師貞)'의 뜻을 해석한 것이다. '이(以)'는 좌지우지할 수 있다는 말이다. 한 양(九二)이 아랫 괘의 가운데 있어서 다섯 음이 다 좌지우지되는 바니, 무리를 좌지우지해서 바르게 할 수 있으면 왕의 군사이다.

※ 雲峯胡氏曰 本義에 提出一以字로 依春秋書法하야 謂能左右之也라하야 一陽而五陰이 皆爲所以라. 閫外之事는 將得專制之也나 然이나 以之歸於正이면 則爲王者之師요 以之微有不正이면 則爲覇者之術이라.

: <운봉호씨>가 말하길 "『본의』에 한 개의 '이(以)'자를 들음으로써, 「춘추서법」에 의거해 '능히 좌지우지할 수 있음을 말한다'하여 한 양에 다섯 음이 좌지우지되는 바라 하였다. 나라 밖의 일은 장수가 전제하는 것이나, 좌지우지하여 바른 데로 돌아가면 왕의 군사가 되는 것이고, 좌지우지하여 조금이라도 바르지 못함이 있으면 패자(覇者)의 술수가 되는 것이다."

> 剛中而應하고 行險而順하니
>
> ⊙ [정자] 강중하고 응하며 험함을 행하되 순함으로 하니,

◉ [주자] 강중하고 응하며 험함을 행하되 따르니,

【傳】言二也라. 以剛處中하니 剛而得中道也요 六五之君이 爲正應이니 信任之專也라. 雖行險道나 而以順動은 所謂義兵이니 王者之師也라. 上順下險하니 行險而順也라.

「구이」를 말한 것이다. 강으로써 가운데(中) 거처하니 강하면서 중도를 얻은 것이고, 인군인 「육오」가 정응(正應)이 되니 전적인 신임을 얻은 것이다. 비록 험한 일을 행하나 순함으로써 움직이는 것은, 이른바 의로운 병사니 왕의 군사이다. 위는 순하고(☷) 아래는 험하니(☵), 험한 일을 행하되 순함으로 하는 것이다.

以此毒天下而民이 從之하니 吉코 又何咎矣리오.

◉ 이것으로써 천하를 고통스럽게 해도 백성이 좇아오니 길하고 또 무슨 허물이리오.

【傳】師旅之興은 不无傷財害人이니 毒害天下라. 然而民心이 從之者는 以其義動也일새라. 古者에 東征西怨은 民心이 從也니 如是라 故로 吉而无咎라. 吉은 謂必克이요 无咎는 謂合義요 又何咎矣는 其義라 故로 无咎也라.

군사를 일으킴은 재물을 손상시키고 사람을 해치지 않을 수 없으니, 천하에 고통을 주는 것이다. 그러나 백성의 마음이 따르는 것은 의리로써 움직이기 때문이다. 옛날에 동쪽을 치면 서쪽이 (우리부터 쳐서 왕화를 빨리 입게 하지 않는다고) 원망하는 것은 백성의 마음이 따르는 것이니, 이렇기 때문에 길하고 허물이 없다. '길하다(吉)'고 함은 반드시 이긴다는 말이고, '허물이 없다(无咎)' 함은 의리에 합치된다는 말이며, '또 무슨 허물이리오(又何咎)'라 함은 의롭기 때문에 허물이 없다는 것이다.

※ 故 : '固'자로 되어 있는 판본도 있다.

【本義】又以卦體卦德으로 釋丈人吉无咎之義라. 剛中은 謂九二요

應은 謂六五ㅣ 應之요 行險은 謂行危道요 順은 謂順人心이니 此非有老成之德者면 不能也라. 毒은 害也니 師旅之興이 不无害於天下나 然이나 以其有是才德이라 是以로 民悅而從之也니라.

또 괘체와 괘덕으로써 '장인이라야 길하고 허물이 없다(丈人吉无咎)'의 뜻을 풀이한 것이다. '강중(剛中)'은 「구이」를 말하고, '응(應)'은 「육오」가 응함을 말하며, '행험(行險)'은 위태한 일을 행한다는 것이고, '순(順)'은 인심을 따른다는 것이니, 이것은 노성(老成)한 덕이 있는 사람이 아니면 하지 못한다. '독(毒)'은 해롭게 하는 것이니, 군사를 일으킴이 천하에 해되지 않음이 없으나, 이런 재질과 덕이 있기 때문에 백성이 기뻐하며 따르는 것이다.

象曰 地中有水ㅣ 師ㅣ니 君子ㅣ 以하야 容民畜衆하나니라.

- [정자] 상에 말하기를 땅 속에 물이 있는 것이 사니, 군자가 본받아서 백성을 포용하고 무리를 기르느니라.
- [주자] 상에 말하기를 땅 속에 물이 있는 것이 사니, 군자가 본받아서 백성을 포용하여 무리를 기르느니라.

【傳】地中有水는 水聚於地中이니 爲衆聚之象이라 故로 爲師也라. 君子ㅣ 觀地中有水之象하야 以容保其民하고 畜聚其衆也라.

'땅 속에 물이 있음(地中有水)'은 물이 땅 속에 모이는 것이니, 무리가 모이는 상이 되기 때문에 「사:師」가 된다. 군자가 땅 속에 물이 있는 상을 관찰해서, 백성을 포용하여 보호하며 무리를 기르고 모으는 것이다.

【本義】水不外於地하고 兵不外於民이라 故로 能養民則可以得衆矣라.

물은 땅 밖에 있을 수 없고 군사는 백성 이외에 있을 수 없기 때문에, 백성을 기르면 무리를 얻을 수 있는 것이다.

初六은 師出以律이니 否ㅣ면 臧이라도 凶하니라.

● [정자] 초육은 군사를 내는 데 율법으로써 함이니, 그렇지 않으면 이기더라도 흉하니라.
● [주자] 초육은 군사를 내는 데 율법으로써 함이니, 착하지 못하면 흉하리라.

☷☵. 行師之始 律令統制

【傳】初는 師之始也라 故로 言出師之義와 及行師之道라. 在邦國興師而言에 合義理면 則是는 以律法也니 謂以禁亂誅暴而動이어니와 苟動不以義면 則雖善이나 亦凶道也라. 善은 謂克勝이요 凶은 謂殃民害義也라.

「초육」은 「사:師」의 시작이기 때문에, 군사를 내는 뜻과 군사를 행하는 도리를 말했다. 나라의 군사를 일으키는 것으로 말함에, 의리에 합당하면 이것은 율법으로 함이니, 난리를 안정시키고 포악한 사람을 베이기 위해서 움직임을 말하지만, 움직임에 의리로써 하지 않으면 비록 착하나 또한 흉한 도리이다. 착하다(善)는 것은 이기는 것을 말하고, 흉하다(凶)는 것은 백성에 재앙을 주고 의리를 해치는 것을 말한다.

※ 興師:'動衆'으로 되어 있는 판본도 있다.

在行師而言하면 律은 謂號令節制니 行師之道ㅣ 以號令節制로 爲本이라. 所以統制於衆에 不以律이면 則雖善이나 亦凶하리니 雖使勝捷이라도 猶凶道也라. 制師无法이라도 幸而不敗하고 且勝者도 時有之矣나 聖人之所戒也라.

군사를 행한다는 것으로 말하면 '율(律)'은 호령과 절제를 말하니, 군사를 행하는 도가 호령과 절제로써 근본을 삼는다. 무리를 통제하는 데 율령으로써 하지 않으면, 비록 이기나(善) 또한 흉할 것이기 때문에, 비록 이긴다 하더라도 오히려 흉한 도리가 된다. 군사를 통제함에 법도가 없더라도, 다행이 패하지 않고 또 이기는 사람도 때로 있으나, 성인께서 경계하시는 바이다.

【本義】律은 法也요 否臧은 謂不善也라 晁氏ㅣ 曰否字를 先儒ㅣ 多作不하니 是也라. 在卦之初하야 爲師之始하니 出師之道ㅣ 當謹其始하

야 以律則吉이요 不臧則凶이리라. 戒占者ㅣ 當謹始而守法也니라.

'율(律)'은 법이고, '부장(否臧)'은 착하지 않음을 이른다. <조씨>가 말씀하기를 "'막힐 비(否)'자를 많은 선유(先儒)들이 '아니 불(不)'자로 했다"고 하니 옳다. 괘의 처음에 있어서 「사:師」의 시작이 되니, 군사를 내는 도리가 마땅히 처음을 삼가해서 율법으로써 하면 길하고, 착하지 못하면 흉할 것이다. 점치는 사람이 마땅히 처음을 삼가하고 법을 지켜야 함을 경계한 것이다.

※ 朝 : 아침 조(晁, 朝).

象曰 師出以律이니 失律하면 凶也ㅣ리라.

◉ 상에 말하기를 '군사를 냄에 율법으로써 함'이니 율법을 잃으면 흉하리라.

【傳】師出에 當以律이요 失律則凶矣니 雖幸而勝이라도 亦凶道也라.

군사를 냄에 마땅히 율법으로써 할 것이고 율법을 잃으면 흉하니, 비록 요행으로 이기더라도 또한 흉한 도리이다.

九二는 在師하야 中할새 吉코 无咎하니 王三錫命이로다.

◉ [정자] 구이는 군사에 있어 중도로 해서 길하고 허물이 없으니, 왕이 세 번 명을 주도다.
◉ [주자] 구이는 사괘의 중에 있어서 길하고 허물이 없으니, 왕이 세 번 명을 주도다.

☷ 一陽剛中 衆陰所歸

【傳】師卦는 唯九二一陽이 爲衆陰所歸하고 五居君位하야 是其正應이나 二乃師之主로 專制其事者也라. 居下而專制其事는 唯在師則可하니 自古命將에 閫外之事를 得專制之하니 在師에 專制而得中道라 故로 吉而无咎라.

「사괘:師卦」는 오직 「구이」 한 양이 뭇 음의 모여드는 바가 되고, 「육오」가 인군자리에 거처하여 「구이」의 정응이나, 「구이」가 「사괘」의 주효로 그 일을 전제(專制)하는 것이다. 아래에 있으면서 그 일을 전제함은 오직 군사에 있어서만 가능하니, 예로부터 장수를 임명할 때 나라 밖의 일을(정벌하는 일) 전제할 수 있게 했으니, 군사에 있어 전제하더라도 중도를 얻었기 때문에 길하고 허물이 없는 것이다.

※ 전제(專制) : 독단으로 일을 처리함.

蓋恃專則失爲下之道요 不專則无成功之理라. 故로 得中이라야 爲吉하니 凡師之道ㅣ 威和幷至면 則吉也라. 旣處之盡其善이면 則能成功而安天下라 故로 王錫寵命이 至于三也니 凡事에 至于三者는 極也라. 六五ㅣ 在上하야 旣專倚任하고 復厚其寵數하니 蓋禮不稱이면 則威不重而下不信也라.

대개 전제만 믿으면 아랫사람의 도리를 잃게 되고, 전제하지 못하면 성공할 수 없다. 그러므로 중도를 얻어야 길하게 되니, 모든 군사의 도리가 위엄과 온화함이 함께 하면 길하다. 이미 처리하기를 모두 잘했으면 공을 이루어 천하를 편안히 할 수 있기 때문에, 왕이 총애하는 명령을 주기를 세 번에까지 이른 것이니, 모든 일에 세 번까지 이른 것은 지극한 것이다. 「육오」가 위에 있어서 이미 전적으로 맡기고, 다시 총애를 두터이하기를 자주하니, 대개 예우를 맞게하지 않으면 위엄이 무겁지 않아서 아랫 사람이 믿지 않게 된다.

他卦ㅣ 九二에 爲六五所任者ㅣ 有矣어니와 唯師는 專主其事而爲衆陰所歸라 故로 其義ㅣ 最大라. 人臣之道ㅣ 於事에 无所敢專이로대 唯閫外之事則專制之하니 雖制之在己나 然이나 因師之力而能致者는 皆君所與而職當爲也라.

다른 괘의 「구이」에도 「육오」가 임무를 준 경우가 있으나, 오직 「사괘」는 군사의 일을 전적으로 주관해서 뭇 음의 모여드는 바가 되기 때문에 그 의의가 가장 크다. 신하의 도리가 일에 있어 감히 전제할 수 없으나, 오직 나라 밖의 일만은 전제할 수 있으니, 비록 전제하는 것은 자기에게 있으나, 군사의 힘으로 인해서 할 수 있는 것은 다 인군이 준 것이고, 직분이 마땅히 해야 하는 것이다.

世儒ㅣ 有論魯祀周公以天子禮樂은 以爲周公이 能爲人臣不能爲之功하니 則可用人臣不得用之禮樂이라하니 是는 不知人臣之道也라. 夫居周公之位면 則爲周公之事하니 由其位而能爲者는 皆所當爲也라. 周公은 乃盡其職耳이시니 子道도 亦然이라. 唯孟子ㅣ 爲知此義라 故로 曰事親을 若曾子者ㅣ 可也라하시고 未嘗以曾子之孝로 爲有餘也하시니 蓋子之身으로 所能爲者는 皆所當爲也니라.

세상 선비가 말하기를 "「노나라」가 <주공(周公)>을 천자의 예악(禮樂)으로 제사지내는 것은, <주공>이 신하가 할 수 없는 공을 세웠으니 신하가 쓸 수 없는 예악을 쓸 수 있는 것"이라고 하니, 이것은 신하의 도리를 모르는 말이다. 대개 <주공>의 자리에 거처하면 <주공>의 일을 해야하니, 그 자리로 인해서 할 수 있는 일은 다 마땅히 해야 하는 것이다. <주공>께서는 그 직분을 다하신 것이니, 자식의 도리도 또한 그러하다. 오직 <맹자>께서 이런 의의를 알았기 때문에, "어버이 섬기기를 <증자>와 같이 함이 옳다"고 하시고, <증자>의 효도로도 남음이 있다고 하지 않으셨으니, 대개 아들의 몸으로 할 수 있는 것은 다 마땅히 해야 하는 것이다.

※ 爲 : '能爲'로 되어 있는 판본도 있다.
※ "事親을 若曾子者ㅣ 可也니라" : 『맹자』「이루장 上」에 출전.

【本義】九二ㅣ 在下하야 爲衆陰所歸而有剛中之德하고 上應於五而爲所寵任이라 故로 其象占이 如此라.

「구이」가 아래에 있어서 뭇 음이 모여드는 바가 되고, 강중의 덕이 있으며, 위로 「육오」와 응해서 총애하여 맡기는 바가 되기 때문에, 그 상(象)과 점(占)이 이와 같다.

象曰 在師中吉은 承天寵也ㅣ오 王三錫命은 懷萬邦也ㅣ라.

● 상에 말하기를 '재사중길'은 하늘의 총애를 이음이요, '왕이 세 번 명을 줌'은 만방을 품음이라.

【傳】在師中吉者는 以其承天之寵任也일새니 天은 謂王也라. 人臣이 非君寵任之면 則安得專征之權하야 而有成功之吉이리오. 象에 以二專主其事라 故로 發此義하니 與前所云世儒之見으로 異矣라. 王三錫以恩命하야 褒其成功은 所以懷萬邦也라.

'군사에 있어 중도로 해서 길함(在師中吉)'은 하늘의 총애와 신임을 이었기 때문이니, '하늘(天)'은 왕을 말한 것이다. 신하가 인군의 총애하고 신임함이 없으면, 어떻게 정벌하는 권한을 전제해서 공을 이루는 길함이 있을 것인가?「소상전」에 「구이」가 전적으로 군사 일을 주관하기 때문에 이런 뜻을 밝힌 것이니, 앞에서 말한 세상 선비들의 견해와는 다르다. 왕이 세 번 은혜로운 명령을 내림으로써 그 성공을 포상함은, 이렇게 함으로써 만방을 회유하는 것이다.

※ 懷 : '威懷'로 되어 있는 판본도 있다.

六三은 師或輿尸면 凶하리라.
- [정자] 육삼은 군사를 혹 여럿이 주장하면 흉하리라.
- [주자] 육삼은 군사가 혹 송장을 싣고 오니 흉하니라.

才弱不正 犯非其分

【傳】三居下卦之上하니 居位當任者也로대 不唯其才陰柔不中正이요 師旅之事는 任當專一이라. 二旣以剛中之才로 爲上信倚하니 必專其事라야 乃有成功이어늘 若或更使衆人으로 主之면 凶之道也라. 輿尸는 衆主也니 蓋指三也라. 以三이 居下之上이라 故로 發此義하니 軍旅之事에 任不專一이면 覆敗必矣리라.

「육삼」이 아랫 괘의 위에 있으니 지위에 있으면서 책임을 맡은 사람이나, 그 재질이 음유하고 중정하지 못할 뿐 아니라, 군사의 일은 맡김이 마땅히 전일(專一)하게 해야한다. 이미 「구이」가 강중한 재주로써 윗 사람의 믿고 의지함이 되었으니, 반드시 그 일을 전제해야 공을 이룰 수 있을 것인데, 만약 다시 여러 사람에게 주관

하게 하면 흉한 도리이다. '여시(輿尸)'는 여럿이 주장함이니, 대개 「육삼」을 가리
키는 것이다. 「육삼」이 아랫 괘의 제일 위에 있기 때문에 이런 뜻을 밝힌 것이니,
군사의 일에 맡김이 전일하지 못하면 엎어지고 패망함이 필연일 것이다.

【本義】輿尸는 謂師徒ㅣ 撓敗하야 輿尸而歸也라. 以陰居陽하니 才弱
志剛하고 不中不正하니 而犯非其分이라 故로 其象占이 如此라.

 '여시(輿尸)'는 군사의 무리가 어지러워지고 패해서 송장을 싣고 돌아오는 것이
다. 음으로써 양의 자리에 거처하니 재질은 약하되 뜻은 강하고, 중정하지 못하니
자신의 분수가 아닌데도 범하므로, 그 상과 점이 이와 같다.

  ※ 요패(撓敗) : 싸움에 패함, 기세가 꺾이어짐.
  ※ 음효의 재질은 약하고 양효의 재질은 강하며, 양자리는 뜻이 강하고 음자리는 뜻이 약
   하다.

象曰 師或輿尸면 大无功也ㅣ리라.
- [정자] 상에 말하기를 '사혹여시'면 크게 공이 없으리라.
- [주자] 상에 말하기를 '사혹여시'는 크게 공이 없는 것이다.

【傳】倚付二三이면 安能成功이며 豈唯无功이리오. 所以致凶也라.

 「구이」에 의지하고 또 「육삼」에 의지하면 어떻게 공을 이룰 수 있겠으며, 어찌
오직 공만 없겠는가? 이로써 흉함을 이루는 것이다.

六四는 師左次ㅣ니 无咎ㅣ로다.
- 육사는 군사가 진영으로 물러남이니 허물이 없도다.

 居陰得正 因時施宜

【傳】師之進은 以強勇也어늘 四以柔居陰하니 非能進而克捷者也라.

知不能進而退라 故로 左次ㅣ니 左次는 退舍也라. 量宜進退라야 乃所當也라 故로 无咎하니 見可而進하고 知難而退는 師之常也라. 唯取其退之得宜요 不論其才之能否也라. 度不能勝하야 而完師以退는 愈於覆敗ㅣ 遠矣나 可進而退는 乃爲咎也라. 易之發此義는 以示後世니 其仁이 深矣로다.

군사의 나아감은 강하고 용맹스럽기 때문인데, 「육사」가 유(柔)로써 음자리에 거처하니, 나아가 이길 수 있는 사람이 아니다. 나아갈 수 없음을 알고 물러났기 때문에 진영으로 물러나니, '좌차(左次)'는 진영으로 물러나는 것이다. 마땅함을 헤아려서 진퇴해야 옳은 것이기 때문에 허물이 없으니, 가능함을 보고 나아가고 어려움을 알고 물러남은 군사의 상도이다. 오직 그 물러남에 마땅함을 얻음을 취한 것이고, 재질의 능하고 능치 못함을 말한 것이 아니다. 이길 수 없음을 헤아려서 군사를 온전히 해서 물러남은 패망하는 것보다 훨씬 나은 것이나, 나아갈 수 있는 것을 물러나는 것은 허물이 된다. 『주역』에 이런 뜻을 밝히는 것은 후세에 보이려는 것이니, 성인의 어질음이 깊으시다.

※ 捷 : 이길 첩.　　勝 : '進'자로 되어 있는 판본도 있다.

※ 「육사」의 재질이 음유해서 나아갈 수 없으니, 군사를 논하는 괘에 있어서 나쁘다고 하지않고, 오직 잘 헤아려 물러나니 허물이 없다고 하셨으니, 그 마음쓰심이 어진 것이다.

【本義】 左次는 謂退舍也니 陰柔不中이로대 而居陰得正이라 故로 其象이 如此라. 全師以退하니 賢於六三이 遠矣라. 故로 其占이 如此라.

'좌차(左次)'는 진영으로 물러나는 것이니, 음유하고 부중(不中)하지만, 음자리에 거처해서 바름을 얻었기(得正) 때문에, 그 상이 이와 같다. 군사를 온전히 해서 물러나는 것이니, 「육삼」보다 훨씬 현명한 것이다. 그렇기 때문에 그 점이 이와 같다.

象曰 左次无咎는 未失常也ㅣ라.

- [정자] 상에 말하기를 '진영으로 물러나 허물이 없음'은, 상도를 잃음이 아니다.
- [주자] 상에 말하기를 '진영으로 물러나 허물이 없음'은, 상도를 잃지 않은 것이다.

【傳】行師之道는 因時施宜라야 乃其常也라 故로 左次는 未(必)爲失也라. 如四ㅣ 退次는 乃得其宜니 是以无咎라.

군사를 행하는 도리는 때에 따라 마땅하게 시행하는 것이 상도이기 때문에, 진영으로 물러남이 반드시 잘못된 것은 아니다. 「육사」의 진영으로 물러남 같은 것은, 그 마땅함을 얻은 것이므로 허물이 없는 것이다.

※ 必 : '必'자가 없는 판본도 있다.

【本義】知難而退는 師之常也라.

어려운 것을 알고 물러남은 군사의 상도이다.

六五는 田有禽이어든 利執言하니 无咎ㅣ리라. 長子ㅣ 帥師ㅣ니 弟子ㅣ 輿尸하면 貞이라도 凶하리라.

- [정자] 육오는 밭에 새가 있거든 말을 받듦이 이로우니 허물이 없으리라. 장자가 군사를 거느리니 제자가 여럿이 주장하면 바르더라도 흉하리라.
- [주자] 육오는 밭에 새가 있음이라. 말을 받듦이 이로우니 허물이 없으리라. 장자로 군사를 거느리고 제자로 송장을 싣게 하면 바르더라도 흉하리라.

用師之主 任將討之

【傳】五는 君位니 興師之主也라 故로 言興師任將之道라. 師之興은 必以蠻夷猾夏하고 寇賊姦宄하야 爲生民之害하되 不可懷來然後라야 奉辭以誅之라. 若禽獸ㅣ 入于田中하야 侵害稼穡할새 於義宜獵取면 則獵取之니 如此而動이면 乃得无咎어니와 若輕動以毒天下면 其咎ㅣ 大矣라. 執言은 奉辭也니 明其罪而討之也라. 若秦皇漢武는 皆窮山林以索禽獸者也요 非田有禽也라.

「육오」는 인군자리니 군사를 일으키는 주효(主爻)이므로, 군사를 일으키고 장수를 임명하는 도리를 말한 것이다. 군사를 일으킴은 반드시 「만이:蠻夷」가 「중국」을 괴롭히고 구적간귀(寇賊姦宄)로 인해 백성에게 해를 끼치되, 회유할 수 없은 뒤에야 말(命)을 받들어 베이는 것이다. 마치 새와 짐승이 밭 가운데 들어와서 곡식을 침해함에, 의리가 마땅히 사냥해야 하면 사냥하는 것과 같으니, 이와 같아서 움직이면 허물이 없을 것이나, 만약 가볍게 움직임으로써 천하에 고통을 주면 그 허물이 클 것이다. '집언(執言)'은 말을 받드는 것이니, 그 죄를 밝혀서 치는 것이다. <진시황>과 <한무제> 같은 이는 다 산림을 뒤져서 새와 짐승을 찾아 잡은 것이지, 밭에 새가 있어서 잡은 것이 아니다.

※ 蠻 : '戎'자로 되어 있는 판본도 있다.　猾 : 어지럽힐 활.　宄 : 간악할 귀.

※ 『서경』의 「순전:舜典」에 출전, "蠻夷猾夏하며 寇賊姦宄릴새…(만과 이가 중국을 어지럽게 하며 구하며 적하며 간하며 구할새…)" 여기서 '만이(蠻夷)'는 '중국' 동쪽에 사는 이민족을 지칭하는 말로, 만이융적(蠻夷戎狄)의 준말이다. '활(猾)'은 어지럽게 하는 것이고, '하(夏)'는 '중국'을 말하며, '구(寇)'는 떼지어 사람을 위협하여 빼앗는 것이고, '적(賊)'은 사람을 죽이는 것이며, '간(姦)'은 밖에 있는 악한 사람이고, '귀(宄)'는 안에 있는 악한 사람을 말한다.

任將授師之道는 當以長子帥師라. 二在下而爲師之主하니 長子也어늘 若以弟子로 衆主之하면 則所爲ㅣ 雖正이나 亦凶也니 弟子는 凡非長者也라. 自古로 任將에 不專而致覆敗者는 如晉荀林父邲之戰과 唐郭子儀相州之敗ㅣ 是也라.

장수를 임명해서 군사를 주는 도리는 마땅히 장자(長子)로써 군사를 거느려야 한다. 「구이」가 아래에 있으면서 「사:師」의 주효가 되니 장자인데, 만약 제자(弟子)가 여럿이 주장하면 하는 바가 비록 바르더라도 또한 흉하니, '제자(弟子)'라 함은 장자가 아닌 모든 사람이다. 예로부터 장수를 맡김에 전권을 주지 않아서 패망을 이룬 것은, 「진나라」<순임보>의 「필땅」의 싸움과 「당나라」<곽자의>가 「상주」에서 패한 것이 바로 이러한 경우다.

※ 長 : '長子'로 되어 있는 판본도 있다.

※ 邲 : 땅이름 필 *춘추시대 「정(鄭)나라」 땅, 여기서 벌인 「진:晉」과 「초:楚」의 싸움은 춘추(春秋)시대 5대전(五大戰) 중의 하나이다.

【本義】六五ㅣ 用師之主로 柔順而中하야 不爲兵端者也로대 敵加於

己에 不得已而應之라. 故로 爲田有禽之象而其占이 利以搏執而无咎也라. 言은 語辭也라. 長子는 九二也요 弟子는 三四也니 又戒占者ㅣ 專於委任이어늘 若使君子로 任事而又使小人으로 參之면 則是는 使之輿尸而歸라 故로 雖貞而亦不免於凶也라.

　「육오」가 군사를 쓰는 주인으로 유순하고 가운데(中) 해서 군사의(자신의 잘못으로 인해 군사를 일으키는) 단서를 만들지 않는 사람이지만, 적이 나에게 침범함에 마지못해서 응하는 것이다. 그러므로 '밭에 새가 있는(田有禽)' 상이 되고, 그 점이 '잡는 것이 이롭고 허물이 없다'가 된다. '언(言)'은 어조사다. '장자(長子)'는 「구이」이고, '제자(弟子)'는 「육삼」과 「육사」니, 또한 점치는 사람이 전적으로 위임해야 하는데도, 만약 군자(君子)에게 일을 맡게하고 또 소인에게 참여케 하면, 이것은 송장을 싣고 돌아오게 하는 것이므로, 비록 바르더라도 또한 흉한 것을 면할 수 없다고 경계한 것이다.

　※ 以:「사고전서」본에는 '於'자로 되어 있다.
　※ 貞:「사고전서」본에는 '正'자로 되어 있다.

象曰 長子帥師는 以中行也ㅣ오 弟子輿尸는 使不當也ㅣ라.
● 상에 말하기를 '장자솔사'는 중도로써 행하는 것이고, '제자여시'는 부림이 마땅치 못한 것이다.

【傳】長子는 謂二니 以中正之德으로 合於上而受任以行이요 若復使其餘者로 衆尸其事면 是는 任使之不當也니 其凶이 宜矣라.

　'장자(長子)'는 「구이」를 말하는 것이니, 중정한 덕으로써 윗 사람과 합치해서 책임을 맡고 행하는 것이고, 만약 다시 그 나머지 사람으로 하여금 군사의 일을 여럿이 주장하게 하면, 이것은 맡기고 부리는 것이 마땅치 않은 것이니 그 흉한 것이 당연하다.

上六은 大君이 有命이니 開國承家애 小人勿用이니라.

◉ [정자] 상육은 대군이 명을 둠이니, 나라를 열고 집을 이음에 소인을 쓰지 말 것이니라.
◉ [주자] 상육은 대군이 명을 두어 나라를 열고 집을 이음이니, 소인을 쓰지 말 것이니라.

師終賞功 戒以小人

【傳】上은 師之終也요 功之成也니 大君이 以爵命으로 賞有功也라. 開國은 封之爲諸侯也요 承家는 以爲卿大夫也니 承은 受也라. 小人者는 雖有功이나 不可用也라 故로 戒使勿用이라. 師旅之興에 成功이 非一道니 不必皆君子也라 故로 戒以小人은 有功이라도 不可用也니 賞之以金帛祿位ㅣ 可也요 不可使有國家而爲政也라. 小人은 平時에도 易致驕盈이온 況挾其功乎아. 漢之英彭이 所以亡也니 聖人之深慮遠戒也시니라. 此는 專言師終之義하고 不取爻義하니 蓋以其大者라. 若以爻言則六이 以柔로 居順之極하야 師旣終而在无位之地하니 善處而无咎者也라.

「상육」은 「사괘」의 끝이고 공이 이루어진 것이니, 대군이 벼슬을 명함으로써 공이 있는 사람에게 상을 주는 것이다. '개국(開國)'은 제후로 봉하는 것이고, '승가(承家)'는 경과 대부를 삼는 것이니, '승(承)'은 받아 누리는 것이다. '소인(小人)'은 비록 공이 있으나 쓸 수 없기 때문에 '쓰지 말라(勿用)'고 경계한 것이다. 군사를 일으킴에 공을 이루는 것이 한 가지 방법이 아니니, 다 군자일 필요는 없기 때문에, 소인은 공이 있더라도 쓸 수 없다고 경계한 것이니, 금과 비단이나 녹봉과 벼슬로 상주는 것이 옳고, 나라와 가문을 두어서 정치를 하게 할 수는 없는 것이다. 소인은 평시에도 교만하고 넘치기 쉬운데 하물며 공을 끼고 있음에랴! 「한나라」 <영포>와 <팽월>이 망한 까닭이니, 성인이 깊이 생각하시고 멀리 경계하심이다. 이것은 오로지 「사괘」의 끝나는 뜻으로 말했고, 효(爻)의 뜻을 취하지 않았으니, 대개 그 큰 것을 취한 것이다. 만약 효의 뜻으로써 말하면 「상육」이 유(柔)로써 순함(☷)의 극(上爻)에 거처해서, 군사 일이 이미 끝남에 지위가 없는 자리에 있으니 잘 처신하고 허물이 없는 사람이다.

※ 挾 : 낄 협.

【本義】師之終이요 順之極이니 論功行賞之時也라. 坤爲土라 故로 有開國承家之象이라. 然이나 小人則雖有功이라도 亦不可使之得有爵土요 但優以金帛이 可也라. 戒行賞之人이 於小人則不可用此占이요 而小人遇之라도 亦不得用此爻也라.

「사괘」의 마지막이고 순함(☷☷)의 끝이니, 공을 논하고 상(賞)을 행하는 때이다. 「곤:☷☷」은 흙이 되므로, 나라를 열고 가문을 잇는 상이 있다. 그러나 소인은 비록 공이 있더라도 작위와 봉토(封土)를 갖게 할 수 없고, 다만 금과 비단으로 우대해 줌이 옳다. 상을 주는 사람이 소인에게는 이 점을 쓸 수 없고, 소인이 이 효를 만나더라도 또한 이 효를 쓸 수 없다고 경계한 것이다.

> 象曰 大君有命은 以正功也ㅣ오 小人勿用은 必亂邦也일새라.
>
> ● 상에 말하기를 '대군유명'은 이로써 공을 바르게 함이요, '소인을 쓰지 말라' 함은 반드시 나라를 어지럽히기 때문이다.

【傳】大君이 持恩賞之柄하야 以正軍旅之功이라. 師之終也에 雖賞其功이라도 小人은 則不可以有功而任用之나니 用之면 必亂邦이라. 小人으로 恃功而亂邦者ㅣ 古有之矣니라.

'대군(大君)'이 은혜와 상의 자루를 가지고 군사의 공을 바르게 하는 것이다. 「사」의 마지막에 비록 공있는 이를 상주더라도, 소인은 공이 있다고 하여 맡겨쓸 수 없으니, 쓰면 반드시 나라를 어지럽힐 것이다. 소인으로 공을 믿고 나라를 어지럽힌 사람이 옛날에도 있었다.

【本義】聖人之戒ㅣ 深矣시니라.

성인의 경계하심이 깊으시다.

坎上 水地比(8)
坤下 수 지 비

【傳】比는 序卦에 衆必有所比라 故로 受之以比라하니 <u>比는 親輔也</u>라. 人之類ㅣ 必相親輔然後에 能安이라 故로 旣有衆則必有所比하니 比所以次師也라. 爲卦ㅣ 上坎下坤하니 以二體로 言之면 水在地上이니 物之相切比无間이 莫如水之在地上이라 故로 爲比也요 又衆爻ㅣ 皆陰이어늘 獨五ㅣ 以陽剛으로 居君位하니 衆所親附而上亦親下라 故로 爲比也라.

「비:☵☷」는 「서괘전」에 "무리는 반드시 돕는 바가 있기 때문에 「비괘」로써 받았다"고 하니, 「비」는 친하여 돕는 것이다. 사람들은 반드시 서로 친하여 도운 다음에 편안할 수 있기 때문에, 무리가 있으면 반드시 돕는 바가 있으니 「비괘」가 「사괘:☷☵」 다음에 온 것이다.

괘 됨이 위에는 「감:☵」이 있고 아래는 「곤:☷」이 있다. 두 괘체로써 말하면 물(☵)이 땅(☷) 위에 있는 것이니, 물건이 서로 절친해서 사이가 없음이, 물이 땅 위에 있는 것보다 더한 것이 없기 때문에 「비괘」가 된 것이다. 또 뭇 효가 다 음인데, 「구오」 혼자 양강함으로써 인군자리에 거처하니 무리가 친하여 따르는 바고, 윗 사람도 또한 아랫 사람들을 친히하기 때문에 「비괘」가 된 것이다.

※ <u>比는 親輔也</u> : '比輔比也' 또는 '比輔也'라고 되어 있는 판본도 있다.

比는 吉하니 原筮호대 元永貞이면 无咎ㅣ리라.
- [정자] 비는 길하니 근원을 살피되, 원하고 영하고 정하면 허물이 없으리라.
- [주자] 비는 길하나 두번 점하여, 원하고 영하고 정하여야 허물이 없으리라.

人相親比 自爲吉道

※ 原 : 근원 원, 살필 원.

【傳】比는 吉道也니 人相親比ㅣ 自爲吉道라 故로 雜卦에 云比樂師憂라. 人相親比에 必有其道하니 苟非其道면 則有悔咎라 故로 必推原하야 占決其可比者而比之라. 筮는 謂占決卜度이요 非謂以蓍龜也라. 所比ㅣ 得元永貞則无咎라하니 元은 謂有君長之道요 永은 謂可以常久요 貞은 謂得正道라. 上之比下에 必有此三者하고 下之從上에 必求此三者면 則无咎也라.

「비:☷☵」는 길한 도리이다. 사람이 서로 친하여 돕는 것이 길한 도리가 되기 때문에,「잡괘전」에 "「비:☷☵」는 즐겁고 「사:☵☷」는 근심이다"고 말했다. 사람이 서로 친하여 돕는 것에 반드시 도리가 있으니, 그 도리대로 하지 않으면 후회와 허물이 있기 때문에, 반드시 근원을 미루어 도울 수 있는 사람을 점쳐 결정하여 돕는 것이다. '서(筮)'는 점(占)쳐 결정하고 가려서(卜) 헤아린다는 말이고, 시초점과 거북점을 말한 것이 아니다.

돕는 바가 '원(元)하고 영(永)하며 정(貞)함을 얻으면 허물이 없다'고 하니, '원(元)'은 인군과 어른노릇할 수 있는 덕을 말한 것이고, '영(永)'은 항상하고 오래할 수 있는 것을 말하며, '정(貞)'은 바른 도를 얻음을 말한다. 윗 사람이 아랫 사람을 돕는 것에 반드시 이 세 가지가 있고, 아랫 사람이 윗 사람을 따름에 반드시 이 세 가지를 구해서 도우면 허물이 없는 것이다.

不寧이어야 方來니 後ㅣ면 夫ㅣ라도 凶이리라.
- [정자] 편안치 못하여야 바야흐로 올 것이니 뒤에 하면 대장부라도 흉하리라.
- [주자] 편안치 못한 사람이 바야흐로 올 것이니, 뒤에 온 대장부는 흉하리라.

【傳】人之不能自保其安寧이어야 方且來求親比니 得所比면 則能保

其安이요 當其不寧之時하얀 固宜汲汲以求比어늘 若獨立自恃하야 求比之志ㅣ 不速而後면 則雖夫라도 亦凶矣라. 夫도 猶凶이온 況柔弱者乎아. 夫는 剛立之稱이니 傳에 曰子南은 夫也라하고 又曰是謂我非夫라 하니라.

  사람이 스스로 자기의 안녕을 보존할 수 없어야 와서 친하며 도움을 구하는 것이니, 돕는 바를 얻으면 자기의 편안함을 보존할 수 있다. 편안하지 못할 때를 당했을 때는 마땅히 구함에 급급해야 할 것인데, 만약 자신을 믿고 독립해서 도움을 구하는 뜻을 속히 하지 않고 뒤에 하면, 비록 대장부라도 또한 흉하다. 대장부도 흉한데 하물며 유약한 사람이랴! '부(夫)'는 강하게 선 사람을 일컬음이니, 『춘추좌전』에 말하기를 "공자 <남>은 대장부이다"고 했고, 또 말하기를 "이것은 내가 대장부가 아님이라"고 했다.

  ※ 『춘추좌전』「소공:昭公」 원년조에 <서오범(徐吾犯)>이 <공손초(公孫楚)>를 두고 "柳子南은 夫也라"고 평했다.
  ※ "是謂我非夫"는 출전을 찾을 수 없으나, 『춘추좌전』「애공:哀公」 11년조에 <숙손무숙(叔孫武叔)>이 "是謂我不成丈夫也라"고 한 말과 유사하다.

凡生天地之間者ㅣ 未有不相親比而能自存者也니 雖剛强之至라도 未有能獨立者也라. 比之道는 由兩志相求하나니 兩志不相求하면 則睽矣라. 君은 懷撫其下하고 下는 親輔於上하나니 親戚朋友鄕黨도 皆然이라. 故로 當上下ㅣ 合志以相從이니 苟无相求之意면 則離而凶矣라. 大抵人情이 相求則合하고 相持則睽하나니 相持는 相待莫先也라. 人之相親이 固有道나 然而欲比之志를 不可緩也라.

  하늘과 땅 사이에 사는 모든 것이 서로 친하여 돕지 않고 스스로 보존할 수 있는 것이 없으니, 비록 강하고 굳셈이 지극하더라도 독립해서 살 수 있는 것이 없다. 「비:比」의 도(道)는 두 뜻이 서로 구해야 하니, 두 뜻이 서로 구하지 않으면 어긋날 것이다. 인군은 아랫 사람을 품어 어루만지고 아랫 사람은 윗 사람을 친하여 도우니, 친척과 친구 및 마을 사람도 다 그러한 것이다. 그러므로 마땅히 위와 아래가 뜻을 합해서 서로 좇아야 하니, 진실로 서로 구하는 뜻이 없으면 떠나게 되어 흉하다. 대개 인정이 서로 구하면 합하고 서로 버티면 어긋나니, 서로 버티는 것은 서로 기다리면서 먼저 구하지 않는 것이다. 사람의 서로 친하는 것이 진실로 도리가 있으나, 돕고자하는 뜻을 늦출 수는 없는 것이다.

※ 撫 : 어루만질 무.

【本義】比는 親輔也라. 九五ㅣ 以陽剛으로 居上之中而得其正하고 上下五陰이 比而從之하니 以一人而撫萬邦하고 以四海而仰一人之象이라. 故로 筮者ㅣ 得之면 則當爲人所親輔나 然이나 必再筮以自審하야 有元善長永正固之德然後에야 可以當衆之歸而无咎요 其未比而有所不安者도 亦將皆來歸之나 若又遲而後至면 則此交ㅣ 已固하고 彼來ㅣ 已晚而得凶矣리니 若欲比人커든 則亦以是而反觀之耳라.

「비:比」는 친하여 돕는 것이다. 「구오」가 양강으로써 상괘(上卦)의 가운데 있으면서 바름을 얻고(得中正), 위와 아래의 다섯 음이 도우면서 따르니, 한 사람이 만방(萬邦)을 어루만지고 온 천하(四海)가 한 사람을 우러러 보는 상이다. 그러므로 점치는 사람이 이 괘를 얻으면, 마땅히 사람들이 친히하고 돕는 바가 될 것이나, 반드시 두 번 점쳐 스스로 살펴서, 크게 착하고 영구하며 바르고 굳은 덕이 있은 다음에야 무리가 모여드는 것을 감당할 수 있어서 허물이 없는 것이다. 아직 돕지 못해서 불안한 사람도 또한 장차 다 모여들 것이나, 만약 또 늦어서 뒤에 오면, 이미 사귐은 굳어 있고 저 사람의 옴은 늦어서 흉할 것이니, 만약 사람을 돕고자 한다면 또한 이러한 것으로써 돌이켜 봐야 할 것이다.

象曰比는 吉也ㅣ며

◉ [정자] 단에 말하기를 비는 길한 것이며

【本義】此三字는 疑衍文이라.

이 세 글자(比吉也)는 의심컨대 필요없이 덧붙여진 글이다.

比는 輔也ㅣ니 下ㅣ順從也ㅣ라.

◉ 비는 돕는 것이니 아랫 사람이 순히 따르는 것이다.

【傳】比吉也는 比者는 吉之道也니 物相親比ㅣ 乃吉道也요 比輔也는 釋比之義니 比者는 相親輔也라. 下順從也는 解卦所以爲比也니 五以陽으로 居尊位하고 群下ㅣ 順從以親輔之하니 所以爲比也라.

'「비:䷇」가 길하다(比吉也)'는 것은, 「비」는 길한 도리라는 것이니, 물건이 서로 친하여 돕는 것이 길한 도리가 되고, '「비:䷇」는 돕는 것(比輔也)'은 「비괘」의 뜻을 풀이한 것이니, 「비괘」라는 것은 서로 친하여 돕는다는 것이다. '아래가 순종한다(下順從也)' 함은 괘가 「비괘」가 된 까닭을 풀이함이니, 「구오」가 양으로써 높은 자리에 있고 뭇 아랫 사람이 순종해서 친하여 도우니 「비괘」가 된 것이다.

【本義】此는 以卦體로 釋卦名義라.

이것은 괘체로써 괘의 이름과 뜻을 설명한 것이다.

　　※ 괘체는 「구오」를 나머지 다섯 음이 순종한다는 '下順從也'이며, 괘명의 뜻은 '輔也'이다.

原筮元永貞无咎는 以剛中也ㅣ오

◉ '원서원영정무구'는 강으로써 가운데 했기 때문이고,

【傳】推原筮決相比之道호대 得元永貞而後에야 可以无咎라. 所謂元永貞은 如五ㅣ 是也니 以陽剛으로 居中正하야 盡比道之善者也라. 以陽剛으로 當尊位하니 爲君德元也요 居中得正하니 能永而貞也라. 卦辭는 本泛言比道요 象에 言元永貞者니 九五ㅣ 以剛處中正이 是也라.

근원을 미루어 점쳐서 서로 돕는 도를 결정하되, 원영정(元永貞)을 얻은 뒤에야 허물이 없을 수 있다. 이른바 '원영정'하다 함은 「구오」 같은 사람을 말하니, 양강함으로써 중정하여 돕는 도리의 최선을 다한 것이다. 양강으로써 높은자리를 감당

하니 인군의 덕이 크게 착한 것이 되고(元), 중(中)에 거하면서 정(正)을 얻었으니 영구하고(永) 바르며 굳을 수 있는 것이다(貞). 「괘사」는 돕는 도리(元永貞)를 넓게 말했고, 「단전」에는 '원영정(元永貞)'한 자를 말했으니, 「구오」가 강으로써 중정한 데 처함이 '원영정(元永貞)'한 자이다.

※ <u>筮</u>: '占'자로 되어 있는 판본도 있다.

不寧方來는 上下ㅣ 應也ㅣ오

● 편치 못해서 오는 것은 위와 아래가 응하는 것이고,

【傳】人之生이 不能保其安寧이라야 方且來求附比하나니 民不能自保라 故로 戴君以求寧이요 君不能獨立이라 故로 保民以爲安이니 不寧而來比者는 上下ㅣ 相應也라. 以聖人之公으로 言之면 固至誠求天下之比하야 以安民也요 以後王之私로 言之면 不求下民之附則危亡이 至矣라 故로 上下之志ㅣ 必相應也라. 在卦言之면 上下群陰이 比於五하고 五比其衆하니 乃上下應也라.

사람이 자기의 안녕을 보존할 수 없어야 와서 기대며 도움을 구하니, 백성은 스스로 보호할 수 없기 때문에 인군을 추대해서 편안함을 구하고, 인군은 홀로 설 수 없기 때문에 백성을 보호함으로써 편안하게 되니, '편치 못해서 와서 돕는다는 것'은 위와 아래가 서로 응하는 것이다. 성인의 공공된 것으로 말하면, 지극한 정성으로 천하의 도움을 구해서 백성을 편안히 하는 것이고, 뒤의 왕하는 이들의 사사로운 것으로 말하면, 백성의 기댐을 구하지 않으면 위태하여 망하게 될 것이므로, 위와 아래의 뜻이 반드시 서로 응하는 것이다. 괘로 말하면 위와 아래의 뭇 음이 「구오」를 돕고 「구오」는 그 다섯 음을 도우니, '위와 아래가 응하는 것(上下應也)'이다.

後夫凶은 其道ㅣ 窮也ㅣ라.

● '후부흉'은 그 도가 궁한 것이다.

【傳】衆必相比而後에 能遂其生하나니 天地之間에 未有不相親比而能遂者也라. 若相從之志ㅣ 不疾하야 而後하면 則不能成比니 雖夫라도 亦凶矣라. 无所親比하야 困屈以致凶은 窮之道也라.

무리가 반드시 서로 도운 다음에 삶을 이룰 수 있으니, 하늘과 땅 사이에 서로 친하여 돕지 않고 (삶을) 이룰 수 있는 것이 없다. 만약 서로 좇는 뜻이 빠르지 않아서 뒤에 하면 도움을 이룰 수 없으니, 비록 장부라도 또한 흉하다. 친하여 돕는 데가 없어서 곤궁하고 굴복함으로써 흉함을 이룸은 궁한 도리이다.

【本義】亦以卦體로 釋卦辭라. 剛中은 謂五요 上下는 謂五陰이라.

또한 괘체로써 「괘사」를 해석한 것이다. '강중(剛中)'은 「구오」를 이름이고, '위와 아래(上下)'는 다섯 음을 말한 것이다.

※ '강중(剛中)'과 '상하응야(上下應也)'는 괘체를 말한 것이다.

象曰 地上有水ㅣ 比니 先王이 以하야 建萬國하고 親諸侯하나니라.

● 상에 말하기를 땅 위에 물이 있음이 비니, 선왕이 본받아서 만국을 세우고 제후를 친히 하나니라.

【傳】夫物相親比而无間者ㅣ 莫如水在地上하니 所以爲比也라. 先王이 觀比之象하야 以建萬國하고 親諸侯하니 建立萬國은 所以比民也요 親撫諸侯는 所以比天下也라.

물건이 서로 친하게 도와 틈이 없음이 물이 땅 위에 있는 것 만한 것이 없으니, 그래서 「비괘」가 된 것이다. 선왕(先王)께서 「비괘」의 상을 관찰해서 만국을 세우고 제후를 친하게 하시니, 만국을 세움은 백성을 도우려는 것이고, 제후를 친히해서 어루만짐은 천하를 도우려는 것이다.

【本義】地上有水는 水比於地하야 不容有間이요 建國親侯는 亦先王

所以比於天下하야 而無間者也라. 象意는 人來比我요 此는 取我往比人이라.

'땅 위에 물이 있음(地上有水)'은 물이 땅에 스며들어서 틈을 두지 않는 것이고, '나라를 세우고 제후를 친히함'은 또한 선왕께서 천하를 도와 틈을 없게 하려는 것이다. 「괘사:象」의 뜻은 다른 사람이 와서 나를 돕는 것이고, 여기서는 내가 가서 사람을 돕는 뜻을 취했다.

初六은 有孚比之라아 无咎ㅣ리니
- [정자] 초육은 믿음있게 도와야 허물이 없으리니,
- [주자] 초육은 믿음있게 도움이라. 허물이 없으리니,

始能有孚 終有他吉

【傳】初六은 比之始也라. 相比之道는 以誠信爲本이니 中心이 不信而親人이면 人誰與之리오. 故로 比之始에 必有孚誠이라야 乃无咎也니 孚는 信之在中也라.

「초육」은 「비:比」의 시작이다. 서로 돕는 도리는 정성과 믿음으로 근본을 삼으니, 속마음이 미덥지 못하면서 사람을 친하려 하면 누가 더불어 하겠는가? 그렇기 때문에 돕는 처음에 반드시 믿음과 정성이 있어야 허물이 없게 되니, '부(孚)'는 믿음이 속에 있는 것이다.

有孚ㅣ 盈缶ㅣ면 終애 來有他吉하리라.
- [정자] 믿음을 둠이 질그릇에 가득차듯 하면, 끝에 가서 다른 길함이 있음을 오게 하리라.
- [주자] 믿음을 둠이 질그릇에 가득차듯 하면, 장차 다른 길함이 있으리라.

【傳】誠信이 充實於內하니 若物之盈滿於缶中也라. 缶는 質素之器니 言若缶之盈實其中하고 外不加文飾이면 則終에 能來有他吉也라. 他

는 非此也며 外也니 若誠實이 充於內하야 物无不信이면 豈用飾外以求比乎리오. 誠信이 中實이면 雖他外라도 皆當感而來從하리니 孚信은 比之本也라.

　정성과 믿음이 안에 가득 찼으니, 물건이 질그릇 속에 가득찬 것과 같다. '질그릇(缶)'은 질박한 그릇이니, 질그릇의 속이 찬 것 같이해서 바깥에 무늬와 꾸밈을 더하지 않으면, 끝에 가서 다른 길함을 오게 할 수 있다는 말이다. '타(他)'는 이것이 아니며 바깥에 있는 것이니, 만약 성실함이 안에 채워져서 물건이 믿지 않음이 없으면, 어찌 바깥을 꾸며서 도움을 구하겠는가? 정성과 믿음이 속에 차면, 비록 바깥의 다른 것이라도 다 감동해서 와서 따를 것이니, 믿음은 도움의 근본이다.

【本義】比之初엔 貴乎有信이니 則可以无咎矣요 若其充實이면 則又有他吉也라.

　「비:比」의 처음엔 믿음을 귀히 여기니 허물이 없을 수 있고, 만약 믿음이 가득차면 또한 다른 길함이 있다.

> 象曰 比之初六은 有他吉也ㅣ니라.
> ● 상에 말하기를 비의 초육은 다른 길함이 있느니라.

【傳】言比之初六者는 比之道ㅣ 在乎始也니 始能有孚則終에 致有他之吉이어니와 其始不誠이면 終에 焉得吉이리오. 上六之凶은 由无首也라.

　'「비」의 「초육」(比之初六)'이라고 말한 것은, 「비」의 도가 처음에 있으니 처음에 믿을 수 있으면 끝에 가서 다른 길함을 이루지만, 처음이 정성스럽지 못하면 마지막에 어떻게 길함을 얻겠는가? 「상육」의 흉함은 처음이 없기 때문이다.

> 六二는 比之自內니 貞하야 吉토다.
> ● [정자] 육이는 안으로부터 도움이니 바르게 해서 길하도다.
> ● [주자] 육이는 안으로부터 도움이니 바르니라. 길하리라.

☷ 柔順中正 自內比外

【傳】二與五ㅣ 爲正應이요 皆得中正이니 以中正之道로 相比者也라. 二處於內하니 自內는 謂由己也라. 擇才而用은 雖在乎上이로대 而以身許國은 必由於己니 己以得君으로 道合而進이면 乃得正而吉也라. 以中正之道로 應上之求는 乃自內也니 不自失也어니와 汲汲以求比者는 非君子自重之道니 乃自失也라.

「육이」와 「구오」가 정응이 되고 둘다 중정을 얻었으니, 중정한 도로써 서로 돕는 것이다. 「육이」가 안에 거처하니, '안으로부터(自內)'라는 것은 나로부터 라는 말이다. 재주있는 이를 가려서 쓰는 것은 비록 윗사람에게 달렸지만, 자신을 나라에 허락하는 것은 반드시 자기에게 달렸으니, 자기가 인군과 도의 합치됨을 얻어 나아가면 바름을 얻어 길하게 된다. 중정한 도로써 위의 구함에 응함은, 자신으로부터 하는 것이니(자기의 선택에 의한 것이니) 스스로 잃는 것이 아니지만, 도움을 구하는 데 급급한 것은 군자의 자중하는 도리가 아니니 스스로 잃는 것이다.

【本義】柔順中正하야 上應九五는 自內比外而得其貞이니 吉之道也라. 占者ㅣ 如是면 則正而吉矣라.

유순중정해서 위로 「구오」와 응하는 것은, 안으로부터 밖을 도와서 바름을 얻은 것이니 길한 도리이다. 점치는 사람이 이와 같이 하면 바르고 길하다.

※ 貞 : 「사고전서」 본에는 '正'자로 되어 있다.

象曰 比之自內는 不自失也ㅣ라.
◉ 상에 말하기를 '안으로부터 도움'은 스스로 잃지 않는 것이다.

【傳】守己中正之道하야 以待上之求하니 乃不自失也라. 易之爲戒ㅣ 嚴密하니 二雖中正이나 質柔體順이라 故로 有貞吉自失之戒라. 戒之

自守하야 以待上之求면 无乃涉後凶乎아. 曰士之修己는 乃求上之道어니와 降志辱身은 非自重之道也라. 故로 伊尹武侯의 救天下之心이 非不切이로대 必待禮至然後에 出也니라.

　나의 중정한 도를 지켜서 위의 구함을 기다리니, 스스로 잃지 않는 것이다. 주역의 경계함이 엄밀하니,「육이」가 비록 중정하나 재질이 유하고 체(☷)가 순하기 때문에, '바르게 해서 길하다(貞吉), 스스로 잃는다(自失)'는 경계를 둔 것이다. "경계하면서 스스로 지켜 윗사람의 구함을 기다리면, 뒤에 온 것이 되어 흉하지 않겠습니까?" 대답하기를 "선비가 자기 몸을 닦는 것은 윗 사람을 구하는 도이나, 뜻을 낮추고 몸을 욕되게 함은 자중하는 도리가 아니다. 그렇기 때문에 <이윤>과 <무후(제갈량)>가 천하를 구원하고자 하는 마음이 간절하지 않은 것이 아니나, 반드시 예우를 갖추기를 기다린 뒤에 나아간 것이다."

【本義】得正則不自失矣라.

　바름을 얻으면 스스로를 잃지 않는 것이다.

六三은 比之匪人이라.

● [정자] 육삼은 사람이 아닌데 도움이라.
● [주자] 육삼은 돕는 것이 사람이 아니로다.

承應皆陰 所比非人

【傳】三不中正而所比도 皆不中正이라. 四는 陰柔而不中하고 二는 存應而比初하니 皆不中正하니 匪人也라. 比於匪人이면 其失을 可知니 悔吝은 不假言也라 故로 可傷이라. 二之中正而謂之匪人은 隨時取義가 各不同也라.

　「육삼」이 중정하지 못하면서 돕는 것도 다 중정하지 못한 것이다.「육사」는 음유하면서 중하지 못하고,「육이」는 응하는 것을 놔둔 채「초육」을 도우니, 다 중정하지 못하므로 사람이 아니다. 사람이 아닌 것을 도우면 그 잃을 것을 알 수 있으니, 뉘우치고 인색함은 말할 것도 없으므로 상하는 것이다. 「육이」가 중정한데도 사람이 아니라고 말한 것은, 때에 따라 뜻을 취함이 각각 같지 않은 것이다.

※ 吝 : '咎'자로 되어 있는 판본도 있다.

※ 東萊呂氏曰 二之中正하니 本未嘗存應而比初로대 但三以私心觀之라 故로 見其存應而比初耳니 蓋君子之所爲ㅣ 本公이로대 苟以私心觀之면 則但見其私也라. 三旣看得二爲小人이라 故로 與二와 相比하나 未嘗得近君子之益이요 反得近小人之損이니 此三之罪요 非二之咎也라. 爻辭隨時取義하니 最當詳考니라.

: <동래여씨>가 말하길 "「육이」가 중정하니 정응을 버려두고 「초육」을 도운 적이 없지만, 「육삼」이 사사로운 마음으로 보기 때문에 정응을 버려두고 「초육」을 돕는 것으로 보이는 것이니, 대개 군자가 행하는 일이 본래 공적이되, 사사로운 마음으로 보면 사적인 것으로만 보이는 것이다. 「육삼」이 이미 「육이」를 소인으로 보기 때문에 「육이」와 더불어 서로 가까우나, 군자를 가까이 해서 얻은 이익이 없고, 도리어 소인을 가까이 한 손해를 얻었으니, 이것은 「육삼」의 죄지 「육이」의 허물이 아닌 것이다. 「효사」는 때에 따라 뜻을 취하니, 가장 자세히 살펴야 마땅할 것이다."

【本義】陰柔不中正하고 承乘應이 皆陰이니 所比ㅣ 皆非其人之象이라. 其占이 大凶을 不言可知라.

음유하여 중정하지 못하고, 잇고(六四) 타며(六二) 응하는 것(上六)이 다 음이니, 돕는 것이 다 그 사람이 아닌 상이다. 그 점이 크게 흉함을 말하지 않아도 알 수 있다.

※ 朱子曰 初應四하고 四是外比於賢하니 爲比得其人이요 二應五하고 五爲顯比之君이니 亦爲比得其人이라. 惟三은 乃應上호대 上爲比之无首者라 故로 爲比之匪人也라. : <주자>가 말씀하길 "「초육」이 「육사」와 응하고 「육사」는 밖으로 현명한 사람(「구오」)을 도우니, 돕는 데 그 사람을 얻은 것이 되고, 「육이」는 「구오」와 응하고 「구오」는 드러나게 돕는 인군이니, 또한 돕는 데 그 사람을 얻은 것이 된다. 오직 「육삼」만은 「상육」과 응하지만, 「상육」은 돕는 데 처음이 없기 때문에, 돕는 데 사람이 아닌 것을 돕는 것이 된다."

象曰 比之匪人이 不亦傷乎아.

● 상에 말하기를 '비지비인'이 또한 상하지 않으랴!

【傳】人之相比는 求安吉也어늘 乃比於匪人하니 必將反得悔吝이라. 其亦可傷矣라하니 深戒失所比也니라.

 사람이 서로 돕는 것은 편안하고 길함을 구함인데, 사람이 아닌데 도우니 반드시 뉘우침과 인색함을 얻을 것이다. 그 또한 '상한다'하셨으니, 도울 바를 잃는 것을 깊이 경계하신 것이다.

  ※ 吝 : '咎'자로 되어 있는 판본도 있다.

六四는 外比之하니 貞하야 吉토다.

- [정자] 육사는 밖으로 도우니 바르게 해서 길하도다.
- [주자] 육사는 밖으로 도움이니 바른지라. 길하리라.

以柔居柔 外比其正

【傳】四與初로 不相應而五比之하니 外比於五는 乃得貞正而吉也라. 君臣相比는 正也니 相比는 相與宜也라. 五ㅣ 剛陽中正하니 賢也요 居尊位하니 在上也어늘 親賢從上하니 比之正也라 故로 爲貞吉이라. 以六居四하니 亦爲得正之義요 又陰柔不中之人이 能比於剛明中正之賢하니 乃得正而吉也며 又比賢從上에 必以正道則吉也니 數說相須라야 其義ㅣ 始備니라.

 「육사」가 「초육」과 서로 응(應)하지 않으면서 「구오」와 상비(相比)관계니, 밖으로 「구오」를 돕는 것은 곧고 바름을 얻어서 길한 것이다. 인군과 신하가 서로 도움은 바른 것이니, 서로 도움은 서로 마땅하게 더부는 것이다. 「구오」가 양강하고 중정하니 어진 사람이고, 높은 지위에 거처하니 위에 있는 사람인데, 어진 이를 친히 하고 윗 사람을 좇음은 「비」의 바름이므로 '바르게 해서 길한 것(貞吉)'이 된다. 육(陰)으로써 사효(四爻)자리에 있으니 또한 바름을 얻은 뜻이 되고, 또 음유하면서 중을 얻지 못한 사람이 강명(剛明)하면서 중정한 어진 이를 도우니 바름을 얻어 길한 것이며, 또한 어진 이를 돕고 윗 사람을 좇음에 반드시 바른 도로써 하면 길할 것이니, (이러한) 서너 가지 설이 서로 갖추어져야 그 의의가 비로소 갖추어질 것이다.

【本義】以柔居柔하고 外比九五하야 爲得其正하니 吉之道也라. 占者ㅣ 如是則正而吉矣리라.

유(음효)로써 유한 자리에 거처하고, 밖으로「구오」를 도와서 바름을 얻은 것이 되니 길한 도리이다. 점치는 사람이 이와 같이 하면 바르고 길할 것이다.

象曰 外比於賢은 以從上也ㅣ라.
- 상에 말하기를 바깥으로 어진 이를 도움은 위를 좇음이라.

【傳】外比는 謂從五也라. 五ㅣ 剛明中正之賢으로 又居君位어늘 四ㅣ 比之하니 是는 比賢이요 且從上이니 所以吉也라.

'바깥으로 돕는다(外比)'함은「구오」를 따르는 것을 말한다.「구오」가 강명하고 중정한 어진 이로 또한 인군자리에 있는데「육사」가 도우니, 이것은 어진 이를 돕는 것이고 또한 윗 사람을 좇음이니, 이 때문에 길한 것이다.

九五는 顯比니 王用三驅에 失前禽하며 邑人不誡니 吉토다.
- [정자] 구오는 나타나게 돕는 것이니, 왕이 세 군데로 모는 것을 씀에 앞의 새를 잃으며 읍사람에게 기약하지 않으니 길하도다.
- [주자] 구오는 나타나게 돕는 것이니, 왕이 세 군데로 모는 것을 씀에 앞의 새를 잃고 읍사람도 경계하지 않으니 길하리라.

處中得正 比道盡善

【傳】五居君位하고 處中得正하니 盡比道之善者也라. 人君이 比天下之道는 當顯明其比道而已니 如誠意以待物하고 恕己以及人하며 發政施仁하야 使天下로 蒙其惠澤이라. 是는 人君이 親比天下之道也니 如是면 天下ㅣ 孰不親比於上이리오.

「구오」가 인군자리에 있고 중(中)에 거처하면서 바름(正)을 얻었으니, 돕는 도의 최선을 다한 것이다. 인군이 천하를 돕는 도는 마땅히 그 돕는 도를 밝게 나타나게 할 뿐이니, 정성스럽게 상대를 대접하고, 자기를 미루어 남에게 미치며, 정사를 일으키고 어진 것을 베풀어서 천하가 그 혜택을 입게 하는 것이다. 이것은 인군이 천하를 친히해서 돕는 도리이니, 이와 같이 하면 천하의 누가 윗 사람을 친히 하며 돕지 않겠는가?

若乃暴其小仁하고 違道干譽하야 欲以求下之比면 其道ㅣ 亦狹矣리니 其能得天下之比乎아. 故로 聖人이 以九五로 盡比道之正이나 取三驅爲喩曰王用三驅失前禽邑人不誡吉이라. 先王이 以四時之畋을 不可廢也라 故로 推其仁心하야 爲三驅之禮하니 乃禮所謂天子不合圍也며 成湯祝網도 是其義也라.

만약 조그마한 어진 일을 드러내려하고, 도리에 어긋나게 칭찬을 구해서 아랫 사람의 도움을 구하고자 하면, 그 도가 또한 좁을 것이니, 그렇게 해서 천하의 도움을 얻을 수 있겠는가? 그러므로 성인께서 「구오」로써 돕는 도의 바름을 다했으나, 세 군데로 모는 것을 취해서 비유해 말씀하시기를, '왕이 세 군데로 모는 것을 씀에 앞의 새를 잃으며 읍사람에게 기약하지 않으니 길하다(王用三驅失前禽邑人不誡吉)'고 하신 것이다. 선왕(先王)이 사시(四時)의 사냥을 폐할 수 없기 때문에, 그 어진 마음을 미루어서 세 군데로 모는 예를 만드니, 『예기:禮記』에 말한 "천자가 사방을 외워 몰지 않는 것"이며 <성탕>이 그물쳐 놓고 비는 것도 그런 뜻이다.

※ 위도간예(違道干譽) : 도리에 어긋나게 칭찬을 구함.『서경』의 "罔違道以干百姓之譽"
※ "天子不合圍" :『예기』「왕제:王制」편에 출전.

天子之畋은 圍合其三面하고 前開一路하야 使之可去하야 不忍盡物하니 好生之仁也라. 只取其不用命者와 不出而反入者也니 禽獸前去者는 皆免矣라 故로 曰失前禽也라. 王者ㅣ 顯明其比道면 天下ㅣ 自然來比하리니 來者를 撫之하되 固不煦煦라. 然이나 求比於物에 若田之三驅하야 禽之去者를 從而不追하고 來者則取之也라. 此는 王道之大니

所以其民이 皞皞而莫知爲之者也라.

　천자의 사냥은 세 면을 에워 몰고 앞으로 한 길을 열어놔서, 도망갈 수 있도록 하고 다 잡지 않으니, 살리기를 좋아하는 어질음인 것이다. 다만 명령을 듣지 않는 자와 나가지 않고 도리어 들어오는 것만을 취하니, 새와 짐승이 앞으로 가는 것은 다 잡음을 면하게 되므로, '앞의 새를 잃는다(失前禽)'고 한 것이다. 왕하는 사람이 돕는 도를 밝게 나타내면 천하가 자연히 와서 도울 것이니, 오는 사람을 어루만지되 구구하게 하지 않는다. 그러나 물건(백성)에게 도움을 구함에 사냥하는 데 세 군데로 모는 것 같이해서, 새의 가는 것을 놔주고 쫓지 않으며 오는 것을 취하는 것이다. 이것은 왕도의 큰 것이니, 그래서 백성이 여유만만해서 천자가 하는 일을 알려고 하지 않는 것이다.

　　※ 煦 : 따뜻하게 할 후.　　후후(煦煦) : 온정을 베푸는 모양.
　　※ 煦煦 : '呴呴'로 되어 있는 판본도 있다.

邑人不誡吉은 言其至公不私하야 无遠邇親疏之別也라 邑者는 居邑이니 易中所言邑이 皆同하니 王者所都요 諸侯國中也라. 誡는 期約也니 待物之一하야 不期誡於居邑이니 如是則吉也라. 聖人이 以大公无私로 治天下는 於顯比에 見之矣니 非唯人君比天下之道ㅣ 如此라.

　'읍사람에게 기약하지 않아 길하다(邑人不誡吉)' 함은, 지극히 공변되고 사사로움이 없어서 멀고 가깝고 친하고 소원한 구별이 없는 것이다. '읍(邑)'이라는 것은 거주하는 마을인데, 『주역』 가운데 '읍'이라고 말한 것이 다 같으니, 왕의 도읍이고 제후국의 중심이다. '계(誡)'는 기약한다는 것으로, 사물을 대접하기를 한결같이 해서 사는 읍에 기약하지 않는 것이니, 이와 같이 하면 길하다. 성인께서 크게 공평하고 사사로움이 없음으로써 천하를 다스리는 것은, 나타나게 돕는데서 볼 수 있으니, 인군이 천하를 돕는 도만 이런 것이 아니다.

　　※ 사물을 대접하기를 한결같이 해서 사는 읍에 기약하지 않는 것이니 : 천자라고 특별히
　　　생각하여 "언제 사냥할 것이니 접대하라"고 말하지 않는 것을 말한다.

大率人之相比ㅣ 莫不然하니 以臣於君으로 言之면 竭其忠誠하고 致其

才力이라야 乃顯其比君之道也니 用之與否는 在君而已요 不可阿諛逢
迎하야 求其比己也라. 在朋友도 亦然하니 脩身誠意以待之호대 親己與
否는 在人而已요 不可巧言令色으로 曲從苟合하야 以求人之比己也라.
於鄕黨親戚과 於衆人에도 莫不皆然하니 三驅失前禽之義也라.

  대개 사람이 서로 돕는 것이 그렇지 않은 것이 없다. 신하가 인군에게 하는 것으로 말하면, 자기의 충성을 다하고 재주와 힘을 다해야 인군을 돕는 도를 나타내는 것이니, 쓰고 안쓰는 것은 인군에게 있을 따름이고, 아첨하고 영합해서 자기를 도와주기를 구해서는 안된다. 벗에 있어서도 또한 그러하니, 몸을 닦고 성의로써 대접하되, 자기를 친하게 하고 안하고는 상대에게 있을 따름이고, 말을 공교롭게하고 얼굴색을 좋게하며 굽혀서 쫓고 구차스럽게 합해서, 사람들이 나를 도울 것을 구해서는 안된다. 고향사람이나 친척 및 모든 사람에게도 다 그렇지 않은 것이 없으니, '세 군데로 몰아 앞의 새를 잃는' 뜻이다.

  ※ <u>其比</u> : '比其'로 되어 있는 판본도 있다.
  ※ 諛 : 아첨할 유. 畋 : 사냥할 전.

【本義】一陽이 居尊하야 剛健中正하니 卦之群陰이 皆來比己라. 顯其
比而无私를 如天子ㅣ 不合圍하고 開一面之網하야 來者를 不拒하고 去
者를 不追라. 故로 爲用三驅失前禽而邑人不誡之象이라. 蓋雖私屬이
라도 亦喩上意하야 不相警備하야 以求必得也니 凡此ㅣ 皆吉之道라.
占者ㅣ 如是則吉也리라.

  한 양이 높은 데 거처해서 강건중정하니 괘의 모든 음이 다 와서 나를 돕는다. 그 도움을 나타나게해서 사사로움이 없게 하기를, 천자가 사방을 에워 싸지 않고 한쪽 방면의 그물을 열어 놓아서, 오는 자를 막지 않고 가는 자를 쫓지 않는 것과 같이한다. 그러므로 '세 군데로 모는 것을 씀에 앞의 새를 잃고 읍사람도 경계하지 않는' 상이 된다. 이렇게 하면 비록 사사로운 무리라도, 또한 윗 사람의 뜻을 알아서 서로 경계하면서 구하는 것을 반드시 얻으려고 하지 않을 것이니, 이런 것은 다 길한 도리이다. 점치는 사람이 이와 같이 하면 길할 것이다.

> ## 象曰 顯比之吉은 位正中也ㅣ오
> ● 상에 말하기를 '나타나게 도와서 길함'은 위(位)가 정히 가운데함이요,

【傳】顯比所以吉者는 以其所居之位ㅣ 得正中也니 處正中之地는 乃由正中之道也라. 比는 以不偏으로 爲善이라 故로 云正中이라하니 凡言正中者는 其處正得中也니 比與隨ㅣ 是也요 言中正者는 得中與正也니 訟與需ㅣ 是也라.

　나타나게 도와서 길한 것은 거처하는 자리(位)가 정히 중(中)을 얻었기 때문이니, 정히 중한 지위에 거처하는 것은 정히 중한 도로 말미암는 것이다. 돕는 것은 치우치지 않음으로써 착함을 삼기 때문에, '정히 중하다(正中)'고 말한 것이다. 모든 '정히 중하다(正中)'고 말한 것은 바른 데 거처해서 중을 얻은 것이니, 「비괘:比卦」와 「수괘:隨卦」가 이런 것이고, '중정하다(中正:가운데하고 바르다)'고 말한 것은 중(中)과 정(正)을 얻은 것이니 「송괘:訟卦」와 「수괘:需卦」가 이런 것이다.

> ※ 「비괘:比卦」와 「수괘:隨卦」의 「구오」, 「소상전」에 "位正中也"는 그 지위에 있어 중을 강조한 것으로 진정으로 중을 얻었다는 뜻이며, 「송괘:訟卦」와 「수괘:需卦」의 「구오」 「소상전」에 "以中正也"는 중과 정을 동시에 얻었다는 뜻이다.

> ## 舍逆取順이 失前禽也ㅣ오
> ● 거스리는 것을 버리고 순히하는 것을 취함이 앞의 새를 잃음이요,

【傳】禮에 取不用命者라하니 乃是舍順取逆也라. 順命而去者는 皆免矣나 比는 以向背而言이니 謂去者爲逆이요 來者爲順也라. 故로 所失者는 前去之禽也니 言來者를 撫之하고 去者를 不追也라.

　『예기』에 "명령을 듣지 않는 것을 취한다"하였으니, 이것이 순히하는 것을 버리고 거스리는 것을 취하는 것이다. 명령에 따라서 가는 것은 다 면하게 되나, 「비괘:比卦」는 향하는 것과 등지는 것으로 말했기 때문에, 가는 것을 거스림으로 삼고 오는 것을 순히 함으로 말했다. 그러므로 잃어버리는 것은 앞으로 가는 새니, 오는 것

을 어루만지고 가는 것을 쫓지 않는다는 말이다.

邑人不誡는 上使ㅣ 中也일새라.
- [정자] 읍사람에게 기약하지 않음은 윗 사람의 부림이 중도로 하기 때문이다.
- [주자] 읍사람이 경계하지 않음은 윗 사람이 중도로 하게 하기 때문이다.

【傳】不期誡於親近은 上之使下에 中平不偏하야 遠近이 如一也라.

친하고 가까운 사람에게 기약하여 고하지 않는 것은, 윗 사람이 아랫 사람을 부림에 중도로 하고 공평하며 치우치지 않아서, 먼 데나 가까운 데나 한결같이 하는 것이다.

【本義】由上之德이 使不偏也라.

윗 사람의 덕이 부림을 치우치지 않게 하기 때문이다.

上六은 比之无首ㅣ니 凶하니라.
- 상육은 돕는 데 머리가 없으니 흉하니라.

陰柔居上 无以比下

【傳】六이 居上하니 比之終也라. 首는 謂始也니 凡比之道ㅣ 其始ㅣ 善則其終도 善矣라. 有其始而无其終者는 或有矣어니와 未有无其始而有終者也라 故로 比之无首는 至終則凶也니 此는 據比終而言이라. 然이나 上六이 陰柔不中하야 處險之極하니 固非克終者也라. 始比ㅣ 不以道하야 隙於終者ㅣ 天下에 多矣니라.

육(陰)이 상효(上爻)에 거처하니「비:比」의 마지막이다. '머리(首)'는 처음을 말함이니, 모든 돕는 도가 처음이 착하면 마지막도 착하다. 처음은 있으나 마지막이 없는 것은 혹 있거니와, 처음은 없으면서 마지막이 있는 것은 없기 때문에, '돕는

데 머리가 없음(比之无首)'은 마지막에 이르면 흉한 것이니, 이는 돕는 것의 마지막에 의거해 말한 것이다. 그러나 (마지막에 의거하지 않더라도) 「상육」이 음유하면서 중(中)을 얻지 못했고 험한 것(☵)의 극에 거처하니, 마지막을 잘할 사람이 아니다. 처음에 돕기를 도로써 하지 못해서 마지막에 틈이 가는 사람이 천하에 많다.

【本義】陰柔ㅣ 居上하야 无以比下하니 凶之道也라. 故로 爲无首之象而其占則凶也라.

음유한 것이 상효에 거처해서 아랫 사람을 도움이 없으니, 흉한 도리이다. 그렇기 때문에 머리가 없는 상이 되고 그 점이 흉하다.

象曰 比之无首ㅣ 无所終也ㅣ니라.
● 상에 말하기를 '돕는 데 머리가 없음'은 마칠 바가 없느니라.

【傳】比旣无首하니 何所終乎아. 相比有首라도 猶或終違어늘 始不以道하니 終復何保리오. 故로 曰无所終也하니라.

돕는 데 이미 머리(처음)가 없으니 어떻게 마침이 있겠는가? 서로 돕는 것이 머리가 있더라도 마지막에 혹 어긋나는데, 처음부터 도로써 하지 않았으니 마지막을 어떻게 다시 보존할 수 있겠는가? 그렇기 때문에 '마칠 바가 없다(无所終也)'고 말했다.

【本義】以上下之象으로 言之則爲无首요 以終始之象으로 言之則爲无終이니 无首則无終矣라.

위와 아래의 상으로써 말하면 머리가 없는 것이 되고, 마치고 시작하는 상으로써 말하면 마침이 없는 것이 되니, 머리가 없으면 마침이 없는 것이다.

※ 雲峯胡氏曰 陰柔在上하니 其德不足以爲首요 无以比下하니 其效不能以有終이라. : <운봉호씨>가 말하길 "음유한 것이 제일 위에 있으니 그 덕이 머리가 되지 못하고, 아래를 도움이 없으니 그 효험이 마침을 이루지 못한다."

巽上 風天小畜⑼
乾下 풍 천 소 축

【傳】小畜은 序卦에 比必有所畜이라 故로 受之以小畜이라하니 物ㅣ 相比附則爲聚니 聚는 畜也요 又相親比則志相畜이니 小畜所以次比也라. 畜은 止也니 止則聚矣라. 爲卦ㅣ 巽上乾下하야 乾은 在上之物이어늘 乃居巽下하니 夫畜止剛健이 莫如巽順일새 爲巽所畜이라. 故로 爲畜也라.

「소축:☰」은 「서괘전」에 "도우면 반드시 쌓이는 것이 있기 때문에 「소축괘」로 받았다"고 하였다. 물건이 서로 돕고 따르면 모이게 되니, 모이는 것은 쌓이는 것이고, 또한 서로 친해서 도우면 뜻이 서로 합쳐지게 되니, 「소축괘」가 「비괘:☷」다음에 온 것이다. 쌓는 것은 그치는 것이니, 그치면 모이게 된다. 괘됨이 「손:☴」이 위에 있고 「건:☰」이 아래 있어서, 「건」은 위에 있는 것인데도 「손」의 아래에 있으니, 대개 강건한 것(☰)을 쌓고 그치게 함이 손순한 것(☴)만한 것이 없기 때문에, 「손」에 의해 그치는 바가 된다. 그러므로 「소축괘」가 된 것이다.

然이나 巽은 陰也니 其體ㅣ 柔順하야 唯能以巽順으로 柔其剛健이요 非能力止之也니 畜道之小者也요 又四以一陰으로 得位하야 爲五陽所說하니 得位는 得柔巽之道也요 能畜群陽之志하니 是以爲畜也라. 小畜은 謂以小畜大니 所畜聚者ㅣ 小요 所畜之事ㅣ 小는 以陰故也라. 象에 專以六四ㅣ 畜諸陽으로 爲成卦之義하고 不言二體하니 蓋擧其重者라.

그러나 「손:☴」은 음이니, 그 체가 유순해서 오직 손순함으로써 「건:☰」의 강건을 부드럽게 하는 것이고, 힘으로 그치게 할 수 있는 것이 아니니, 쌓는 도의 작은 것이다. 또한「육사」가 한 음으로써 위(位)를 얻어서 다섯 양의 기뻐하는 바가 되니, 위(位)를 얻었다는 것은 부드럽고 공손한 도를 얻었다는 것이고, 뭇 양의 뜻을 그쳐 쌓게 할 수 있기 때문에「소축괘」가 된 것이다.「소축」은 작은 것으로써 큰 것을 그쳐 쌓게 하는 것을 말하니, 쌓이고 모이는 것이 적은 것이고, 쌓는 일이 작은 까닭은 음으로써 하기 때문이다.「단전」에 오로지「육사」가 모든 양을 쌓이게 하는 것으로 괘가 이루어진 의의를 말하고, 두 괘체에 대해서는 말하지 않았으니, 대개 그 중요한 것만을 들어 말한 것이다.

小畜은 亨하니 密雲不雨는 自我西郊일새니라.
- [정자] 소축은 형통하니 빽빽이 구름끼고 비가 오지 않는 것은, 내가 서쪽 들로부터 하기 때문이다.
- [주자] 소축은 형통하나 빽빽이 구름끼고 비가 오지 않음이 내가 서쪽 들로부터 함이로다.

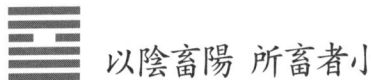 以陰畜陽 所畜者小

【傳】雲은 陰陽之氣니 二氣ㅣ 交而和면 則相畜固而成雨하나니 陽倡而陰和면 順也라 故로 和어니와 若陰先陽倡이면 不順也라 故로 不和니 不和면 則不能成雨라. 雲之畜聚ㅣ 雖密而不成雨者는 自西郊故也일새니라. 東北은 陽方이요 西南은 陰方이니 自陰倡이라 故로 不和而不能成雨라. 以人觀之면 雲氣之興이 皆自四遠이라 故로 云郊요 據四而言이라 故로 云自我라. 畜陽者는 四니 畜之主也라.

'구름(雲)'은 음양의 기운이니, 두 기운이 사귀어 화합하면 서로 쌓이고 엉겨서 비를 이룬다. 양이 부르고 음이 화답하면 순리이기 때문에 화합하거니와, 만약 음이 양이 부르는 것 보다 먼저 하면 순리가 아니기 때문에 화합하지 못하니, 화합하지 못하면 비를 이룰 수 없다. 구름의 모이고 쌓임이 비록 빽빽하나, 비를 이루지 못함은 서쪽 들로부터 오기 때문이다. 동과 북은 양의 방위이고, 서와 남은 음의 방위이니, 음으로부터 부르기 때문에 화합하지 못해서 비를 이룰 수 없는 것이다. 사람으로 보면 구름 기운이 일어나는 것이 다「육사」로부터 멀기 때문에 '들(郊)'이라고 말한 것이고, 「육사」의 입장에서 말했기 때문에 '나로부터 한다(自我)'고 했다. 양을 그쳐 쌓게 하는 것은 「육사」이니, 그쳐 쌓게 하는 주인이다(「소축괘」의 주효이다).

※ 조 : '不能'으로 되어 있는 판본도 있다.

【本義】巽은 亦三劃卦之名이니 一陰이 伏於二陽之下라 故로 其德이 爲巽爲入이요 其象이 爲風爲木이라. 小는 陰也요 畜은 止之之義也니 上巽下乾하야 以陰畜陽하고 又卦唯六四一陰에 上下五陽이 皆爲所畜이라 故로 爲小畜이요 又以陰畜陽하니 能係而不能固하야 亦爲所畜者ㅣ 小之象이라.

「손:☴」은 또한 삼획괘의 이름이니, 한 음이 두 양 밑에 엎드렸기 때문에, 그 덕이 공손함과 들어감이 되며, 그 상이 바람과 나무가 된다. '작다(小)'는 음이고, '그쳐 쌓는다(畜)'는 그치게 하는 뜻이니, 위는 「손」이고 아래는 「건」이어서 음으로써 양을 그치게 하고, 또 괘에 있어서 오직 「육사」 한 음에 위와 아래의 다섯 양이 다 그쳐 쌓이는 바가 되기 때문에 「소축」이 된 것이다. 또한 음으로써 양을 그치게 하니, 매어두기는 하지만 굳게하지 못해서 쌓는 것이 적은 상이 된다.

內健外巽하고 二五ㅣ 皆陽으로 各居一卦之中而用事하니 有剛而能中하야 其志得行之象이라 故로 其占이 當得亨通이라. 然이나 畜未極而施未行이라 故로 有密雲不雨自我西郊之象이라. 蓋密雲은 陰物이요 西郊는 陰方이며 我者는 文王自我也니 文王이 演易於羑里하실새 視岐周爲西方이요 正小畜之時也라. 筮者ㅣ 得之면 則占亦如其象云이라.

안은 굳세고(☰) 바깥은 공손하며(☴), 「구이」와 「구오」가 다 양으로 각각 한 괘의 중(中)에 거처해서 일을 하니, 강하면서 중도로 할 수 있어서 그 뜻이 행해지는 상이 있으므로, 그 점이 마땅히 형통함을 얻는다. 그러나 쌓음을 극도로 하지 못해서 베풀지 못하기 때문에, '빽빽한 구름에 비가 오지 않는 것은 내가 서쪽 들로부터 하기 때문(密雲不雨自我西郊)'이라는 상이 있다. 대개 '빽빽한 구름(密雲)'은 음의 물건이고, '서쪽 들(西郊)'은 음의 방위이며, '나(我)'는 <문왕> 자신이니, <문

왕>께서 『주역』을 유리옥(羑里獄)에서 연역(演易)하실 때 '기산(岐山)'의 「주나라」를 보면 서쪽 방위가 되고, 바로 그 때가 「소축」에 해당하는 것이다. 점치는 사람이 이 괘를 얻으면, 점이 또한 그 상에 말한 것과 같다.

> 彖曰 小畜은 柔ㅣ 得位而上下ㅣ 應之할새 曰小畜이라.
> ◉ 단에 말하기를 소축은 유가 위(位)를 얻고 위와 아래가 응해서 소축이라고 한 것이다.

【傳】言成卦之義也라. 以陰居四하고 又處上位하니 柔ㅣ 得位也요 上下五陽이 皆應之하니 爲所畜也라. 以一陰而畜五陽하니 能係而不能固일새 是以爲小畜也라. 彖解成卦之義而加曰字者는 皆重卦名이니 文勢ㅣ 當然이라. 單名卦에는 惟革에 有曰字하니 亦文勢ㅣ 然也라.

 괘가 이루어진 의의를 말한 것이다. 음으로써 사효(四爻) 자리에 거처하고 또 윗자리에 있으니, 유(柔)가 지위(位)를 얻은 것이고, 위와 아래의 다섯 양이 다 응하니 「소축」이 된 것이다. 한 음으로써 다섯 양을 그쳐 쌓으니, 매어두기는 하나 굳게 하지 못하기 때문에 「소축」이 된 것이다. 「단전」에 괘가 이루어진 의의를 풀이하면서 '왈(曰)'자를 더한 것은 다 두 글자의 괘명이니, 글의 흐름(文勢)이 당연하다. 한 글자로 된 괘명 중에는 오직 「혁괘:革卦」에 '왈(曰)'자가 있으니, 또한 문세가 그러한 것이다.

【本義】以卦體로 釋卦名義라. 柔得位는 指六이 居四요 上下는 謂五陽이라.

 괘체로써 괘의 이름과 뜻을 풀이한 것이다. '부드러운 것이 위를 얻었다(柔得位)'는 육(陰)이 사효자리에 있는 것을 가리킨 것이고, '위와 아래(上下)'라 함은 다섯 양을 말한 것이다.

> 健而巽하며 剛中而志行하야 乃亨하니라.
> ◉ [정자] 굳세고 공손하며 강한 것이 가운데하고 뜻이 행함에 있어서 형통하니라.

◉ [주자] 굳세고 공손하며 강한 것이 가운데하고 뜻이 행함이라. 이에 형통하리라.

【傳】以卦才로 言也라. 內健而外巽하니 健而能巽也요 二五ㅣ 居中하니 剛中也라. 陽性은 上進이요 下復乾體니 志在於行也라. 剛居中은 爲剛而得中이요 又爲中剛이라. 言畜陽則以柔巽이요 言能亨則由剛中이며 以成卦之義로 言則爲陰畜陽이요 以卦才로 言則陽爲剛中이니 才ㅣ 如是라 故로 畜雖小而能亨也라.

괘의 재질로써 말한 것이다. 안은 굳세고(☰) 바깥은 공손하니(☴) 굳세면서 공손할 수 있는 것이고, 「구이」와 「구오」가 (상·하괘의) 중(中)에 거처하니 '강중(剛中)'이다. 양의 성질은 위로 올라가는 것이고, 더욱이 아래가 「건체:☰」니 뜻이 행하는데 있다. '강한 것이 가운데에 거처함'은 강하면서 중(中)을 얻음이 되고, 또 가운데가 강한 것이 된다. 양을 그쳐 쌓는 것으로 말하면 부드럽고 공손하기 때문이고, 형통할 수 있다는 것으로 말하면 강중(剛中)하기 때문이며, 괘가 이루어진 의의로 말하면 음이 양을 그쳐 쌓게 하는 것이 되고, 괘의 재질로 말하면 양이 강중한 것이 된다. 재질이 이와 같기 때문에, 그치게 하고 쌓음이 비록 적으나 형통할 수 있다.

【本義】以卦德卦體로 而言陽猶可亨也라.

괘덕과 괘체로써 양이 아직 형통할 수 있다는 것을 말한 것이다.

※ '건(健)'과 '손(巽)'은 괘덕이고, '강중(剛中)'은 괘체이다.

密雲不雨는 尙往也ㅣ오 自我西郊는 施未行也ㅣ라.

◉ [정자] '밀운불우'는 오히려 감이요, '자아서교'는 베풀음이 행하지 못함이라.
◉ [주자] '밀운불우'는 위로 올라 감이요, '자아서교'는 베풀음이 행하지 못함이라.

【傳】畜道ㅣ 不能成大하니 如密雲而不成雨라. 陰陽이 交而和면 則相固而成雨로대 二氣ㅣ 不和하야 陽尙往而上이라 故로 不成雨라. 蓋自我陰方之氣先倡이라 故로 不和而不能成雨니 其功施未行也라. 小

畜之不能成大는 猶西郊之雲이 不能成雨也라.

　그치고 쌓는 도가 크게 이루지 못하니, 빽빽한 구름에 비를 이루지 못하는 것 같다. 음양이 사귀어 화합하면 서로 엉기어 비를 이루지만, 두 기운이 화합하지 못해서 양이 오히려 올라가기 때문에 비를 이루지 못한다. 대개 내가 속한 음방(陰方)의 기운이 먼저 부르기 때문에 화합하지 못하고 비를 이루지 못하니, 공과 베풂이 행하지 못하는 것이다. 「소축」이 크게 이루지 못하는 것은, 마치 서쪽 들의 구름이 비를 이룰 수 없는 것과 같다.

> ※ 양기운은 내려가고 음기운은 올라가야 음양이 사귀어 화합하게 되는데, 음이 양에 앞서 먼저 부르니, 양이 사귀지 않고 본래의 성질대로 올라가기만 하므로 비가되지 않는 것이다.

【本義】尙往은 言畜之未極하야 其氣ㅣ 猶上進也라.

　'위로 올라감(尙往)'은 그치게하고 쌓이게 함을 극도로하지 못해서, 양 기운이 아직도 위로 올라간다는 것이다.

> 象曰 風行天上이 小畜이니 君子ㅣ 以하야 懿文德하나니라.
> ● 상에 말하기를 바람이 하늘 위에 행하는 것이 소축이니, 군자가 본받아서 문덕을 아름답게 하느니라.

【傳】乾之剛健而爲巽所畜하니 夫剛健之性은 惟柔順이라야 爲能畜止之라. 雖可以畜止之나 然이나 非能固制其剛健也요 但柔順以擾係之耳라 故로 爲小畜也니 君子ㅣ 觀小畜之義하야 以懿美其文德이라. 畜은 聚니 爲蘊畜之義라. 君子所蘊畜者ㅣ 大則道德經綸之業이요 小則文章才藝니 君子ㅣ 觀小畜之象하야 以懿美其文德이라. 文德은 方之道義면 爲小也라.

　「건☰」의 강건함이 「손☴」에 의해 그치고 쌓이는 바가 되니, 대개 강건한 성질은 오직 유순함만이 쌓고 그치게 할 수 있는 것이다. 비록 쌓고 그치게 할 수는 있으나, 강건함을 굳게 제지할 수 있는 것이 아니고, 다만 유순으로써 길들이고 매어놓는 것이기 때문에 「소축」이 된 것이다. 그러므로 군자가 「소축」의 의의를 관찰해서, 자기의 문덕(文德)을 아름답게 하는 것이다. '축(畜)'은 모으는 것이니, 쌓고 모으는 뜻이 된다. 군자의 쌓고 모으는 것이 큰 것은 도덕과 경륜(經綸)하는 일이고, 작은 것은 문장과 재예니, 군자가 「소축」의 상을 관찰해서 자기의 문덕을 아름답게 한다. '문덕(文德)'은 도의(道義)에 비하면, 작은 것이 된다.

※ 擾 : 길들일 요, 편안히 할 요.　　문덕(文德) : 문장(文章)과 재예(才藝).

【本義】風은 有氣而无質하니 能畜而不能久라 故로 爲小畜之象이라. 懿文德은 言未能厚積而遠施也라.

'바람(風)'은 기운은 있으나 형질(形質)이 없으니, 그치고 쌓게 할 수는 있으나 오래할 수는 없기 때문에 「소축」의 상이 된 것이다. '문덕을 아름답게 한다(懿文德)'는 것은, 두텁게 쌓지 못해서 널리 베풀 수 없다는 말이다.

初九는 復이 自道ㅣ어니 何其咎ㅣ리오. 吉하니라.
● 초구는 회복함이 도로부터 함이니 무슨 허물이리오. 길하니라.

 乾體陽爻 志屢上進

【傳】初九는 陽爻而乾體니 陽은 在上之物이요 又剛健之才로 足以上進而復하야 與在上으로 同志니 其進復於上이 乃其道也라. 故로 云復自道라. 復旣自道어니 何過咎之有리오. 无咎而又有吉也라. 諸爻에 言无咎者는 如是則无咎矣라. 故로 云无咎者는 善補過也라하니 雖使爻義ㅣ 本善이라도 亦不害於不如是면 則有咎之義라. 初九는 乃由其道而行하니 无有過咎라. 故로 云何其咎리오하니 无咎之甚明也라.

「초구」는 양효이고 「건: ☰」의 체니, 양은 위에 있는 물건이고, 또한 강건한 재질로 위로 올라가 회복할 수 있어 위에 있는 사람과 뜻을 같이하니, 나아가 위에서 회복하는 것이 도가 된다. 그러므로 '회복함이 도로부터 함(復自道)'이라고 했다. 회복함이 이미 도로부터 했으니 무슨 허물이 있으리오? 허물이 없고 또 길하다. 모든 효에 '허물이 없다(无咎)'고 말한 것은, 이와 같이 하면 허물이 없다는 것이기 때문에, "허물이 없다는 것은 허물을 잘 보완하는 것이다"고 한 것이니, 비록 효의 뜻이 본래 착하더라도, 또한 이와 같이 하지 않으면 허물이 있다는 뜻으로 보면 무방할 것이다. 「초구」는 도를 따라서 행하니 허물이 없는 것이다. 그러므로 '무슨 허물이리오(何其咎)'라고 한 것이니, 허물이 없음을 명확하게 밝힌 것이다.

※ 无咎者 善補過也 :「계사상전」 3장

【本義】下卦는 乾體로 本皆在上之物이니 志欲上進而爲陰所畜이라. 然이나 初九는 體乾居下하고 得正前遠於陰하니 雖與四爲正應이나 而能自守以正하야 不爲所畜이라 故로 有進復自道之象이라. 占者ㅣ 如是면 則无咎而吉也라.

아랫 괘는 「건체:☰」로 본래 다 위에 있는 물건이니, 뜻이 올라가고 싶으나 음에게 그치게 되는 바가 됐다. 그러나 「초구」는 「건체」면서 아래에 있으며, 바름을 얻었고 앞으로 음과도 머니, 비록 「육사」와 정응이 되나 스스로 바름으로써 지킬 수 있어서, 그침을 당하지 않기 때문에 올라가 회복함이 도로부터 하는 상이 있다. 점치는 사람이 이와 같이 하면 허물이 없어 길하다.

※ 雲峯胡氏曰 復字는 雖與復卦之復과 不同이나 然이나 復卦는 惟初與二로 言復言吉이오 小畜도 惟初與二로 言復言吉하니 復自道는 似不遠復이오 二之牽復은 似休復이라. 休復은 以其下於初요 牽復은 以其連於初也니 彼則於六陰이 已極之時에 喜陽之復生於下요 此則於一陰이 得位之時에 喜陽之復升於上者也니라.

: <운봉호씨>가 말하길 "'복(復)'자는 비록 「복괘」의 '복(復)'과 같지 않으나, 「복괘」는 초효와 이효에만 '복'과 '길(吉)'을 말했고, 「소축괘」도 초효와 이효에만 '복'과 '길'을 말했으니, 「소축괘」「초구」의 '복자도'는 「복괘」「초구」의 '불원복'과 비슷하고, 「소축괘」「구이」의 '견복'은 「복괘」「육이」의 '휴복'과 비슷하다. '휴복'은 「초구」에게 낮추기 때문이고, '견복'은 초효와 연합함으로써니, 전자는 여섯 음이 이미 극해 있을 때 양이 아래에서 회복하는 것을 기뻐하는 것이고, 후자는 한 음이 위(位)를 얻은 때에 양이 회복해서 위로 올라가는 것을 기뻐한 것이다."

象曰 復自道는 其義吉也ㅣ라.

● 상에 말하기를 '회복함이 도로부터 한다' 함은 그 의리가 길하다.

【傳】陽剛之才로 由其道而復하니 其義吉也라. 初與四로 爲正應이니 在畜時엔 乃相畜者也라.

　양강한 재주로 도를 따라 회복하니 그 의리가 길하다. 「초구」가 「육사」와 정응이 되니, 그치고 쌓는 때에 있어서는 서로 그치고 쌓는 사람이 된다.

九二는 牽復이니 吉하니라.

● 구이는 이끌어 회복함이니 길하니라.

 陽剛居中 俱欲上復

【傳】二以陽으로 居下體之中하고 五以陽으로 居上體之中하니 皆以陽剛으로 居中이로대 爲陰所畜이니 俱欲上復이요 五雖在四上이로대 而爲其所畜則同하니 是同志者也라. 夫同患相憂에 二五ㅣ 同志라 故로 相牽連而復하니 二陽이 竝進하면 則陰不能勝하야 得遂其復矣라 故로 吉也니라.

　「구이」가 양으로써 하체(☰)의 중에 거처하고, 「구오」가 양으로써 상체(☴)의 중에 거처하니, 다 양강함으로써 중에 거처하는 것이나, 음에 의해 그치게 되니 함께 위로 올라가 회복하고자 하는 것이며, 「구오」가 비록 「육사」 위에 있으나, 그침을 당하게 됨은 같으니 뜻을 같이하는 자이다. 근심이 같아 서로 걱정함에 「구이」와 「구오」가 뜻을 같이 하므로, 서로 이끌어 연합해서 회복하는 것이니, 두 양이 함께 나아가면 음이 이기지 못해서 드디어 회복할 수 있기때문에 길한 것이다.

曰遂其復則離畜矣乎아. 曰凡爻之辭는 皆謂如是則可以如是라. 若已然則時已變矣니 尙何敎誡乎리오. 五爲巽體요 巽畜於乾이어늘 而反與二로 相牽은 何也오. 曰擧二體而言則巽畜乎乾이요 全卦而言則

一陰이 畜五陽也니 在易에 隨時取義ㅣ 皆如此也니라.

여쭈기를 "그 회복함을 이루면「소축」을 떠날 수 있습니까?" 대답하기를 "「효사: 爻辭」는 다 이와 같이 하면 이렇게 할 수 있다는 것을 말했다. 만약 이미 이러하면 때가 이미 변한 것이니, 아직도 무슨 교훈과 경계함이 있겠는가?" "「구오」는 「손체: ☴」이고, 「손」은 「건: ☰」을 그쳐 쌓는 것인데, 도리어 「구이」와 서로 이끄는 것은 어째서입니까?" 대답하기를 "두 괘체로 말하면 「손」이 「건」을 그쳐 쌓게 하는 것이고, 괘전체(全卦)로 말하면 한 음이 다섯 양을 그치게 하는 것이니, 『주역』에 있어 때에 따라 의의를 취한 것이 다 이와 같다."

【本義】三陽이 志同而九二ㅣ 漸近於陰이나 以其剛中이라 故로 能與初九로 牽連而復하니 亦吉道也라. 占者ㅣ 如是則吉矣라.

세 양(☰)이 뜻이 같고 「구이」가 점차로 음에 가까우나, 강중(剛中)하기 때문에 「초구」와 같이 이끌어 연합해서 회복할 수 있으니, 또한 길한 도리이다. 점치는 사람이 이와 같이 하면 길하다.

象曰 牽復은 在中이라 亦不自失也ㅣ라.

● 상에 말하기를 이끌어 회복함은 가운데에 있음이라. 또한 스스로 잃지 않는 것이다.

【傳】二는 居中得正者也니 剛柔進退에 不失乎中道也라. 陽之復이 其勢ㅣ 必强이로대 二以處中이라 故로 雖强於進이나 亦不至於過剛하니 過剛은 乃自失也라. 爻엔 止言牽復而吉之義하고 象에 復發明其在中之美라.

「구이」는 중(中)에 거처하면서 바름을 얻었으니, 강유(剛柔)와 진퇴에 중도(中道)를 잃지 않는 것이다. 양의 회복함이 그 형세가 반드시 강하나, 「구이」가 중도로 처신하기 때문에, 비록 강하게 나아가나 또한 과강하지는 않으니, 과강은 스스로 잃는 것이다. 「효사」에는 단지 이끌어서 회복하니 길하다는 의의만 말하고, 「소상전」에 다시 중에 있는(在中) 아름다움을 발명한 것이다.

【本義】亦者는 承上爻義라.

'또한(亦)'이라는 것은 위의 효(「초구」)의 뜻을 이어서 말한 것이다.

九三은 輿說輻이며 夫妻反目이로다.
● 구삼은 수레의 바큇살을 벗김이며 부부가 반목함이로다.

密比於陰 不能前進

【傳】三은 以陽爻로 居不得中而密比於四하니 陰陽之情이 相求也요 又暱比而不中하니 爲陰畜制者也라. 故로 不能前進이 猶車輿ㅣ 說去輪輻이니 言不能行也라.

「구삼」은 양효로써 거처함에 중(中)을 얻지 못했고, 「육사」와 밀접하게 가까우니 음양의 정이 서로 구할 것이고, 또한 친밀하면서 중도(中道)를 행하지 못하니 음에게 그침과 제재를 받는 것이다. 그러므로 앞으로 나아가지 못함이 수레에 바큇살을 벗김과 같으니, 갈 수 없다는 말이다.

夫妻反目은 陰은 制於陽者也어늘 今反制陽하니 如夫妻之反目也라. 反目은 謂怒目相視니 不順其夫而反制之也라. 婦人이 爲夫寵惑이라가 旣而遂反制其夫하니 未有夫不失道而妻能制之者也라. 故로 說輻反目은 三이 自爲也니라.

'부부가 반목함(夫妻反目)'은 음은 양에게 제재를 받아야 하는데 지금 도리어 양을 제재하니, 부부가 반목하는 것과 같다. '반목(反目)'은 성난 눈으로 서로 보는 것이니, 지아비한테 순히하지 않고 도리어 제재하는 것이다. 부인이 지아비의 총애를 의심하다가 도리어 지아비를 제재하니, 지아비가 도를 잃지 않았는데 아내가 제재할 수 있는 사람은 없다. 그렇기 때문에 바큇살을 벗기고 반목하는 것은 「구삼」이 스스로 만든 것이다.

【本義】九三이 亦欲上進이나 然이나 剛而不中하고 迫近於陰而又非正應이니 但以陰陽相說而爲所係畜하야 不能自進이라 故로 有輿說輻之象이라. 然이나 以志剛故로 又不能平而與之爭이라 故로 又爲夫妻反目之象이라. 戒占者ㅣ 如是면 則不得進而有所爭也라.

「구삼」이 또한 위로 나아가고자 하나, 강하나 중도로 하지 못하고, 음과 가까우나 또한 정응이 아니니, 다만 음양이 서로 기뻐하는 것만으로 매이고 그친 바가 되어서 스스로 나아가지 못하기 때문에, 수레가 바큇살을 벗기는 상이 있다. 그러나 뜻이 강한 까닭에 또한 평온하게 있지 못하고 더불어 다투므로 '부부가 반목하는(夫妻反目)' 상이 된다. 점치는 사람이 이와 같이 하면 나아가지 못하고 다툼이 있을 것이라고 경계한 것이다.

> 象曰 夫妻反目은 不能正室也ㅣ라.
> ◉ 상에 말하기를 '부부가 반목함'은 집안을 바로하지 못함이라.

【傳】夫妻反目은 蓋由不能正其室家也라. 三이 自處不以道故로 四ㅣ 得制之하야 不使進이 猶夫不能正其室家라 故로 致反目也라.

'부부가 반목함(夫妻反目)'은 대개 집안을 바로하지 못했기 때문이다. 「구삼」이 스스로 처신함을 도로써 하지 못했기 때문에, 「육사」가 제재해서 나아가지 못하게 함이 지아비가 그 집안을 바로하지 못했기 때문에 반목하게 되는 것과 같다.

【本義】程子ㅣ 曰說輻反目은 三이 自爲也라.

<정자>가 말씀하기를 "바큇살을 벗기고 반목함은 「구삼」이 스스로 만든 것이라"고 했다.

> 六四는 有孚ㅣ면 血去코 惕出하야 无咎ㅣ리라.
> ◉ [정자] 육사는 믿음을 두면 피가 사라져가고 두려움에서 나와서 허물이 없으리라.

◉ [주자] 육사는 믿음이 있어서 피가 사라져가고 두려움에서 나옴이니 허물이 없으리라.

以柔畜剛 孚信以感

【傳】四於畜時에 處近君之位하니 畜君者也라. 若內有孚誠이면 則五ㅣ 志信之하야 從其畜也라. 卦獨一陰이니 畜衆陽者也요 諸陽之志ㅣ 係于四라. 四ㅣ 苟欲以力畜之則一柔ㅣ 敵衆剛에 必見傷害리니 惟盡其孚誠以應之하면 則可以感之矣라. 故로 其傷害ㅣ 遠하고 其危懼ㅣ 免也니 如此則可以无咎어니와 不然則不免乎害矣라. 此는 以柔畜剛之道也니 以人君之威嚴而微細之臣이 有能畜止其欲者는 蓋有孚信以感之也니라.

「육사」가 그치고 쌓는 때에 인군과 가까운 자리에 거처하니, 인군을 그치게 하는 사람이다. 만약 안에 믿음과 정성이 있다면, 「구오」의 뜻이 「육사」를 믿어서 그치게 함을 따를 것이다. 「소축괘」의 유일한 음이니 뭇 양을 그치게 하는 것이고, 모든 양의 뜻이 「육사」에 매인 것이다. 「육사」가 힘으로 그치게 하려고 하면, 유(柔) 하나로 뭇 강한 것을 대적함에 반드시 상하고 해침을 당할 것이니, 오직 믿음과 정성을 다해서 응대하면 감동시킬 수 있다. 그러므로 상하고 해치게 되는데서 멀어지고, 위태하고 두려움을 면할 것이니, 이와 같이 하면 허물이 없을 수 있거니와, 그렇지 않으면 해를 면치 못할 것이다. 이것은 유로써 강을 그치게 하는 도니, 위엄이 있는 인군일지라도 미세한 신하가 그 하고자 함을 그치게할 수 있는 것은, 대개가 믿음을 둠으로써 감동시킨 것이다.

【本義】以一陰으로 畜衆陽하니 本有傷害憂懼로대 以其柔順得正으로 虛中巽體일새 二陽이 助之하니 是ㅣ 有孚而血去惕出之象也니 无咎ㅣ 宜矣라. 故로 戒占者ㅣ 亦有其德이면 則无咎也라.

음 하나로써 뭇 양을 그치게 하니, 본래 상해(傷害)와 우구(근심과 두려움)가 있으나, 유순하고 바름을 얻음으로써 마음을 비우고 몸을 공손히 하기 때문에 두 양이 도우므로, 이것이 '믿음이 있어서 피가 사라져가고 두려움에서 나옴'의 상이니 '허물 없음(无咎)'이 마땅하다. 그러므로 점치는 사람이 또한 그런 덕이 있으면 허물이 없을 것이라고 경계한 것이다.

象曰 有孚惕出은 上合志也 l 라.

◉ 상에 말하기를 '유부척출'은 위와 뜻이 합함이라.

【傳】四旣有孚면 則五 l 信任之하야 與之合志니 所以得惕出而无咎也라. 惕出則血去를 可知니 擧其輕者也라. 五旣合志하니 衆陽이 皆從之矣니라.

「육사」가 이미 믿음을 두면, 「구오」가 믿고 맡겨서 함께 뜻을 합하는 까닭에, 두려운데서 나와서 허물이 없는 것이다. 두려운데서 나오면 피가 사라질 것을 알 수 있으니, 그 가벼운 것을 들어 말한 것이다. 「구오」가 이미 「육사」와 뜻을 합치니, 뭇 양이 다 따르는 것이다.

九五는 有孚 l 라. 攣如하야 富以其鄰이로다.

◉ [정자] 구오는 믿음을 둠이라. 이끌어서 부(富)를 그 이웃으로써 (같이) 하도다.
◉ [주자] 구오는 믿음이 있어서 이끌어서 부(富)로 그 이웃을 좌지우지 하도다.

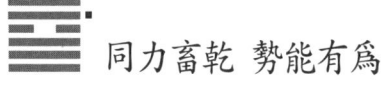
同力畜乾 勢能有爲

【傳】小畜은 衆陽이 爲陰所畜之時也라. 五以中正으로 居尊位而有孚信則其類 l 皆應之矣라 故로 曰攣如라하니 謂牽連相從也라. 五必援挽하야 與之相濟 l 是富以其鄰也요 五以居尊位之勢 l 如富者 l 推其財力하야 與鄰比로 共之也라.

「소축」은 뭇 양이 음에게 그치는 바가 되는 때다. 「구오」가 중정함으로써 높은 지위에 있으므로, 믿음이 있으면 그 동류가 다 응할 것이기 때문에 '당겨 끈다(攣如)'고 말한 것이니, 끌고 연합해서 서로 따름을 말한다. 「구오」가 반드시 당기고 끌어서 서로 도와 건너감이 '부(富)함을 그 이웃으로써 함(富以其鄰)'이고, 「구오」가 높은 자리에 거처하는 형세가 부자가 자기의 재물을 써서 이웃 사람과 같이하는 것과 같다.

※ 援 : 당길 원.　　挽 : 당길 만.

君子ㅣ 爲小人所困하고 正人이 爲群邪所厄이면 則在下者ㅣ 必攀挽於上하야 期於同進하고 在上者ㅣ 必援引於下하야 與之戮力하나니 非獨推己力하야 以及人也요 固資在下之助하야 以成其力耳라.

군자가 소인에게 곤한 바가 되고, 바른 사람이 간사한 무리에게 액을 당하면, 아랫사람은 반드시 윗사람에게 매달리고 당겨서 같이 올라가려 하고, 윗사람은 반드시 아랫사람을 끌어 당겨서 같이 힘을 써야하니, 홀로 나만의 힘을 미루어서 남에게 미치는 것이 아니고, 아랫사람의 도움을 힘입어서 그 힘을 이루는 것이다.

※ 攀 : 매달릴 반.

【本義】巽體三爻ㅣ 同力畜乾하니 鄰之象也요 而九五ㅣ 居中處尊하니 勢能有爲하야 以兼乎上下라 故로 爲有孚攣固用富厚之力而以其鄰之象이라. 以는 猶春秋에 以某師之以니 言能左右之也라. 占者ㅣ 有孚則能如是也라.

「손:☴」의 세 효가 힘을 같이해서 「건:☰」을 그치게 하니 이웃의 상이고, 「구오」가 중(中)에 거처하면서 높은 자리에 있으니, 형세가 일을 해서 위와 아래에 미칠 수 있기 때문에, 믿음이 있어 이끌고 부후(富厚)한 힘을 사용해서 그 이웃을 쓰는 상이 있다. '써 이(以)'는 『춘추전』에 "아무개의 군사를 쓴다"는 '이(以)'자와 같으니, 좌지우지할 수 있다는 말이다. 점치는 사람이 믿음을 두면 이와 같이 할 수 있다.

象曰 有孚攣如는 不獨富也ㅣ라.
◉ 상에 말하기를 '유부연여'는 홀로 부하지 않는 것이다.

【傳】有孚攣如는 蓋其鄰類ㅣ 皆牽攣而從之니 與衆同欲하야 不獨有其富也라. 君子之處難厄에 惟其至誠이라 故로 得衆力之助하야 而能濟其衆也라.

'믿음을 두어 이끌음(有孚攣如)'은 대개 그 이웃의 동류가 다 끌어 당겨 따르는 것이니, 무리와 하고자 함을 같이해서 부유함을 혼자 소유하지 않는 것이다. 군자가 어렵고 막힌 데 거처함에 오직 지극한 정성으로 하므로, 뭇 사람의 도움을 얻어 무리를 구제할 수 있는 것이다.

上九는 旣雨旣處는 尙德하야 載니 婦ㅣ 貞이면 厲하리라.

● [정자] 상구는 이미 비오고 이미 그침은 덕을 숭상해서 가득참이니, 지어미가 고집하면 위태하리라.
● [주자] 상구는 이미 비오고 이미 그침은 덕을 숭상해서 가득참이니, 지어미가 바르더라도 위태하니,

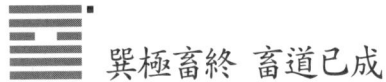
巽極畜終 畜道已成

【傳】九以巽順之極으로 居卦之上하고 處畜之終하야 從畜而止者也니 爲四所止也라. 旣雨는 和也요 旣處는 止也라. 陰之畜陽에 不和則不能止니 旣和而止는 畜之道ㅣ 成矣라. 大畜은 畜之大라 故로 極而散하고 小畜은 畜之小라 故로 極而成이라.

구(陽)가 손순함의 극진함으로써 괘의 제일 위에 거처하고,「소축」의 마지막에 거처해서 그치게함을 따라서 그쳤으니,「육사」에 의해 그치게 된 것이다. '이미 비가 왔다(旣雨)' 함은 화합한 것이고, '이미 그침(旣處)'은 그친 것이다. 음이 양을 그치게 함에 화합하지 않으면 그치게 할 수 없으니, 이미 화합해서 그침은 그치는 도가 이루어진 것이다.「대축:大畜」은 그치고 쌓음이 크기 때문에 극하게 되면 흩어지고,「소축」은 그치고 쌓음이 적기 때문에 극하게 되면 이루어진다.

※ 畜之道ㅣ 成矣 : '畜道之成也'로 되어 있는 판본도 있다.

尙德載는 四ㅣ 用柔巽之德하야 積滿而至於成也라. 陰柔之畜剛이 非一朝一夕에 能成이요 由積累而至하나니 可不戒乎아. 載는 積滿也니 詩云厥聲載路라하나라. 婦貞厲는 婦는 謂陰이니 以陰而畜陽하고 以柔而制剛하니 婦ㅣ 若貞固守此면 危厲之道也라. 安有婦制其夫하고 臣制其君而能安者乎아.

'덕을 숭상해서 가득찼다(尙德載)' 함은 「육사」가 부드럽고 공손한 덕을 사용해 가득 쌓아서 이루는 데까지 이른 것이다. 음유가 강한 것을 그치게 함이 하루 아침 하루 저녁에 이룰 수 있는 것이 아니고 여러번 쌓아서 된 것이니, 경계하지 않을 수 있으랴? '재(載)'는 가득 쌓은 것이니, 『시경』에 말하기를 "그 소리가 길에 가득찼다(厥聲載路)"고 했다. '지어미가 고집하면 위태하다(婦貞厲)' 함은, '지어미(婦)'는 음을 말하므로, 음으로써 양을 그치게 하고 유(柔)로써 강(剛)을 제어하니, 지어미가 만약 이것을 굳게 고집하여 지키면 위태한 도다. 어떻게 지어미가 지아비를 제재하고, 신하가 인군을 제재해서 편안할 수 있는 것이 있겠는가?

※ 궐성재로(厥聲載路) : 『시경』「대아」의 생민(生民)에 출전.

月幾望이니 君子ㅣ 征이면 凶하리라.
◉ 달이 거의 보름이니 군자가 가면 흉하리라.

【傳】月望則與日敵矣니 幾望은 言其盛將敵也라. 陰이 已能畜陽而云幾望은 何也오. 此는 以柔巽으로 畜其志也요 非力能制也라. 然이나 不已則將盛於陽而凶矣일새 於幾望而爲之戒曰婦將敵矣니 君子ㅣ 動則凶也라하니 君子는 謂陽이요 征은 動也요 幾望은 將盈之時라. 若已望則陽已消矣리니 尙何戒乎아.

달이 보름이면 해와 대적할 것이니, '거의 보름(幾望)'은 그 성(盛)한 것이 장차 양을 대적한다는 말이다. "음이 이미 양을 그치게 했는데 거의 보름이라고 말한 것은 어째서입니까?" "이것은 부드럽고 공손함으로써 양의 뜻을 그치게 한 것이고, 힘으로 제어한 것이 아니다. 그러나 (이와 같은 것을) 그치지 않는다면 장차 양보다 성해서 흉할 것이기 때문에, 거의 보름인 때에 경계해서 말하기를 '지어미가 장차 (지아비에게) 대적할 것이므로, 군자가 움직이면 흉하다'고 한 것이니, '군자(君子)'는 양을 말한 것이고, '정(征)'은 움직이는 것이며, '기망(幾望)'은 조만간에 가득차는 때이다. 만약 이미 보름(已望)이면 양이 이미 사라질 것이니, 아직도 무슨 경계할 것이 있겠는가?"

※ 기망(幾望)은 14일 달을, 이망(已望)은 보름달(15일달)을, 기망(旣望)은 16일 달을 말한다.

【本義】畜極而成은 陰陽이 和矣라. 故로 爲旣雨旣處之象하니 蓋尊尙陰德하야 至於積滿而然也라. 陰加於陽이라 故로 雖正이라도 亦厲라. 然이나 陰旣盛而抗陽하니 則君子ㅣ 亦不可以有行矣라. 其占이 如此하니 爲戒深矣라.

그침이 극함에 이룸은 음양이 화합한 것이다. 그러므로 '이미 비오고 이미 그치는(旣雨旣處)' 상이 되니, 음의 덕을 높게 숭상해서 가득 쌓아 그렇게 된 것이다. 음이 양보다 성해지는 것이기 때문에, 비록 바르더라도 또한 위태하다. 그러나 음이 이미 성해서 양을 대적하니, 군자 또한 가는 것이 옳지 않다. 그 점이 이와 같으니 경계함이 깊다.

※ 加 : 더 성할 가, 업신여길 가.

象曰 旣雨旣處는 德이 積載也ㅣ오 君子征凶은 有所疑也ㅣ니라.

⦿ 상에 말하기를 '이미 비오고 이미 그친다' 함은 덕이 쌓여 가득한 것이요, '군자가 가면 흉하다'는 것은 의심하는 바가 있음이라.

【傳】旣雨旣處는 言畜道ㅣ 積滿而成也라. 陰將盛極하니 君子ㅣ 動則有凶也라. 陰이 敵陽하면 則必消陽하고 小人이 抗君子하면 則必害君子리니 安得不疑慮乎아. 若前知疑慮而警懼하야 求所以制之면 則不至於凶矣니라.

'이미 비오고 이미 그친다' 함은, 그치는 도가 가득 쌓여서 이루어짐을 말하는 것이다. 음이 장차 성극(盛極)할 것이니, 군자가 움직이면 흉함이 있는 것이다. 음이 양을 대적하면 반드시 양을 사라지게 하고, 소인이 군자를 대적하면 반드시 군자를 해칠 것이니, 어찌 의심하고 염려하지 않을 수 있겠는가? 만약 미리 의심스럽고 염려할 줄 알아 경계하고 두려워해서 제어할 방법을 구하면, 흉한 데까지 이르지 않는 것이다.

※ 將 : '旣'자로 되어 있는 판본도 있다.
※ 極 : '則極'으로 되어 있는 판본도 있다.

乾上 兌下 天澤履(10)
천 택 리

【傳】履는 序卦에 物畜然後에 有禮라 故로 受之以履라하니 夫物之聚則有大小之別과 高下之等과 美惡之分이니 是物畜然後에 有禮며 履所以繼畜也라. 履는 禮也요 禮는 人之所履也라. 爲卦ㅣ 天上澤下하니 天而在上하고 澤而處下는 上下之分과 尊卑之義로 理之當也요 禮之本也니 常履之道也라. 故로 爲履라.

「리:䷉」는 「서괘전」에 "물건이 모인 뒤에 예절이 있기 때문에 「리괘」로써 받았다"고 하였다. 대개 물건이 모이면 크고 작은 구별과 높고 낮은 등급 및 아름답고 악한 구분이 있으니, 이것이 물건이 모인 뒤에 예절이 있는 것이며, 「리괘」가 「소축괘:䷈」를 이은 까닭이다. 「리:履」는 예절이고, 예절은 사람이 이행하는 것이다. 괘됨이 하늘(☰)이 위에 있고 못(☱)이 아래에 있으니, 하늘이 위에 있고 못이 아래에 있음은, 상하의 분수와 존비(높이고 낮춤)의 의리로, 이치의 마땅한 것이고 예절의 근본이니 항상 이행하는 도리이다. 그러므로 「리괘」가 된 것이다.

履는 踐也며 藉也라. 履物이 爲踐이요 履於物이 爲藉니 以柔藉剛이라 故로 爲履也라. 不曰剛履柔而曰柔履剛者는 剛乘柔는 常理니 不足道라. 故로 易中에 唯言柔乘剛이라하고 不言剛乘柔也니 言履藉於剛은 乃見卑順說應之義니라.

「리:履」는 밟는 것이며 깔리는 것이다. 물건을 밟는 것이 밟는 것(踐)이 되고 물건에 밟히는 것이 깔리는 것(藉)이 되니, 유로써 강에게 깔리는 것이므로 「리괘」가 됐다. '강이 유를 밟는다'고 하지 않고 '유가 강에게 깔린다'고 한 것은, 강이 유를 타는 것은 당연한 이치니 말할 것이 없기 때문이다. 그렇기 때문에 『주역』에서 오직 '유가 강을 탄다'고 말했고, '강이 유를 탄다'고는 말하지 않았으니, 강에게 밟히고 깔린다고 말한 것은, 낮추고 순히해서 기뻐하며 응하는 뜻을 나타낸 것이다.

> 履虎尾라도 不咥人이라 亨하니라.
> ◉ 호랑이 꼬리를 밟더라도 사람을 물지 않음이라 형통하니라.
>
> ☰☱ 上下之分 民志有定

【傳】履는 人所履之道也라. 天在上而澤處下하고 以柔履藉於剛하야 上下ㅣ 各得其義하니 事之至順이며 理之至當也라. 人之履行이 如此면 雖履至危之地라도 亦无所害라. 故로 履虎尾而不見咥噬하니 所以能亨也라.

「리:履」는 사람이 이행하는 도리이다. 하늘은 위에 있고 못은 아래 있으며, 유로써 강에게 밟히고 깔려서 위와 아래가 각각 그 의리를 얻으니, 일의 지극히 순한 것이며 이치의 지극히 마땅한 것이다. 사람의 이행함이 이와 같으면, 비록 지극히 위태한 데를 밟더라도 또한 해 되는 바가 없다. 그러므로 호랑이 꼬리를 밟아도 물리지 않는 까닭에 형통할 수 있는 것이다.

【本義】兌는 亦三劃卦之名이니 一陰이 見於二陽之上이라 故로 其德이 爲說이요 其象이 爲澤이라. 履는 有所躡而進之義也니 以兌遇乾하야 和說以躡剛强之後하니 有履虎尾而不見傷之象이라. 故로 其卦ㅣ 爲履而占이 如是也니 人能如是면 則處危而不傷矣라.

「태:☱」는 또한 삼획괘의 이름이니, 한 음이 두 양의 위에 나타나므로, 그 덕이 기쁜 것이 되고, 그 상이 못(澤)이 된다. 「리:履」는 밟아 나아가는 뜻이니, 「태」로 「건:☰」을 만나 화열(和悅)함으로써 강하고 굳센 것의 뒤를 밟으니, 호랑이 꼬리를 밟아도 상하지 않는 상이 있다. 그러므로 그 괘가 「리괘:履卦」가 되고, 그 점이 이와 같으니, 사람이 이와 같이 할 수 있으면 위태한 데 처하더라도 상하지 않는다.

※ 義 : 「사고전서」 본에는 '意'자로 되어 있다.

※ 화열(和說:和悅) : 마음이 화평하여 기쁨.　　※ 躡 : 밟을 섭.

> ## 象曰 履는 柔履剛也ㅣ니
> ⦿ [정자] 단에 말하기를 리(履)는 유가 강에게 밟힘이니,
> ⦿ [주자] 단에 말하기를 리(履)는 유가 강의 뒤를 밟음이니,

【本義】以二體로 釋卦名義라.

두 괘체로써 괘의 이름과 뜻을 풀이한 것이다.

※ 雲峯胡氏曰 本義謂二體는 見得是以兌體之柔로 履乾體之剛이요 非指六三以柔而履剛也니라.

: <운봉호씨>가 말하길 "『본의』에서 말한 '두 체(二體)'는 태체(☱)의 유(柔)로써 건체(☰)의 강(剛)을 밟았다는 것이고, 「육삼」이 유로써 강을 밟았다는 것이 아니다."

※ 『본의』에서 '체(體)'라고 하면 효 하나 하나를 지적할 때 쓰는 용어나, 여기서는 예외라는 뜻으로 <운봉호씨>가 이러한 주(注)를 달았다. 그러나 「육삼」이 「구사」를 밟았다는 뜻으로도 해석이 가능하다고 본다. <주자>도 「육삼」과 「구사」효사에 '履虎尾'가 들어 있는 것을 지적한 바가 있다.

> ## 說而應乎乾이라. 是以履虎尾不咥人亨이라.
> ⦿ 기뻐서 건에 응하는 지라. 이로써 '호랑이 꼬리를 밟아도 사람을 물지 않아 형통함'이라.

【傳】兌以陰柔로 履藉乾之陽剛하니 柔履剛也라. 兌以說順으로 應乎乾剛而履藉之는 下順乎上이요 陰承乎陽이니 天下之至理也라. 所履如此면 至順至當하야 雖履虎尾라도 亦不見傷害니 以此履行이면 其亨을 可知라.

「태:☱」가 음유함으로써 「건:☰」의 양강한 것에게 밟히고 깔리는 것이니, '유가 강에게 밟힘(柔履剛也)'이다. 「태」가 기뻐하고 순함으로써 「건」의 강한 것에 응하여 밟히고 깔림은, 아랫 사람이 윗 사람에게 순종함이고 음이 양을 받들어 이음이니 천하의 지극한 이치다. 이행함이 이와 같으면 지극히 순하고 지극히 마땅해서, 비록

호랑이 꼬리를 밟더라도 또한 상하고 해침을 당하지 않으니, 이것으로써 이행하면 형통할 것을 알 수 있다.

※ 至 : '正'자로 된 판본도 있다.

剛中正으로 履帝位하야 而不疚ㅣ면 光明也ㅣ라.
- [정자]강하고 중하며 바름으로 제위(帝位)를 밟아서 병폐가 없으면 빛나고 밝을 것이다.
- [주자] 강하고 중하며 바름으로 제위(帝位)를 밟아서 병폐가 없으니 빛나고 밝다.

【傳】九五ㅣ 以陽剛中正으로 尊履帝位하니 苟无疚病이면 得履道之至善光明者也라. 疚는 謂疵病이니 夬履ㅣ 是也요 光明은 德盛而輝光也라.

「구오」는 양강하고 중정함으로써 제왕의 위(帝位)를 높이 밟으니, 병폐가 없다면 밟는 도(履道)의 지극히 착하고 광명(光明)함을 얻은 자이다. '구(疚)'는 흠과 병을 이름이니 (「구오」의) 쾌하게 밟는 것이 이것(疚)이고, '광명(光明)'은 덕이 성해서 빛나고 밝은 것이다.

【本義】又以卦體로 明之니 指九五也라.

또한 괘체로써 밝힌 것이니, 「구오」를 가리킨 것이다.

象曰 上天下澤이 履니 君子ㅣ 以하야 辯上下하야 定民志하나니라.
- 상에 말하기를 위에 하늘이 있고 아래 못이 있는 것이 리니 군자가 본받아서 위와 아래를 분별하여 백성의 뜻을 정하느니라.

【傳】天在上澤居下는 上下之正理也니 人之所履ㅣ 當如是라 故로 取其象而爲履라. 君子ㅣ 觀履之象하야 以辯別上下之分하고 以定其民志하나니 夫上下之分이 明然後에 民志ㅣ 有定하고 民志ㅣ 定然後에

可以言治니 民志ㅣ 不定이면 天下를 不可得而治也라.

　하늘이 위에 있고 못이 아래에 있음은 위와 아래의 바른 이치니, 사람의 이행함이 마땅히 이와 같아야 하므로 그 상을 취해서 「리괘:履卦」로 한 것이다. 군자가 「리괘」의 상을 관찰해서 위와 아래의 분수를 분별하고 백성의 뜻을 정하니, 위와 아래의 분수가 밝혀진 뒤에 백성의 뜻이 정해지고, 백성의 뜻이 정해진 다음에 다스려졌다고 말할 수 있는 것이니, 백성의 뜻이 정해지지 않으면 천하를 다스릴 수 없다.

　　　※ 上 : '天'자로 되어 있는 판본도 있다.

古之時엔 公卿大夫而下ㅣ 位各稱其德하야 終身居之하니 得其分也요 位未稱德則君이 擧而進之라. 士修其學하야 學至而君이 求之하나니 皆非有預於己也라. 農工商賈는 勤其事而所享에 有限이라 故로 皆有定志而天下之心이 可一이러니

　옛날에는 공·경·대부 이하의 지위가 각각 그 덕과 맞아서 평생토록 그 자리에 있으니 그 분수를 얻은 것이고, 지위가 덕과 맞지 않으면 인군이 발탁해서 진급을 시켰다. 선비가 학문을 닦아서 학문이 지극하게 되면 인군이 구하는 것이니, 다 자기에게 본래부터 있었던 것이 아니다. 농사와 공업 및 장사하는 사람은 자기 일을 부지런히 하되 누리는 것에 한도를 두었기 때문에, 다 정한 뜻이 있어 천하의 마음을 한결같이 할 수 있었는데,

後世엔 自庶士로 至于公卿히 日志于尊榮하고 農工商賈ㅣ 日志于富侈하야 億兆之心이 交騖於利하야 天下ㅣ 紛然하니 如之何其可一也리오. 欲其不亂이나 難矣라. 此는 由上下ㅣ 无定志也니 君子ㅣ 觀履之象而分辯上下하고 使各當其分하야 以定民之心志也니라.

　후세에는 서민과 선비로부터 공과 경에 이르기까지, 날로 높고 영달하는 데 뜻을 두고, 농사와 공업 및 장사를 하는 사람은 날로 부자되고 사치하는 데 뜻을 두어서, 억조의 백성 마음이 이익에만 몰두해 천하가 어지러워지니, 이와 같을진대 어떻게 한결같이 할 수 있겠는가? 어지럽지 않게 하고자하나 어렵다. 이것은 위와 아래가 정한 뜻이 없기 때문이니, 군자가 「리괘」의 상을 관찰해서 위와 아래를 분별하고,

각각 그 분수에 마땅하게 해서 백성의 마음과 뜻을 정하게 하는 것이다.

※ 鶩 : 힘쓸 무.   紛 : 어지러울 분.

【本義】程傳에 備矣니라.
『정전』에 갖추어져 있다.

初九는 素履로 往하면 无咎ㅣ리라.
◉ [정자] 초구는 본래 밟은대로 가면 허물이 없으리라.
◉ [주자] 초구는 본래 밟은대로니 가서 허물이 없으리라.

安履其素 獨行其志

【傳】履不處者는 行之義라. 初處至下하니 素在下者也로대 而陽剛之才로 可以上進이니 若安其卑下之素而往이면 則无咎矣라. 夫人이 不能自安於貧賤之素면 則其進也에 乃貪躁而動하야 求去乎貧賤耳요 非欲有爲也니 旣得其進이라도 驕溢이 必矣라. 故로 往則有咎어니와 賢者則安履其素하니 其處也에 樂하고 其進也에 將有爲也라. 故로 得其進則有爲而无不善하니 乃守其素履者也라.

이행하면서 그쳐 있지 않음은 행하려는 뜻이다. 「초구」가 지극히 아래에 있으니 본래 아래에 있는 사람이나, 양강한 재질이므로 올라갈 수 있으니, 만약 낮으면서 아래에 있는 본래대로 편안한 마음으로 가면 허물이 없다. 사람이 스스로 빈천한 본분을 편안히 여기지 못하면, 나아감에 탐내고 조급하게 움직여서 빈천함을 벗어나려고 애쓰고, (천하를 위해서) 일을 하려고 하지 않을 것이니, 나아감을 얻었더라도 교만하고 넘칠 것이 틀림없다. 그렇기 때문에 가면 허물이 있으나, 어진이는 그 본분을 편안히 밟으니, 그 거처함에 즐겁고 그 나감에 장차 (천하를 위해) 일함이 있는 것이다. 그러므로 나아감을 얻으면 행함에 착하지 않음이 없을 것이니, 그 본래 밟고 있는대로를 지키는 사람이다.

【本義】以陽在下하고 居履之初로대 未爲物遷하니 率其素履者也라. 占者ㅣ 如是則往而无咎也리라.

　양으로써 아래에 있고, 「리괘:履卦」의 처음에 거처하되 물건을 따라 움직이지 않으니, 본래 밟은대로 따라가는 사람이다. 점치는 사람이 이와 같이 하면, 가서 허물이 없을 것이다.

象曰 素履之往은 獨行願也ㅣ라.
- '소리지왕'은 홀로 원하는 것을 행함이라.

【傳】安履其素而往者는 非苟利也요 獨行其志願耳라. 獨은 專也니 若欲貴之心과 與行道之心이 交戰于中이면 豈能安履其素也리오.

　그 본래대로를 편안한 마음으로 밟아 나아가는 사람은 이익에 구차한 것이 아니고, 홀로 그 뜻이 원함을 행하는 것이다. '홀로(獨)'는 오로지 한다는 것이니, 만약 귀하게 되려는 마음과 도를 행하는 마음이 속에서 서로 싸우면, 어떻게 그 본래대로를 편안한 마음으로 밟겠는가?

九二는 履道ㅣ 坦坦하니 幽人이라아 貞코 吉하리라.
- [정자] 구이는 밟는 도가 탄탄하니 그윽한 사람이라야 바르고 굳어서 길하리라.
- [주자] 구이는 밟는 도가 탄탄하니 그윽한 사람이라. 바르고 길하리라.

中若躁動 豈能安履

【傳】九二ㅣ 居柔하야 寬裕得中하니 其所履ㅣ 坦坦然平易之道也라. 雖所履ㅣ 得坦易之道라도 亦必幽靜安恬之人이 處之라야 則能貞固而吉也라. 九二는 陽이니 志ㅣ 上進이라 故로 有幽人之戒니라.

　「구이」가 유(柔)에 거처해서 너그러움으로 중(中)을 얻으니, 그 밟음이 탄탄하고 평이한 길이다. 비록 밟는 바가 탄탄하고 평이한 길을 얻었더라도, 반드시 그윽하고 고요하며 편안한 사람이 거처하여야 바르고 굳게할 수 있어 길하다. 「구이」는 양이니 뜻이 위로 나아가기 때문에, 그윽한 사람이어야 한다는 경계를 두었다.

【本義】剛中在下하야 无應於上이라 故로 爲履道平坦幽獨守貞之象이라. 幽人이 履道而遇其占則(貞)而吉矣라.

강중함으로 아래에 있으면서 위로 응이 없기 때문에, 밟는 도가 평탄하고 그윽하게 홀로 바름을 지키는 상이 있다. 그윽한 사람이 도를 닦는데 이 점을 만나면, 바르게 해서 길하다.

※ 貞 : 「사고전서」 본에는 '正'자로 되어 있다.

象曰 幽人貞吉은 中不自亂也ㅣ라.
◉ 상에 말하기를 '유인정길'은 중(中)이 스스로 어지럽지 않음이라.

【傳】履道ㅣ 在於安靜하니 其中이 恬正則所履ㅣ 安裕어니와 中若躁動이면 豈能安其所履리오. 故로 必幽人이라야 則能堅固而吉하리니 蓋其中心이 安靜하야 不以利欲으로 自亂也라.

「리:履」의 도는 안정하는 데 있으니, 속마음이 편안하고 바르면 밟음이 편안하고 여유로울 것이지만, 만약 속마음이 조급하게 움직이면 어떻게 밟음을 편안히 하겠는가? 그러므로 반드시 그윽한 사람(幽人)이라야 (마음을) 굳고 단단하게 해서 길할 수 있으니, 그 속마음이 안정해서 이익과 욕심으로써 스스로를 어지럽히지 않는 것이다.

六三은 眇能視며 跛能履라. 履虎尾하야 咥人이니 凶하고 武人이 爲于大君이로다.
◉ 육삼은 애꾸가 능히 보며 절름발이가 능히 밟음이라. 호랑이 꼬리를 밟아서 사람을 무니 흉하고, 무인(武人)이 대군(大君)이 되도다.

☰
☱ 柔而志剛 必見傷害

【傳】三이 以陰居陽하야 志欲剛而體本陰柔하니 安能堅其所履리오. 故로 如盲眇之視에 其見이 不明하고 跛躄之履에 其行이 不遠이라. 才旣不足而又處不得中하고 履非其正하야 以柔而務剛이라. 其履如此하니 是는 履於危地라 故로 曰履虎尾라.

「육삼」이 음으로 양자리에 거처해서 뜻은 강하고자 하나 몸이 본래 음유하니 어떻게 밟는 바를 굳게할 수 있겠는가? 그래서 애꾸가 봄에 보는 것이 밝지 못하고, 절름발이가 감에 행함이 멀지 못함과 같다. 재질이 이미 부족하고 또 거처함이 중(中)을 얻지 못했으며, 밟음이 바름(正)이 아니어서 유로써 강하게 하려고 힘쓰는 것이다. 그 밟는 것이 이와 같으니 위험한 땅을 밟고 가는 것이기 때문에 '호랑이 꼬리를 밟는다(履虎尾)'고 했다.

※ 躄 : 앉은뱅이 벽.
※ 務 : '勝'자로 되어 있는 판본도 있다.

以不善履로 履危地면 必及禍患이라 故로 曰咥人凶이라. 武人爲于大君은 如武暴之人而居人上하야 肆其躁率而已요 非能順履而遠到也라. 不中正而志剛하야 乃爲群陽所與하니 是以로 剛躁蹈危而得凶也라.

착하지 못한 밟음으로 위험한 땅을 밟으면 반드시 화와 근심이 미칠 것이기 때문에, '사람을 무니 흉하다(咥人凶)'고 한 것이다. '무인이 대군이 된다(武人爲于大君)' 함은, 무력과 폭력을 행사하는 사람이 윗 사람이 되어서, 조급하고 경솔함을 마음대로 할 뿐이고, 순하게 밟아서 먼 데까지 가지는 못한다. 중정(中正)하지 못하면서 뜻만 강해서 뭇 양과 함께 하는 바가 되니, 이렇기 때문에 강하고 조급함으로 위험한 데를 밟아 흉한 것이다.

※ 與 : '不與'로 되어 있는 판본도 있다.

【本義】六三이 不中不正하고 柔而志剛하니 以此履乾이면 必見傷害라. 故로 其象이 如此而占者ㅣ 凶이요 又爲剛武之人이 得志而肆暴之象으로 如秦政項籍이니 豈能久也리오.

「육삼」이 중(中)하지도 정(正)하지도 못하고 유(柔)하면서 뜻만 강(剛)하니, 이런 것으로써 「건☰」을 밟으면 반드시 상하고 해침을 당할 것이다. 그러므로 그 상이 이와 같고 점치는 사람이 흉할 것이고, 또한 강하고 무력을 행사하는 사람이 뜻을 얻어 방자하고 사나운 상으로, <진정(진시황)>과 <항적(항우)>같은 사람이니 어떻게 오래할 수 있겠는가?

※ 진정(秦政:259~210BC) : 진시황, 이름은 정(政), 「진(秦)나라」의 강성함을 이용해 6국을 통일하고 시황제가 됨.

※ 항적(項籍:232~202BC) : 자는 우(羽). <진시황>이 세운 「진제국」을 「초(楚)나라」의 강성함을 이용해 멸하고, 패자(霸者)가 되었다가, 그 포학한 정치에 백성이 이반함으로써 <한고조>에게 죽임을 당함.

※ 雲峯胡氏曰 眇能視跛能履를 本義에 以爲不中不正하고 柔而志剛之象이라하니 歸妹는 初與二로 分言之라. 行不中則跛니 歸妹初九에 但曰跛는 不中也요 視不正則眇니 歸妹九二에 但曰眇는 不正也일새라. 易春秋書法이 美惡不嫌同辭하니 履六三一爻幷書之者는 惡三不中且不正也라. 凡卦辭以爻爲主면 則爻辭與卦同하니 如屯卦利建侯而初爻亦利建侯요 以卦上下體論은 則爻辭與卦不同하니 如此卦云ㅣ 履虎尾不咥人而六三則書曰咥人이 是也라. 卦書不咥人은 兌三爻는 說體니 自與乾三爻健體로 相應也요 爻書咥人은 六三一爻ㅣ 與上九一爻로 獨相應하니 履虎尾而首應也라. 六三은 眇自以爲能視하고 跛自以爲能履하니 猶小人而自以爲能有爲於天下者也라. 爻之辭曰履虎尾咥人凶하야 象占이 具矣어늘 又繼以武人爲于大君하니 須看兩人字라. 三은 人位也니 人而不能免人道之患者는 必得志而肆暴之武人也라 其示戒深矣로다.

: <운봉호씨>가 말하길 "'묘능시 파능리'를 『본의』에 '중(中)하지도 정(正)하지도 못하고 유(柔)하면서 뜻만 강(剛)한' 상이라고 하였다. 「귀매괘:歸妹卦」는 「초구」와 「구이」로 나누어서 이야기 했다. 행하되 중(中)이 아닌 것이 '절름발이(跛)'니 「귀매괘」「초구」에 '절름발이(跛)'만을 말한 것은 중(中)이 아닌 것이고, 보되 정(正)이 아닌 것이 '애꾸(眇)'니 「귀매괘」「구이」에 '애꾸(眇)'만을 말한 것은 정(正)이 아니기 때문이다. 『주역』과 『춘추』의 서법이 좋아하는 것과 미워함을 같은 글에 넣는 것을 싫어하지 않으니, 「리괘:履卦」「육삼」한 효에 같이 쓴 것은 「육삼」이 부중(不中)한 데다 부정(不正)함을 미워한 것이다. 「괘

사」에 '이건후'하고 「초구」에 또 '이건후'라 한 것이고, 괘의 상체와 하체를 논한 것은 「효사」와 「괘사」가 같지 않으니, 「리괘:履卦」의 「괘사」에서 '이호미부질인'이라하고 「육삼」에 '질인'이라고 한 것이 그것이다. 「괘사」에 '부질인'이라고 한 것은 하체인 「태:☱」의 세 효는 기뻐하는 체(體)이니 상체인 「건:☰」의 세 효의 굳건한 체에 상응(相應)함이고, 「효사」에 '질인'이라고 한 것은 「육삼」 한 효가 「상구」 한 효와 유일하게 상응하니 호랑이 꼬리를 밟아 머리가 응하여 물린 것이다. 「육삼」은 애꾸로써 보는 것이고 절름발이로써 걷는 것이니, 무인이 스스로 능력있다고 생각하여 천하를 지배하려는 것과 같다. 「효사」에 '이호미질인흉'이라 하여 상과 점이 갖추어졌는데, 또 '무인위우대군'으로 이었으니 두 '사람 인(人)'자를 살펴봐야 한다. 「육삼」은 사람자리(人位)니, 사람이 인도(人道)의 환난을 면치 못함은 반드시 뜻이 방자하고 포악한 무인이다. 경계를 보이심이 깊으시다.

象曰 眇能視는 不足以有明也ㅣ오 跛能履는 不足以與行也ㅣ오

◉ 상에 말하기를 '애꾸가 능히 봄'은 밝지 못하고, '절름발이가 능히 밟음'은 더불어 행할 수 없고,

【傳】陰柔之人이 其才ㅣ 不足하야 視不能明하고 行不能遠而乃務剛하니 所履如此면 其能免於害乎아.

음유한 사람이 재질이 부족해서, 보는 것이 밝을 수 없고 행함에 멀리할 수 없는데도 강한 것에만 힘쓰니, 밟음이 이와 같으면 어떻게 해를 면할 수 있겠는가?

咥人之凶은 位不當也ㅣ오 武人爲于大君은 志剛也ㅣ라.

◉ '사람을 물어서 흉함'은 위가 마땅치 않음이요, '무인이 대군이 된다'는 것은 뜻이 강함이라.

【傳】以柔居三하야 履非其正하니 所以致禍害被咥而凶也라. 以武人爲喩者는 以其處陽하야 才弱而志剛也니 志剛則妄動하야 所履ㅣ 不由其道하니 如武人而爲大君也라.

유(柔)로써 삼효자리에 거처하여 밟음이 정(正)이 아니니, 이 때문에 화환(禍患)

과 상해(傷害)를 이루고 물림을 당해 흉하다. '무인(武人)'으로 비유를 한 것은 양자리에 있어 재질(才質)은 약하고 뜻은 강하기 때문이다. 뜻이 강하면 망령되이 움직여서 밟음이 도를 따르지 않으니, 무인이 대군이 된 것과 같다는 것이다.

※ 雲峯胡氏曰 爻는 以位로 爲志라. 三은 志剛하니 所以觸禍요 四는 志行하니 所以避禍라.

: <운봉호씨>가 말하길 "효는 위(位)로써 뜻을 삼는다. 「육삼」은 뜻이 강하니 화를 범하는 것이고, 「구사」는 뜻이 가는 데 있으니 화를 피하는 것이다."

九四는 履虎尾니 愬愬이면 終吉이리라.
- [정자] 구사는 호랑이 꼬리를 밟음이니, 조심하고 조심하면 마침내 길하리라.
- [주자] 구사는 호랑이 꼬리를 밟으나, 조심하고 조심하여 마침내 길하리라.

 以剛居柔 戒懼終吉

【傳】九四는 陽剛而乾體니 雖居四나 剛勝者也요 在近君하야 多懼之地로대 无相得之義하며 五復剛決之過라 故로 爲履虎尾라. 愬愬은 畏懼之貌니 若能畏懼則當終吉이리라. 蓋九雖剛而志柔하고 四雖近而不處라 故로 能兢愼畏懼하면 則終免於危而獲吉也라.

「구사」는 양강하고 「건:☰」의 괘체니 비록 사효자리(음자리)에 있으나 강이 이기는(勝) 자이고, 인군(九五)과 가까와 두려움이 많은 자리에 있지만 (인군과) 서로 합응되는 의의도 없으며 더욱이 「구오」는 강하게 결단함이 지나치기 때문에, '호랑이 꼬리를 밟는 것(履虎尾)'이 된다. '삭삭(愬愬)'은 두려워하는 모습이니, 만약 두려워할 수 있으면 마땅히 끝에 가서는 길할 것이다. 구(陽)가 비록 강하나 뜻이 유하고, 사효자리가 비록 인군과 가까우나 그쳐있지 않으므로, 조심하고 삼가하며 두려워하면 마침내 위태한 것을 면해서 길함을 얻을 수 있다.

【本義】九四ㅣ 亦以不中不正으로 履九五之剛이라 然이나 以剛居柔라 故로 能戒懼而得終吉이리라.

「구사」가 또한 중정하지 못함으로써 강한 「구오」를 밟으나, 강으로 유한 자리에 거처하기 때문에, 능히 경계하고 두려워해서 마침내 길함을 얻을 수 있을 것이다.

> 象曰 愬愬終吉은 志行也ㅣ라.
> ◉ 상에 말하기를 '삭삭종길'은 뜻이 가는데 있는 것이다.

【傳】能愬愬畏懼則終得其吉者는 志在於行而不處也니 去危則獲吉矣라. 陽剛은 能行者也요 居柔는 以順自處者也라.

조심하고 두려워하면 마침내 길함을 얻을 수 있다는 것은, 뜻이 가는데 있고 그쳐 있지 않음이니, 위태한데서 떠나면 길함을 얻을 것이다. 양강한 것은 갈 수 있는 것이고, 유한 자리에 거처함은 순함으로써 스스로 처신하는 것이다.

> 九五는 夬履니 貞이라도 厲하리라.
> ◉ 구오는 쾌하게 밟음이니 바르더라도 위태하리라.
>  剛明中正 凡事必行

【傳】夬는 剛決也라. 五以陽剛乾體로 居至尊之位하야 任其剛決而行者也니 如此則雖得正이라도 猶危厲也라. 古之聖人이 居天下之尊하사 明足以照하고 剛足以決하고 勢足以專이시되 然而未嘗不盡天下之議하사 雖蒭蕘之微라도 必取하시니 乃其所以爲聖也며 履帝位而光明者也라. 若自任剛明하야 決行不顧면 雖使得正이라도 亦危道也니 可固守乎아. 有剛明之才라도 苟專自任이면 猶爲危道어든 況剛明不足者乎아. 易中에 云貞厲ㅣ 義各不同하니 隨卦可見이라.

'쾌(夬)'는 강하게 결단하는 것이다. 「구오」가 양강한 「건:☰」의 괘체로써 지극히 높은 자리에 거처해서, 강함을 믿고 결단을 행하는 자니, 이렇게 하면 비록 바름을 얻더라도 오히려 위태하고 두려운 것이다. 옛날의 성인께서 천하의 높은데 거처하셔서, 밝음(明)은 충분히 비출 수 있으셨고, 강함(剛)은 충분히 결단할 수 있으셨으며, 세력(勢)은 충분히 오로지 할 수 있으셨으나, 일찍이 천하의 의논을 다 듣지 않는 것이 없어서, 비록 나뭇꾼의 미미한 말이라도 반드시 취하시니, 이로써 성인이 되신 것이며 제왕의 자리를 밟아 광명한 것이다. 만약 자기의 강하고 밝음을 스스로 믿어, 결행하고 돌아보지 않으면, 비록 바름을 얻어 행하더라도 또한 위태한 도리니, 굳게 지킬 수 있겠는가? 강명한 재주가 있더라도 전적으로 자기자신만을 믿으면 오히려 위태한 도리인데, 하물며 강명이 부족한 사람이랴? 『주역』 가운데 '정려(貞厲)'라고 말한 것이 뜻이 각각 같지 않으니, 괘에 따라 보아야 한다.

※ 蒭 : 꼴 추.   蕘 : 무나무 요.   추요(蒭蕘) : 꼴군과 나뭇군, 무식한 사람.

【本義】九五ㅣ 以剛中正으로 履帝位而下以兌說로 應之하니 凡事ㅣ 必行하야 无所疑礙라. 故로 其象이 爲夬決其履니 雖使得正이라도 亦危道也라 故로 其占이 爲雖正이라도 而危니 爲戒深矣로다.

「구오」가 강하고 중정한 것으로써 제왕의 자리(帝位)를 밟음에 아래서는 「태:☱」의 기뻐함으로써 응하니, 모든 일이 반드시 행해져서 의심나고 막힘이 없다. 그러므로 그 상이 그 밟음을 쾌하게 결단함이 되니, 비록 바름을 얻어 행하더라도 또한 위태한 도리이기 때문에, 그 점이 비록 바르게 하더라도 위태한 것이니, 경계를 하심이 깊으시다.

象曰 夬履貞厲는 位正當也일새라.

◉ 상에 말하기를 '쾌하게 밟아 행해서 바르더라도 위태함'은 위가 바르고 정당하기 때문이다.

【傳】戒夬履者는 以其正當尊位也니 居至尊之位하야 據能專之勢而自任剛決하고 不復畏懼면 雖使得正이라도 亦危道也라.

쾌하게 밟음을 경계한 것은 정당하고 높은 자리이기 때문이니, 지극히 높은 자리에 거처해서 마음대로 할 수 있는 형세에 의거해, 스스로 강함을 믿고 결단하면서 두려워하며 조심하지 않으면, 비록 바름을 얻어 행하더라도 또한 위태한 도리이다.

【本義】傷於所恃라.

믿는데 상하는 것이다.

※ 雲峯胡氏曰 或恃其聰明하고 或恃其勢位하니 惟其自恃所以自決이라.
: <운봉호씨>가 말하길 "혹 자신의 총명을 믿고, 혹은 세력과 지위를 믿으니, 오직 자신을 믿음으로써 스스로 결단하는 것이다."

上九는 視履하야 考祥호대 其旋이면 元吉이리라.

● 상구는 밟아온 것을 봐서 상서로운 것을 상고하되 두루했으면 크게 착하고 길하리라.

 履終无虧 大有福慶

【傳】上은 處履之終하니 於其終에 視其所履行하야 以考其善惡禍福호대 若其旋則善且吉也라. 旋은 謂周旋完備하야 无不至也라. 人之所履를 考視其終하야 若終始周完无疚면 善之至也니 是以로 元吉이라. 人之吉凶이 係其所履하니 善惡之多寡는 吉凶之小大也라.

상효(上爻)는 「리괘:履卦」의 마지막에 거처하니, 마지막에 그 밟아온 것을 봐서 선악(善惡)과 화복(禍福)을 상고하되, 만약 두루 잘했으면 착하고 또 길하다. '두루한다(旋)'는 것은 두루 갖추어져 이르지 않음이 없음을 말한다. 사람이 밟아온 것을 마지막에 상고해 봐서, 마지막과 처음이 두루 완전해서 잘못이 없으면 착함이 지극한 것이니, 이렇기 때문에 크게 착하고 길하다. 사람의 길하고 흉함이 자기가 밟아온 것에 매였으니, 선과 악의 많고 적음은 길하고 흉함의 적고 큰 것이다.

【本義】視履之終하야 以考其祥호대 周旋无疚則得元吉이니 占者禍福은 視其所履而未定也라.

밟아온 것의 마지막을 봐서 상서로운 일을 상고하되, 두루 잘해서 이그러진 것이 없으면 크게 착하고 길한 것이니, 점치는 사람의 화와 복은 자기의 밟아온 것을 봐야 하고 정해져 있지 않은 것이다.

> 象曰 元吉在上이 大有慶也ㅣ니라.
>
> ◉ 상에 말하기를 크게 착하고 길해서 위에 있음이 크게 경사가 있음이라.

【傳】上은 履之終也니 人之所履ㅣ 善而吉하야 至其終토록 周旋无虧라야 乃大有福慶之人也라. 人之行은 貴乎有終이니라.

　상효는 「리괘:履卦」의 마지막이니, 사람의 밟아온 것이 착하고 길해서 마지막까지 두루 잘해서 이그러진 것이 없어야 크게 경사와 복이 있는 사람이다. 사람의 행동은 마침이 있는 것을 귀히 여긴다.

【本義】若得元吉則大有福慶也라.

　만약 크게 길함을 얻으면, 크게 복과 경사가 있다.

坤上 乾下 地天泰(11)
지 천 태

【傳】泰는 序卦에 履而泰然後에 安이라 故로 受之以泰라하니 履得其所則舒泰하고 泰則安矣니 泰所以次履也라. 爲卦ㅣ 坤陰이 在上하고 乾陽이 居下하니 天地陰陽之氣ㅣ 相交而和則萬物이 生成이라 故로 爲通泰니라.

「태괘」는 「서괘전」에 "이행하여 태평하게 된 뒤에 편안하기 때문에 「태괘」로써 받았다"고 하였다. 이행하여 각각 그 처소를 얻으면 여유로와 태평해지고, 태평하면 편안하므로 「태괘」가 「리괘」 다음에 온 것이다. 괘됨이 음인 「곤」이 위에 있고 양인 「건」이 아래 있으니, 하늘과 땅의 음양 기운이 서로 사귀어 화합하면 만물이 생성되는 까닭에 통하고 태평한 것이 된다.

泰는 小ㅣ 往코 大ㅣ 來하니 吉하야 亨하나라.

● 태는 작은 것이 가고 큰 것이 오니, 길해서 형통하나라.

二氣通泰 吉而且亨

【傳】小는 謂陰이요 大는 謂陽이며 往은 往之於外也요 來는 來居於內也니 陽氣下降하고 陰氣上交也라. 陰陽이 和暢則萬物이 生遂하니 天地之泰也요 以人事로 言之면 大는 則君上이요 小는 則臣下니 君은 推誠以任下하고 臣은 盡誠以事君하야 上下之志ㅣ 通이니 朝廷之泰也요 陽爲君子요 陰爲小人일새 君子는 來處於內하고 小人은 往處於外하니 是는 君子ㅣ 得位요 小人이 在下니 天下之泰也라. 泰之道는 吉而且

亨也어늘 不云元吉元亨者는 時有汚隆하고 治有小大하니 雖泰나 豈一槪哉아. 言吉亨則可包矣라.

　'작은 것(小)'은 음을 말하고 '큰 것(大)'은 양을 말하며, '간다(往)'는 밖으로 가는 것이고 '온다(來)'는 안으로 와서 거처한다는 것이니, 양기가 내려오고 음기가 올라가 사귀는 것이다. 음양이 화창하면 만물이 생기고 이루어지니, 하늘과 땅의 태평한 것이고, 사람의 일로 말하면 '큰 것(大)'은 인군이고 '작은 것(小)'은 신하니, 인군은 정성스럽게 아랫 사람에게 맡기고, 신하는 정성을 다해서 인군을 섬김으로써 상하의 뜻이 통하니, 조정이 태평한 것이며, 양은 군자가 되고 음은 소인이 되는데, 군자는 안에 와서 거처하고 소인은 밖으로 가서 거처하니, 이것은 군자가 지위를 얻고 소인이 아래에 있는 것이므로, 천하의 태평함이다.

　「태」의 도는 길하고 또한 형통하나, 원길(元吉)과 원형(元亨)을 말하지 않은 것은, 때에는 혼란스러운 때와 융성한 때가 있고, 다스림엔 크고 작은 것이 있으니, 비록 태평한 때이나 어찌 한 가지로 말할 수 있겠는가? '길하고 형통하다'고 하면 다 포함할 수 있는 것이다.

　※ 之 : '居'자로 되어 있는 판본도 있다.
　※ 화창(和暢) : 화합하여 창성함, 온화하고 맑음.
　※ 隆山李氏曰 天位乎上하고 地位乎下하니 此는 乾坤之體也요 天氣下降하고 地氣上騰하니 此는 乾坤之用也라. : <융산이씨>가 말하길 "하늘은 위에 있고 땅은 아래 있으니 이것은 「건☰」과 「곤☷」의 체이고, 하늘 기운이 내려오고 땅 기운이 올라가니 이것은 「건」과 「곤」의 용이다."

【本義】泰는 通也라. 爲卦ㅣ 天地交而二氣通이라 故로 爲泰니 正月之卦也라. 小는 謂陰이요 大는 謂陽이니 言坤往居外하고 乾來居內하며 又自歸妹來則六往居四하고 九來居三也라. 占者ㅣ 有剛陽之德則吉而亨矣라.

　「태」는 통하는 것이다. 괘됨이 하늘(☰)과 땅(☷)이 사귀어 두 기운이 통하기 때문에 「태괘」가 되니, 정월(正月)괘다.

　'작다는 것(小)'은 음을 말하고, '크다는 것(大)'은 양을 말한 것이니, 「곤:☷」이 나가서 외괘에 있고 「건:☰」이 와서 내괘에 있는 것을 말하며, 또 「귀매괘:☳→☱

」로부터 왔으니, 육(陰)이 가서 사효자리에 있고 구(陽)가 와서 삼효자리에 있는 것이다. 점치는 사람이 강양한 덕이 있으면 길하고 형통하다.

※ 剛陽 :「사고전서」본에는 '陽剛'으로 되어 있다.

象曰 泰小往大來吉亨은 則是天地ㅣ 交而萬物이 通也ㅣ며 上下ㅣ 交而其志ㅣ 同也ㅣ라.

◉ 단에 말하길 '태가 작은 것이 가고 큰 것이 와서 길하고 형통하다' 함은 하늘과 땅이 사귀어 만물이 통하며, 위와 아래가 사귀어 그 뜻이 같음이라.

【傳】小往大來는 陰往而陽來也니 則是天地陰陽之氣ㅣ 相交而萬物이 得遂其通泰也요 在人則上下之情이 交通而其志意同也라.

'작은 것이 가고 큰 것이 옴(小往大來)'은 음이 가고 양이 오는 것이니, 이것은 하늘과 땅의 음양 기운이 서로 사귀어 만물이 통태(通泰)함을 얻은 것이고, 사람에 있어서는 상하의 뜻이 사귀어 통해서 그 뜻을 같이 하는 것이다.

※ 통태(通泰) : 막힘없이 통하고 태평함.

內陽而外陰하며 內健而外順하며 內君子而外小人하니 君子道ㅣ 長하고 小人道ㅣ 消也ㅣ라.

◉ 안은 양이고 밖은 음이며, 안은 굳세고 바깥은 순하며, 군자는 안에 있고 소인은 밖에 있으니, 군자의 도가 자라나고 소인의 도는 사라지는 것이다.

【傳】陽來居內하고 陰往居外하니 陽進而陰退也요 乾健이 在內하고 坤順이 在外하야 爲內健而外順하니 君子之道也요 君子ㅣ 在內하고 小人이 在外하니 是는 君子道長하고 小人道消니 所以爲泰也라. 旣取陰陽交和하고 又取君子道長하니 陰陽交和는 乃君子之道ㅣ 長也라.

양은 와서 안에 있고 음은 가서 바깥에 있으니 양은 나아가고 음은 물러난 것이고, 굳센「건:☰」이 안에 있고 순한「곤:☷」이 바깥에 있어서 안은 굳세고 바깥은 순한 것이 되니 군자의 도이며, 군자가 안에 있고 소인이 바깥에 있으니 이것은 군자의 도가 자라나고 소인의 도는 사라지는 것이므로, 「태괘」가 되는 까닭이다.

음양이 사귀어 화합한다는 뜻을 취한 뒤에, 또 군자의 도가 자란다는 뜻을 취했으니, 음양이 사귀고 화합하는 것은 군자의 도가 자라는 것이다.

※ 之 : '之'자가 없는 판본도 있다.

象曰 天地交ㅣ 泰니 后ㅣ 以하야 財成天地之道하며 輔相天地之宜하야 以左右民하나니라.

● 상에 말하길 천지(하늘과 땅)가 사귀는 것이 태니, 후가 본받아서 천지의 도를 마름질하야 이루며, 천지의 마땅함을 도움으로써 백성을 다스리느니라.

【傳】天地交而陰陽이 和則萬物이 茂遂하니 所以泰也라. 人君이 當體天地通泰之象而以財成天地之道하며 輔相天地之宜하야 以左右生民也라.

천지가 사귀어 음양이 화합하면, 만물이 무성하게 이루어지니 태괘가 된 것이다. 인군이 천지의 통태하는 상을 본받아서 천지의 도를 마름질해서 이루며, 천지의 마땅함을 도와서 백성을 다스리는 것이다.

財成은 謂體天地交泰之道而財制하야 成其施爲之方也요 輔相天地之宜는 天地ㅣ 通泰則萬物이 茂遂하니 人君이 體之而爲法制하야 使民으로 用天時因地利하야 輔助化育之功하야 成其豐美之利也라.

'재성(財成)'은 천지가 사귀어 통하는 도를 본받아 마름질하고 만들어서, 하늘의 베푸는 방법을 성취하는 것이고, '보상천지지의(輔相天地之宜)'는 천지가 통태해지면 만물이 무성하게 되니, 인군이 그것을 본받아 법과 제도를 만들어서, 백성들로 하여금 천시(天時)를 이용하고 지리(地利)를 따라서 화육하는 공을 돕게 함으로써, 풍성하고 아름다운 이로움을 이루게 하는 것이다.

如春氣發生萬物하면 則爲播植之法하고 秋氣成實萬物하면 則爲收斂之法이니 乃輔相天地之宜하야 以左右輔助於民也라. 民之生은 必賴君上하니 爲之法制하야 以敎率輔翼之라야 乃得遂其生養하나니 是左右之也라.

마치 봄기운이 만물을 발생시키면 씨뿌리고 심는 법을 만들고, 가을기운이 만물의 결실을 맺게 하면 거두어 들이는 법을 만드는 것과 같으니, 천지의 마땅함을 도와서 좌우함으로써 백성을 돕는 것이다. 백성의 삶은 반드시 인군에게 의지하므로, 법과 제도를 만들어서 가르치고 통솔함으로써 도와야, 백성들의 생양(生養)을 이루게 되니, 이것이 '좌우(左右)'한다는 것이다.

※ 생양(生養) : 낳고 기름. 여기서는 백성이 삶을 영위함을 말함.

【本義】 財成은 以制其過요 輔相은 以補其不及이라.

'재성(財成)'은 지나침을 제제하는 것이고, '보상(輔相)'은 모자람을 보충하는 것이다.

初九는 拔茅茹ㅣ라. 以其彙로 征이니 吉하니라.

- [정자] 초구는 띠 뿌리를 뽑음이라. 그 무리로써 가는 것이니 길하니라.
- [주자] 초구는 띠 뿌리를 뽑음이니 그 무리로써 하면, 가는 것이 길하리라.

☷ 三陽在下 相連而進

【傳】初ㅣ 以陽爻로 居下하니 是는 有剛明之才而在下者也니 時之否則君子ㅣ 退而窮處호대 時旣泰則志在上進也라.

「초구」가 양효로써 아래에 있으니, 이것은 강명한 재질이 있으면서 아래에 있는 사람이다. 때가 비색하면(否) 군자가 물러나서 곤궁하게 거처하지만, 때가 이미 태평해졌으니(泰) 뜻이 위로 올라가는 데 있다.

※ 旣 : '將'자로 되어 있는 판본도 있다.

君子之進에 必與其朋類하니 相牽援을 如茅之根然하야 拔其一則牽連而起矣라. 茹는 根之相牽連者라 故로 以爲象이라. 彙는 類也니 賢者ㅣ 以其類로 進하야 同志以行其道하니 是以吉也라. 君子之進에 必以其類는 不唯志在相先이요 樂於與善이니 實乃相賴以濟라. 故로 君子小人이 未有能獨立不賴朋友之助者也라.

 군자가 나아감에 반드시 그 벗들과 같이하니, 서로 끌고 응원하기를 띠 뿌리 같이 해서, 그 하나를 뽑으면 주욱 이어서 일어난다. '여(茹)'는 뿌리가 서로 붙어 이어진 것이므로 상(象)으로 삼았다. '휘(彙)'는 동류이니, 어진 사람이 그 동류와 같이 나아가 뜻을 같이 함으로써 도를 행하는 까닭에 길한 것이다.

 군자의 나아감에 반드시 그 동류와 같이 하는 것은, 오직 뜻이 서로 먼저 가려고 해서 그럴 뿐이 아니라, 착한 일을 같이 하는 것을 즐거워 함이니, 실상은 서로 힘입어서 건너가는 것이다. 그러므로 군자나 소인이 벗들의 도움을 받지 않고 홀로 설 수 있는 사람은 없다.

自古로 君子ㅣ 得位則天下之賢이 萃於朝廷하야 同志協力하야 以成天下之泰하고 小人이 在位則不肖者ㅣ 竝進然後에 其黨이 勝而天下ㅣ 否矣니 蓋各從其類也라.

 예로부터 군자가 자리(位)를 얻으면, 천하의 어진 이가 조정에 모여서 뜻을 같이 하고 힘을 합해서 천하의 태평함을 이루고, 소인이 자리에 있으면 어질지 못한 이들이 몰려온 뒤에 그 무리가 기승을 부려 천하가 비색해지니, 대개 각각 그 무리를 좇아 가는 것이다.

【本義】三陽在下하야 相連而進이 拔茅連茹之象이니 征行之吉也라. 占者ㅣ 陽剛則其征이 吉矣리라. 郭璞의 洞林에 讀至彙字하야 絶句하니 下卦도 放此라.

 세 양(☰)이 아래에 있어 서로 연합해 나아감이, 띠를 뽑음에 뿌리가 연해 있는 상이니, 나아가는 데 길한 것이다. 점치는 사람이 양강하면 그 나아감이 길할 것이다. <곽박>이 지은 『동림』에 '휘(彙)'자까지 귀절을 나누어 읽으니, 아랫 괘(否卦)도 이와 같다.

> ※ 곽박(郭璞:276~324) : 「동진:東晉」의 학자. 도교를 섬겨 신선이 되었다고 함. 박학다재하였으며, 특히 천문(天文)과 복서(卜筮)에 정통하였다.
>
> ※ 동림(洞林) : <곽박>이 지은 책, 『주역동림:周易洞林』 또는 『역동림:易洞林』으로 불리며, 후인이 집본(輯本)한 『곽홍농집:郭弘農集』에 세 권이 전함.

象曰 拔茅征吉은 志在外也ㅣ라.

◉ 상에 말하기를 '발모정길'은 뜻이 바깥에 있는 것이다.

【傳】時將泰則群賢이 皆欲上進하니 三陽之志는 欲進으로 同也라 故로 取茅茹彙征之象이라. 志在外는 上進也라.

때가 태평해지면 뭇 어진 이가 다 (세상을 위해 경륜을 펴고자) 올라가려고 하니, 세 양(䷊)의 뜻은 나아가고자 하는 것으로 같기 때문에, '띠뿌리'와 '무리로 가는' 상을 취했다. '뜻이 밖에 있다(志在外)'함은 올라가는 것이다.

> ※ 誠齋楊氏曰 君子之志는 在天下요 不在一身이라 故로 曰志在外라.
> : <성재양씨>가 말하기를 "군자의 뜻은 천하를 구제하는 데 있고 자기 한 몸에 있지 않기 때문에, '뜻이 밖에 있다'고 하였다."

九二는 包荒하며 用馮河하며 不遐遺하며 朋亡하면 得尙于中行하리라.

◉ [정자] 구이는 거친 것을 포용하며, 걸어서 하수를 건너는 것을 쓰며, 먼 것을 버리지 않으며, 붕당을 없애면, 중도로 행함에 합치됨을 얻을 것이다.

◉ [주자] 구이는 거친 것을 포용하면서 걸어서 하수를 건너는 것을 쓰며, 먼 것을 버리지 않으면서 붕당을 없애면, 중도로 행함에 합치됨을 얻을 것이다.

 治泰之道 主二而言

【傳】二ㅣ 以陽剛得中으로 上應於五하고 五以柔順得中으로 下應於二하야 君臣이 同德하니 是는 以剛中之才로 爲上所專任이라. 故로 二雖居臣位나 主治泰者也니 所謂上下交而其志同也라 故로 治泰之道를 主二而言이라.

「구이」가 양강하고 중(中)을 얻음으로써 위로 「육오」와 응하고, 「육오」는 유순하고 중을 얻음으로써 아래로 「구이」와 응해서 인군과 신하가 덕이 같으니, 이것은 강중한 재질로 윗 사람의 전적인 신임을 얻은 것이다. 그러므로 「구이」가 비록 신하자리에 있으나 「태」를 다스리는 주인이니, 이른바 (「단전」에 말한) '상하가 사귀어 그 뜻을 같이한 것(上下交而其志同也)'이기 때문에, 「태」를 다스리는 도를 「구이」를 주로해서 말했다.

包荒用馮河不遐遺朋亡四者는 處泰之道也라. 人情은 安肆則政이 舒緩而法度ㅣ 廢弛하야 庶事에 无節治之之道하리니 必有包含荒穢之量이면 則其施爲ㅣ 寬裕詳密하야 弊革事理而人安之어니와 若无含弘之度하며 有忿疾之心이면 則无深遠之慮일새 有暴擾之患이니 深弊ㅣ 未去而近患이 已生矣라. 故로 在包荒也라.

'거친 것을 포용하며, 걸어서 하수를 건너는 것을 쓰며, 먼 것을 버리지 않으며, 붕당을 없앰(包荒用馮河不遐遺朋亡)'의 네 가지는 「태」에 처신하는 도리다. 사람의 정(人情)은 편안하고 방심하면 정치가 이완되고 법도가 무너져서, 모든 일에 절제되고 다스려지는 도가 없을 것이니, 반드시 거칠고 더러운 것을 포용하는 도량을 가지면, 그 베풀음이 너그럽고 자세하여 폐단이 고쳐지고 일이 잘 다스려져서 사람들이 편안케 생각할 것이다. 만일 큰 것을 포함하는 도량이 없고 분해하고 미워하는 마음이 있으면, 깊이 생각하고 멀리 보려는 생각이 없기 때문에 사납고 소란스러운 근심이 생길 것이니, 깊은 폐단이 없어지기 전에 가까운 근심이 이미 생길 것이다. 그렇기 때문에 '거친 것을 포용하라(包荒)'고 한 것이다.

※ 穢 : 더러울 예.

用馮河는 泰寧之世엔 人情이 習於久安하야 安於守常하고 惰於因循하

야 憚於更變하니 非有馮河之勇이면 不能有爲於斯時也라. 馮河는 謂 其剛果하야 足以濟深越險也라. 自古로 泰治之世가 必漸至於衰替는 蓋由狃習安逸因循而然이니 自非剛斷之君과 英烈之輔면 不能挺特 奮發하야 以革其弊也라 故로 曰用馮河라.

　'걸어서 하수를 건너는 것을 씀(用馮河)'은 태평하고 평안한 세상에는 사람의 정이 오랜 편안함에 익숙해져서 보통 일을 지키는 것에 안주하고, 일상적인 일에 타성이 생겨 고치고 바꾸는 것을 꺼릴 것이니, 하수(河水)를 도보로 건너는 용기가 있지 않으면 이런 때에 (천하를 위해) 일을 할 수 없다. '빙하(馮河)'는 강하고 과감해서 깊은 데를 건너고 험한 곳을 넘을 수 있다는 말이다. 예로부터 태평하게 다스려진 세상이 반드시 점점 쇠퇴해지는 것은, 대개 안일하게 일상적인 답습에 익숙해져서 그런 것이니, 강하고 결단성있는 인군과 영웅스럽고 열열한 신하의 도움이 없으면, 특출하게 분발해서 그 폐단을 혁신할 수 없기 때문에, '도보로 하수를 건너는 용기를 쓰라(用馮河)'고 한 것이다.

　　※ 足 : '可'자로 되어 있는 판본도 있다.
　　※ 狃 : 친압할 뉴.　 挺 : 빼어날 정.　 憚 : 꺼릴 탄.

或이 疑ㅣ 上云包荒則是包含寬容이라하고 此云用馮河則是奮發改革이라하니 似相反也라하니 不知以含容之量으로 施剛果之用이 乃聖賢之爲也라.

　혹자가 의심하기를 "앞에서 '거친 것을 포용하라(包荒)' 함은 포용하고 너그러이 용납하는 것이고, 여기서 '하수를 도보로 건넘을 씀(用馮河)'은 분발해서 개혁하는 것이라고 하니, 서로 반대되는 것 같습니다"고 하니, 포용하고 용납하는 도량으로써 강하고 과단성 있는 쓰임을 베풀음이 성인과 현인의 하는 일이라는 것을 모르는 말이다.

　　※ 容 : '弘'자로 되어 있는 판본도 있다.

不遐遺는 泰寧之時엔 人心이 狃於泰則苟安逸而已니 惡能復深思遠慮하야 及於遐遠之事哉리오. 治夫泰者는 當周及庶事하야 雖遐遠이라

도 不可遺라. 若事之微隱과 賢才之在僻陋는 皆遐遠者也니 時泰則固遺之矣라.

'먼 것을 버리지 않음(不遐遺)'은 태평하고 편안한 때엔 인심이 태평한 데 길들여져 안일할 뿐이니, 어떻게 또 깊게 생각하고 멀리 생각해서 먼 일에까지 미치겠는가? 태평할 때의 다스림은 마땅히 뭇 일에 두루 미치게해서, 비록 먼 데 있는 것이라도 버릴 수 없는 것이다. 만약 일의 은미한 것과 어진 재사가 궁벽하고 누추한 곳에 있음은 다 먼 데 있는 것이니, 때가 태평하면 버리기가 쉽다.

※ 僻 : '側'자로 되어 있는 판본도 있다.

朋亡은 夫時之旣泰則人習於安하야 其情이 肆而失節일새 將約而正之니 非絶去其朋與之私則不能也라 故로 云朋亡이라. 自古로 立法制事ㅣ 牽於人情하야 卒不能行者ㅣ 多矣니 若夫禁奢侈則害於近戚하고 限田産則妨於貴家하니 如此之類를 旣不能斷以大公而必行하면 則是牽於朋比也라. 治泰에 不能朋亡則爲之難矣라.

'붕당을 없앰(朋亡)'은 태평해진 때엔 사람이 편안한 데 익숙해서 그 마음씀이 방자하여 절도를 잃게 되기 때문에 절도있고 바르게 해야하니, 붕당의 사사로운 더불음을 끊어버리지 않으면 할 수 없기 때문에 '붕당을 없애라(朋亡)'고 한 것이다. 예로부터 법을 세우고 일을 처리함에, 인정에 이끌려서 마침내 실행하지 못한 사람이 많으니, 만일 사치를 금하려 하면 가까운 친척에 해롭고, 농토와 재산을 제한하려 하면 귀족들에게 해로우니, 이런 것들을 큰 공된 마음으로 결단해서 행하지 못한다면, 이것은 붕당에게 이끌리는 것이다. 「태」의 때를 다스리는데 붕당을 없애지 못하면 다스리기가 어렵다.

※ 旣不能 : '旣不能'의 세 글자가 없는 판본도 있다.
※ 牽 : '不牽'으로 되어 있는 판본도 있다.

治泰之道ㅣ 有此四者면 則能合於九二之德이라 故로 曰得尙于中行이라하니 言能配合中行之義也라. 尙은 配也라.

「태」를 다스리는 도가 이 네 가지가 있으면 「구이」의 덕과 합치할 수 있기 때문에 '중도(中道)로 행함에 합치됨을 얻을 것이다(得尙于中行)'고 했으니, 중도를 행하는 뜻에 합치된다는 말이다. '상(尙)'은 배합된다는 말이다.

【本義】九二 | 以剛居柔하야 在下之中하고 上有六五之應하니 主乎泰而得中道者也라. 占者 | 能包容荒穢而果斷剛決하고 不遺遐遠而不昵朋比면 則合乎此爻中行之道矣리라.

「구이」가 강으로써 유한 자리에 있어 아랫괘의 중에 있고, 위로 「육오」의 응원이 있으니, 「태」를 주관하고 중도를 얻은 사람이다. 점치는 사람이 거칠고 더러운 것을 포용하면서 과단성 있고 강하게 결단하며, 먼 데를 버리지 않으면서 붕당과 친근한 사람들에게 빠지지 않을 수 있다면, 이 「구이효」의 중도로 행하는 도에 합치될 수 있을 것이다.

> 象曰 包荒得尙于中行은 以光大也 | 라.
>
> ● 상에 말하기를 '포황득상우중행'은 빛나고 큼이다.

【傳】象에 擧包荒一句而通解四者之義하니 言如此면 則能配合中行之德而其道 | 光明顯大也라.

「소상전」에 '거친 것을 포용한다(包荒)'는 한 귀절을 들어서 네 가지의 뜻을 통틀어 풀이한 것이니, 이렇게 하면 중도로 행하는 덕에 배합이 되고, 그 도가 밝게 비추고 크게 드러난다는 말이다.

> 九三은 无平不陂며 无往不復이니 艱貞이면 无咎하야 勿恤이라도 其孚 | 라 于食애 有福하리라.
>
> ● [정자] 구삼은 평평한 것은 기울어지지 않음이 없으며 간 것은 돌아오지 않는 것이 없으니, 어렵게하고 바르게 하면 허물이 없어서, 근심하지 않더라도 미더운지라. 먹는 데 복이 있으리라.
> ● [주자] 구삼은 평평한 것은 기울어지지 않음이 없으며 간 것은 돌아오지 않는 것이 없으니,

어렵게 하고 바르게 하면 허물이 없고, 그 믿음을 근심하지 않으면 먹는 데 복이 있으리라.

泰將極矣 艱貞有福

【傳】三이 居泰之中하고 在諸陽之上하니 泰之盛也나 物理ㅣ 如循環하야 在下者는 必升하고 居上者는 必降하니 泰久而必否라. 故로 於泰之盛과 與陽之將進에 而爲之戒하야 曰无常安平而不險陂者라하니 謂无常泰也요 无常往而不返者라하니 謂陰當復也니 平者ㅣ 陂하고 往者ㅣ 復則爲否矣라. 當知天理之必然하야 方泰之時에 不敢安逸하고 常艱危其思慮하야 正固其施爲니 如是則可以无咎라.

「구삼」이 「태」의 가운데 거처하고 모든 양의 위에 있으니, 「태」의 성한 것이나, 물건의 이치가 순환하는 것 같아서, 아래에 있는 것은 반드시 올라가고, 위에 있는 것은 반드시 내려오니, 태평한 것이 오래되면 반드시 비색해진다. 그러므로 「태」의 성한 때와 양이 나아갈 때를 경계해서 말하기를, '항상 편안하고 태평하기만 해서 험하고 기울어지지 않는 것이 없다'하니, 항상 태평한 것이 없다는 말이고, '항상 가기만하고 돌아오지 않는 것이 없다'하니, 음이 마땅히 돌아온다는 말이니, 평평한 것이 기울어지고 간 것이 돌아오면 비색해지는 것이다. 마땅히 하늘의 이치가 반드시 그렇다는 것을 알아서, 태평한 때에 감히 안일하게 하지 않고, 항상 그 생각을 어렵고 위태하게 가져서, 그 베풀음을 바르고 굳게 해야하니 이렇게 하면 허물이 없을 것이다.

處泰之道ㅣ 旣能艱貞則可常保其泰하야 不勞憂恤이라도 得其所求也라. 不失所期ㅣ 爲孚니 如是則於其祿食에 有福益也라. 祿食은 謂福祉니 善處泰者는 其福을 可食也라. 蓋德善이 日積則福祿이 日臻하고 德踰於祿則雖盛而非滿이니 自古로 隆盛이 未有不失道而喪敗者也라.

태평한 때에 거처하는 도가 어렵고 바르고 굳게 할 수 있으면, 항상 그 태평한 것을 보전해서, 근심 걱정을 하지 않더라도 그 구하는 바를 얻을 것이다. 기대하는 바를 잃지 않는 것이 '미더움(孚)'이 되니, 이렇게 하면 그 녹을 먹음에 복됨과 유익함이 있을 것이다.

　녹을 먹음은 복지(행복)를 말한 것이니, 태평한 때를 잘 처리하는 사람은 그 복을 누릴 수 있는 것이다. 덕과 선(善)이 날로 쌓이면 복록이 날로 이르고, 덕이 녹보다 넘치면 비록 성대하나 차서 넘치지 않을 것이니, 예로부터 융성함이 도를 잃지 않았는데도 잃어 버리고 패망한 경우는 없었다.

　　※ 臻 : 이를 진, 모을 진.

【本義】將過于中하니 泰將極而否欲來之時也라. 恤은 憂也요 孚는 所期之信也니 戒占者ㅣ 艱難守貞則无咎而有福이리라.

　이제 막 (「태괘」의) 중간을 지나니, 태평함이 장차 다해서 비색함이 오려고 하는 때다. '휼(恤)'은 걱정하는 것이고, '부(孚)'는 기대에 대한 믿음이니, 점치는 사람이 어렵더라도 바름을 지키면 허물이 없고 복이 있을 것이라고 경계한 것이다.

　　※ 于 :「사고전서」본에는 '乎'자로 되어 있다.　　※ 貞 : '正'자로 되어 있다.

象曰 无往不復은 天地際也ㅣ라.
◉ 상에 말하기를 '간 것은 돌아오지 않는 것이 없다'고 한 것은 하늘과 땅이 사귀는 것이다.

【傳】无往不復은 言天地之交際也라. 陽降于下하면 必復于上하고 陰升于上하면 必復于下는 屈伸往來之常理也니 因天地交際之道하야 明否泰不常之理하야 以爲戒也라.

　'간 것은 돌아오지 않는 것이 없다(无往不復)'함은, 하늘과 땅이 교제함을 말한 것이다. 양이 아래로 내려오면 반드시 위로 회복하고, 음이 위로 올라가면 반드시 아래로 돌아 오는 것은, 굴신하고 왕래하는 떳떳한 이치이니, 하늘과 땅의 교제하는 도로 인해서, 비색하고 태평함이 항상하지 않다는 이치를 밝힘으로써 경계를 삼은 것이다.

　　※ 之常理也 : '理之常也'로 되어 있는 판본도 있다.

六四는 翩翩히 不富以其鄰하야 不戒以孚로다.
● 육사는 편편히 부하지 않아도 그 이웃으로써 해서, 경계하지 않아도 믿는도다.

以陰在上 志在下復

【傳】六四ㅣ 處泰之過中하고 以陰在上하니 志在下復이며 上二陰도 亦志在趨下라. 翩翩은 疾飛之貌니 四ㅣ 翩翩就下하야 與其鄰으로 同也라. 鄰은 其類也니 謂五與上이라. 夫人이 富而其類從者는 爲利也요 不富而從者는 其志同也라. 三陰은 皆在下之物이어늘 居上하니 乃失其實이요 其志皆欲下行이라 故로 不富而相從하니 不待戒告而誠意ㅣ 相合也라. 夫陰陽之升降은 乃時運之否泰요 或交或散은 理之常也니 泰旣過中則將變矣라.

「육사」가 「태괘」의 중간을 지난 곳에 거처하고, 음으로써 위(上卦)에 있으니 뜻이 아래로 돌아오는 데 있으며, 위의 두 음(「육오」와 「상육」)도 또한 뜻이 아래로 내려가는 데 있다.

'편편(翩翩)'은 빨리 날으는 모습이니, 「육사」가 편편히 아래로 가서 그 이웃과 같이 하는 것이다. '이웃(鄰)'이라는 것은 그 동류이니, 「육오」와 「상육」을 말한 것이다. 사람이 부자일 때 그 무리가 따르는 것은 이익을 위함이고, 부자가 아닌데도 따르는 것은 그 뜻을 같이하는 것이다. 세 음(☷)은 모두 아래에 있는 물건인데도 위에 거처하니, 그 실질을 잃은 것이고, 그 뜻이 모두 아래로 가고자 하므로, 부자가 아닌데도 서로 따르니, 경계하고 고(告)함을 기다리지 않고도 성의가 서로 합한 것이다.

음양의 오르고 내림은 시운(時運)의 비색함과 태평한 것이고, 혹 사귀고 혹 흩어짐은 이치의 떳떳한 것이니, 「태」가 이미 중간을 지났으면 장차 변할 것이다.

※ 者 : '者'자가 없는 판본도 있다.

聖人이 於三에 尙云艱貞則有福이라하시니 蓋三은 爲將中이니 知戒則

可保어니와 四는 已過中矣니 理必變也라 故로 專言始終反復之道요 五는 泰之主니 則復言處泰之義라.

성인께서 「구삼」에 오히려 '간정(艱貞)하면 복이 있다'고 하셨으니, 「구삼」은 장차 중간이 되므로 경계할 줄 알면 보전할 수 있으나, 「육사」는 이미 중간을 지났으므로 이치가 반드시 변할 것이기 때문에, 오로지 시종(始終)하고 반복(反復)하는 도로써 말한 것이다. 「육오」는 「태」의 주인이기 때문에 다시 「태」에 거처하는 의리로 말씀하신 것이다.

【本義】已過乎中하니 泰已極矣라. 故로 三陰이 翩然而下復하야 不待富而其類ㅣ 從之하니 不待戒令而信也라. 其占은 爲有小人이 合交하야 以害正道니 君子ㅣ 所當戒也라. 陰虛陽實이라 故로 凡言不富者는 皆陰爻也라.

이미 중간을 지났으니 태평한 것이 극에 달한 것이다. 그러므로 세 음(☷)이 편편히 아래로 내려와서, 부(富)할 것을 기대하지 않아도 그 무리가 따르니, 경계하는 명령을 듣지 않고도 믿는 것이다.

그 점(占)은 소인이 합치고 사귀어서 정도(正道)를 해치는 것이 되니, 군자가 마땅히 경계해야할 바다. 음은 허하고 양은 실하기 때문에, '부자가 아니라(不富)'고 말한 것은 다 음효이다.

> 象曰 翩翩不富는 皆失實也ㅣ오 不戒以孚는 中心願也ㅣ라.
>
> ◉ 상에 말하길 '편편히 부하지 않음'은 다 실질을 잃음이요, '경계하지 않아도 믿는 것'은 중심으로 원함이라.

【傳】翩翩은 下往之疾이니 不待富而鄰從者는 以三陰이 在上하야 皆失其實故也라. 陰本在下之物이어늘 今乃居上하니 是失實也라. 不待告戒而誠意相與者는 蓋其中心所願故也니 理當然者는 天也요 衆所同者는 時也라.

'편편(翩翩)'은 내려가기를 빠르게 하는 것이니, 부할 것을 기대하지 않아도 서로가 이웃을 따르는 것은, 세 음(☷)이 위에 있어서 다 그 실질을 잃었기 때문이다. 음은 본래 아래에 있는 물건인데, 이제 위에 있으니, 이것이 실질을 잃은 것이다. 경계할 것을 말하지 않아도 성의로 서로 더불어 하는 것은, 대개 그 속 마음에서 원하는 까닭이니, 이치의 당연한 것은 하늘이고(天運) 무리가 같이 하는 것은 때이다(天時).

【本義】陰本居下어늘 在上하니 爲失實이라.

음은 본래 아래에 있는 것인데, 위에 있으니 실질을 잃은 것이 된다.

六五는 帝乙歸妹니 以祉며 元吉이리라.

● 육오는 제을이 누이를 시집보냄이니, 복이 있으며 크게 착하고 길할 것이다.

☷ 柔中虛己 下應九二

【傳】史에 謂湯爲天乙이요 厥後에 有帝祖乙하니 亦賢王也요 後又有帝乙이라하고 多士曰自成湯으로 至于帝乙히 罔不明德恤祀라하나 稱帝乙者ㅣ 未知誰是라.

『사기』에 "<탕임금>이 <천을>이고, 그 뒤에 <조을>이라는 임금이 있었으니 또한 어진 왕이며, 뒤에 또 <제을>이라는 인군이 있었다"하고, 많은 선비들이 말하기를 "<성탕>으로부터 <제을>에 이르기까지 덕이 밝았고 제사를 열심히 하지 않은 이가 없다"고 하나, <제을>이라고 한 것이 누군지 모르겠다.

以爻義로 觀之면 帝乙은 制王姬下嫁之禮法者也라. 自古로 帝女ㅣ 雖皆下嫁로대 至帝乙然後에야 制爲禮法하야 使降其尊貴하야 以順從其夫也라. 六五ㅣ 以陰柔로 居君位하야 下應於九二剛明之賢하니 五能倚任其賢臣而順從之를 如帝乙之歸妹然하야 降其尊而順從於陽

則以之受祉며 且元吉也라. 元吉은 大吉而盡善者也니 謂成治泰之功也라.

효(爻)의 뜻으로 보면 <제을>은 왕의 딸이 시집가는 예법을 만든 인군이다. 예로부터 제왕의 딸이 비록 다 아랫 사람에게 시집은 갔으되, <제을>에 이른 다음에야 예법을 만들어서 (공주의) 높고 귀한 것을 낮춤으로써 지아비에게 순종하게 했다. 「육오」가 음유함으로써 인군자리에 있으면서 아래로 「구이」의 강명한 어짊과 응했으니, 「육오」가 능히 그 어진 신하에게 의지하고 맡겨 순종하기를 <제을>이 누이를 시집 보내는 것같이 해서, 높은 것을 낮추어 양에게 순종하면 복을 받고 또한 원길(元吉)하다. '원길'은 크게 길하고 착하지 않음이 없음이니, 태평한 때를 다스리는 공을 이룬다는 말이다.

　　※ 爲 : '其'자로 되어 있는 판본도 있다.

【本義】以陰居尊하야 爲泰之主하고 柔中虛己하야 下應九二하니 吉之道也요 而帝乙歸妹之時에 亦嘗占得此爻하니 占者ㅣ 如是則有祉而元吉矣라. 凡經에 以古人爲言하니 如高宗箕子之類者도 皆倣此하니라.

음으로써 높은 데 거처해서 「태」의 주인이 되고, 유중(柔中)하면서 자기를 비워 아래로 「구이」와 응하니 길한 도리이며, <제을>이 누이를 시집보낼 때에 또한 점쳐서 이 효를 얻었으니, 점치는 사람이 이와 같이 하면 복이 있고 크게 길하다. (『주역』의) 경문(經文)에 옛 사람을 예로 들어 말했으니, <고종>과 <기자>와 같은 류도 다 이와 같다(그 때 그 사람들이 점쳐서 그 효를 얻었다.).

　　※ 고종(高宗) : 「상(商)나라」의 제 22대 왕인 <무정(武丁)>의 호. 재위 59년 동안 「상나라」를 정치나 영토면에서 부흥시켰다. 「기제괘:旣濟卦」「구삼효」 참조.

　　※ 기자(箕子) : 「은(殷)나라」의 마지막 왕인 <주왕(紂王)>의 숙부. 본명은 서여(胥餘). 거짓 미친 체하며 목숨을 부지했다가, 후에 조국을 멸한 「주(周)나라」의 <무왕(武王)>에게 백성을 위해 정치의 대법인 「홍범:洪範」을 전함. 「명이괘:明夷卦」 참조.

象曰 以祉元吉은 中以行願也ㅣ라.

◉ 상에 말하기를 '복이 있으며 크게 착하고 길할 것이다'는 중도로 함으로써 원하는 것을 행함이라.

【傳】所以能獲祉福且元吉者는 由其以中道로 合而行其志願也라. 有中德하야 所以能任剛中之賢은 所聽從者ㅣ 皆其志願也니 非其所欲이면 能從之乎아.

복을 얻고 원길(元吉)한 것은, 중도로써 합해서 그 뜻이 원하는 것을 행하기 때문이다. 중덕(中德)이 있어서 강중한 어진 이에게 맡길 수 있음은, 듣고 따라가는 것이 다 그의 뜻이 원하는 것이기 때문이니, 하고자 하는 것이 아니면 따를 수 있겠는가?

上六은 城復于隍이라. 勿用師ㅣ오 自邑告命이니 貞이라도 吝하니라.

◉ [정자] 상육은 성이 터에 돌아옴이라. 군사를 쓰지 말고, 읍으로부터 명을 고함이니 바르고 굳게 하더라도 인색하니라.
◉ [주자] 상육은 성이 터에 돌아옴이라. 군사를 쓰지 말고 읍으로부터 명을 고할 것이니, 바르고 굳게 하더라도 인색하니라.

泰之將終 上下不通

【傳】掘隍土積累하야 以成城은 如治道ㅣ 積累하야 以成泰요 及泰之終하야 將反於否는 如城土頹圮하야 復反于隍也라. 上은 泰之終인데 六이 以小人으로 處之하니 行將否矣라. 勿用師는 君之所以能用其衆者는 上下之情이 通而心從也어늘 今泰之將終에 失泰之道하야 上下之情이 不通矣요 民心이 離散하야 不從其上하니 豈可用也리오. 用之則亂이라. 衆旣不可用에 方自其親近而告命之하니 雖使所告命者ㅣ 得其正이라도 亦可羞吝이라. 邑은 所居로 謂親近이니 大率告命은 必自近始라.

성터(隍)를 판 흙이 여러 번 쌓여 성을 이루는 것은, 다스리는 도가 누적되어 태평한 때를 만드는 것 같고, 태평한 때의 마지막에 장차 비색한 데로 돌아가는 것은 성의 흙이 무너져서 다시 성터로 돌아오는 것과 같다. 「상육」은 「태」의 마지막인데, 육(六)이 소인으로써 거처하니, 행함이 장차 비색하게 될 것이다. '군사를 쓰지 말라(勿用師)'고 함은, 인군이 그 무리를 부릴 수 있음은 위와 아래의 정이 통해서 마음으로 따라야 하는데, 지금 태평한 시대가 장차 마치려함에, 태평하게 하는 도리를 잃어서 위와 아래의 뜻이 통하지 않고, 민심이 떠나 흩어져서 그 윗 사람을 따르지 않으니 어떻게 쓸 수 있겠는가? 쓰면 어지러울 것이다. 무리를 쓸 수 없음에 그 친근한 데로부터 명을 고하니, 비록 명을 고함이 바름을 얻었다 하더라도 또한 부끄럽고 인색하다. '읍(邑)'은 거처하는 곳으로 친근한 데를 말하니, 대개 명을 고함은 반드시 가까운 데로부터 시작한다.

※ 퇴비(頹圮:頹敗) : 쇠퇴하여 결딴 남.

凡貞凶貞吝에 有二義하니 有貞固守此則凶吝者하며 有雖得正이라도 亦凶吝者라. 此不云貞凶而云貞吝者는 將否而方告命이 爲可羞吝이니 否不由於告命也라.

'정흉, 정인(貞凶 貞吝)'이라고 한 것에 두 가지 뜻이 있으니, 굳게 이것을 지키면 흉하고 인색하다는 것이 있고, 바름을 얻었더라도 흉하고 인색하다는 것이 있다. 여기에서 '정흉(貞凶)'이라 하지 않고 '정인(貞吝)'이라 함은, 장차 비색해지려 하는데도 방금 명을 고한 것이 부끄럽고 인색한 것이 되는 것이니, 비색한 것이 명을 고한 데 연유한 것이 아니다.

※ 者 : '者'자가 없는 판본도 있다.
※ 명을 고하거나 말거나 이미 대세가 기울어져서 비색해지는 것이다.

【本義】泰極而否ㅣ 城復于隍之象이라. 戒占者ㅣ 不可力爭이요 但可自守니 雖得其貞이라도 亦不免於羞吝也라.

태평함이 끝남에 비색해지는 것이 성이 터로 돌아오는 상이다. 점치는 사람이 힘으로 다툴 수는 없고 다만 스스로를 지킴이 옳으니, 비록 바름을 얻었더라도 또한 부끄럽고 인색함을 면할 수 없다고 경계한 것이다.

　　※ 朱子曰 方泰極之時엔 只得自治其邑이라. 程先生이 說ㅣ 民心離散에 自其親近者而告命之하니 雖正亦吝이라하시나 然이나 此時에 只得如此면 雖吝이나 却未至於凶이라.

　　: <주자>가 말씀하길 "태평함이 끝날 때에는 단지 자신의 마음을 다스릴 것이다. <정자>가 말씀하기를 '민심이 떠남에 친근한 자로부터 명을 고하니, 비록 바르더라도 인색하다'고 하시나, 이 때에 단지 이렇게만 했다면 비록 인색하나 흉함에는 미치지 않는 것이다."

象曰 城復于隍은 其命이 亂也ㅣ라.

● 상에 말하기를 '성이 터로 돌아왔다' 함은 그 명이 어지러워 짐이라.

【傳】城復于隍矣니 雖其命之亂이라도 不可止也라.

성이 터로 돌아왔으니, 비록 그 명이 어지러워졌더라도 그치게 할 수 없다.

【本義】命亂이라 故로 復否라. 告命은 所以治之也라.

명이 어지러워졌기 때문에 비색한 데로 돌아왔다. '명을 고하는 것(告命)'은 다스리려고 하는 것이다.

　　※ 雲峯胡氏曰 告命以治之는 則不付之於不可爲也라.

　　: <운봉호씨>가 말하길 "명을 고함으로써 다스리는 것은 할 수 없다고 포기하는 것이 아니다."

乾上 坤下 天地否(12)
천 지 비

【傳】否는 序卦에 泰者는 通也니 物不可以終通이라 故로 受之以否라 하니 夫物理ㅣ 往來하야 通泰之極則必否하나니 否所以次泰也라. 爲卦ㅣ 天上地下하니 天地相交하고 陰陽이 和暢則爲泰어니와 天處上地處下는 是天地隔絶하야 不相交通이니 所以爲否也라.

「비:☰☷」는 「서괘전」에 "「태」는 통하는 것이니, 물건이 끝까지 통할 수 만은 없기 때문에 「비」로써 받았다"고 하였다. 물건의 이치가 왕래하여 통태(通泰)함이 극에 달하면 반드시 비색하게 되니, 「비괘」가 「태괘:☷☰」 다음에 온 것이다. 괘됨이 하늘(☰)은 위에 있고 땅(☷)은 아래에 있으니, 하늘과 땅이 사귀고 음양이 화창(和暢) 하면 태평해지나, 하늘은 위에 있고 땅은 아래에 있음은, 하늘과 땅이 막히고 끊어져서 서로 사귀어 통하지 않는 것이니, 그래서 (비색하다는) 「비괘」가 된 것이다.

否之匪人이니

- [정자] 비(否)는 사람이 아니니,
- [주자] 의심하건대 '지비인(之匪人)' 세 글자는 덧붙인 말이다.

天地隔絶 所以爲否

【傳】天地交而萬物이 生於中然後에야 三才備하나니 人爲最靈이라 故로 爲萬物之首하니 凡生天地之中者는 皆人道也라. 天地不交면 則不生萬物하니 是无人道라. 故로 曰匪人이라하니 謂非人道也라. 消長闔闢이 相因而不息하야 泰極則復하고 否終則傾하야 无常而不變之理

하니 人道ㅣ 豈能无也리오. 旣否則泰矣라.

　하늘과 땅이 사귀어 만물이 그 가운데서 난 뒤에야 삼재(三才)가 갖추어진다. 사람이 가장 신령스럽기 때문에 만물의 머리가 되니, 하늘과 땅 사이에 난 모든 것은 다 사람의 도라 할 수 있다. 하늘과 땅이 사귀지 않으면 만물을 낳지 못하니, 이것은 사람의 도가 없는 것이기 때문에 '사람이 아니다(匪人)'고 한 것이니, 사람의 도가 아니라는 말이다.

　사라지고 길어지며 닫히고 열리는 활동이 서로 원인하여 쉬지 않아서, 태평함이 극에 가면 (비색한 것으로) 돌아오고, 비색한 것이 끝에 가면 (태평함으로) 기울어져, 항상해서 변하지 않는 이치가 없으니, 사람의 도가 어떻게 없을 수 있겠는가? 이미 비색했으면 태평하게 될 것이다.

不利君子貞하니 **大往小來**니라.
● 군자의 바름이 이롭지 않으니, 큰 것이 가고 작은 것이 오느니라.

【傳】夫上下ㅣ 交通하고 剛柔ㅣ 和會는 君子之道也어니와 否則反是라 故로 不利君子貞이라하니 君子正道ㅣ 否塞不行也라. 大往小來는 陽往而陰來也니 小人道長하고 君子道消之象이라 故로 爲否也라.

　상하가 사귀어 통하고 강유가 화합해서 모이는 것은 군자의 도리지만, 「비」는 이런 것과 반대되기 때문에, '군자의 바름이 이롭지 않다(不利君子貞)'고 했으니, 군자의 바른 도가 꽉 막혀서 행하지 못하는 것이다. '큰 것이 가고 작은 것이 온다(大往小來)' 함은 양이 가고 음이 오는 것이니, 소인의 도가 길어지고 군자의 도가 사라지는 상이다. 그러므로 「비괘:否卦」가 된 것이다.

【本義】否는 閉塞也니 七月之卦也라. 正與泰로 反이라 故로 曰匪人이라하니 謂非人道也라. 其占이 不利於君子之正道라. 蓋乾往居外하고 坤來居內며 又自漸卦而來則九往居四하고 六來居三也라. 或이 疑하야 之匪人三字는 衍文이니 由比六三而誤也라하니 傳不特解하니 其義

를 亦可見이라.

「비」는 닫히고 막힌 것이니 칠월괘이다. 「태괘」와는 정반대이기 때문에 '사람이 아니다(匪人)'라고 한 것이니, 사람의 도가 아니라는 말이다. 그 점(占)이 군자의 바른 도에 이롭지 않다. 「건:☰」이 가서 바깥에 있고 「곤:☷」이 와서 안에 있으며, 또한 「점괘:䷴」로부터 왔으니 「구삼」이 사효자리에 가서 거처하고, 「육사」가 삼효자리에 와서 거처한 것이다. 혹자가 의심하기를 "'지비인(之匪人)' 세 글자는 연문(衍文)으로, 「비괘:䷇」의 「육삼효사」로 인해 잘못된 것이다"고 하니, 「단전:彖傳」에 특별히 해석하지 않은 것으로 볼 때, 그런 뜻을 또한 알 수 있다.

※ 「비괘:比卦」의 「육삼효사」에 "比之匪人"으로 되어 있다.

象曰 否之匪人不利君子貞大往小來는 則是天地ㅣ 不交而萬物이 不通也ㅣ며 上下ㅣ 不交而天下ㅣ 无邦也ㅣ라. 內陰而外陽하며 內柔而外剛하며 內小人而外君子하니 小人道ㅣ 長하고 君子道ㅣ 消也ㅣ라.

● 단에 말하기를 '비지비인 불리군자정 대왕소래'는 이 하늘과 땅이 사귀지 않아 만물이 통하지 않으며, 위와 아래가 사귀지 않아 천하에 나라가 없는 것이다. 안은 음이고 밖에 양이 있으며, 안에 유가 있고 밖에 강이 있으며, 안에는 소인이 있고 바깥에는 군자가 있으니, 소인의 도가 자라나고 군자의 도는 사라지는 것이다.

【傳】夫天地之氣ㅣ 不交則萬物이 无生成之理하고 上下之義ㅣ 不交則天下에 无邦國之道라. 建邦國은 所以爲治也니 上은 施政以治民하고 民은 戴君而從命하야 上下ㅣ 相交라야 所以治安也어늘 今上下ㅣ 不交하니 是天下에 无邦國之道也라. 陰柔ㅣ 在內하고 陽剛이 在外하며 君子ㅣ 往居於外하고 小人이 來處於內하니 小人道長하고 君子道消之時也라.

하늘과 땅의 기운이 사귀지 않으면 만물이 생성(生成)하는 이치가 없고, 위와 아래의 뜻이 사귀지 않으면 천하에 나라의 도가 없을 것이다. 나라를 세움은 다스리기 위한 것이니, 윗 사람은 정치를 베풀어 백성을 다스리고, 백성은 인군을 추대하고 명령을 좇아서 위와 아래가 서로 사귀어야 다스려져서 편안한 것인데, 지금은 위와 아래가 사귀지 않으니, 이것은 천하에 나라의 도가 없는 것이다. 음유한 것이 안에 있고 양강한 것이 바깥에 있으며, 군자가 가서 밖에 거처하고 소인이 와서 안에 거처하니, 소인의 도가 자라나고 군자의 도가 사라지는 때다.

> 象曰 天地不交ㅣ 否니 君子ㅣ 以하야 儉德辟難하야 不可榮以祿이니라.
> - [정자] 상에 말하기를 하늘과 땅이 사귀지 않는 것이 비니, 군자가 본받아서 덕을 검소하게 하고 어려운 것을 피해서, 녹으로써 영화롭게 하지 말 것이니라.
> - [주자] 상에 말하기를 하늘과 땅이 사귀지 않는 것이 비니, 군자가 본받아서 덕을 검소하게 하여 어려운 것을 피하는 것이니, 녹으로써 영화롭게 하지 말 것이니라.

【傳】天地不相交通이라 故로 爲否라. 否塞之時엔 君子道消하니 當觀否塞之象而以儉損其德하야 避免禍難이요 不可榮居祿位也라. 否者는 小人得志之時니 君子ㅣ 居顯榮之地면 禍患이 必及其身이라 故로 宜晦處窮約也라.

하늘과 땅이 서로 교통하지 않기 때문에 「비:否」가 된 것이다. 비색한 때는 군자의 도가 사라지니, 마땅히 비색한 상을 관찰해서, 그 덕을 검소하게 하고 덜어서 화와 어려움을 피하고 면해야 할 것이고, 녹(祿)과 벼슬에 영화로이 거처해서는 안된다. 「비」는 소인이 뜻을 얻은 때니, 군자가 영화롭고 현달한 지위에 있으면, 화와 근심이 반드시 그 몸에 미칠 것이기 때문에, 마땅히 거처하는 곳을 어둡게 하고 궁색하고 검약하게 해야할 것이다.

  ※ 교통(交通) : 사귀어 통함.   비색(否塞) : 꽉 막힘.

【本義】收斂其德하고 不形於外하야 以避小人之難이니 人不得以祿位로 榮之라.

그 덕을 거두어들이고 바깥에 형용하지 않음으로써 소인의 난을 피하는 것이니, 사람이 녹과 벼슬로써 영화롭게 하지 못하는 것이다.

※ 建安丘氏曰 儉德避難은 象坤陰之吝이요 不可榮以祿은 象乾德之剛이니 如六四之括囊无咎는 卽儉德避難也요 乾初九之遯世无悶은 卽不可榮以祿也라.
: <건안구씨>가 말하길 "'검덕피난'은 「곤:坤」의 음이 인색함을 형상한 것이고, '불가영이록'은 「건:乾」의 덕이 강함을 형상한 것이니, 「곤」「육사」의 '괄낭무구'는 '검덕피난'이고, 「건」「초구」의 '돈세무민'은 '불가영이록'인 것이다."

初六은 拔茅茹ㅣ라. 以其彙로 貞이니 吉하야 亨하니라.

- [정자] 초육은 띠뿌리를 뽑음이라. 그 무리로써 바르게 함이니 길해서 형통하니라.
- [주자] 초육은 띠뿌리를 뽑음이라. 그 무리로써 함이니 바르게 하면 길해서 형통하리라.

當否之時 小人連類

【傳】泰與否ㅣ 皆取茅爲象者는 以群陽群陰이 同在下하야 有牽連之象也로대 泰之時則以同征으로 爲吉하고 否之時則以同貞으로 爲亨이라. 始以內小人外君子로 爲否之義하고 復以初六否而在下로 爲君子之道는 易이 隨時取義하야 變動无常이니 否之時엔 在下者ㅣ 君子也라. 否之三陰이 上皆有應이나 在否隔之時하야 隔絶不相通이라 故로 无應義라. 初六이 能與其類로 貞固其節하니 則處否之吉而其道之亨也라. 當否而能進者는 小人也요 君子則伸道免禍而已니 君子進退는 未嘗不與其類로 同也니라.

「태괘」와 「비괘」가 다 띠(茅)를 취하여 상을 삼은 것은, 뭇 양(☰)과 뭇 음(☷)이 아래에 함께 있어서 이끌어 연결하는 상이 있기 때문이되, 「태괘」의 때는 같이 나아가는 것으로 길함을 삼고, 「비괘」의 때는 같이 바르게 하는 것으로 형통함을 삼았다.

처음(「괘사」 및 「단전」)에는 '안에는 소인이 있고 밖에는 군자가 있는 것'으로 「비:否」의 뜻을 삼고, 다시 「초육」이 비색한 때 아래에 있는 것으로써 군자의 도를 삼은 것은, 『주역』은 때에 따라 뜻을 취해서 변동해서 항상함이 없는 것이니, 비색한 때엔 아래에 있는 사람이 군자다. 「비괘」의 세 음(☷)이 다 위로 응이 있으나,

비색해서 막히는 때에 있어서 막히고 끊어져 서로 통하지 못하는 까닭에 응하는 뜻이 없다. 「초육」이 그 동류와 함께 그 절개를 정고하게 지킬 수 있으니, 비색한 때를 처하는 길한 방도이며 그 도가 형통한 것이다. 비색한 때를 당해서 나아갈 수 있는 사람은 소인이고, 군자는 도나 펴고 화나 면할 따름이니, 군자의 진퇴는 항상 그 동류와 같이 하는 것이다.

【本義】三陰이 在下하야 當否之時하니 小人이 連類而進之象이요 而初之惡則未形也라 故로 戒其貞則吉而亨이라하니 蓋能如是면 則變而爲君子矣라.

세 음(☷)이 아래 있어서 비색한 때를 당했으니, 소인이 동류끼리 연합해서 나아가는 상이고, 「초육」은 악한 것이 아직 형성되지 않았기 때문에, 바르게 하면 길하고 형통할 것이라고 경계한 것이다. 대개 이와 같이 할 수 있으면, 변해서 군자가 될 수 있다.

象曰 拔茅貞吉은 志在君也ㅣ라.
● 상에 말하기를 '발모정길'은 뜻이 인군에게 있음이라.

【傳】爻에 以六이 自守於下로 明君子處下之道하고 象에 復推明하야 以象君子之心이니 君子는 固守其節하야 以處下者요 非樂於不進獨善也나 以其道ㅣ 方否하야 不可進故로 安之耳니 心固未嘗不在天下也라. 其志ㅣ 常在得君而進하야 以康濟天下라 故로 曰志在君也라.

「효사」에서 「초육」이 아래에서 스스로를 지키는 것으로써 군자의 아래에 처하는 도를 밝혔고, 「소상전」에 다시 미루어 밝혀서 군자의 마음을 형상한 것이니, 군자는 그 절개를 굳게 지켜서 아래에 있는 것이고, 나아가지 않고 자기 혼자만 착하게 하는 것을 즐기는 것이 아니나, 그 도가 비색해서 나아갈 수 없기 때문에 편안히 있을 뿐이니, 마음은 항상 천하에 있다. 그 뜻이 항상 훌륭한 인군을 얻어 벼슬해서 천하를 편안히 하고 다스리는 데 있으므로, '뜻이 인군에게 있다(志在君也)'고 한 것이다.

※ 下 : '좀'자로 되어 있는 판본도 있다.

【本義】小人而變爲君子則能以愛君으로 爲念而不計其私矣라.

소인이 변해서 군자가 되면, 인군을 사랑하는 마음을 갖게 되고 사사로운 것을 계산하지 않을 것이다.

六二는 包承이니 小人은 吉코 大人은 否니 亨이라.
- [정자] 육이는 포용하고 있는 것이 이어 받드는 것이니, 소인은 길하고 대인은 비색함이 형통하니라.
- [주자] 육이는 포용하며 이어 받들음이니, 소인은 길하고 대인은 비색하여야 형통하리라.

質則陰柔 居則中正

【傳】六二는 其質則陰柔요 其居則中正이라. 以陰柔小人而言이면 則方否於下하니 志所包畜者ㅣ 在承順乎上하야 以求濟其否로 爲身之利니 小人之吉也라. 大人은 當否則以道自處하니 豈肯枉己屈道하야 承順於上이리오. 唯自守其否而已니 身之否ㅣ 乃其道之亨也라. 或曰 上下ㅣ 不交어늘 何所承乎아. 曰正則否矣나 小人順上之心은 未嘗无也니라.

「육이」는 그 본질은 음유하고, 그 거처함은 중정하다. 음유한 소인으로 말할 것 같으면, 이제 막 아래에서 막혔으니, 뜻하고 있는 것이 윗 사람을 순하게 받들어서 그 비색함을 구제하는 것으로 자신의 이익을 삼으니, 소인이 길한 것이다. 대인은 비색한 때를 당하면 도로써 스스로 처신하니, 어찌 자기를 굽히고 도를 굽혀 윗 사람을 순하게 이어 받들기를 즐기겠는가? 오직 스스로 비색함을 지킬 따름이니, 몸의 비색한 것이 그 도의 형통한 것이다. 혹자가 묻기를 "위와 아래가 사귀지 않는데, 어떻게 이어 받들 수 있습니까?" 답하기를 "바른 도는 막혔으나, 소인이 윗 사람을 순히 받드는 마음은 항상 있어 왔다."

【本義】陰柔而中正하야 小人而能包容承順乎君子之象이니 小人之吉道也라. 故로 占者ㅣ 小人이면 如是則吉이요 大人則當安守其否而後라야 道亨이리니 蓋不可以彼包承於我而自失其守也라.

   음유하나 중정해서, 소인이 능히 군자를 포용해서 순하게 이어 받드는 상이니, 소인의 길한 도다. 그렇기 때문에 점치는 사람이 소인이면 이렇게 하면 길하고, 대인은 마땅히 그 비색한 것을 편안한 마음으로 지킨 뒤에야 도가 형통할 것이니, 대개 다른 사람이 나를 포용하고 받든다고 해서 스스로 그 지키는 것을 잃어 버려서는 안된다.

象曰 大人否亨은 不亂群也ㅣ라.
◉ 상에 말하기를 '대인비형'은 무리에 어지럽히지 않은 것이다.

【傳】大人이 於否之時에 守其正節하고 不雜亂於小人之群類하니 身雖否而道之亨也라. 故로 曰否亨이라하니 不以道而身亨은 乃道之否也라. 不云君子而云大人은 能如是則其道ㅣ 大也라.

   대인이 비색한 때에 바른 절개를 지키고 소인의 무리에 섞여서 어지럽히지 않으니, 몸은 비록 비색하나 도는 형통한 것이다. 그렇기 때문에 '비색함이 형통하다(否亨)'라고 했으니, 도로써 하지 않고 몸만 형통한 것은 도의 비색한 것이다. 군자라고 하지 않고 '대인(大人)'이라고 한 것은, 이렇게 할 수 있으면 그 도가 크다(大)는 것이다.

   ※ 則 : '則'자가 없는 판본도 있다.

【本義】言不亂於小人之群이라.
   소인의 무리에 어지럽게 섞이지 않는다는 말이다.

六三은 包ㅣ 羞ㅣ로다.

- [정자] 육삼은 싼 것이 부끄럽도다.
- [주자] 육삼은 부끄러움을 쌈이라.

☷☰ 不中不正 居否邪濫

【傳】三以陰柔로 不中不正而居否하고 又切近於上하니 非能守道安命이요 窮斯濫矣니 極小人之情狀者也라. 其所包畜謀慮ㅣ 邪濫无所不至하니 可羞恥也라.

「육삼」이 음유함으로써 중(中)하지도 정(正)하지도 못하면서 비색한 때에 있고, 또 「상구」와 매우 가까우므로, 도를 지키고 천명을 편안히 하는 사람이 아니고 궁하고 참람한 사람이니, 소인의 정상이 극도에 달한 사람이다. 그 품고 있는 꾀와 생각이 사악하고 넘쳐서 미치지 않는 곳이 없으니 부끄러운 것이다.

【本義】以陰居陽而不中正하니 小人이 志於傷善而未能也라 故로 爲包羞之象이라. 然이나 以其未發이라 故로 无凶咎之戒라.

음으로써 양자리에 있으면서 중정하지 못하니, 소인이 착한 사람을 해치려고 마음 먹으나 할 수 없는 상태이기 때문에, 부끄러움을 싼 형상이 된다. 그러나 발하지 않은 상태이기 때문에, 흉하고 허물이 있다는 경계를 하지 않은 것이다.

象曰 包羞는 位不當也일새라.
- 상에 말하기를 '포수'는 위가 마땅치 않기 때문이다.

【傳】陰柔居否而不中不正하니 所爲可羞者는 處不當故也라. 處不當位니 所爲ㅣ 不以道也라.

음유로 비색한데 있으면서 중정하지 못했으니, 하는 행동이 부끄러운 것은 마땅하지 못한 자리에 거처하기 때문이다. 거처하는 곳이 마땅한 자리가 아니니, 하는 것이 도로써 하지 못한다.

九四는 有命이면 无咎하야 疇ㅣ 離祉리라.
- [정자] 구사는 군명(君命)을 두면 허물이 없어 짝이 복을 받을 것이다.
- [주자] 구사는 천명(天命)이 있고 허물이 없어 짝이 복을 받을 것이다.

否過中矣 將濟之時

【傳】四以陽剛健體로 居近君之位하니 是는 以濟否之才而得高位者也니 足以輔上濟否라. 然이나 當君道方否之時하야 處逼近之地하니 所惡ㅣ 在居功取忌而已라. 若能使動必出於君命하고 威柄을 一歸於上則无咎而其志ㅣ 行矣니 能使事皆出於君命이면 則可以濟時之否요 其疇類ㅣ 皆附離其福祉라. 離는 麗也니 君子는 道行則與其類로 同進하야 以濟天下之否니 疇ㅣ 離祉也라. 小人之進도 亦以其類로 同也라.

「구사」가 양강하고 굳센 몸체(☰)로써 인군과 가까운 자리에 있으니, 이것은 「비」를 다스릴 수 있는 재질로써 높은 자리를 얻은 사람이므로, 충분히 윗 사람을 도와 「비」를 다스릴 수 있다. 그러나 인군의 도가 비색해진 때를 맞아서 인군과 매우 가까운 지위에 있으니, 나쁜 점이 공을 뽐내어 남들로부터 꺼림을 받게 되는 데 있을 뿐이다. 만약 움직일 때는 반드시 인군의 명령에 의해서 하고, 권세와 위엄을 한결같이 윗 사람에게 돌리면 허물이 없어서 그 뜻이 행해질 것이니, 모든 일을 인군의 명령으로 하면 때의 비색함을 다스릴 수 있고, 그 동류가 다 복을 받을 것이다. '리(離)'는 걸린다는 것이니, 군자는 도가 행해질 때는 그 동류와 함께 나아가서 천하의 비색함을 구제하므로, 동류가 복에 걸리는 것이다. 소인의 나아가는 것도 또한 그 동류와 함께 한다.

【本義】否過中矣니 將濟之時也라. 九四ㅣ 以陽居陰하야 不極其剛이라 故로 其占이 爲有命无咎而疇類三陽이 皆獲其福也라. 命은 謂天命이라.

「비」의 중간을 지났으니, 이제 막 다스려지는 때다. 「구사」가 양으로써 음자리에 있어서 강함을 극도로 하지 않기 때문에, 그 점이 '천명이 있고 허물이 없으며, 동류인 세 양(☰)이 다 복을 받음'이 된다. '명(命)'은 천명(天命)을 말한 것이다.

※ 雲峯胡氏曰 諸解에 各以命爲君命이로대 本義以爲天命이라. 蓋泰九三은 无平不陂无往不復이라하고 否九四는 有命이라하니 否泰之變은 皆天也나 然이나 泰變爲否는 易故로 於內卦에 卽言之요 否變爲泰는 難故로 於外卦에 始言之니 此本義於泰否之四에 皆曰已過乎中而否之三은 不言也라. 泰之三은 必无咎而後에 有福이요 否之四는 必无咎而後에 疇離祉는 三四는 乾坤交接之處요 陰陽往來之會니 君子當此에 必自无過而後에야 可爲福而後可爲疇類之福이라. 或曰 否九四時는 吉凶未判으로 必有命이라야 方得无咎니 其所謂无咎者는 天也요 非人也라하야늘 曰本義云ㅣ 九四는 以陽居陰하야 不極其剛故로 其占이 爲有命无咎라하니 蓋唯四ㅣ 不極其剛이라. 此所以爲四之无咎也니 一諉諸天이 可乎哉리오.

: <운봉호씨>가 말하길 "여러 선비들의 풀이에 '명(命)'을 군명(君命)으로 했는데, 『본의』는 천명(天命)으로 풀이했다. 「태괘」의 「구삼」에 '무평불피 무왕불복'이라하고, 「비괘」의 「구사」에 '유명'이라 했으니, 비태(否泰)의 변화는 모두 하늘이 변한 것이지만, 「태」가 변해서 「비」가 되는 것은 쉬운 까닭에 내괘에 바로 말했고, 「비」가 변해 「태」가 되는 것은 어렵기 때문에 외괘에 가서 비로소 말한 것이니, 이래서 『본의』가 「태괘」와 「비괘」의 사효에 모두 '이미 중을 지났다'고 하고 「비괘」의 「육삼」에는 그러지 않았다.

「태괘」의 「구삼」은 반드시 허물이 없게 된 다음에 복이 있는 것이고, 「비괘」의 「구사」는 반드시 허물이 없게 된 다음에 동류가 복을 받는 것은, 삼효와 사효는 「건」과 「곤」이 교접하는 곳이고, 음양이 왕래하여 모이는 곳이니, 군자가 이 때를 당해서 반드시 허물이 없게한 후에야 복이 있고 또한 동류도 복이 있는 것이다.

혹자가 묻기를 '「비괘」의 「구사」의 때에는 길흉이 아직 정해지지 않은 것으로, 반드시 명이 있어야 허물이 없는 것이니, 여기서 말한 「허물이 없다」고 한 것은 하늘이 하는 것이고 인간이 하는 것이 아니지 않습니까?' 답하기를 『본의』에 '「구사」가 양으로써 음자리에 있어 강함을 극도로 하지 않기 때문에, 그 점이 천명이 있고 허물이 없다'고 했으니, 오직 「구사」만이 강함을 극도로 하지 않는다. 이것은 「구사」가 허물이 없게 되는 까닭이니, 어찌 하늘에만 핑계를 대겠는가!"

象曰 有命无咎는 志行也ㅣ라.
● 상에 말하기를 '유명무구'는 뜻이 행하는 것이다.

【傳】有君命則得无咎하야 乃可以濟否니 其志ㅣ 得行也라.

인군의 명령을 두면(인군의 명령에 의해서 행하면) 허물이 없어서 비색한 것을 다스릴 수 있으니, 그 뜻이(비색한 세상을 다스리고자 하는 뜻) 행함을 얻은 것이다.

九五는 休否라. 大人의 吉이니 其亡其亡이라아 繫于苞桑이리라.

- [정자] 구오는 비색한 것을 그치게 함이라. 대인의 길한 것이니 그 망할 듯 망할 듯 해야 우묵한 뽕나무에 매리라.
- [주자] 구오는 비색한 것을 그치게 함이라. 대인이 길하니, 그 망할 듯 망할 듯 해야 우묵한 뽕나무에 매리라.

 陽剛中正 能休時否

【傳】五以陽剛中正之德으로 居尊位라 故로 能休息天下之否하니 大人之吉也라. 大人이 當位하야 能以其道로 休息天下之否하야 以循致於泰호대 猶未離於否也라 故로 有其亡之戒라. 否旣休息하야 漸將反泰라도 不可便爲安肆요 當深慮遠戒하야 常虞否之復來하니 曰其亡矣 其亡矣라.

「구오」가 양강하고 중정한 덕으로써 높은 자리에 있기 때문에, 천하의 비색함을 그치게 할 수 있으니 대인의 길함이다. 대인이 마땅한 자리에 있어서, 도로써 천하의 비색함을 그치게 해서 태평한 세상을 돌아오게 할 수 있으나, 아직 비색한 데서 떠나지 못했기 때문에, '그 망할 듯(其亡)'이라는 경계를 두었다. 비색한 것이 그쳐서 점차로 태평한 세상이 돌아오더라도, 바로 편안히 하고 방심해서는 안되고, 마땅히 깊이 생각하고 멀리 경계해서 항상 비색한 세상이 다시 올 것을 근심해야 하니, '망할 듯 망할 듯'이라고 말한 것이다.

※ 尊 : '君'자로 되어 있는 판본도 있다.   反 : '及'자로 되어 있는 판본도 있다.

其繫于苞桑은 謂爲安固之道를 如維繫于苞桑也라. 桑之爲物은 其根이 深固하고 苞는 謂叢生者로 其固尤甚하니 聖人之戒ㅣ 深矣시니라.

漢王允과 唐李德裕ㅣ 不知此戒하니 所以致禍敗也라. 繫辭에 曰危者는 安其位者也요 亡者는 保其存者也요 亂者는 有其治者也니 是故로 君子ㅣ 安而不忘危하며 存而不忘亡하며 治而不忘亂이라 是以身安而國家를 可保也라하니라.

　'우묵한 뽕나무에 맨다(繫于苞桑)' 함은, 편안하고 굳게 하는 도를 행하기를 우묵한 뽕나무에 매는 것 같이 하라는 말이다. '뽕나무(桑)'는 뿌리가 깊고 굳으며, '포(苞)'는 덤불지게 난 것으로 그 굳음이 더욱 심한 것이니, 성인의 경계하심이 깊으시다. 「한나라」〈왕윤〉과 「당나라」〈이덕유〉가 이런 경계를 몰랐으니, 환난과 패망을 초래한 것이다. 「계사전」에 말하기를 "위태할까 하는 자는 그 지위를 편안히 하는 것이고, 망할까 하는 자는 그 존재를 보존하는 것이며, 어지러울까 하는 자는 그 다스림이 있게 하는 것이니, 이런 까닭에 군자가 편안하되 위태함을 잊지 않으며, 존하되 망하는 것을 잊지 않으며, 다스려졌으되 어지러워짐을 잊지 않는다. 이로써 몸이 편안하고 국가를 보존할 수 있다"고 했다.

　　※ 총생(叢生) : 풀이나 나무가 덤불지게 난 것.
　　※ 「계사하전」 5장에 출전함

【本義】陽剛中正으로 以居尊位하야 能休時之否하니 大人之事也라. 故로 此爻之占을 大人이 遇之則吉이나 然이나 又當戒懼를 如繫辭傳所云也라.

　양강하고 중정함으로 높은 자리에 있음으로써 때의 비색함을 그치게 하니, 대인의 일이다. 그렇기 때문에 이 효의 점을 대인이 만나면 길하나, 또한 경계하고 두려워하기를 「계사전」에 말한 것과 같이 해야 한다.

> 象曰 大人之吉은 位ㅣ 正當也일새라.
> ● 상에 말하기를 '대인지길'은 위가 바르고 마땅하기 때문이다.

【傳】有大人之德而得至尊之正位라 故로 能休天下之否니 是以吉

也라. 无其位則雖有其道라도 將何爲乎아. 故로 聖人之位를 謂之大寶라.

대인의 덕이 있으면서 지극히 높고 바른 자리를 얻었기 때문에, 천하의 비색함을 그치게 할 수 있으니 길하다. 그 지위(位)가 없으면 비록 그 도가 있더라도 장차 어찌 할 수 있겠는가? 그렇기 때문에 성인의 지위(位)를 큰 보배라고 했다.

※ 休 : '休息'으로 되어 있는 판본도 있다.
※ 「계사하전」 1장에 "聖人之大寶曰位"

上九는 傾否니 先否코 後喜로다.
● 상구는 비색한 것이 기울어짐이니 먼저는 비색하고 뒤에는 기뻐하도다.

 否旣極矣 傾覆而變

【傳】上九는 否之終也니 物理ㅣ 極而必反이라 故로 泰極則否하고 否極則泰라 上九ㅣ 否旣極矣라 故로 否道ㅣ 傾覆而變也니 先은 極否也요 後는 傾喜也라 否傾則泰矣니 後喜也라.

「상구」는 「비괘」의 끝이니, 물건의 이치가 극도에 달하면 반드시 돌이키기 때문에, 태평함이 극도에 달하면 비색해지고 비색함이 극도에 달하면 태평해진다. 「상구」가 비색함이 이미 극에 달했으므로 비색한 도가 기울고 엎어져 변하는 것이니, 먼저는 극도로 비색하고, 뒤에는 비색함이 기울어져 기쁜 것이다. 비색한 것이 기울어지면 태평해지니 뒤에는 기쁜 것이다.

【本義】以陽剛으로 居否極하야 能傾時之否者也니 其占이 爲先否後喜라.

양강함으로써 「비」의 끝에 있어서, 때의 비색한 것을 기울어지게 할 수 있는 자니, 그 점이 먼저는 비색하고 뒤에는 기쁜 것이 된다.

> 象曰 否終則傾하나니 何可長也ㅣ리오.
> ● 상에 말하기를 비색한 것이 마치면 기울어지나니 어찌 오래갈 수 있으리오.

【傳】否終則必傾하나니 豈有長否之理리오. 極而必反은 理之常也라. 然이나 反危爲安하고 易亂爲治는 必有剛陽之才而後에 能也라 故로 否之上九則能傾否요 屯之上六則不能變屯也라.

    비색함이 마치면 반드시 기울어지니, 어찌 비색한 것이 오래 갈 리가 있겠는가? 극도에 가면 반드시 돌이킴은 이치의 떳떳한 것이다. 그러나 위태한 것을 돌이켜 편안하게 하고, 어지러운 것을 바꾸어 다스리게 하는 것은, 반드시 강양한 재질이 있어야 할 수 있기 때문에, 「비괘」의 「상구」는 비색한 것을 기울어지게 할 수 있고, 「둔괘:屯卦」의 「상육」은 어려움(屯)을 변화시키지 못하는 것이다.

天火同人(13)
천 화 동 인

【傳】同人은 序卦에 物不可以終否라 故로 受之以同人이라하니 夫天地ㅣ 不交則爲否요 上下ㅣ 相同則爲同人이니 與否義로 相反이라 故로 相次라. 又世之方否에 必與人同力이라야 乃能濟니 同人이 所以次否也라.

「동인:䷌」은 「서괘전」에 "물건이 끝까지 비색할 수 만은 없기 때문에, 동인으로 받았다"고 하였다. 하늘과 땅이 사귀지 않으면 비색한 것(否)이 되고, 상하가 서로 같이 하면 동인(同人)이 되니, 「비괘:䷋」의 뜻과는 서로 반대가 되기 때문에 서로 차례를 했다. 또한 세상이 비색해짐에 반드시 다른 사람과 협력해야 구제할 수 있으니, 「동인괘:同人卦」가 「비괘:否卦」 다음에 온 것이다.

※ 力 : '欲'자로 되어 있는 판본도 있다.

爲卦ㅣ 乾上離下하니 以二象으로 言之면 天은 在上者也요 火之性은 炎上하니 與天同也라 故로 爲同人이요 以二體로 言之면 五ㅣ 居正位하야 爲乾之主하고 二ㅣ 爲離之主하니 二爻ㅣ 以中正으로 相應하야 上下相同이 同人之義也며 又卦唯一陰에 衆陽所欲同이 亦同人之義也라. 他卦도 固有一陰者로대 在同人之時而二五ㅣ 相應하고 天火ㅣ 相同이라 故로 其義ㅣ 大라.

괘됨이 「건:☰」이 위에 있고 「리:☲」가 밑에 있으니, 두 상(象)으로 말하면 하늘은 위에 있는 것이고, 불의 성질은 위로 타 올라가니 하늘과 같이 하는 것이므로 「동인」이 된 것이고, 두 괘체로 말하면 「구오」가 바른자리에 있어서 「건:☰」의 주인이 되고, 「육이」는 「리:☲」의 주인이 되니, 두 효가 중정함으로써 서로 응해서 위와 아래가 서로 같이하는 것이 「동인」의 뜻이다. 또 괘에 오직 음이 하나 있음에, 뭇 양이 같이 하고자 함이 또한 동인의 뜻이다. 다른 괘도 음이 하나인 것이 있지만, 동인의 때에 있으면서 이효와 오효가 서로 응하고, 하늘과 불이 서로 같이 하기 때문에 그 의의가 큰 것이다.

同人于野ㅣ면 **亨**하리니 **利涉大川**이며 **利君子**의 **貞**하나라.

- [정자] 들에서 사람들과 같이 하면 형통하리니, 큰 내를 건넘이 이로우며 군자의 바름으로 함이 이로우니라.
- [주자] 들에서 사람들과 같이 하니 형통하고, 큰 내를 건넘이 이로우니 군자의 바름이 이로우니라.

 一陰中正 五陽同歸

【傳】野는 謂曠野니 取遠與外之義라. 夫同人者는 以天下大同之道니 則聖賢大公之心也요 常人之同者는 以其私意所合이니 乃暱比之情耳라. 故로 必于野라하니 謂不以暱近情之所私而于郊野曠遠之地라. 旣不繫所私면 乃至公大同之道라. 无遠不同也니 其亨을 可知라.

'들(野)'은 광활한 들을 말한 것이니, 멀고 바깥에 있다는 뜻을 취한 것이다. '동인(同人)'은 천하가 대동(크게 같이함)하는 도로써 하는 것이니, 성현의 크게 공된 마음이고, 보통 사람의 같이 하는 것은 사사로운 마음으로 모이는 것이니, 친하고 가까운 정일 뿐이다. 그렇기 때문에 반드시 '들에서 하라(于野)'는 것이니, 친하고 가까이 하는 사사로운 정으로 하지 말고, 넓고 먼 들에서 하라는 말이다. 이미 사사로운 데 매이지 않았다면, 지극히 공변되고 대동하는 도가 된다. 먼 데까지 같이 하지 않음이 없으니 그 형통함을 알 수 있다.

※ 暱 : 친밀할 닐.

能與天下로 大同이면 是는 天下ㅣ 皆同之也니 天下ㅣ 皆同이면 何險阻之不可濟며 何艱危之不可亨이리오. 故로 利涉大川이며 利君子의

貞이라. 上言于野는 止謂不在暱比요 此는 復言宜以君子正道니 君子之貞은 謂天下至公大同之道라.

천하와 더불어 대동할 수 있으면, 이것은 천하가 다 함께 하는 것이니, 천하가 다 함께 하면 어떤 험하고 막힌 것인들 건너지 못하며, 어떤 어렵고 위태한 것인들 형통하게 못하겠는가? 그러므로 '큰 내를 건넘이 이로우며, 군자의 바름으로 함이 이롭다(利涉大川利君子貞)'고 했다. 위에서 '들에서 하라(于野)'고 함은 단지 친하고 가까운 데 빠지지 말라는 것이고, 여기는 다시 군자의 바른 도로 행함이 마땅하다고 말한 것이니, '군자의 바름'은 천하의 지극히 공변되고 대동하는 도를 말한다.

※ 能 : '旣'자로 되어 있는 판본도 있다.

故로 雖居千里之遠하고 生千歲之後라도 若合符節하니 推而行之면 四海之廣과 兆民之衆이 莫不同이요 小人則唯用其私意하야 所比者는 雖非나 亦同하고 所惡者는 雖是나 亦異라. 故로 其所同者ㅣ 則爲阿黨이니 蓋其心이 不正也일새라. 故로 同人之道는 利在君子之貞正이라.

그러므로 비록 천 리 밖에 있고 천 년 뒤에 태어났더라도 부절을 맞추는 것 같으니, (이런 이치로) 미루어 행하면 천하(四海)의 넓음과 억조의 백성들이 함께 하지 않음이 없을 것이다. 소인은 오직 그 사사로운 뜻을 써서, 가까운 사람은 비록 그릇되어도 또한 함께 하고, 미워하는 사람은 비록 옳으나 또한 달리 한다. 그러므로 그 함께 하는 사람이 아첨하는 무리가 되니, 대개 그 마음이 바르지 못하기 때문이다. 그렇기 때문에 「동인」의 도는 군자의 곧고 바름에 이로움이 있는 것이다.

※ 同 : '合'자로 되어 있는 판본도 있다.　　※ 阿 : 아첨할 아.

【本義】離는 亦三畫卦之名이니 一陰이 麗於二陽之間이라. 故로 其德이 爲麗爲文明이요 其象이 爲火爲日爲電이라. 同人은 與人同也라. 以離遇乾하니 火上同於天이요 六二ㅣ 得位得中而上應九五하며 又卦唯一陰而五陽이 同與之라. 故로 爲同人이라. 于野는 謂曠遠而无私也니 有亨道矣라.

「리:☲」는 또한 삼획괘의 이름이니, 한 음이 두 양 사이에 걸린 것이다. 그러므로 그 덕이 걸림(麗)이 되고 문명함이 되며, 그 상이 불·해·번개가 된다.

　'동인(同人)'은 사람과 같이 하는 것이다. 「리:☲」로써 「건:☰」을 만나니, 불이 올라가 하늘과 같이 하고, 「육이」가 위(位)와 중(中)을 얻어 위로 「구오」와 응하며, 또한 괘에 음이 오직 하나 있음에 다섯 양이 같이 더불기 때문에, '동인(同人)'이 된다. '우야(于野)'는 넓고 멀어서 사사로움이 없다는 말이니, 형통한 도리가 있다.

以健而行이라 故로 能涉川이라. 爲卦ㅣ 內文明而外剛健하고 六二ㅣ 中正而有應則君子之道也라. 占者ㅣ 能如是則亨而又可涉險이나 然이나 必其所同이 合於君子之道라야 乃爲利也라.

　굳센 것으로 행하므로 내(川)를 건널 수 있는 것이다. 괘됨이 안은 문명하고(☲) 바깥은 강건하며(☰), 「육이」가 중정하면서 응하는 것이 있으니 군자의 도다. 점치는 사람이 이와 같이 할 수 있으면 형통하고, 또 험한 것을 건널 수 있다. 그러나 반드시 그 함께함이 군자의 도에 합치되어야 이로움이 될 것이다.

> 彖曰 同人은 柔ㅣ 得位하며 得中而應乎乾할새 曰同人이라.
> ● 단에 말하기를 동인은 유(柔)가 위(位)를 얻으며, 중(中)을 얻어서 건에 응했기 때문에 동인이라 한 것이다.

【傳】言成卦之義라. 柔得位는 謂二以陰으로 居陰하니 得其正位也요 五ㅣ 中正而二以中正으로 應之하니 得中而應乎乾也라. 五ㅣ 剛健中正而二以柔順中正으로 應之하야 各得其正하니 其德이 同也라 故로 爲同人이요 五는 乾之主라 故로 云應乎乾이라. 象엔 取天火之象而象엔 專以二言이라.

　괘가 이루어진 뜻을 말한 것이다. '유가 위(位)를 얻었다(柔得位)' 함은 「육이」가 음으로써 음자리에 있으니 그 바른 자리(正位)를 얻었다는 것이고, 「구오」가 중정함에 「육이」도 중정함으로써 응하니, '중을 얻어 건에 응함(得中而應乎乾)'이다.

　「구오」가 강건하고 중정함에, 「육이」가 유순하고 중정함으로써 응해서 각각 그 바름을 얻었으니 그 덕이 같으므로 '동인(同人)'이 되고, 「구오」는 「건:☰」의 주인이기 때문에 '「건」에 응했다(應乎乾)'고 했다. 「대상전」에서는 하늘과 불의 상을 취해서 말했고, 「단전」에서는 오로지 「육이」로써 말했다.

【本義】 以卦體로 釋卦名義라. 柔는 謂六二요 乾은 謂九五라.

괘체로써 괘의 이름과 의의를 풀이한 것이다. '유(柔)'는 「육이」를 말하고, '건(乾)'은 「구오」를 말한다.

同人曰

◉ 이 세 글자는 연문이다.

【傳】 此三字는 羨文이라.

이 세 글자는 연문이다.

※ 연문(羨文) : 글 가운데 쓸 데 없는 글귀(衍文).

【本義】 衍文이라.

연문이다.

※ 嵩山晁氏曰 按虞飜諸儒컨대 無一人爲之說者로대 特王弼失之耳라.

: <숭산조씨>가 말하길 "<우번>과 여러 선비들의 학설을 살피면, 한 사람도 (이 세 글자에 대해) 설명한 사람이 없는데, 오직 <왕필>만은 그렇지 않았다(<왕필>은 '동인우야형이섭대천'하는 주체가 「육이」가 아니라 「건」이 하는 것이므로 특별히 '동인왈'을 붙였다고 설명했다).

同人于野亨利涉大川은 乾行也ㅣ오

◉ '동인우야형이섭대천'은 건(乾)의 행함이고,

【傳】 至誠无私하야 可以蹈險難者는 乾之行也니 无私는 天德也라.

지극히 정성스럽고 사사로움이 없어서 험난함을 밟을 수 있는 것은 「건:乾」의 운행이니, 사사로움이 없는 것은 하늘의 덕이다.

> ※ 沙隨程氏曰 所以同人利涉者는 在九五라 故로 曰乾行이라. : <사수정씨>가 말하길 "동인해서 내를 건넘이 이로운 것은 「구오」에게 있다. 그러므로 '건행'이라고 했다."

文明以健하고 中正而應이 君子正也ㅣ니
● 문명해서 굳세고, 중정으로 응함이 군자의 바름이니,

【傳】又以二體로 言其義라. 有文明之德而剛健하고 以中正之道로 相應하니 乃君子之正道也라.

또 두 체로써 「동인」의 뜻을 말한 것이다. 문명한 덕이 있으면서 강건하고, 중정한 도로써 서로 응하는 것이 군자의 바른 도다.

唯君子ㅣ아. 爲能通天下之志하나니라.
● 오직 군자라! 천하의 뜻을 통할 수 있느니라.

【傳】天下之志ㅣ 萬殊나 理則一也라. 君子는 明理라 故로 能通天下之志하나니 聖人이 視億兆之心을 猶一心者는 通於理而已라. 文明則能燭理라 故로 能明大同之義요 剛健則能克己라 故로 能盡大同之道니 然後에 能中正이면 合乎乾行也라.

천하의 뜻이 만 가지로 다르나 이치는 하나이다. 군자는 이치에 밝기 때문에 천하의 뜻에 통하는 것이니, 성인이 억조창생의 마음을 한 마음 같이 보는 것은, 이치에 통했기 때문이다. 문명하면 이치를 밝힐 수 있기 때문에, 대동하는 뜻을 밝힐 수 있고, 강건하면 자기자신을 이길 수 있기 때문에(克己), 대동하는 도를 다할 수 있다. 그렇게 한 뒤에 중도로 하고 바르게 행할 수 있으면, 「건:乾」의 운행에 합치될 수 있을 것이다.

【本義】以卦德卦體로 釋卦辭라. 通天下之志라야 乃爲大同이요 不然

則是私情之合而已니 何以致亨而利涉哉리오.

 괘덕과 괘체로써 「괘사」를 해석한 것이다. 천하의 뜻에 통해야 대동하는 것이 되고, 그렇지 않으면 사사로운 정의 야합일 따름이니, 어떻게 형통함을 이루고 건너서 이로울 수 있겠는가?

象曰 天與火ㅣ 同人이니 君子ㅣ 以하야 類族으로 辨物하나니라.

- [정자] 상에 말하기를 하늘과 불이 동인(同人)이니, 군자가 본받아서 류와 족으로 물건을 분별하나니라.
- [주자] 상에 말하기를 하늘과 불이 동인(同人)이니, 군자가 본받아서 족을 분류하며 물건을 분별하느니라.

【傳】不云火在天下와 天下有火하고 而云天與火者는 天은 在上하고 火性은 炎上하니 火與天이 同이라 故로 爲同人之義라. 君子ㅣ 觀同人之象而以類族으로 辨物하니 各以其類族으로 辨物之同異也라. 若君子小人之黨과 善惡是非之理와 物情之離合과 事理之異同은 凡異同者를 君子ㅣ 能辨明之라 故로 處物에 不失其方也라.

 '불이 하늘 아래 있다' 또는 '하늘 아래 불이 있다'고 하지 않고, '하늘과 불(天與火)'이라고 함은, 하늘은 위에 있고 불의 성질은 타오르니, 불이 하늘과 같이하기 때문에 동인(同人)의 뜻이 된 것이다. 군자가 「동인」의 상을 관찰해서, 류(類)와 족(族)으로 물건을 분별하니 각각 그 종류와 족속으로 물건의 같고 다름을 분별하는 것이다.

 마치 군자·소인의 무리와, 선악·시비의 이치와, 물정의 떠나고 합함과, 사리의 다르고 같은 것은, 모두 다르고 같음을 군자가 분별해서 밝힐 수 있기 때문에, 사물을 처리함에 그 합당한 방법을 잃지 않는 것이다.

【本義】天在上而火炎上하니 其性이 同也라. 類族辨物은 所以審異而致同也라.

하늘은 위에 있고 불은 타오르는 것이니, 그 성질이 같은 것이다. '유족변물(類族辨物)'은 다른 것을 살펴서 같음을 이루는 것이다.

初九는 同人于門이니 无咎ㅣ리라.
◉ 초구는 동인을 문 밖에서 함이니 허물이 없으리라.

☲☰. 同人之初 未有私主

【傳】九居同人之初而无係應하니 是는 无偏私며 同人之公者也라. 故로 爲出門同人이라. 出門은 謂在外라. 在外則无私昵之偏하야 其同이 博而公하니 如此則无過咎也리라.

　구(陽)가「동인」의 처음에 있으면서 매이고 응하는 것이 없으니, 이것은 치우침과 사사로움이 없는 것이며,「동인」의 공변된 자이다. 그러므로 문을 나가서 동인하는 것이 된다. 문을 나간다 함은 밖에 있는 것을 말한다. 밖에 있으면 사사로이 가깝게 하는 치우침이 없어서 그 동인하는 것이 넓고 공변되니, 이렇게 하면 허물이 없을 것이다.

　※ 昵 : 친할 닐.

【本義】同人之初에 未有私主하고 以剛在下하야 上无係應하니 可以无咎라. 故로 其象占이 如此라.

　「동인」의 처음에 사사로이 주장함이 없고, 강(剛)으로써 아래에 있으면서 위로 매이고 응함이 없으니 허물이 없을 수 있다. 그러므로 그 상과 점이 이와 같다.

象曰 出門同人을 又誰咎也ㅣ리오.
◉ 상에 말하기를 문에 나가 동인함을 또 누가 허물하리오.

【傳】出門同人于外는 是其所同者ㅣ 廣하야 无所偏私하니 人之同也

에 有厚薄親疎之異면 過咎所由生也어니와 旣无所偏黨이면 誰其咎之리오.

문에 나가 밖에서 동인함은, 그 같이하는 것이 넓어서 치우치거나 사사로움이 없는 것이니, 사람이 함께 함에 후박과 친소의 다름이 있으면 허물이 이로 말미암아 생기지만, 치우치고 삿된 무리를 짓지 않았다면 누가 허물하겠는가?

※ 후박(厚薄) : 두텁고 엷음.　　친소(親疎) : 친밀하고 소원함.

六二는 同人于宗이니 吝토다.

◉ 육이는 동인을 일가끼리(宗親) 함이니 인색하도다.

☰
☲ · 有應於上 不能大同

【傳】二與五ㅣ 爲正應이라 故로 曰同人于宗이라하니 宗은 謂宗黨也라. 同於所係應하니 是는 有所偏與니 在同人之道에 爲私狹矣라 故로 可吝이라. 二若陽爻則爲剛中之德이니 乃以中道로 相同하야 不爲私也리라.

「육이」와 「구오」가 정응이 되기 때문에, '일가끼리 동인함(同人于宗)'이라 했으니, '종(宗)'은 종친(宗親)의 무리다. 매이고 응하는 사람과 같이하니, 이것은 치우치게 더불음이니 동인의 도에 있어 사사롭고 좁은 것이 되는 까닭에 인색함이 된다.

「육이」가 만일 양효면 강중한 덕이 있는 것이 되니, 중도(中道)로써 서로 같이해서 사사로움이 되지 않을 것이다.

【本義】宗은 黨也라. 六二ㅣ 雖中且正이나 然이나 有應於上하야 不能大同而係於私하니 吝之道也라. 故로 其象占이 如此라.

'종(宗)'은 종당이다. 「육이」가 비록 중(中)하고 정(正)하나, 위에 정응이 있어서 대동하지 못하고 사사로운 데 매이니 인색한 도리이다. 그렇기 때문에 그 상과 점이 이와 같다.

象曰 同人于宗이 吝道也ㅣ라.

◉ 상에 말하기를 '동인을 일가끼리 함'이 인색한 도리이다.

【傳】諸卦以中正相應으로 爲善而在同人則爲可吝이라 故로 五不取君義니 蓋私比는 非人君之道라. 相同以私하니 爲可吝也라.

모든 괘가 중정으로써 서로 응함을 착한 것으로 삼으나, 「동인」에 있어서는 인색함이 되는 까닭에 「구오」에 인군의 뜻을 취하지 않은 것이니, 사사로이 친하는 것은 인군의 도가 아니다. 사사로움으로써 서로 같이하니, 인색한 것이 된다.

九三은 伏戎于莽하고 升其高陵하야 三歲不興이로다.

◉ 구삼은 군사를 숲에 매복시키고, 그 높은 언덕에 올라서 삼 년을 일어나지 못하도다.

 不中无應 欲同於二

【傳】三이 以陽으로 居剛而不得中하니 是는 剛暴之人也라. 在同人之時니 志在於同이며 卦唯一陰이니 諸陽之志ㅣ 皆欲同之요 三又與之比라. 然이나 二以中正之道로 與五相應하니 三이 以剛强으로 居二五之間하야 欲奪而同之라. 然이나 理不直義不勝이라 故로 不敢顯發하고 伏藏兵戎于林莽之中이요 懷惡而內負不直이라 故로 又畏懼하야 時升高陵以顧望이라. 如此하야 至於三歲之久는 終不敢興이라. 此爻는 深見小人之情狀이나 然이나 不曰凶者는 旣不敢發이라 故로 未至凶也라.

「구삼」이 양으로써 강한 데 거처하고 중을 얻지 못했으니, 이것은 강포한 사람이다. 동인의 때에 있으니 뜻이 같이 하는 데 있고, 괘에 오직 한 음이 있으니 모든 양의 뜻이 다 같이 하고자 하며, 「구삼」도 또한 「육이」와 가깝게 있다. 그러나 「육이」가 중정한 도로써 「구오」와 서로 응하니, 「구삼」이 강하고 굳셈으로써 「육이」와 「구오」 사이에 있어서 빼앗아 같이 하고자 하나, 이치가 바르지 못하고 의리가 이기지 못하기 때문에, 감히 나타나서 발하지 못하고 군사를 숲 속에 매복시켜 감추는 것이고, 나쁜 마음을 품었고 안에 바르지 못한 것을 가지고 있기 때문에, 또한 두려워해서 때로 높은 언덕에 올라서 돌아보는 것이다. 이렇게 해서 삼 년이라는 오랜 세월까지 가는 것은, 끝내 감히 일어나지 못하는 것이다. 이 효는 소인의 정상을 깊이 살핀 것이나, 흉하다고 말하지 않은 것은, 감히 발하지 못하기 때문에 흉한 데까지는 이르지 않는 것이다.

※ 二 : '二一'로 되어 있는 판본도 있다.

【本義】剛而不中하고 上无正應하니 欲同於二而非其正일새 懼九五之見攻이라. 故로 有此象이라.

강하면서 중(中)하지 못하고 위로 정응이 없으니, 「육이」와 같이 하고자하나 그 바른 것이 아니므로 「구오」의 공격을 당할까 두려워한다. 그러므로 이러한 상이 있다.

> 象曰 伏戎于莽은 敵剛也ㅣ오 三歲不興이어니 安行也ㅣ리오.
> ● 상에 말하기를 '군사를 숲속에 매복시킴'은 적이 강함이요, '삼 년을 일어나지 못함'이니 어디를 가리오?

【傳】所敵者는 五로 旣剛且正하니 其可奪乎아. 故로 畏憚伏藏也라. 至於三歲不興矣니 終安能行乎아.

대적하는 것은 「구오」로 이미 강하고 바르니 빼앗을 수 있으랴? 그렇기 때문에 두려워서 엎드려 감춘 것이다. 삼 년에 이르도록 일어나지 못하니 마침내 어찌 행할 수 있겠는가?

【本義】言不能行이라.

가지 못함을 말한 것이다.

> 九四는 乘其墉호대 弗克攻이니 吉하니라.

- [정자] 구사는 그 담에 오르되 능히 치지 않음이니 길하니라.
- [주자] 구사는 그 담에 오르나 능히 치지 않음이니 길하리라.

 以剛居柔 有困能反

【傳】四ㅣ 剛而不中正하야 其志ㅣ 欲同二하니 亦與五로 爲仇者也라. 墉은 垣이니 所以限隔也라. 四ㅣ 切近於五니 如隔墉耳라. 乘其墉하야 欲攻之라가 知義不直而不克也하니 苟能自知義之不直而不攻則爲吉也어니와 若肆其邪欲하야 不能反思義理하고 妄行攻奪則其凶이 大矣라.

「구사」가 강하나 중정하지 못해서 그 뜻이 「육이」와 같이하고자 하니, 또한 「구오」와 원수가 되는 것이다. '용(墉)'은 담이니, 이로써 막아 경계하는 것이다. 「구사」가 「구오」와 매우 가까우니, 담 사이에 막힌 것 같다. 그 담을 타고 치고자 하다가, 의리가 바르지 못해서 이기지 못할 것을 아니, 스스로 의리가 바르지 못한 것을 알고 치지 않으면 길할 것이나, 만약 사특한 욕심에 방자해져서 의리를 생각하지 않고 망령되이 행해서 치고 뺏으면 그 흉함이 클 것이다.

※ 垣 : 담 원.

三은 以剛居剛이라 故로 終其强而不能反하고 四는 以剛居柔라 故로 有困而能反之義하니 能反則吉矣라. 畏義而能改하니 其吉이 宜矣로다.

「구삼」은 강으로써 강한 데 거처하기 때문에, 끝까지 강하게 해서 돌아오지 못하고, 「구사」는 강으로써 유한 자리에 거처하기 때문에, 곤해서 돌이킬 수 있는 뜻이 있으니, 돌이킬 수 있으면 길하다. 의리를 두려워해서 고칠 수 있으니, 길할 것이 마땅하다.

【本義】剛不中正하고 又无應與하니 亦欲同於六二而爲三所隔이라 故로 爲乘墉以攻之象이라. 然이나 以剛居柔라 故로 有自反而不克攻之象하니 占者ㅣ 如是則是能改過而得吉也라.

강하면서 중정하지 못하고 또 응하고 더부는 이도 없으니, 또한 「육이」와 같이 하고자 하나 「구삼」의 막힌 바가 됐기 때문에, 담을 타고 치는 상이 된다. 그러나 강으로써 유한 자리에 거처하기 때문에, 스스로 반성해서 치지 않는 상이 있으니, 점치는 사람이 이와 같이 하면, 허물을 고쳐 길함을 얻을 수 있다.

象曰 乘其墉은 義弗克也ㅣ오 其吉은 則困而反則也ㅣ라.
● 상에 말하기를 '승기용'은 의리가 이기지 못함이요, 그 길함은 곤해서 법칙에 돌아옴이라.

【傳】所以乘其墉而弗克攻之者는 以其義之弗克也일새니 以邪攻正은 義不勝也요 其所以得吉者는 由其義不勝하야 困窮而反於法則也라. 二者는 衆陽所同欲也어늘 獨三四에 有爭奪之義者는 二爻ㅣ 居二五之間也라. 初終은 遠이라 故로 取義別이라.

　'담에 올라가되 능히 치지 않는 것'은 의리가 이기지 못하기 때문이니, 사특함으로써 정도를 침은 의리가 이기지 못하는 것이고, 그 길함을 얻는 까닭은, 그 의리가 이기지 못함으로 인해 곤궁해져서 법칙으로 돌아오기 때문이다.

　「육이」는 뭇양이 같이 하고자 하는 것인데, 유독 「구삼」과 「구사」만 다투고 뺏는 뜻이 있는 것은, 두 효가 「육이」와 「구오」의 사이에 있기 때문이다. 초효(초구)와 마지막효(상구)는 멀기 때문에 뜻을 취한 것이 다르다.

※ 弗 : '不'자로 되어 있는 판본도 있다.

【本義】乘其墉矣하니 則非其力之不足也요 特以義之弗克而不攻耳이니 能以義斷하야 困而反於法則이라 故로 吉也라.

　담에 올랐으니 그 힘이 부족한 것이 아니고, 의리가 이기지 못해서 치지 않은 것이니, 의리로써 결단해서 곤하게 됨에 법칙으로 돌아온 것이기 때문에 길하다.

九五는 同人이 先號咷而後笑니 大師克이라아 相遇로다.
● 구오는 동인이 먼저는 울부짖고 뒤에는 웃으니, 큰 군사로 이겨야 서로 만날 것이다.

☲
☰ 三四所隔 義勝相遇

【傳】九五│ 同於二而爲三四二陽所隔하니 五│ 自以義直理勝이라 故로 不勝憤抑하야 至於號咷라. 然이나 邪不勝正이니 雖爲所隔이나 終必得合이라 故로 後笑也라. 大師克이라야 相遇는 五與二正應이어늘 而二陽이 非理隔奪하니 必用大師하야 克勝之라야 乃得相遇也라. 云大師云克者는 見二陽之强也라.

「구오」가 「육이」와 같이 하려하나 「구삼」과 「구사」의 두 양에게 막힌 바가 되었으니, 「구오」는 자기의 의리가 바르고 이치가 옳기 때문에, 분하고 억울함을 이기지 못해서 울부짖는데까지 이른 것이다. 그러나 사특함이 바름을 이기지 못하니, 비록 막힌 바가 되었으나 마지막에는 반드시 합할 수 있기 때문에 뒤에는 웃는 것이다.

'크게 군사로 이겨야 서로 만난다(大師克 相遇)' 함은, 「구오」가 「육이」와 정응인데, 두 양(삼효와 사효)이 이치에 어긋나게 막고 빼앗으려 하니, 반드시 큰 군사를 써서 이겨야 서로 만날 수 있다. '큰 군사(大師)'라고 하고 '이긴다(克)'고 한 것은, 두 양이 강함을 나타낸 것이다.

九五는 君位어늘 而爻不取人君同人之義者는 蓋五│ 專以私暱로 應於二而失其中正之德일새라. 人君은 當與天下大同而獨私一人은 非君道也요 又先隔則號咷하고 後遇則笑하니 是私暱之情이요 非大同之體也라. 二之在下로도 尙以同於宗으로 爲吝이온 况人君乎아. 五旣於君道에 无取라 故로 更不言君道而明二人이 同心에 不可間隔之義하니라.

「구오」는 인군의 자리인데, 「효사」에 인군이 동인하는 뜻을 취하지 않음은, 「구오」가 오로지 사사로운 친분으로 「육이」와 응해서 중정한 덕을 잃었기 때문이다. 인군은 마땅히 천하와 더불어 대동해야 하는 것인데, 유독 한 사람만 사사로이 하는 것은 인군의 도리가 아니고, 또한 먼저 막혔을 때는 울부짖고 뒤에 만났을 때는 웃으니, 이것은 사사로이 친한 정이고 대동하는 본체가 아니다. 「육이」같이 아래 있는 사람도 일가끼리만 함께 하면 인색한 것인데, 하물며 인군이랴! 「구오」가 이미 인군의 도를 취할 것이 없기 때문에, 다시 인군의 도를 말하지 않았고, 두 사람이 한 마음으로 함에 이간질하고 막지 못한다는 뜻만을 밝힌 것이다.

※ 是 : '正是'로 되어 있는 판본도 있다.

繫辭에 云君子之道ㅣ 或出或處或黙或語나 二人이 同心하니 其利ㅣ 斷金이라하니 中誠所同이면 出處語黙에 无不同하리니 天下ㅣ 莫能間也라. 同者는 一也니 一은 不可分이요 分이면 乃二也라. 一은 可以通金石冒水火하야 无所不能入이라 故로 云其利斷金이라. 其理ㅣ 至微라 故로 聖人이 贊之曰同心之言이 其臭ㅣ 如蘭이라하시니 謂其言이 意味深長也라.

「계사전」에 말하기를 "군자의 도가 혹 나아가기도 하고 혹 거처하기도 하며 혹 침묵하고 혹 말하기도 하나, 두 사람이 마음을 같이하니 그 날카로움이 쇠를 끊는다"고 하니, 마음 속에서 정성으로 함께 하면, 나아가고 거처하고 말하고 침묵함에 함께하지 않음이 없을 것이니, 천하가 이간질하지 못할 것이다.

'동(同)'은 하나이니, 하나는 나눌 수 없고, 나뉘면 둘이 된다. 하나(一)는 쇠와 돌을 뚫고 물과 불을 무릅쓸 수 있어서, 들어가지 못하는 데가 없기 때문에, "그 날카로움이 쇠를 끊는다"고 했다. 그 이치가 지극히 은미하기 때문에, 성인께서 찬탄해서 "마음을 함께 해서 하는 말이 그 향기가 난초와 같다"고 하시니, 그 말이 의미가 심장하다는 말씀이시다.

※ 「계사상전」 8장에 출전함.

【本義】五ㅣ 剛中正하고 二는 以柔中正으로 相應於下하니 同心者也로대 而爲三四所隔하야 不得其同이라. 然이나 義理ㅣ 所同엔 物不得而間之라 故로 有此象이라. 然이나 六二ㅣ 柔弱而三四ㅣ 剛强이라 故로 必用大師以勝之然後에 得相遇也라.

「구오」가 강하고 중정하며, 「육이」는 유하고 중정함으로써 서로 아래에서 응했으니, 마음을 함께 한 사람이나, 「구삼」과 「구사」에게 막힌 바가 되어서 함께함을 얻지 못했다. 그러나 의리가 함께 함에는 물건이 이간질하지 못하기 때문에, 이런 상이 있다. 그러나 「육이」는 유약한데, 「구삼」과 「구사」가 강하고 굳세기 때문에, 반드시 큰 군사를 써서 이긴 후에야 만날 수 있다.

> 象曰 同人之先은 以中直也ㅣ오 大師相遇는 言相克也ㅣ라.
> ◉ 상에 말하기를 동인의 먼저는 가운데하고 바르기(直) 때문이요, '큰 군사로 서로 만난다'는 것은 서로 이김을 말한 것이다.

【傳】先所以號咷者는 以中誠理直이라 故로 不勝其忿切而然也니 雖其敵이 剛强하야 至用大師나 然이나 義直理勝하야 終能克之라 故로 言能相克也라. 相克은 謂能勝이니 見二陽之强也라.

먼저 울부짖는 까닭은, 속마음이 성실하고 이치가 바르기 때문에 분하고 절통함을 이기지 못한 것이니, 비록 그 적이 강해서 큰 군사를 쓰는 데까지 이르렀으나, 의리가 바르고 이치가 옳아서 끝에 가서는 이길 수 있으므로, 서로 이길 수 있다고 한 것이다. '서로 이긴다(相克)'는 것은 이길 수 있다는 것이니, 두 양이 강함을 나타낸 것이다.

【本義】直은 謂理直이라.

'바르다(直)'는 것은 이치가 바름을 말한 것이다.

> 上九는 同人于郊니 无悔니라.
> ◉ [정자] 상구는 동인을 들에서 함이니 뉘우침이 없느니라.
> ◉ [주자] 상구는 동인을 들에서 하나 뉘우침이 없느니라.
>  居外无應 物莫與同

【傳】郊는 在外而遠之地라. 求同者는 必相親相與어늘 上九는 居外

而无應하니 終无與同者也라. 始有同則至終에 或有睽悔어니와 處遠
而无與라 故로 雖无同이나 亦无悔니 雖欲同之志ㅣ 不遂나 而其終에
无所悔也라.

'들(郊)'은 밖에 있고 멀리 있는 땅이다. 함께하기를 구하는 사람은 반드시 서로 친하고 서로 더불어야 하는데, 「상구」는 밖에 있고 응함이 없으니, 마침내 더불어 함께 하는 사람이 없는 것이다.

처음에 함께 하는 사람이 있으면 마지막에 혹 어긋나고 후회함이 있을 수 있으나, 먼 곳에 있어 더부는 사람이 없기 때문에, 비록 함께 하는 사람은 없으나 또한 후회도 없으니, 비록 함께 하고자 하는 뜻은 이루지 못했지만, 마지막에 후회할 것은 없다.

【本義】居外无應하니 物莫與同이라 然이나 亦可以无悔라 故로 其象
占이 如此라. 郊는 在野之內하니 未至於曠遠로대 但荒僻无與同耳라.

밖에 있어 응하는 것이 없으니 함께 하는 사람이 없으나, 또한 후회도 없기 때문에, 그 상과 점이 이와 같다. '들(郊)'은 들(野)의 안에 있는 것이니, 광활하고 먼 데 까지는 이르지 않으나, 거칠고 궁벽해서 함께 하는 사람이 없는 것이다.

※ 朱子曰 郊는 是荒寂無人之所니 言不能如同人于野하야 曠遠无私하고 荒僻无
與同이라. 蓋居外无應하야 莫與同者로대 亦可以无悔也라. 又曰 同人于野는 是廣
大无我之意요 同人于郊는 是无可與同之人也니 取義不同이나 自不相悖라.

: <주자>가 말씀하기를 "'교(郊)'는 거칠고 적적해서 사람이 없는 곳이니, '야(野)'에서 동인해서 광활하고 멀어서 사사로움이 없게 하진 못하고, 거칠고 궁벽해서 동인하는 사람이 없는 것을 말한다. 대개 밖에 있어 응하는 것이 없어서 동인하는 사람이 없는 것이나 또한 후회도 없다."

또 말씀하기를 "'동인우야'는 광대해서 나자신의 사사로움이 없다는 뜻이고, '동인우교'는 함께할 수 있는 사람이 없다는 말이니, 뜻을 취한 것이 같지 않으나 서로 거스리지 않는다."

象曰 同人于郊는 志未得也ㅣ라.
◉ 상에 말하기를 '동인우교'는 뜻을 얻지 못한 것이다.

【傳】居遠莫同이라 故로 終无所悔나 然而在同人之道하야 求同之志를 不得遂하니 雖无悔나 非善處也라.

　먼 데 거처해서 함께 하는 이가 없기 때문에 끝에 가서 후회할 것도 없다. 그러나 동인(同人)의 도리에 있어서 함께 하려는 뜻을 이루지 못했으니, 비록 후회는 없으나 잘 처신하는 것은 아니다.

離上 乾下 火天大有(14)
화 천 대 유

【傳】大有는 序卦에 與人同者는 物必歸焉이라 故로 受之以大有라하니 夫與人同者는 物之所歸也니 大有所以次同人也. 爲卦ㅣ 火在天上하니 火之處高에 其明이 及遠하야 萬物之衆을 无不照見하니 爲大有之象이요 又一柔ㅣ 居尊에 衆陽이 竝應하고 居尊執柔하니 物之所歸也요 上下ㅣ 應之하니 爲大有之義라. 大有는 盛大豊有也라.

「대유: ䷍」는 「서괘전」에 "사람과 더불어 같이 하는 자는 물건이 반드시 돌아가는 까닭에 「대유」로써 받았다"고 하였다. 대개 사람과 더불어 함께 하면 물건이 따르는 것이니, 「대유괘」가 「동인괘: ䷌」의 다음에 온 것이다.

괘됨이 불(☲)이 하늘(☰) 위에 있으니, 불이 높은 데 있음에 그 밝음이 멀리까지 미쳐서, 만물의 무리를 비추어 나타내지 않음이 없으니 「대유」의 형상이 된다. 또한 한 음(柔)이 높은 자리에 거처함에 뭇 양이 함께 응하고, 높은 자리에 있으면서 온유(溫柔)한 도리로 처신하니 물건이 따르는 바이고, 상하가 응하니 「대유」의 뜻이 된다. 「대유」는 성대하고 풍성하게 둔다는 말이다.

※ 雙湖胡氏曰 易以陽爲大하니 凡卦稱大者는 皆以陽으로 得名이라. 大有는 以一陰으로 統五陽이요 大畜은 以一陰으로 畜三陽이요 大過는 四陽이 過盛於中이요 大壯은 四陽이 壯長於下니 皆名之曰大也라. : <쌍호호씨>가 말하길 『주역』은 양으로써 대(大)를 삼으니, 괘명에 '대'라고 한 것은 모두 양으로써 이름을 얻은 것이다. 「대유」는 한 음으로 다섯 양을 통어하는 것이고, 「대축」은 한 음으로 세 양을 그치게 하는 것이며, 「대과」는 네 양이 가운데서 지나치게 성한 것이고, 「대장」은 네 양이 아래에서 장하게 자라나는 것이니, 모두 「대」라고 이름한 것이다."

※ 雲峯胡氏曰 或曰小畜도 亦五陽一陰之卦로대 主巽之一陰則曰小어늘 此主離之一陰則爲大는 何也오. 曰巽之一陰은 在四하야 欲畜上下五陽하니 其勢逆而難이요 離之一陰은 在五而有上下五陽하야 其勢順而易라. 卦名은 因四五二爻而有大

小之分이니 君人者之大分이 明矣라. 故로 小畜之亨은 不在六四而在上下五陽이요 大有之元亨은 不但在上下五陽而在六五니라. : <운봉호씨>가 말하길 "혹자가 묻기를 '「소축」 또한 다섯 양에 한 음이 있는 괘인데도 「손:☴」의 한 음이 주효인 경우는 소(小)라고 말했는데, 여기서 「리:☲」의 한 음이 주효인 경우는 대(大)라고 한 것은 어째서입니까?' 답하기를 '「손」의 한 음은 사효자리에 있어서 상하의 다섯 양을 쌓으려 하니, 그 기세가 역하는 것이므로 어려운 것이고, 「리」의 한 음은 오효자리에 있어서 상하의 다섯 양을 두는 것이어서 그 기세가 순하는 것이므로 쉽다. 괘명이 사효와 오효의 두 효로 인해서 대와 소를 나눈 것이니, 인군과 신하의 큰 분수가 명확한 것이다. 그러므로 「소축」의 형통함은 「육사」에 있지 않고 상하의 다섯 양에게 있으며, 「대유」의 크게 형통함은 상하의 다섯 양에게만 있는 것이 아니고 「육오」에게도 있는 것이다."

大有는 元亨하니라.

● 대유는 크게 착하고 형통하니라.

物之所歸 盛大豊有

【傳】卦之才ㅣ 可以元亨也라. 凡卦德에 有卦名으로 自有其義者하니 如比吉과 謙亨이 是也요 有因其卦義로 便爲訓戒者하니 如師貞丈人吉과 同人于野亨이 是也요 有以其卦才而言者하니 大有元亨이 是也라. 由剛健文明應天時行이라 故로 能元亨也라.

괘의 재질이 크게 착하고 형통할 수 있다. 대개 괘덕에, 괘명으로 스스로 괘의 뜻이 되는 것이 있으니 "「비:比」는 길하다"와 "「겸:謙」은 형통하다"는 것이 이런 것이고, 괘의 뜻으로 해서 훈계를 한 것이 있으니 "「사:師」는 바르게 해야하니 장인이라야 길하다"와 "「동인」을 들에서 하니 형통하다"가 이런 것이며, 괘의 재질로써 말한 것이 있으니 "「대유」는 크게 착하고 형통하다"는 것이 이런 것이다. 강건하고 문명해서 하늘에 응하고 때로 행하기 때문에 크게 착하고 형통할 수 있다.

※ ① 괘덕(卦德)=괘명(卦名)인 경우 : 比(괘명)=吉(괘덕), 謙(괘명)=亨(괘덕).
② 괘의(卦義)로 훈계한 경우 : 師(괘의:군사를 씀은 위험하다) 貞丈人(훈계) 吉(괘덕), 同人(괘의:사람과 뜻을 같이함은 사사로움이 없어야 한다) 于野(훈계) 亨(괘덕).
③ 괘재(卦才)=괘덕인 경우 : 大有(괘재) 元亨(괘덕)

【本義】大有는 所有之大也라. 離居乾上하니 火在天上하야 无所不照하고 又六五一陰이 居尊得中而五陽이 應之라 故로 爲大有라. 乾健離明하고 居尊應天하야 有亨之道니 占者ㅣ 有其德則大善而亨也라.

「대유」는 소유한 것이 큰 것이다. 「리 ☲」가 「건 ☰」의 위에 있으니, 불이 하늘 위에 있어서 비추지 않는 것이 없고, 또 「육오」한 음이 높은 데 거처해서 중을 얻고, 다섯 양이 응하기 때문에 「대유」가 된 것이다.

「건」은 굳세고 「리」는 밝으며, 높은 데 있으면서 하늘에 응하여 형통하는 도가 있으니, 점치는 사람이 그런 덕이 있으면 크게 착하고 형통하다.

> 象曰 大有는 柔ㅣ 得尊位하고 大中而上下ㅣ 應之할새 曰大有니
>
> ● 단에 말하길 대유는 유가 높은 자리를 얻고 크게 가운데하며 위와 아래가 응해서 대유라고 했으니,

【傳】言卦之所以爲大有也라. 五以陰居君位하니 柔得尊位也요 處中하니 得大中之道也요 爲諸陽所宗하니 上下應之也라. 夫居尊執柔도 固衆之所歸也어늘 而又有虛中文明大中之德이리오. 故로 上下ㅣ 同志應之하니 所以爲大有也라.

괘가 「대유」가 된 까닭을 말한 것이다. 「육오」가 음으로써 인군자리에 있으니 '유가 높은 자리를 얻은 것(柔得尊位)'이고, 중(中)에 거처하니 '크게 가운데하는(大中)' 도를 얻은 것이며, 모든 양이 높이는 바가 되었으니 '위와 아래가 응한 것(上下應之)'이다.

대개 높은 데 있으면서 온유한 도리로 하는 것도 무리가 모여드는 바인데, 더욱이 마음(中)을 비워 문명하고 크게 가운데 하는 덕이 있음에랴? 그러므로 위와 아래가 뜻을 같이해서 응하니 「대유」가 된 것이다.

※ 大中 : '大中'의 두 글자가 없는 판본도 있다.

【本義】 以卦體로 釋卦名義라. 柔는 謂六五요 上下는 謂五陽이라.

괘체로써 괘의 이름과 뜻을 풀이한 것이다. '유(柔)'는 「육오」를 말한 것이고, '위와 아래(上下)'는 다섯 양을 말한 것이다.

> 其德이 剛健而文明하고 應乎天而時行이라. 是以元亨하니라.
>
> ⊙ 덕이 강건하고 문명하며 하늘에 응해서 때로 행한다. 이로써 '원형'하니라.

【傳】 卦之德이 內剛健而外文明하고 六五之君이 應於乾之九二하니 五之性이 柔順而明하야 能順應乎二라. 二는 乾之主也니 是應乎乾也요 順應乾行은 順乎天時也라 故로 曰應乎天而時行이라. 其德이 如此하니 是以元亨也라.

괘의 덕이 안은 강건하고 밖은 문명하며, 인군인 「육오」가 「건: ☰」의 「구이」에 응했으니, 「육오」의 성질이 유순하고 밝아서 「구이」에게 순응할 수 있는 것이다. 「구이」는 「건」의 주인이니, 「구이」와 응하는 것은 「건」에 응하는 것이고, 「건」의 행함에 순응하는 것은 천시(天時)에 순하는 것이기 때문에, '하늘에 응해서 때로 행한다(應乎天而時行)'고 한 것이다. 그 덕이 이와 같으니, '이로써 크게 착하고 형통한 것(是以元亨)'이다.

※ 性: '體性'으로 되어 있는 판본도 있다.

王弼이 云不大通이면 何由得大有乎아. 大有則必元亨矣라하니 此는 不識卦義라. 離乾이 成大有之義하니 非大有之義ㅣ 便有元亨이요 由其才라 故로 得元亨이니 大有而不善者與不能亨者도 有矣니라.

<왕필>이 말하기를 "크게 통하지 않으면 어떻게 크게 소유함(大有)을 얻을 수 있겠는가? 「대유」는 반드시 크게 형통한다"고 하니, 이것은 괘의 뜻을 모른 것이다. 「리」와 「건」이 「대유」의 뜻을 이루니, 「대유」의 뜻이 원형(元亨)한 것이 아니고, 그 괘의 재질로 연유해서 원형함을 얻은 것이다. 크게 소유하면서도 착하지 않은 사

람과 형통하지 못하는 사람도 있는 것이다.

諸卦ㅣ 具元亨利貞則象애 皆釋爲大亨하니 恐疑與乾坤으로 同也라. 不兼利貞則釋爲元亨하니 盡元義也니 元有大善之義라. 有元亨者ㅣ 四卦니 大有蠱升鼎也로대 唯升之象은 誤隨他卦作大亨이라.

　모든 괘에 '원형이정(元亨利貞)'이 있는 것은, 「단전」에 다 '대형(大亨:크게 형통함)'으로 해석하니, 「건:☰」·「곤:☷」괘와 혼동될까 걱정하신 것 같다. '이정(利貞)'이 없을 때는 '원형(元亨)'이라고 풀이 하였으니, 원의 뜻을 다한 것이다. '원(元)'은 크게 착하다는 뜻이 있다. '원형'이 있는 것은 네 괘로 「대유:大有, 고:蠱, 승:升, 정:鼎」이나 오직 「승:升」의 「단전」에는 다른 괘를 잘못 따라서 '대형(大亨)'이라고 했다.

曰諸卦之元이 與乾不同은 何也오. 曰元之在乾애 爲元始之義하고 爲首出庶物之義로대 他卦則不能有此義하니 爲善爲大而已라. 曰元之爲大는 可矣어니와 爲善은 何也오. 曰元者는 物之先也니 物之先애 豈有不善者乎아. 事成而後애 有敗하니 敗非先成者也요 興而後애 有衰하니 衰固後於興也요 得而後애 有失하니 非得則何以有失也리오. 至於善惡治亂是非애 天下之事ㅣ 莫不皆然하니 必善爲先이라. 故로 文言애 曰元者는 善之長也라하니라.

　묻기를 "모든 괘의 '원(元)'이 「건괘:乾卦」와 같지 않은 것은 어째서입니까?" 답하기를 "「원」이 「건괘」에 있어서는 처음 시작한다는 뜻이 되고, 뭇 물건에 머리로 나온다는 뜻이 되나, 다른 괘는 이런 뜻이 있을 수 없으니, 착하고 큰 것이 될 뿐이다."

　여쭙기를 "'원'을 크다고 하는 것은 옳으나, 착하다고 하는 것은 어째서입니까?" 답하기를 "「원」은 물건의 처음(先)이니, 물건의 처음에 어떻게 착하지 않은 것이 있겠는가? 일은 이룸이 있고서 패망함이 있으니, 패망하는 것이 이루는 것보다 먼저가 아니고, 흥한 다음에야 쇠함이 있으니, 쇠하는 것은 흥하는 것보다 뒤의 일이며, 얻은 뒤에야 잃음이 있으니, 얻지 않으면 어떻게 잃어버릴 수 있겠는가? 선악과 치란(治亂) 및 시비에 이르기까지 천하의 일이 다 그렇지 않은 것이 없으니, 반드시 착한 것이 먼저가 된다. 그러므로 「문언전」에 말하기를 '「원」은 착한 것의 어른이다'라고 했다."

※ 有 : '爲'자로 되어 있는 판본도 있다.

【本義】以卦德卦體로 釋卦辭라. 應天은 指六五也라.

괘덕과 괘체로써 「괘사」를 풀이한 것이다. '하늘에 응했다'는 것은 「육오」를 가리킨 것이다.

> 象曰 火在天上이 大有니 君子ㅣ 以하야 遏惡揚善하야 順天休命하나니라.
>
> ● 상에 말하기를 불이 하늘 위에 있는 것이 대유니, 군자가 본받아서 악한 것을 막고 착한 것을 드날려서 하늘의 아름다운 명을 따르느니라.

【傳】火ㅣ 高在天上하야 照見萬物之衆多라 故로 爲大有니 大有는 繁庶之義라. 君子ㅣ 觀大有之象하야 以遏絶衆惡하고 揚明善類하야 以奉順天休美之命하나니라. 萬物이 衆多則有善惡之殊하니 君子ㅣ 享大有之盛에 當代天工하야 治養庶類니 治衆之道는 在遏惡揚善而已라. 惡懲善勸은 所以順天命而安群生也니라.

불(☲)이 하늘(☰) 위에 높이 있어서, 만물의 중다(衆多)한 것을 비추어 나타내기 때문에 「대유」가 된 것이니, 「대유」는 번서(繁庶)하다는 뜻이다. 군자가 「대유」의 상을 관찰해서 모든 악한 것을 막아 끊고, 착한 것을 드날려 밝혀서 하늘의 아름다운 명을 받들어 따르는 것이다. 만물이 중다하면 선악의 다름이 있으니, 군자가 「대유:大有」의 풍성함을 누림에 마땅히 하늘을 대신해서 뭇 종류를 다스려 길러야 하니, 무리를 다스리는 도는 악한 것을 막고 착한 것을 드날리는 데 있을 뿐이다. 악을 징계하고 착함을 권하는 것은, 이럼으로써 하늘의 명을 따르고 모든 생물을 편안히 하는 것이다.

※ 중다(衆多) : 무리지고 다양함, 많음, 수가 많음.　　번서(繁庶) : 많음, 복잡함.

【本義】火在天上하야 所照者ㅣ 廣하니 爲大有之象이라. 所有ㅣ 旣大어늘 无以治之則釁蘖이 萌於其間矣라. 天命은 有善而无惡이라 故로 遏惡揚善은 所以順天이니 反之於身도 亦若是而已矣니라.

　불이 하늘 위에 있어 비추는 것이 넓으니, 크게 소유하는(大有) 상이 된다. 소유한 것이 이미 큰데도 다스리지 않으면, 틈(어그러짐)이 그 사이에서 싹트게 될 것이다. 천명은 착함은 있어도 악함은 없기 때문에, '악을 막고 착함을 드날리는 것(遏惡揚善)'은 하늘을 따르는 것이니, 자기 몸을 반성하는 것도 또한 이와 같을 뿐이다.

※ 흔얼(釁蘖) : 틈과 허물.

初九는 无交害ㅣ니 匪咎나 艱則无咎ㅣ리라.

◉ 초구는 해로운데 사귐이 없으니 허물이 아니나, 어렵게 하면 허물이 없으리라.

䷍ 大有之初 未涉乎害

【傳】九居大有之初하니 未至於盛이요 處卑无應與하니 未有驕盈之失이라. 故로 无交害니 未涉於害也라. 大凡富有면 鮮不有害니 以子貢之賢으로도 未能盡免이온 況其下者乎아.

　구(陽)가 「대유」의 처음에 있으니 아직 성대하지 않고, 낮은 데 거처해서 응함과 더불음이 없으니 교만하고 넘치는 실수가 없다. 그러므로 '해로운 데 사귐이 없다(无交害)'는 것이니, 해로운 데를 밟지 않는 것이다. 대개 부유하면 해롭지 않음이 적으니, <자공>의 현명함으로도 (그 해로움을) 다 면하지 못했는데, 하물며 그만 못한 사람이랴!

匪咎나 艱則无咎는 言富有가 本匪有咎也로대 人이 因富有하야 自爲咎耳라. 若能享富有而知難處則自无咎也어니와 處富有而不能思艱

兢畏則驕侈之心이 生矣니 所以有咎也라.

　'허물은 아니나 어렵게 하면 허물이 없다(匪咎 艱則无咎)'함은, 부유함이 본래 허물이 있는 것은 아니지만, 사람이 부유함으로 인해서 스스로 허물을 짓는 것이다. 만일 부유함을 누리면서도 어려운 듯이 처신할 줄 알면 허물이 없지만, 부유한 데 처하면서 어려워 하고 두려워하지 않으면, 교만하고 사치스러운 마음이 생길 것이니 허물이 있게 되는 것이다.

【本義】雖當大有之時나 然이나 以陽居下하고 上无係應而在事初하니 未涉乎害者也어늘 何咎之有리오. 然이나 亦必艱以處之則无咎니 戒占者ㅣ 宜如是也니라.

　비록 「대유」의 때를 맞았으나 양으로써 밑에 있고, 위로 매이고 응하는 것이 없으면서 일의 처음에 있으니, 해로운 데를 밟지 않는데 무슨 허물이 있겠는가? 그러나 반드시 어려운 듯이 처신해야 허물이 없으니, 점치는 사람이 마땅히 이와 같이 해야 한다고 경계한 것이다.

> 象曰 大有初九는 无交害也ㅣ라.
> ● 상에 말하기를 대유의 초구는 해로운 데 사귀지 않음이라.

【傳】在大有之初하야 克念艱難則驕溢之心이 无由生矣니 所以不交涉於害也라.

　「대유」의 처음에 있어 어려움을 생각할 수 있으면 교만하고 넘치는 마음이 생기지 않을 것이니, 이로써 해로운 것을 교섭(交涉)하지 않는 것이다.

　　※ 교섭(交涉) : 사귀어 일을 함, 관계를 맺음.

> 九二는 大車以載ㅣ니 有攸往하야 无咎ㅣ리라.
> ● [정자] 구이는 큰 수레로 실음이니, 가는 바를 두어 허물이 없으리라.
> ● [주자] 구이는 큰 수레로 실음이니, 가는 바를 두면 허물이 없으리라.

䷍ 剛健得中 能勝大任

【傳】九以陽剛으로 居二하야 爲六五之君의 所倚任일새 剛健則才勝하고 居柔則謙順하고 得中則无過라. 其才ㅣ 如此하야 所以能勝大有之任을 如大車之材ㅣ 强壯하야 能勝載重物也니 可以任重行遠이라 故로 有攸往而无咎也라. 大有豐盛之時에 有而未極이라 故로 以二之才로 可往而无咎어니와 至於盛極則不可以往矣라.

구(陽)가 양강함으로써 이효자리에 있어서 인군인「육오」가 책임을 맡기는 바가 되었는데, 강건하니 재질이 뛰어나고, 유(柔)한 자리에 있으니 겸순(謙順)하며, 중을 얻었으니 지나치지 않는다. 그 재질이 이와 같아서「대유」의 소임을 다할 수 있음을, 마치 큰 수레가 강하고 튼튼해서 무거운 물건을 실을 수 있는 것과 같으니, 무거운 책임을 맡고 멀리 갈 수 있는 까닭에 가는 바를 두어도 허물이 없는 것이다. 대유(大有)하고 풍성한 때에 소유함이 극에 이르지 않았기 때문에,「구이」의 재질로 가서 허물이 없을 수 있지만, 풍성한 것이 극에 이르면 갈 수 없다.

【本義】剛中在下하야 得應乎上하니 爲大車以載之象이라. 有所往而如是면 可以无咎矣니 占者ㅣ 必有此德이라야 乃應其占也라.

강중하고 아래에 있으면서 위로 응함을 얻으니, '큰 수레로 싣는(大車以載)' 상이 된다. 가는 바를 두어도 이렇게 하면 허물이 없을 것이니, 점치는 사람이 반드시 이와 같은 덕이 있어야 그와 같은 점에 응할 것이다.

象曰 大車以載는 積中不敗也ㅣ라.

◉ 상에 말하기를 '큰 수레로 실음'은 가운데 쌓아서 패하지 않는 것이다.

【傳】壯大之車는 重積載於其中而不損敗하니 猶九二材力之强하야 能勝大有之任也라.

튼튼하고 큰 수레는 가운데에 무겁게 싣고도 부서지고 망가지지 않으니, 「구이」의 재질과 힘이 강해서 「대유」의 소임을 이겨낼 수 있는 것과 같다.

九三은 公用亨于天子ㅣ니 小人은 弗克이니라.
- [정자] 구삼은 공이 천자에게 형통하도록 함이니 소인은 능하지 못하니라.
- [주자] 구삼은 공이 천자에게 드림이니 소인은 하지 못할 것이니라.

☲☰ 豐殖其財 以待徵賦

【傳】 三이 居下體之上하야 在下而居人上하니 諸侯人君之象也라. 公侯는 上承天子하고 天子는 居天下之尊하야 率土之濱이 莫非王臣이어늘 在下者ㅣ 何敢專其有리오. 凡土地之富와 人民之衆은 皆王者之有也니 此는 理之正也라.

「구삼」이 하체(內卦)의 위에 있어서, 아래에 있으면서 사람들의 위에 있는 것이니 제후인군(諸侯)의 상이다. 공후(公侯)는 위로 천자를 이어 받들고, 천자는 천하의 높은 자리에 있어서 온 천하가 왕의 신하가 아닌 것이 없는데, 아래 있는 사람이 어떻게 자기의 소유를 마음대로 할 수 있겠는가? 모든 토지의 부(富)와 백성의 무리가 다 왕의 소유니, 이것은 이치의 바른 것이다.

※ 솔토지빈(率土之濱) : 온 나라 또는 온 천하, 하해(河海)와 접한 육지의 모두.

故로 三이 當大有之時하야 居諸侯之位하니 有其富盛호대 必用亨通乎天子라하니 謂以其有로 爲天子之有也라야 乃人臣之常義也라. 若小人이 處之則專其富有하야 以爲私하고 不知公己奉上之道라 故로 曰 小人弗克也라.

그러므로 「구삼」이 「대유」의 때를 맞아서 제후의 자리에 있으니, 부유롭고 풍성함을 두되 반드시 천자에게 형통하도록 써야한다는 것으로, 자기의 소유를 천자의 소유로 해야 신하의 떳떳한 도리가 된다는 말이다. 만약 소인이 그 자리에 있으면,

부유한 것을 마음대로 해서 자기의 사사로운 것으로 하고, 자기 것을 공적으로 쓰고 윗 사람을 받드는 도리를 모를 것이기 때문에, '소인은 능하지 못하다(小人不克)'고 한 것이다.

【本義】亨은 春秋傳에 作享하니 謂朝獻也라. 古者에 亨通之亨과 享獻之享과 烹飪之烹을 皆作亨字라. 九三이 居下之上하니 公侯之象이요 剛而得正하고 上有六五之君이 虛中下賢이라 故로 爲享于天子之象이라. 占者ㅣ 有其德則其占이 如是나 小人은 无剛正之德하니 則雖得此爻라도 不能當也라.

'형(亨)'은 『춘추전』에 향(享)자로 썼으니, 조공해서 드린다는 말이다. 옛날에 '형통할 형(亨)'자와 '드릴 향(享)자'와 '삶을 팽(烹)'자를 다 '亨(형,향,팽)'자로 썼다.「구삼」이 아랫 괘의 위에 있으니 공후의 상이고, 강하면서 바름을 얻었으며(得正) 위로 인군인「육오」가 마음을 비워 어진 사람에게 자기를 낮추기 때문에, 천자께 조공하는 상이 됐다. 점치는 사람이 그런 덕이 있으면 점이 이와 같을 것이나, 소인은 강하고 바른 덕이 없으니, 비록 이 효를 얻었더라도 감당할 수 없다.

> 象曰 公用亨于天子는 小人은 害也ㅣ리라.
> ● 상에 말하기를 '공용형(향)우천자'는 소인은 해로울 것이다.

【傳】公이 當用亨于天子니 若小人이 處之則爲害也라. 自古로 諸侯ㅣ 能守臣節하야 忠順奉上者則蕃養其衆하야 以爲王之屛翰하고 豐殖其財하야 以待上之徵賦어니와 若小人이 處之則不知爲臣奉上之道하야 以其爲己之私하고 民衆財豐則反擅其富强하야 益爲不順하리니 是小人이 大有則爲害요 又大有ㅣ 爲小人之害也라.

'공(公)'은 마땅히 천자에게 형통하도록 해야 하니, 만약 소인이 그런 경우에 처하면 해가 된다. 예로부터 제후가 신하의 절개를 지켜서 충순함으로 윗 사람을 받드는 자는 자기의 무리를 번성시켜서 왕의 병풍이 되고, 재물을 풍부하게 늘려서 윗 사람의 징부(徵賦)를 기다린다. 만약 소인이 처하면, 신하가 되어 윗 사람을 받드는 도리를 몰라서 그것을 자기의 사사로운 것으로 하고, 백성이 많고 재물이 풍족하면 도리어 그 부강함을 마음대로 해서 더욱 불순한 일을 할 것이다. 이것이 소인이 크게 소유하면 해가 되는 것이고, 또한 크게 소유함이 소인의 해가 되는 것이다.

　　※ 用 : '用'자가 없는 판본도 있다.
　　※ 징부(徵賦) : 각종 세금 및 부역.　　※ 擅 : 멋대로 천.

九四는 匪其彭이면 无咎ㅣ리라.
● [정자] 구사는 너무 성하지 않게 하면 허물이 없으리라.
● [주자] 구사는 그 성하지 않음이니 허물이 없으리라.

不處其盛 明辨物理

【傳】九四는 居大有之時하야 已過中矣니 是大有之盛者也라. 過盛則凶咎所由生也라 故로 處之之道ㅣ 匪其彭則得无咎라하니 謂能謙損하야 不處其太盛則得无咎也라. 四는 近君之高位니 苟處太盛則致凶咎라. 彭은 盛多之貌니 詩載驅에 云汶水湯湯이어늘 行人彭彭이라하니 行人盛多之狀이요 雅大明에 云駟騵彭彭이라하니 言武王戎馬之盛也라.

「구사」는 「대유」의 때에 있어서 이미 중간을 지났으니 「대유」의 풍성한 것이다. 지나치게 풍성하면 흉과 허물이 말미암아 생길 것이기 때문에, 처해 나가는 도리가 '그 풍성하지 않게 하면 허물이 없다'고 한 것이니, 겸손해서 너무 풍성하게 처신하지 않으면 허물이 없다는 말이다. 「구사」는 인군의 높은 자리에 가까우니, 너무 풍성하게 처신하면 흉과 허물을 이룰 것이다. '방(彭)'은 성하고 많은 모습이니, 『시경』의 「재구:載驅」 시에 말하기를 "「문수」가 세차게 흐르거늘 행인이 많고 많도다"라고 하니, 행인이 성하고 많은 형상이다. 「대아:大雅」의 「대명:大明」에 말하기를 "사원(駟騵)이 많고 많도다"하니, <무왕>의 싸움말이 성하다는 말이다.

　　※ 겸손(謙損:退損) : 겸손하여 뽐내지 않음, 겸손하여 양보함.

※ 汶 : 내이름 문.　　※ 湯 : 물 세차게 흐를 상.
※ 『시경』의 「제풍:齊風」중 「재구:載驅」를 읊은 시. "汶水湯湯이어늘 行人彭彭이로다"
※ 『시경』의 「대아:大雅」의 「대명:大明」을 읊은 시. "駟騵彭彭이로다".
※ 사원(駟騵)은 검은 털에 배만 흰 말을 원(騵)이라고 하는데, 이렇게 훌륭한 말 네 마리가 끄는 전차를 말한다.

【本義】彭字는 音義ㅣ 未詳이나 程傳에 曰盛貌라하니 理或當然이라. 六五柔中之君을 九四ㅣ 以剛近之하니 有僭偪之嫌이나 然이나 以其處柔也라 故로 有不極其盛之象而得无咎라. 戒占者ㅣ 宜如是也라.

'방(彭)'자는 음과 뜻이 자세하지 않으나, 『정전』에 "풍성한 모습"이라 하니, 이치가 혹 그럴 것 같다. 유중(柔中)한 인군인 「육오」를 「구사」가 강으로써 가깝게 있으니, 참람하고 핍박하는 혐의가 있으나, 유한 자리에 있기 때문에 풍성함을 극도로 하지 않는 상이 있어 허물없음을 얻는 것이다. 점치는 사람이 마땅히 이와 같이 하라고 경계한 것이다.

※ 僭 : 참람할 참.　　偪 : 핍박할 핍.

> 象曰 匪其彭无咎는 明辨晢也ㅣ라.
> ◉ [정자] 상에 말하길 '비기방무구'는 분별하는 지혜가 밝은 것이다.
> ◉ [주자] 상에 말하길 '비기방무구'는 밝게 분별함이다.

【傳】能不處其盛而得无咎者는 蓋有明辨之智也라. 晢는 明智也라. 賢智之人이 明辨物理하야 當其方盛則知咎之將至라 故로 能損抑하야 不敢至於滿極也라.

풍성하게 처신하지 않고 허물이 없을 수 있는 것은, 밝게 분별하는 지혜가 있기 때문이다. '제(晢)'는 밝은 지혜다. 어질고 지혜로운 사람이 물건의 이치를 밝게 분별해서, 풍성한 때를 맞아서 허물이 장차 이를 것을 알기 때문에, 덜고 억제해서 가득차고 극한 상태까지 이르지 않게 하는 것이다.

【本義】晢은 明貌라.

'제(晢)'는 밝은 모습이다.

> 六五는 厥孚ㅣ 交如ㅣ니 威如ㅣ면 吉하리라.
> ◉ 육오는 그 믿음이 사귀는 것이니 위엄있게 하면 길하리라.
>  孚信接下 衆志說從

【傳】六五ㅣ 當大有之時하야 居君位虛中하니 爲孚信之象이라. 人君이 執柔守中而以孚信으로 接於下則下亦盡其信誠하야 以事於上하니 上下ㅣ 孚信으로 相交也라. 以柔로 居尊位하야 當大有之時면 人心이 安易하니 若專尚柔順則陵慢이 生矣라 故로 必威如則吉이라. 威如는 有威嚴之謂也라. 旣以柔和孚信으로 接於下하니 衆志ㅣ 說從하고 又 有威嚴하야 使之有畏하니 善處有者也라 吉可知矣로다.

「육오」가 「대유」의 때를 맞아, 인군자리에 있으면서 마음을 비우니 믿음이 있는 상이다. 인군이 부드러움을 가지고 중을 지키면서 믿음으로써 아랫 사람을 접하면, 아랫 사람도 또한 그 믿음과 정성을 다해서 윗 사람을 섬길 것이니, 상하가 믿음으로 서로 사귀는 것이다.

유함으로써 높은 자리에 있으면서 「대유」의 때를 맞으면 인심이 안이해지니, 만약 오로지 유순함만을 숭상하면 능멸하고 태만함이 생길 것이기 때문에, 반드시 위엄있게 하면 길한 것이다. '위여(威如)'는 위엄있게 하라는 말이다. 이미 부드럽게 화합하고 믿음으로써 아랫 사람을 대접하니 대중의 뜻이 기뻐서 좇고, 또한 위엄이 있어서 두려움이 있게 하니, 「대유」의 때를 잘 처리하는 사람인 까닭에 길할 것을 알 수 있다.

【本義】大有之世에 柔順而中하야 以處尊位하고 虛己以應九二之賢 而上下ㅣ 歸之하니 是其孚信之交也라. 然이나 君道는 貴剛이라 太柔

則廢하니 當以威濟之면 則吉이라. 故로 其象占이 如此하니 亦戒辭也라.

「대유」의 세상에 유순하고 중(中)을 얻어 높은 자리에 있고, 자기를 비워서 「구이」의 어짊과 응함에 상하가 모두 따르니, 이것이 그 믿음으로 사귄 것이다. 그러나 인군의 도는 강한 것을 귀하게 여기므로, 너무 부드러우면 폐하게 되니, 마땅히 위엄으로 다스려야 길하다. 그러므로 그 상과 점이 이와 같으니, 또한 경계한 말이다.

象曰 厥孚交如는 信以發志也ㅣ오
◉ 상에 말하기를 '그 믿음이 사귄다'는 것은 믿음으로 뜻을 발한 것이고,

【本義】一人之信이 足以發上下之志也라.
한 사람의 믿음이 충분히 상하의 뜻을 발현할 수 있다.

威如之吉은 易而无備也일새라.
◉ '위엄있게 해서 길함'은 안이해서 갖춤이 없기 때문이다.

【傳】下之志는 從乎上者也니 上以孚信으로 接於下則下亦以誠信으로 事其上이라 故로 厥孚交如라. 由上이 有孚信하야 以發其下孚信之志면 下之從上도 猶響之應聲也라. 威如之所以吉者는 謂若无威嚴則下易慢而无戒備也니 謂无恭畏備上之道라. 備는 謂備上之求責也라.

아랫 사람의 뜻은 위를 좇는 것이니, 윗 사람이 믿음으로 아랫 사람을 접대하면 아랫 사람도 또한 믿음으로 윗 사람을 섬길 것이기 때문에, '그 믿음이 사귄다(厥孚交如)'는 것이다. 윗 사람이 믿음을 둠으로써 아랫 사람의 믿는 뜻을 발현케 하면, 아랫 사람이 윗 사람을 좇는 것도 메아리가 소리에 응하는 것 같을 것이다.

'위엄있게 해서 길하다'는 것은, 만일 위엄이 없으면 아랫 사람이 안이하고 태만해져서 경계하고 갖춤이 없다는 말이니, 윗 사람을 공경하고 두려워해서 대비하는 도가 없다는 말이다. '갖춘다(備)'는 것은 윗 사람이 요구하고 꾸짖음을 대비한다는

말이다.

　　※ 響 : 소리 향, 메아리 향.
　　※ 威 : '威如之吉易而无備也威'로 되어 있는 판본도 있다.

【本義】太柔면 則人將易之而无畏備之心이라.

　너무 부드러우면 사람들이 장차 쉽게 여겨, 두려워하고 대비하는 마음이 없어진다.

上九는 自天祐之라. 吉无不利로다.

◉ 상구는 하늘로 부터 돕는지라. 길해서 이롭지 않음이 없도다.

 尙賢崇善 享其福慶

【傳】上九ㅣ 在卦之終하야 居无位之地하니 是大有之極而不居其有者也요 處離之上하니 明之極也라. 唯至明이라 所以不居其有니 不至於過極也라. 有極而不處則无盈滿之災하니 能順乎理者也라.

　「상구」가 괘의 마지막에 있어서 지위(位)가 없는 곳에 있으니, 이것은 「대유」가 극함에 「대유」에 거처하지 않는 것이고, 「리:☲」의 제일 위에 있으니 밝음이 지극한 것이다. 오직 지극히 밝기 때문에 그 크게 둔 것에 거처하지 않는 것이니, 지나치게 극한데까지 이르지 않는 것이다. 소유한 것이 극에 달했는데 거처하지 않으면, 가득차서 넘치는 재앙이 없으니, 이치에 순응하는 사람이다.

五之孚信而履其上이 爲蹈履誠信之義요 五有文明之德에 上이 能降志以應之하니 爲尙賢崇善之義라. 其處ㅣ 如此하니 吉道之至也요 自當享其福慶하야 自天祐之라. 行順乎天而獲天祐라 故로 所往이 皆吉하야 无所不利也라.

　믿음이 있는 「육오」의 위를 밟음이 정성과 믿음을 밟는 뜻이 되고, 「육오」가 문명한 덕이 있음에 「상구」가 뜻을 낮추어 응하니, 어진이를 숭상하고 착한 것을 숭상하는 뜻이 된다. 그 처신함이 이와 같으니, 길한 도의 지극한 것이고, 마땅히 경사와 복을 누려서 하늘로부터 돕는 것이다. 행동이 하늘에 순응해서 하늘의 도움을 얻기 때문에, 하는 바가 다 길해서 이롭지 않음이 없는 것이다.

【本義】大有之世에 以剛居上而能下從六五라. 是能履信思順而尙賢也니 滿而不溢이라 故로 其占이 如此라.

「대유」의 세상에 강으로써 제일 위에 있어 능히 아래로 「육오」를 따른다. 이것이 믿음을 밟고 순함을 생각하며 어진이를 숭상하는 것이니, 가득차도 넘치지 않기 때문에, 그 점이 이와 같다.

象曰 大有上吉은 自天祐也ㅣ라.

● 상에 말하기를 대유의 상구가 길한 것은 하늘로부터 도운 것이다.

【傳】大有之上은 有極當變이로대 由其所爲ㅣ 順天合道라 故로 天이 祐助之하니 所以吉也라. 君子는 滿而不溢하니 乃天祐也라. 繫辭에 復申之云天之所助者ㅣ 順也요 人之所助者ㅣ 信也니 履信思乎順하고 又以尙賢也라 是以自天祐之吉无不利也라하니 履信은 謂履五니 五ㅣ 虛中은 信也요 思順은 謂謙退不居요 尙賢은 謂志從於五라.

「대유」의 상효(上九)는 소유한 것이 극에 달함에 마땅히 변할 것이나, 그 하는 바가 하늘에 순하고 도에 합치되기 때문에, 하늘이 도와서 길한 것이다. 군자는 가득해도 넘치지 않으니, 하늘이 돕는 것이다. 「계사전」에 다시 밝혀서 말씀하기를 "하늘이 돕는 것은 순한 것이요, 사람의 돕는 것은 믿음이니, 믿음을 이행하고 순함을 생각하며 또한 어진이를 숭상한다. 이렇기 때문에 하늘로부터 도와서 길하여 이롭지 않음이 없다."고 했다. '믿음을 이행한다'는 것은 「육오」를 밟는다는 말이니, 「육오」가 가운데가 빈 것은 믿음이고, '순함을 생각한다'는 것은 겸손하고 양보해서 거처하지 않는다는 것이며, '어진이를 숭상한다'는 것은 뜻이 「육오」를 따르는 것을 말한다.

大有之世는 不可以盈이니 豊而復處盈焉은 非所宜也라. 六爻之中에 皆樂據權位로대 唯初上이 不處其位라. 故로 初九는 无咎요 上九는 无不利라. 上九ㅣ 在上하야 履信思順이라 故로 在上而得吉이니 蓋自天祐也라.

「대유」의 세상은 가득차게 할 수 없으니, 풍성한데도 다시 가득찬 곳에 거처함은 마땅한 것이 아니다. 여섯 효 가운데 다 권세의 자리에 거처하기를 즐겨하나, 오직 「초구」와 「상구」가 그 자리에 거처하지 않는다. 그러므로 「초구」에는 '허물이 없다(无咎)'하고 「상구」는 '이롭지 않음이 없다(无不利)'고 한 것이다. 「상구」가 위에 있어서 믿음을 밟고 순함을 생각하기 때문에, 위에 있으면서도 길함을 얻은 것이니, 대개 하늘로부터 돕는 것이다.

坤上 艮下 地山謙(15)
지 산 겸

【傳】謙은 序卦에 有大者는 不可以盈이라 故로 受之以謙이라하니 其有ㅣ 旣大면 不可至於盈滿이요 必在謙損이라 故로 大有之後에 受之以謙也라. 爲卦ㅣ 坤上艮下니 地中有山也라. 地體는 卑下하고 山은 高大之物이어늘 而居地之下하니 謙之象也요 以崇高之德으로 而處卑之下하니 謙之義也라.

「겸:☷☶」은 「서괘전」에 "크게 소유한 자는 가득차게 할 수 없기 때문에, 「겸괘」로써 받았다"고 하였다. 그 소유한 것이 이미 크면 가득차는 데까지 이르게 할 수 없고, 반드시 겸손하고 덜어내야 하기 때문에, 「대유괘:☰☲」 뒤에 「겸괘」로 받은 것이다.

괘됨이 「곤:☷」이 위에 있고 「간:☶」이 아래에 있으니, 땅 속에 산이 있는 것이다. 땅 덩어리는 낮아 밑에 있는 것이고, 산은 높고 큰 물건인데도 땅의 아래에 있으니 「겸」의 상이고, 숭고한 덕으로 낮은 것의 아래에 거처하니 「겸」의 뜻이다.

※ 厚齋馮氏曰 一陽五陰之卦ㅣ 其立象也에 一陽이 在上下者ㅣ 爲剝復은 象陽氣之消長也요 在中者ㅣ 爲師比는 象衆之所歸也요 至於三四하얀 在二體之際하야 當六劃之中이라 故로 以其自上而退處於下者로 爲謙하고 自下而奮出於上者로 爲豫하니 此ㅣ 觀劃立象之本旨也라.

: <후재풍씨>가 말하기를 "양 하나에 음이 다섯인 괘가 그 상을 세운 것 중에, 한 양이 꼭대기와 밑에 있는 것이 「박괘:☶☷」와 「복괘:☷☳」가 됨은, 양기운이 소장(消長)하는 것을 상징한 것이고, 가운데(中) 있는 것이 「사괘:☷☵」와 「비괘:☵☷」가 됨은, 무리가 모여드는 것을 상징한 것이며, 삼효와 사효는 두 괘체(내괘와 외괘)의 사귀는 곳에 있어서 여섯 획의 중간에 해당하기 때문에, 위로부터 물러나 아래에 있는 것으로 (「구삼」자리에 있는 것) 「겸괘」를 삼고, 아래로부터 위로 떨쳐 올라간 것으로 「예괘」를 삼으니, 이것이 획을 보고 상을 세운 근본 뜻이다."

謙은 亨하니 君子ㅣ 有終이니라.

- [정자] 겸은 형통하니 군자가 마침이 있느니라.
- [주자] 겸은 형통하니 군자가 마침이 있으리라.

安履乎謙 德益光顯

【傳】謙은 有亨之道也라. 有其德而不居를 謂之謙이니 人이 以謙巽으로 自處면 何往而不亨乎리오. 君子有終은 君子ㅣ 志存乎謙巽하야 達理라 故로 樂天而不競이요 內充이라 故로 退讓而不矜이라. 安履乎謙하야 終身不易하니 自卑而人益尊之하고 自晦而德益光顯하니 此所謂君子有終也라. 在小人則有欲必競하고 有德必伐하야 雖使勉慕於謙이나 亦不能安行而固守하니 不能有終也라.

「겸」은 형통하는 도가 있다. 덕이 있으면서도 거처하지 않는 것을 겸손이라고 하니, 사람이 겸손(謙巽)함으로 스스로 처신하면 어디 가선들 형통하지 않겠는가? '군자가 마침이 있다(君子有終)' 함은, 군자가 뜻을 겸손한 데 두어서, 이치에 통달했기 때문에 천명을 즐기면서 다투지 않고, 안이 충실하기 때문에 물러나고 양보하면서 자랑하지 않는다. 겸손함을 편안하게 이행해서 종신토록 바꾸지 않으니, 스스로 낮추어도 사람들이 더욱 높이고, 스스로 감추어도 덕이 더욱 찬란히 나타나므로, 이를 두고 '군자가 마침이 있다'고 말하는 것이다. 소인은 욕심이 있으면 반드시 다투고 덕이 있으면 반드시 자랑해서, 비록 억지로 겸손하려 해도, 또한 편안하게 행하지 못해서 굳게 지키지 못하니 마침이 있을 수가 없다.

【本義】謙者는 有而不居之義라. 止乎內而順乎外하니 謙之意也요 山은 至高而地는 至卑어늘 乃屈而止於其下하니 謙之象也라. 占者ㅣ 如是則亨通而有終矣리니 有終은 謂先屈而後伸也라.

'겸(謙)'은 있으면서도 거처하지 않는 뜻이다. 안에서는 그쳐있고(☶) 밖에서는 순하게(☷) 하니 겸손한 뜻이고, 산(☶)은 지극히 높고 땅(☷)은 지극히 낮은 것인데, 굽혀서 그 밑에 그쳐 있으니 겸손한 형상이다. 점치는 사람이 이와 같이 하면 형통해서 마침이 있을 것이니, '마침이 있다(有終)'함은 먼저는 굽히고 뒤에는 편다는 말이다.

> 象曰 謙亨은 天道ㅣ 下濟而光明하고 地道ㅣ 卑而上行이라.
> ● 단에 말하기를 '겸은 형통하다'는 것은, 하늘의 도가 내려가 사귀어서 광명하고 땅의 도가 낮추어서 올라가 행함이라.

【傳】濟는 當爲際니 此는 明謙而能亨之義라. 天之道는 以其氣로 下際라 故로 能化育萬物하야 其道ㅣ 光明이니 下際는 謂下交也요 地之道는 以其處卑라 所以其氣ㅣ 上行하야 交於天이니 皆以卑降而亨也라.

'제(濟)'자는 마땅히 '제(際)'자로 해야하니, 이것은 겸손해서 형통할 수 있다는 뜻을 밝힌 것이다. 하늘의 도는 그 기운을 내려서 교제하기 때문에, 만물을 화육해서 그 도가 빛나고 밝을 수 있으니, 내려서 교제한다는 것은 내려가 사귀는 것을 말한다. 땅의 도는 낮춤으로 거처하기 때문에 그 기운이 올라가 행해서 하늘과 사귀는 것이니, 다 낮추고 내려옴으로써 형통한 것이다.

【本義】言謙之必亨이라.

「겸」이 반드시 형통하다는 것을 말한 것이다.

※ 雲峰胡氏曰 下濟ㅣ 爲謙이요 光明이 爲亨이며 卑ㅣ 爲謙이요 上行이 爲亨이라. 象傳에 但言謙之必亨而不言卦體하니 蓋下濟光明이 自舍艮坤二體於其間也라.

: <운봉호씨>가 말하기를 "'하제'가 '겸'이 되고 '광명'이 '형'이 되며, '비'가 '겸'이 되고 '상행'이 '형'이 된다. 「단전」에 겸손하면 반드시 형통하다고만 하고 괘체는 말하지 않았으니, '하제광명'이 스스로 「간☶」과 「곤☷」의 두 괘체를 그 사이에 포함하고 있다."

> 天道는 虧盈而益謙하고
> ● 하늘의 도는 가득찬 것을 이지러지게 하며 겸손한 데는 더해주고,

【傳】以天行而言이니 盈者則虧하고 謙者則益은 日月陰陽이 是也라.

하늘의 운행으로써 말한 것이니, 가득차면 이지러지고 겸손하면 더해지는 것은, 일월(日月)과 음양(陰陽)이 이런 것이다.

> 地道는 變盈而流謙하고
> ◉ 땅의 도는 가득찬 것을 변하게 하며 겸손한 데로 흐르고,

【傳】以地勢而言이니 盈滿者는 傾變而反陷하고 卑下者는 流注而益增也라.

땅의 형세로써 말한 것이니, 가득찬 것은 기울어지고 변해서 도리어 함몰되며, 낮고 밑에 있는 것은 흘러 들어와서 더욱 보태진다.

> 鬼神은 害盈而福謙하고
> ◉ 귀신은 가득찬 것을 해롭게 하며 겸손함에는 복되게 하고,

【傳】鬼神은 謂造化之跡이라. 盈滿者를 禍害之하고 謙損者를 福祐之하나니 凡過而損하며 不足而益者ㅣ 皆是也라.

'귀신(鬼神)'은 조화의 자취를 말한 것이다. 가득찬 것을 해롭게 하고 겸손한 것을 복되게 도우니, 무릇 지나치면 잃게되고 부족하면 더하게 됨이 다 이것이다.

※ 朱子曰 天道는 是就寒暑往來上說이요 地道는 是就地形高下上說이요 鬼神은 言害福은 是有些造化之柄이니 各自主一事而言耳라. : <주자>가 말씀하길 "천도는 추위와 더위의 왕래로 말하고, 지도는 지형의 높고 낮음으로 말했으며, 귀신은 복과 해로써 말함은, 여기에 조화의 자루가 있음이니, 각자 주가 되는 한 가지 일로써 말한 것이다."

> 人道는 惡盈而好謙하나니
> ◉ 사람의 도는 가득찬 것을 미워하고 겸손한 것을 좋아하나니,

【傳】人情은 疾惡於盈滿而好與於謙巽也라. 謙者는 人之至德이라 故로 聖人이 詳言所以하니 戒盈而勸謙也라.

　인정은 가득찬 것을 미워하고, 겸손한 것을 좋아하며 더불어한다. 겸손은 사람의 지극한 덕이기 때문에, 성인께서 겸손해야하는 이유를 자세히 말씀하신 것이니, 가득참을 경계하고 겸손함을 권하신 것이다.

謙은 尊而光하고 卑而不可踰ㅣ니 君子之終也ㅣ라.
- [정자] 겸은 높아도 빛나고 낮아도 넘지 못하니 군자의 마침이다.
- [주자] 겸은 높은 사람은 빛나고 낮은 사람도 넘지 못하니 군자의 마침이다.

【傳】謙爲卑巽也로대 而其道ㅣ 尊大而光顯하고 自處ㅣ 雖卑屈이나 而其德이 實高하야 不可加尙하니 是不可踰也라. 君子는 至誠於謙하야 恒而不變하니 有終也라 故로 尊光이라.

　겸손함은 낮추고 공손함이로되, 그 도가 높고 크며 빛나게 나타나고, 스스로 처신함이 낮추고 굽히되, 그 덕이 실제로 높아서 더 높일 수 없으니 넘지 못하는 것이다. 군자는 겸손함을 지성으로 해서 항상하고 변하지 않으니 마침이 있기 때문에 높고 빛나는 것이다.

【本義】變은 謂傾壞요 流는 謂聚而歸之라. 人能謙則其居尊者는 其德이 愈光하고 其居卑者도 人亦莫能過하리니 此ㅣ 君子所以有終也라.

　'변(變)'은 기울어져 무너지는 것이고, '유(流)'는 모여서 돌아가는 것이다. 사람이 겸손하면, 높은 데 있는 사람은 그 덕이 더욱 빛나고, 낮은 데 있는 사람도 다른 사람이 또한 넘보지 못할 것이니, 이것이 군자가 마침이 있게 되는 까닭이다.

象曰 地中有山이 謙이니 君子ㅣ 以하야 裒多益寡하야 稱物平施하나니라.

● 상에 말하기를 땅 속에 산이 있는 것이 겸이니, 군자가 본받아서 많은 것을 덜어 적은 데 더해서, 물건을 저울질하여 베풂을 고르게 하느니라.

【傳】地體ㅣ 卑下어늘 山之高大로 而在地中하니 外卑下而內蘊高大之象이라 故로 爲謙也라. 不云山在地中而曰地中有山은 言卑下之中에 蘊其崇高也니 若言崇高ㅣ 蘊於卑下之中則文理ㅣ 不順이라 諸象이 皆然하니 觀文可見이라.

땅 덩어리는 비하(卑下)한 것인데, 산이 높고 크면서도 땅 속에 있으니, 밖은 비하한 것이면서도 안은 높고 큰 것을 내포하는 상인 까닭에 「겸괘」가 된 것이다. '산이 땅 속에 있다'고 하지 않고 '땅 속에 산이 있다'고 함은, 비하한 것 속에 숭고한 것을 쌓는다는 말이니, 만약 숭고한 것이 비하한 것 속에 쌓여 있다고 하면 글의 이치가 맞지 않는다. 모든 대상전이 다 그러하니, 글을 보면 알 수 있다.

※ 비하(卑下) : 낮고 아래에 있음(지대가 낮음, 지위가 낮음), 자기 자신을 낮춤.
※ 蘊 : 쌓을 온, 감출 온.

君子以裒多益寡稱物平施는 君子ㅣ 觀謙之象하야 山而在地下는 是高者ㅣ 下之요 卑者ㅣ 上之니 見抑高擧下損過益不及之義하야 以施於事則裒取多者하야 增益寡者하고 稱物之多寡하야 以均其施與로 使得其平也라.

'군자가 본받아서 많은 것을 덜어 적은 데 더해서 물건에 맞추어 고르게 베푼다(君子以裒多益寡稱物平施)' 함은, 군자가 「겸괘」의 상을 관찰해서, 산이 땅 아래에 있는 것은 높은 것은 내려가고 낮은 것은 올라가는 것이니, 높은 것은 억제하고 낮은 것은 들어올리며, 지나친 것은 덜고 모자란 것은 더하는 뜻을 알아서, 일을 처리할 때는 많은 것을 덜어내어 적은 데 보태고, 물건의 많고 적음을 저울질해서 그 베풀음을 고르게 함으로써 그 공평함(平)을 얻게 하는 것이다.

【本義】以卑蘊高는 謙之象也요 裒多益寡는 所以稱物之宜而平其施니 損高增卑하야 以趣於平은 亦謙之意也라.

낮춤으로써 높은 것을 쌓는 것은 「겸」의 상이다. '많은 것을 덜어서 적은 것에 더하는 것'은 물건의 마땅함에 맞추어 그 베풂을 공평하게 하는 것이니, 높은 것을 덜어 낮은 데 더해서 공평한 데로 나아가게 하는 것은 또한 「겸」의 뜻이다.

初六은 謙謙君子ㅣ니 用涉大川이라도 吉하니라.

- [정자] 초육은 겸손하고 겸손한 군자니 써 큰 내를 건너더라도 길하니라.
- [정자] 초육은 겸손하고 겸손한 군자니 써 큰 내를 건넘이 길하니라.

☷☶. 謙而又謙 何所不吉

【傳】初六이 以柔順으로 處謙하고 又居一卦之下하야 爲自處卑下之至하니 謙而又謙也라. 故로 曰謙謙이라하니 能如是者는 君子也라. 自處至謙하면 衆所共與也니 雖用涉險難이라도 亦无患害온 況居平易乎아. 何所不吉也리오. 初處謙而以柔居下하니 得无過於謙乎아. 曰柔居下는 乃其常也로대 但見其謙之至라 故로 爲謙謙이요 未見其失也라.

「초육」이 유순함으로써 「겸」에 거처하고, 또 한 괘의 아래에 있어서 스스로 지극히 낮추어 처신하니, 겸손하고 또 겸손한 것이다. 그러므로 '겸손하고 겸손하다(謙謙)'고 했으니, 이와 같이 할 수 있는 사람은 군자다. 스스로 지극히 겸손하게 처신하면 무리가 같이 더불어 하게 되니, 비록 험난함을 건너더라도 또한 근심과 해가 없을 것인데 하물며 평이한 곳에서랴! 어떤 것이 길하지 않겠는가? "「초육」이 「겸」의 때에 처해 있으면서 유(柔)로써 아래에 있으니, 너무 겸손한 것이 아닙니까?" 답하기를 "유가 아래에 있음은 떳떳한 것이지만, 다만 겸손함이 지극함을 표현하기 때문에 '겸손하고 겸손하다'고 한 것이고, 잘못됨을 나타낸 것은 아니다."

【本義】以柔處下는 謙之至也니 君子之行也라. 以此涉難이면 何往不濟리오. 故로 占者ㅣ 如是則利以涉川也라.

유로써 아래에 있음은 겸손이 지극한 것이니 군자의 행함이다. 이것으로써 어려운 것을 건너면, 어디간들 건너지 못하겠는가? 그렇기 때문에 점치는 사람이 이와 같이 하면 큰 내를 건넘이 이롭다.

> 象曰 謙謙君子는 卑以自牧也ㅣ라.
> ◉ 상에 말하기를 '겸손하고 겸손한 군자'는 낮춤으로써 스스로 기르는 것이다.

【傳】謙謙은 謙之至也니 謂君子ㅣ 以謙卑之道로 自牧也라. 自牧은 自處也니 詩云自牧歸荑라하니라.

'겸손하고 겸손함(謙謙)'은 겸손의 지극함이니, 군자가 겸손하고 낮추는 도로써 스스로 기름을 말한 것이다. '스스로 기른다(自牧)'함은 스스로 처한다는 것이니, 『시경』에 말하기를 "들에 있는 띠싹을 선사하니"라고 했다.

※ 자목귀제(自牧歸荑) : 『시경』 「패풍:邶風」의 「정녀:靜女詩」에 출전함. 이 대목에 대해 <주자>는 "牧은 外野也('목'은 들판을 말한다)"라고 주(註)했다.

> 六二는 鳴謙이니 貞코 吉하니라.
> ◉ [정자] 육이는 겸손함을 울림이니 바르고 굳어서 길하니라.
> ◉ [주자] 육이는 겸으로 울림이니 바르고 굳어서 길하니라.
>
> ䷎ 柔順中正 以謙有聞

【傳】二以柔順로 居中하니 是爲謙德이 積於中이라. 謙德이 充積於中 故로 發於外하야 見於聲音顏色이라 故로 曰鳴謙이라. 居中得正하니 有中正之德也라 故로 云貞吉이라. 凡貞吉에 有爲貞且吉者하고 有爲得貞則吉者하니 六二之貞吉은 所自有也라.

「육이」가 유순함으로써 중(中)에 있으니, 이것은 겸손한 덕이 중심(마음)에 쌓인 것이다. 겸손한 덕이 중심에 충적된 까닭에 밖으로 발현되어 음성과 안색에 나타나기 때문에, '겸손함을 울린다(鳴謙)'고 했다. 중에 있고 득정(得正)했으니 중정한 덕이 있으므로, '바르고 굳어서 길하다(貞吉)'고 했다. '정길(貞吉)'이라고 한 것에

'정(貞)하고 길(吉)하다'는 뜻이 있고, '정함을 얻으면 길하다'는 뜻이 있으니, 「육이」의 '정길'은 스스로 가지고 있는 것이다.

　　※ 貞 : '正'자로 되어 있는 판본도 있다.
　　※ "'정길'을 스스로 가지고 있다"는 뜻은, 「육이」가 이미 정(貞)의 덕이 있다는 뜻이니, '貞且吉'하다는 것이다.

【本義】柔順中正하야 以謙有聞하니 正而且吉者也라. 故로 其占이 如此라.

　유순하고 중정(中正)해서 겸손함으로써 들림이 있으니, 바르고 또 길한 사람이다. 그래서 그 점이 이와 같다.

　　※ 「육이」가 겸손하다고 소문이 났으니, 바르고 길하다는 것이다.

象曰 鳴謙貞吉은 中心得也ㅣ라.
◉ 상에 말하기를 '명겸정길'은 중심에 얻은 것이다.

【傳】二之謙德은 由至誠이 積於中하야 所以發於聲音이니 中心所自得也요 非勉爲之也라.

　「육이」의 겸손한 덕은 지극한 정성이 마음에 쌓여서 성음(聲音)으로 드러나게 된 것이니, 중심에 저절로 얻은 것이고, 억지로 한 것이 아니다.

　　※ 勉 : '强'자로 되어 있는 판본도 있다.

九三은 勞謙이니 君子ㅣ 有終이니 吉하니라.
◉ [정자] 구삼은 공로가 있고 겸손함이니 군자가 마침이 있으니 길하니라.
◉ [주자] 구삼은 공로가 있고 겸손함이니 군자가 마침이 있어서 길하니라.

　　　　身當大任 有功持謙

【傳】三이 以陽剛之德而居下體하야 爲衆陰所宗하고 履得其位하야 爲下之上하니 是는 上爲君所任하고 下爲衆所從하야 有功勞而持謙德者也라 故로 曰勞謙이라. 古之人이 有當之者하니 周公이 是也라. 身當天下之大任하고 上奉幼弱之主하야 謙恭自牧을 夔夔如畏然하니 可謂有勞而能謙矣로다.

「구삼」이 양강한 덕으로써 하체(內卦)에 있어 뭇 음이 높이는 바가 되고, 밟고 있는 것이 그 자리(位)를 얻어서 하괘의 제일 위가 되니, 이것은 위로는 인군의 맡기는 바가 되고 아래로는 무리가 따르는 바가 되어, 공로가 있고 겸손한 덕을 가진 사람이기 때문에 '공로가 있고 겸손하다(勞謙)'고 했다. 옛사람이 여기에 해당하는 이가 있으니, <주공>이 이런 사람이다. 몸은 천하의 큰 책임을 맡고, 위로는 어리고 약한 인군을 받들어서, 겸손하고 공손히하여 스스로 기르기를 조심조심해서 두려워 하는 것 같이 하니, 공로가 있으면서도 겸손하다고 할 수 있다.

※ 其 : '正'자로 되어 있는 판본도 있다.
※ 夔 : 조심할 기.　기기(夔夔) : 조심하고 두려워 함.

旣能勞謙하고 又須君子ㅣ 行之하야 有終則吉이라. 夫樂高喜勝은 人之常情이니 平時能謙도 固已鮮矣온 況有功勞可尊乎아. 雖使知謙之善하야 勉而爲之라도 若矜負之心을 不忘則不能常久리니 欲其有終이나 不可得也어니와 唯君子는 安履謙順하야 乃其常行이라 故로 久而不變하니 乃所謂有終이니 有終則吉也라. 九三이 以剛居正하니 能終者也요 此爻之德이 最盛이라 故로 象辭特重이라.

이미 공로가 있으면서 겸손하고, 더욱이 군자가 그렇게 행해서 마침이 있으면 길하다. 대개 높은 것을 즐거워하고 이기기를 좋아하는 것이 인지상정이니, 평시에 겸손히 하는 것도 드문 일인데, 하물며 공로가 있어 높게 되었을 때이랴? 비록 겸손함이 좋다는 것을 알아서 억지로 한다하더라도, 자랑하고 자부하는 마음을 버리지(忘) 않는다면 오래할 수 없을 것이니, 마침이 있고자하나 얻을 수 없다. 오직 군자는 겸순(謙順)함을 편안히 이행해서 항상하게 행하는 까닭에, 오래되어도 변하지 않으므로 '마침이 있다(有終)'고 한 것이니, 마침이 있으면 길한 것이다. 「구삼」이 강으로써 바른 자리에 있으니 마칠 수 있는 사람이고, 이 효의 덕이 가장 성하기 때문에, 상사(象辭)를 특별히 거듭되게 붙인 것이다.

※ 여기서 "「상사:象辭」를 특별히 거듭되게 붙였다"는 것은, '노겸'의 한 구절만으로도 군자가 마침이 있어 '길하다'는 점이 나오는데, '군자유종'이라는 글귀를 더 붙여 강조했다는 뜻이다.

【本義】卦唯一陽이 居下之上하야 剛而得正하니 上下所歸요 有功勞而能謙하니 尤人所難이라. 故로 有終而吉이니 占者ㅣ 如是則如其應矣라.

괘에 오직 한 양이 하괘의 위에 있어서 강하면서 바름을 얻으니 상하가 모여드는 바이고, 공로가 있으면서도 겸손할 수 있으니 더욱 더 하기 어려운 것이다. 그러므로 마침이 있어 길하니, 점치는 사람이 이와 같이 하면 「효사」의 내용과 같이 될 것이다.

象曰 勞謙君子는 萬民의 服也ㅣ라.
● 상에 말하기를 '공로 있고 겸손한 군자'는 만 백성이 승복함이라.

【傳】能勞謙之君子는 萬民所尊服也라. 繫辭에 云勞而不伐하며 有功而不德이 厚之至也니 語以其功下人者也라. 德言盛이요 禮言恭이니 謙也者는 致恭하야 以存其位者也라.

공로가 있으면서도 겸손할 수 있는 군자는 만 백성이 높이고 승복하는 것이다. 「계사전」에 말하기를 "수고로워도 자랑하지 않으며, 공이 있어도 덕으로 삼지 않음이 두터움의 지극한 것이니, 공로가 있으면서도 남의 아래함을 말함이다. 덕은 성함을 말하고, 예는 공손함을 말하니, 겸손이라는 것은 공손함을 이루어서 그 자리(位)를 보존하는 것이다"라고 하였다.

有勞而不自矜伐하고 有功而不自以爲德은 是其德이 弘厚之至也니 言以其功勞而自謙以下於人也라. 德言盛禮言恭은 以其德으로 言之

면 則至盛이요 以其自處之禮로 言之면 則至恭이니 此所謂謙也라. 夫謙也者謂致恭以存其位者也는 存은 守也니 致其恭巽하야 以守其位라 故로 高而不危며 滿而不溢이니 是以로 能終吉也라. 夫君子ㅣ 履謙은 乃其常行이요 非爲保其位而爲之也어늘 而言存其位者는 蓋能致恭이면 所以能存其位니 言謙之道ㅣ 如此라. 如言爲善이면 有令名이나 君子ㅣ 豈爲令名而爲善也哉리오. 亦言其令名者는 爲善之故也니라.

수고가 있어도 스스로 자랑하지 않고, 공이 있어도 스스로 덕으로 생각지 않는 것은 그 덕이 지극히 넓고 두터운 것이니, 공로가 있으면서도 스스로 겸손함으로써 남에게 낮춘다는 말이다. '덕은 성함을 말하고, 예는 공손함을 말한다' 함은, 그 덕으로 말하면 지극히 성하고 그 처신하는 예로 말하면 지극히 공손하다는 것이니, 이것은 겸손하다는 말이다. '겸손이라는 것은 공손함을 이루어서 그 자리(位)를 보존하는 것이다'라고 함은, '보존한다(存)'는 것은 지키는 것이니, 공손함을 이루어서 그 자리를 지키는 것이기 때문에, 높아도 위태하지 않고 가득차도 넘치지 않으니, 이렇게 함으로써 마칠 수 있어 길한 것이다. 대개 군자가 겸손함을 이행함은 평상의 행동이지, 그 자리를 보존하려고 하는 것은 아니다. 그런데도 '그 자리를 보존한다'고 한 것은, 대개 공손함을 이룰 수 있으면 그 자리를 보존할 수 있는 까닭이니, 겸손하는 도가 이렇다는 말이다. 마치 "착한 것을 하면 훌륭한 명예가 있다"는 것과 같으나, 군자가 어찌 훌륭한 명예를 위해서 착한 일을 하겠는가? 이것 또한 훌륭한 명예가 있는 것은 착한 일을 했기 때문이라는 것을 말한 것이다.

※ 「계사상전」 8장에 출전함.
※ 영명(令名) : 훌륭한 명예, 좋은 평판.
※ 故 : '效'자로 되어 있는 판본도 있다.

六四는 无不利撝謙이니라.

- [정자] 육사는 겸손함을 베풀어 폄에 이롭지 않음이 없느니라.
- [주자] 육사는 이롭지 않음이 없으나, 겸손함을 베풀어 펴야하니라.

動息進退 必施其謙

【傳】四ㅣ 居上體하야 切近君位하고 六五之君이 又以謙柔自處하며 九三이 又有大功德하야 爲上所任衆所宗이어늘 而己居其上하니 當恭畏以奉謙德之君이요 卑巽以讓勞謙之臣이니 動作施爲에 无所不利於撝謙也라. 撝는 施布之象이니 如人手之撝也라. 動息進退에 必施其謙이니 蓋居多懼之地하고 又在賢臣之上故也라.

「육사」가 상체(외괘)에 있어서 인군자리와 매우 가깝고, 인군인 「육오」가 또한 겸손하고 유함으로써 자처하며, 「구삼」이 또 큰 공덕이 있어서 윗 사람의 신임을 얻고 무리의 높이는 바가 되었는데 「육사」가 그 위에 거처하니, 마땅히 공손하고 두려워함으로써 겸손한 덕이 있는 인군을 받들고, 낮추고 공손함으로써 노겸(勞謙)한 신하에게 양보해야 하니, 움직이고 베풂에 겸손함을 베풀어 펴서 이롭지 않음이 없는 것이다. '휘(撝)'는 베풀어 펴는 상이니, 사람의 엄지 손가락과 같은 것이다. 움직이고 쉬며, 나아가고 물러남에 반드시 겸손함을 베푸는 것이니, 두려움이 많은 지위에 있고 또한 어진 신하의 위에 있기 때문이다.

※ 노겸(勞謙) : 공로가 있으면서도 겸손함. '노겸지신(勞謙之臣)'은 「구삼」을 지칭.

【本義】柔而得正하고 上而能下하니 其占이 无不利矣라. 然이나 居九三之上이라 故로 戒以更當發揮其謙하야 以示不敢自安之意也라.

유하면서 득정하고 위에 있으면서 낮출 수 있으니, 그 점이 이롭지 않음이 없다. 그러나 「구삼」의 위에 있기 때문에, 다시 그 겸손을 발휘하라고 경계해서, 감히 스스로 안일에 빠질 수 없음을 보인 것이다.

> 象曰 无不利撝謙은 不違則也ㅣ라.
> ● 상에 말하기를 '무불리휘겸'은 법칙에 어긋나지 않음이라.

【傳】凡人之謙이 有所宜施요 不可過其宜也니 如六五ㅣ 或用侵伐이 是也라. 唯四ㅣ 以處近君之地하고 據勞臣之上이라 故로 凡所動作에 靡不利於施謙이니 如是然後에야 中於法則이라 故로 曰不違則也라하니

謂得其宜也라.

사람의 겸손이 베풂에 마땅함이 있어야하고, 그 마땅한 것을 지나치면 안되니, 「육오 효사」에 '혹 침벌을 쓴다'는 것과 같은 것이다. 오직 「육사」가 인군과 가까운 자리에 있고, 공로가 있는 신하의 위에 자리하고 있기 때문에, 모든 동작에 겸손을 베풀어야 이롭지 않음이 없으니, 이렇게 한 뒤에야 법칙에 맞기 때문에 '법칙에 어긋나지 않음(不違則也)'이라고 한 것이니, 그 마땅함을 얻었다는 말이다.

【本義】言不爲過라.

지나친 것이 아니라는 말이다.

六五는 不富以其鄰이니 利用侵伐이니 无不利하리라.

- [정자] 육오는 부유하지 않고도 이웃과 같이 하는 것이니 침벌을 씀이 이로우니 이롭지 않음이 없으리라.
- [주자] 육오는 부유하지 않고도 이웃과 같이 하는 것이니 침벌을 씀이 이롭고, 이롭지 않음이 없으리라.

五之謙柔 當防於過

【傳】富者는 衆之所歸니 唯財라야 爲能聚人이로대 五以君位之尊而執謙順하야 以接於下하니 衆所歸也라. 故로 不富而能有其鄰也라. 鄰은 近也니 不富而得人之親也라. 爲人君而持謙順하니 天下所歸心也라. 然이나 君道ㅣ 不可專尙謙柔요 必須威武相濟然後에 能懷服天下라 故로 利用行侵伐也니 威德이 竝著然後에 盡君道之宜而无所不利也라. 蓋五之謙柔ㅣ 當防於過라 故로 發此義라.

'부(富)'는 무리가 모여드는 바니, 오직 재물이라야 사람을 모을 수 있으나, 「육오」는 인군의 높은 자리로써 겸순(謙順)함으로 아랫사람을 접대하니, 무리가 모여드는 것이다. 그래서 부유하지 않고도 그 이웃을 둘 수 있는 것이다. '이웃(鄰)'은 가까운 것이니, 부유하지 않고도 사람의 친함을 얻는 것이다. 인군인데도 겸순함을 가지고 있으니, 천하의 마음이 모인다. 그러나 인군의 도는 오로지 겸손하고 유하게 만은 할 수 없고, 반드시 위엄과 무력이 서로 도움을 주어야 천하를 회유하고 승복시킬 수 있기 때문에, 침벌을 행하는 것이 이로운 것이니, 위엄과 덕이 아울러 나타나야 인군의 도의 마땅함을 다해서 이롭지 않음이 없다. 대개 「육오」의 겸손하고 유함이 지나친 것을 막아야 하기 때문에, 이런 뜻을 밝힌 것이다.

【本義】以柔居尊하니 在上而能謙者也라. 故로 爲不富而能以其鄰之象이라. 蓋從之者衆矣로대 猶有未服者則利以征之而於他事에도 亦无不利니 人有是德則如其占也리라.

유로써 높은 데 있으니, 위에 있으면서도 겸손할 수 있는 사람이다. 그러므로 부유(富)하지 않아도 그 이웃과 같이 하는 상이다. 따르는 사람이 많지만, 그래도 승복하지 않는 사람이 있으면 치는 것이 이롭고, 다른 일에도 또한 이롭지 않음이 없으니, 사람이 이런 덕이 있으면 그 점과 같을 것이다.

象曰 利用侵伐은 征不服也ㅣ라.
● 상에 말하기를 '이용침벌'은 승복하지 않는 것을 치는 것이다.

【傳】征其文德謙巽으로 所不能服者也니 文德所不能服이로대 而不用威武면 何以平治天下리오. 非人君之中道면 謙之過也라.

문덕(文德)과 겸손으로는 승복하지 않는 사람을 치는 것이니, 문덕으로 승복시키지 못하는데도 위엄과 무력을 쓰지 않으면, 어떻게 천하를 평정해서 다스릴 수 있겠는가? 인군의 중도가 아니면 겸손함이 지나친 것이다(문덕으로 승복시키지 못하면 위엄과 무력을 써야한다).

上六는 鳴謙이니 利用行師하야 征邑國이니라.
- [정자] 상육은 우는 겸이니 써 군사를 행해서 읍국을 침이 이로우니라.
- [주자] 상육은 울리는 겸이니 써 군사를 행하나 읍국을 치는 것이 이로우니라.

極謙居高 未得其志

【傳】六이 以柔處柔하니 順之極이요 又處謙之極하니 極乎謙者也라. 以極謙而反居高하니 未得遂其謙之志라 故로 至發於聲音이요 又柔處謙之極하니 亦必見於聲色이라 故로 曰鳴謙이라. 雖居无位之地하야 非任天下之事나 然이나 人之行已에 必須剛柔相濟어늘 上은 謙之極也니 至於太甚則反爲過矣라 故로 利在以剛武自治라. 邑國은 己之私有요 行師는 謂用剛武니 征邑國은 謂自治其私라.

「상육」이 유로써 유자리에 있으니 순함이 극한 것이고, 또한 「겸괘」의 극에 있으니 겸손이 극한 사람이다. 극한 겸손으로써 도리어 높은 데 거처하니, 그 겸손한 뜻을 이루지 못하기 때문에 소리를 발하는 데까지 이른 것이고, 또 유로써 「겸」의 극에 거처하니, 반드시 소리와 얼굴색에 나타나기 때문에 '우는 겸(鳴謙)'이라고 한 것이다. 비록 지위(位)가 없는 처지여서 천하의 일을 맡은 것은 아니나, 사람이 행하고 그침에 반드시 강유가 서로 겸해야 하는데, 「상육」은 겸손이 극한 것이니, 너무 심하면 도리어 지나침이 되기 때문에, 강한 무력을 써서 스스로 다스리는 것이 이롭다. '읍국(邑國)'은 자기의 사사로운 소유이고, '군사를 행한다(行師)' 함은 강한 무력을 쓰라는 말이니, '읍국을 친다(征邑國)'는 것은 자기의 사사로움을 다스리라는 말이다.

【本義】謙極有聞하니 人之所與라 故로 可用行師라. 然이나 以其質柔而无位라. 故로 可以征己之邑國而已라.

겸손함이 극해서 들림(좋은 평판)이 있으니, 사람들이 더불어 하기 때문에 군사를 행할 수 있다. 그러나 그 자질이 유하고 지위가 없기 때문에, 자기의 읍국(邑國)이나 칠 뿐이다.

> 象曰 鳴謙은 志未得也ㅣ니 可用行師하야 征邑國也ㅣ라.
> - [정자] 상에 말하기를 '우는 겸'은 뜻을 얻지 못한 것이니, 군사를 행해서 읍국을 치는 것이 옳을 것이다.
> - [주자] 상에 말하기를 '울리는 겸'은 뜻을 얻지 못한 것이니, 군사를 행하나 읍국을 치는 것이 옳을 것이다.

【傳】謙極而居上하야 欲謙之志를 未得이라 故로 不勝其切하야 至於鳴也라. 雖不當位나 謙旣過極하니 宜以剛武로 自治其私라 故로 云利用行師征邑國也라.

　겸손이 극하나 위에 있어서, 겸손하고자 하는 뜻을 얻지 못하기 때문에, 그 간절함을 이기지 못해서 우는 데까지 이른 것이다. 비록 지위는 마땅하지 못하나 겸손이 이미 지나치게 극했으니, 마땅히 강한 무력을 써서 자기의 사사로움을 다스려야 하기 때문에, 군사를 행해서 읍국을 침이 이롭다고 말했다.

【本義】陰柔无位하야 才力이 不足이라 故로 其志ㅣ 未得而至於行師나 然이나 亦適足以治其私邑而已라.

　음유하고 지위가 없어서 재질과 힘이 부족하기 때문에, 그 뜻을 얻지 못해서 군사를 행하는 데까지 이르렀으나, 또한 자기의 사사로운 읍(邑)을 치는 데 만족할 뿐이다.

> ※ 雙湖胡氏曰 謙一卦에 下三爻는 皆吉而无凶하고 上三爻는 皆利而无害하니 易中吉利에 罕有若是純全者라. 謙之效固如此나 然이나 艮體稱吉而坤體稱利者는 靜則多吉하고 順則多利故也일새니라.
>
> ：<쌍호호씨>가 말하길 "「겸괘」에 아래의 세 효는 다 '길하면서 흉이 없다'고 하고, 위의 세 효는 다 '이로우면서 해가 없다'고 하니, 『주역』의 '길(吉)'과 '이(利)'를 말한 것에 이와 같이 순전한 것은 드물다. 겸손의 효력이 진실로 이러한 것이나 「간체☶」는 '길하다(吉)'하고, 「곤체☷」는 '이롭다(利)'고 한 것은, 그쳐있으면 길함이 많고, 순하면 이로움이 많은 까닭이다."

震上 坤下 雷地豫(16) 뇌 지 예

【傳】豫는 序卦에 有大而能謙이 必豫라 故로 受之以豫라하니 承二卦之義而爲次也라. 有旣大而能謙則有豫樂也니 豫者는 安和悅樂之義라. 爲卦ㅣ 震上坤下하니 順動之象이요 動而和順하니 是以豫也라. 九四ㅣ 爲動之主하니 上下群陰이 所共應也요 坤이 又承之以順하니 是以動而上下ㅣ 順應이라. 故로 爲和豫之義라. 以二象으로 言之면 雷出於地上이니 陽이 始潛閉於地中이라가 及其動而出地하야 奮發其聲하야 通暢和豫라 故로 爲豫也라.

「예:☷☳」는 「서괘전」에 "큰 것을 소유하고도 겸손할 수 있음이 반드시 즐겁기 때문에 「예괘」로써 받았다"고 하였으니, 두 괘(大有:☰☲, 謙:☶☷)의 뜻을 이어서 차례를 한 것이다. 소유한 것이 이미 큰데도 겸손할 수 있으면 즐거움이 있을 것이니, 「예」는 편안히 화합하며 즐거운 뜻이다. 괘됨이 「진:☳」이 위에 있고 「곤:☷」이 아래에 있으니 순하게 움직이는 상이고, 움직여서 화순(和順)한 까닭에 즐거운 것이다. 「구사」가 움직임의 주체가 되니 상하의 모든 음이 함께 응하는 상대이고, 「곤」이 또한 순함으로써 이으니, 이럼으로써 움직임에 상하가 순응하는 것이다. 그러므로 화합하고 즐거운 뜻이 된다. 두 상으로써 말하면, 「우뢰:☳」가 「땅:☷」위로 나온 것이니, 양이 처음에 땅 속에 잠복해 있다가 움직여 땅 밖으로 나올 때에는 그 소리를 떨쳐내서 통창(通暢)하고 즐겁기 때문에 「예괘」가 된 것이다.

※ 화순(和順) : 온화하고 순량함, 여기서는 명을 따르면서 화합함.
※ 潛閉 : '閉潛'으로 되어 있는 판본도 있다.

豫는 利建侯行師하니라.
◉ 예는 제후를 세우고 군사를 행함이 이로우니라.

☷☳ 說豫之道 建侯樹屛

【傳】豫는 順而動也니 豫之義는 所利ㅣ 在於建侯行師라. 夫建侯樹屛은 所以共安天下니 諸侯ㅣ 和順則萬民이 悅服하고 兵師之興에 衆心이 和悅則順從而有功이라 故로 悅豫之道ㅣ 利於建侯行師也라. 又 上動而下順은 諸侯從王이요 師衆順令之象이니 君萬邦聚大衆에 非和悅이면 不能使之服從也라.

「예」는 순하게 움직임이니, 「예」의 뜻은 제후를 세우고 군사를 행하는 데 이로움이 있다. 대개 제후를 네세워 울타리를 세우는 것은 함께 천하를 편안케 하는 것이니, 제후가 화순하면 모든 백성이 기뻐서 승복하고, 병사를 일으킴에 무리의 마음이 화열(和悅)하면 순종해서 공이 있을 것이기 때문에, 즐거워하고 기뻐하는 도가 제후를 세우고 군사를 행하는 데 이롭다. 또한 위에서 움직임에(☳) 아래서 순종함(☷)은, 제후가 인군을 따르고 군사들이 명령에 순종하는 상이니, 모든 나라의 인군 노릇을 하고(제후국을 다스리고), 큰 무리를 모으는 것에(군사행동에) 화열이 아니면 복종하게 할 수 없다.

※ 萬 : '兆'자로 되어 있는 판본도 있다.   ※ 화열(和悅) : 마음이 화평하여 기쁨.

【本義】豫는 和樂也니 人心이 和樂以應其上也라. 九四一陽에 上下ㅣ 應之하니 其志ㅣ 得行이요 又以坤遇震하야 爲順以動이라 故로 其卦ㅣ 爲豫而其占이 利以立君用師也라.

「예」는 화합하고 즐거운 것이니, 인심이 화합하고 즐거워함으로써 그 윗 사람과 응하는 것이다. 「구사」한 양에 상하가 응하니 그 뜻이 행해짐을 얻고, 또 「곤:☷」으로 「진:☳」을 만나서 순함으로써 움직이는 것이 되기 때문에, 그 괘가 「예괘」가 되고, 그 점이 인군을 세우고 군사를 행함이 이로운 것이다.

象曰 豫는 剛應而志行하고 順以動이 豫라.

⊙ 단에 말하기를 예는 강한 것이 응해서 뜻이 행하고 순해서 움직임이 예다.

【傳】剛應은 謂四爲群陰所應하야 剛得衆應也요 志行은 謂陽志上行일새 動而上下ㅣ 順從하야 其志得行也라. 順以動豫는 震動而坤順하야 爲動而順理라. 順理而動하고 又爲動而衆順하니 所以豫也라.

'강한 것이 응했다(剛應)'함은 「구사」가 뭇 음의 응하는 바가 되어, 강한 것이 무리의 응함을 얻음을 말하고, '뜻이 행한다(志行)'함은 양의 뜻은 위로 가는 것인데, 움직임에 상하가 순종해서 그 뜻이 행하게 됨을 말한다. '순해서 움직임이 「예:☷☳」(順以動豫)'라 함은 「진:☳」이 움직임에 「곤:☷」이 순해서, 움직임을 이치에 순히하는 것이다. 이치에 순해서 움직이고, 또 움직임에 무리가 순응함이 되니 그래서 즐거운 것(豫)이다.

【本義】以卦體卦德으로 釋卦名義라.

괘체와 괘덕으로써 괘의 이름과 뜻을 풀이한 것이다.

※ '剛應而志行'은 괘체이고, '順以動'은 괘덕이다. 앞의 '豫'는 괘명이고, 뒤의 '豫'는 괘의 뜻이다.

※ 雲峯胡氏曰 小畜與豫에 皆以四爲主로대 小畜剛中而志行은 是釋卦義亨字요 此剛應而志行은 是釋卦名豫字하니 小畜은 一陰이 畜五陽에 陽之志ㅣ 自行故로 亨이요 豫則五陰이 皆應一陽에 陽之志ㅣ 得行故로 豫니 皆扶陽之意也라.

: <운봉호씨>가 말하길 "「소축괘」와 「예괘」에 모두 사효로써 주효를 삼았으되, 「소축」괘의 '강중이지행'은 괘의 뜻인 '亨'자를 풀이한 것이고, 여기의 '강응이지행'은 괘명인 '豫'자를 해석한 것이다. 「소축」은 음 하나가 다섯 양을 그치게 함에 양의 뜻이 스스로 행하는 것이니 형통한 것이고, 「예」는 다섯 음이 모두 한 양에게 응함에 양의 뜻이 행함을 얻으므로 즐거운 것이니, 모두 양을 부양하는 뜻이다."

豫順以動故로 天地도 如之온 而況建侯行師乎여.

⊙ 예가 순해서 움직이기 때문에 하늘과 땅도 같이 하는데, 하물며 제후를 세우고 군사를 행하는 것에랴!

【傳】 以豫順而動이면 則天地도 如之而弗違온 況建侯行師에 豈有不順乎아. 天地之道와 萬物之理는 唯至順而已니 大人이 所以先天後天而不違者는 亦順乎理而已라.

즐겁고 순함으로써 움직이면, 천지도 이와 같이 해서 어기지 않는데, 하물며 제후를 세우고 군사를 행하는 데 어찌 순종하지 않음이 있겠는가? 천지의 도와 만물의 이치는 오직 지극히 순함 뿐이니, 대인이 하늘보다 먼저 하거나 뒤에 하거나 어기지 않는 것은, 또한 이치에 순했기 때문이다.

【本義】 以卦德으로 釋卦辭라.

괘덕으로써 「괘사」를 해석한 것이다.

※ '順以動'이라는 괘덕으로 '建侯行師'의 「괘사」를 설명했다.

天地│以順動이라 故로 日月이 不過而四時│不忒하고 聖人이 以順動이라 則刑罰이 淸而民이 服하나니

● 하늘과 땅이 순한 것으로써 움직이기 때문에, 해와 달이 지나치지 않아서 사시가 어긋나지 않고, 성인이 순한 것으로써 움직이기 때문에, 형벌이 맑아서 백성이 복종하나니,

---

【傳】 復詳言順動之道라. 天地之運이 以其順動하니 所以日月之度│不過差하고 四時之行이 不愆忒이요 聖人이 以順動이라 故로 經이 正而民興於善하고 刑罰이 淸簡而萬民이 服也라.

다시 순하게 움직이는 도를 자세히 말한 것이다. 천지의 운행이 순함으로써 움직이는 까닭에 해와 달의 도수가 지나치거나 어긋나지 않고, 사시의 운행이 어긋나지 않으며, 성인이 순함으로써 움직이기 때문에 법도가 바르게 되어 백성이 착하게 되며, 형벌이 맑고 간략해져서 모든 백성이 복종한다.

※ 愆 : 이지러질 건.　　忒 : 어긋날 특.

> 豫之時義ㅣ 大矣哉라.
> ◉ 예의 때와 의의가 크도다!

【傳】旣言豫順之道矣나 然이나 其旨味ㅣ 淵永하야 言盡而意有餘也라. 故로 復贊之云豫之時義大矣哉라하니 欲人이 硏味其理하야 優柔涵泳而識之也라. 時義는 謂豫之時義라. 諸卦之時與義用이 大者는 皆贊其大矣哉라하니 豫以下十一卦ㅣ 是也라. 豫遯姤旅에 言時義하고 坎睽蹇에 言時用하며 頤大過解革에 言時하니 各以其大者也라.

이미 즐겁고 순한 도를 말했으나, 그 뜻의 의미가 깊고 길어서 말은 다했어도 뜻을 다 표현 못한 것이 있다. 그러므로 다시 찬탄해서 '예의 때와 의의가 크다(豫之時義大矣哉)'고 했으니, 사람들이 그 이치를 연구하고 음미해서, 우유(優柔)하고 함영(涵泳)해서 알도록 하게 함이다. '때와 의의(時義)'라 함은 「예」의 때와 의의를 말한 것이다.

모든 괘의 때(時)와 의의(義) 및 쓰임(用)이 큰 것은 다 그 큼을 찬탄해서 '크도다(大矣哉)'라고 했으니, 「예괘」의 뒤에 나오는 열한 괘가 이런 것이다. 「예☷☳」, 돈☰☶, 구☰☴, 려☲☶」에 때와 의의를 말했고, 「감☵, 규☲☱, 건☵☶」에 때와 씀을 말했으며, 「이☶☳, 대과☱☴, 해☳☵, 혁☱☲」에 때를 말했으니, 각각 그 큰 것을 말한 것이다.

※ 우유(優柔) : 부드럽고 순함. 함영(涵泳) : 잠기어 헤엄침.

【本義】極言之而贊其大也니라.

지극하게 말해서 그 큼을 찬탄하신 것이다.

> 象曰 雷出地奮이 豫니 先王이 以하야 作樂崇德하야 殷薦之上帝하야 以配祖考하니라.
> ◉ 상에 말하기를 우뢰가 땅에서 나와 떨치는 것이 예니, 선왕이 본받아서 음악을 지어 덕을 높여 성대히 상제께 천신함으로써 조상을 배향하느니라.

【傳】雷者는 陽氣奮發이니 陰陽이 相薄而成聲也라. 陽이 始潛閉地中이라가 及其動則出地奮震也니 始閉鬱이라가 及奮發則通暢和豫라 故로 爲豫也요 坤順震發하니 和順이 積中而發於聲樂之象也라. 先王이 觀雷出地而奮和暢發於聲之象하야 作聲樂以褒崇功德하니 其殷盛이 至於薦之上帝하고 推配之以祖考라. 殷은 盛也니 禮有殷奠하니 謂盛也라. 薦上帝配祖考는 盛之至也라.

  '우뢰(雷)'는 양기운이 떨쳐 나온 것이니, 음양이 서로 부딪혀서 소리를 이룬 것이다. 양이 처음에 땅 속에 잠복해서 닫혀 있다가, 움직이면 땅에서 나와 떨쳐 진동하니, 처음에 답답하게 닫혀 있다가 떨쳐서 나오면 통창하고 즐거우므로 「예」가 된 것이다. 「곤:☷」은 순하고 「진:☳」은 분발하니, 화순함이 속에서 쌓여 소리와 음악을 발하는 상이다. 선왕이 우뢰가 땅에서 나와 떨침에 화창하게 소리를 발하는 상을 관찰해서, 음악을 지어서 공덕을 드날리고 높이니 그 성대함이 상제께 올리는 데까지 이르고, 미루어서 조상으로써 배향하는 것이다. '은(殷)'은 성대한 것이니, 『예기』에 '최상의 성대한 제물(殷奠)'이라는 것이 있으니 성대한 것을 말한다. 상제께 올리고 조상께 배향하는 것은 성대함이 지극한 것이다.

  ※ 은전(殷奠) : 『예기』의 「상대기:喪大記」편에 "具殷奠之禮"에 출전함.

【本義】雷出地奮은 和之至也니 先王이 作樂에 旣象其聲하고 又取其義라. 殷은 盛也라.

  '우뢰가 땅에서 나와 떨침(雷出地奮)'은 화창함이 지극한 것이니, 선왕이 음악을 지으심에 이미 그 소리를 상징하고 또 그 뜻을 취한 것이다. '은(殷)'은 성대한 것이다.

初六은 鳴豫ㅣ니 凶하니라.
◉ 초육은 즐거움에 겨워 우는 것이니 흉하니라.

☷. 以柔居下 不勝其豫

【傳】初六이 以陰柔居下하고 四는 豫之主也而應之하니 是不中正之小人이 處豫而爲上所寵일새 其志意ㅣ 滿極하야 不勝其豫하야 至發於聲音이라. 輕淺이 如是면 必至於凶也라. 鳴은 發於聲也라.

「초육」이 음유함으로써 아래에 있고, 「구사」는 「예」의 주효인데 응했으니, 이것은 중정하지 못한 소인이 즐거운 때에 있어 윗사람의 총애를 얻음이 되기 때문에, 그 뜻이 만족(滿極)해서 즐거움을 이기지 못해 소리를 발하는 데까지 이른 것이다. 경박하고 천박함이 이와 같으면, 반드시 흉한 데까지 이를 것이다. '운다(鳴)'는 것은 소리를 발한다는 것이다.

【本義】陰柔小人이 上有強援하야 得時主事라 故로 不勝其豫而以自鳴하니 凶之道也라. 故로 其占이 如此라. 卦之得名은 本爲和樂이나 然이나 卦辭는 爲衆樂之義하고 爻辭는 除九四與卦同外에 皆爲自樂하니 所以有吉凶之異라.

음유한 소인이 위에 강한 응원이 있어서 때를 얻어 일을 주관하기 때문에, 그 즐거움을 이기지 못해서 우는 것이니 흉한 도리이다. 그래서 그점이 이와 같다. 괘의 이름은 본래 화락한 것이 되나, 「괘사」는 여럿이 즐기는 뜻이 되고, 「효사」는 「구사」만이 「괘사」와 같은 것 외에는 다 스스로 즐거워함이 되니, 이 때문에 길하고 흉함의 다름이 있는 것이다.

※ 「효사」에 있어서 「구사」만은 「괘사」와 마찬가지로 함께 즐기는 뜻이고, 다른 「효사」는 그런 뜻이 없다.

象曰 初六鳴豫는 志窮하야 凶也ㅣ라.

◉ 상에 말하기를 '초육의 즐거움에 겨워 우는 것'은 뜻이 궁해서 흉한 것이다.

【傳】云初六은 謂其以陰柔로 處下而志意ㅣ 窮極하야 不勝其豫ㅣ 至於鳴也니 必驕肆而致凶矣라.

'초육(初六)'이라고 말한 것은 음유함으로써 아래에 거처하면서 뜻이 궁극함에,

즐거움을 이기지 못해서 우는 데까지 이르렀다는 말이니, 반드시 교만하고 방자해서 흉함을 이룰 것이다.

※ 柔 : '柔'자가 없는 판본도 있다.　　　※ 致 : '至'자로 되어 있는 판본도 있다.
※ 「소상전」에 특별히 '초육'이라고 붙인 것은, 뜻이 즐거움에 너무 빠져 있기 때문에 반드시 흉하게 된다는 것을 강조한 것이다.

【本義】窮은 謂滿極이라.

'궁(窮)'은 만족함이 극했다는 말이다.

六二는 介于石이라. 不終日이니 貞코 吉하니라.
- [정자] 육이는 절개가 돌이라. 날을 마치지 않으니 굳고 바르고 길하니라.
- [주자] 육이는 절개가 돌이라. 날을 마치지 않으니 바로해서 길하니라.

中正自守 介節如石

【傳】逸豫之道는 放則失正이라. 故로 豫之諸爻ㅣ 多不得正이요 才與時合也는 唯六二一爻로 處中正하고 又无應하니 爲自守之象이라. 當豫之時하야 獨能以中正으로 自守하니 可謂特立之操요 是其節介ㅣ 如石之堅也라. 介于石은 其介ㅣ 如石也라. 人之於豫樂에 心悅之라 故로 遲遲하야 遂致於耽戀하니 不能已也나 二以中正으로 自守하야 其介ㅣ 如石하니 其去之速하야 不俟終日이라 故로 貞正而吉也라 處豫는 不可安且久也니 久則溺矣라. 如二는 可謂見幾而作者也로다.

안일하게 즐기는 도는 방심하면 바름을 잃는다. 그러므로 「예괘」의 모든 효가 바름을 얻지 못한 것이 많고, 재질과 때가 합치된 것은 오직 「육이」 한 효뿐으로, 중정한 데 처하고 또 응하는 것이 없으니 스스로 지키는 상이 된다. 「예」의 때를 맞아서 혼자만이 중정함으로써 스스로 지킬 수 있으니, 특별히 확립된 지조라고 할 수 있고, 이것은 그 절개가 돌같이 굳은 것이다. '절개가 돌(介于石)'이라 함은 그 절개가 돌과 같다는 것이다.

사람이 즐거워 할 때는 마음으로 기뻐하기 때문에, 더디고 더뎌서 드디어 빠지고 그리워하게 되어 그치지 못하나, 「육이」는 중정함으로써 스스로 지켜서 그 절개가 돌과 같으니, 그 버리는 것이 빨라서 날이 마침을 기다리지 않는다. 그러므로 곧고 바르게 해서 길하니, 즐거움에 처했으나 편안히 하고 오래 즐거워 하지 않는 것이다. 오래하면 빠질 것이니, 「육이」와 같은 사람은 기미를 보아서 일을 한다고 말할 수 있다.

夫子ㅣ 因二之見幾而極言知幾之道曰 知幾其神乎인져. 君子ㅣ 上交不諂하며 下交不瀆하나니 其知幾乎인져. 幾者는 動之微니 吉之先見者也니 君子ㅣ 見幾而作하야 不俟終日이니 易曰介于石이라 不終日이니 貞코 吉타하니 介如石焉커니 寧用終日이리오. 斷可識矣로다. 君子ㅣ 知微知彰知柔知剛하나니 萬夫之望이라하니 夫見事之幾微者는 其神妙矣乎인져!

<부자(공자)>께서 「육이」가 기미를 보는 것으로 인하여 기미를 아는 도를 극찬해서 말씀하시기를 "기미를 아는 것은 신인져! 군자가 위를 사귐에 아첨하지 않으며, 아래를 사귐에 더럽게 아니 하니 그 기미를 아는 것인져! 기미라는 것은 움직임의 미미한 것이고, 길한 것이 먼저 나타나는 것이니, 군자가 기미를 보고 일어나서 날이 마침을 기다리지 않는다.

『주역』에 말하기를 '절개가 돌이라. 날을 마치지 아니하니 곧고 바르고 길하다'고 하였으니, 절개가 돌과 같으니 어찌 날을 마치기를 기다리겠는가? 판단함을 알 수 있도다. 군자가 미미한 것도 알고 드러난 것도 알며, 부드러운 것도 알고 강한 것도 아니, 온 천하 사람들이 우러러 보는 것이다"고 했으니, 대개 일의 기미를 보는 것은 신묘한 것이다.

君子ㅣ 上交不至於諂하며 下交不至於瀆者는 蓋知幾也니 不知幾則至於過而不已라. 交於上에 以恭巽이라 故로 過則爲諂하고 交於下에 以和易라 故로 過則爲瀆이로대 君子는 見於幾微라 故로 不至於過也라. 所謂幾者는 始動之微也니 吉凶之端을 可先見而未著者也라. 獨

言吉者는 見之於先하니 豈復至有凶也리오? 君子는 明哲하야 見事之幾微라 故로 能其介ㅣ 如石이요 其守ㅣ 旣堅則不惑而明하야 見幾而動이니 豈俟終日也리오? 斷은 別也니 其判別을 可見矣라. 微與彰柔與剛은 相對者也니 君子ㅣ 見微則知彰矣요 見柔則知剛矣라. 知幾如是하니 衆所仰也라 故로 贊之曰萬夫之望이라하시니라.

군자가 위를 사귐에 아첨하는 데 이르지 않으며, 아래를 사귐에 더럽히는 데 이르지 않음은 대개 기미를 아는 것이니, 기미를 모르면 지나치게 되어도 그만두지 않을 것이다. 윗 사람을 사귐에 공손함으로써 하니 지나치면 아첨이 되고, 아랫 사람을 사귐에 화합하고 쉬움으로써 하니 지나치면 더럽히는 것이 되지만, 군자는 기미를 보기 때문에 지나치는 데까지는 이르지 않는다. 이른바 '기미'라는 것은, 처음 움직임의 미미한 것이니, 길흉의 단서를 먼저 볼 수는 있으나 드러나지는 않는 것이다.

길한 것만을 말한 것은, (일이 다 드러나기 전에) 먼저 봤으니 어찌 다시 흉함이 있는 데까지 이르겠는가? 군자는 명철해서 일의 기미를 보기 때문에, 그 절개가 돌 같을 수 있는 것이고, 그 지킴이 이미 굳으면, 유혹되지 않고 밝아서 기미를 보고 움직이니 어찌 날이 마치기를 기다리겠는가? '결단한다(斷)'는 것은 분별함이니, 그 판별함을 볼 수 있다. 미미한 것과 드러난 것, 부드러운 것과 강한 것은 상대가 되는 것이니, 군자는 미미한 것을 보면 드러날 것을 알고, 부드러운 것을 보면 강할 것을 안다. 기미를 아는 것이 이와 같으니, 무리가 우러러 보는 까닭에, 칭찬해서 "온 천하 사람들이 우러러 보는 것이다"라고 하셨다.

【本義】豫雖主樂이나 然이나 易以溺人하니 溺則反而憂矣라. 卦獨此爻ㅣ 中而得正하니 是上下ㅣ 皆溺於豫而獨能以中正으로 自守하야 其介ㅣ 如石也라. 其德이 安靜而堅確이라 故로 其思慮ㅣ 明審하니 不俟終日而見凡事之幾微也라. 大學에 曰安而后에 能慮하고 慮而后에 能得이라하니 意正如此라. 占者ㅣ 如是則正而吉矣라.

「예」가 비록 즐거움을 주관하나, 쉽게 사람을 빠뜨리니 빠지면 도리어 근심하게 된다. 괘에 홀로 이 효가 중(中)하면서 득정했으니, 이래서 상하가 다 즐거움에 빠졌어도 「육이」가 홀로 중정한 덕으로써 스스로를 지켜서 그 절개가 돌과 같은 것이다. 그 덕이 편안하고 고요하며 굳고 확실하기 때문에, 그 생각이 밝게 살피니, 날이 마치기를 기다리지 않고 모든 일의 기미를 보는 것이다. 『대학』에 말하기를 "편안한 뒤에 생각할 수 있고, 생각한 뒤에 얻을 수 있다"하니, 뜻이 바로 이와 같은 것이다. 점치는 사람이 이와 같이 하면 바르어서 길하다.

※ 『대학』의 「경문:經文」 1장에 출전함.

象曰 不終日貞吉은 以中正也ㅣ라.
- 상에 말하기를 '부종일정길'은 중정하기 때문이다.

【傳】能不終日而貞且吉者는 以有中正之德也일새요 中正故로 其守ㅣ 堅而能辨之早하야 去之速이라. 爻言六二處豫之道하니 爲敎之意ㅣ 深矣로다.

날을 마치지 않고 곧고 바르며 또 길할 수 있는 것은, 중정한 덕이 있기 때문이다. 중정하기 때문에 그 지킴이 굳고 분별하기를 일찍해서 버리기를 속히 할 수 있다. 「효사」에 「육이」가 즐거움에 처하는 도를 말했으니, 가르침을 베풀은 뜻이 깊도다.

六三은 盱豫ㅣ라. 悔며 遲하야도 有悔리라.
- [정자] 육삼은 쳐다보며 즐거워함이라. 뉘우치며, 더디게 하여도 후회가 있으리라.
- [주자] 육삼은 쳐다보고 즐거워함이라. 뉘우치며, 더디게 하면 후회가 있으리라.

不中不正 處豫有悔

【傳】六三은 陰而居陽하야 不中不正之人也니 以不中正而處豫면 動皆有悔라. 盱는 上視也니 上瞻望於四則以不中正으로 不爲四所取라 故로 有悔也요 四ㅣ 豫之主로 與之切近이나 苟遲遲而不前則見棄絶하리니 亦有悔也라. 蓋處身이 不正이면 進退에 皆有悔吝이니 當如之何오. 在正身而已라. 君子處己에 有道하니 以禮制心이면 雖處豫時나 不

失中正이라 故로 無悔也라.

「육삼」은 음이 양자리에 있어서 중하지도 정하지도 못한 사람이니, 중정하지 못함으로써 즐거움에 처하면, 움직임마다 다 후회가 있다. '우(盱)'는 위를 보는 것이니, 위로 「구사」를 쳐다보면 중정하지 못하므로, 「구사」의 취하는 바가 되지 못하기 때문에 후회가 있는 것이고, 「구사」가 「예」의 주효로 「육삼」과 아주 가까우나, (즐거움에 빠져) 더뎌서 앞으로 가지 않으면 버림을 받을 것이니, 또한 후회가 있는 것이다. 대개 처신이 바르지 못하면 진퇴에 다 후회와 인색함이 있을 것이니 어찌 하겠는가? 자기 몸을 바르게 할 뿐이다. 군자가 자기 몸을 처신함에 도가 있으니, 예(禮)로써 마음을 절제하면 비록 즐거운 때에 처하나 중정함을 잃지 않기 때문에 후회가 없다.

※ 厚齋馮氏曰 三四ㅣ 本近而相得이나 然이나 震動而上하고 坤靜而下하니 上下異趣라 故로 有此象이라. : <후재풍씨>가 말하기를 "「육삼」과 「구사」가 본래 가까와서 서로 합하는 것이나, 「진」은 움직여 올라가고 「곤」은 고요해서 내려오니, 올라가고 내려옴이 다르므로 이런 상이 있는 것이다."

【本義】盱는 上視也라. 陰不中正而近於四하고 四爲卦主라 故로 六三이 上視於四而下溺於豫하니 宜有悔者也라. 故로 其象이 如此而其占이 爲事當速悔니 若悔之遲則必有悔也라.

'우(盱)'는 위로 보는 것이다. 음으로 중정하지 못하면서 「구사」에 가깝고, 「구사」는 괘의 주효가 되기 때문에 「육삼」이 위로 「구사」를 쳐다보면서도 아래로는 즐거움에 빠지니, 마땅히 후회가 있는 사람이다. 그러므로 그 상이 이와 같고, 그 점이 일을 함에 마땅히 속히 뉘우쳐야 하니, 만약 뉘우침이 늦으면 반드시 후회가 있는 것이다.

象曰 盱豫有悔는 位不當也일새라.
● 상에 말하기를 '우예유회'는 위가 당치 않기 때문이다.

【傳】自處不當하야 失中正也니 是以로 進退有悔라.

스스로 처함이 마땅치 못해서 중정을 잃음이니, 이렇기 때문에 나아가나 물러가나 후회가 있는 것이다.

> 九四는 由豫ㅣ라. 大有得이니 勿疑면 朋이 盍簪하리라.
> ● 구사는 즐거움이 말미암음이라. 크게 얻음이 있으니, 의심치 말면 벗이 비녀를 합하리라.
>
> ䷏ 豫之所由 大行其志

【傳】豫之所以爲豫者는 由九四也니 爲動之主하야 動而衆陰悅順하니 爲豫之義라. 四는 大臣之位로 六五之君을 順從之하야 以陽剛而任上之事하니 豫之所由也라. 故로 云由豫라. 大有得은 言得大行其志하야 以致天下之豫也라. 勿疑朋盍簪은 四居大臣之位하야 承柔弱之君而當天下之任하니 危疑之地也요 獨當上之倚任而下无同德之助하니 所以疑也로대 唯當盡其至誠하야 勿有疑慮則朋類ㅣ 自當盍聚라. 夫欲上下之信인댄 唯至誠而已니 苟盡其至誠則何患乎其无助也리오. 簪은 聚也니 簪之名簪은 取聚髮也라.

「예」가 즐거움(豫)이 된 까닭은 「구사」로 말미암은 것이니, 움직임(☳)의 주인이 되어 움직임에 뭇 음이 기뻐하며 따르니 즐거워하는 뜻이 된다. 「구사」는 대신의 자리로 인군인 「육오」를 순히 따라서 양강함으로써 윗 사람의 일을 맡으니, 즐거움(豫)이 말미암은 바가 된다. 그러므로 '즐거움이 말미암는다(由豫)'고 했다. '크게 얻음이 있다(大有得)' 함은, 크게 그 뜻을 행함을 얻어서 천하의 즐거움을 이루게 하는 것이다. '의심치 말면 벗이 비녀를 합한다(勿疑朋盍簪)' 함은, 「구사」가 대신의 자리에 거처해서 유약한 인군을 이어 받들면서 천하의 책임을 맡았으니, 위태하고 의심스러운 처지이고, 홀로 윗 사람의 의지함과 책임을 맡고, 아래로 같은 덕의 도움이 없으니 의심하는 것이지만, 오직 마땅히 지성을 다해서 의심하고 근심하지 말면, 벗들이 스스로 합하고 모일 것이다. 대개 위와 아래가 믿게 하려면 오직 지성으로 할 뿐이니, 진실로 그 지극한 정성을 다했으면 어찌 도움이 없음을 근심하겠는가? '잠(簪)'은 모으는 것이니, '잠(簪)'자를 '비녀 잠(簪)'이라고 한 것은 머리를 모은다는 뜻을 취한 것이다.

　　※ 由 : '由'자가 없는 판본도 있다.　　朋 : '其朋'으로 되어 있는 판본도 있다.
　　※ 乎其 : '乎'자가 없거나 '其'자가 없는 판본도 있다.

或曰卦唯一陽이니 安得同德之助리오. 曰居上位而至誠求助하니 理必得之라. 姤之九五에 曰有隕自天이라하니 是也라. 四以陽剛으로 迫近君位而專主乎豫하니 聖人이 宜爲之戒而不然者는 豫는 和順之道也니 由和順之道면 不失爲臣之正也요 如此而專主於豫하니 乃是任天下之事而致時於豫者也라 故로 唯戒以至誠勿疑시니라.

　혹자가 묻기를 "괘에 오직 양이 하나인데, 어떻게 덕이 같은 사람의 도움을 얻을 수 있습니까?" 대답하기를 "윗 자리에 있으면서 지성으로 도움을 구하니, 이치가 반드시 얻을 것이다. 「구괘:姤卦」의 「구오 효사」에 '하늘로부터 떨어진다'고 했으니 이런 것이다. 「구사」가 양강함으로써 인군자리에 아주 가깝고, 오로지 해서 「예」를 주관하니, 성인께서 마땅히 경계를 하셔야 할 것인데 그렇지 않은 것은, 「예」는 화순하는 도리이니, 화순하는 도로 하면 신하의 바름을 잃지 않을 것이고, 이렇게 오로지 해서 즐거움을 주관하니, 천하의 일을 맡아서 때를 즐겁도록 만드는 사람이므로, 오직 지성으로 하고 의심하지 말라고만 경계를 하신 것이다."

　　※ 迫 : '逼'자로 되어 있는 판본도 있다.

【本義】九四는 卦之所由以爲豫者也라 故로 其象이 如此而其占이 爲大有得이라. 然이나 又當至誠不疑면 則朋類ㅣ 合而從之矣라. 故로 又因而戒之라. 簪은 聚也며 又速也라.

　「구사」는 괘가 「예:豫」가 되도록 한 것이기 때문에, 그 상이 이와 같고, 그 점이 크게 얻음이 있는 것이다. 그러나 또 마땅히 지성으로 하고 의심치 않으면 벗들이 합해서 따라올 것이다. 그렇기 때문에 또한 인하여 경계한 것이다. '잠(簪)'은 모으는 것이며, 또한 빠르다는 뜻이다.

象曰 由豫大有得은 志大行也ㅣ라.

◉ 상에 말하기를 '즐거움이 말미암음이라. 크게 얻음이 있음'은 뜻이 크게 행해지는 것이다.

【傳】由己而致天下於樂豫라 故로 爲大有得이니 謂其志ㅣ 得大行也라.

자기로 연유해서 천하의 즐거움을 이룰 수 있기 때문에, '크게 얻음이 있다(大有得)'고 한 것이니, 그 뜻(志)이 크게 행함을 얻었다는 말이다.

六五는 貞호대 疾하나 恒不死ㅣ로다.

◉ [정자] 육오는 바르되 병들으나 항상 죽지 않도다.
◉ [주자] 육오는 굳은 병(고질)이나 항상 죽지 않도다.

以陰居尊 當豫不能

【傳】六五ㅣ 以陰柔로 居君位하야 當豫之時하니 沈溺於豫하야 不能自立者也라. 權之所主와 衆之所歸ㅣ 皆在於四하고 四之陽剛으로 得衆하니 非耽惑柔弱之君의 所能制也요 乃柔弱不能自立之君이 受制於專權之臣也라. 居得君位는 貞也요 受制於下는 有疾苦也니 六居尊位하야 權雖失而位未亡也라 故로 云貞疾恒不死라하니라.

「육오」가 음유함으로써 인군자리에 있으면서 즐거운 때를 당했으니, 즐거움에 빠져서 자립하지 못하는 사람이다. 권세를 주관함과 무리의 모여듦이 다 「구사」에게 있고, 「구사」가 양강함으로 무리를 얻으니, 유혹에 빠지는 유약한 인군이 제지할 수 있는 것이 아니니, 곧 유약해서 자립하지 못하는 인군이 전권을 가진 신하에게 제제를 받는 것이다. 인군자리에 거처함은 바른 것이고, 아랫 사람에게 제제를 받음은 병과 고통이 있는 것이니, 육(陰)이 높은 자리에 거처해서 권세는 비록 잃었으나, 지위(位)는 없어지지 않았기 때문에, '바르되 병들었으나 항상 죽지 않도다(貞疾恒不死)'고 한 것이다.

※ 陰 : '陰'자가 없는 판본도 있다.

言貞而有疾하고 常疾而不死는 如漢魏末世之君也니 人君이 致危亡之道ㅣ 非一而以豫爲多라. 在四엔 不言失正而於五엔 乃見其强逼者는 四本無失이라 故로 於四에 言大臣이 任天下之事之義하고 於五則言柔弱이 居尊에 不能自立하야 威權去己之義하니 各據爻以取義라 故로 不同也라.

'바르되 병들었다'하고 '항상 병들어도 죽지 않는다'고 한 것은, 「한나라」와 「위나라」 말세의 인군 같은 것이니, 인군이 위태해지고 망하는 길은 한 가지가 아니나 즐기다가 망하는 것이 많다. 「구사」에는 바름을 잃었다고 말하지 않고, 「육오」에는 「구사」가 강해서 인군을 핍박함을 나타낸 것은, 「구사」는 본래 잘못이 없기 때문에 대신이 천하의 일을 맡는 뜻을 말했고, 「육오」는 유약함이 높은 데 있음에 자립하지 못하여, 권위가 자기에게서 떠나가는 뜻을 말했으니, 각각 효에 따라서 뜻을 취한 까닭에 같지 않은 것이다.

若五ㅣ 不失君道而四主於豫면 乃是任得其人하야 安享其功이니 如太甲成王也라. 蒙은 亦以陰으로 居尊位하야 二以陽으로 爲蒙之主나 然이나 彼吉而此疾者는 時不同也니 童蒙而資之於人은 宜也어니와 耽豫而失之於人은 危亡之道也라. 故로 蒙은 相應則倚任者也요 豫는 相逼則失權者也며 又上下之心이 專歸於四也라.

만약 「육오」가 인군의 도를 잃지 않고 「구사」가 즐거움을 주관하면, 그 사람을 얻어 맡긴 것이 되어 편안히 그 공을 누릴 것이니, <태갑(太甲)>과 <성왕(成王)> 같은 것이다. 「몽괘:蒙卦」도 또한 음으로써 높은 자리에 거처해서, 「구이」가 양으로 「몽」의 주효가 되나, 「몽괘」의 「육오」는 길하고 여기서는 병들었다고 하는 것은 때가 같지 않은 것이니, 동몽(어리고 몽매함)이 남에게 힘입는 것은 마땅하나, 즐거운 데 빠져서 남에게 (자신의 권세를) 잃는 것은 위태하고 망하는 도리이다. 그래서 「몽괘」는 서로 응하면 의지해 맡기는 것이고, 「예괘」는 서로 핍박하면 권세를 잃는 것이며, 또한 상하의 마음이 오로지 「구사」에게 모여드는 것이다.

※ 以 : '以'자가 없는 판본도 있다.

【本義】當豫之時하야 以柔居尊하니 沈溺於豫요 又乘九四之剛하니 衆不附而處勢危라 故로 爲貞疾之象이나 然이나 以其得中이라 故로 又爲恒不死之象이라. 卽象而觀이면 占在其中矣라.

「예」의 때를 맞아서 유함으로써 높은 데 거처하니 즐거움에 빠지고, 또한 강한 「구사」를 탔으니, 무리가 따라오지 않고 형세가 위태한 데 처하기 때문에, '굳게 병들은(貞疾:痼疾)' 상이다. 그러나 중을 얻었기 때문에 항상 죽지 않는 상이 된다. 상에 나아가 관찰하면 점은 그 가운데 있다.

象曰 六五貞疾은 乘剛也ㅣ오 恒不死는 中未亡也ㅣ라.

◉ 상에 말하길 '육오정질'은 강을 탔기 때문이오, '항상 죽지 않음'은 중이 없어지지 아니함이라.

【傳】貞而疾은 由乘剛하야 爲剛所逼也요 恒不死는 中之尊位ㅣ 未亡也라.

바르되 병들음은 강을 타서 강한 것에 핍박받는 바가 됐기 때문이고, '항상 죽지 않음(恒不死)'은 가운데의 높은 자리가 없어지지 않는 것이다.

上六은 冥豫니 成하나 有渝ㅣ면 无咎ㅣ리라.

◉ [정자] 상육은 즐거움에 어두워졌으나, 변함이 있으면 허물이 없으리라.
◉ [주자] 상육은 즐거움에 어두운 것이다. 이루나 변함이 있으니 허물이 없으리라.

豫極昏明 有變无咎

【傳】上六은 陰柔로 非有中正之德이요 以陰居上하니 不正也어늘 而當豫極之時하니 以君子로 居斯時라도 亦當戒懼은 況陰柔乎아. 乃耽肆於豫하야 昏迷不知反者也라. 在豫之終이라 故로 爲昏冥이 已成也나 若能有渝變則可以无咎矣라. 在豫之終하야 有變之義하니 人之失을 苟能自變이면 皆可以无咎라. 故로 冥豫ㅣ 雖已成이나 能變則善也라. 聖人이 發此義는 所以勸遷善也라. 故로 更不言冥之凶하고 專言

渝之无咎하시니라.

「상육」은 음유함으로 중정한 덕이 있는 자가 아니며, 음으로써 제일 위에 거처하니 바른 것이 아닌데, 즐거움이 극한 때를 당했으니, 군자가 이런 때를 처하더라도 또한 경계하고 두려워해야 할 것인데, 하물며 음유한 자이랴! 즐거움을 탐하고 방자해서 혼미하여 돌이킬 줄 모르는 사람이다. 「예괘」의 마지막에 있기 때문에 어둠(昏冥)이 이미 이루어진 것이나, 만약 변할 수 있으면 허물이 없을 수 있다. 「예」의 마지막에 있어서 변하는 뜻이 있으니, 사람의 실수를 스스로 변경할 수 있으면 허물이 없을 수 있다. 그러므로 '즐거움이 어두워진 것'이 비록 이미 이루어졌으나, 변할 수 있으면 좋을 것이다. 성인이 이런 뜻을 일으킨 것은, 착한 것으로 옮기도록 권하려는 것이다. 그러므로 어두워서 흉하다는 것은 말하지 않고, 오로지 변하면 허물이 없다고 말씀하신 것이다.

※ 혼명(昏冥) : 어둠.

【本義】以陰柔로 居豫極하니 爲昏冥於豫之象이요 以其動體라 故로 又爲其事雖成而能有渝之象이라. 戒占者ㅣ 如是則能補過而无咎니 所以廣遷善之門也라.

음유함으로써 「예괘」의 극에 거처하니, 즐거움에 빠진(어두운) 상이 되고, 움직이는 체(震體)이기 때문에, 또한 그 일이 비록 이루어졌으나 능히 변하는 상이 있다. 점치는 사람이 이렇게 하면, 허물을 보충해서 허물이 없을 수 있다고 경계하신 것이니, 착한 것으로 옮기는 문을 넓힌 것이다.

象曰 冥豫在上이어니 何可長也ㅣ리오.

● 상에 말하기를 즐거움에 어두워 위에 있으니, 어떻게 오래갈 수 있으리오.

【傳】昏冥於豫하야 至於終極하니 災咎ㅣ 行及矣온 其可長然乎아. 當速渝也라.

즐거움에 어두워서 끝에까지 이르렀으니, 재앙과 허물이 미칠 것인데 오래갈 수 있겠는가? 마땅히 속히 변경해야 한다.

兌上 震下 澤雷隨(17)
택 뢰 수

【傳】隨는 序卦에 豫必有隨라 故로 受之以隨라하니 夫悅豫之道는 物所隨也니 隨所以次豫也라. 爲卦ㅣ 兌上震下하야 兌爲說震爲動이니 說而動과 動而說은 皆隨之義요 女는 隨人者也니 以少女로 從長男은 隨之義也요 又震爲雷하고 兌爲澤이니 雷震於澤中에 澤隨而動은 隨之象也라.

「수: ☱」는 「서괘전」에 "즐거움에는 반드시 따름이 있기 때문에 「수괘」로써 받았다"고 하니, 대개 기뻐하고 즐기는 도는 물건이 따르는 바니, 「수괘」가 「예괘: ☷」의 다음에 온 것이다.

괘됨이 「태: ☱」가 위에 있고 「진: ☳」이 아래에 있어서, 「태」는 기뻐하는 것이고 「진」은 움직이는 것이니, 기뻐하면서 움직임과 움직이며 기뻐함은 다 「수」의 뜻이고, 여자는 사람을 따르는 것이니, 소녀로써 장남을 따라감은 「수」의 뜻이며, 또한 「진」은 우뢰가 되고 「태」는 못이 되니, 우뢰가 못 속에서 진동함에 못이 따라 움직이는 것이 「수」의 상이다.

又以卦變으로 言之면 乾之上이 來居坤之下하고 坤之初ㅣ 往居乾之上하야 陽來下於陰也니 以陽下陰이면 陰必說隨리니 爲隨之義라. 凡成卦에 旣取二體之義하고 又有取爻義者하며 復有更取卦變之義者하니 如隨之取義는 尤爲詳備라.

또 괘변으로써 말하면 「건: ☰」의 상효가 「곤: ☷」의 아래에 와서(☳이 됨), 「곤: ☷」의 초효가 가서 「건: ☰」의 상효자리에 있어서(☱가 됨), 양이 와서 음의 밑에 있는 것이니(䷐), 양으로써 음에 아래하면 음이 반드시 기뻐서 따를 것이므로 「수」의 뜻이 된다.

대개 괘를 이룸에 이미 두 괘체의 뜻을 취했고, 또 효의 뜻을 취한 것이 있으며, 다시 또 괘변의 뜻을 취한 것이 있으니, 「수괘」의 뜻을 취함과 같은 것은 더욱 자세하게 갖춘 것이다.

※ '說而動, 動而說, 以少女로 從長男, 澤隨而動'은 두 괘체의 뜻을 취한 것이고, 여기에 '乾之上이 來居坤之下, 坤之初ㅣ 往居乾之上'하는 효의 뜻을 취해서 '陽來下於陰也'하는 괘변의 뜻을 다시 취했으니, 「수괘」의 뜻을 취함이 더욱 상세하다고 한 것이다.

隨는 元亨하니 利貞이라. 无咎ㅣ리라.
- [정자] 수는 크게 형통하니 바름이 이로우니라. 허물이 없으리라.
- [주자] 수는 크게 형통하나 바름이 이로우니라. 허물이 없으리라.

 隨物隨己 安有四德

【傳】隨之道는 可以致大亨也라. 君子之道ㅣ 爲衆所隨와 與己隨於人과 及臨事擇所隨ㅣ 皆隨也니 隨得其道則可以致大亨也라. 凡人君之從善과 臣下之奉命과 學者之徙義와 臨事而從長은 皆隨也라. 隨之道는 利在於貞正이니 隨得其正然後에야 能大亨而无咎요 失其正則有咎矣니 豈能亨乎아.

「수」의 도는 크게 형통함을 이룰 수 있다. 군자의 도가 무리의 따름이 되는 것과, 자기가 남을 따르는 것과, 일에 임해서 따라갈 바를 선택하는 것이 다 따르는 것이니, 따름에 그 도를 얻으면 크게 형통함을 이룰 수 있다.

대개 인군이 착함을 좇음과, 신하가 명을 받드는 것과, 학자가 의리로 옮기는 것과, 일에 임해서 어른을 좇음은 다 따르는 것이다. 따르는 도는 이로움이 굳고 바르게 하는 데 있으니, 따르는 것이 그 바름을 얻은 다음에야 크게 형통하고 허물이 없을 수 있고, 바름을 잃으면 허물이 있을 것이니 어찌 형통할 수 있겠는가?

【本義】隨는 從也라. 以卦變으로 言之면 本自困卦로 九來居初하고 又自噬嗑으로 九來居五而自未濟來者는 兼此二變하니 皆剛來隨柔

之義라. 以二體로 言之면 爲此動而彼說이니 亦隨之義라 故로 爲隨라.

「수:☱☳」는 따르는 것이다. 괘변으로써 말하면, 본래「곤괘:☷」로부터「구이」가 내려와서 초효자리에 거처하고, 또「서합괘:☲☳」로부터「상구」가 내려와서 오효자리에 거처하며,「미제괘:☲☵」로부터 오는 것은 이 두 가지 변화를 겸했으니, 다 강이 와서 유를 따르는 뜻이다. 두 괘체로써 말하면, 이것이 움직임에 저것이 기뻐하는 것이니, 또한 따르는 뜻이기 때문에「수괘」가 됐다.

己能隨物하고 物來隨己하야 彼此相從하니 其通이 易矣라 故로 其占이 爲元亨이라. 然이나 必利於貞이라야 乃得无咎니 若所隨ㅣ 不貞則雖大亨이나 而不免於有咎矣라. 春秋傳에 穆姜이 曰有是四德이면 隨而无咎어니와 我皆无之하니 豈隨也哉리오하니 今按四德이 雖非本義나 然이나 其下ㅣ 云云은 深得占法之意라.

자기가 남을 따를 수 있고 남이 와서 나를 따라서 피차가 서로 따르니, 그 통함이 쉬우므로 그 점이 '크게 형통한 것(元亨)'이다. 그러나 반드시 바르게 함이 이로와야 허물이 없을 것이니, 만약 따르는 바가 바르지 못하면, 비록 크게 형통하나 허물이 있음을 면할 수 없다.

『춘추전』에 <목강>이 말하기를 "이「사덕:四德」이 있으면 따라도 허물이 없으나, 나는 모두 없으니 어떻게 따르리오?"라고 하니, 이제 살펴보면「사덕:元亨利貞」이 비록 본래의 뜻은 아니나, 그 아래에 한 말은 점치는 법의 뜻을 깊이 체득한 것이다.

※『춘추좌전』<양공(襄公)> 9년 조에 출전함.

> 象曰 隨는 剛來而下柔하고 動而說이 隨ㅣ니
> ◉ 단에 말하기를 수는 강이 와서 유의 아래하고, 움직임에 기뻐함이 수니,

【本義】以卦變卦德으로 釋卦名義라.

괘변과 괘덕으로써 괘의 이름과 뜻을 풀이한 것이다.

※ '강래이하유'는 앞서 말한 「곤괘: ☷」, 「서합괘: ☲」, 「미제괘: ☲」로부터 「수괘」가 이루어졌다는 괘변(卦變)이고, '동이열'은 괘덕이다.

大亨코 貞하야 无咎하야 而天下ㅣ 隨時하나니

- [정자] 크게 형통하고 바르게 해서 허물이 없어서 천하가 때를 따르나니,
- [주자] 크게 형통하고 바르게 해서 허물이 없어서 천하가 따르나니,

【傳】卦所以爲隨는 以剛來而下柔하고 動而說也라. 謂乾之上九ㅣ 來居坤之下하고 坤之初六이 往居乾之上하야 以陽剛으로 來下於陰柔니 是는 以上下下하고 以貴下賤이라. 能如是면 物之所說隨也요 又下動而上說하고 動而可悅也니 所以隨也라. 如是則可大亨而得正이니 能大亨而得正則爲无咎어니와 不能亨不得正則非可隨之道니 豈能使天下로 隨之乎리오. 天下所隨者는 時也라 故로 云天下隨時라.

괘가 「수:隨」가 된 까닭은, '강이 와서 유의 아래하고 움직임에 기뻐함(剛來而下柔 動而說)' 때문이다. 「건:☰」의 「상구」가 와서 「곤:☷」의 아래에 거처하고, 「곤」의 「초육」이 가서 「건」의 위에 거처해서(☱), 양강함으로써 와서 음유함의 밑에 하니, 이것은 위의 것으로 아랫 것의 밑에 하고, 귀함으로써 천함에 아래하는 것이다. 이와 같이 할 수 있으면 상대가 기뻐서 따르는 것이며, 또한 아래서 움직임에 위에서 기뻐하고, 움직임에 기뻐할 수 있으니 따르게 되는 것이다.

이렇게 하면 크게 형통하고 바름을 얻을 수 있을 것이니, 크게 형통하고 바름을 얻을 수 있으면 허물이 없지만, 형통하지 못하고 바름을 얻지 못하면 따를 수 있는 도가 아니니, 어떻게 천하로 하여금 따르게 할 수 있겠는가? 천하가 따르는 것은 때이기 때문에, '천하가 때를 따른다(天下隨時)'고 했다.

※ 可: '可以'로 되어 있는 판본도 있다.

※ 「상구」는 「건:☰」이 위에 있는 경우이므로 상효가 「상구」가 되며, 「초육」 「곤:☷」이 아래 있는 경우이므로 하효가 「초육」이 된다. <정자>의 괘변설은 모든 변화가 「건:☰」과 「곤:☷」에서 출발하므로, 「비괘」에서 왔다(☷☰→☱☳)는 뜻이 아니다.

【本義】王肅本에 時를 作之하니 今當從之라. 釋卦辭니 言能如是則 天下之所從也라.

『왕숙본』에 '시(時)'를 '지(之)'로 했으니 이제 그것을 따른다. 「괘사」를 해석함이니, 능히 이와 같이 하면 천하가 따를 것이다.

　　※ '隨時'를 '隨之'로 한다는 뜻.
　　※ 왕숙본(王肅本) : 「중국」 삼국시대의 「위(魏)나라」의 경학자(經學者)인 <왕숙(195~256)>이 그의 아버지인 <왕랑(王郞)>이 쓴 『역전:易傳』을 찬정(撰定)한 것.

隨時之義ㅣ 大矣哉라.
- [정자] 때를 따르는 의의가 크도다!
- [주자] 수의 때와 의의가 크도다!

【傳】君子之道는 隨時而動하고 從宜適變하야 不可爲典要니 非造道之深과 知幾能權者면 不能與於此也라. 故로 贊之曰隨時之義大矣哉라하니 凡贊之者는 欲人이 知其義之大하야 玩而識之也로대 此贊隨時之義大는 與豫等諸卦로 不同하니 諸卦는 時與義ㅣ 是兩事라.

　군자의 도는 때를 따라 움직이고 마땅함을 좇으며 변화에 적응해서 일정한 법칙과 요점으로써 할 수가 없으니, 도에 조예가 깊은 사람과 기미를 알아 권도에 능한 사람이 아니면 여기에 참여할 수 없다. 그러므로 찬탄해서 말씀하기를 "때를 따르는 의의가 크도다(隨時之義大矣哉)!"고 한 것이니, 찬탄한 것은 사람들이 그 의의의 큰 것을 알아서 완미하고 깨우치게 하기 위한 것이나, 여기에서 때를 따르는 의의가 크다고 찬탄하신 것은, 「예괘:豫卦」 등 다른 모든 괘와 같지 않으니, 다른 괘는 때와 의의가 두 가지 일이다.

　　※ 與豫等諸卦 不同 諸卦 時與義 是兩事 : '與豫卦以下諸卦不同時義是兩事'로 되어 있거나, '與豫等諸卦不同時與義是兩事'로 되어 있는 판본도 있다.
　　※ 다른 괘는 '「예」의 때와 의의(豫之時義)' 등으로 표현해, 때와 의의를 양립해서 말했다.

【本義】 王肅本에 時字ㅣ 在之字下하니 今當從之라.

『왕숙본』에 '시(時)'자가 '지(之)'자의 아래에 있으니, 이제 그것을 따른다.

※ '隨時之義'를 '隨之時義'로 한다는 것.

※ 雲峯胡氏曰 今本作隨時之義로대 惟本義從王肅本하야 作隨之時義라하니 必如此而後라야 贊時之大者ㅣ 凡十二卦라. 然이나 曰隨時之義는 則隨字重하고 義字輕이요 曰隨之時義는 則二字具重而所謂隨時之義自在其中矣라. : <운봉호씨>가 말하길 "지금의 『주역』책들은 '수시지의'로 되었으되, 오직 『본의』만은 『왕숙본』을 따라서 '수지시의'라고 했으니, 반드시 이와 같이 한 후라야 때의 큼을 찬미한 것이 12괘가 된다. 그렇지만 '수시지의'라고 하면 '수(따름)'자가 중하고 '의(뜻)'자는 가벼우며, '수지시의'라고 하면 두 글자가 모두 중하면서 이른바 '수시지의'의 뜻도 있게 된다."

象曰 澤中有雷ㅣ 隨ㅣ니 君子ㅣ 以하야 嚮晦入宴息하나니라.

● 상에 말하기를 못 속에 우뢰가 있는 것이 수니, 군자가 본받아서 어두움을 향해서 들어가 잔치하고 쉬느니라.

【傳】 雷震於澤中하야 澤隨震而動하니 爲隨之象이라. 君子ㅣ 觀象하야 以隨時而動하나니 隨時之宜는 萬事皆然이나 取其最明且近者하야 言之라. 君子以嚮晦入宴息은 君子ㅣ 晝則自强不息이라가 及嚮昏晦則入居於內하야 宴息以安其身하니 起居隨時하야 適其宜也라 禮에 君子ㅣ 晝不居內하고 夜不居外라하니 隨時之道也라.

우뢰가 못 속에서 진동해서 못이 우뢰를 따라 움직이니 「수」의 상이 된다. 군자가 상을 관찰해서 때를 따라 움직이니, 때의 마땅함을 따르는 것은 만사가 다 그러하나, 그 중 가장 명백하고 또 가까운 것을 취해서 말했다.

'군자가 어둠을 향해서 들어가 편히 쉬는 것(君子以嚮晦入宴息)'은 군자가 낮에는 스스로 굳세게 해서 쉬지 않다가, 어두움으로 향할 때에 미쳐서는 들어가 안에 거처해서 잔치하고 쉼으로써 그 몸을 편안케 하니, 일어나고 거처함이 때를 따라서 그 마땅한 데 맞게 하는 것이다. 『예기』에 "군자가 낮에는 안에 있지 않고 밤에는 밖에 있지 않는다"고 하니, 때를 따르는 도리이다.

※ 『예기』의 「단궁:檀弓」편에는 "夫晝居於內어든 問其疾이 可也며 夜居於外어든 弔

之可也니 是故로 君子ㅣ 非有大故어든 不宿於外하며 非致齊也요 非疾也어든 不晝夜居於內니라"로 되어 있다.

【本義】 雷藏澤中하야 隨時休息이라.

우뢰가 못 속에 감춰져서 때를 따라 쉬는 것이다.

> 初九는 官有渝ㅣ니 貞이면 吉하니 出門交ㅣ면 有功하리라.
> - [정자] 초구는 주장하고 지킴이 변함이 있으니 바르게 하면 길하니, 문 밖에 나가서 사귀면 공이 있으리라.
> - [주자] 초구는 주장해서 변함이 있으니 바르게 하면 길하니, 문 밖에 나가서 사귀면 공이 있으리라.
>
> 震體動主 得正則吉

【傳】 九居隨時而震體요 且動之主니 有所隨者也라. 官은 主守也니 旣有所隨면 是其所主守ㅣ 有變易也라 故로 曰官有渝라. 貞吉은 所隨ㅣ 得正則吉也니 有渝而不得正이면 乃過動也라.

구(陽)가 따르는 때에 있으면서 「진체☳」이고, 또한 움직임의 주체니 따름이 있는 사람이다. '관(官)'은 주장하고 지키는 것이니 이미 따르는 것이 있으면, 이것은 자기의 주장하고 지키는 것에 변하고 바뀜이 있는 것이므로, '관이 변함이 있다(官有渝)'고 말한 것이다.

'바르게 하면 길하다(貞吉)' 함은 따르는 바가 바름을 얻으면 길한 것이니, 변동함에 바름을 얻지 못하면 지나치게 변동한 것이다.

出門交有功은 人心所從이 多所親愛者也니 常人之情은 愛之則見其是하고 惡之則見其非라. 故로 妻孥之言은 雖失而多從하고 所憎之言은 雖善이나 爲惡也하나니 苟以親愛而隨之則是私情所與니 豈合正理리오. 故로 出門而交則有功也라. 出門은 謂非私暱이니 交不以私라 故

로 其隨ㅣ 當而有功이라.

'문을 나가 사귀면 공이 있다(出門交有功)' 함은 인심이 친애하는 사람을 따름이 많으니, 보통 사람의 정은 사랑하면 옳은 것으로 보고, 미워하면 그릇된 것으로 본다. 그러므로 처자식의 말은 비록 틀린 말이라도 좇는 이가 많고, 미워하는 이의 말은 비록 착한 것이나 악한 것으로 삼으니, 친애한다고 해서 따르면 이것은 사사로운 정으로 더부는 것이니, 어떻게 바른 이치에 합치되겠는가? 그렇기 때문에 '문 밖에 나가 사귀면 공이 있다'는 것이다. '문 밖에 나간다(出門)' 함은 사사롭게 친하는 것이 아니니, 사귀는 것을 사사로이 하지 않기 때문에, 그 따름이 마땅해서 공이 있는 것이다.

【本義】卦는 以物隨로 爲義하고 爻는 以隨物로 爲義라. 初九ㅣ 以陽居下하야 爲震之主니 卦之所以爲隨者也라. 旣有所隨則有所偏主而變其常矣니 惟得其正則吉하고 又當出門以交하야 不私其隨則有功也라. 故로 其象占이 如此하니 亦因以戒之라.

괘는 물건이 따르는 것으로 뜻을 삼았고, 효는 물건을 따르는 것으로 뜻을 삼았다. 「초구」가 양으로써 아래에 있어 「진:☳」의 주효가 되니, 괘가 이로써 「수괘」가 된 것이다. 이미 따르는 것이 있으면 치우치게 주장하게 되고 그 상도(常道)를 변동하게 될 것이니, 오직 바름을 얻으면 길하고, 또 마땅히 문을 나가 사귀어서 그 따름을 사사로이 하지 않으면 공이 있을 것이다. 그러므로 그 상과 점이 이와 같으니 또한 인해서 경계를 한 것이다.

> 象曰 官有渝에 從正이면 吉也ㅣ니
> ◉ 상에 말하기를 '관유유'에 바름을 좇으면 길할 것이니,

【傳】旣有隨而變하니 必所從에 得正이면 則吉也요 所從에 不正이면 則有悔吝이라.

이미 따름이 있었으나 변했으니, 좇음에 바름을 얻으면 반드시 길하고, 좇음에 바

르지 못하면 반드시 뉘우치고 인색함이 있을 것이다.

出門交有功은 不失也ㅣ라.
◉ '문 밖에 나가 사귀면 공이 있음'은 잃지 아니함이다.

【傳】出門而交는 非牽於私라. 其交ㅣ 必正矣리니 正則无失而有功이라.

문 밖에 나가 사귀는 것은 사사로운 데 이끌리지 않은 것이다. 그 사귐이 반드시 바를 것이니, 바르면 잃음이 없고 공이 있다.

六二는 係小子ㅣ면 失丈夫하리라.
◉ [정자] 육이는 소자에게 매이면 장부를 잃으리라.
◉ [주자] 육이는 소자에게 매이고 장부를 잃도다.

☷ · 應五比初 不能自守

【傳】二應五而比初하니 隨先於近이요 柔不能固守라 故로 爲之戒하야 云ㅣ 若係小子則失丈夫也라. 初陽은 在下하니 小子也요 五正應은 在上하니 丈夫也어늘 二若志係於初則失九五之正應이리니 是失丈夫也라. 係小子而失丈夫하고 捨正應而從不正이면 其咎ㅣ 大矣라. 二有中正之德하야 非必至如是也로대 在隨之時하니 當爲之戒也라.

「육이」가 「구오」와 응하면서 「초구」와 상비(相比)관계니, 따름은 가까운 데를 먼저하게 되고 유약함은 굳게 지키지 못하기 때문에, 경계하여 '만약 소자에게 매이면 장부를 잃는다'라고 말씀한 것이다.

양인 「초구」는 아래에 있으니 '소자(小子)'이고, 정응인 「구오」는 위에 있으니 '장부(丈夫)'인데, 만약 「육이」의 뜻이 「초구」에 매이면 정응인 「구오」를 잃을 것이니, 이것이 '장부를 잃는 것(失丈夫)'이다. 소자에게 매여서 장부를 잃고 정응을 놓아두고 바르지 못한 것을 좇아가면 그 허물이 크다. 「육이」가 중정한 덕이 있어서, 반드시 이런 데까지는 이르지 않을 것이지만, 따르는 때에 있으니 마땅히 경계를 해야한다.

※ 在 : '居'자로 되어 있는 판본도 있다.   也 : '也'자가 없는 판본도 있다.

【本義】初陽은 在下而近하고 五陽은 正應而遠하니 二ㅣ 陰柔하야 不能自守以須正應이라. 故로 其象이 如此하야 凶吝을 可知니 不假言矣라.

「초구」 양은 아래에 있으면서 가깝고, 「구오」 양은 정응이지만 멀으니, 「육이」가 음유해서 스스로를 지켜 정응을 기다리지 못한다. 그러므로 그 상이 이와 같아서, 흉하고 인색하게 될 것을 알 수 있으니 말할 것도 없다.

※ 楊氏曰 以剛隨人者를 謂之隨요 以柔隨人者를 謂之係니 剛은 有以自立이요 而柔는 不足以自立也라. 故로 初九九四九五는 不言係而六二六三上六은 皆言係也니라. : <양씨>가 말하길 "강으로써 다른 사람을 따르는 것을 '수(隨)'라 하고, 유로써 다른 사람을 따르는 것을 '계(係)'라고 하니, 강은 자립할 수 있고 유는 자립할 수 없는 까닭이다. 그러므로 「초구, 구사, 구오」에는 '계'라고 말하지 않고, 「육이, 육삼, 상육」에는 모두 '계'라고 말하였다.

象曰 係小子ㅣ면 弗兼與也ㅣ리라.
● [정자] 상에 말하기를 '계소자'면 겸하여 더불지 못하리라.
● [주자] 상에 말하기를 '계소자'는 겸하여 더불지 못함이라.

【傳】人之所隨ㅣ 得正則遠邪하고 從非則失是하니 无兩從之理라. 二ㅣ 苟係初則失五矣니 弗能兼與也라. 所以戒人이니 從正을 當專一也니라.

사람의 따름이 바름을 얻으면 사특함이 멀어지고, 그름을 좇으면 옳은 것을 잃으니, 둘을 다 좇는 이치는 없다. 「육이」가 「초구」에 매이면 「구오」를 잃을 것이니 겸해서 더불 수 없는 것이다. 이로써 사람에게 경계를 한 것이니, 바름을 좇음을 마땅히 오로지하고 한결같이 해야한다.

六三은 係丈夫하고 失小子하니 隨에 有求를 得하나 利居貞하니라.

- [정자] 육삼은 장부에 매이고 소자를 잃으니, 따름에 구하는 것을 얻으나, 바른 데 거처함이 이로우니라.
- [주자] 육삼은 장부에 매이고 소자를 잃었으니, 따라서 구하는 것을 얻으나, 바른 데 거처함이 이로우니라.

係四失初 有求必得

【傳】丈夫는 九四也요 小子는 初也니 陽之在上者는 丈夫也요 居下者는 小子也라. 三雖與初로 同體나 而切近於四라 故로 係於四也니 大抵陰柔ㅣ 不能自立하야 常親係於所近者라. 上係於四故로 下失於初하니 舍初從上은 得隨之宜也라. 上隨則善也니 如昏之隨明과 事之從善은 上隨也요 背是從非와 舍明逐暗은 下隨也라.

'장부(丈夫)'는 「구사」이고, '소자(小子)'는 「초구」니, 양이 위에 있는 것은 장부고, 아래에 있는 것은 소자다. 「육삼」이 비록 「초구」와 같은 괘체(☳)이나, 「구사」와 매우 가깝기 때문에 「구사」에 매이는 것이니, 대개 음유는 자립하지 못해서 항상 가까운 사람에게 친하고 매이는 것이다. 위로 「구사」에 매였기 때문에 아래로 「초구」를 잃은 것이니, 「초구」를 버리고 위를 좇음은 따름의 마땅함을 얻은 것이다.

위를 따름은 잘하는 것이니, 어둠이 밝음을 따름과, 일이 착함을 좇아가는 것은 위를 따르는 것이며, 옳은 것을 배반하고 그른 것을 따름과, 밝음을 버리고 어둠을 좇음은 아래를 따르는 것이다.

四亦无應하야 无隨之者也니 近得三之隨면 必與之親善이라. 故로 三之隨四에 有求必得也라. 人之隨於上而上與之하니 是得所求也요 又凡所求者를 可得也라.

「구사」 또한 응이 없어서 따를 사람이 없으니, 가까이 있는 「육삼」의 따름을 얻으면 반드시 더불어 잘 친할 것이다. 그러므로 「육삼」이 「구사」를 따름에 구하는 것을 반드시 얻는 것이다. 사람이 위를 따름에 윗 사람이 더불어하니 이것이 구하는 것을 얻음이고, 또 모든 구하는 바를 얻을 수 있다.

雖然이나 固不可非理枉道하야 以隨於上커나 苟取愛說하야 以遂所求니 如此면 乃小人邪諂趨利之爲也라 故로 云利居貞이라. 自處於正則所謂有求而必得者니 乃正事요 君子之隨也라.

   그러나 이치가 아니고 도에 어긋나는 것으로 윗 사람을 따르거나, 구차하게 사랑하고 기뻐함을 취해서 구하는 바를 이루어서는 안되니, 이와 같이 하면 소인의 사특하고 아첨해서 이익을 따르는 행위이므로, '바른 데 거처함이 이롭다(利居貞)'고 했다. 스스로 바르게 처신하면 이른바 '구함이 있으면 반드시 얻는 것'이니, 바른 일이고 군자의 따름이다.

   ※ 必 : '必'자가 없는 판본도 있다.

【本義】丈夫는 謂九四요 小子는 亦謂初也라. 三이 近係四而失於初하니 其象이 與六二로 正相反이라. 四陽이 當任而己隨之하니 有求必得이라. 然이나 非正應이라 故로 有不正而爲邪媚之嫌이라. 故로 其占이 如此而又戒以居貞也라.

   '장부(丈夫)'는 「구사」이고 '소자(小子)'는 또한 「초구」를 말한다. 「육삼」이 가까이 있는 「구사」에 매이고 (정응인) 「초구」를 잃었으니, 그 상이 「육이」와는 정반대이다. 「구사」 양이 책임을 맡음에 「육삼」이 따르니, 구하는 것을 반드시 얻는다. 그러나 정응이 아니기 때문에 바르지 못하고, 사특하며 아첨하는 혐의가 있다. 그러므로 그 점이 이와 같고 또한 바른 데 거처하라고 경계한 것이다.

> 象曰 係丈夫는 志舍下也ㅣ라.
>
> ◉ 상에 말하기를 '장부에 매임'은 뜻이 아래를 버림이라.

【傳】旣隨於上則是其志ㅣ 舍下而不從也라. 舍下而從上은 舍卑而

從高也니 於隨에 爲善矣라.

이미 위를 따른다면, 이것은 그 의지가 아래를 버리고 따르지 않는 것이다. 아래를 버리고 위를 따르는 것은 낮은 것을 버리고 높은 것을 좇는 것이니, 따르는 데 잘한 것이 된다.

九四는 隨에 有獲이면 貞이라도 凶하니 有孚코 在道코 以明이면 何咎ㅣ리오.

- [정자] 구사는 따름에 얻음이 있으면 바르게 하더라도 흉하니, 믿음을 두고, 도에 있고, 밝음으로써 하면 무슨 허물이리오.
- [주자] 구사는 따라서 얻음이 있으니, 바르게 하더라도 흉하니, 믿음을 두고, 도에 있고, 밝음으로써 하면 무슨 허물이리오.

 與五同德 明哲有功

【傳】九四ㅣ 以陽剛之才로 處臣位之極하니 若於隨에 有獲則雖正이라도 亦凶이라. 有獲은 謂得天下之心이 隨於己니 爲臣之道ㅣ 當使恩威로 一出於上하야 衆心이 皆隨於君이요 若人心이 從己면 危疑之道也라 故로 凶이니 居此地者ㅣ 奈何오. 唯孚誠을 積於中하고 動爲를 合於道하야 以明哲로 處之則又何咎리오.

「구사」가 양강한 재질로 신하 자리의 제일 높은 데 거처하니, 만약 따름에 얻음이 있으면 비록 바르더라도 또한 흉하다. '얻음이 있다(有獲)' 함은 천하의 마음이 자기를 따름을 얻는 것이니, 신하된 도리가 마땅히 은혜와 위엄이 일체 윗사람으로부터 나오게 해서 무리의 마음이 다 인군을 따르도록 해야 할 것이고, 만약 인심이 자기를 따르면 위험하고 의심받는 도리이기 때문에 흉하니, 이런 지위에 있는 사람은 어떻게 할 것인가? 오직 믿음과 정성을 마음 속에 쌓고, 일처리를 도에 합하도록 해서, 명철함으로써 처신하면 또 무슨 허물이 있겠는가?

古之人에 有行之者하니 伊尹周公孔明이 是也라. 皆德及(於)民而民이

隨之하니 其得民之隨는 所以成其君之功하야 致其國之安이라. 其至誠이 存乎中하니 是有孚也요 其所施爲ㅣ 无不中道하니 在道也라. 唯其明哲이라 故로 能如是以明也니 復何過咎之有리오. 是以로 下信而上不疑하고 位極而无逼上之嫌하며 勢重而无專强之過하니 非聖人大賢則不能也라. 其次는 如唐之郭子儀로 威震主而主不疑는 亦由中有誠孚而處无甚失也니 非明哲이면 能如是乎아.

옛 사람에 실행한 사람이 있으니, <이윤, 주공, 공명>이 이런 사람이다. 다 덕이 백성에게 미침에 백성이 따르니, 그 백성의 따름을 얻음은 인군의 공을 이루게 함으로써 나라의 편안함을 이룬 것이다. 그 지성이 중심(中心)에 있었으니 이것은 '믿음을 둔 것(有孚)'이며, 그 베풀음이 중도(中道)로써 하지 않음이 없으니 '도에 있는 것(在道)'이다. 오직 명철하기 때문에 이와 같이 할 수 있어 밝은 것이니, 다시 무슨 허물이 있겠는가? 이럼으로써 아랫 사람은 믿고 윗 사람은 의심하지 않으며, 지위가 극에 이르더라도 윗 사람을 핍박하는 혐의가 없으며, 세력이 막중해도 마음대로 강하게 하는 과실이 없으니, 성인과 대현(大賢)이 아니면 할 수 없는 것이다.

그 다음은「당나라」의 <곽자의>같은 사람으로, 위엄이 인군을 진동시켜도 인군이 의심하지 않음은, 또한 중심에 정성과 믿음이 있어서 처리함에 심한 실수가 없기 때문이니, 명철한 사람이 아니면 이와 같이 할 수 있겠는가?

※ 於 : '於'자가 없는 판본도 있다.　　强 : '權'자로 되어 있는 판본도 있다.

【本義】九四ㅣ 以剛으로 居上之下하야 與五로 同德이라 故로 其占이 隨而有獲이나 然이나 勢陵於五故로 雖正而凶이로대 惟有孚在道而明則上安而下從之하리니 可以无咎也라. 占者ㅣ 當時之任이면 宜審此戒라.

「구사」가 강으로써 상체(외괘)의 아래에 있어서「구오」와 덕이 같기 때문에, 그 점이 따라서 ㅡ얻음이 있는 것이다. 그러나 (「구사」의) 형세가「구오」를 능멸하는 까닭에 비록 바르더라도 흉하지만, 오직 '믿음을 두고, 도에 있으며, 밝음으로'하면, 위는 편안하고 아래는 따를 것이니 허물이 없을 수 있다. 점치는 이가 당시의 소임을 맡았으면, 마땅히 이런 경계를 살펴야 할 것이다.

象曰 隨有獲은 其義ㅣ 凶也ㅣ오 有孚在道는 明功也ㅣ라.
- 상에 말하기를 '따름에 얻음이 있음'은 그 의의가 흉하고, '믿음을 두고 도에 있음'은 밝은 공이다.

【傳】居近君之位而有獲이면 其義固凶이요 能有孚而在道則无咎하니 蓋明哲之功也라.

　인군 가까운 자리에 있으면서 얻음이 있으면 그 의의가 진실로 흉하고, 믿음을 두고 도에 있으면 허물이 없으니 대개 밝고 슬기롭게 한 공이다.

九五는 孚于嘉ㅣ니 吉하니라.
- 구오는 아름다운 데 미더우니 길하니라.

居尊得正 在於隨善

【傳】九五ㅣ 居尊得正而中實하니 是其中誠이 在於隨善이니 其吉을 可知라. 嘉는 善也니 自人君으로 至於庶人히 隨道之吉은 唯在隨善而已라. 下應二之正中하니 爲隨善之義라.

　「구오」가 높은 데 거처하고 득정하면서 중실(中實)하니, 이것이 속마음이 정성스러워 착함을 따르는 데 있는 것이므로 길함을 알 수 있다. '아름답다(嘉)'라 함은 착한 것이니, 인군으로부터 서인에 이르기까지 따르는 도의 길함은, 오직 착함을 따르는 데 있을 뿐이다. 아래로 「육이」의 정히 중함에 응했으니, 착한 것을 따르는 뜻이 된다.

【本義】陽剛中正으로 下應中正하니 是信于善也라. 占者ㅣ 如是면 其吉이 宜矣라.

　양강하고 중정함으로 아래의 중정함에 응했으니, 이것은 착한 것에 미덥게 한 것이다. 점치는 사람이 이와 같이 하면 길할 것이 당연한 것이다.

象曰 孚于嘉吉은 位正中也일새라.
- 상에 말하기를 '아름다운 데 미더워서 길함'은, 위가 정히 중했기 때문이다.

【傳】處正中之位하고 由正中之道하야 孚誠所隨者ㅣ 正中也니 所謂嘉也라. 其吉을 可知니 所孚之嘉는 謂六二也라. 隨以得中으로 爲善이요 隨之所防者는 過也니 蓋心所說隨則不知其過矣라.

　정히 중한 자리에 거처해서 정히 중한 도로 믿음과 정성을 갖고 따르는 것이 정히 중한 자이니, 이른바 '아름답다(嘉)'는 것이다. 그 길함을 알 수 있으니, 미더워서 아름다운 것은 「육이」를 말한 것이다. 따르는 것은 중을 얻음으로써 착함을 삼고, 따르는 데 막아야할 것은 지나친 것이니, 대개 마음이 기뻐 따르면 지나침을 알지 못하는 것이다.

　　※ 정중(正中) : 여기서는 정히 중했다는 뜻임,『정전』의 「비괘:比卦」「구오」 참조.

上六은 拘係之오 乃從維之니 王用亨于西山이로다.
- [정자] 상육은 붙들어 매고 좇아서 얽음이니, 왕이 서산에서 형통하도다.
- [주자] 상육은 붙들어 매고 좇아서 얽으니 왕이 서산에 제사지내도다.

 居隨之極 可通神明

【傳】上六이 以柔順而居隨之極하니 極乎隨者也라. 拘係之는 謂隨之極하야 如拘持縻係之요 乃從維之는 又從而維繫之也니 謂隨之固結이 如此라.

　「상육」이 유순함으로써 「수괘」의 끝에 있으니, 따름이 극한 자다. '붙들어 맨다(拘係之)'는 것은 따름이 극에 달해서 붙잡아 매는 것 같음이고, '좇아서 얽음(乃從維之)'은 또 좇아서 얽어매는 것이니, 따름의 굳게 맺어짐이 이와 같다는 것이다.

王用亨于西山은 隨之極이 如是하니 昔者에 太王이 用此道하야 亨王業于西山이라. 太王이 避狄之難하야 去豳來岐호대 豳人老稚ㅣ 扶携以隨之를 如歸市하니 蓋其人心之隨ㅣ 固結이 如此라. 用此故로 能亨盛其王業於西山이라. 西山은 岐山也니 周王之業이 蓋興於此라. 上居隨極하니 固爲太過나 然이나 在得民之隨와 與隨善之固엔 如此라야 乃爲善也라. 施於他則過矣라.

'왕이 서산에서 형통하다(王用亨于西山)'고 함은, 따름이 극에 달함이 이와 같으니, 옛날에 「주나라」의 <태왕>이 이러한 도를 써서 「서산」에서 왕업을 형통하게 했다. <태왕>이 오랑캐의 난을 피해서 「빈나라:豳」를 버리고 「기산:岐山」에 오자, 「빈나라」의 늙은이와 어린이가 부휴(扶携)하며 따르기를 시장에 가는 것 같이 하니, 대개 인심의 따름이 굳게 맺어짐이 이와 같다는 것이다. 그렇기 때문에 왕업을 「서산」에서 이루고 성할 수 있었던 것이다. 「서산」은 「기산」이니, 「주나라」의 왕업이 대개 여기에서 일어났다.

「상구」가 「수괘」의 극에 거처하니 너무 지나친 것이 되나, 백성의 따름을 얻음과, 착한 것을 따르는 굳건함은 이와 같아야 잘하는 것이 된다. 다른 것에 이렇게 하면 지나침이 된다.

※ 부휴(扶携) : 부설(扶挈)이라고도 한다, 노인을 부축하고 어린이를 데리고 감.
※ 民 : '民心'으로 되어 있는 판본도 있다.

【本義】居隨之極하니 隨之固結而不可解者也로대 誠意之極이면 可通神明이라. 故로 其占이 爲王用亨于西山이라하니 亨은 亦當作祭享之享이라. 自周而言이면 岐山은 在西라. 凡筮祭山川者ㅣ 得之어든 其誠意ㅣ 如是則吉也라.

「수괘」의 끝에 있으니, 따름이 굳게 맺혀 풀 수 없는 자이나, 성의가 극진하면 신명을 통할 수 있다. 그러므로 그 점이 '왕이 서산에 제사지낸다(王用亨于西山)'고 하니, '형(亨)'은 또한 제향드린다는 '향(享)'자로 해야 마땅하다. 「주나라」로 말하면 「기산」은 서쪽에 있다. 점을 쳐서 산천에 제사하는 자가 얻거든, 그 성의가 이와 같으면 길하다.

> # 象曰 拘係之는 上窮也ㅣ라.
> ◉ 상에 말하기를 '붙들어 맨다'는 것은 위에서 궁한 것이다.

【傳】隨之固ㅣ 如拘係維持하니 隨道之窮極也라.

따름의 굳음이 붙들어 맨 것과 같으니, 따르는 도가 궁하고 극도에 달한 것이다.

※ 係 : '係'자가 없는 판본도 있다.　持 : '持'자가 없는 판본도 있다.

【本義】窮은 極也라.

'궁(窮)'은 극에 달했다는 것이다.

艮上 巽下 山風蠱(18)
산 풍 고

【傳】蠱는 序卦에 以喜隨人者ㅣ 必有事라 故로 受之以蠱라하니 承二卦之義하야 以爲次也라. 夫喜悅以隨於人者는 必有事也니 无事則何喜何隨리오. 蠱所以次隨也라. 蠱는 事也라하니 蠱非訓事요 蠱乃有事也라. 爲卦ㅣ 山下有風하니 風在山下라가 遇山而回則物亂하야 是爲蠱象이니 蠱之義는 壞亂也라. 在文에 爲蟲皿이니 皿之有蟲은 蠱壞之義라.

「고:蠱」는 「서괘전」에 "기쁨으로써 사람을 따르는 자는 반드시 일이 있다. 그러므로 「고괘」로써 받았다"고 하니, 두 괘(「예:豫」와 「수:隨」)의 뜻을 이어서 차례를 한 것이다. 대개 기쁨으로 사람을 따르는 자는 반드시 일이 있으니, 일이 없으면 무엇을 기뻐하며 무엇을 따르겠는가? 「고괘」가 이래서 「수괘」 다음에 한 것이다. 「고:蠱」는 일이라 하니, '고(蠱)'자의 뜻이 일이 아니고, 좀먹음에 일이 있게 되는 것이다.

괘됨이 「산:艮」아래에 「바람:巽」이 있으니, 바람이 산 아래에 있다가 산을 만나 휘돌아치면 물건이 어지러워져서, 이것이 좀먹고 무너지는 상이 되니, 「고」의 뜻은 무너지고 어지러워지는 것이다. 문자로 보면 '벌레 충(蟲)'과 '그릇 명(皿)'으로 되어 있으니, 그릇에 벌레가 있음은 좀먹고 무너지는 뜻이다.

左氏傳에 云風落山하고 女惑男이라하니 以長女로 下於少男이 亂其情也요 風遇山而回에 物皆撓亂하니 是爲有事之象이라. 故로 云蠱者는 事也요 旣蠱而治之도 亦事也라. 以卦之象으로 言之면 所以成蠱也요 以卦之才로 言之면 所以治蠱也라.

『춘추좌씨전』에 "바람이 산을 떨어뜨리고, 여자가 남자를 유혹했다"고 하니, 장녀(☴)로써 소남(☶)에 아래함이 그 정을 어지럽게 한 것이고, 바람(☴)이 산(☶)을 만나 휘돌아침에 물건이 다 흔들리고 어지러워지니 일이 있는 상이 된다. 그러므로 '「고」는 일이라'고 한 것이고, 이미 좀먹은 것을 다스리는 것도 또한 일이다. 괘의 상으로써 말하면 「고」를 이루게 되는 것이고, 괘의 재질로 말하면 「고」를 다스리는 것이 된다.

※ 『춘추좌씨전』 <소공(昭公)> 원년에 "在周易女惑男하고 風落山하니 謂之蠱"라고 되어 있다. 또 <희공(僖公)> 15년에 이와 비슷한 내용이 있다.

蠱는 元亨하니 利涉大川이니

◉ [정자] 고는 크게 착하고 형통하니 대천을 건넘이 이로우니
◉ [주자] 고는 크게 형통하니 대천을 건넘이 이로우니

 蠱壞之極 亂當復治

【傳】旣蠱則有復治之理라. 自古로 治必因亂하니 亂則開治는 理自然也라. 如卦之才로 以治蠱則能致元亨也라. 蠱之大者는 濟時之艱難險阻也라 故로 曰利涉大川이라.

좀먹었으면 다시 다스리는 이치가 있다. 예로부터 다스림은 반드시 어지러워짐으로 인했으니, 어지러우면 다스림을 열게 됨은 이치의 자연함이다. 만약 괘의 재질로 좀먹은 것을 다스리면 크게 착하고 형통함을 이룰 수 있다. 「고」의 큰 것은 때의 간난하고 험조함을 다스리는 것이므로, '대천을 건넘이 이롭다(利涉大川)'고 했다.

先甲三日하며 後甲三日이니라.

◉ [정자] 갑으로 먼저 사흘하며 갑으로 뒤에 사흘이니라.
◉ [주자] 갑으로 먼저 사흘하고 갑으로 뒤에 사흘이니라.

【傳】甲은 數之首요 事之始也니 如辰之甲乙과 甲第甲令은 皆謂首

也며 事之端也라. 治蠱之道는 當思慮其先後三日이니 蓋推原先後는 爲救弊可久之道라.

'갑(甲)'은 수(數)의 머리이고 일의 시작이니, 때의 갑을(甲乙)과 갑제(甲第)·갑령(甲令)같은 것은 다 머리 또는 일의 단서를 말한 것이다. 「고」를 다스리는 도는 마땅히 앞뒤로 3일씩 생각해야 하니, 근원의 앞과 뒤를 헤아리는 것은 폐단을 구원하고 오래할 수 있는 도리가 되는 것이다.

　　※ 갑을(甲乙) : 천간 중의 첫 번째와 두 번째.
　　　갑제(甲第) : 과거시험의 장원급제, 또는 으뜸가는 저택.
　　　갑령(甲令) : 법률의 제1조.

先甲은 謂先於此니 究其所以然也요 後甲은 謂後於此니 慮其將然也라. 一日二日로 至於三日은 言慮之深推之遠也라. 究其所以然則知救之之道요 慮其將然則知備之之方이니 善救則前弊를 可革이요 善備則後利를 可久니 此ㅣ 古之聖王이 所以新天下而垂後世也라.

'갑으로 먼저(先甲)'라 함은 이보다 먼저라는 말이니, 좀먹게 된 까닭을 헤아리는 것이고, '갑으로 뒤에(後甲)'라 함은 이보다 뒤라는 말이니, 장차 그렇게 될 것을 생각하는 것이다. 하루 이틀해서 사흘까지 이름은 근심이 깊고 헤아림이 멀음을 말한 것이다. 그러한 까닭을 추구하면 구원할 수 있는 도리를 알고, 장차 그렇게 될 것을 생각하면 방비할 수 있는 방법을 알 것이니, 잘 구원하면 앞에 저지른 폐단을 개혁할 수 있고, 잘 방비하면 뒤에 생기는 이로움을 오래하게 할 수 있으니, 이것이 옛날의 성왕(聖王)이 천하를 새롭게 하고 후세에 가르침을 보인 까닭이다.

後之治蠱者는 不明聖人先甲後甲之誡하야 慮淺而事近이라 故로 勞於救世而亂不革하고 功未及成而弊已生矣라. 甲者는 事之首요 庚者는 變更之首니 制作政敎之類則云甲이니 擧其首也요 發號施令之事則云庚이니 庚은 猶更也니 有所更變也라.

후세에 「고」를 다스리는 사람은, 성인의 선갑(先甲)하고 후갑(後甲)하시는 경계를 밝게 알지 못해서, 생각이 얕고 가까운 것만 일삼기 때문에, 세상을 구원하려고 수고하지만 어지러움이 개혁되지 않고, 공은 미처 이루지도 못했는데 폐단이 이미 생기게 되는 것이다. '갑(甲)'이라는 것은 일의 머리이고 '경(庚)'은 변경의 머리니, 정치와 가르침을 만드는 종류는 '갑'이라고 이르니 그 머리라는 것이고, 호령을 발하고 명령을 시행하는 것을 '경'이라고 이르니, '경'은 고치는 것과 같으므로, 변경함이 있는 것이다.

【本義】蠱는 壞極而有事也라. 其卦ㅣ 艮剛이 居上하고 巽柔ㅣ 居下하야 上下不交하고 下卑巽而上苟止라 故로 其卦ㅣ 爲蠱라.

「고」는 무너짐이 극에 달해서 일이 있는 것이다. 그 괘가 강한 「간:☶」이 위에 있고, 부드러운 「손:☴」이 아래에 있어 위와 아래가 사귀지 않고, 아래는 낮추어 공손하며 위는 구차하게 그쳐있기 때문에 그 괘가 「고괘」가 된 것이다.

或曰剛上柔下는 謂卦變이라하니 自賁來者는 初上二下요 自井來者는 五上上下요 自旣濟來者는 兼之로대 亦剛上而柔下하니 皆所以爲蠱也라. 蠱壞之極에 亂當復治라 故로 其占이 爲元亨而利涉大川이라.

혹자가 말하기를 "'강이 올라가고 유가 내려온다'는 것은 괘변을 말한 것이다"라고 하니, 「비괘:䷕」로부터 온 것은 「초구」가 위로 올라가고 「육이」가 내려오고, 「정괘:䷯」로 터 온 것은 「구오」가 올라가고 「상육」이 내려오며, 「기제괘:䷾」로부터 온 것은 「비괘」와 「정괘」의 괘변을 겸했으되 또한 강이 올라가고 유가 내려온 것이니 다 「고괘」가 된 까닭이다. 좀먹고 무너짐이 극함에, 어지러운 것이 마땅히 다시 다스려져야 할 것이기 때문에, 그 점이 크게 형통하고 큰 내를 건넘이 이로운 것이 된다.

甲은 日之始며 事之端也니 先甲三日은 辛也요 後甲三日은 丁也라. 前事ㅣ 過中而將壞면 則可自新以爲後事之端하야 而不使至於大壞요 後事ㅣ 方始而尙新이나 然이나 更當致其丁寧之意하야 以監其前事之失而不使至於速壞니 聖人之戒ㅣ 深也시니라.

'갑(甲)'은 날의 시작이고 일의 단서이니, '갑에 먼저 사흘을 한 것(先甲三日)'은

'신(辛)'이고, '갑에 사흘을 뒤에 한 것(後甲三日)'은 '정(丁)'이다. 앞의 일이 중간을 지나서 장차 무너지려 하면, 스스로 새롭게 해서 뒷 일의 단서로 삼아 크게 무너지지 않게 하여야 하고, 뒤에 일이 방금 시작되어 아직 새로우나, 마땅히 정녕(丁寧)한 뜻을 이루어서, 앞의 일의 잃음을 거울삼아 속히 무너지지 않게 해야 한다는 것이니, 성인의 경계함이 깊으시다.

> 象曰 蠱는 剛上而柔下하고 巽而止ㅣ 蠱ㅣ라.
> ● 단에 말하기를 고는 강이 올라가고 유가 내려오며 공손해서 그쳐있는 것이 고라.

【傳】以卦變及二體之義而言이라. 剛上而柔下는 謂乾之初九ㅣ 上而爲上九하고 坤之上六이 下而爲初六也라. 陽剛은 尊而在上者也어늘 今往居於上하고 陰柔는 卑而在下者也어늘 今來居於下하며 男雖少而居上하고 女雖長而在下하야 尊卑ㅣ 得正하고 上下順理하니 治蠱之道也라

괘변과 두 괘체의 뜻으로써 말한 것이다. '강이 올라가고 유가 내려왔다'는 것은, 「건:☰」에 있는 「초구」가 올라가 「상구」가 되고, 「곤:☷」에 있는 「상육」이 내려와서 「초육」이 된 것이다. 양강한 것은 높아서 위에 있는 것인데 이제 가서 위에 거처하고, 음유한 것은 낮아서 밑에 있는 것인데 이제 와서 아래에 거처하며, 남자가 비록 어리나 위에 거처하고, 여자가 비록 어른이나 아래에 있어서, 높고 낮음이 바름을 얻고, 위와 아래가 이치에 순했으니, 「고」를 다스리는 도리이다.

> ※ 「초구」는 「건:☰」이 아래에 있는 경우이므로 초효가 「초구」가 되며, 이것이 괘변을 통해 「고괘」가 되었을 때 「상구」에 해당하는 것이고, 「상육」은 「곤:☷」이 위에 있는 경우이므로 상효가 「상육」이 되며, 이것이 괘변을 통해 「고괘」가 되었을 때 「초육」에 해당한다는 뜻으로, 「태괘:☱」에서 「고괘」가 되었다는 뜻(☱→☶)이 아니다(「수괘:隨卦」 참조).
> ※ 양효와 소남이 위에 있고, 음효와 장녀가 아래에 있게 되었으니, 높고 낮음이 바름을 얻고, 위와 아래가 이치에 순해서 「고」를 다스리게 되었다.

由剛之上柔之下하야 變而爲艮巽하니 艮은 止也요 巽은 順也니 下巽

而上止하야 止於巽順也라. 以巽順之道로 治蠱하니 是以元亨也라.

 강이 올라가고 유가 내려감으로 말미암아, (괘체가) 변해서 「간」과 「손」이 되었다. 「간」은 그치는 것이고 「손」은 순하니, 아래는 순하고 위는 그쳐서 공손하고 순한데 그치는 것이다. 공손하고 순한 도로써 「고」를 다스리니, 이렇기 때문에 '원형(元亨)'한 것이다.

 ※ 「건:☰」과 「곤:☷」으로부터 '剛上而柔下'하여 「간:☶」과 「손:☴」이 된 것이다.

【本義】以卦體卦變卦德으로 釋卦名義라. 蓋如此면 則積弊而至於蠱矣라.

 괘체·괘변·괘덕으로써 괘의 이름과 뜻을 해석한 것이다. 대개 이와 같이 하면 폐단이 쌓여 좀먹고 무너지는 데 이른다.

 ※ '剛上而柔下'는 괘체와 괘변을 설명한 것이며, '巽而止'는 괘덕이다.

蠱ㅣ 元亨하야 而天下ㅣ 治也ㅣ오
- [정자] 고가 크게 착하고 형통해서 천하가 다스려 짐이요,
- [주자] 고가 크게 형통해서 천하가 다스려 짐이요,

【傳】治蠱之道를 如卦之才則元亨而天下ㅣ 治矣라. 夫治亂者ㅣ 苟能使尊卑上下之義로 正하야 在下者ㅣ 巽順하고 在上者ㅣ 能止齊安定之하야 事皆止於順則何蠱之不治也리오. 其道ㅣ 大善而亨也니 如此則天下ㅣ 治矣라.

 「고」를 다스리는 도를 괘의 재질과 같이 하면, 크게 착하고 형통해서 천하가 다스려진다. 대개 어지러움을 다스리는 사람이 진실로 존비(尊卑)와 상하(上下)의 뜻을 바르게 해서, 아래 있는 사람은 손순(巽順)하고 위에 있는 사람은 그치어 가지런히 하고 안정하게 할 수 있어서 일이 다 순한 데 그치게 하면, 어떤 일을 다스리지 못하겠는가? 그 도가 크게 착하고 형통하니, 이와 같이 하면 천하가 다스려진다.

 ※ 존비(尊卑)와 상하(上下)의 뜻 : 높고 낮음이 바름을 얻고, 위와 아래가 이치에 순하는

일, 즉 높은 것은 위에 있고 낮은 것은 아래에 있으며, 남자는 위에 있고 여자는 아래하는 도.

> 利涉大川은 往有事也ㅣ오
> ◉ '큰 내를 건넘이 이롭다'는 것은 가서 일이 있는 것이요,

【傳】方天下壞亂之際엔 宜涉艱險以往而濟之니 是往有所事也라.

바야흐로 천하가 무너져 어지러운 때는 마땅히 어렵고 험한 것을 건너가서 구제해야 하니, 이것이 가서 할 일이 있는 것이다.

> 先甲三日後甲三日은 終則有始ㅣ 天行也ㅣ라.
> ◉ '선갑삼일후갑삼일'은 마치면 시작함이 있는 것이 하늘의 행함이다.

【傳】夫有始則必有終하고 旣終則必有始는 天之道也라. 聖人이 知終始之道라 故로 能原始而究其所以然하고 要終而備其將然에 先甲後甲而爲之慮하시니 所以能治蠱而致元亨也라.

대개 시작이 있으면 반드시 마침이 있고, 이미 마쳤으면 반드시 시작함이 있는 것은 하늘의 도리이다. 성인께서 마치고 시작하는 도리를 알기 때문에, 시작을 근원해서 그 원인을 연구하시고, 마침을 밝혀서 장차 그렇게 될 것을 대비하심에 '선갑후갑(先甲後甲)'해서 생각하시니, 「고」를 다스릴 수 있어서 원형(元亨)함을 이루게 되는 것이다.

【本義】釋卦辭라. 治蠱至於元亨하니 則亂而復治之象也라. 亂之終이 治之始니 天運이 然也라.

「괘사」를 풀이한 것이다. 「고」를 다스려 크게 형통하는 데 이르니, 어지러움이 다시 다스려지는 상이다. 어지러움의 끝이 다스림의 시작이니, 하늘의 운행이 그런 것이다.

象曰 山下有風이 蠱ㅣ니 君子ㅣ 以하야 振民하며 育德하나니라.

● 상에 말하기를 산 아래 바람이 있는 것이 고니, 군자가 본받아서 백성을 진작시키고 덕을 기르느니라.

【傳】山下有風하니 風遇山而回則物皆散亂이라 故로 爲有事之象이라. 君子ㅣ 觀有事之象하야 以振濟於民하며 養育其德也라. 在己則養德하고 於天下則濟民이니 君子之所事ㅣ 无大於此二者라.

산 아래 바람이 있으니, 바람이 산을 만나 휘돌아치면 물건이 다 흩어지고 어지러워지기 때문에, 일이 있는 상이 된다. 군자가 일이 있는 상을 관찰해서, 백성을 진작하고 구제하며 그 덕을 기른다. 자신(自身)에 있어서는 덕을 기르고, 천하에 있어서는 백성을 구제하는 것이니, 군자의 할 일이 이 두 가지 보다 큰 것이 없다.

【本義】山下有風하니 物壞而有事矣요 而事莫大於二者하니 乃治己治人之道也라.

산아래 바람이 있으니, 물건이 무너져서 일이 있는 것이고, 일은 이 두 가지(振民育德) 보다 큰 것이 없으니, 자기를 다스리고 사람을 다스리는 도리이다.

初六은 幹父之蠱ㅣ니 有子ㅣ면 考ㅣ 无咎하리니 厲하야아 終吉이리라.

● 초육은 아버지의 일을 주관함이니, 아들이 있으면 죽은 아버지가 허물이 없을 것이니, 위태롭게 해야 마침내 길할 것이다.

☷☴. 處卑尸事 自當兢畏

【傳】初六이 雖居最下나 成卦由之하니 有主之義요 居內在下而爲主하니 子幹父蠱也라. 子幹父蠱之道ㅣ 能堪其事면 則爲有子而其考ㅣ 得无咎어니와 不然則爲父之累라. 故로 必惕厲則得終吉也니 處卑而

尸尊事에 自當兢畏니라.

「초육」이 비록 가장 아래에 거처하나, 이로 말미암아 괘를 이루었으니 주관하는 뜻이 있고, 안에 거처하고 아래에 있으면서 주관하니, 아들이 아버지의 일을 주관하는 것이다. 아들이 아버지의 일을 주관하는 도가, 그 일을 감당할 수 있으면 아들이 있음에 아버지가 허물이 없게 되는 것이지만, 그렇지 못하면 아버지에게 누가 될 것이다. 그러므로 반드시 두려워하고 조심하면 마침내 길함을 얻을 것이니, 낮은 데 거처하면서 높은 이의 일을 주장함에 마땅히 스스로 조심하고 두려워해야 할 것이다.

以六之才로 雖能巽順이나 體乃陰柔하고 在下无應而主幹하니 非有能濟之義라. 若以不克幹而言則其義ㅣ 甚小라 故로 專言爲子幹蠱之道하야 必克濟則不累其父하고 能屬則可以終吉이라하니 乃備見爲子幹蠱之大法也라.

육(陰)의 재질로써 비록 손순(巽順)할 수 있으나, 체(☴)가 음유하고 아래에 있으면서 응원함(應)도 없이 일을 주관하니, 구제할 수 있는 뜻이 없다. 만약 일을 주관할 수 없는 것으로 말하면 그 뜻이 심히 작기 때문에, 오로지 아들이 일을 주관하는 도를 말해서, 반드시 해결할 수 있으면 아버지를 더럽히지 않을 것이고, 조심할 수 있으면 마침내 길할 것이라고 하니, 아들이 일을 주관하는 큰 법을 갖추어 보여준 것이다.

※ 而: '而'자가 없는 판본도 있다.

【本義】幹은 如木之幹이니 枝葉之所附而立者也라. 蠱者는 前人已壞之緖라 故로 諸爻皆有父母之象하니 子能幹之則飭治而振起矣라. 初六은 蠱未深而事易濟라 故로 其占이 爲有子則能治蠱而考得无咎나 然이나 亦危矣하니 戒占者ㅣ 宜如是요 又知危而能戒則終吉也라.

'간(幹)'은 나무의 줄기 같은 것이니, 가지와 잎새가 붙어 의지하는 곳이다. 「고:蠱」는 앞 사람이 이미 무너뜨린 실마리이기 때문에, 모든 효에 다 부모의 상이 있으니, 아들이 일을 주관할 수 있으면 닦고 다스려져서 진작되어 일어날 것이다.

「초육」은 좀먹음(蠱)이 깊지 않아 일을 해결하기 쉽기 때문에, 그 점(占)이 '아들이 있으면 고(蠱)를 다스릴 수 있어, 죽은 아버지가 허물이 없다'가 된다. 그러나 역시 위태한 것이니, 점치는 사람이 마땅히 이렇게 하라고 경계한 것이고, 또한 위태함을 알아서 경계할 수 있으면 마침내 길할 것이다.

象曰 幹父之蠱는 意承考也ㅣ라.
◉ 상에 말하기를 '아버지의 일을 주관함'은 뜻이 죽은 아버지를 이음이라.

【傳】子幹父蠱之道ㅣ 意在承當於父之事也라 故로 祗敬其事하야 以置父於无咎之地라. 常懷惕厲則終得其吉也리니 盡誠於父事는 吉之道也라.

아들이 아버지의 일을 주관하는 도가, 뜻이 아버지의 일을 이어 맡는 데 있으므로, 그 일을 공경하고 경건하게 해서 아버지를 허물이 없게 하여야 할 것이다. 항상 두려워하고 조심하는 마음을 품으면 마침내 길함을 얻을 것이니, 아버지의 일에 정성을 다하는 것은 길한 도리이다.

※ 祗 : 공경할 지.

九二는 幹母之蠱ㅣ니 不可貞이니라.
◉ 구이는 어머니의 일을 주관함이니 곧게 할 수 없느니라.

子幹母蠱 不可堅貞

【傳】九二ㅣ 陽剛으로 爲六五所應하니 是는 以陽剛之才로 在下而幹夫在上陰柔之事也라. 故로 取子幹母蠱爲義라. 以剛陽之臣으로 輔柔弱之君도 義亦相近이나 二ㅣ 巽體而處柔하야 順義爲多하니 幹母之蠱之道也라.

「구이」가 양강함으로 「육오」의 응하는 바가 되니, 이것은 양강한 재주로써 아래에 있으면서, 위에 있는 음유한 이의 일을 주관하는 것이다. 그러므로 아들이 어머니의 일을 주관한다는 뜻을 취해서 의의를 삼았다. 강양한 신하로 유약한 인군을 돕는다는 뜻도 있으나, 「구이」가 「손체:☰」이고 유(柔)한 자리에 있어서 순하다는 뜻이 많으니, '어머니의 일을 주관하는(幹母之蠱)' 도리이다.

夫子之於母에 **當以柔巽**으로 **輔導之**하야 **使得於義**니 **不順而致敗蠱
則子之罪也**라. **從容將順**이 **豈无道乎**아. **以婦人**으로 **言之**면 **則陰柔可
知**어늘 **若伸己剛陽之道**하야 **遽然矯拂則傷恩**이라 **所害** l **大矣**어니 **亦
安能入乎**아. **在乎屈己下意**하고 **巽順將承**하야 **使之身正事治而已**라.

  아들이 어머니에게 마땅히 부드럽고 공손함으로써 돕고 인도해서 옳음을 얻게 해야 할 것이니, 순히 하지 못하고 일을 망치게 되면 아들의 죄다. 종용(從容)해서 순히 하는 것이 어찌 도리가 없으랴! 부인으로 말하면 음유함을 알 수 있는데도, 만약 자기의 강양한 도를 펴서 급작스럽게 바로 잡으려 하면 은혜를 해칠 것이므로 해가 클 것이니, 또한 어떻게 받아들일 수 있겠는가? 자기를 굽히고 뜻을 낮추며 손순하게 이어서, 몸을 바르게 하고 일이 다스려지게 할 따름이다.

    ※ 不 : '母不'로 되어 있는 판본도 있다.
    ※ 종용(從容) : 조용히 부드럽게 말함, 안온하게 조화됨.

故로 **曰不可貞**이라하니 **謂不可貞固**하야 **盡其剛直之道**라. **如是**라야 **乃
中道也**니 **又安能使之爲甚高之事乎**아. **若於柔弱之君**에 **盡誠竭忠**하
야 **致之於中道則可矣**니 **又安能使之大有爲乎**아. **且以周公之聖**으로도
輔成王에 **成王**이 **非甚柔弱也**나 **然**이나 **能使之爲成王而已**니 **守成不
失道則可矣**로대 **固不能使之爲羲黃堯舜之事也**라. **二** l **巽體而得中**
하니 **是能巽順而得中道**하야 **合不可貞之義**니 **得幹母蠱之道也**라.

  그러므로 '곧게 할 수 없다(不可貞)'고 했으니, 곧고 굳게 해서 강직한 도리를 다할 수 없다는 말이다. 이렇게 해야만이 도에 맞는 것(中道)이니, 또 어떻게 아주 높은 일을 하도록 할 수 있겠는가? 마치 유약한 인군에게 충성을 다해서 도에 맞도록 하는 것은 가능하니, 또 어떻게 크게 소유(大有)하도록 할 수 있겠는가?

또한 <주공>의 성스러움으로도 <성왕>을 보필함에, <성왕>이 심히 유약하지는 않았으나, <성왕>이 되게 하였을 따름이니, 이루어 놓은 것을 지켜서 도를 잃지 않게 함은 가능하나, <복희씨·황제씨·요임금·순임금>의 일을 하게 할 수는 없다. 「구이」가 「손체:☴」이면서 중을 얻었으니, 이것은 손순하면서 중도를 얻을 수 있어서 '곧게 할 수 없다(不可貞)'는 뜻에 합치되므로, 어머니의 일을 주관하는 도를 얻은 것이다.

【本義】九二ㅣ 剛中으로 上應六五하니 子幹母蠱而得中之象이라. 以剛承柔而治其壞라 故로 又戒以不可堅貞이니 言當巽以入之也라.

「구이」가 강중함으로 위로 「육오」와 응하니, 아들이 어머니의 일을 주관하고 중을 얻은 상이다. 강으로써 유를 이어서 그 무너짐을 다스리기 때문에, 굳고 곧게 할 수 없다고 경계한 것이니, 마땅히 공손함으로써 받아들여야 한다는 말이다.

> 象曰 幹母之蠱는 得中道也ㅣ라.
> ◉ 상에 말하기를 '어머니의 일을 주관함'은 중도를 얻은 것이다.

【傳】二得中道而不過剛하니 幹母蠱之善者也라.

「구이」가 중도를 얻어 지나치게 강하지 않으니, 어머니의 일을 잘 주관하는 사람이다.

> 九三은 幹父之蠱ㅣ니 小有悔나 无大咎ㅣ리라.
> ◉ 구삼은 아버지의 일을 주관함이니 조금 뉘우침이 있으나 큰 허물은 없으리라.
> ☴ 陽剛之才 克幹其事

【傳】三以剛陽之才로 居下之上하야 主幹者也니 子幹父之蠱也라. 以陽處剛而不中하니 剛之過也로대 然而在巽體하니 雖剛過而不爲无

順이라. 順은 事親之本也요 又居得正이라 故로 无大過라. 以剛陽之才로 克幹其事하니 雖以剛過而有小小之悔나 終无大過咎也라 然이나 有小悔는 已非善事親也라.

「구삼」이 강양한 재질로 아랫 괘의 위에 있어서 주관하는 자이니, 아들이 아버지 일을 주관하는 것이다. 양으로써 강한 데 거처하고 부중(不中)하니, 강이 지나친 것이지만, 그러나 「손체: ☴」에 있으니, 비록 강이 지나치나 순함이 없는 것은 아니다. 순함은 어버이를 섬기는 근본이고, 또 바른 자리에 거처했기 때문에 큰 허물이 없는 것이다.

양강한 재질로써 그 일을 주관할 수 있으니, 비록 강이 지나쳐 소소한 후회는 있으나, 마침내 크게 지나치는 허물은 없다. 그러나 '조금 후회가 있는 것'은 이미 어버이를 잘 섬기는 것이 아니다.

【本義】 過剛不中이라 故로 小有悔요 巽體得正이라 故로 无大咎라.

지나치게 강하고 부중(不中)하기 때문에 '조금 후회가 있는 것(小有悔)'이고, 「손체」이면서 득정(得正)했기 때문에 '큰 허물이 없는 것(无大咎)'이다.

> 象曰 幹父之蠱는 終无咎也ㅣ니라.
> ● 상에 말하기를 '아버지의 일을 주관함'은 마침내 허물이 없느니라.

【傳】 以三之才로 幹父之蠱하니 雖小有悔나 終无大咎也라. 蓋剛斷能幹하고 不失正而有順하니 所以終无咎也라.

「구삼」의 재질로써 아버지의 일을 주관하니, 비록 조금 후회가 있으나 마침내는 큰 허물이 없는 것이다. 대개 강하고 결단력이 있어 주관할 수 있고, 바름을 잃지 않고 순함이 있으니, 그래서 '마침내 허물이 없는 것(終无咎也)'이다.

> 六四는 裕父之蠱ㅣ니 往하면 見吝하리라.
> ● 육사는 아버지의 일을 너그럽게 함이니, 가면 인색함을 보리라.

☷ 以陰居陰 不能有爲

【傳】四ㅣ 以陰으로 居陰하니 柔順之才也요 所處ㅣ 得正이라 故로 爲寬裕以處其父事者也라. 夫柔順之才而處正하야 僅能循常自守而已니 若往幹過常之事則不勝而見吝也라. 以陰柔而无應助하니 往安能濟리오.

「육사」가 음으로써 음자리에 거처하니 유순한 재질이고, 거처함이 바름을 얻었기 때문에, 너그럽게 아버지의 일을 처리함이 된다. 유순한 재질로 바른데 거처해서 겨우 일상적인 것을 따르고 스스로를 지킬 따름이니, 만약 가서 일상에서 지나치는 일을 주관하면, 이겨내지 못해서 인색함을 볼 것이다. 음유로써 응하고 돕는 이가 없으니, 가더라도 어떻게 구제할 수 있겠는가?

【本義】以陰居陰하야 不能有爲하니 寬裕以治蠱之象也라. 如是則蠱將日深이라 故로 往則見吝이라하니 戒占者ㅣ 不可如是也라.

음으로써 음자리에 거처해서 할 수 있는 능력이 없으니, 너그럽게 일을 다스리는 상이다. 이렇게 하면 좀먹고 무너짐이 날로 깊어질 것이기 때문에, '가면 인색함을 본다'고 한 것이니, 점치는 사람이 이와 같이 하면 안된다고 경계한 것이다.

象曰 裕父之蠱는 往앤 未得也ㅣ라.

◉ 상에 말하기를 '아버지의 일을 너그럽게 함'은 감엔 얻지 못함이라.

【傳】以四之才로 守常居寬裕之時則可矣어니와 欲有所往이면 則未得也니 加其所任則不勝矣라.

「육사」의 재질로 일상의 것을 지키고 너그러운 때에 거처함은 옳으나, 가는 바를 두고자 하면 얻지 못할 것이니, 그런 소임을 더 맡기면 이겨내지 못할 것이다.

※ 瀘川毛氏曰 九三之銳는 失之過라 故로 悔요 六四之緩은 失之不及이라 故로

吝이니 必不得已焉이라. 寧爲三之悔언정 不可爲四之吝이니 此는 治亂興亡之幾也니라. : <노천모씨>가 말하길 "「구삼」의 예리함은 지나치는 실수가 있기 때문에 '회(悔)'이고,「육사」의 느슨함은 못미치는 실수가 있기 때문에 '인(吝)'이니 반드시 얻지 못한다. 차라리「구삼」의 '회'가 될지언정「육사」의 '인'은 되지 말 것이니, 이는 치란흥망의 기미인 것이다."

六五는 幹父之蠱ㅣ니 用譽리라.
● 육오는 아버지의 일을 주관함이니 써 명예로우리라.

陰居尊位 承其舊業

【傳】五居尊位나 以陰柔之質로 當人君之幹而下應於九二하니 是能任剛陽之臣也라. 雖能下應剛陽之賢而倚任之나 然이나 己實陰柔라 故로 不能爲創始開基之事요 承其舊業則可矣라 故로 爲幹父之蠱라. 夫創業垂統之事는 非剛明之才則不能이요 繼世之君은 雖柔弱之資라도 苟能任剛賢이면 則可以爲善繼而成令譽也니 太甲成王이 皆以臣而用譽者也라.

「육오」가 높은 자리에 있으나 음유한 재질로써 인군의 일을 맡고, 아래로 「구이」와 응했으니 이것은 강양한 신하에게 맡길 수 있는 것이다. 비록 아래로 강양한 어진 이와 응해서 의지하고 맡길 수는 있으나, 자기가 실제는 음유하기 때문에 창시(創始)하고 개기(開基)하는 일은 못하고, 옛 사업을 이어 받는 것은 가능하므로, '아버지의 일을 주관함(幹父之蠱)'이 된다.

대개 창업하고 전통을 세우는 일은 강명한 재질이 아니면 할 수 없고, 대를 잇는 인군은 비록 유약한 재질이라도 강하고 어진 신하에게 맡길 수 있으면 잘 이어서 훌륭한 명예를 이룰 수 있으니, <태갑>과 <성왕>이 다 신하때문에 명예를 얻은 사람이다.

※ 故 : '固'자로 되어 있는 판본도 있다.
※ 창시(創始) : 처음으로 시작함.　개기(開基) : 터를 개척하는 일.
※ 任 : '信任'으로 되어 있는 판본도 있다.

【本義】柔中居尊而九二ㅣ 承之以德하니 以此幹蠱면 可致聞譽라. 故로 其象占이 如此라.

유중(柔中)함으로 높은 데 거처하고, 「구이」가 덕으로써 이어 받드니, 이런 것으로써 일을 주관하면 명예를 이룰 수 있다. 그러므로 그 상과 점이 이와 같다.

象曰 幹父用譽는 承以德也ㅣ라.
◉ 상에 말하기를 '아버지의 일을 주관하여 명예가 있음'은 덕으로써 이음이라.

【傳】幹父之蠱而用有令譽者는 以其在下之賢으로 承輔之以剛中之德也라.

아버지의 일을 주관하여 훌륭한 명예가 있는 것은, 그 아래에 있는 어진 이가 강중한 덕으로 받들어 돕기 때문이다.

上九는 不事王侯하고 高尙其事ㅣ로다.
◉ 상구는 왕후를 섬기지 않고 그 일을 높이 숭상하도다.

處事之外 不累世務

【傳】上九ㅣ 居蠱之終하야 无係應於下하고 處事之外하니 无所事之地也라. 以剛明之才로 无應援而處无事之地하니 是는 賢人君子ㅣ 不偶於時而高潔自守하야 不累於世務者也라. 故로 云不事王侯高尙其事라.

「상구」가 「고괘」의 끝에 거처해서, 아래로 매이고 응하는 것이 없으면서 일의 바깥에 거처하니, 일할 것이 없는 처지이다. 강명한 재질로써 응원함 없이 일없는 자리에 거처하니, 이것은 어진 이와 군자가 때와 영합하지 않고, 고결하게 스스로를 지켜서 세상 일에 더럽히지 않는 것이다. 그러므로 '왕과 후를 섬기지 않고 그 일을 높이 숭상한다(不事王侯高尙其事)'고 한 것이다.

※ 應 : '應'자가 없는 판본도 있다.

古之人에 **有行之者**하니 **伊尹太公望之始**와 **曾子子思之徒** l **是也**라. **不屈道以徇時**하고 **旣不得施設於天下**면 **則自善其身**하야 **尊高敦尙其事**하야 **守其志節而已**라.

옛 사람 중에 실행한 사람이 있으니, <이윤>과 <태공망>의 처음(벼슬하기 전)과 <증자>와 <자사>의 무리가 이러했다. 도를 굽힘으로써 때를 따르지 않고, 천하에 자기의 도를 베풀음을 얻지 못하면, 스스로 그 몸을 착하게 해서 자기의 일을 높이고 돈독히 숭상하여 그 뜻과 절개를 지킬 따름이다.

※ 徇 : 따를 순.

士之自高尙은 **亦非一道**니 **有懷抱道德**하야 **不偶於時而高潔自守者**하며 **有知止足之道**하야 **退而自保者**하며 **有量能度分**하야 **安於不求知者**하며 **有淸介自守**하야 **不屑天下之事**하고 **獨潔其身者**하니 **所處** l **雖有得失小大之殊**나 **皆自高尙其事者也**라. **象所謂志可則者**는 **進退合道者也**라.

선비가 스스로 높이고 숭상함은 또한 한 가지 방도가 아니니, 도덕을 가슴에 품어서 때와 영합하지 않고 고결하게 스스로 지키는 사람이 있고, 그치고 만족하는 도를 알아서 물러나 스스로를 보존하는 사람이 있으며, 능력을 헤아리고 분수를 알아서 알아줄 것을 구하지 않는 사람이 있고, 맑은 절개를 스스로 지켜서 천하의 일을 달갑게 여기지 않고 홀로 그 몸을 깨끗이 하는 사람이 있으니, 처신함이 비록 얻고 잃음과 작고 큰 것의 다름이 있으나, 다 스스로 그 일을 높이고 숭상하는 자이다. 「소상전」에 '뜻을 가히 본받을만 하다(志可則)'함은, 진퇴가 도에 합치되는 것이다.

※ 亦 : '亦'자가 없는 판본도 있다.   知 : '知'자가 없는 판본도 있다.
※ 屑 : 달갑게 여길 설, 힘쓸 설.

【本義】剛陽이 **居上**하야 **在事之外**라 **故**로 **爲此象而占與戒** l **皆在**

其中矣니라.

 강양이 위에 거처해서 일의 바깥에 있기 때문에 이런 상이 되었으니, 점과 경계함이 다 그 가운데 있는 것이다.

> 象曰 不事王侯는 志可則也ㅣ라.
> ◉ 상에 말하기를 '왕후를 섬기지 않는다'는 뜻이 가히 본받을만 하다.

【傳】如上九之處事外하야 不累於世務하고 不臣事於王侯는 蓋進退以道하고 用捨隨時니 非賢者면 能之乎아. 其所存之志ㅣ 可爲法則也라.

 「상구」와 같이 일 바깥에 거처해서 세상 일에 더럽히지 않고, 신하가 되어서 왕과 후를 섬기지 않는 것은, 대개 진퇴를 도로써 하고, 쓰고 버림을 때에 따라 하는 것이니, 어진 사람이 아니면 할 수 있겠는가? 그 가지고 있는 뜻이 본받을 만한 것이다.

坤上 兌下 地澤臨(19)
지 택 림

【傳】臨은 序卦에 有事而後에 可大라 故로 受之以臨이라하니 臨者는 大也요 蠱者는 事也니 有事則可大矣라 故로 受之以臨也라. 韓康伯이 云可大之業은 由事而生이라하니 二陽이 方長而盛大라 故로 爲臨也라.

「임」은 「서괘전」에 "일이 있은 다음에 클 수 있기 때문에, 「임괘」로써 받았다"고 하였다. 「임」은 큰 것이고 「고」는 일이니, 일이 있으면 커지기 때문에 「임괘」로써 받은 것이다. <한강백>이 말하기를 "클 수 있는 사업은 일로 인해서 생긴다"고 하니, 두 양이 자라서 성대하기 때문에 「임」이 된 것이다.

※ 한강백(韓康伯:생몰년 미상) : 본명은 한백(韓伯), 「중국」 진대(晉代)의 경학자(經學者). 강백(康伯)은 자.

爲卦ㅣ 澤上有地하니 澤上之地는 岸也니 與水相際하야 臨近乎水라 故로 爲臨이라. 天下之物에 密近相臨者ㅣ 莫若地與水라 故로 地上有水則爲比요 澤上有地則爲臨也라. 臨者는 臨民臨事와 凡所臨이 皆是요 在卦엔 取自上臨下하니 臨民之義라.

괘됨이 못(兌) 위에 땅(坤)이 있으니, 못 위의 땅은 언덕이니, 물과 서로 접해서, 물에 가까이 임했기 때문에 「임괘」가 된 것이다. 천하의 물건 중에, 친밀하고 가까와서 서로 임하는 것이 땅과 물 만한 것이 없기 때문에, 땅 위에 물이 있으면 「비」가 되고, 못 위에 땅이 있으면 「임」이 된다. 「임」은 백성에게 임함과 일에 임하는 것, 그리고 모든 임하는 것이 다 이것이고, 괘에 있어서는 위로부터 아래에 임하는 것을 취했으니 백성에게 임하는 뜻이다.

※ 近 : '逼'자로 되어 있는 판본도 있다.

> 臨은 元亨코 利貞하니
> - 임은 크게 형통하고 바르게 함이 이로우니
>
> 二陽方長 所臨皆是

【傳】以卦才로 言也니 臨之道ㅣ 如卦之才則大亨而正也라.

　괘의 재질로써 말한 것이니, 「임」의 도가 괘의 재질과 같으면 크게 형통하고 바르다.

> 至于八月하얀 有凶하리라.
> - 팔월에 이르러서는 흉함이 있으리라.

【傳】二陽이 方長於下하니 陽道嚮盛之時라. 聖人이 豫爲之戒曰陽雖方盛이나 至於八月하얀 則其道ㅣ 消矣리니 是有凶也라. 大率聖人爲戒ㅣ 必於方盛之時하시니 方盛而慮衰면 則可以防其滿極而圖其永久어니와 若旣衰而後에 戒면 亦无及矣리라.

　두 양이 이제 막 아래에서 자라니, 양의 도가 성대함으로 향하는 때이다. 성인께서 미리 경계해서 말씀하시기를, '양이 비록 이제 성대해지나 팔월에 이르면 그 도가 사라질 것이니, 이것은 흉함이 있는 것이라'고 하셨다. 대개 성인의 경계하심은 반드시 막 성하기 시작하는 때에 하시니, 성하려고 할 때에 쇠할 것을 근심하면, 가득차고 궁극에 도달하는 것을 막아서 영구함을 도모할 수 있거니와, 만약 이미 쇠한 뒤에 경계하면 또한 미칠 수 없을 것이다.

自古로 天下ㅣ 安治라도 未有久而不亂者하니 蓋不能戒於盛也라. 方其盛而不知戒라 故로 狃安富則驕侈ㅣ 生하고 樂舒肆則綱紀ㅣ 壞하며 忘禍亂則釁孼이 萌하나니 是以로 浸淫不知亂之至也라.

예로부터 천하가 편안히 다스려졌더라도 오래도록 어지러워지지 않음이 없으니, 대개 성한 때에 경계하지 못했기 때문이다. 막 성할 때에 경계할 줄을 모르기 때문에, 편안하고 부유한 데 길들여지면 교만과 사치가 생기고, 늘어지고 방자함을 즐기면 기강이 무너지며, 화와 난세를 잊어버리면 틈의 싹이 움트게 되니, 이렇기 때문에 스며들듯이 어지러워져서 난세가 오는 줄을 모르는 것이다.

※ 釁 : 틈 흔.   孼 : 움 얼, 재앙 얼.   흔얼(釁孼) : 틈이 움틈.
※ 침음(浸淫) : 점점 스며들어 어지러워짐.

【本義】臨은 進而凌逼於物也라. 二陽이 浸長하야 以逼於陰이라 故로 爲臨이요 十二月之卦也라. 又其爲卦ㅣ 下兌說上坤順하고 九二ㅣ 以剛居中하야 上應六五라 故로 占者ㅣ 大亨而利於正이나 然이나 至于八月하얀 當有凶也라.

「임」은 나아가 상대를 능멸하고 핍박하는 것이다. 두 양이 점차 자라나서 음을 핍박하기 때문에 「임괘」가 된 것이고, 12월괘다. 또한 괘됨이 아래는 「태괘 ☱」로 기뻐하고 위는 「곤괘 ☷」로 순하며, 「구이」가 강으로써 중에 거처해서 위로 「육오」와 응하기 때문에, 점치는 사람이 크게 형통하고 바름이 이로우나, 8월에 이르러서는 마땅히 흉함이 있는 것이다.

八月은 謂自復卦一陽之月로 至于遯卦二陰之月이니 陰長陽遯之時也라. 或曰八月은 謂夏正八月이요 於卦에 爲觀이라하니 亦臨之反對也니 又因占而戒之라.

'8월(八月)'은 양이 하나있는 「복 ☷」월로부터 음이 둘 있는 「돈 ☶」월에 이르는 것을 말하니, 음이 자라고 양이 도망가는 때이다. 혹자가 말하기를 "8월은 「하나라」의 정월(正月)로 쳐서 8월을 말하고, 괘로는 「관괘 ☴」가 된다"고 하니, 역시 「임괘 ☱」의 반대이므로 또한 점으로 인해서 경계한 것이다.

※ 한 양이 처음 생기는(一陽始生) 복월(復月:11월)로부터 여덟 째(8개월)인 돈월(遯月:6월)을 의미하는 설 : 「돈:遯」은 「임:臨」과 배합의 관계로, 음이 자라서 양이 숨는 때이다.

※ 태월(泰月:正月)로부터 여덟 번째(8개월)인 관월(觀月:8월)을 의미하는 설 : 「관:觀」은 「임:臨」과 도전괘의 관계로, 음이 자라고 양이 사그러지는(陰長陽消) 때이다.

※ 12월괘는 다음과 같다.

月	1	2	3	4	5	6	7	8	9	10	11	12
卦名	泰	大壯	夬	乾	姤	遯	否	觀	剝	坤	復	臨
卦象	䷊	䷡	䷪	䷀	䷫	䷠	䷋	䷓	䷖	䷁	䷗	䷒
地支	寅	卯	辰	巳	午	未	申	酉	戌	亥	子	丑

象曰 臨은 剛浸而長하며

◉ 단에 말하기를 임은 강이 점차로 자라며,

【本義】以卦體로 釋卦名이라.

괘체로써 괘의 이름을 해석한 것이다.

說而順하고 剛中而應하야

◉ 기뻐하고 순하며 강이 가운데하고 응해서,

【本義】又以卦德卦體로 言卦之善이라.

또 괘덕과 괘체로써 괘의 좋음을 말한 것이다.

大亨以正하니 天之道也ㅣ라.

◉ 크게 형통하고 바름으로써 하니 하늘의 도다.

【傳】浸은 漸也니 二陽이 長於下而漸進也라. 下兌上坤이니 和說而順也요 剛이 得中道而有應助하니 是以로 能大亨而得正하야 合天之

道니 剛正而和順이 天之道也라. 化育之功이 所以不息者는 剛正和順 而已니 以此臨人臨事臨天下면 莫不大亨而得正也라. 兌爲說이요 說 乃和也니 夬象에 云決而和라하니라.

'침(浸)'은 점차하는 것이니, 두 양이 아래에서 자라서 점차 나아가는 것이다. 아래는 「태:☱」이고 위에는 「곤:☷」이니 화열(和說)하면서 순한 것이고, 강이 중도를 얻음에 응하고 돕는 이가 있으니, 이렇기 때문에 크게 형통하고 바름을 얻을 수 있어서 천도(天道)에 합치되는 것이니, 강하고 바르면서 화합하고 순한 것이 천도이다.

화육(化育)하는 공이 쉬지 않는 까닭은 강하고 바르면서 화합하고 순하기 때문이니, 이런 것으로써 사람에 임하고 일에 임하며 천하에 임하면 크게 형통하고 바름을 얻지 않음이 없을 것이다. 「태:☱」는 기쁜 것이 되며, 기쁘면 화합하니, 「쾌괘:☱」의 「단전」에 말하기를 "결단하여 화합한다"고 했다.

※ 화열(和說) : 화열(和悅)로 많이 쓴다. 마음이 화평하면서 기쁨.
※ 화육(化育) : 천지자연이 만물을 낳고 길러 자라게 함.

【本義】當剛長之時하야 又有此善이라 故로 其占이 如此也라.

강이 자라는 때를 당해서 또한 이런 좋은 면이 있기 때문에, 그 점이 이와 같다.

至于八月有凶은 消不久也ㅣ라.
◉ '팔월에 이르러서는 흉함이 있다'는 것은 사라져서 오래가지 못함이라.

【傳】臨은 二陽이 生하니 陽方漸盛之時라. 故로 聖人이 爲之戒云陽 雖方長이나 然이나 至于八月則消而凶矣라하시니라. 八月은 謂陽生之 八月이라. 陽이 始生於復하니 自復으로 至遯이 凡八月이니 自建子로 至 建未也라. 二陰이 長而陽消矣라 故로 云消不久也라.

「임」은 두 양이 생겼으니, 양이 점점 성해지는 때이다. 그러므로 성인께서 경계해서 말씀하시기를 '양이 비록 자라는 때이나, 8월에 이르면 사라져서 흉하다'고 하셨다. '8월(八月)'이라 함은 양이 난지 여덟 달이라는 것이다. 양이 「복:☷☷☷☷☷」에서 처음

나므로 「복」에서부터 「돈(☶)」에 이르는 것이 여덟 달이니, 월건의 자월(子月)로부터 미월(未月)에 이르는 것이다. (이때가 되면) 두 음이 자라서 양이 사그러지므로, '사라져서 오래가지 못한다(消不久)'고 한 것이다.

在陰陽之氣로 言之면 則消長이 如循環하야 不可易也어니와 以人事로 言之면 則陽爲君子요 陰爲小人이니 方君子道長之時에 聖人이 爲之誡하야 使知極則有凶之理而虞備之하니 常不至於滿極이면 則无凶也라.

  음양의 기운으로 말하면, 사라지고 자람이 순환하는 것 같아서 바꿀 수 없으나, 사람의 일로 말하면, 양은 군자가 되고 음은 소인이 되니, 군자의 도가 자랄 때에 성인께서 경계하셔서, 극하면 흉함이 있는 이치를 알게해서 걱정하고 방비하게끔 하시니, 항상 가득찬 데 이르지 않으면 흉함이 없을 것이다.

【本義】言雖天運之當然이나 然이나 君子ㅣ 宜知所戒니라.

  비록 천운의 당연한 것이나, 군자가 마땅히 경계하는 바를 알아야 한다고 말씀하신 것이다.

象曰 澤上有地ㅣ 臨이니 君子ㅣ 以하야 敎思ㅣ 无窮하며 容保民이 无疆하나니라.

- 상에 말하기를 못 위에 땅이 있는 것이 임이니, 군자가 본받아서 가르치려는 생각이 끝이 없으며, 백성을 포용해서 보호함이 지경이 없느니라.

【傳】澤之上에 有地는 澤岸也니 水之際也라. 物之相臨與含容이 无若水之在地라 故로 澤上有地ㅣ 爲臨也라. 君子ㅣ 觀親臨之象則敎思ㅣ 无窮하야 親臨於民則有敎導之意思也하나니 无窮은 至誠无斁也요 觀含容之象則有容保民之心하나니 无疆은 廣大无疆限也라. 含容은 有廣大之意라 故로 爲无窮无疆之義라.

  못(☱) 위에 땅(☷)이 있는 것은 못의 기슭이니 물이 닿는 곳이다. 물건이 서로 임하고 함용(含容)함이 물이 땅에 있는 것만한 것이 없기 때문에, 못 위에 땅이 있는 것이 「임괘」가 된 것이다.

군자가 친히 임하는 상을 관찰하면 '가르치려는 생각이 끝이 없어서(敎思无窮), 백성에 친히 임하면 가르치고 인도하는 생각을 두는 것이니, '끝이 없다(无窮)'함은 지극한 정성으로 싫어함이 없는 것이며, 함용하는 상을 관찰하면 '백성을 포용하고 보호(容保民)'하는 마음을 두는 것이다. '지경이 없다(无疆)'함은 넓고 커서 경계가 없다는 것이고, '함용(含容)'은 넓고 크다는 뜻이 있기 때문에, 끝이 없고 지경이 없는 뜻이 된다.

※ 有 : '有'자가 없는 판본도 있다.
※ 함용(含容) : 머금고 용납함.   斁 : 싫어할 역.

【本義】地臨於澤上은 臨下也니 二者는 皆臨下之事라. 敎之无窮者는 兌也요 容之无疆者는 坤也라.

땅이 못 위에 임하는 것은 아래로 임하는 것이니, 두 가지는 다 아래로 임하는 일이다. '가르침이 끝이 없다'는 것은 「태☱」의 뜻이고, '포용함이 지경이 없다'는 것은 「곤☷」의 뜻이다.

※ 두 가지 : 敎思无窮과 容保民无疆.

初九는 咸臨이니 貞하야 吉하니라.
● [정자] 초구는 느껴 임함이니 바르게 해서 길하니라.
● [주자] 초구는 다 임함이니 바르게 해서 길하니라.

陽長之時 感動於陰

【傳】咸은 感也라. 陽長之時에 感動於陰이며 四ㅣ 應於初하야 感之者也니 比他卦에 相應이 尤重이라. 四ㅣ 近君之位어늘 初ㅣ 得正位하야 與四感應하니 是는 以正道로 爲當位所信任하야 得行其志요 獲乎上而得行其正道라 是以吉也라. 他卦는 初上爻에 不言得位失位하니

蓋初終之義Ⅰ 爲重也요 臨은 則以初得位居正으로 爲重이라. 凡言貞吉은 有旣正且吉者하며 有得正則吉者하며 有貞固守之則吉者하니 各隨其事也라.

　'함(咸)'은 느끼는 것(感)이다. 양이 자라는 때에 음에게 감동하는 것이며, 「육사」가 「초구」에게 응하여 느끼는 자이니, 다른 괘에 비해 상응(相應)이 더욱 중요한 것이다. 「육사」가 인군의 자리와 가까운데, 「초구」가 바른 자리를 얻어 「육사」와 더불어 감응하니, 이것은 바른 도로써 지위를 맡은 사람에게 신임받는 바가 되어 그 뜻을 행하게 되는 것이고, 윗 사람에게 신임을 얻어 자기의 바른 도를 행하게 되는 것이므로 길한 것이다. 다른 괘는 초효와 상효에 '위를 얻었다, 위를 잃었다'는 말을 하지 않았으니, 대개 처음과 끝의 의의가 중요하기 때문이고, 「임괘」는 「초구」가 위(位)를 얻어 바른 데 거처하는 것으로써 중요함을 삼았다.

　모든 '정길(貞吉)'이라고 말한 것은, '이미 바르고 또 길하다'는 뜻이 있고, '바름을 얻으면 길하다'는 것이 있으며, '바르고 굳게 지키면 길하다'는 것이 있으니 각각 그 일에 따라야 한다.

　　※ 事 : '時'자로 되어 있는 판본도 있다.

【本義】卦唯二陽이 徧臨四陰이라 故로 二爻Ⅰ 皆有咸臨之象이라. 初九Ⅰ 剛而得正이라 故로 其占이 爲貞吉이라.

　괘에 오직 두 양이 네 음에 두루 임하기 때문에, 두 양효가 '다 임한다(咸臨)'는 상이 있다. 「초구」가 강하면서 득정했기 때문에, 그 점이 '바르게 해서 길함(貞吉)'이 된다.

> 象曰 咸臨貞吉은 志行正也Ⅰ라.
> ◉ 상에 말하기를 '함림정길'은 뜻이 바름을 행함이라.

【傳】所謂貞吉은 九之志Ⅰ 在於行正也니 以九居陽하고 又應四之正하니 其志正也라.

'바르게 해서 길하다(貞吉)'고 말한 것은, 「초구」의 뜻이 바름을 행하는 데 있다는 것이니, 구(陽)로써 양자리에 있고 또 「육사」의 바름에 응했으니 그 뜻이 바른 것이다.

九二는 咸臨이니 吉하야 无不利하리라.
- [정자] 구이는 느껴 임함이니 길해서 이롭지 않음이 없으리라.
- [주자] 구이는 다 임함이니 길해서 이롭지 않음이 없으리라.

☷☱ · 陽長漸盛 得行其志

【傳】 二는 方陽長而漸盛하야 感動於六五中順之君하니 其交之親이라. 故로 見信任得行其志니 所臨이 吉而无不利也라. 吉者는 已然이니 如是라 故로 吉也요 无不利者는 將然이니 於所施爲에 无所不利也라.

「구이」는 양이 자라 점점 성해져서 중순(中順)한 인군인 「육오」를 감동시키니, 그 사귐이 친하다. 그러므로 신임을 얻어 그 뜻을 행하게 되는 것이니, 임하는 바가 길해서 이롭지 않음이 없다. '길하다(吉)' 함은 이미 그렇다는 것이니, 이렇기 때문에 길하다는 것이고, '이롭지 않음이 없다(无不利)' 함은 장차 그렇게 된다는 것이니, 베풀어 행함에 이롭지 않음이 없다는 것이다.

※ 感 : '咸'자로 되어 있는 판본도 있다.
※ 중순(中順) : 중도(中道)를 행하면서 이치에 순함, 「육오」는 음으로써 득중(得中)했기 때문에 이런 덕이 있음.

【本義】 剛得中而勢上進이라 故로 其占이 吉而无不利也라.

강하고 득중하면서 형세가 위로 나아가기 때문에, 그 점이 길해서 이롭지 않음이 없다는 것이다.

象曰 咸臨吉无不利는 未順命也|라.

● 상에 말하기를 '함림길무불리'는 명령에 순히 하는 것이 아니다.

【傳】未者는 非遽之辭니 孟子에 或이 問勸齊伐燕이라하니 有諸잇가. 曰未也라하고 又云仲子所食之粟은 伯夷之所樹歟아. 抑亦盜跖之所樹歟아. 是未可知也로다하고 史記에 侯嬴이 曰人固未易知라하니 古人用字之意ㅣ 皆如此어늘 今人은 大率用對已字라. 故로 意似異나 然이나 實不殊也라.

'미(未)'는 근거가 없다는 말이니, 『맹자』에 "혹자가 묻기를 '「제나라」에게 「연나라」를 치라고 권하셨다 하니, 그런 일이 있었습니까?' 대답하기를 '아니다(未也)'"라고 했고, 또 말하기를 "<중자>가 먹는 곡식은 <백이>가 심은 것인가? 아니면 <도척>이 심은 것인가? 이것을 알 수 없도다(未可知)"라고 했으며, 『사기』에 "<후영>이 말하기를 사람들이 쉽게 알 수 없다(未易知)"고 했으니, 옛 사람의 글자(未字)를 쓴 뜻이 다 이러한데도, 지금 사람은 대개 '이미 이(已)'자와 반대되는 것으로 쓴다. 그러므로 뜻이 다른 것 같으나, 실상은 다르지 않다.

※ 遽 : 거처 거, 근거 거.
※ 『맹자』「공손추장(下)」에는 "或問曰勸齊伐燕이시라하니 有諸잇가 曰未也"로 되어 있다. 또 「등문공장(下)」에는 "所食之粟은 伯夷之所樹與아 抑亦盜跖之所樹與아 是未可知也로다"로 되어 있다.

九二ㅣ 與五로 感應以臨下하니 蓋以剛德之長으로 而又得中하야 至誠相感이요 非由順上之命也니 是以로 吉而无不利라. 五는 順體而二는 說體요 又陰陽이 相應이라 故로 象에 特明其非由說順也라.

「구이」가 「육오」와 더불어 감응해서 아래로 임하니, 강한 덕이 있는 어른으로써 또 득중하여 지성으로 서로 감응하는 것이고, 윗 사람의 명령에 순함으로 인한 것이 아니므로, 이 때문에 '길해서 이롭지 않음이 없는 것'이다. 「육오」는 순한 괘체(☷)이며 「구이」는 기뻐하는 괘체(☱)이고, 또한 음양이 서로 응하기 때문에, 「소상전」에 특별히 기뻐하고 순함으로 말미암은 것이 아니라고 밝힌 것이다.

※ 「구이」가 함림(咸臨)하는 것은 강한 양중에서 어른이며 또 득중했으므로, 강중한 덕으로 스스로 하는 것이지, 「육오」의 명령으로 인한 것도 아니고, 자신이 기뻐하는 체에 있기

때문도 아님을 「소상전」에서 특별히 강조한 것이라는 뜻이다.

【本義】未詳이라.

왜 그렇게 썼는지 자세히 모르겠다.

六三은 甘臨이라. 无攸利하니 旣憂之라 无咎ㅣ리라.
● 육삼은 달게 임함이라. 이로울 것이 없으니, 이미 근심하는지라 허물이 없으리라.

旣說乘陽 不安益甘

【傳】三居下之上하니 臨人者也요 陰柔而說體로 又處不中正하니 以甘說臨人者也라. 在上而以甘說臨下면 失德之甚이니 无所利也라. 兌性으로 旣說하고 又乘二陽之上하니 陽方長而上進이라 故로 不安而益甘이나 旣知危懼而憂之하니 若能持謙守正하야 至誠以自處則无咎也리라. 邪說을 由己能憂而改之하니 復何咎乎아.

「육삼」이 하괘의 위에 있으니 사람에게 임하는 자이고, 음유하면서 기뻐하는 괘체(☱)로 중정하지도 못했으니, 달고 기쁜 것으로써 사람에 임하는 자이다. 위에 있으면서 달고 기쁜 것으로써 아래에 임하면, 심히 덕을 잃는 것이니 이로울 바가 없다.

「태괘:☱」의 성질이므로 기뻐하고 또 두 양의 위를 탔으니, 양이 바야흐로 자라서 올라오기 때문에, 불안해서 더욱 달게한다. 그러나 이미 위태하고 두려움을 알아서 근심하니, 만일 능히 겸손함을 가지고 바름을 지켜서 지성으로 스스로 처신하면 허물이 없을 것이다. 사특한 기쁨을, 자기가 근심해서 고칠 수 있으니 다시 무슨 허물이 있겠는가?

※ 而 : '而'자가 없는 판본도 있다.

【本義】陰柔不中正而居下之上하니 爲以甘說臨人之象이라. 其占이

固无所利나 然이나 能憂而改之則无咎也리라. 勉人遷善이니 爲敎ㅣ 深矣로다.

　음유하고 중정하지 못하면서 하괘의 위에 있으니, 달고 기쁜 것으로써 사람에 임하는 상이다. 그 점이 참으로 이로울 바가 없으나, 능히 근심해서 고치면 허물이 없을 것이다. 사람들이 착한 데로 옮기도록 힘쓰게 함이니, 가르침이 깊도다.

象曰 甘臨은 位不當也ㅣ오 旣憂之하니 咎不長也ㅣ리라.
● 상에 말하기를 '달게 임함'은 위가 마땅치 않은 것이고, 이미 근심하니 허물이 오래지 않으리라.

【傳】陰柔之人이 處不中正而居下之上하고 復乘二陽하니 是處不當位也요 旣能知懼而憂之하니 則必强勉自改라 故로 其過咎ㅣ 不長也라.

　음유한 사람이 거처함이 중정하지 못하면서, 하괘의 위에 거처하고 다시 두 양을 탔으니, 이것은 마땅하지 못한 위(位)에 처한 것이고, 이미 두려워해서 근심하였으니 반드시 힘써서 스스로 고칠 것이기 때문에, 허물이 오래지 않을 것이다.

六四는 至臨이니 无咎하니라.
● 육사는 지극하게 임함이니, 허물이 없느니라.

守正任賢 以親臨下

【傳】四居上之下하야 與下體로 相比하니 是는 切臨於下니 臨之至也라. 臨道는 尙近이라 故로 以比爲至라. 四居正位而下應於剛陽之初하며 處近君之位하야 守正而任賢하야 以親臨於下하니 是以无咎며 所處ㅣ 當也라.

「육사」가 상괘의 아래에 거처해서 하체(하괘)와 서로 가까우니, 이것은 아래로 절친하게 임하는 것이므로 임함의 지극한 것이다. 임하는 도는 가까움을 숭상하기 때문에, 가까이 있는 것으로써 '지극함(至)'을 삼았다. 「육사」가 바른 자리에 거처하면서 아래로 강양한 초구와 응하며, 인군과 가까운 자리에 있으면서 바름을 지켜 어진이에게 맡김으로써 아랫 사람에게 친하게 임하니, 이렇기 때문에 '허물이 없는 것'이며, 처하는 바가 마땅한 것이다.

【本義】處得其位하고 下應初九하야 相臨之至하니 宜无咎者也라.

거처함이 그 위(位)를 얻었고 아래로 「초구」와 응해서 서로 임함이 지극하니, 마땅히 허물이 없는 것이다.

象曰 至臨无咎는 位當也일새라.

◉ 상에 말하기를 '지극히 임해서 허물이 없음'은 위(位)가 마땅하기 때문이다.

【傳】居近君之位하니 爲得其任이요 以陰處四하니 爲得其正이요 與初相應하니 爲下賢이라. 所以无咎니 蓋由位之當也라.

인군과 가까운 자리에 거처하니 그 신임을 얻은 것이 되고, 음으로써 사효 자리에 거처하니 바름을 얻은 것이 되며, 「초구」와 서로 응하니 어진이에게 (자신을) 낮추는 것이 된다. 그래서 허물이 없는 것이니, 대개 위(位)가 마땅하기 때문이다.

六五는 知臨이니 大君之宜니 吉하니라.

◉ 육오는 지혜로 임함이니, 대군의 마땅함이니 길하니라.

柔中順體 明知臨下

【傳】五以柔中順體로 居尊位而下應於二剛中之臣하니 是能倚任於二하야 不勞而治니 以知臨下者也라. 夫以一人之身으로 臨乎天下之

廣하야 若區區自任이면 豈能周於萬事리오. 故로 自任其知者는 適足
爲不知어니와 唯能取天下之善하고 任天下之聰明則无所不周리니 是
不自任其知요 則其知大矣라. 五ㅣ 順應於九二剛中之賢하야 任之以
臨下하니 乃己以明知로 臨天下니 大君之所宜也라 其吉을 可知로다.

「육오」가 유중(柔中)하고 순체(☷☷)로써 높은 자리에 거처하고, 아래로 강중(剛中)한 신하인 「구이」와 응했으니, 이것은 능히 「구이」에게 의지하고 맡겨서 수고하지 않고도 다스리는 것이니, 지혜로써 아래에 임하는 것이다.

한 사람의 몸으로 천하의 넓음에 임하여, 만약 구구하게 혼자서만 맡아서 하면 어떻게 만 가지 일을 두루할 수 있겠는가? 그렇기 때문에 그 지혜를 스스로 자부하는 사람은 알지 못함이 되지만, 오직 천하의 선함을 취하고 천하의 총명한 사람에게 맡긴다면 두루하지 못함이 없을 것이니, 이것이 스스로 자기의 지혜를 자부하지 않음이고, 그 지혜가 큰 것이다.

「육오」가 강중하고 어진 「구이」에게 순응해서 맡김으로써 아래에 임하니, 이것은 자기의 밝은 지혜로써 천하에 임함이니 대군(大君)의 마땅한 바이다. 그 길함을 알 수 있다.

【本義】以柔居中하고 下應九二하야 不自用而任人하니 乃知之事而
大君之宜니 吉之道也라.

유로써 중에 거처하고 아래로 「구이」와 응해서, 혼자서 하지 않고 남에게 맡기니, 곧 지혜로운 일이고 대군의 마땅함이니, 길한 도리이다.

象曰 大君之宜는 行中之謂也ㅣ라.

● 상에 말하기를 '대군의 마땅함'은 중도를 행함을 말한다.

【傳】君臣道合은 蓋以氣類相求니 五有中德이라 故로 能倚任剛中之
賢하야 得大君之宜라. 成知臨之功은 蓋由行其中德也니 人君之於賢
才에 非道同德合이면 豈能用也리오.

인군과 신하가 도를 합함은 대개 그 기운이 같은 것끼리 서로 구하는 것이다. 「육오」가 중덕(中德)이 있기 때문에, 능히 강중한 어진 사람에게 맡겨서 대군의 마땅함을 얻는 것이다. 지혜로 임하는 공을 이루는 것은 대개 그 중덕을 행하기 때문이니, 인군이 어진 재주있는 사람과 도가 같고 덕이 합치되지 않으면 어떻게 쓸 수 있겠는가?

上六은 敦臨이니 吉하야 无咎하니라.
- 상육은 돈독하게 임함이니, 길해서 허물이 없느니라.

順至臨終 尊賢取善

【傳】上六은 坤之極이니 順之至也요 而居臨之終하니 敦厚於臨也라. 與初二로 雖非正應이나 然이나 大率陰求於陽하고 又其至順이라 故로 志在從乎二陽이라. 尊而應卑하고 高而從下하야 尊賢取善하니 敦厚之至也라. 故로 曰敦臨이라하니 所以吉而无咎라.

「상육」은 「곤☷☷」의 끝이니 순함이 지극한 것이고, 「임」의 마지막에 거처하니 임함에 돈후(敦厚)한 것이다. 「초구」나 「구이」와는 비록 정응이 아니나, 대개 음이 양에게 구하고 또 지극히 순하기 때문에, 뜻이 두 양을 좇는 데 있다. 존귀하면서도 비천한 데 응하고 높으면서도 아래를 좇아서, 어진이를 높이고 착함을 취하니, 돈후함이 지극한 것이다. 그러므로 '돈독히 임한다(敦臨)'고 한 것이니, 길해서 허물이 없는 것이다.

※ 돈후(敦厚) : 돈독하고 두터움.

陰柔로 在上하니 非能臨者면 宜有咎也로대 以其敦厚於順剛이라 是以吉而无咎라. 六居臨之終이로대 而不取極義는 臨에 无過極故로 止爲厚義요 上은 无位之地니 止以在上으로 言이라.

음유함으로 위에 있으니, 임하는데 능한 사람이 아니면 마땅히 허물이 있을 것이나, 강한 것에 순히 하기를 돈후하게 하기 때문에 길해서 허물이 없는 것이다. 육(陰)이 「임」의 마지막에 거처했는데도 극하다는 뜻을 취하지 않는 것은, 임함에는 지나치게 극한 것이 없기 때문에 두텁다는 뜻으로만 했고, 상효(上爻)는 지위가 없는 자리이므로 위(上)에 있는 것으로만 말했다.

【本義】居卦之上하고 處臨之終하야 敦厚於臨하니 吉而无咎之道也라. 故로 其象占이 如此라.

괘의 제일 위에 거처하고, 「임」의 마지막에 처해서 돈후(敦厚)하게 임하니, 길해서 허물이 없는 도리이다. 그러므로 그 상과 점이 이와 같다.

> 象曰 敦臨之吉은 志在內也ㅣ라.
> ◉ 상에 말하기를 '돈독히 임해서 길함'은 뜻이 안에 있음이라.

【傳】志在內는 應乎初與二也라. 志順剛陽而敦篤하니 其吉을 可知也라.

'뜻이 안에 있다(志在內)'고 함은 「초구」와 「구이」에 응하는 것이다. 뜻이 강한 양에게 순하고 돈독히 하니 길함을 알 수 있다.

巽上坤下 風地觀(20) 풍지관

【傳】觀은 序卦에 臨者는 大也니 物大然後에 可觀이라 故로 受之以觀이라하니 觀所以次臨也라. 凡觀은 視於物則爲觀(平聲)이요 爲觀於下則爲觀(去聲)이니 如樓觀에 謂之觀者는 爲觀於下也라. 人君이 上觀天道하고 下觀民俗則爲觀이요 修德行政하야 爲民瞻仰則爲觀이라. 風行地上하야 徧觸萬類하니 周觀之象也요 二陽이 在上하고 四陰이 在下하니 陽剛으로 居尊하야 爲群下所觀은 仰觀之義也로대 在諸爻則唯取觀見하니 隨時爲義也라.

「관: ䷓」은 「서괘전」에 "「임」은 큰 것이니, 물건이 큰 다음에 볼 수 있기 때문에, 「관괘」로써 받았다"고 하니, 「관괘」가 「임괘: ䷒」 다음에 있는 것이다. '관(觀)'은 물건을 보면 '볼 관(觀:平聲)'이 되고, 아래에 보이게 하면 '보일 관(觀:去聲)'이 되니, 누관(樓觀)에 관(觀)이라고 한 것은 아래에 보이게 하는 것이다. 인군이 위로 천도를 보고 아래로 백성의 풍속을 보는 것은 '볼 관(觀)'이 되고, 덕을 닦으며 정사(政事)를 행해서 백성들이 우러러 보게 하면 '보일 관(觀)'이 된다.

바람(䷸)이 땅(䷁) 위에 행해서 만 가지 종류의 물건을 두루 접촉하는 것은 두루 관(觀:볼 관)하는 상이고, 두 양이 위에 있고 네 음이 아래에 있으니, 양강한 것으로 높은 데 거처해서 모든 아랫 사람의 보는 바가 됨은 우러러 관(觀:보일 관)하는 뜻이지만, (「관괘」의) 모든 효에 있어서는 오직 본다는 뜻만 취했으니, 때에 따라 뜻을 삼은 것이다.

※ <주자>는 이와는 별도로 "朱子曰 自上示下를 曰觀이요 自下視上도 曰觀이라 故로 卦名之觀은 去聲而六爻之觀은 皆平聲이라.(<주자>가 말씀하길 '위에서 아래에 보이는 것을 「관(거성)」이라하고, 아래에서 위를 보는 것도 「관(평성)」이라 한다. 그러므로 괘명의 「관」자는 거성이나 여섯 효에 있어서 「관」자는 다 평성이다.')"라고 풀이하였다.

※ 누관(樓觀) : 사방을 볼 수 있게 높이 지은 집(樓閣).

觀은 盥而不薦이면 有孚하야 顒若하리라.
- [정자] 관은 세수하고 제사를 올리지 않은듯 하면, 믿음을 두어서 우러러 볼 것이다.
- [주자] 관은 세수하고 제사를 올리지 않으면 믿음을 두어 우러러 볼 것이다.

䷓ 極莊其敬 觀仰而化

【傳】予ㅣ 聞之胡翼之先生하니 曰君子ㅣ 居上에 爲天下之表儀하야 必極其莊敬이면 則下ㅣ 觀仰而化也라. 故로 爲天下之觀을 當如宗廟之祭에 始盥之時요 不可如旣薦之後則下民이 盡其至誠하야 顒然瞻仰之矣라하시니라.

내가 <호익지>선생께 들으니 "군자가 위에 있음에 천하의 표의(表儀)가 되어 반드시 장경(莊敬)함을 극진히 하면 아랫 사람이 우러러 보게되어 교화가 된다. 그러므로 천하의 우러러봄이 되기를 마땅히 종묘에 제사지낼 때 처음 세수하는 때와 같이 할 것이고, 이미 제사올린 뒤와 같이 하지 않으면, 아랫 백성이 자기의 지성을 다해서 옹연히 우러러 볼 것이다."라고 하였다.

※ 호익지(胡翼之:993~1059) : 이름은 호원(胡瑗), 「중국 북송」의 유학자, 자는 익지(翼之). 상수학을 배격하고 의리학의 입장에서 쓴 『주역구의:周易口義』는 『정전』에 많은 영향을 줌.
※ 之 : '之'자가 없는 판본도 있다.　　盥 : 씻을 관.　顒 : 공경할 옹.
※ 표의(表儀) : 드러나게 모범이 됨.　　장경(莊敬) : 엄숙하고 삼가함.

盥은 謂祭祀之始에 盥手酌鬱鬯於地니 求神之時也요 薦은 謂獻腥獻熟之時也라. 盥者는 事之始니 人心이 方盡其精誠嚴肅之至也요 至旣薦之後에 禮數繁縟則人心이 散而精一이 不若始盥之時矣라. 居上者正其表儀하야 以爲下民之觀하니 當莊嚴을 如始盥之初하고 勿使誠意少散을 如旣薦之後則天下之人이 莫不盡其孚誠하야 顒然瞻仰之矣

리라. 顒은 仰望也라.

 '관(盥)'은 제사지내는 처음에 손을 씻고 향술을 땅에 붓는 것이니 신을 구하는 때이고, '천(薦)'은 날 것과 익은 것을 올리는 때를 말한 것이다. '관(盥)'은 일의 시작이니 사람의 마음이 정성과 엄숙함을 지극히 다할 때이고, 이미 올린 뒤에 예를 자주해서 번거롭게 되면, 인심이 흩어져서 정성스럽고 한결 같음이 처음 세수할 때만 같지 못하다.

 위에 있는 사람이 표정과 거동을 바르게 해서 아랫 백성의 모범이 되야하니, 마땅히 장엄하게 하기를 처음 세수할 때 같이하고, 성의가 적어지고 흩어지기를 이미 올린 뒤와 같지 않게 하면, 천하의 사람이 자기의 믿음과 정성을 다해서 옹연히 우러러 보지 않음이 없을 것이다. '옹(顒)'은 우러러 보는 것이다.

  ※ 울창(鬱鬯) : 검은 기장에 울금향을 넣어 빚은 술.
  ※ 薦 : 올릴 천.   縟 : 번다할 욕.
  ※ 當 : '常'자로 되어 있는 판본도 있다.   嚴 : '敬'자로 되어 있는 판본도 있다.

【本義】觀者는 有以中正으로 示人而爲人所仰也라. 九五ㅣ 居上하니 四陰이 仰之하고 又內順外巽而九五ㅣ 以中正으로 示天下하니 所以爲觀이라. 盥은 將祭而潔手也요 薦은 奉酒食以祭也요 顒然은 尊敬之貌니 言致其潔淸而不輕自用이면 則其孚信이 在中而顒然可仰이니 戒占者ㅣ 當如是也니라. 或曰有孚顒若은 謂在下之人이 信而仰之也라. 此卦는 四陰이 長而二陽이 消하니 正爲八月之卦어늘 而名卦繫辭에 更取他義는 亦扶陽抑陰之意라.

 '관(觀)'이라는 것은 중정으로써 사람에게 보여서 사람들의 우러러봄이 되는 것이다. 「구오」가 위에 거처하니 네 음이 우러러 보고, 또한 안은 순하고 바깥은 공손하며, 「구오」가 중정으로써 천하에 보이는 것이니, 이 때문에 「관」이 되는 것이다.

 '관(盥)'은 제사지내려고 손을 깨끗이 하는 것이고, '천(薦)'은 술과 음식을 받들어 제사를 지내는 것이며, '옹연(顒然)'은 존경하는 모습이다. 자기의 청결을 이루고 가벼이 거동하지 않으면, 그 믿음이 가운데 있어 존경스럽게 우러러 볼 것이니, 점치는 사람이 마땅히 이와 같이 하라고 경계한 것이다. 혹자가 말하기를 "'믿음을 두어 우러러 본다(有孚顒若)'고 함은 아래에 있는 사람이 믿어 우러러 보는 것을 말한다"고 했다. 이 괘는 네 음이 자라고 두 양이 사그러지니, 바로 8월괘인데도, 괘의 이름이나 「괘사」에 다시 다른 뜻을 취한 것은 또한 양을 북돋고 음을 억제하는 뜻이다.

> 象曰 大觀으로 在上하야 順而巽하고 中正으로 以觀天下 l 니
> ● 단에 말하기를 큰 관으로 위에 있어서, 순하고 공손하며 중정으로써 천하에 보임이니,

【傳】五居尊位하야 以剛陽中正之德으로 爲下所觀하니 其德이 甚大라 故로 曰大觀在上이라. 下坤而上巽하니 是能順而巽也요 五居中正하니 以巽順中正之德으로 爲觀於天下也라.

「구오」가 높은 자리에 거처해서 강양하고 중정한 덕으로써 아래에서 보는 바가 되니, 그 덕이 심히 크기 때문에, '큰 관으로 위에 있다(大觀在上)'고 한 것이다. 아래는 「곤:☷」이고 위에는 「손:☴」이니, 이것은 능히 순하면서 공손한 것이고, 「구오」가 중정한 데 거처하니, 손순하고 중정한 덕으로써 천하에 보임이 되는 것이다.

【本義】以卦體卦德으로 釋卦名義라.

괘체 괘덕으로써 괘의 이름과 뜻을 풀이한 것이다.

※ 雲峯胡氏曰 四陽은 爲大壯이로대 四陰은 不曰小者之壯而曰觀은 取二陽이 示四陰也라. 釋象에 且曰大觀은 壯은 以下之四陽으로 爲大요 觀은 以上之二陽으로 爲大며 釋卦名義는 則以爲大而在上하고 釋卦辭는 以爲下觀而化하니 上下之分嚴과 崇陽抑陰之意를 可見矣라.

: <운봉호씨>가 말하길 "괘에 네 양이 있으면 「대장:큰 것이 장함」인데, 네 음을 '작은 것이 장하다'고 하지 않고 「관」이라고 한 것은, 두 양이 네 음에게 보이는 것으로 뜻을 삼은 것이다. 「단」에 또 '대관'이라고 한 것은 「대장」은 아래의 네 양으로 '대(大)'를 삼았고, 「관」은 위의 두 양으로 '대'를 삼은 것이며, 괘의 이름과 의의에 있어서는 큰 것이 위에 있음으로 풀이했고, 「괘사」는 아래에게 보임으로써 교화되는 것으로 풀이했으니, 상하의 분수의 엄함과 양을 숭상하고 음을 억제하는 뜻을 볼 수 있다."

> 觀盥而不薦有孚顒若은 下ㅣ 觀而化也ㅣ라.
>
> ◉ '관관이불천유부옹약'은 아랫사람이 보고 교화되는 것이다.

【傳】爲觀之道를 嚴敬하야 如始盥之時則下民이 至誠瞻仰而從化也라. 不薦은 謂不使誠意ㅣ 少散也라.

　보임이 되는 도리를 엄하고 공경스럽게 하여 처음 세수할 때와 같이하면, 백성이 지성으로 우러러 보고 따라서 교화될 것이다. '드리지 않는다(不薦)'는 것은 성의가 적어지고 흩트러지지 않게 하는 것이다.

　　※ 瞻仰 : '仰觀'으로 되어 있는 판본도 있다.

【本義】釋卦辭라.

　「괘사」를 풀이한 것이다.

> 觀天之神道而四時ㅣ 不忒하니 聖人이 以神道設敎而天下ㅣ 服矣니라.
>
> ◉ 하늘의 신묘한 도를 봄에 사시가 어긋나지 않으니, 성인이 신묘한 도로써 가르침을 베풂에 천하가 굴복하느니라.

【傳】天道는 至神이라 故로 曰神道라. 觀天之運行에 四時ㅣ 无有差忒則見其神妙니 聖人이 見天道之神하고 體神道하야 以設敎시니라 故로 天下ㅣ 莫不服也라. 夫天道ㅣ 至神이라 故로 運行四時하야 化育萬物에 无有差忒하니 至神之道를 莫可名言이라. 唯聖人이라사 黙契體其妙用하야 設爲政敎라 故로 天下之人이 涵泳其德而不知其功하며 鼓舞其化而莫測其用하야 自然仰觀而戴服이라. 故로 曰以神道設敎而天下服矣하니라.

　하늘의 도는 지극히 신묘하기 때문에 '신도(神道)'라고 했다. 하늘이 운행함에 사시가 어긋남이 없음을 보면 그 신묘한 것을 것을 볼 수 있으니, 성인이 하늘의 도가 신묘함을 보고, 신묘한 도를 체득해서 가르침을 베푸시기 때문에 천하가 굴복하지 않음이 없다.

하늘의 도는 지극히 신묘하기 때문에, 사시를 운행해서 만물을 화육함에 어긋남이 없으니, 지극히 신묘한 도를 이름지어 말할 수가 없다. 오직 성인만이 묵계(黙契)로 그 묘용을 체득해서 정교(政敎)를 베푸시기 때문에, 천하의 사람이 그 덕에 함영하면서도 그 공을 알지 못하며, 그 교화에 고무되면서도 그 쓰임을 헤아릴 수 없어서, 자연히 우러러보고 받들어 굴복한다. 그러므로 '신묘한 도로써 가르침을 베푸니 천하가 굴복한다(以神道設敎而天下服矣)'고 했다.

【本義】極言觀之道也라. 四時不忒은 天之所以爲觀也요 神道設敎는 聖人之所以爲觀也라.

「관」의 도를 지극히 말씀한 것이다. '사시가 어긋나지 않음(四時不忒)'은 하늘이 보이는 것이고, '신묘한 도로 가르침을 베풂(神道設敎)'은 성인이 보이는 것이다.

象曰 風行地上이 觀이니 先王이 以하야 省方觀民하야 設敎하나니라.

● 상에 말하기를 바람이 땅 위에 행하는 것이 관이니, 선왕이 본받아서 사방을 살피고 백성을 관찰해서 가르침을 베푸느니라.

【傳】風行地上하야 周及庶物이 爲由歷周覽之象이라. 故로 先王이 體之하야 爲省方之禮하야 以觀民俗而設政敎也라. 天子ㅣ 巡省四方하고 觀視民俗하야 設爲政敎호대 如奢則約之以儉하고 儉則示之以禮ㅣ 是也라. 省方은 觀民也요 設敎는 爲民觀也라.

바람이 땅 위에 불어서 모든 물건에 두루 미치는 것이, 지나가며 두루 살피는 상이 된다. 그러므로 선왕이 본받아 사방을 살피는 예를 만들어서, 백성의 풍속을 관찰함으로써 정치와 가르침을 베푼다. 천자가 사방을 순행해 살피고, 백성의 풍속을 관찰해서 정치와 가르침을 베풀되, 사치스러우면 검소함으로써 간략히 하고, 검소하면 예법으로써 보이는 것이 이런 것이다. '사방을 살피는 것(省方)'은 백성을 살피는 것이고, '가르침을 베푸는 것(設敎)'은 백성의 우러러 봄(모범)이 되는 것이다.

【本義】省方以觀民하고 設敎以爲觀이라.

사방을 살핌으로써 백성을 살피고, 가르침을 베풂으로써 보이는 것이다.

> 初六은 童觀이니 小人은 无咎ㅣ오 君子는 吝이리라.
> ◉ 초육은 어린 아이의 봄이니 소인은 허물이 없고 군자는 인색하리라.
> 陰柔遠陽 觀見淺近

【傳】六以陰柔之質로 居遠於陽하니 是以로 觀見者ㅣ 淺近하야 如童稚然이라 故로 曰童觀이라. 陽剛中正으로 在上은 聖賢之君也니 近之則見其道德之盛하야 所觀이 深遠이어늘 初乃遠之하야 所見이 不明하니 如童蒙之觀也라. 小人은 下民也니 所見이 昏淺하야 不能識君子之道라도 乃常分也니 不足謂之過咎어니와 若君子而如是則可鄙吝也라.

「초육」이 음유한 자질로 양과 멀리 있으니, 이렇기 때문에 관찰하고 보는 것이 얕고 가까와서(근시안적이라서) 어린 아이 같기 때문에, '어린 아이의 봄(童觀)'이라고 했다. 양강하고 중정함으로 위에 있는 것은 성스럽고 어진 인군이니, 그런 분을 가까이 하면 그 도덕의 성대한 것을 봐서 보는 바가 깊고 멀 것이지만, 「초육」이 멀게 있어 보는 것이 밝지 못하니 어린 아이가 보는 것과 같다.

'소인(小人)'은 백성이다. 보는 것이 어둡고 얕아서 군자의 도리를 모르더라도 보통 있을 수 있는 일이니, 허물이라고 말할 수 없지만, 군자는 이와 같이하면 더럽고 인색한 것이 된다.

※ 以 : '其'자로 되어 있는 판본도 있다.

【本義】卦는 以觀示로 爲義하니 據九五爲主也요 爻는 以觀瞻爲義하

니 皆觀乎九五也라. 初六이 陰柔在下하야 不能遠見하니 童觀之象이요 小人之道니 君子之羞也라. 故로 其占이 在小人則无咎어니와 君子ㅣ 得之則可羞矣라.

　괘는 보이는 것으로써 의의를 삼았으니, 「구오」가 주인이 되는 입장에서 말한 것이고, 효는 쳐다보는 것으로써 의의를 삼았으니, 다 「구오」를 보는 것이다. 「초육」이 음유함으로 아래에 있어서 멀리 볼 수 없으니, '동관(童觀)'의 상이고 소인의 도니, 군자는 부끄러워 하는 것이다. 그렇기 때문에 그 점이 소인에게 있어서는 허물이 없는 것이나, 군자가 얻으면 부끄러움이 된다.

> 象曰 初六童觀은 小人道也ㅣ라.
> ◉ 상에 말하기를 초육의 '어린 아이의 봄'은 소인의 도이다.

【傳】所觀不明이 如童稚는 乃小人之分이라 故로 曰小人道也라.

　보는 것이 밝지 못함이 어린 아이 같음은 소인의 분수이기 때문에, '소인의 도(小人道)'라고 말한 것이다.

> 六二는 闚觀이니 利女貞하니라.
> ◉ 육이는 엿보는 관이니 여자의 바름이 이로우니라.
>
> ䷓· 陰暗不明 闚覘之觀

【傳】二應於五하니 觀於五也로대 五剛陽中正之道를 非二陰暗柔弱의 所能觀見也라 故로 但如闚覘之觀耳라. 闚覘之觀은 雖少見而不能甚明也니 二旣不能明見剛陽中正之道면 則利如女子之貞이라. 雖見之不能甚明이나 而能順從者는 女子之道也니 在女子엔 爲貞也라. 二旣不能明見九五之道라도 能如女子之順從하면 則不失中正하리니 乃

爲利也라.

「육이」가 「구오」와 응하니 「구오」를 보는 것이나, 「구오」의 강양하고 중정한 도를 「육이」의 음암하고 유약함이 볼 수 있는 것이 아니기 때문에, 단지 엿보는 관(觀)과 같다. 엿보는 관(觀)은 비록 조금은 보지만 심히 밝을 수는 없으니, 「육이」가 강양하고 중정한 도를 밝게 볼 수 없다면, 여자의 바르게 함과 같이하는 것이 이롭다.

비록 보는 것이 심히 밝지 못해도 순종할 수 있는 것은 여자의 도니, 여자에게 있어서는 바름이 된다. 「육이」가 능히 「구오」의 도를 밝게 보지 못하더라도, 여자가 순종하는 것과 같이하면 중정한 도를 잃지 않을 것이니, 이로움이 되는 것이다.

※ 闚 : 엿볼 규.　覘 : 엿볼 점.
※ 甚 : '盡'자로 되어 있는 판본도 있다.

【本義】陰柔ㅣ 居內而觀乎外하니 闚觀之象이요 女子之正也라. 故로 其占이 如此니 丈夫ㅣ 得之則非所利矣라.

음유한 것이 안에 있으면서 밖을 보니 '엿보는 관(闚觀)'의 상이고, 여자의 바름이다. 그렇기 때문에 그 점이 이와 같으니, 장부가 얻으면 이로운 것이 아니다.

象曰 闚觀女貞이 亦可醜也ㅣ니라.

● 상에 말하기를 '엿보는 여자의 바름'이 또한 추하니라.

【傳】君子ㅣ 不能觀見剛陽中正之大道而僅闚覘其彷彿이면 雖能順從이나 乃同女子之貞이니 亦可羞醜也라.

군자가 강양하고 중정한 큰 도를 보지 못하고 겨우 그 유사한 것만 엿본다면, 비록 순종은 하나 여자의 바름과 같을 뿐이니, 또한 부끄럽고 추한 일이다.

※ 僅 : '僅能'으로 되어 있는 판본도 있다.
※ 彷 : 비슷할 방.　佛 : 비슷할 불.

【本義】在丈夫則爲醜也라.

장부에 있어서는 추한 것이 된다.

六三은 觀我生하야 進退로다.
- 육삼은 나의 생김새를 관찰해서 나아가고 물러나도다.

居非其位 順時進退

【傳】三이 居非其位나 處順之極하야 能順時以進退者也니 若居當其位則无進退之義也라. 觀我生은 我之所生이니 謂動作施爲ㅣ 出於己者라. 觀其所生而隨宜進退하니 所以處雖非正이나 而未至失道也라. 隨時進退하야 求不失道라 故로 无悔吝이니 以能順也라.

「육삼」이 제자리가 아닌 곳에 있으나 순한 괘(☷)의 극에 거처해서, 때에 순히해서 나아가고 물러날 줄 아는 사람이니, 만약 거처한 데가 마땅한 자리면 나아가고 물러나고 하는 뜻이 없을 것이다.

'나의 생김새를 본다(觀我生)'는 것은 내가 만든 것이니, 동작과 베풀어 행함이 나에게서 나옴을 말한다. 내가 만든 것을 봐서 마땅함에 따라 진퇴하니, 이 때문에 거처함이 비록 바르지 못하나 도를 잃는 데까지는 이르지 않을 것이다. 때에 따라 진퇴해서 도를 잃지 않으려고 하기 때문에, 후회와 허물이 없는 것이니, 순하게 할 수 있기 때문이다.

※ 咎 : '吝'자로 되어 있는 판본도 있다.

【本義】我生은 我之所行也라. 六三이 居下之上하야 可進可退라 故로 不觀九五而獨觀己所行之通塞하야 以爲進退하니 占者ㅣ 宜自審也라.

'나의 생김새(我生)'는 내가 행한 바이다. 「육삼」이 하괘의 위에 거처해서 나아갈 수도 있고 물러날 수도 있기 때문에, 「구오」를 보지 않고 홀로 자기가 행한 것의 통색을 봐서 진퇴하는 것이니, 점치는 사람이 마땅히 스스로를 살펴야 한다.

※ 통색(通塞) : 통하고 막힘.

象曰 觀我生進退하니 未失道也ㅣ라.
◉ 상에 말하기를 '나의 생긴 것을 봐서 진퇴'하니 도를 잃지 않은 것이다.

【傳】觀己之生而進退하야 以順乎宜라 故로 未至於失道也라.

자기가 만든 것을 보고 진퇴해서 마땅함을 따르기 때문에, 도를 잃는 데까지 이르지 않는 것이다.

六四는 觀國之光이니 利用賓于王하니라.
◉ 육사는 나라의 빛을 봄이니, 써서 왕에게 손님노릇하는 것이 이로우니라.

最近於五 朝覲仕進

【傳】觀莫明於近이니 五ㅣ 以剛陽中正으로 居尊位하니 聖賢之君也라. 四ㅣ 切近之하야 觀見其道라 故로 云觀國之光이니 觀見國之盛德光輝也라. 不指君之身而云國者는 在人君而言이면 豈止觀其行一身乎아. 當觀天下之政化면 則人君之道德을 可見矣라. 四雖陰柔而巽體居正하고 切近於五하니 觀見而能順從者也라.

보는 것은 가깝게 보는 것보다 밝음이 없으니, 「구오」가 강양하고 중정함으로써 높은 자리에 있으니 성스럽고 어진 인군이다. 「육사」가 매우 가까와서 그 도를 보는 것이므로 '나라의 빛을 본다(觀國之光)'고 한 것이니, 나라의 성덕(盛德)과 광휘(光輝)를 보는 것이다. 인군이라 하지 않고 '나라(國)'라고 한 것은, 인군으로 말하여 어찌 그 한 몸의 행함을 보는 데 그치겠는가? 마땅히 천하의 정치와 교화를 보면, 인군의 도덕을 볼 수 있는 것이다. 「육사」가 비록 음유하나, 「손체:☴」로 바른 데 거처하고 「구오」와 매우 가까우니, 보고 살펴서 능히 순종하는 사람이다.

利用賓于王은 夫聖明이 在上이면 則懷抱才德之人이 皆願進於朝廷하야 輔戴之하야 以康濟天下라. 四旣觀見人君之德과 國家之治ㅣ 光華盛美하니 所宜賓于王朝하야 效其智力하야 上輔於君하야 以施澤天下라 故로 云利用賓于王也라. 古者엔 有賢德之人則人君이 賓禮之라 故로 士之仕進於王朝를 則謂之賓이라.

'왕에게 손님 노릇함이 이롭다(利用賓于王)'고 함은 성명(聖明)한 인군이 위에 있으면, 재덕을 갖춘 사람이 다 조정에 나아가서 보필하고 추대하여 천하를 편안히 다스리기를 원하는 것이다. 「육사」가 이미 인군의 덕과 나라의 다스림이 빛나고 아름다운 것을 봤으니, 마땅히 왕의 조정에 손님노릇 해서, 자기의 지혜와 힘을 바쳐 위로 인군을 보필해, 혜택을 천하에 베풀어야하기 때문에, '왕에게 손님노릇함이 이롭다(利用賓于王)'고 했다. 옛날엔 어진 덕이 있는 사람은 인군이 손님으로 예우했기 때문에, 선비가 왕의 조정에 벼슬해서 나아가는 것을 '손님노릇한다(賓)'고 말했다.

※ 仕進 : 「사고전서」본에는 '進仕'로 되어 있다.

【本義】六四ㅣ 最近於五라 故로 有此象이니 其占이 爲利於朝覲仕進也라.

「육사」가 「구오」와 가장 가깝기 때문에 이런 상이 있으니, 그 점이 조근(朝覲)하고 벼슬해서 나아가는 데 이롭다.

※ 조근(朝覲) : 신하가 조정에 나아가 임금을 조현(朝見) 함.

象曰 觀國之光은 尙賓也ㅣ라.
● 상에 말하길 '나라의 빛을 봄'은 손님노릇함을 숭상함이라.

【傳】君子ㅣ 懷負才業은 志在乎兼善天下라. 然이나 有卷懷自守者는 蓋時无明君하야 莫能用其道니 不得已也라. 豈君子之志哉리오. 故로 孟子曰中天下而立하야 定四海之民을 君子ㅣ 樂之라하시니라. 旣觀見

國之盛德光華는 古人所謂非常之遇也니 所以志願이 登進王朝하야 以行其道라. 故로 云觀國之光은 尙賓也라. 尙은 謂尙志니 其志意ㅣ 願慕賓于王朝也라.

군자가 재주와 역량을 품음은 뜻이 천하를 함께 착하게 하는 데 있는 것이다. 그러나 재주와 덕을 숨기면서(卷懷) 스스로를 지키는 이가 있는 것은, 대개 당시에 밝은 인군이 없어서 자기의 도를 쓸 수 없기 때문이니, 할 수 없어서 하는 일이다. 어찌 군자의 뜻이겠는가?

그렇기 때문에 <맹자>께서 말씀하시기를 "천하의 가운데에 서서 사해의 백성을 안정시킴을 군자가 즐거워한다"고 하셨다. 이미 나라의 성덕(盛德)과 광휘(光輝)를 본 것은 옛사람이 말한 비상(非常)한 만남이니, 뜻하고 원하는 것이 왕의 조정에 올라가서 자기의 도를 행하는 것이다. 그러므로 '나라의 빛을 봄은 손님노릇함을 숭상함(觀國之光 尙賓也)'이라고 말한 것이다. '숭상한다(尙)'는 것은 의지를 숭상한다는 말이니, 그 의지가 왕의 조정에 손님되는 것을 원하고 사모한다는 말이다.

※ 권회(卷懷) : 재덕(才德)을 숨기어 나타내지 않음.
※ 『맹자』의 「진심장(上)」에 출전함.
※ 也 : '也'자가 없는 판본도 있다.

九五는 觀我生호대 君子ㅣ면 无咎ㅣ리라.

◉ [정자] 구오는 나의 생김새를 보되 군자면 허물이 없으리라.
◉ [주자] 구오는 나의 생김새를 보니, 군자면 허물이 없으리라.

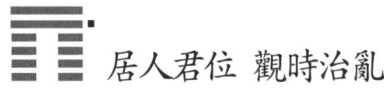
居人君位 觀時治亂

【傳】九五ㅣ 居人君之位하니 時之治亂과 俗之美惡이 係乎己而已라. 觀己之生하야 若天下之俗이 皆君子矣면 則是己之所爲政化ㅣ 善也니 乃无咎矣어니와 若天下之俗이 未合君子之道면 則是己之所爲政治ㅣ 未善이니 不能免於咎也리라.

「구오」가 인군의 자리에 있으니, 때의 치란(治亂)과 풍속의 미악(美惡)이 자기에게 달렸을 뿐이다. 자기의 생김새(나라의 상태)를 봐서 만약 천하의 풍속이 다 군자의 풍속이면, 이것은 자기가 한 정치와 교화가 잘된 것이니 허물이 없을 것이나, 만약 천하의 풍속이 군자의 도에 합치되지 않으면, 이것은 자기가 한 정치가 잘하지 못한 것이니 허물을 면할 수 없을 것이다.

※ 치란(治亂) : 치세와 난세.   풍속의 미악(美惡) : 아름다운 풍속과 나쁜 풍속.
※ 不 : '未'자로 되어 있는 판본도 있다.

【本義】九五ㅣ 陽剛中正으로 以居尊位하고 其下四陰이 仰而觀之하니 君子之象也라. 故로 戒居此位得此占者는 當觀己所行이니 必其陽剛中正이 亦如是焉則得无咎也라.

「구오」가 양강하고 중정함으로 높은 자리에 거처하고, 그 아래 네 음이 우러러보니 군자의 형상이다. 그렇기 때문에 이런 자리에 거처해서 이런 점을 얻은 사람은, 마땅히 자기가 행한 바를 보아야 할 것이니, 반드시 그 양강하고 중정함이 또한 이와 같으면 허물이 없을 것이라고 경계한 것이다.

> 象曰 觀我生은 觀民也ㅣ라.
> ● 상에 말하길 '관아생'은 백성을 봄이라.

【傳】我生은 出於己者라. 人君이 欲觀己之施爲ㅣ 善否인댄 當觀於民이니 民俗이 善則政化ㅣ 善也라. 王弼이 云觀民은 以察己之道라하니 是也라.

'내 생김새(我生)'는 나에게서 나온 것이다. 인군이 자기가 베풀어 편 정치가 잘되고 잘못되었는지를 보려고 하면 마땅히 백성을 봐야하니, 백성의 풍속이 착하면 정치와 교화가 잘된 것이다. <왕필>이 말하기를 "'관민(觀民)'은 자기의 도를 살피는 것"이라 하니 옳다.

【本義】此는 夫子ㅣ 以義言之시니 明人君이 觀己所行은 不但一身

之得失이요 又當觀民德之善否하야 以自省察也라.

 이것은 <부자(孔子)>께서 의리로써 말씀하신 것이니, 인군이 자기의 행한 바를 보는 것은 다만 한 몸의 얻고 잃음만이 아니고, 또한 마땅히 백성의 덕이 착한가 착하지 못한가를 봐서 스스로 살펴야 한다는 것을 밝힌 것이다.

上九는 觀其生호대 君子ㅣ면 无咎ㅣ리라.

- [정자] 상구는 그 생김새를 보되 군자면 허물이 없으리라.
- [주자] 상구는 그 생김새를 봄이니, 군자면 허물이 없으리라.

 陽剛處上 觀其德業

【傳】上九ㅣ 以陽剛之德으로 處於上하야 爲下之所觀而不當位하니 是賢人君子ㅣ 不在於位而道德은 爲天下所觀仰者也라. 觀其生은 觀其所生也니 謂出於己者德業行義也라. 旣爲天下所觀仰이라 故로 自觀其所生하야 若皆君子矣則无過咎也어니와 苟未君子면 則何以使人으로 觀仰矜式이리오. 是其咎也라.

 「상구」는 양강한 덕으로써 위에 있어서 아랫 사람의 보는 바가 되나, 위(位)가 마땅치 못하니, 이것은 어진 사람이나 군자가 지위(位)에 있지는 못하나 도덕은 천하의 우러러 보는 바가 되는 사람이다. '그 생김새를 본다(觀其生)'고 함은, 그 생하는 바를 보는 것이니, 자기에게서 나온 덕업과 행한 의리를 말한다.

 이미 천하의 우러러 보는 바가 되었기 때문에, 스스로 그 생하는 바를 봐서, 만약 다 군자의 행동이면 허물이 없을 것이나, 군자의 행동이 아니라면 어떻게 사람들로 하여금 우러러 보고 본받게 할 수 있겠는가? 이것이 그 허물인 것이다.

【本義】上九ㅣ 陽剛으로 居尊位之上하니 雖不當事任而亦爲下所觀이라. 故로 其戒辭ㅣ 略與五同호대 但以我爲其하니 小有主賓之異耳라.

「상구」가 양강함으로 높은 자리의 위에 거처하니, 비록 일의 책임은 맡지 않았으나 또한 아랫 사람이 보는 바가 됐다. 그러므로 그 경계한 말이 대략 「구오」와 같으나, 다만 '나(我)'를 '그(其)'라고 했으니, 조금은 '주인(主:구오)'과 '손님(賓:상구)'의 다름이 있는 것이다.

※ 「구오」는 '觀我生', 「상구」는 '觀其生'

象曰 觀其生은 志未平也ㅣ라.
◉ 상에 말하기를 '관기생'은 뜻이 평안치 못함이라.

【傳】雖不在位나 然이나 以人이 觀其德하야 用爲儀法이라 故로 當自愼省이라. 觀其所生이 常不失於君子면 則人不失所望而化之矣요 不可以不在於位故로 安然放意하야 无所事也니 是其志意ㅣ 未得安也라. 故로 云志未平也라하니 平은 謂安寧也라.

비록 지위(位)에는 있지 못하나, 사람들이 그 덕을 봐서 본받고 법하기 때문에, 마땅히 스스로 삼가하고 살펴야 한다. 그 생김새를 봐서 항상 군자의 도를 잃지 않으면, 사람들이 기대하는 바를 잃지 않아 교화될 것이고, 지위(位)에 있지 않다고 해서 편안히 방심하여 아무 일도 안해서는 안되므로, 이것이 그 뜻이 평안함을 얻지 못하는 것이다. 그러므로 '뜻이 평안치 못하다(志未平)'고 했으니, '평(平)'은 안녕(安寧)한 것을 말한 것이다.

【本義】志未平은 言雖不得位나 未可忘戒懼也라.

'뜻이 평안치 못하다(志未平)'는 것은, 비록 지위(位)는 얻지 못했으나 경계하고 두려워함을 잊어서는 안된다는 말이다.

火雷噬嗑(21) 화뢰서합

離上
震下

【傳】噬嗑은 序卦에 可觀而後에 有所合이라 故로 受之以噬嗑이라하니 嗑者는 合也요 旣有可觀然後에 有來合之者也니 噬嗑이 所以次觀也라. 噬는 齧也요 嗑은 合也니 口中에 有物間之하야 齧而後에 合之也라. 卦ㅣ 上下二剛爻而中柔하야 外剛中虛하니 人頤口之象也요 中虛之中에 又一剛爻ㅣ 爲頤中에 有物之象이라. 口中에 有物則隔其上下하야 不得嗑하니 必齧之則得嗑이라 故로 爲噬嗑이라.

「서합: ☲」은 「서괘전」에 "볼 수 있게 된 다음에 합함이 있기 때문에, 「서합」으로 받았다"고 하니, 합(嗑)은 합하는 것이고, 이미 볼 수 있은 뒤에 와서 합하는 자가 있는 것이니, 「서합괘」가 「관괘: ☷」의 다음에 온 것이다.

'서(噬)'는 씹는 것이고, '합(嗑)'은 합하는 것이니, 입 속에 물건이 사이에 있어 씹은 뒤에 합쳐지는 것이다. 괘의 위와 아래에 두 강한 효가 있고 중간이 유해서, 밖은 강하고 가운데가 비어 있으니, 사람의 턱과 입의 형상이고, 중간의 빈 속에 또 한 개의 강한 효는 턱 사이에(中) 물건이 있는 상이 된다. 입 속에 물건이 있으면 위 아래가 막혀서 합할 수 없으니, 반드시 씹어야 합하기 때문에 「서합괘」가 된 것이다.

※ 間 : 간격, 사이, 틈, 멀어짐, 막힘, 이간질.
※ 齧 : 씹을 설, 물 설.

聖人이 以卦之象으로 推之於天下之事하시니 在口則爲有物하야 隔而不得合하고 在天下則爲有强梗或讒邪하야 間隔於其間이라 故로 天下之事ㅣ 不得合也니 當用刑法하야 小則懲戒하고 大則誅戮하야 以除去之然後에 天下之治ㅣ 得成矣라.

성인(聖人)이 괘의 상으로써 천하의 일을 유추하시니, 입에 있어서는 물건이 있어 막혀서 합하지 못하는 것이 되고, 천하에 있어서는 강경하거나 혹 아첨하고 사특한 사람이 있어 막혀 있기 때문에 천하의 일이 합하지 못하는 것이니, 마땅히 형법을 써서 작게는 징계하고 크게는 죽여서 제거한 뒤에, 천하의 다스림이 이루어질 것이다.

※ 梗 : 굳셀 경.　※ 也 : '也'자가 없는 판본도 있다.

凡天下ㅣ 至於一國一家와 至於萬事히 所以不和合者는 皆由有間也니 无間則合矣라. 以至天地之生과 萬物之成이 皆合而後에 能遂하나니 凡未合者는 皆有間也라.

대개 천하로부터 한 나라 한 집안과 만사에 이르기까지 화합하지 못하는 까닭은, 다 간격(이간질)이 있기 때문이니, 간격이 없으면 합할 것이다. 천지의 낳음과 만물의 이룸에 이르기까지, 다 합한 다음에 이루어질 수 있으니, 모든 합하지 못하는 것은 다 간격이 있기 때문이다.

若君臣父子親戚朋友之間에 有離貳怨隙者는 蓋讒邪ㅣ 間於其間也니 除去之則和合矣라 故로 間隔者는 天下之大害也라. 聖人이 觀噬嗑之象하고 推之於天下萬事하사 皆使去其間隔而合之시니 則无不和且治矣라. 噬嗑者는 治天下之大用也니 去天下之間이 在任刑罰이라 故로 卦取用刑爲義라. 在二體엔 明照而威震이 乃用刑之象也라.

군신(君臣)과 부자(父子)와 친척과 벗 사이에 배반하고 원망하며 틈이 생기는 것은, 대개 참소하고 사특한 것이 그 사이를 이간질한 것이니, 제거시키면 화합할 것이기 때문에, 이간질해서 막는 것은 천하의 큰 해로움이다. 성인이 「서합」의 상을 관찰하고 천하 만사에 유추하셔서, 다 그 이간질해서 막는 것을 제거해서 합하게 하시니, 화합하고 다스려지지 않는 것이 없다.

「서합」은 천하를 다스리는 데 크게 유용하니, 천하의 간격을 제거하는 것이 형벌을 쓰는 데 있기 때문에, 괘가 형벌을 쓰는 것을 취해서 뜻을 삼았다. 두 괘체에 있어서는 밝게 비추고(☲) 위엄을 떨침(☳)이 형벌을 쓰는 상이다.

※ 이이(離貳) : 배반함(離叛), 두 마음을 품음.　　※ 隙 : 틈 극.
※ 噬嗑 : '齧合'으로 된 판본도 있다.　　治 : '冾'자로 된 판본도 있다.

噬嗑은 亨하니 利用獄하니라.
● 서합은 형통하니 옥을 씀이 이로우니라.

噬有亨義 明照致刑

【傳】噬嗑亨은 卦自有亨義也라. 天下之事ㅣ 所以不得亨者는 以有間也니 噬而嗑之則亨通矣라. 利用獄은 噬而嗑之之道ㅣ 宜用刑獄也니 天下之間을 非刑獄이면 何以去之리오. 不云利用刑而云利用獄者는 卦有明照之象하니 利於察獄也일새라. 獄者는 所以究治情僞니 得其情則知爲間之道하리니 然後에 可以設防與致刑也라.

'「서합」은 형통하다(噬嗑亨)'는 것은 괘에 스스로 형통하는 뜻이 있다. 천하의 일이 형통함을 얻지 못하는 것은 이간질함이 있기 때문이니, 씹어서 합하면 형통할 것이다. '옥을 씀이 이로움(利用獄)'은 씹어서 합해나가는 도가 마땅히 형벌과 옥사(獄事)를 써야하니, 천하의 틈을 형벌과 옥사가 아니면 어떻게 제거하겠는가? '형벌을 씀이 이롭다'고 하지 않고 '옥을 씀이 이롭다'고 한 것은, 괘에 밝게 비치는 상(☲)이 있으니, 옥사를 살피는 데 이롭기 때문이다.

'옥사(獄)'라는 것은 진실과 허위를 밝혀 다스리는 것이니, 그 진실을 얻으면 이간질 하는 길을 알 것이므로, 그런 다음에 예방을 하고 형벌의 목적을 이룰 수 있다.

※ 何以 : '不可以'로 되어 있는 판본도 있다.
※ 利用 : '利用'자가 없는 판본도 있다.

【本義】噬는 齧也요 嗑은 合也니 物有間者를 齧而合之也라. 爲卦ㅣ 上下ㅣ 兩陽而中虛하니 頤口之象이요 九四一陽이 間於其中하니 必齧之而後에 合이라 故로 爲噬嗑이라. 其占이 當得亨通者나 有間이라 故로 不通이라가 齧之而合則亨通矣라.

'서(噬)'는 씹는 것이고, '합(嗑)'은 합하는 것이니, 물건에 막힘이 있는 것을 씹어서 합하는 것이다. 괘됨이 위와 아래에 두 양이 있고 중간이 비었으니 턱과 입의 형상이고, 「구사」인 양효 하나가 그 중간을 막으니, 반드시 씹은 뒤에 합할 것이기 때문에 「서합」이 된 것이다. 그 점이 형통함을 얻을 것이나, 막는 것이 있기 때문에 통하지 않다가, 씹어 합하면 형통하는 것이다.

又三陰三陽으로 剛柔ㅣ 中半이요 下動上明하고 下雷上電이라. 本自益卦로 六四之柔ㅣ 上行하야 以至於五而得其中하니 是知以陰居陽하야 雖不當位而利用獄이라. 蓋治獄之道는 惟威與明而得其中之爲貴라 故로 筮得之者ㅣ 有其德則應其占也라.

또 세 음효와 세 양효로 강유가 반반이고, 아래는 움직이고 위는 밝으며, 아래는 우뢰(☳)고 위는 번개(☲)이다. 본래 「익괘: ䷩」로부터 「육사」의 유(柔)가 위로 가서 오효자리에 이르러 중을 얻었으니, 음으로써 양자리에 거처해서 비록 마땅한 자리는 아니나 옥사를 쓰는 데 이롭다는 것을 알 수 있다. 대개 옥사를 다스리는 도는, 오직 위엄과 밝음이 중도를 얻음을 귀히 여기기 때문에, 점쳐서 (이 괘를) 얻은 사람이 그와 같은 덕이 있으면, 그 점이 「괘사」와 같을 것이다.

※ 應其占也 : 「사고전서」본에는 '則可應其所占也'로 되어 있다.

彖曰 頤中有物일새 曰噬嗑이니
◉ 단에 말하기를 턱 가운데 물건이 있기 때문에 서합(씹어 합한다)이라 한 것이니,

【本義】 以卦體로 釋卦名義라.

괘체로써 괘의 이름과 뜻을 해석한 것이다.

噬嗑하야 而亨하니라.
◉ 씹어 합해서 형통하니라.

【傳】頤中有物이라 故로 爲噬嗑이라. 有物이 間於頤中則爲害요 噬而嗑之則其害ㅣ 亡하리니 乃亨通也라 故로 云噬嗑而亨이라.

턱 가운데 물건이 있기 때문에 「서합」이 됐다. 물건이 턱 사이에 막고 있으면 해가 되고, 씹어서 합하면 그 해가 없어져서 형통할 것이기 때문에, '씹어 합해서 형통하다(噬嗑而亨)'고 했다.

> 剛柔ㅣ 分하고 動而明하고 雷電이 合而章하고
> ◉ 강과 유가 나뉘고, 움직여서 밝고, 우뢰와 번개가 합쳐져 빛나고,

【傳】以卦才로 言也라. 剛爻與柔爻로 相間이나 剛柔分而不相雜하야 爲明辨之象하니 明辨은 察獄之本也라. 動而明은 下震上離하야 其動而明也요 雷電合而章은 雷震而電耀하야 相須幷見하니 合而章也라. 照與威를 幷行이 用獄之道也니 能照則无所隱情이요 有威則莫敢不畏라. 上旣以二象으로 言其動而明이라 故로 復言威照幷用之意하니라.

괘의 재질로써 말한 것이다. 강효(剛爻)와 유효(柔爻)가 서로 번갈았으나, 강과 유가 나뉘어 서로 섞이지 않아서 밝게 분별하는 상이 되니, 밝게 분별하는 것은 옥사를 살피는 근본이다. '움직여서 밝은 것(動而明)'은 아래는 「진:☳」이고 위는 「리:☲」여서 그 움직임이 밝은 것이고, '우뢰와 번개가 합쳐져 빛남(雷電合而章)'은, 우뢰는 떨쳐 움직이고 번개는 빛이나서 서로 의지해 어우러져 나타나니, 합쳐져 빛나는 것이다.

밝음과 위엄을 아울러 행하는 것이 옥사를 쓰는 도리이니, 능히 밝으면 진실을 숨길 수 없고, 위엄이 있으면 감히 두려워하지 않을 수 없다. 앞에서 이미 두 괘상으로써 '움직여서 밝음'을 말했기 때문에, 다시 위엄과 밝음을 아울러 쓰는 뜻을 말한 것이다.

> 柔得中而上行하니 雖不當位나 利用獄也ㅣ니라.
> ◉ 유가 득중해서 위로 가니, 비록 위는 마땅하지 않으나 옥사를 씀이 이로우니라.

【傳】六五｜ 以柔居中하니 爲用柔得中之義라. 上行은 謂居尊位요 雖不當位는 謂以柔居五라. 爲不當而利於用獄者는 治獄之道｜ 全剛則傷於嚴暴요 過柔則失於寬縱이니 五爲用獄之主요 以柔處剛而得中하니 得用獄之宜也라. 以柔居剛이 爲利用獄이라하니 以剛居柔도 爲利否아. 曰剛柔는 質也요 居는 用也니 用柔는 非治獄之宜也라.

「육오」가 유(柔)로써 중(中)에 거처하니, 부드럽게 하고 중덕(中德)을 얻은 뜻이 된다. '위로 간다는 것(上行)'은 높은 자리에 거처함을 말하고, '비록 지위가 마땅하지 않다(雖不當位)'고 함은 유로써 오효자리에 거처한다는 것이다.

마땅하지 못한 것이 되는데도 옥사를 씀이 이롭다는 것은, 옥사를 다스리는 도리가 전적으로 강하게만 하면 엄하고 사나움으로 인한 피해가 있고, 지나치게 부드러우면 너그럽게 놓아줌으로 인한 실수가 있을 것이니, 「육오」가 옥사를 쓰는 주인이 되는 것이고, 유로써 강한 데 거처하면서 득중했으므로, 옥사를 쓰는 데 마땅함을 얻은 것이다. "유로써 강한 데 거처함이 옥을 쓰는 데 이롭다하니, 강으로써 유한 데 거처해도 이로운 것이 될 것 아닙니까?" 답하기를 "강과 유는 재질이고, 거처하는 것은 쓰임이니, 부드러움(柔)을 쓰는 것은 옥사를 다스리는 마땅함이 아니다."

※ 縱 : 놓아줄 종, 용서할 종.

【本義】以卦名卦體卦德二象卦變으로 釋卦辭라.

괘명·괘체·괘덕·두 상과 괘변으로써 「괘사」를 해석한 것이다.

象曰 雷電이 噬嗑이니 先王이 以하야 明罰勅法하니라.

◉ 상에 말하기를 우뢰와 번개가 서합이니, 선왕이 본받아서 벌을 밝히고 법령을 신칙하니라.

【傳】象에 无倒置者하니 疑此文은 互也로대 雷電은 相須幷見之物이니 亦有嗑象이라. 電明而雷威하니 先王이 觀雷電之象하고 法其明與威하야 以明其刑罰하며 飭其法令하니 法者는 明事理而爲之防者也라.

「대상전」에 거꾸로 말한 것이 없으니, 이 글은 뒤바뀐 것이 아닌가 의심되나, '우

'뢰와 번개'는 서로 의지해서 어우러져 나타나는 물건이니, 또한 합하는 상이 있다. 번개(☲)는 밝고 우뢰(☳)는 위엄스러우니, 선왕이 우뢰와 번개의 상을 보고, 밝음과 위엄을 본받아서 형벌을 밝히며, 법령을 신칙하니, '법(法)'이라는 것은 일의 이치를 밝혀서 방비하는 것이다.

> ※ 상을 말할 때는 상체(상괘)의 상을 먼저 말한 후 하체의 상을 말하는 것이 「대상전」의 일반적인 원칙인데, 여기서는 하체부터 말했으니, '雷電'을 '電雷'로 고쳐야 한다는 뜻이다.

【本義】雷電은 當作電雷라.

'뇌전(雷電)'은 마땅히 '전뢰(電雷)'로 해야한다.

> ※ 中溪張氏曰 蔡邕石經本에 作電雷라. : <중계장씨>가 말하길 "<채옹>의 『석경본』에는 '전뢰(電雷)'로 되어 있다."

> ※ 채옹(蔡邕:132~192) : 「후한:後漢」의 문인이며 서가(書家), 자는 백개(伯喈). 저서에 『독단:獨斷, 채중랑집:蔡中郞集』 등이 있다.

初九는 屨校하야 滅趾니 无咎하니라.

◉ 초구는 형틀을 신겨서 발꿈치를 멸하니 허물이 없느니라.

☳. 居初无位 受刑罪輕

【傳】九居初하야 最下하니 无位者也요 下民之象이니 爲受刑之人이요 當用刑之始하니 罪小而刑輕이라. 校는 木械也니 其過ㅣ 小故로 屨之於足하야 以滅傷其趾라. 人有小過에 校而滅其趾면 則當懲懼하야 不敢進於惡矣라 故로 得无咎라. 繫辭에 云ㅣ 小懲而大誡ㅣ 此ㅣ 小人之福也라하니 言懲之於小與初라 故로 得无咎也라.

구(陽)가 초효자리에 있어 가장 낮으니 지위가 없는 사람이고, 백성의 상이니 형벌을 받는 사람이 되며, 형벌을 쓰는 처음에 해당하니 죄가 적어 형벌이 가벼운 것이다. '교(校)'는 나무 형틀이니, 그 허물이 적기 때문에, 발에 신겨 발꿈치를 멸해서 상하게 하는 것이다.

사람이 적은 허물이 있을 때 형틀을 신겨 발꿈치를 멸하면, 마땅히 경계하고 두려워해서 감히 악한 데로 나아가지 못하기 때문에, 허물이 없게 된다. 「계사전」에 말하기를 "조금 징계하여 크게 경계시킴이 소인의 복이라"고 하니, (허물이) 적고 처음일 때 징계했기 때문에 허물이 없게 된다는 말이다.

※ 得 : '後得'으로 되어 있는 판본도 있다.

初與上은 无位하니 爲受刑之人이요 餘四爻는 皆爲用刑之人이라. 初는 居最下하니 无位者也요 上은 處尊位之上이나 過於尊位하니 亦无位者也라. 王弼이 以爲无陰陽之位라하나 陰陽이 係於奇偶어늘 豈容无也리오. 然이나 諸卦ㅣ 初上에 不言當位不當位者는 蓋初終之義ㅣ 爲大라. 臨之初九則以位爲正하고 若需上六은 云不當位라하고 乾上九는 云无位라하니 爵位之位요 非陰陽之位也니라.

「초구」와 「상구」는 지위가 없으니 형벌을 받는 사람이 되고, 나머지 네 효는 다 형벌을 쓰는 사람이 된다. 「초구」는 제일 밑에 거처하니 지위가 없는 사람이고, 「상구」는 높은 자리(오효자리)의 위에 있으나 높은 자리를 지났으니 또한 지위가 없는 사람이 된다. <왕필>이 (초효와 상효를) 음양의 위(位)가 없는 것이 된다고 하나, 음양이 홀수 짝수에 달린 것인 데 어찌 위(位)가 없겠는가?

그러나 모든 괘가 초효와 상효에 '위가 마땅하다(當位), 위가 마땅치않다(不當位)'라고 말하지 않는 것은, 대개 처음과 끝의 뜻이 크기 때문이다. 「임괘:臨卦」의 「초구」는 위(位)로써 '바르다(正)'고 했고, 「수괘:需卦」의 「상육」 같은 것은 '위가 마땅치 않다'고 말했으며, 「건괘:乾卦」의 「상구」는 '위가 없다(无位)'고 말했으니, 벼슬자리의 위(位)이지 음양의 자리라는 위(位)가 아닌 것이다.

※ 不言當位不當位者 : '不言位當不當者'로 되어 있는 판본도 있다.
※ 「임괘:臨卦」의 「초구」는 "志行正也", 「수괘:需卦」의 「상육」은 "雖不當位", 「건괘:乾卦」의 「상구」는 "貴而无位(乾上九 文言傳).

【本義】初上은 无位하니 爲受刑之象이요 中四爻는 爲用刑之象이라. 初在卦始하니 罪薄過小하고 又在卦下라 故로 爲屨校滅趾之象이라.

止惡於初라 故로 得无咎하니 占者ㅣ 小傷而无咎也라.

「초구」와 「상구」는 지위가 없으니 형벌을 받는 상이 되고, 중간의 네 효가 형벌을 주는 상이 된다. 「초구」가 괘의 처음에 있으니 죄가 엷고 허물이 적으며, 또 괘의 밑에 있기 때문에 '형틀을 신겨 발꿈치를 멸하는(屨校滅趾)' 상이 된다. 악한 것을 초기에 그치게 하기 때문에 '허물 없음'을 얻으니, 점치는 사람이 조금은 다치나 허물은 없다.

> 象曰 屨校滅趾는 不行也ㅣ라.
> ◉ 상에 말하기를 '형틀을 신겨 발꿈치를 멸함'은 행하지 못하게 함이라.

【傳】屨校而滅傷其趾면 則知懲誡而不敢長其惡이라 故로 云不行也라. 古人이 制刑에 有小罪則校其趾하니 蓋取禁止其行하야 使不進於惡也라.

형틀을 신겨 그 발꿈치를 멸해서 상하게 되면, 징계함을 알아서 감히 악행을 길게 하지 못하기 때문에 '행하지 못하게 함(不行也)'이라고 말한 것이다. 옛 사람이 형벌을 가할때 죄가 작으면 발꿈치를 형벌하니, 대개 악행을 금지시켜서 악한 데 나아가지 못하게 하는 뜻을 취한 것이다.

【本義】滅趾는 又有不進於惡之象라.

'발꿈치를 멸함(滅趾)'은 또한 악한 데로 나아가지 못하게 하는 상이 있다.

> 六二는 噬膚호대 滅鼻니 无咎하니라.
> ◉ [정자] 육이는 살을 씹되 코를 멸하게 함이니 허물이 없느니라.
> ◉ [주자] 육이는 살을 씹으나 코를 멸함을 당하니 허물이 없으리라.
>
> ☲☳ 中正用刑 其刑易服

【傳】二應五之位하니 用刑者也라. 四爻ㅣ 皆取噬爲義로대 二ㅣ 居中得正하니 是用刑에 得其中正也라. 用刑에 得其中正則罪惡者ㅣ 易服이라 故로 取噬膚爲象이니 噬齧人之肌膚는 爲易入也라.

「육이」가 오효자리와 응하니 형벌을 쓰는 사람이다. 네 효가 다 씹는 것으로 뜻을 삼았으나, 「육이」가 중에 거처하고 득정(得正)했으니, 이것은 형벌을 씀에 중정한 도를 얻은 것이다. 형벌을 씀에 중정한 도를 얻으면, 죄지고 악한 사람이 쉽게 승복하기 때문에 '살을 씹는다(噬膚)'는 상을 취한 것이니, 사람의 살을 씹는 것은 쉽게 들어가는 것이 된다.

※ 肌 : 살가죽 기.

滅은 沒也니 深入至沒其鼻也라. 二ㅣ 以中正之道하니 其刑에 易服이나 然이나 乘初剛하니 是는 用刑於剛强之人이라. 刑剛强之人이면 必須深痛이라 故로 至滅鼻而无咎也라. 中正之道는 易以服人이니 與嚴刑以待剛强으로 義不相妨이라.

'멸(滅)'은 없어지는 것이니, 깊이 들어가 코를 없애는 데까지 이르른 것이다. 「육이」가 중정한 도로써 하니 그 형벌함에 쉽게 승복하나, 「초구」의 강함을 탔으니, 이것은 강하고 굳센 사람에게 형벌을 쓰는 것이다. 강하고 굳센 사람을 형벌하려면 심히 아프게 해야하기 때문에, 코를 없애는 데까지 이르지만, 허물은 없는 것이다. 중정한 도는 쉽게 사람을 승복시키니, 형벌을 엄하게 해서 강하고 굳센 사람을 처벌하는 것과 뜻이 서로 방해되지 않는다.

【本義】祭有膚鼎하니 蓋肉之柔脆로 噬而易嗑者라. 六二ㅣ 中正이라 故로 其所治ㅣ 如噬膚之易나 然이나 以柔乘剛이라 故로 雖甚易나 亦不免於傷滅其鼻하니 占者ㅣ 雖傷而終无咎也라.

제사에 '부정(膚鼎)'이라는 것이 있으니, 대개 고기의 부드럽고 연한 것으로 씹어서 합하기 쉬운 것이다. 「육이」가 중정하기 때문에 다스리기가 살을 씹는 것 같이 쉬우나, 유로써 강을 탔기 때문에 비록 아주 쉽기는 하나 또한 자기의 코를 멸해서 상하게 됨을 면할 수 없다. 점치는 사람이 비록 다치기는 해도, 마침내 허물이 없다.

※ 부정(膚鼎) : 좋은 육류를 담는 솥(하늘을 상징하므로 홀수로 놓음).
※ 脆 : 무를 취, 부드러울 취.

> 象曰 噬膚滅鼻는 乘剛也일새라.
> ● 상에 말하기를 '서부멸비'는 강을 탔기 때문이다.

【傳】深至滅鼻者는 乘剛故也라. 乘剛은 乃用刑於剛强之人이니 不得不深嚴也라. 深嚴則得宜하니 乃所謂中也라.

깊이해서 코를 멸하는 데까지 이르른 것은 강을 탔기 때문이다. '강을 탔다(乘剛)'고 함은 형벌을 강하고 굳센 사람에게 쓰는 것이 되니, 깊고 엄하게 하지 않을 수 없다. 깊고 엄하게 하면 반드시 마땅함을 얻으니, 중도(中)라고 할 수 있는 것이다.

> 六三은 噬腊肉하다가 遇毒이니 小吝이나 无咎ㅣ리라.
> ● 육삼은 말린 고기를 씹다가 독을 만남이니, 조금 인색하나 허물이 없으리라.

☲ 處不當位 用刑不服

【傳】三居下之上하야 用刑者也로대 六居三하니 處不當位라. 自處ㅣ 不得其當而刑於人이면 則人不服而怨懟悖犯之하니 如噬齧乾腊堅韌之物이라가 而遇毒惡之味하야 反傷於口也라. 用刑而人不服하고 反致怨傷하니 是可鄙吝也라. 然이나 當噬嗑之時하야 大要는 噬間而嗑之니 雖其身이 處位不當而强梗難服하야 至於遇毒이나 然이나 用刑이 非爲不當也라. 故로 雖可吝而亦小하니 噬而嗑之면 非有咎也라.

「육삼」이 아랫 괘의 위에 있어서 형벌을 쓰는 사람이나, 육(陰)이 삼효자리에 있으니, 거처함에 자리가 마땅치 못하다. 스스로 처함이 마땅치 못하면서 남에게 형벌을 주면, 사람들이 굴복하지 않고 원망하면서 거스리고 범하니, 마치 마른 포의 굳고 질긴 물건을 씹다가 독악(毒惡)한 맛을 만나 도리어 입을 상하는 것과 같은 것이다. 형벌을 씀에 사람이 굴복하지 않고 도리어 원망받고 다치게 되니, 이것은 더럽고 인색한 것이다. 그러나 「서합」의 때를 당해서 크게 중요한 것은 사이에 걸린 물건을 씹어 합해야 되니, 비록 그 몸의 처한 자리가 마땅치 못하고, 강경하여 굴복시키기 어려워 독을 만나는 데까지 이르렀으나, 형벌을 씀이 부당하지는 않은 것이다. 그러므로 비록 인색하기는 하나 또한 작으니, 씹어 합하면 허물이 없는 것이다.

※ 韌 : 질길 인.　　독악지미(毒惡之味) : 거칠고 맛없음.　　腊 : 포 석.
※ 而 : '而'자가 없는 판본도 있다.

【本義】腊肉은 謂獸腊이니 全體骨而爲之者로 堅韌之物也라. 陰柔不中正으로 治人而人不服하니 爲噬腊遇毒之象이라. 占雖小吝이나 然이나 時當噬嗑하니 於義에 爲无咎也라.

'석육(腊肉)'은 짐승의 마른 고기이니, 전체가 단단한 것으로 굳고 질긴 물건이다. 음유하고 중정하지 못한 것으로 사람을 다스림에 사람이 굴복하지 않으니, 마른 포를 씹다가 독을 만난 상이 된다. 점은 비록 조금 인색하나, 씹어 합하는 때이므로 의리에는 허물없음이 된다.

※ 骨 : 굳을 골.

象曰 遇毒은 位不當也일새라.
◉ 상에 말하기를 '독을 만남'은 위가 마땅하지 못하기 때문이다.

【傳】六三이 以陰居陽하야 處位不當이라. 自處ㅣ 不當이라 故로 所刑者ㅣ 難服而反毒之也라.

「육삼」이 음으로써 양자리에 있어서 처한 자리가 마땅하지 않다. 스스로 처함이 마땅치 못하기 때문에, 형벌을 줌에 굴복시키기 어렵고 도리어 독을 만나게 된다.

※ 三 : '三'자가 없는 판본도 있다.

九四는 噬乾胏하야 得金矢나 利艱貞하니 吉하리라.
- ◉ [정자] 구사는 마른 고기를 씹어서 금과 화살을 얻으나, 어렵고 바르게 함이 이로우니 길하리라.
- ◉ [주자] 구사는 마른 고기를 씹어서 금과 화살을 얻으니, 어렵고 바르게 함이 이로우니 길하리라.

當任噬嗑 用刑愈深

【傳】九四ㅣ 居近君之位하니 當噬嗑之任者也라. 四已過中하니 是其間이 愈大而用刑이 愈深也라 故로 云噬乾胏라. 胏는 肉之有聯骨者로 乾肉而兼骨하니 至堅難噬者也라. 噬至堅而得金矢하니 金은 取剛이요 矢는 取直이라.

「구사」는 인군 가까운 자리에 있으니, 씹어 합하는 소임을 맡은 사람이다. 「구사」가 이미 중간을 지났으니, 이것은 틈이 더욱 커져서 형벌 씀을 더욱 깊게 해야 하기 때문에, '마른 고기를 씹는다(噬乾胏)'고 한 것이다. '치(胏)'는 고기가 뼈와 연결된 것으로, 마른 고기에 뼈까지 있어서 지극히 굳어 씹기 어려운 것이다. 지극히 굳은 것을 씹어서 금과 화살을 얻었으니, '금(金)'은 강한 것을 취함이고 '화살(矢)'은 곧음을 취한 것이다.

※ 胏 : 뼈가 붙은 마른 고기 치(자). ※ 聯 : '聯'자가 없는 판본도 있다.

九四는 陽德이 剛直하야 爲得剛直之道니 雖用剛直之道라도 利在克艱其事而貞固其守니 則吉也라. 九四는 剛而明하고 體陽而居柔하니 剛明則傷於果라 故로 戒以知難이요 居柔則守不固라 故로 戒以堅貞이라. 剛而不貞者도 有矣나 凡失剛者는 皆不貞也니 在噬嗑엔 四最爲善이라.

「구사」가 양의 덕이 강직해서 강직한 도를 얻은 것이 되니, 비록 강직한 도를 쓰더라도, 이로움이 그 일을 어렵게 하고 그 지킴을 정고하게 하는 데 있으니 길하다. 「구사」는 강하면서 밝고, 양의 체로 유한 자리에 거처하니, 강명하면 과감함으로 인해 다칠 수 있기 때문에 어려움을 알라고 경계했고, 유한 자리에 거처하면 지킴이 굳지 못하기 때문에 견고하고 바르게 하라고 경계한 것이다. 강하면서 바르지 못한 사람도 있으나, 강을 잃은 것은 다 바르지 못한 것이니, 「서합괘」에서는 「구사」가 가장 좋은 것이 된다.

　　※ 九 : '九'자가 없는 판본도 있다.
　　※ 龜山楊氏曰 九四合一卦言之면 則爲間者也로대 以六爻言之면 則居大臣之位니 任除間之責者也라.
　　 : <구산양씨>가 말하길 "「구사」가 괘로써 말하면 막는 자가 되지만, 여섯 효로써 보면 대신의 자리에 있는 것이니, 막힌 것을 제거하는 책임을 맡은 자이다."

【本義】胏는 肉之帶骨者니 與胾로 通이라. 周禮에 獄訟에 入鈞金束矢而後에 聽之라하니 九四ㅣ 以剛居柔하니 得用刑之道라 故로 有此象이라. 言所噬ㅣ 愈堅而得聽訟之宜也라 然이나 必利於艱難正固則吉하니 戒占者ㅣ 宜如是也니라.

　'치(胏)'는 고기에 뼈가 붙은 것이니, 자(胾)와 통용된다. 『주례:周禮』에 "옥사로 송사할 때에 30근의 금과 화살 묶은 것을 예치한 뒤에 송사를 듣는다"고 하니, 「구사」가 강으로써 유한 자리에 거처하므로, 형벌을 쓰는 도를 얻은 것이기 때문에 이런 상이 있다. 씹는 것이 더욱 굳고 송사를 듣는 마땅함을 얻었으나, 반드시 어렵게 하고 정고(正固)하게 하면 길하게 되는 데 이로움이 있으니, 점치는 사람이 마땅히 이와 같이 하라고 경계한 것이다.

　　※ 胾 : 고깃점 자.　　　　※ 鈞 : 서른근 균.
　　※ 『주례:周禮』: 「주(周)나라」의 관제(官制)를 <주공(周公)>이 기록한 행정법전(行政法典). 『의례:儀禮』『예기:禮記』와 함께 「삼례:三禮」라고 한다. 윗 글은 「추관:秋官」의 「대사구:大司寇」에 출전.

　　※ 雲峰胡氏ㅣ 曰 胏는 肉之帶骨者니 骨은 因九取象이요 肉은 因四取象이라. 離爲乾卦라 故로 爲乾胏라. 腊肉은 肉藏骨이요 柔中有剛이니 六三은 柔居剛이라 故로 所噬如之라. 乾胏는 骨連肉이요 剛中有柔니 九四는 剛居柔라 故로 所噬如之라. 三遇毒은 所治之人이 不服也ㅣ요 四得金矢는 其人이 服矣라 然이나 必艱難正固라야 乃无咎라. : <운봉호씨>가 말하기를 "'치'는 고기의 뼈가 붙은 것이니, 뼈는 구(陽)로 인해서 상을 취했고, '고기(肉)'는 사효(陰)자리로 인해 상을 취했다. 상괘인 「리:☲」는 궁극적으로는 「건:☰」이 되기 때문에 '간치(乾胏)'가 된 것이다. '석육(腊肉)'은

고기 속에 뼈가 감추어진 것이고, 부드러움 속에 강함이 있는 것이니, 「육삼」은 유가 강한 자리에 있기 때문에 씹는 것이 이와 같다. '간치(乾胏)'는 뼈와 고기가 연결돼서 강함 속에 부드러움이 있는 것이니, 「구사」는 강으로 유한 자리에 있기 때문에 씹는 것이 이와 같은 것이다. 「육삼」이 독을 만난 것은 다스려지는 사람이 굴복하지 않은 것이고, 「구사」가 금과 화살을 얻는 것은 형벌 받는 사람이 굴복한 것이다. 그러나 반드시 어렵게 하고 바르고 굳게해야 허물이 없을 것이다."

象曰 利艱貞吉은 未光也ㅣ라.

◉ 상에 말하기를 '어렵고 바르게 해서 길함'은 빛나지 못함이다.

【傳】凡言未光은 其道ㅣ 未光大也요 戒於利艱貞은 蓋其所不足也니 不得中正故也라.

'빛나지 못하다(未光)'고 말한 것은 그 도가 빛나고 크지 못한 것이고, '어렵고 바르게 함이 이롭다(利艱貞)'고 경계한 것은 대개 부족함이 있기 때문이니, 중정함을 얻지 못했기 때문이다.

※ 於 : '以'자로 되어 있는 판본도 있다.

六五는 噬乾肉하야 得黃金이니 貞厲ㅣ면 无咎ㅣ리라.

◉ [정자] 육오는 마른 고기를 씹어서 황금을 얻으니, 바르고 위태롭게 여기면 허물이 없으리라.
◉ [주자] 육오는 마른 고기를 씹어서 황금을 얻으니, 바르고 위태롭게 여겨야 허물이 없으리라.

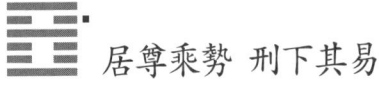

居尊乘勢 刑下其易

【傳】五在卦에 愈上而爲噬乾肉하야 反易於四之乾胏者는 五居尊位하고 乘在上之勢하야 以刑於下하니 其勢ㅣ 易也라. 在卦ㅣ 將極矣요 其爲間이 甚大하니 非易嗑也라 故로 爲噬乾肉也라.

「육오」가 괘에 있어 더욱 위에 있으나 마른 고기를 씹는 것이 되어, 도리어 「구사」의 간치(乾肺)보다 쉬운 것은, 「육오」가 높은 자리에 거처하고 위에 있는 세력을 타서 아랫 사람을 형벌주니 그 형세가 쉬운 것이다. 괘가 장차 끝나려하고 그 틈도 심히 크니, 합하기 쉬운 것은 아니기 때문에 '마른 고기를 씹음(噬乾肉)'이 된 것이다.

得黃金은 黃은 中色이요 金은 剛物이니 五ㅣ 居中이 爲得中道며 處剛而四ㅣ 輔以剛이 得黃金也요 五无應而四居大臣之位하니 得其助也라. 貞厲无咎는 六五ㅣ 雖處中剛이나 然이나 實柔體라 故로 戒以必正固而懷危厲則得无咎也라. 以柔居尊而當噬嗑之時하니 豈可不貞固而懷危懼哉리오.

'황금을 얻었다(得黃金)'고 함은, '누런 것(黃)'은 중앙의 색이고 '금(金)'은 강한 물건이니, 「육오」가 중에 거처하는 것이 중도를 얻은 것이 되며, 강한 데 거처한 데다 「구사」가 강함으로써 도움이 '황금을 얻은 것'이고, 「육오」가 응이 없고, 「구사」가 대신의 자리에 거처하니 그의 도움을 받는 것이다.

'바르고 위태롭게해서 허물이 없다(貞厲无咎)고 함은, 「육오」가 비록 중(中)하고 강한 자리에 거처하나 실질은 부드러운 체(음효)이기 때문에, 반드시 바르고 굳게 하면서 위태롭다는 생각을 품으면 허물이 없다고 경계한 것이다. 유(柔)로써 높은 자리에 거처하면서 씹어합하는 때를 당했으니, 어찌 정고하게 하고 위태하며 두렵다는 생각을 품지 않을 수 있겠는가?

※ 嗑 : '堅'자로 되어 있는 판본도 있다.
※ 懷危懼哉 : '忘危懼也'로 되어 있는 판본도 있다.

【本義】噬乾肉은 難於膚而易於腊肺者也라. 黃은 中色이요 金은 亦謂鈞金이라. 六五ㅣ 柔順而中하야 以居尊位하니 用刑於人에 人无不服이라 故로 有此象이라. 然이나 必貞厲라야 乃得无咎니 亦戒占者之辭也라.

'마른 고기를 씹는 것(噬乾肉)'은, 살(膚)을 씹는 것(六二) 보다는 어렵고 석육(六三)이나 간치(九四) 보다는 쉽다. '누런 것(黃)'은 중앙의 색이고, '금(金)'은 또한 30근의 금이다. 「육오」가 유순하면서 중을 얻어 높은 자리에 거처하니, 사람에게 형벌을 씀에, 굴복하지 않는 이가 없기 때문에 이런 상이 있다. 그러나 반드시 바르고 위태롭게 여겨야 허물이 없을 것이니, 또한 점치는 사람을 경계한 말이다.

> 象曰 貞厲无咎는 得當也일새라.
> ◉ 상에 말하기를 '정려무구'는 마땅함을 얻었기 때문이다.

【傳】所以能无咎者는 以所爲ㅣ 得其當也니 所謂當은 居中用剛而能守正慮危也일새라.

허물이 없을 수 있음은 하는 바가 마땅함을 얻은 것이다. '마땅하다(當)'는 것은 중에 거처해서 강한 것을 쓰면서, 바름을 지키고 위태함을 생각할 수 있기 때문이다.

> 上九는 何校하야 滅耳니 凶토다.
> ◉ 상구는 형틀을 씌워서 귀를 멸하니 흉하도다.
> 卦終无位 罪大噬極

【傳】上이 過乎尊位하니 无位者也라 故로 爲受刑者요 居卦之終하니 是其間이 大요 噬之極也라. 繫辭에 所謂惡積而不可掩이며 罪大而不可解者也라 故로 何校而滅其耳니 凶을 可知矣라. 何는 負也니 謂在頸也라.

「상구」가 높은 자리를 지났으니, 지위가 없는 사람이기 때문에 형을 받는 사람이 되고, 괘의 마지막에 거처하니 이것은 그 틈이 큰 것이며 씹음이 극한 것이다. 「계사전」에 말한 "악한 것이 쌓여 가릴 수 없고, 죄가 커져서 풀지 못하는 것"이기 때문에, 형틀을 씌워서 귀를 멸한 것이니 흉할 것을 알 수 있다. '하(何)'는 짊어진다는 것이니, 목에 씌운다는 말이다.

※「계사하전」 5장에 출전함.
※ 何 : 짊어질 하(荷), 멜 하, 형틀 씌울 하.

【本義】何는 負也라. 過極之陽이 在卦之上하야 惡極罪大하니 凶之道也라. 故로 其象占이 如此라.

'하(何)'는 짊어지는 것이다. 지나치게 극한 양이 괘의 제일 위에 있어서, 악한 것이 극하고 죄가 크니, 흉한 도이다. 그러므로 그 상과 점이 이와 같다.

象曰 何校滅耳는 聰不明也일새라.

● 상에 말하기를 '형틀을 씌워서 귀를 멸함'은 귀가 밝지 못하기 때문이다.

【傳】人之聾暗不悟하고 積其罪惡하야 以至於極이라. 古人이 制法에 罪之大者를 何之以校는 爲其无所聞知하야 積成其惡이라 故로 以校而滅傷其耳니 誡聰之不明也라.

사람이 귀먹고 어두워 깨닫지 못하고, 그 죄악을 쌓아 극에까지 이른 것이다. 옛사람이 법을 만들때 큰 죄를 지은 자를 형틀로써 씌우게 한 것은, 견문과 지식이 없어서 그 악을 쌓아 이룬 것이기 때문에, 형틀로써 귀를 멸하여 상하게 한 것이니, 귀 밝지 못한 것을 징계한 것이다.

※ 傷 : '傷'자가 없는 판본도 있다.

【本義】滅耳는 蓋罪其聽之不聰也니 若能審聽而早圖之則无此凶矣라.

'귀를 멸하는 것(滅耳)'은 그 듣는 것이 귀밝지 못함을 죄주는 것이니, 만약 살펴 들어서 일찍 도모할 수 있으면 이런 흉함은 없을 것이다.

山火賁(22) 산화비

艮上
離下

【傳】 賁는 序卦에 嗑者는 合也니 物不可以苟合而已라 故로 受之以賁라하니 賁者는 飾也요 物之合則必有文이니 文은 乃飾也라. 如人之合聚則有威儀上下하고 物之合聚則有次序行列하야 合則必有文也니 賁所以次噬嗑也라. 爲卦ㅣ 山下有火하니 山者는 草木百物之所聚也며 下有火則照見其上하야 草木品彙ㅣ 皆被其光彩하니 有賁飾之象이라 故로 爲賁也라.

「비: ☲」는 「서괘전」에 "합(嗑)은 합하는 것이니, 물건이 구차하게 합하고만 있을 수는 없기 때문에 「비괘」로써 받았다"고 하였다. 「비」는 꾸민다는 것이고, 물건이 합하면 반드시 무늬가 있으니, 무늬는 꾸미는 것이다. 마치 사람이 모이면 위의(威儀)와 상하(上下)가 있고, 물건이 모이면 차례와 행렬이 있어서 합하면 반드시 무늬가 있는 것과 같으니, 「비괘」가 「서합괘: ☲」의 다음에 있는 것이다. 괘됨이 산(☶) 아래 불(☲)이 있으니, 산은 초목과 모든 물건이 모인 것이며, 아래에 불이 있으면 그 위를 밝게 비추어 초목 등속이 다 그 광채를 입으니, 무늬하고 꾸미는 상이므로 「비괘」가 된다.

※ 위의(威儀) : 위엄과 의용, 예(禮)의 세칙(細則).
※ 행렬(行列) : 순서대로 배열함, 또는 혈족 간의 계열.
※ 품휘(品彙) : 물품을 종류를 따라 나눔(品類).

賁는 亨하니 小利有攸往하니라.

- [정자] 비는 형통하니 가는 바를 둠이 조금 이로우니라.
- [주자] 비는 형통하고 가는 바를 둠이 조금 이로우니라.

☷☶ 兼取二爻 剛柔交相

【傳】物이 有飾而後에 能亨이라 故로 曰无本이면 不立이요 无文이면 不行이라하니 有實而加飾則可以亨矣라. 文飾之道는 可增其光彩라 故로 能小利於進也라.

물건이 꾸밈이 있은 뒤에 형통하기 때문에 "근본이 없으면 서지 못하고, 무늬(형식)가 없으면 행하지 못한다"고 한 것이니, 실질이 있으면서 꾸미면 형통할 수 있다. 무늬놓고 꾸미는 도는 그 광채를 더 할 수 있기 때문에, 나아감에 조금 이로운 것이다.

※『예기』의 「예기:禮器」편에 "無本이면 不立하고 無文이면 不行하나니라"로 되어 있다.

【本義】賁는 飾也니 卦ㅣ 自損來者는 柔自三來而文二하고 剛自二上而文三하며 自旣濟而來者는 柔自上來而文五하고 剛自五上而文上이라. 又內離而外艮이니 有文明而各得其分之象이라 故로 爲賁라. 占者ㅣ 以其柔ㅣ 來文剛하야 陽得陰助而離明於內라 故로 爲亨이요 以其剛이 上文柔而艮止於外라 故로 小利有攸往이라.

「비:☶」는 꾸미는 것이니, 괘가 「손괘:☴」로부터 온 것은 유(柔)가 삼효로부터 와서 이효자리를 무늬하고, 강(剛)은 이효로부터 올라가서 삼효자리를 무늬하며, 「기제괘:☲」로부터 온 것은 유가 상효로부터 와서 오효자리를 무늬하고, 강은 오효로부터 올라가서 상효자리를 무늬한 것이다. 또한 안은 「리:☲」이고 밖은 「간:☶」이니, 문명하면서도 각각 그 분수를 얻는 상이 있기 때문에 「비괘」가 됐다.

점치는 사람이 유가 내려와 강을 무늬해서, 양이 음의 도움을 얻고 안에서 「리:☲」로 밝았기 때문에 '형통한 것(亨)'이 되고, 강이 올라가 유를 무늬하고, 밖에서 「간:☶」으로 그치기 때문에 '가는 바를 둠이 조금 이로운 것(小利有攸往)'이다.

※ "유가 내려와 강을 무늬함으로써, 양이 음의 도움을 얻고 안에서 「리:☲」로 밝았기 때문에 '형통한 것'이 되고"는 「☴→☲」의 뜻이다,

"강이 올라가 유를 무늬함으로써, 밖에서 「간:☶」으로 그치기 때문에 '가는 바를 둠이 조

금 이로운 것'이다."는 「☱→☲」의 뜻이다.

> **象曰 賁亨은**
> ◉ [정자] 단에 말하기를 '비는 형통하니'라고 한 것은
> ◉ [주자] 단에 말하기를 비는

【本義】亨字는 疑衍이라.

'형(亨)'자는 잘못 붙여진 것이 아닌가 의심스럽다.

> **柔ㅣ 來而文剛故로 亨하고 分剛하야 上而文柔故로 小利有攸往하니 天文也ㅣ오**
> ◉ 유가 와서 강을 무늬한 까닭에 형통하고, 강을 나누어 올라가서 유를 무늬한 까닭에 가는 바를 둠이 조금 이로우니 천문이고,

【本義】以卦變으로 釋卦辭라. 剛柔之交는 自然之象이라 故로 曰天文이라. 先儒ㅣ 說하되 天文上에 當有剛柔交錯四字라하니 理或然也라.

괘변으로써 「괘사」를 풀이한 것이다. 강과 유의 사귐은 자연의 상이기 때문에 천문이라고 한 것이다. 이전의 선비들이 말하기를 "'천문(天文)'이라고 한 위에 마땅히 '剛柔交錯(강과 유가 사귀어 섞인다)'이라는 네 글자가 있어야 한다"고 하니, 이치가 혹 그럴 수 있다.

※ '柔ㅣ 來而文剛故로 亨하고 分剛하야 上而文柔故로 小利有攸往하야 剛柔交錯하니 天文也ㅣ오'로 되어야 한다는 뜻이다.

> **文明以止하니 人文也ㅣ니**
> ◉ [정자] 문명해서 그치니 인문이니,
> ◉ [주자] 문명하고 그치니 인문이니,

【傳】卦爲賁飾之象은 以上下二體ㅣ 剛柔交相하야 爲文飾也라. 下體는 本乾으로 柔來文其中而爲離하고 上體는 本坤으로 剛往文其上而爲艮하야 乃爲山下有火하니 止於文明而成賁也라.

 괘가 꾸미는 상이 된 것은, 상하 두 괘체의 강유가 서로 사귀어서 문식(文飾)했기 때문이다. 하체는 본래「건:☰」으로 유가 와서 가운데를 무늬하여「리:☲」가 되고, 상체는 본래「곤:☷」으로 강이 가서 그 위를 무늬해서「간:☶」이 되어, 산 아래 불이 있는 것이 됐으니, 문명한 데 그쳐서 꾸밈(賁)을 이룬 것이다.

  ※ 交相: '相交'로 되어 있는 판본도 있다.
  ※ 문식(文飾): 무늬를 만들고 꾸밈.

天下之事ㅣ 无飾이면 不行이라 故로 賁則能亨也라. 柔來而文剛故亨은 柔來文於剛而成文明之象하니 文明은 所以爲賁也요 賁之道ㅣ 能致亨은 實由飾而能亨也일새라. 分剛上而文柔故小利有攸往은 分乾之中爻하야 往文於艮之上也니 事由飾而加盛이며 由飾而能行이라 故로 小利有攸往이라. 夫往而能利者는 以有本也니 賁飾之道는 非能增其實也요 但加之文彩耳라. 事由文而顯盛이라 故로 爲小利有攸往이라.

 천하의 일이 꾸밈이 없으면 행하지 못하기 때문에,「비괘」가 형통한 것이다. '유가 와서 강을 무늬한 까닭에 형통하다(柔來而文剛故亨)'는 것은, 유가 와서 강을 무늬해 문명한 상을 만드니, 문명(文明)은「비괘」가 된 까닭이고,「비」의 도가 형통할 수 있는 것은, 실질은 꾸밈으로 말미암아 형통할 수 있기 때문이다.

 '강을 나누어 올라가 유를 무늬했기 때문에 가는 바를 둠이 조금 이롭다(分剛上而文柔故小利有攸往)'는 것은,「건:☰」의 가운데 효를 나누어 가서「간:☶」의 위를 무늬한 것이니, 일은 꾸밈으로 말미암아 성대함을 더하며, 꾸밈으로 말미암아 행할 수 있기 때문에, '가는 바를 둠이 조금 이롭다'고 했다. 대개 가서 이로울 수 있는 것은 근본이 있기 때문이니, 꾸미는 도는 그 실질을 증가시키는 것이 아니고 다만 문채(文彩)를 더할 따름이다. 일은 문채로 말미암아 성대함을 나타내기 때문에, 가는 바를 둠이 조금 이로운 것이다.

※ 하체인 「건☰」이 「리☲」가 됨으로써 문명해져서 '형통'한 것이고, 상체인 「곤☷」이 「간☶」이 됨으로써 그치게 되어, 많이 이롭지는 못하고 조금 이롭다는 뜻으로, '가는 바를 둠이 조금 이롭다'고 했다.

亨者는 亨通也요 往者는 加進也라. 二卦之變이 共成賁義而象애 分言上下하야 各主一事者는 蓋離明이 足以致亨이요 文柔ㅣ 又能小進也일새라. 天文也文明以止人文也는 此ㅣ 承上文하야 言이니 陰陽剛柔相文者는 天之文也요 止於文明者는 人之文也니 止는 謂處於文明也라. 質必有文은 自然之理요 理必有對待는 生生之本也니 有上則有下하고 有此則有彼하며 有質則有文하야 一不獨立이라가 二則爲文이니 非知道者면 孰能識之리오. 天文은 天之理也요 人文은 人之道也라.

'형(亨)'은 형통하다는 것이고, '왕(往)'은 더 나아가는 것이다. 두 괘의 변한 것이 같이 꾸미는(賁) 뜻을 이루었는데, 「단전」에 상하로 나누어서 각각 한 가지 일을 주관하는 것으로 말한 것은, 대개 「리」의 밝음이 형통함을 이룰 수 있고, 유를 무늬함이(艮) 또한 조금 나아갈 수 있기 때문이다.

'천문이요, 문명해서 그치니 인문(天文也文明以止人文也)'이라고 함은, 윗 글을 이어서 말한 것이니, 음양과 강유가 서로 무늬한 것은 하늘의 무늬이고, 문명한 데 그침은 사람의 무늬이니, '그친다(止)'는 것은 문명한 데 거처함을 말한다. 바탕에 반드시 무늬가 있음은 자연의 이치이고, 이치에 반드시 상대가 있음은 낳고 낳는 근본이니, 위가 있으면 아래가 있고, 이것이 있으면 저것이 있으며, 바탕이 있으면 무늬가 있어서, 하나일 때는 독립하지 못하다가 둘이 되면 무늬를 이루니, 도를 아는 사람이 아니면 누가 알 수 있겠는가? '천문(天文)'은 하늘의 이치고, '인문(人文)'은 사람의 도리다.

※ 言: '言'자가 없는 판본도 있다.
※ 則: '必'자로 되어 있는 판본도 있다.

【本義】又以卦德으로 言之라. 止는 謂各得其分이라.

또한 괘덕으로써 말한 것이다. '그친다(止)'는 것은 각각 그 분수를 얻음을 이른다.

> 觀乎天文하야 以察時變하며
> ◉ 천문을 봐서 때의 변함을 살피며,

【傳】天文은 謂日月星辰之錯列과 寒暑陰陽之代變이니 觀其運行하야 以察四時之遷改也라.

'천문(天文)'은 일월(日月)과 성신(星辰)의 섞이고 나열함과, 한서(寒暑)와 음양의 교대하고 변하는 것이니, 그 운행하는 것을 봐서 사시의 옮기고 고쳐짐을 살피는 것이다.

※ 일월성신(日月星辰) : 해와 달, 그리고 눈에 보이는 밝은 별과 눈에 보이지 않는 어두운 별.
※ 한서(寒暑) : 추위와 더위, 즉 사계절의 운행.

> 觀乎人文하야 以化成天下하나니라.
> ◉ 인문을 봐서 천하를 화하여 이루게 하나니라.

【傳】人文은 人理之倫序라. 觀人文하야 以敎化天下하야 天下ㅣ 成其禮俗하니 乃聖人用賁之道也라. 賁之象은 取山下有火하고 又取卦變柔來文剛剛上文柔라 凡卦에 有以二體之義及二象而成者하니 如屯取動乎險中與雲雷와 訟取上剛下險與天水違行이 是也요 有取一爻者하니 成卦之由也니 柔得位而上下應之曰小畜과 柔得尊位大中而上下應之曰大有ㅣ 是也요

'인문(人文)'은 사람 이치의 조리와 차례이다. 인문(人文)을 봐서 천하를 교화함으로써 천하가 그 예절과 풍속을 이루니, 성인이 꾸밈을 쓰시는 방도이다. 「비괘」의 「대상전」은 '산 아래 불이 있다(山下有火)'는 것을 취하고, 또 괘변으로 유가 와서 강을 무늬하고 강이 올라가 유를 무늬함을 취했다. 대개 괘에 두 괘체의 의의와 두 상(象)으로 이루어진 것이 있으니, 「둔괘☵☳」의 "험한 가운데 움직인다"와 "구름과 우뢰"를 취한 것과, 「송괘☰☵」의 "위는 강하고 아래는 험하다"

와 "하늘과 물이 어긋나게 행한다"를 취한 것이 이런 것이다.

한 효를 취해서 괘를 이룬 연유로 한 것이 있으니, 괘를 이룬 연유로, "유가 위(位)를 얻음에 상하가 응하는 것이 「소축: ䷈」"과 "유가 높은 자리를 얻어 크게 가운데하고 상하가 응하는 것이 「대유: ䷍」"라고 한 것이 이런 것이다.

　　※ 天: '天'자가 없는 판본도 있다.　　※ 下: '下'자가 없는 판본도 있다.
　　※ 而: '而'자가 없는 판본도 있다.
　　※ 괘체의 의의는 괘덕(卦德)을 말한다. 「둔괘: ䷂」의 「감: ☵」은 험하다는 덕과 구름이라는 상이 있고, 「진: ☳」은 움직인다는 덕과 우뢰의 상이 있다. 또 「송괘: ䷅」의 「건: ☰」은 강하다는 덕과 하늘이라는 상이 있고, 「감: ☵」은 험하다는 덕과 물이라는 상이 있다.

有取二體하고 **又取消長之義者**하니 **雷在地中復**과 **山附於地剝**이 **是也**요 **有取二象**하고 **兼取二爻交變爲義者**하니 **風雷益**에 **兼取損上益下**와 **山下有澤損**에 **兼取損下益上**이 **是也**요 **有旣以二象成卦**하고 **復取爻之義者**하니 **夬之剛決柔**와 **姤之柔遇剛**이 **是也**요 **有以用成卦者**하니 **巽乎水而上水井**과 **木上有火鼎**이 **是也**며 **鼎**은 **又以卦形**으로 **爲象**이요 **有以形爲象者**하니 **山下有雷頤**와 **頤中有物曰噬嗑**이 **是也**니 **此** ㅣ **成卦之義也**라.

두 체를 취하고 또 사그러지고 자라나는 뜻을 취한 것이 있으니, "우뢰가 땅 가운데 있는 것이 「복: ䷗」"과 "산이 땅에 붙어 있는 것이 「박: ䷖」"이라고 한 것이 이런 것이다.

두 상을 취하고 아울러 두 효가 사귀어 변하는 뜻을 취해서 뜻을 삼은 것이 있으니, "바람과 우뢰가 「익: ䷩」"이라 하고 아울러 "위를 덜어 아래를 더한다"를 취한 것과, "산 아래 못이 있는 것이 「손: ䷨」"이라 하고 아울러 "아래를 덜어 위를 더한다"는 것을 취한 것이 이런 것이다.

이미 두 상으로써 괘를 이루고 다시 효의 뜻을 취한 것이 있으니, 「쾌: ䷪」의 "강이 유를 척결한다"와 「구: ䷫」의 "유가 강을 만난다"는 것이 이것이다.

쓰임으로 괘를 이룬 것이 있으니, "물 속에 들어가 물을 올리는 것이 「정: ䷯」"이라 한 것과, "나무 위에 불이 있는 것이 「정: ䷱」"이라 한 것이 이런 것이며, 「정괘: 鼎卦」는 또한 괘의 형상으로 상을 했다.

형상으로써 상을 삼은 것이 있으니, "산 아래 우뢰가 있는 것이「이:☲☶」"와 "턱 가운데 물건이 있는 것이「서합:☲☳」"이라고 한 것이 이런 것이니, 이런 것들이 괘를 이룬 뜻이다.

如剛上柔下와 損上益下는 謂剛居上柔在下와 損於上益於下니 據成卦而言이요 非謂就卦中升降也라. 如訟无妄애 云剛來ㅣ 豈自上體而來也리오. 凡以柔居五者는 皆云柔進而上行이라하니 柔는 居下者也어늘 乃居尊位하니 是ㅣ 進而上也요 非謂自下體而上也라.

"강이 올라가고 유가 내려온다."와 "위를 덜어 아래를 더한다."는 것은, '강이 위에 있고 유가 아래있다'와 '위의 것을 덜어서 아래를 보탠다'는 말이니, 이루어 놓은 괘를 가지고 말한 것이지, 괘에서 올라가고 내려간다고 말한 것이 아니다.「송괘:☵☰, 무망괘:☳☰」에 "강이 왔다"고 한 것이 어찌 상체(上卦)로부터 왔다는 것이겠는가? 유로써 오효자리에 거처하는 모든 괘는 다 "유가 나아가 위로 갔다"고 했으니, 유(柔)는 아래에 있는 것인데 높은 자리에 거처하니, 나아가서 올라갔다는 것이지, 하체(下卦)로부터 올라갔다는 것이 아니다.

卦之變이 皆自乾坤이어늘 先儒ㅣ 不達이라 故로 謂賁ㅣ 本是泰卦라하니 豈有乾坤이 重而爲泰어늘 又由泰而變之理리오. 下離는 本乾中爻로 變而成離요 上艮은 本坤上爻로 變而成艮이라. 離在內라 故로 云柔來요 艮在上이라 故로 云剛上이니 非自下體而上也라. 乾坤이 變而爲六子하고 八卦ㅣ 重而爲六十四하니 皆由乾坤之變也라.

괘의 변함이 다「건:☰, 곤:☷」으로부터 했거늘, 이전의 선비가 알지 못했기 때문에,「비괘:☶☲」가 본래「태괘:☷☰」라고 하니, 어찌「건, 곤」이 거듭해서「태괘」가 되었는데 또「태괘」로부터 변해가는 이치가 있겠는가? 아래의「리:☲」는 본래「건:☰」의 가운데 효가 변해서「리」를 이루었고, 위의「간:☶」은 본래「곤:☷」의 상효가 변해서「간」을 이루었다.「리」가 안에 있기 때문에 '유가 온다'고 말했고,「간」이 위에 있기 때문에 '강이 올라갔다'고 한 것이지, 하체로부터 올라간 것이 아니다.「건·곤」이 변해서 여섯 자식괘가 되고, 팔괘가 거듭해서 64괘가 되니, 다「

「건·곤」의 변함으로 말미암은 것이다.

【本義】 極言賁道之大也라.

꾸미는 도의 큼을 극대해서 말한 것이다.

> 象曰 山下有火ㅣ 賁니 君子ㅣ 以하야 明庶政호대 无敢折獄하나니라.
> - [정자] 상에 말하기를 산 아래 불이 있는 것이 비니, 군자가 본받아서 뭇 정사를 밝히되 옥사를 판결하는 데 함부로 하지 않느니라.
> - [주자] 상에 말하기를 산 아래 불이 있는 것이 비니, 군자가 본받아서 뭇 정사를 밝히고 옥사를 판결하는 데 함부로 하지 않느니라.

【傳】 山者는 草木百物之所聚生也니 火在其下而上照면 庶類ㅣ 皆被其光明하니 爲賁飾之象也라. 君子ㅣ 觀山下有火明照之象하야 以修明其庶政하야 成文明之治호대 而无果敢於折獄也라. 折獄者는 人君之所致愼也니 豈可恃其明而輕自用乎아. 乃聖人之用心也니 爲戒深矣로다.

'산(山)'은 풀과 나무 등 많은 물건이 모여 사는 데니, 불이 그 아래에 있으면서 위로 비추면, 뭇 종류가 다 그 광명함을 입으니 꾸미는 상이 된다. 군자가 산 아래 불이 있어 밝게 비추는 상을 관찰함으로써, 뭇 정사를 닦아 밝게해서 문명한 다스림을 이루되, 옥사(獄事)를 판결하는 데 함부로 하지 않는다. 옥사를 판결함은 인군의 삼가해야 할 것이니, 어찌 자기의 밝음만을 믿고 가볍게 판결하겠는가? 성인의 마음 쓰심이니 경계함이 깊도다.

※ 之 : '之'자가 없는 판본도 있다.　※ 其, 其 : '其'자가 둘 다 없는 판본도 있다.

象之所取는 唯以山下有火로 明照庶物이니 以用明으로 爲戒而賁에 亦自有无敢折獄之義라. 折獄者는 專用情實이니 有文飾則沒其情矣라 故로 无敢用文하야 以折獄也라.

「대상전」에 취한 것은 오직 '산 아래에 불이 있어 뭇 물건을 밝게 비치는 것'이니, 밝음을 쓰는 것으로써 경계를 한 것이나, 「비괘」에 또한 스스로 '옥사를 판결하는 데 과감하지 않는' 뜻이 있다. '옥사를 판결하는 것(折獄)'은 오로지 진실(情實)을 써야하니, 문채내고 꾸밈이 있으면 그 진실이 없어질 것이기 때문에, 감히 문채내고 꾸밈을 써서 옥사를 판결하지 않는 것이다.

※ 정실(情實) : 있는 그대로의 사실.

【本義】山下有火하니 明不及遠이라. 明庶政은 事之小者요 折獄은 事之大者라. 內離明而外艮止라 故로 取象이 如此라.

산 아래 불이 있으니 밝음이 멀리 미치지 못한다. '뭇 정사를 밝힘(明庶政)'은 일의 작은 것이고, '옥사를 판결함(折獄)'은 일의 큰 것이다. 안은 「리☲」로 밝고 밖은 「간☶」으로 그치기 때문에 상을 취한 것이 이와 같다.

初九는 賁其趾니 舍車而徒ㅣ로다.

◉ 초구는 그 발꿈치를 꾸밈이니 수레를 버리고 걷도다.

☲. 剛德明體 自賁於下

【傳】初九ㅣ 以剛陽으로 居明體而處下하니 君子ㅣ 有剛明之德而在下者也라. 君子ㅣ 在无位之地하야 無所施於天下하니 唯自賁飾其所行而已라. 趾는 取在下而所以行也라. 君子修飾之道는 正其所行하고 守節處義하니 其行이 不苟하야 義或不當則舍車輿而寧徒行일새 衆人之所羞而君子ㅣ 以爲賁也라

「초구」가 양강함으로써 밝은 체(☲)에 있으면서 아래에 있으니, 군자가 강명한 덕이 있으면서 아래에 있는 것이다. 군자가 지위가 없는 처지에 있어서 천하에 베푸는 바가 없으니, 오직 스스로 자기의 행동이나 꾸밀 뿐이다. '발꿈치(趾)'는 아래에 있으면서 가게 하는 것을 취한 것이다. 군자의 수식(修飾)하는 도리는, 그 행함을

바르게 하고 절개를 지키며 의리로 처신하니, 그 행함이 구차하지 않아서, 의리가 혹 마땅치 않으면 수레를 버리고 차라리 걸어가기 때문에, 뭇 사람들의 부끄러워하는 바이지만 군자는 이로써 꾸밈을 삼는다.

舍車而徒之義는 兼於比應하야 取之라. 初│ 比二而應四하니 應四는 正也요 與二는 非正也라. 九之剛明으로 守義하야 不近與於二而遠應於四하니 舍易而從難이요 如舍車而徒行也라. 守節義는 君子之賁也라. 是故로 君子所賁는 世俗所羞요 世俗所賁는 君子所賤이라. 以車徒爲言者는 因趾與行爲義也라.

   '수레를 버리고 걸어간다(舍車而徒)'는 뜻은 상비(相比)와 상응(相應)을 겸해서 취한 것이다. 「초구」가 「육이」와 상비하고 「육사」와 상응했으니, 「육사」와 응함은 바른 것이고, 「육이」와 더부는 것은 바름이 아니다. 구(陽)의 강명함으로 의리를 지켜서 가까운 「육이」와 더불지 않고 멀리 「육사」와 응하니, 쉬운 것을 버리고 어려운 것을 좇음이고, 수레를 버리고 걸어가는 것과 같다. 절개와 의리를 지키는 것은 군자의 꾸밈이다. 그렇기 때문에 군자의 꾸밈은 세속이 부끄러워하는 바고, 세속이 귀하게 여김은 군자가 천히 여기는 바다. '수레(車)'와 '걷는 것(徒)'으로 말한 것은, '발꿈치(趾)'와 '간다는 것(行)으로 인해 뜻을 삼은 것이다.

   ※ 賁 : '賁'자로 되어 있는 판본도 있다.

【本義】剛德明體로 自賁於下하니 爲舍非道之車而安於徒步之象이라. 占者│ 自處를 當如是也라.

   강한 덕과 밝은 체로 스스로 아래에서 꾸미니, 정도(正道)가 아닌 수레를 버리고 걸어가는 것을 편안히 여기는 상이 된다. 점치는 사람이 스스로 처신하기를 마땅히 이와 같이 해야 한다.

   ※ 강덕(剛德)은 양효를, 명체(明體)는 「리체☲」에 있음을 말한다.

象曰 舍車而徒는 義弗乘也│라.

◉ 상에 말하기를 '수레를 버리고 걸어감'은 의리가 타지 않음이라.

【傳】舍車而徒行者는 於義에 不可以乘也라. 初ㅣ 應四는 正也요 從二는 非正也니 近舍二之易而從四之難이 舍車而徒行也라. 君子之賁는 守其義而已라.

'수레를 버리고 걸어감'은 의리에 있어서 탈 수 없기 때문이다. 「초구」가 「육사」와 응함은 바른 것이고, 「육이」를 좇음은 바른 것이 아니니, 가까운 「육이」의 (사귀기) 쉬움을 버리고 「육사」의 (사귀기) 어려움을 좇는 것이 수레를 버리고 걸어가는 것이다. 군자의 꾸밈은 그 의리를 지킬 뿐이다.

【本義】君子之取舍는 決於義而已라.

군자의 취하고 버림은 의리에 따라 결정될 뿐이다.

六二는 賁其須ㅣ로다.
◉ 육이는 그 수염을 꾸미도다.

䷕ 隨頤而動 係於所附

【傳】卦之爲賁ㅣ 雖由兩爻之變이나 而文明之義ㅣ 爲重하니 二ㅣ 實賁之主也라 故로 主言賁之道라. 飾於物者는 不能大變其質也요 因其質而加飾耳라 故로 取須義하니 須는 隨頤而動者也라. 動止ㅣ 惟係於所附하니 猶善惡이 不由於賁也라. 二之文明은 唯爲賁飾이요 善惡則係其質也라.

괘가 「비」가 된 것이 비록 두 효의 변함으로 연유하나 문명하다는 뜻이 중요하니, 「육이」가 실제로 「비」의 주인이기 때문에 (「육이」에) 주로 꾸미는 도를 말했다. 물건을 꾸밈은 그 본질을 크게 변경시킬 수는 없고, 그 본질로 인해서 꾸밈을 더할 뿐이기 때문에 수염의 뜻을 취했으니, '수염(須)'은 턱을 따라 움직이는 것이다. 움직이고 그치는 것이 오직 붙어 있는 것에 달렸으니, 선과 악이 꾸미는 데 연유하지 않는 것과 같다. 「육이」의 문명함은 오직 꾸미는 것이 될 뿐이고, 착하고 악한 것은 그 본질에 달렸다.

※ 於 : '於'자가 없는 판본도 있다.
※ 「상구」와 「육이」의 두 효로 인해 「비괘」가 되었으나, 「비괘」는 꾸미는 괘이기 때문에 그친다는 뜻보다는 문명하다는 뜻이 더 중요하다.

【本義】二以陰柔로 居中正하고 三以陽剛으로 而得正이나 皆无應與라 故로 二附三而動하니 有賁須之象이라. 占者ㅣ 宜從上之陽剛而動也라.

「육이」가 음유함으로써 중정한 데 거처하고, 「구삼」이 양강함으로써 득정했으나, 둘 다 응하고 더부는 것이 없기 때문에 「육이」가 「구삼」에 붙어 움직이니, '수염을 꾸미는' 상이 있다. 점치는 사람이 마땅히 위의 양강함을 좇아 움직여야 한다.

> 象曰 賁其須는 與上興也ㅣ라.
> ◉ 상에 말하기를 '그 수염을 꾸밈'은 위와 더불어 일어나는 것이다.

【傳】以須爲象者는 謂其與上同興也니 隨上而動하야 動止ㅣ 唯係所附也라. 猶加飾於物에 因其質而賁之니 善惡은 在其質也라.

'수염(須)'으로써 상을 삼은 것은 위와 더불어 함께 일어남을 말한 것이니, 위를 따라 움직여서, 움직이고 그침이 오직 붙어 있는데 달린 것이다. 마치 물건을 덧붙여 꾸밈에 그 바탕에 따라서 꾸미는 것과 같으니, 착하고 악한 것은 그 바탕에 달렸다.

> 九三은 賁如ㅣ 濡如하니 永貞하면 吉하리라.
> ◉ 구삼은 꾸밈이 윤택하니, 오래하고 바르게 하면 길하리라.

☲ 文明之極 間處相賁

【傳】三이 處文明之極하고 與二四二陰으로 間處하야 相賁하니 賁之盛者也라 故로 云賁如니 如는 辭助也라. 賁飾之盛에 光彩ㅣ 潤澤이라 故로 云濡如요 光彩之盛則有潤澤이니 詩云麀鹿濯濯이라하니라. 永貞吉은 三이 與二四로 非正應이로대 相比而成相賁라 故로 戒以常永貞正이요 賁者는 飾也니 賁飾之事ㅣ 難乎常也라 故로 永貞則吉이라. 三이 與四相賁하고 又下比於二하야 二柔ㅣ 文一剛하되 上下ㅣ 交賁하니 爲賁之盛也라.

「구삼」이 문명(☲)의 극에 거처하고,「육이, 육사」의 두 음 사이에 있어 서로 꾸미니, 꾸밈에 있어 성대한 사람이기 때문에 '꾸민다(賁如)'고 했으니, '여(如)'자는 어조사다. 꾸밈이 성대함에 광채가 윤택하기 때문에, '윤택하다(濡如)'고 한 것이고, 광채가 성하면 윤택함이 있는 것이니,『시경』에 말하기를 "암사슴과 숫사슴이 살찌고 윤택하다"고 했다.

'오래하고 바르게 하면 길하다(永貞吉)'는「구삼」이「육이, 육사」와 정응이 아니나 상비관계로 서로 꾸밈을 이루기 때문에 '항상 오래도록 바르고 굳게 하라'고 경계한 것이다.「비」는 꾸미는 것이니, 꾸미는 일이 항상토록 하기가 어렵기 때문에, 길이 바르게 하면 길한 것이다.「구삼」이「육사」와 서로 꾸미고 또 아래로「육이」와 상비해서, 두 유(柔)가 강 하나를 무늬하되 위와 아래가 교대로 꾸미니 꾸밈의 성대함이 된다.

※ 우록탁탁(麀鹿濯濯) :『시경』「문왕지십:文王之什」편의 영대시(靈臺詩)에 출전.
※ 賁 : '修'자로 되어 있는 판본도 있다.

【本義】一陽이 居二陰之間하야 得其賁하니 潤澤者也라. 然이나 不可溺於所安이라 故로 有永貞之戒하니라.

한 양이 두 음 사이에 거처해서 그 꾸밈을 얻으니 윤택한 것이다. 그러나 편안한 데 빠질 수 없기 때문에, 길이 바르게 하라고 경계한 것이다.

象曰 永貞之吉은 終莫之陵也ㅣ니라.

◉ 상에 말하기를 '길이 바르게 해서 길함'은 마침내 능멸하지 못함이라.

【傳】飾而不常하고 且非正이면 人所陵侮也라 故로 戒能永正則吉也니 其賁ㅣ 旣常而正이면 誰能陵之乎아.

꾸미면서 항상토록 하지 못하고 또 바르지 못하면, 남에게 능멸과 업신여김을 당할 것이기 때문에, '길이 바르게 하면 길하다'고 경계한 것이니, 꾸밈이 항상토록 하고 바르다면 누가 능멸할 수 있겠는가?

※ 人 : '則人'으로 되어 있는 판본도 있다.

六四는 賁如ㅣ 皤如하며 白馬ㅣ 翰如하니 匪寇ㅣ면 婚媾ㅣ리라.
◉ [정자] 육사는 꾸미는 것이 희며 흰 말이 나는 듯 하니, 도적이 아니면 혼구하리라.
◉ [주자] 육사는 꾸미는 것이 희며 흰 말이 나는 듯 하니, 도적이 아니라 혼구니라.

與初相賁 九三所隔

【傳】四與初ㅣ 爲正應이니 相賁者也라. 本當賁如而爲三所隔이라 故로 不獲相賁而皤如라. 皤는 白也니 未獲賁也요 馬는 在下而動者也니 未獲相賁이라 故로 云白馬며 其從正應之志ㅣ 如飛라 故로 云翰如라. 匪爲九三之寇讐所隔이면 則婚媾하야 遂其相親矣리라. 己之所乘과 與動於下者는 馬之象也니 初四正應으로 終必獲親이나 第始爲其間隔耳라.

「육사」가 「초구」와 더불어 정응이 되니 서로 꾸미는 자이다. 본래 마땅히 꾸며야 하나 「구삼」에게 막힌 바가 됐기 때문에, 서로 꾸밈을 얻지 못해서 흰(무늬가 없는) 것이다. '파(皤)'는 흰 것이니 꾸밈을 얻지 못한 것이고, '말(馬)'은 아래에서 움직이는 것이니, 서로 꾸밈을 얻지 못했기 때문에 '흰말(白馬)'이라고 했으며, 정응을 좇아가려는 뜻이 나는 것 같기 때문에 '나는 듯 하다(翰如)'고 한 것이다.

원수인 「구삼」에게 막힌 바가 되지 않으면 혼구(청혼)를 해서 서로 친함을 이룰 것이다. 자기가 타는 것과 아래에서 움직이는 것은 말(馬)의 상이니, 「초구」와 「육사」는 정응으로 나중에는 반드시 친함을 얻을 것이나, 다만 처음에 막힌 바가 된 것이다.

※「구삼」이 처음에는 원수가 되어 「육사」와 「초구」의 혼인을 막지만, 아래에서 움직이는 말의 상이므로 결국 「육사」를 태우고 「초구」에게 달려가는 것이다. 「효사」에 '匪寇면'이라고 한 것은 '「구삼」이 아니라면'의 뜻이다.

【本義】皤는 白也요 馬는 人所乘이니 人白則馬亦白矣라. 四는 與初로 相賁者로대 乃爲九三所隔而不得遂라 故로 皤如而其往求之心이 如飛翰之疾也라. 然이나 九三이 剛正하야 非爲寇者也요 乃求婚媾耳라. 故로 其象이 如此라.

'파(皤)'는 흰 것이고, '말(馬)'은 사람이 타는 것이니, 사람이 희면 말도 흰 것이다. 「육사」는 「초구」와 더불어 서로 꾸미는 자이나, 「구삼」에게 막힌 바가 되어서 이룸을 얻지 못하기 때문에 희고, 가서 구하는 마음이 나는 듯이 빠른 것이다. 그러나 「구삼」이 강하고 바르어서 도적질을 하려는 사람이 아니고, 혼인을 구하는 것이다. 그렇기 때문에 그 상이 이와 같다.

象曰 六四는 當位疑也ㅣ니 匪寇婚媾는 終无尤也ㅣ라.
- [정자] 상에 말하기를 육사는 당한 위가 의심스러운 것이니, '도적이 아니면 청혼한다'는 것은 마침내 허물함이 없는 것이다.
- [주자] 상에 말하기를 육사는 당한 위가 의심스러운 것이니, '도적이 아니라 청혼한다'는 것은 마침내 허물이 없는 것이다.

【傳】四ㅣ 與初相遠而三이 介於其間하니 是所當之位ㅣ 爲可疑也라. 雖爲三寇讐所隔하야 未得親於婚媾나 然이나 其正應이 理直義勝하니 終必得合이라. 故로 云終无尤也니 尤는 怨也라. 終得相賁라 故로 无怨尤也라.

「육사」가 「초구」와 서로 멀고 「구삼」이 그 사이에 개입했으니, 이것은 당한 자리(位)가 의심스러운 것이 된다. 비록 원수인 「구삼」에게 막힌 바가 되어 청혼해서 친하지 못하나, 그 정응이 이치가 바르고 의리가 이기니 끝에 가서는 반드시 합할 것이다. 그러므로 '마침내 허물함이 없다(終无尤也)'는 것이니, '우(尤)'는 원망하는 것이다. 마지막에는 서로 꾸밈을 얻기 때문에, 원망하고 허물함이 없는 것이다.

※ 爲: '爲'자가 없는 판본도 있다.

【本義】當位疑는 謂所當之位를 可疑也요 終无尤는 謂若守正而不與면 亦无他患也라.

'당한 위가 의심스럽다(當位疑)'고 함은, 당한 자리가 의심할 만하다는 것이고, '마침내 허물이 없다(終无尤)'는 것은, 만약 바름을 지키고 (「구삼」과) 더불지 않으면 또한 다른 근심이 없다는 것을 말한다.

六五는 賁于丘園이니 束帛이 戔戔이면 吝하나 終吉이리라.
- [정자] 육오는 언덕과 동산에 꾸밈이니, 묶은 비단이 잔잔하면 인색하나 마침내 길하리라.
- [주자] 육오는 언덕과 동산에 꾸밈이나, 묶은 비단이 잔잔함이니 인색하나 마침내 길하리라.

爲賁之主 得賁之道

【傳】六五Ⅰ 以陰柔之質로 密比於上九剛陽之賢하니 陰比於陽하고 復无所係應從之者也니 受賁於上九也라. 自古로 設險守國이라 故로 城壘Ⅰ 多依丘坂하니 丘는 謂在外而近且高者요 園圃之地는 最近城邑하니 亦在外而近者라. 丘園은 謂在外而近者니 指上九也라.

「육오」가 음유한 재질로서 「상구」의 강양한 어진이와 긴밀하게 가까이하니, 음이 양에 가깝고, 더욱이 매이고 응해서 좇아오는 자가 없는 것이니, 「상구」에게 꾸밈을 받는 자이다. 예로부터 험한 것을 설치해서 나라를 지키기 때문에, 성루가 언덕에 많이 의지하니, '언덕(丘)'은 바깥에 있지만 가깝고도 높은 것을 말하고, '동산(園)'과 채소 밭은 성읍에서 가장 가까우니, 또한 바깥에 있지만 가까운 것이다. '언덕'과 '동산'은 바깥에 있지만 가까운 것을 말하니, 「상구」를 가리킨 것이다.

※ 坂 : 비탈 판, 언덕 판.

六五ㅣ 雖居君位나 而陰柔之才로 不足自守하고 與上之剛陽으로 相比而志從焉이라. 獲賁於外比之賢이니 賁于丘園也라. 若能受賁於上九하야 受其裁制를 如束帛而戔戔이면 則雖其柔弱으로 不能自爲하야 爲可吝少나 然이나 能從於人하야 成賁之功하니 終獲其吉也라.

「육오」가 비록 인군 자리에 거처하나, 음유한 재질이므로 스스로 지키지 못하고, 위의 강양으로 더불어 서로 가까이해서 뜻으로 좇는다. 바깥의 가까운 어진 사람에게 꾸밈을 얻는 것이니, '언덕과 동산에 꾸미는 것(賁于丘園)'이다. 만약 「상구」에게 꾸밈을 받아서, 「상구」에게 제재받기를 비단 묶은 것이 자잘한 것 같이하면, 비록 유약해서 스스로는 일할 수가 없어서 인색하고 적은 것이 되나, 사람을 좇아서 꾸미는 공을 이룰 수 있으니 마침내 길함을 얻는 것이다.

※ 受 : '隨'자로 되어 있는 판본도 있다.　　※ 而 : '而'자가 없는 판본도 있다.

戔戔은 翦裁分裂之狀이요 帛은 未用則束之라 故로 謂之束帛이나 及其制爲衣服하얀 必翦裁分裂을 戔戔然하니 束帛은 喩六五本質이요 戔戔은 謂受人翦製而成用也라. 其資於人이 與蒙으로 同而蒙不言吝者는 蓋童蒙而賴於人은 乃其宜也어니와 非童幼而資賁於人은 爲可吝耳라. 然이나 享其功하니 終爲吉也라.

'잔잔(戔戔)'은 마름질하고 베어서 나누고 찢는 상이고, '비단(帛)'은 쓰지 않으면 묶기 때문에 '묶은 비단(束帛)'이라고 한 것이나, 의복을 만들 때는 반드시 베고 마름질해서 나누어 찢기를 잔잔히 하는 것이니, 묶은 비단은 「육오」의 본질에 비유한 것이고, '잔잔'은 사람에게 베이고 마름질을 받아 쓰임을 이룬다는 말이다.

「육오」가 남에게 힘입음이 「몽괘:蒙卦」와 같으나, 「몽괘」는 '인색하다'고 하지 않은 것은, 대개 동몽(童蒙)이 남에게 힘입음은 마땅한 것이지만, 어리지도 않으면서 남에게 힘입어 꾸밈은 인색함이 되는 것이다. 그러나 그 공을 누리는 것이니, 마침내 길함이 된다.

【本義】六五는 柔中하니 爲賁之主요 敦本尙實하야 得賁之道라 故로 有丘園之象이라. 然이나 陰性이 吝嗇이라 故로 有束帛戔戔之象이라. 束帛은 薄物이요 戔戔은 淺小之意니 人而如此면 雖可羞吝이나 然이나 禮奢寧儉이라 故로 得終吉이라.

「육오」가 유중(柔中)하니 「비」의 주효가 되고, 근본을 돈독히 하고 실질을 숭상해서 꾸미는 도를 얻었기 때문에, '언덕과 동산(丘園)'의 상이 있다. 그러나 음의 성질이 인색하기 때문에, '묶은 비단이 잔잔한(束帛戔戔)' 상이 있다. '묶은 비단(束帛)'은 얇은 물건이고, '잔잔(戔戔)'은 얕고 작은 뜻이니, 사람이 이와 같으면 비록 부끄럽고 인색하나, 예절은 사치스러운 것보다는 차라리 검소해야하기 때문에 마침내 길함을 얻는 것이다.

象曰 六五之吉은 有喜也ㅣ라.
◉ 상에 말하기를 '육오의 길함'은 기쁨이 있음이라.

【傳】能從人以成賁之功하야 享其吉美하니 是有喜也라.

사람을 좇아 꾸미는 공을 이루어서 그 길하고 아름다움을 누릴 수 있으니, 이것이 '기쁨이 있는 것(有喜)'이다.

上九는 白賁면 无咎ㅣ리라.
◉ [정자] 상구는 희게 꾸미면 허물이 없으리라.
◉ [주자] 상구는 꾸밈이 희니 허물이 없으리라.

在上文柔 成賁之功

【傳】上九는 賁之極也니 賁飾之極則失於華僞어니와 唯能質白其賁則无過失之咎라. 白은 素也니 尙質素則不失其本眞이니 所謂尙質素者는 非无飾也요 不使華沒實耳라.

「상구」는 「비」가 극한 것이니, 꾸밈이 극하면 화려하고 거짓되어서 잃을 것이나, 오직 그 꾸밈을 질박하고 희게하면 지나쳐서 잃는 허물이 없을 것이다. '흰 것(白)'은 소박한 것이니, 질박하고 소박한 것을 숭상하면 그 본질을 잃지 않을 것이다. 질박하고 소박함을 숭상한다는 말은 꾸밈이 없는 것이 아니고, 화려함으로 해서 실질을 없애지 않게 하는 것이다.

【本義】賁極에 反本하야 復於无色하니 善補過矣라 故로 其象占이 如此라.

꾸밈이 극함에 근본으로 돌아와서 색(色)이 없는 데로 회복하니, 허물을 잘 보충하는 것이기 때문에, 그 상과 점이 이와 같다.

> 象曰 白賁无咎는 上得志也ㅣ라.
> ● 상에 말하기를 '백비무구'는 위에서 뜻을 얻음이라.

【傳】白賁无咎는 以其在上而得志也일새라. 上九ㅣ 爲得志者는 在上而文柔하야 成賁之功하고 六五之君이 又受其賁라 故로 雖居无位之地나 而實尸賁之功하야 爲得志也니 與他卦居極者로 異矣라. 旣在上而得志하야 處賁之極에 將有華僞失實之咎라 故로 戒以質素則无咎니 飾不可過也라.

'희게 꾸미면 허물이 없다(白賁无咎)'고 함은, 위에 있으면서 뜻을 얻었기 때문이다. 「상구」가 '뜻을 얻음(得志)'이 되는 것은, 위에 있으면서 유(柔)를 무늬해서 꾸미는 공을 이루고, 인군인 「육오」가 또한 그 꾸밈을 받기 때문에, 비록 지위가 없는 자리에 거처하나, 실지는 꾸미는 공을 주관하여 '뜻을 얻음'이 되는 것이니, 다른 괘의 끝에 거처하는 것과는 다르다.

이미 위에 있으면서 뜻을 얻어 「비」의 극에 처함에, 장차 화려하고 거짓되어 실질을 잃는 허물이 있을 것이기 때문에, 질박하고 소박하게 하면 허물이 없다고 경계한 것이니 꾸밈은 지나치게 할 수 없는 것이다.

山地剝(23)
艮上 坤下
산 지 박

剝은 序卦에 賁者는 飾也ㅣ니 致飾然後에 亨則盡矣라 故로 受之以剝이라하니 夫物이 至於文飾이면 亨之極也요 極則必反이라 故로 賁終則剝也라. 卦ㅣ 五陰而一陽이니 陰이 始自下生하야 漸長至於盛極하면 群陰이 消剝於陽이라 故로 爲剝也요 以二體로 言之면 山附於地하니 山은 高起地上이어늘 而反附著於地하니 頹剝之象也라.

「박:☷」은 「서괘전」에 "「비:☲」는 꾸미는 것이니, 꾸밈을 이룬 다음에 형통하면 끝날 것이기 때문에 「박괘」로써 받았다"고 하니, 물건이라는 것이 문채나고 꾸미는 데까지 이르면 형통함의 극치에 이른 것이고, 극에 이르면 반드시 돌이킬 것이기 때문에, 꾸밈이 끝나면 떨어지고 깎이는 것이다.

괘가 다섯 음에 한 양이니, 음이 처음 밑에서부터 생겨 점점 자라서 극성한 데까지 이르면, 뭇 음이 양을 사그러뜨리고 깎을 것이기 때문에 「박괘」가 된 것이고, 두 괘체로 말하면 산(☶)이 땅(☷)에 붙었으니, 산은 땅 위에 높게 솟아있는 것인데도 도리어 땅에 부착되어 있으니 무너지고 깎이는 상이다.

※ 頹 : 무너질 퇴.

剝은 不利有攸往하니라.
⊙ 박은 가는 바를 둠이 이롭지 않으니라.

陰盛陽衰 君子之病

【傳】剝者는 群陰이 長盛하야 消剝於陽之時니 衆小人이 剝喪於君子

라 故로 君子ㅣ 不利有所往이요 唯當巽言晦迹하고 隨時消息하야 以免小人之害也라.

「박」은 뭇 음이 크고 성해서 양을 소박(消剝)하는 때니, 뭇 소인이 군자를 박상(剝喪)하기 때문에, 군자가 가는 바를 둠이 이롭지 못하고, 오직 말을 겸손하게 하고 행적을 숨기며 때에 따라 처신해서 소인의 해를 면해야 할 것이다.

※ 소박(消剝) : 사그러뜨리고 깎음.   박상(剝喪) : 깎고 해침.
※ 於, 於 : '於'자가 둘 다 없는 판본도 있다.
※ 소식(消息) : 줄어드는 일과 불어나는 일.

【本義】剝은 落也니 五陰이 在下而方生하고 一陽이 在上而將盡하야 陰盛長而陽消落하니 九月之卦也라. 陰盛陽衰하야 小人壯而君子病하고 又內坤而外艮이니 有順時而止之象이라. 故로 占得之者는 不可有所往也라.

「박」은 떨어지는 것이니, 다섯 음이 아래 있으면서 커올라가고 한 양이 위에 있어 소진(消盡)하려고 해서, 음은 성해서 커나가고 양은 사그러져 떨어지니 구월괘다. 음이 성하고 양이 쇠해서, 소인이 장성하고 군자가 병들며, 또한 안은 「곤:☷」이고 밖은 「간:☶」이니, 때에 순해서 그치는 상이 있다. 그러므로 점쳐서 이 괘를 얻은 사람은 가는 바를 둠이 옳지 않다.

> 象曰 剝은 剝也ㅣ니 柔ㅣ 變剛也ㅣ니
> ● 단에 말하기를 박은 깎는 것이니 유가 강을 변하게 함이니,

【本義】以卦體로 釋卦名義니 言柔進于陽하야 變剛爲柔也라.

괘체로써 괘의 이름과 뜻을 풀이함이니, 유가 양에게 나아가 강을 변하게 해서 유(柔)를 만듦을 말한다.

※ 建安丘氏曰 自一柔變剛而爲姤요 再變遯이요 三變否요 四變觀이요 五變剝이요 更進則盡變而卦爲純坤矣라. 聖人이 於姤에 言柔遇剛者는 姤ㅣ 相邂逅之謂也요 此言柔變剛은 變則盡反其所爲하야 君子ㅣ 悉爲小人이니 天下之事ㅣ 有不忍

言者라. 故로 遇는 可爲也나 變은 不可爲也니라.

: <건안구씨>가 말하길 "하나의 유가 강을 변하게 하는 것이 「구:☰」이고, 두 번 변하게 한 것이 「돈:☰」이며, 세 번 변하게 한 것이 「비:☰」이고, 네 번 변하게 한 것이 「관:☰」이며, 다섯 번 변하게 한 것이 「박:☰」이고, 다시 나아가면 다 변해서 「순곤:☰」이 된다. 성인이 「구:☰」에 '유가 강을 만난다'라고 말씀하신 것은, 「구」가 서로 해후하는 것을 말한 것이고, 여기에서 '유가 강을 변하게 했다'고 말씀한 것은, 변하면 다 되돌아오게 되어 군자가 다 소인으로 돌아가니, 천하의 일이 차마 말할 수 없는 것이 있기 때문이다. 그러므로 '만남'은 할 수 있으나 '변하게 함'은 할 수가 없는 것이다."

不利有攸往은 小人이 長也일새라.

● '가는 바를 둠이 이롭지 않다'고 한 것은 소인이 자라기 때문이다.

【傳】剝은 剝也는 謂剝落也요 柔變剛也는 柔長而剛變也라. 夏至에 一陰이 生而漸長하니 一陰이 長하면 則一陽이 消하야 至於建戌則極而成剝하니 是ㅣ 陰柔ㅣ 變剛陽也라. 陰은 小人之道니 方長盛而剝消於陽이라 故로 君子ㅣ 不利有所往也라.

'「박」은 깎는 것(剝 剝也)'이라 함은 깎여 떨어짐을 말하고, '유가 강을 변하게 함(柔變剛也)'은 유(柔)가 자라서 강을 변하게 하는 것이다. 하지(夏至)에 한 음이 생겨 점차 자라나니, 한 음이 길면 한 양이 사그러져서, 월건(月建)이 술월(9월)에 이르면 극에 달해서 떨어지게(剝) 되니, 이것이 바로 음유가 강양을 변하게 하는 것이다.

음은 소인의 도니, 바야흐로 장성(長盛)해서 양을 깎아 사그러지게 하기 때문에 군자가 가는 바를 둠이 이롭지 않은 것이다.

※ 於 : '於'자가 없는 판본도 있다.
※ 於 : '剛'자로 되어 있는 판본도 있다.
※ 「건(☰ : 4월)→구(☰ : 5월)→돈(☰ : 6월)→비(☰ : 7월)→관(☰ : 8월)→박(☰ : 9월)→곤(☰ : 10월)」으로, 「구:姤」에서 시작해 「곤:坤」이 되면 완전히 음의 세상이 된다.

順而止之는 觀象也ㅣ니 君子ㅣ 尙消息盈虛ㅣ 天行也ㅣ라.

◉ 순하게 해서 그치는 것은 상을 관찰함이니, 군자가 사그러지고 불어나고 차고 비는 이치를 숭상하는 것이 하늘의 운행함이다.

【傳】君子ㅣ 當剝之時하야 知不可有所往하고 順時而止는 乃能觀剝之象也요 卦有順止之象은 乃處剝之道니 君子ㅣ 當觀而體之라. 君子尙消息盈虛天行也는 君子ㅣ 存心消息盈虛之理하야 而能順之라야 乃合乎天行也라. 理는 有消衰有息長有盈滿有虛損하야 順之則吉하고 逆之則凶하니 君子ㅣ 隨時敦尙은 所以事天也라.

군자가 깎이는 때를 당해서, 가는 바를 둠이 옳지 않다는 것을 알고 때에 순하게 해서 그치는 것은, 「박괘」의 상을 보기 때문이고, 괘에 순하게 하고 그치는 상이 있음은 깎이는 때에 처하는 도리이니, 군자가 마땅히 보고 본받아야 한다.

'군자가 사그러지고 불어나고 차고 비는 것을 숭상함이 하늘의 운행함이다(君子尙消息盈虛天行也)'라고 한 것은, 군자가 마음을 소식영허(消息盈虛)의 이치에 두어서, 순하게 할 수 있어야 하늘의 운행에 합치되는 것이다. 이치는 사그러져 쇠하고, 불어나 자라며, 가득차고, 비워 덜어짐이 있어서, 순하게 하면 길하고 거스리면 흉하니, 군자가 때에 따라 숭상함을 돈독히 함으로써 하늘을 섬기는 것이다.

【本義】以卦體卦德로 釋卦辭라.

괘체와 괘덕으로써 「괘사」를 풀이한 것이다.

象曰 山附於地ㅣ 剝이니 上이 以하야 厚下하야 安宅하나니라.

◉ 상에 말하기를 산이 땅에 붙어 있는 것이 박이니, 상이 본받아서 아래를 두텁게해서 집을 편안하게 하느니라.

【傳】艮重於坤하니 山附於地也요 山은 高起於地어늘 而反附著於地하니 圮剝之象也라. 上은 謂人君과 與居人上者니 觀剝之象而厚固其

下하야 以安其居也요 下者는 上之本이니 未有基本이 固而能剝者也라. 故로 上之剝은 必自下하나니 下剝則上危矣라. 爲人上者ㅣ 知理之如是則安養人民하야 以厚基本이니 乃所以安其居也라. 書에 曰民惟邦本이니 本固라사 邦寧이라하니라.

「간:☶」이 「곤:☷」 위에 중첩했으니 '산이 땅에 붙어 있는 것'이고, 산은 땅위에 높이 솟아 있는 것인데, 도리어 땅에 붙어있으니 무너지고 깎이는 상이다. '상(上)'이라는 것은 인군 또는 사람의 윗자리에 있는 사람을 말하니, 「박」의 상을 관찰해서, 그 아래를 두텁고 굳게해서 거처하는 곳을 편안히 하는 것이고, '아래(下)'는 '위(上)'의 근본이니, 기본이 굳건한데도 깎이는 것은 없다. 그렇기 때문에 위의 깎임은 반드시 아래로부터하니, 아래가 깎이면 위가 위태한 것이다.

윗 사람이 된 자가 이치가 이렇다는 것을 알아서, 백성을 편안히 길러서 기본을 두텁게 하는 것이니, 곧 자기의 거처를 편안히 하는 것이다. 『서경』에 말하기를 "백성은 나라의 근본이니 근본이 튼튼하여야 나라가 편안하다"고 하였다.

※ 圮 : 무너질 비.　　　　※ 上 : '山'자로 되어 있는 판본도 있다.
※ "民惟邦本이니 本固라사 邦寧하나니라." : 『서경』 「하서:夏書」 편의 오자지가(五子之歌)에 출전함.

初六은 剝牀以足이니 蔑貞이라. 凶토다.
- [정자] 초육은 상의 다리를 깎음이니 바른 것을 멸함이라. 흉하다.
- [주자] 초육은 상의 다리를 깎음이니 바른 것을 멸하면 흉하리라.

☷. 陰之剝陽　自下而上

※ 蔑 : 깎아 없앨 멸.

【傳】陰之剝陽이 自下而上하니 以牀爲象者는 取身之所處也요 自下而剝하야 漸至於身也라. 剝牀以足은 剝牀之足也니 剝이 始自下라 故로 爲剝足이라. 陰이 自下進하야 漸消蔑於貞正이니 凶之道也라. 蔑은 无也니 謂消亡於正道也라. 陰剝陽하고 柔變剛하니 是는 邪侵正小人

消君子니 其凶을 可知라.

　음이 양을 깎는 것이 아래로부터 위로 올라가니, '상(牀)'으로써 상(象)을 삼은 것은 몸이 거처하는 곳을 취한 것이고, 아래로부터 깎아서 점점 몸에 까지 이르는 것이다. '박상이족(剝牀以足)'은 상의 다리를 깎는다는 것이니, 깎는 것이 아래로부터 시작되기 때문에 다리를 깎음이 된다.

　음이 아래로부터 커 나가서 점차로 바른 것을 소멸시키는 것이니 흉한 도리이다. '멸(蔑)'은 없애는 것이니, 바른 도를 소멸시킨다는 말이다. 음이 양을 깎고 유가 강을 변하게 하니, 이것은 사특한 것이 바른 것을 해치고 소인이 군자를 사그러지게 하는 것이므로 그 흉함을 알 수 있다.

　　※ 於 : '於'자가 없는 판본도 있다.
　　※ 消亡於正道也 : '消亡正道也' 또는 '消亡於正也'로 되어 있는 판본도 있다.

【本義】剝은 自下起하니 滅正則凶이라 故로 其占이 如此라. 蔑은 滅也라.

　깎음은 아래로부터 일어나니 바름을 소멸시키면 흉하므로 그 점이 이와 같다. '멸(蔑)'은 소멸하는 것이다.

象曰 剝牀以足은 以滅下也ㅣ라.
● 상에 말하기를 '상의 다리를 깎는다'는 것은 아래를 멸하는 것이다.

【傳】取牀足爲象者는 以陰이 侵沒陽於下也라. 滅은 沒也니 侵滅正道하야 自下而上也라.

　상다리를 취해서 상으로 삼은 것은 음이 양을 밑에서부터 침입해 없애기 때문이다. '멸(滅)'은 없애는 것이니, 바른 도를 해치고 없애면서 아래로부터 위로 올라가는 것이다.

六二는 剝牀以辨이니 蔑貞이라. 凶토다.

- [정자] 육이는 상의 판을 깎음이니, 바른 것을 멸함이라. 흉하다.
- [주자] 육이는 상의 판을 깎음이니, 바른 것을 멸하면 흉하다.

☶ 陰之侵剝 得以益盛

【傳】辨은 分隔上下者니 牀之幹也라. 陰漸進而上剝하야 至於辨하니 愈蔑於正也니 凶益甚矣라.

'판(辨)'은 위와 아래를 막아놓은 것이니, 상의 판이다. 음이 점점 나아가면서 위로 깎아 상의 판까지 이르르니, 더욱 바른 것을 멸하는 것으로 흉함이 더욱 심하다.

【本義】辨은 牀幹也니 進而上矣라.

'판(辨)'은 상의 판이니 (음이) 나아가서 올라온 것이다.

象曰 剝牀以辨은 未有與也일새라.
- 상에 말하기를 '상의 판을 깎는 것'은 더부는 이가 없기 때문이다.

【傳】陰之侵剝於陽이 得以益盛하야 至於剝辨者는 以陽이 未有應與故也라. 小人이 侵剝君子에 若君子ㅣ有與則可以勝小人이리니 不能爲害矣어니와 唯其无與라 所以被蔑而凶이라. 當消剝之時하야 而无徒與면 豈能自存也리오. 言未有與는 剝之未盛에 有與면 猶可勝也니 示人之意ㅣ深矣라.

음이 양을 침해하고 깎음이 더욱 성해서 상의 판까지 이른 것은, 양이 응하고 더부는 이가 없기 때문이다. 소인이 군자를 침해하고 깎음에, 만약 군자가 더부는 이가 있다면 소인을 이길 수 있을 것이니 소인이 해칠 수 없을 것이나, 오직 더부는 이가 없는 까닭에 멸함을 당해서 흉한 것이다. 사그러지고 깎이는 때를 당해서 더부는 무리가 없으면 어떻게 스스로 보존할 수 있겠는가? '더부는 이가 없어서(未有與)'라고 말한 것은, 깎음이 성하지 않을 때에 더부는 이가 있으면 아직도 이길 수 있음을 말한 것이니, 사람들에게 가르침을 베푸는 뜻이 깊다.

※ 扵 : '剛'자로 되어 있는 판본도 있다.

【本義】言未大盛이라.

(음이) 크게 성하지 않았다는 말이다.

六三은 剝之无咎ㅣ니라.

◉ 육삼은 깎는 데 허물이 없느니라.

衆陰剝陽 獨居應剛

【傳】衆陰剝陽之時에 而三이 獨居剛應剛하니 與上下之陰으로 異矣라. 志從於正하니 在剝之時에 爲无咎者也라. 三之爲ㅣ 可謂善矣어늘 不言吉은 何也오. 曰方群陰이 剝陽하고 衆小人이 害君子하니 三雖從正이나 其勢ㅣ 孤弱하고 所應이 在无位之地라. 於斯時也엔 難乎免矣니 安得吉也리오. 其義는 爲无咎耳니 言其无咎는 所以勸也라.

뭇 음이 양을 깎는 때에 「육삼」이 홀로 강한 자리에 거처하면서 강한 양과 응하니, 위와 아래의 다른 음들과는 다르다. 뜻이 바른 것을 좇으니, 「박」의 때에 있어서 허물이 없는 자가 된다.

"「육삼」의 하는 것이 착하다고 할 수 있는데도, 길하다고 하지 않은 것은 어째서입니까?" 답하기를 "바야흐로 뭇 음들이 양을 깎고 뭇 소인이 군자를 해치는 때니, 「육삼」이 비록 바름을 좇으나 그 형세가 고약(孤弱)하고, 응하는 것(「상구」)이 지위를 차지하지 못했다. 이런 때에는 어려움을 면하기도 어려우니, 어떻게 길함을 얻겠는가? 그 의리만은 허물이 없는 것이 되니, 허물이 없다고 말한 것은 권장하는 말이다."

※ 고약(孤弱) : 도와주는 사람이 없어 외롭고 힘이 약함.

【本義】衆陰이 方剝陽而己獨應之하야 去其黨而從正하니 无咎之道也라. 占者ㅣ 如是則得无咎라.

무릇 음이 양을 깎고 있을 때, 「육삼」이 홀로 양과 응해서 자기의 무리를 버리고 바름을 좇으니 허물이 없는 도리이다. 점치는 사람이 이와 같이 하면, 허물이 없을 것이다.

象曰 剝之无咎는 失上下也일새라.
● 상에 말하기를 '깎는 데 허물이 없다'함은 위와 아래를 잃었기 때문이다.

【傳】三이 居剝而无咎者는 其所處ㅣ 與上下諸陰으로 不同하니 是與其同類로 相失이나 於處剝之道엔 爲无咎니 如東漢之呂强이 是也라.

「육삼」이 깎는 때에 거처하면서도 허물이 없는 것은, 그 처신이 위와 아래의 여러 음과는 같지 않으니, 이것은 자기 동류들과는 서로 잃음이나, 「박」의 때에 처하는 도리에는 허물이 없는 것이 되니, 「동한:東漢」의 <여강>같은 사람이 이러했다.

※ 여강(呂强) : 자는 한성(漢盛), 「성고:成皐」사람으로 환관(宦官). 『후한서:後漢書』의 108권에 출전.

【本義】上下는 謂四陰이라.
'위와 아래(上下)'라는 것은 네 음을 말한 것이다.

六四는 剝牀以膚ㅣ니 凶하니라.
● 육사는 상을 깎아 피부까지 옴이니 흉하니라.

陰長已盛 陽剝已甚

【傳】始剝於牀足하야 漸至於膚하니 膚는 身之外也라. 將滅其身矣니

其凶을 可知라. 陰長이 已盛하고 陽剝이 已甚하니 貞道ㅣ 已消라. 故로 更不言蔑貞하고 直言凶也라.

처음에 상의 다리를 깎아서 점점 살에까지 이르니, '피부(膚)'는 몸의 거죽이다. 장차 몸을 멸할 것이니 흉함을 알 수 있다. 음의 자람이 이미 성하고 양의 깎임이 이미 심하니, 바른 도가 이미 사그러졌다. 그러므로 다시 바른 것을 멸한다는 말을 하지 않고, 바로 흉하다고 말했다.

【本義】陰禍ㅣ 切身이라 故로 不復言蔑貞而直言凶也라.

음의 화가 몸에 절박하기 때문에, 다시 바른 것을 멸한다는 말을 하지 않고, 바로 흉하다고 말했다.

象曰 剝牀以膚는 切近災也ㅣ라.
◉ 상에 말하기를 '상을 깎아 피부까지 옴'은 재앙이 절박하게 가까운 것이다.

【傳】五爲君位어늘 剝已及四하니 在人則剝其膚矣라. 剝及其膚면 身垂於亡矣니 切近於災禍也라.

「육오」가 인군의 자리가 되는데 깎는 것이 이미 사효자리에까지 미쳤으니, 사람으로 말하면 피부를 깎는 것이다. 깎는 것이 피부까지 미치면 몸이 곧 망할 것이니, 재앙과 화에 절박하게 가까운 것이다.

六五는 貫魚하야 以宮人寵이면 无不利리라.
◉ [정자] 육오는 고기를 꿰어서 궁인의 총애로써 하면 이롭지 않음이 없으리라.
◉ [주자] 육오는 고기를 꿰어서 궁인의 총애로써 하니 이롭지 않음이 없으리라.

衆陰之長 當率其類

【傳】剝及君位하니 剝之極也라. 其凶을 可知라 故로 更不言剝而別

設義하야 以開小人遷善之門이라. 五는 群陰之主也요 魚는 陰物이라 故로 以爲象하니 五能使群陰으로 順序를 如貫魚然하야 反獲寵愛於在上之陽을 如宮人則无所不利也라. 宮人은 宮中之人으로 妻妾侍使也니 以陰言이요 且取獲寵愛之義라. 以一陽在上에 衆陰이 有順從之道라 故로 發此義라.

깎는 것이 인군의 자리에 미쳤으니, 깎는 것이 극에 달했다. 흉한 것을 알만하므로, 다시 깎는다는 말을 하지 않고 별도로 뜻을 설정해서, 소인이 착한 데로 옮기는 문을 열어 놓은 것이다. 「육오」는 뭇 음의 주인이고, '고기(魚)'는 음한 물건(陰物)이기 때문에 상으로써 삼은 것이니, 「육오」가 뭇 음들에게 순서 지키게 하기를 고기를 꿰는 것 같이해서, 도리어 위에 있는 양(上九)에게 궁인과 같이 총애 받게 하면 이롭지 않음이 없다.

'궁인(宮人)'은 궁중의 사람으로 처첩과 궁녀니 음을 말한 것이고, 또한 총애를 얻는다는 뜻을 취해서 말한 것이다. 한 양이 위에 있음에 뭇 음이 순종하는 도리가 있기 때문에, 이런 뜻을 밝힌 것이다.

※ 시사(侍使) : 궁녀.
※ 寵 : '親'자로 되어 있는 판본도 있다.

【本義】魚는 陰物이요 宮人은 陰之美而受制於陽者也라. 五爲衆陰之長하니 當率其類하야 受制於陽이라 故로 有此象而占者ㅣ 如是則无不利也라.

'고기(魚)'는 음한 물건이고, '궁인(宮人)'은 음중에 아름다운 것으로 양에게 제제를 받는 것이다. 「육오」가 뭇 음의 어른이 되니, 마땅히 그 무리를 거느려서 양에게 제제를 받아야 하기 때문에 이런 상이 있고, 점치는 사람이 이와 같이 하면 이롭지 않음이 없다.

象曰 以宮人寵은 終无尤也ㅣ리라.
◉ 상에 말하기를 '궁인의 총애로써 한다'고 함은 마침내 허물이 없으리라.

【傳】群陰이 消剝於陽하야 以至於極하니 六五ㅣ 若能長率群陰하야 駢首順序하야 反獲寵愛於陽則終无過尤也리라. 於剝之將終에 復發此義하니 聖人勸遷善之意ㅣ 深切之至也시니라.

뭇 음이 양을 사그러뜨리고 깎아서 극에까지 이르렀으니, 「육오」가 만약 뭇 음을 통솔해서 머리를 가지런히 하고 순서를 지켜서, 도리어 양에게 총애를 얻게 하면 허물이 없을 것이다. 깎음이 끝날 무렵에 다시 이런 뜻을 밝혔으니, 성인의 착한 데로 옮기는 것을 권하는 뜻이 지극히 깊고 절실하신 것이다.

※ 消 : '消'자가 없는 판본도 있다.　　※ 於 : '於'자가 없는 판본도 있다.
※ 駢 : 나란히 할 변.

上九는 碩果不食이니 君子는 得輿하고 小人은 剝廬ㅣ리라.

● 상구는 큰 과일은 먹지 않으니, 군자는 수레를 얻고 소인은 집을 깎으리라.

☶ 消剝已盡 獨有一爻

【傳】諸陽이 消剝已盡하고 獨有上九一爻ㅣ 尙存하니 如碩大之果ㅣ 不見食하야 將見復生之理라. 上九ㅣ 亦變則純陰矣나 然이나 陽无可盡之理라 變於上이면 則生於下하나니 无間可容息也라. 聖人이 發明此理하야 以見陽與君子之道ㅣ 不可亡也시니라.

모든 양이 사그러지고 깎여서 이미 다했고, 홀로 「상구」한 효가 아직도 존재하니, 마치 큰 과일을 먹지 않아서 장차 다시 나는(生) 이치를 보는 것과 같다. 「상구」또한 변하면 순전한 음이 되나, 양이 다하는 이치가 없기 때문에 위에서 변하면 곧 아래서 생기므로 한 순간도 쉬는 틈이 없다. 성인께서 이런 이치를 밝히셔서 양과 군자의 도가 없을 수 없다는 것을 나타내신 것이다.

※ 亦 : '一' 또는 '已'자로 되어 있는 판본도 있다.
※ 「박☷」의 「상구」가 변해 음이 되면 순음괘인 「곤☷」이 되나, 순음으로 된 세상은 없으므로, 곧 아래에서 양이 회복하는 「복☳」이 되어 순환하는 것이다.

或曰剝盡則爲純坤이니 豈復有陽乎아. 曰以卦配月則坤當十月이요 以氣消息으로 言則陽剝이 爲坤이요 陽來ㅣ 爲復이니 陽未嘗盡也라. 剝盡於上이면 則復生於下矣라 故로 十月을 謂之陽月이라하니 恐疑其 无陽也라. 陰亦然이나 聖人이 不言耳시니라. 陰道盛極之時에 其亂을 可知나 亂極則自當思治라 故로 衆心이 願載於君子하니 君子ㅣ 得輿也라. 詩匪風下泉이 所以居變風之終也하니 理旣如是요 在卦엔 亦衆陰이 宗陽하니 爲共載之象이라.

혹자가 말하기를 "깎임이 다하면 「순곤괘:☷☷」가 되니, 어디에 다시 양이 있다는 것입니까?" 답하기를 "괘로써 열두 달에 배속하면 「곤괘」는 10월에 해당하고, 기운의 소식(消息)하는 것으로써 말하면, 양이 깎여 떨어지는 것이 「곤:☷☷」이 되고, 양이 오는 것이 「복:☷☳」이 되니, 양은 항상 다하는 것이 아니다. 위에서 박락되어 떨어지면 아래에서 다시난다. 그렇기 때문에 10월을 양월(陽月)이라고 하니 양이 없다고 의심할까봐 한 말이다. 음도 또한 그러하나 성인께서 말씀하시지 않았을 뿐이다."

음의 도가 극히 성할 때에 그 어지러운 것을 알만하나, 어지러움이 극에 달하면 스스로 다스려질 것을 생각하기 때문에, 사람들의 마음이 군자를 받들기를 원하니 '군자가 수레를 얻는 것'이다. 『시경』에 「비풍」과 「하천」이 「변풍」의 마지막에 있는 까닭이니, 이치가 이미 이와 같고 괘에 있어서는 또한 뭇 음이 양을 높이니, 함께 추대하는 상이 된다.

※ 剝 : '剝盡'으로 되어 있는 판본도 있다.
※ 來 : '復來'로 되어 있는 판본도 있다.
※ 陽 : '然陽'으로 되어 있는 판본도 있다.
※ 변풍(變風) : 『시경』을 나눔에 있어 사시(四始:風, 小雅, 大雅, 頌)를 정(正)과 변(變)으로 구분하는데, 풍(風) 중에서 주남(周南)과 소남(召南)을 정풍(正風)이라 하고, 패풍(邶風) 이하 13열국의 풍을 변풍(變風)이라고 한다. 변풍의 「비풍」 3장과 「하천」 4장은 다스려지기를 바라는 마음을 노래한 것이므로, 변풍의 끝부분에 있으면서 순환하는 이치를 보임으로써 난(亂)과 변(變)을 바로 잡을 수 있음을 읊었다는 뜻이다.

小人剝廬는 若小人則當剝之極하야 剝其廬矣니 无所容其身也라. 更

不論爻之陰陽하고 但言小人이 處剝極則及其廬矣니 廬取在上之象이라.

'소인은 집을 깎는다(小人剝廬)'는 것은, 만약 소인이면 「박」의 극에 당하여 그 집을 깎을 것이라는 것이니, 그 몸을 용납할 곳이 없는 것이다. 다시 효(爻)의 음양을 논하지 않고, 다만 소인이 「박」의 극에 처하면 집까지 깎는다고만 말했으니, '집(廬)'은 위에 있는 상을 취한 것이다.

或曰陰陽之消는 必待盡而後에 復生於下어늘 此는 在上에 便有復生之義는 何也며 夬之上六은 何以言終有凶고. 曰上九ㅣ居剝之極하야 止有一陽이나 陽无可盡之理라 故로 明其有復生之義하니 見君子之道ㅣ不可亡也요 夬者는 陽消陰이요 陰은 小人之道也라. 故로 但言其消亡耳니 何用更言却有復生之理乎리오.

혹자가 묻기를 "음과 양의 사그러짐은, 반드시 위에서 다한 다음에 다시 아래에서 나는 것인데, 여기서는 「상구」에서 다시 나는 뜻을 둔 것은 어째서이며, 「쾌괘」의 「상육」은 어째서 '마침내 흉함이 있다'고 하였습니까?" 답하기를 "「상구」는 「박괘」의 끝에 거처해서 양이 하나밖에 없으나, 양은 다하는 이치가 없기 때문에, 다시 난다는 뜻이 있음을 밝히니 군자의 도가 망할 수 없다는 것을 나타낸 것이고, 「쾌괘」는 양이 음을 사그러뜨리는 것이고, 음은 소인의 도이다. 그러므로 다만 사그러져 망하는 것만 말했으니, 어찌 다시 생겨나는 이치가 있다고 말하겠는가?"

※ 消 : '爻'자로 되어 있는 판본도 있다.

【本義】一陽이 在上하야 剝未盡而能復生하니 君子ㅣ在上則爲衆陰所載요 小人이 居之則剝極於上하야 自失所覆하니 而无復碩果得輿之象矣라. 取象이 旣明而君子小人이 其占이 不同하니 聖人之情을 益可見矣로다.

한 양이 위에 있어서 깎이는 것이 다하지 않고 다시 나오니, 군자가 위에 있으면 뭇 음이 받드는(載) 바가 되고, 소인이 거처하면 위에서 깎이고 극해서 스스로 덮을 바를 잃으니, 다시는 큰 과일과 수레를 얻는 상이 없게 된다. 상을 취한 것이 이미 명확하고 군자와 소인의 점이 같지 않으니, 성인의 뜻을 더욱 알 수 있다.

※ 益可見矣 : 「사고전서」본에는 '益可見於此矣'로 되어 있다.

> 象曰 君子得輿는 民所載也ㅣ오 小人剝廬는 終不可用也ㅣ라.
>
> ◉ 상에 말하기를 '군자가 수레를 얻는다'는 것은 백성이 싣는 바요, '소인이 집을 깎는다'는 것은 마침내 쓰지 못함이라.

【傳】正道ㅣ 消剝이 旣極則人復思治라 故로 陽剛君子ㅣ 爲民所承載也요 若小人이 處剝之極則小人之窮耳니 終不可用也라. 非謂九爲小人이요 但言剝極之時에 小人이 如是也라.

  바른 도가 사그러지고 깎임이 이미 극에 달하면, 사람들이 다시 다스려질 것을 생각하기 때문에, 양강한 군자가 백성들이 받들어 싣는 바가 되는 것이고, 만약 소인이 「박」이 극할 때에 있으면, 소인이 궁해지니 마침내 쓸 수 없다. 「상구」가 소인이라는 말이 아니고, 다만 깎임이 극에 달할 때에 소인이 이와 같다는 말이다.

坤上 地雷復(24)
震下 지뢰 복

【傳】復은 序卦에 物不可以終盡이니 剝이 窮上反下ㅣ라 故로 受之以復이라하니 物无剝盡之理라 故로 剝極則復來하고 陰極則陽生이라. 陽이 剝極於上而復生於下는 窮上而反下也니 復所以次剝也라.

「복」은 「서괘전」에 "물건이 마침까지 다 할 수(깎일 수)만은 없으니, 「박」이 위에서 궁하면 아래로 돌아오기 때문에 「복괘」로써 받았다"고 하니, 물건이 다 깎여 없어지는 이치가 없으므로, 깎여서 극에 달하면 회복되고, 음이 극하면 양이 생긴다. 양이 위에서 깎여 극에 달함에 다시 아래에서 생기는 것은, 위에서 궁함에 아래로 돌아오는 것이니, 「복괘」가 「박괘」 다음에 차례한 것이다.

※ 來 : '來'자가 없는 판본도 있다.

爲卦ㅣ 一陽이 生於五陰之下하니 陰極而陽復也라. 歲十月에 陰盛이 旣極이라가 冬至則一陽이 復生於地中이라 故로 爲復也라. 陽은 君子之道니 陽이 消極而復反은 君子之道ㅣ 消極而復長也라 故로 爲反善之義라.

괘됨이 한 양이 다섯 음의 아래에서 생기니, 음이 극함에 양이 회복한 것이다. 일년 중 10월에 음의 성함이 이미 극에 달하다가, 동지가 되면 한 양이 다시 땅 속에서 생기기 때문에 「복괘」가 된 것이다. 양은 군자의 도니, 양이 사그러짐이 극에 달했다가 다시 돌아오는 것은, 군자의 도가 사그러짐이 극에 달했다가 다시 자라나는 것이므로, 착한 데로 돌아오는 뜻이 된다.

※ 음력으로 10월은 「곤」에 해당하고, 동지가 되면 11월에 해당하는 「복」이 된다.

復은 亨하야 出入에 无疾하야 朋來라아 无咎ㅣ리라.
- [정자] 복은 형통해서 나고 듦에 병이 없어서 벗이 와야 허물이 없으리라.
- [주자] 복은 형통하니 나고 듦에 병이 없으며 벗이 옴에 허물이 없느니라.

☷☳ 物之始生 其氣至微

【傳】復亨은 旣復則亨也라. 陽氣ㅣ 復生於下하야 漸亨盛而生育萬物하니 君子之道ㅣ 旣復則漸以亨通하야 澤於天下라 故로 復則有亨盛之理也라. 出入无疾의 出入은 謂生長이니 復生於內는 入也요 長進於外는 出也니 先云出은 語順耳라. 陽生이 非自外也요 來於內라 故謂之入이라.

 '복은 형통하다(復亨)'고 함은, 이미 회복하면 형통하다는 것이다. 양의 기운이 아래에서 다시 생겨서 점점 형통하고 성해져서 만물을 생육하니, 군자의 도가 이미 회복되면 점점 형통해서 천하를 윤택하게 하기 때문에, 회복하면 형통해서 성하는 이치가 있다.
 '출입무질(出入无疾)'의 '출입(出入)'은 태어나 자라는 것을 말하니, 안에서 회복해서 나오는 것은 '들어오는 것(入)'이고, 자라서 밖으로 나아가는 것이 '나가는 것(出)'이니, 먼저 나가는 것을 말한 것은 말의 순서이다. 양의 생겨남이 밖으로부터 오는 것이 아니고, 안으로부터 오기 때문에 들어온다고 한 것이다.

物之始生에 其氣ㅣ 至微라 故로 多屯艱하고 陽之始生에 其氣ㅣ 至微라 故로 多摧折하나니 春陽之發에 爲陰寒所折은 觀草木於朝暮則可見矣라. 出入无疾은 謂微陽이 生長에 无害之者也니 旣无害之而其類ㅣ 漸進而來면 則將亨盛이라 故로 无咎也라.

 물건이 처음 날 때는 그 기운이 지극히 미미하기 때문에 어렵고 힘든 것이 많고, 양이 처음 날 때는 그 기운이 지극히 미미하기 때문에 부러지고 꺾이는 수가 많으니, 봄볕이 발할 때 음한한 기운에 꺾이는 바가 되는 것은 아침 저녁으로 풀과 나무를 보면 알 수 있다.

'나고 듦에 병이 없다(出入无疾)'는 것은 미미한 양이 생겨서 사람에 해롭게 하는 자가 없다는 말이니, 해롭게 하는 자가 없고 그 동류가 점점 진출해서 오면, 장차 형통해서 무성할 것이기 때문에 '허물이 없다(无咎)'고 한 것이다.

　※ 摧 : 꺾을 최. 　折 : 꺾을 절.

所謂咎는 在氣則爲差忒하고 在君子則爲抑塞하야 不得盡其理니 陽之當復에 雖使有疾이라도 固不能止其復也요 但爲阻礙耳나 而卦之才ㅣ 有无疾之義하니 乃復道之善也라.

'허물(咎)'이라고 함은 기(氣)에 있어서는 어긋남이 되고, 군자에 있어서는 눌리고 막혀서 군자의 도리를 다하지 못하는 것이다. 양이 회복하는 때를 당해서 비록 병들게 하는 것이 있더라도, 회복하는 것을 그치게 할 수 없고 다만 막힐 뿐이나, 괘의 재질이 병이 없는 뜻이 있으니 회복하는 도리의 선한 것이다.

　※ 君子 : '君子之道'로 되어 있는 판본도 있다.
　※ 礙 : 거리낄 애.

一陽이 始生에 至微하야 固未能勝群陰而發生萬物하니 必待諸陽之來然後에야 能成生物之功而无差忒이니 以朋來而无咎也라. 三陽子丑寅之氣ㅣ 生成萬物은 衆陽之功也니 若君子之道ㅣ 旣消而復이면 豈能便勝於小人이리오. 必待其朋類라가 漸盛則能協力하야 以勝之也라.

한 양이 처음 생김에 지극히 미미해서, 뭇 음을 이기고 만물을 발생시킬 수 없으니, 반드시 여러 양들이 오는 것을 기다린 다음에야 만물을 발생시키는 공을 이루고 어긋남이 없을 것이니, 벗이 와야 허물이 없는 것이다.

자축인(子丑寅) 세 양(☰)의 기운이 만물을 생성시킴은 뭇 양들의 공이니, 만약 군자의 도가 이미 사그러졌다가 막 회복되었다면 어떻게 바로 소인을 이길 수 있겠는가? 반드시 벗과 동류들이 오는 것을 기다렸다가, 점점 성해지면 능히 힘을 합해서 이길 수 있을 것이다.

> 反復其道하야 七日에 來復하니 利有攸往이니라.
>
> ⦿ [정자] 그 도를 반복해서 칠 일에 와서 회복하니, 가는 바를 둠이 이로우니라.
> ⦿ [주자] 그 도를 반복해서 칠 일에 와서 회복하고, 가는 바를 둠이 이로우니라.

【傳】謂消長之道ㅣ 反復迭至하니 陽之消ㅣ 至七日而來復이라. 姤는 陽之始消也니 七變而成復이라 故로 云七日이니 謂七更也라. 臨에 云八月有凶은 謂陽長으로 至於陰長이 歷八月也라. 陽進則陰退하고 君子道長則小人道消라 故로 利有攸往也라.

사그러지고 자라나는 도(消長之道)가 반복해서 갈마드니, 양의 사그러짐이 칠일에 이르러 회복한다는 말이다. 「구괘:☰」는 양이 처음 사그러지는 것이니, 일곱 번 변해서 「복괘:☷」가 되기 때문에 '칠 일(七日)'이라고 한 것이니, 일곱 번 변경됐다는 말이다.

「임괘:☱」에 "팔월에 흉함이 있다(八月有凶)"고 한 것은, 양이 자람으로부터 음이 자라는 데까지는 여덟 달을 경과하여야 한다는 말이다. 양이 나아가면 음이 물러나고, 군자의 도가 자라면 소인의 도가 사그러지기 때문에, '가는 바를 둠이 이롭다(利有攸往)'고 했다.

【本義】復은 陽이 復生於下也니 剝盡則爲純坤十月之卦而陽氣ㅣ 已生於下矣나 積之踰月然後에 一陽之體ㅣ 始成而來復이라 故로 十有一月에야 其卦ㅣ 爲復이라.

「복:☷」은 양이 아래에서 다시 생기는 것이니, 「박:☶:9월괘」이 다하면 「순곤:☷」의 10월의 괘가 된다. 양의 기운이 이미 아래에서 생기는 것이나, 쌓여서 한 달을 넘은 다음에 한 양의 몸체가 비로소 이루어져 와서 회복하기 때문에, 11월에야 그 괘가 「복」이 된다.

※ 爲:「사고전서」본에는 '爲'자가 없다.

以其陽으로 旣往而復反이라 故로 有亨道요 又內震外坤이니 有陽動於

下而以順上行之象이라 故로 其占이 又爲己之出入에 旣得无疾하고 朋類之來에 亦得无咎라. 又自五月姤卦로 一陰始生하야 至此七爻而 一陽이 來復하니 乃天運之自然이라 故로 其占이 又爲反復其道하야 至 於七日에 當得來復이요 又以剛德이 方長이라 故로 其占이 又爲利有 攸往也라. 反復其道는 往而復來하고 來而復往之意요 七日者는 所占 來復之期也라.

양이 이미 갔다가 다시 돌아오기 때문에 형통하는 도리가 있고, 또 안은 「진:☳」 이고 밖은 「곤:☷」이니, 양이 아래서 움직임에 순함으로써 위로 가는 상이 있으므 로 그 점이 자기의 출입에 병이 없음은 물론이고, 벗들의 옴에도 또한 허물이 없는 것이 된다.

또한 5월의 「구괘:☰」로부터 한 음이 처음 생겨서, 여기까지 일곱 효를 거쳐서 한 양이 와서 회복하니, 천도운행의 자연함인 까닭에, 그 점이 그 도를 반복해서 칠 일에 이르름에 마땅히 회복함을 얻는 것이고, 또한 강한 덕이 바야흐로 자라고 있기 때문에, 그 점이 '가는 바를 둠이 이로움(利有攸往)'이 된다. '그 도를 반복한다(反 復其道)'고 함은 갔다가 다시 오고 왔다가 다시 간다는 뜻이고, '칠 일(七日)'이라 는 것은 점쳐서 와서 회복하는 기간을 말한다.

※ 亨道 : 「사고전서」 본에는 '亨通'으로 되어 있다.

象曰 復亨은 剛反이니
◉ 단에 말하기를 복이 형통함은 강이 돌아옴이니,

【本義】剛反則亨이라.

강이 돌아오면 형통한 것이다.

動而以順行이라. 是以出入无疾朋來无咎ㅣ니라.
◉ 움직여 순한 것으로써 행함이라. 이로써 '출입무질 붕래무구'니라.

【傳】復亨은 謂剛反而亨也라. 陽剛이 消極而來反하니 旣來反則漸長盛而亨通矣라. 動而以順行是以出入无疾朋來无咎는 以卦才로 言其所以然也라. 下動而上順하니 是動而以順行也요 陽剛이 反하야 以順動하니 是以得出入无疾朋來而无咎也니 朋之來도 亦順動也라.

'복이 형통함(復亨)'은 강이 돌아와서 형통함을 말한 것이다. 양강한 것이 사그러짐이 극함에 돌아오니, 이미 돌아오면 점점 자라 성해져서 형통하는 것이다. '동이이순행 시이출입무질 붕래무구'는 괘의 재질로써 그 까닭을 말한 것이다. 아래는 움직이고 위는 순하니, 이것은 '움직여 순한 것으로써 행함(動而以順行)'이고, 양강한 것이 돌아와서 순함으로써 움직이니, 이 때문에 '나가고 들어옴에 병이 없고 벗이 오는데 허물이 없음'을 얻는 것이니, 벗이 오는 것도 또한 순히 움직이는 것이다.

【本義】以卦德而言이라.

괘덕으로써 말한 것이다.

反復其道七日來復은 天行也ㅣ오
◉ '반복기도칠일래복'은 하늘의 운행함이요,

【本義】陰陽消息은 天運이 然也라.

음과 양의 사그러지고 불어남(消息)은 하늘의 운행이 그런 것이다.

利有攸往은 剛長也일새니
◉ '가는 바를 둠이 이로움'은 강이 자라기 때문이니,

【本義】以卦體而言이니 旣生則漸長矣라

괘체로써 말한 것이니, 이미 생겼으니 점점 자랄 것이다.

> 復애 其見天地之心乎인뎌.
>
> ● 복에서 천지의 마음을 볼 것인져!

【傳】其道ㅣ 反復往來하니 迭消迭息하야 七日而來復者는 天地之運行이 如是也요 消長이 相因은 天之理也라. 陽剛君子之道ㅣ 長이라 故로 利有攸往이요 一陽이 復於下하니 乃天地生物之心也라. 先儒ㅣ 皆以靜으로 爲見天地之心이라하니 蓋不知動之端이 乃天地之心也라. 非知道者면 孰能識之리오.

그 도가 반복해서 왕래하니, 번갈아 사그러지고 불어나서 칠 일에 와서 회복함은 천지의 운행이 이와 같은 것이고, 사그러지고 자라남이 서로 원인함은 하늘의 이치다. 양강한 군자의 도가 자라기 때문에 '가는 바를 둠이 이로운 것(利有攸往)'이고, 한 양이 아래에서 회복하니 곧 천지가 물건을 낳는 마음이다. 이전의 선비들이 다 "고요함으로써 천지의 마음을 본다"고 했으니, 대개 움직임의 단서가 천지의 마음이라는 것을 모른 것이다. 도를 아는 사람이 아니면 누가 알겠는가?

※ 息 : '息也'로 되어 있는 판본도 있다.

【本義】積陰之下에 一陽이 復生은 天地生物之心이 幾於滅息而至此하야 乃復可見이니 在人則爲靜極而動하고 惡極而善하야 本心이 幾息而復見之端也라. 程子ㅣ 論之詳矣而邵子之詩에 亦曰冬至子之半이요 天心无改移라 一陽初動處요 萬物未生時라 玄酒味方淡이요 大音聲正希라 此言如不信커든 更請問包犧하라하니 至哉라. 言也여. 學者ㅣ 宜盡心焉이어다.

여러 음이 쌓인 밑에 한 양이 다시 생기는 것은, 천지의 만물을 낳는 마음이 거의 멸식되었다가 여기에 와서 다시 볼 수 있는 것이니, 사람에 있어서는 고요함이 극에 달하면 움직이고, 악이 극에 달하면 착해져서, (하늘로 부터 받은) 본심이 거의 멸식되었다가 다시 볼 수 있는 단서이다. <정자>가 자세히 논설했고 <소자>의 시에 또한 말씀하기를 "동지는 자월의 반이요/ 천심은 고치고 옮김이 없구나/ 한 양이 처음 움직이는 곳이요/ 만물이 생기지 않았을 때다/ 현주는 담담한 맛일 때요/ 큰 소리는 드물구나/ 이 말을 믿지 못하거든/ <복희씨>를 다시 청하여 물으라"고 하였으니, 지극하다! (<소자>의) 말씀이여! 배우는 사람이 마땅히 정성을 다해야 할 것이다.

> ※ <소자(邵康節)>의 시집인 『이천격양집:伊川擊壤集』의 18권에 「동지음:冬至吟」이라는 시제(詩題)로 출전.
>
> ※ 현주(玄酒) : 맹물 또는 익히지 않은 술.
>
> ※ <주자>의 동지를 읊은 시에 "忽然夜半에 一聲雷하니 萬戶千門이 次第開라 識得无中에 含有處면 許君親見 伏羲來라(홀연히 한밤중에 한 소리 우뢰치니/ 만 개의 삽작과 천 개의 문이 차례로 열리는구나/ 없는 가운데서 있는 것을 포함하는 곳을 알아내면/ <복희씨>를 뵙고 오는 것을 허락하리라.)"

象曰 雷在地中이 復이니 先王이 以하야 至日애 閉關하야 商旅ㅣ 不行하며 后不省方하나라.

⦿ 상에 말하기를 우뢰가 땅 속에 있는 것이 복이니, 선왕이 본받아서 동짓날에 관문을 닫아서 장사치와 여행자가 다니지 못하게하며, 후(인군)가 지방을 순찰하지 않느니라.

【傳】雷者는 陰陽이 相薄而成聲이니 當陽之微엔 未能發也라. 雷在地中은 陽이 始復之時也니 陽始生於下而甚微하야 安靜而後에야 能長이라. 先王은 順天道하니 當至日陽之始生하야 安靜以養之라 故로 閉關하야 使商旅로 不得行하고 人君은 不省視四方하니 觀復之象而順天道也라. 在一人之身에도 亦然하니 當安靜以養其陽也니라.

우뢰(☳)는 음양이 서로 부딪혀 소리를 이루니, 양이 미미할 때엔 소리를 발하지 못한다. '우뢰가 땅(☷) 속에 있는 것(雷在地中)'은 양이 처음 회복하는 때니, 양이 처음 아래에서 생김에 심히 미미해서 안정을 한 다음에야 자랄 수 있는 것이다. '선왕(先王)'은 하늘의 도에 순히 하니, 동짓날에 양이 처음 날 때를 당해서 안정해서 길러야 하기 때문에, 관문을 닫아서 장사치와 나그네가 다니지 못하게 하고, 인군은 사방을 순시하지 않는 것이니, 「복괘」의 상을 보고 하늘의 도에 순히 하는 것이다. 사람의 몸에 있어서도 또한 그러하니, 마땅히 안정해서 양을 길러야 할 것이다.

※ 靜: '順'자로 되어 있는 판본도 있다.

【本義】安靜以養微陽也니 月令에 是月에 齋戒掩身하야 以待陰陽之所定이라.

　안정해서 미미한 양을 기르는 것이니, 「월령」에 "이 달에는 재계하고 몸을 가려서, 음양이 정하는 바를 기다린다"고 하였다.

※ 『예기』의 「월령편」에는 "君子ㅣ 齋戒하야 處必掩身하되,…, 以待陰陽之所定"으로 되어 있다.

初九는 不遠復이라. 无祗悔니 元吉하니라.
◉ 초구는 머지 않아 회복할 것이다. 후회하는 데 이르지 않을 것이니, 크게 착하고 길하다.

☷ 能復於善 不抵於悔

【傳】復者는 陽이 反來復也요 陽은 君子之道라 故로 復爲反善之義라. 初는 剛陽이 來復하야 處卦之初니 復之最先者也요 是不遠而復也라. 失而後에 有復하니 不失이면 則何復之有리오. 唯失之라가 不遠而復하면 則不至於悔니 大善而吉也라.

　'복(復)'은 양이 돌아와 회복한 것이고, 양은 군자의 도이기 때문에, '복'은 착한 데로 돌아오는 뜻이 된다. 「초구」는 강한 양이 회복해 와서 괘의 처음에 있으니, 제일 먼저 회복한 자이고, 이것은 머지 않아 회복하는 것이다. 잃은 다음에 회복이라는 것이 있으니, 잃지 않았다면 무슨 회복이 있겠는가? 오직 잃었다가 머지 않아 회복하면 후회하는 데까지 이르지 않으니, 크게 착하고 길한 것이다.

祗는 宜音柢니 抵也라. 玉篇에 云適也라하니 義亦同이라. 无祗悔는 不至於悔也라. 坎卦에 曰祗旣平이면 无咎라하니 謂至旣平也라. 顏子ㅣ 无形顯之過일새 夫子ㅣ 謂其庶幾라하시니 乃无祗悔也라. 過旣未形而

改면 何悔之有리오. 旣未能不勉而中하야 所欲不踰矩면 是有過也라. 然이나 其明而剛이라 故로 一有不善이면 未嘗不知하고 旣知면 未嘗不遽改라 故로 不至於悔하니 乃不遠復也라. 祗는 陸德明이 音支라하고 玉篇과 五經文字와 群經音辨에 幷見衣部하니라.

　'지(祗)'자의 음은 '지'니 이르른다는 것이다. 옥편에 '가는 것'이라고 하니, 뜻이 또한 같다. '무지회(无祗悔)'는 후회하는 데 이르지 않는다는 말이다. 「감괘 ䷜」에 "지기평(평평한 데 이르르면) 무구(허물이 없다)"라고 했으니, '평평한 데 이르름(至旣平)'을 말한 것이다. <안자>가 형체로 나타나는 허물이 없는 까닭에, <공자>께서 "거의 도에 가깝다"고 하셨으니, 후회하는 데 이르지 않는다는 것이다. 허물이 이미 형성되기 전에 고치면 무슨 후회가 있겠는가? 이미 힘쓰지 않아도 이치에 맞아서 하고자 하는 바가 법도에 넘지않게 하지를 못하면, 이것은 허물이 있는 것이다. 그러나 그가 밝고 강하기 때문에 한 가지라도 착하지 못한 것이 있으면 깨닫지 못함이 없고, 깨달으면 바로 고치지 않음이 없었기 때문에 후회하는 데 이르지 않으니, 머지 않아서 회복하게 되는 것이다. '지(祗)'자는 <육덕명>이 '지'라고 발음하고, 「옥편」과 『오경문자』 및 『군경음변』에 모두 '의부(衣部)'에 나온다.

　※ 祗 : 공경할 지.　　 柢 : 뿌리 지.　　 抵 : 이르를 지.
　※ 「감괘 ䷜」 「구오효사」에 "坎不盈이니 祗旣平이면 无咎ㅣ리라("감」에 차지 않으니, 이미 평평한 데 이르면 허물이 없으리라)"
　※ 「계사하전」 5장에 「복괘:復卦」 초구효를 인용해 풀이하는 대목에 출전("顔氏之子ㅣ其殆庶幾乎인져…").
　※ 육덕명(陸德明) : 「당(唐)나라」의 「오현:吳縣」사람. 이름은 원랑(元朗) 명리(名理)에 밝았다. <고조(高祖)>때 국사박사(國士博士)를 지냄. 여기서는 그의 저서인 『경전석문:經典釋文』을 말함.

【本義】一陽이 復生於下하니 復之主也라. 祗는 抵也라. 又居事初하야 失之未遠하며 能復於善하야 不抵於悔하니 大善而吉之道也라. 故로 其象占이 如此라.

　한 양이 아래에서 회복해서 생기니 「복」의 주효이다. '지(祗)'는 이르는 것이다. 또한 일의 처음에 있어서 잃은 것이 오래되지 않았으며, 착한 데 회복해서 후회하는 데 이르지 않으니, 크게 착하고 길한 도리이다. 그러므로 그 상과 점이 이와 같다.

> 象曰 不遠之復은 以脩身也ㅣ라.
> ◉ 상에 말하기를 '머지 않아 회복한다'고 함은 몸을 닦기 때문이다.

【傳】不遠而復者는 君子ㅣ 所以修其身之道也니 學問之道는 无他也라. 唯其知不善이면 則速改以從善而已니라.

　머지 않아 회복하는 것은 군자가 몸을 닦는 도리이니, 학문하는 도리는 다른 것이 없다. 오직 착하지 못한 것을 알았으면 곧 빨리 고쳐서 착한 데로 따라갈 뿐이다.

　　※ 問 : '問'자가 없는 판본도 있다.

> 六二는 休復이니 吉하니라.
> ◉ 육이는 아름답게 회복함이니 길하니라.
> ☷ 柔順中正 近於初九

【傳】二雖陰爻나 處中正而切比於初하야 志從於陽하니 能下仁也요 復之休美者也라. 復者는 復於禮也니 復禮則爲仁이라. 初陽復은 復於仁也요 二ㅣ 比而下之하니 所以美而吉也라.

　「육이」가 비록 음효이나, 중정한 데 거처하고「초구」와 아주 가까워서 뜻이 양을 따르니, 어진 사람에게 낮출 줄 아는 것이고 회복하는 데 아름다운 사람이다. '회복한다(復)'고 함은 예절을 회복하는 것이니, 예절을 회복하면 인(仁)이 된다. 양인「초구」가 회복함은 인(仁)을 회복하는 것이고,「육이」가 친히해서 자기를 낮추니 아름답고 길한 것이다.

【本義】柔順中正으로 近於初九而能下之하야 復之休美하니 吉之道也라.

유순하고 중정함으로 「초구」와 가깝고, 자기를 낮출 수 있어서 회복하기를 아름답게하니 길한 도리이다.

象曰 休復之吉은 以下仁也ㅣ라.
⊙ 상에 말하기를 '아름답게 회복해서 길함'은, 어진 이에게 낮추기 때문이다.

【傳】爲復之休美而吉者는 以其能下仁也일새니 仁者는 天下之公이요 善之本也라. 初復於仁하고 二能親而下之하니 是以吉也라.

회복함이 아름다워 길한 것은 「육이」가 어진 이에게 낮출 수 있기 때문이니, 인(仁)은 천하의 공변된 것이고 착함의 근본이다. 「초구」가 인을 회복하고, 「육이」가 친히 하면서 자기를 낮출 수 있으니 길한 것이다.

六三은 頻復이니 厲하나 无咎ㅣ리라.
⊙ 육삼은 자주 회복함이니, 위태하나 허물이 없으리라.

陰躁處動 復之頻數

【傳】三이 以陰躁로 處動之極하니 復之頻數而不能固者也라. 復貴安固하니 頻復頻失은 不安於復也요 復善而屢失은 危之道也라. 聖人이 開遷善之道與其復而危其屢失이라 故로 云厲无咎라하시니 不可以頻失而戒其復也라. 頻失則爲危나 屢復이면 何咎리오. 過在失而不在復也라.

「육삼」이 음이면서 조급함으로 움직이는 괘(☳)의 끝에 있으니, 자주 회복하나 굳게 지키지 못하는 사람이다. 회복함은 편안하고 굳건한 것을 귀하게 여기니, 자주 회복하고 자주 잃는 것은 불안한 회복이고, 착함을 회복했다 자주 잃는 것은 위태한 도리이다. 성인이 착한 데로 옮겨가는 길과 그 회복하는 것을 열어 놓으셨으나, 그 자주 잃는 것을 위태롭게 여기기 때문에, '위태하나 허물이 없다(厲无咎)'고 하신 것이니, 자주 잃어버린다고 해서 그 회복하는 것을 경계할 수는 없다. 자주 잃는 것은 위태하나 자주 회복하면 무슨 허물이겠는가? 허물은 잃는 데 있지 회복하는 데 있는 것이 아니다.

【本義】 以陰으로 居陽하야 不中不正하고 又處動極하야 復而不固하니 屢失屢復之象이라. 屢失故로 危하나 復則无咎라 故로 其占이 又如此라.

음으로써 양자리에 있어서 중(中)하지도 정(正)하지도 못하고, 또한 움직이는 괘(☶)의 끝에 있어서 회복하나 굳건하지 못하니, 자주 잃고 자주 회복하는 상이다. 자주 잃기 때문에 위태하나, 회복하면 허물이 없기 때문에, 그 점이 또한 이와 같다.

> 象曰 頻復之厲는 義无咎也ㅣ니라.
>
> ◉ 상에 말하기를 '자주 회복해서 위태함'은, 의리가 허물이 없느니라.

【傳】 頻復頻失이 雖爲危厲나 然이나 復善之義則无咎也라.

자주 회복하고 자주 잃는 것이 비록 위태하나, 착함을 회복하는 의리는 허물이 없다.

> 六四는 中行호대 獨復이로다.
>
> ◉ 육사는 중도로써 행하되 홀로 회복하도다.
>
> ䷗ 自處於正 下應陽剛

【傳】 此爻之義는 最宜詳玩이라. 四ㅣ 行群陰之中而獨能復하야 自處於正하고 下應於陽剛하니 其志可謂善矣라. 不言吉凶者는 蓋四以柔로 居群陰之間하고 初方甚微하야 不足以相援이니 无可濟之理라 故로 聖人이 但稱其能獨復하고 而不欲言其獨從道而必凶也시니라. 曰然則不言无咎는 何也오. 曰以陰居陰하야 柔弱之甚하니 雖有從陽之志

라도 終不克濟니 非无咎也니라.

　이 효의 뜻은 가장 잘 음미해야 한다. 「육사」가 뭇 음의 중간에서 행동하나, 홀로 회복할 수 있어 스스로 바른 데 거처하고, 아래로 양강한 「초구」와 응하니 그 뜻이 착하다고 할 수 있다. 길흉을 말하지 않은 것은, 대개 「육사」가 유로써 뭇 음의 사이에 있고, 「초구」가 현재 심히 미약해서 서로 구원을 할 수 없으니, 구제할 수 있는 이치가 없기 때문에, 성인이 다만 홀로 회복할 수 있다는 것만 칭찬하시고, 홀로 도를 좇지만 반드시 흉하다는 것을 말하고자 하지 않으신 것이다.

　묻기를 "그렇다면 '허물이 없다'고 말하지 않은 것은 어째서입니까?" 답하기를 "음으로써 음자리에 있어서 유약함이 심하니, 비록 양을 따르는 뜻이 있더라도 끝내 구제되지 못할 것이므로, 허물이 없는 것이 아니다."

【本義】四ㅣ 處群陰之中而獨與初應하야 爲與衆俱行而獨能從善之象이나 當此之時하야 陽氣甚微하니 未足以有爲라 故로 不言吉이라. 然이나 理所當然이니 吉凶은 非所論也라. 董子ㅣ 曰仁人者는 正其義하고 不謀其利하며 明其道하고 不計其功이라하니 於剝之六三과 及此爻에 見之로다.

　「육사」가 뭇 음의 중간에 거처해 있으면서 혼자만이 「초구」와 응해서, 무리와 같이 가지만 홀로 착함을 좇아가는 상이 된다. 그러나 「복」의 때를 당해서 양의 기운이 심히 미미하니, 일을 할 수 없기 때문에 '길하다'고 말하지 않았다. 그러나 이치가 합당한 것이니 길하고 흉함은 논할 것이 아니다.

　<동자(동중서)>가 말하기를 "어진 사람은 그 의리를 바르게하고 이익을 꾀하지 않으며, 그 도를 밝히고 그 공을 계산하지 않는다"고 했으니, 「박괘」 「육삼효」와 이 효에서 알 수 있다.

　　※ 동자(董子:179~104 B.C.) : 「서한:西漢」의 유학자. <한무제(漢武帝)>를 도와 유교의 국교화(國敎化)에 결정적 기여를 했으며, 한대(漢代)의 사상과 문화를 유교를 중심으로 통일시키고, <공자>를 높이고 다른 제자백가를 몰아내는 데 평생을 보냈다. 윗 귀절은 그의 저서인 『춘추번로:春秋繁露』의 9권에 출전.

象曰 中行獨復은 以從道也ㅣ라.
◉ 상에 말하기를 '중도로 행해서 홀로 회복한다'고 함은 도를 좇기 때문이다.

【傳】稱其獨復者는 以其從陽剛君子之善道也일새니라.

'홀로 회복한다(獨復)'고 칭찬한 것은, 「육사」가 양강한 군자의 착한 도를 따르기 때문이다.

六五는 敦復이니 无悔하니라.
◉ 육오는 돈독하게 회복함이니 후회가 없느니라.

處中體順 敦篤其志

【傳】六五ㅣ 以中順之德으로 處君位하니 能敦篤於復善者也라 故로 无悔라. 雖本善이나 戒亦在其中矣니 陽復이 方微之時에 以柔居尊하고 下復无助하니 未能致亨吉也요 能无悔而已라.

「육오」가 중순(中順)한 덕으로써 인군자리에 거처하니, 착함을 회복하는 데 돈독하기 때문에, 후회가 없는 것이다. 비록 본래 착하나 경계함이 또한 그 가운데 있으니, 양의 회복함이 미미한 때에 유로써 높은 자리에 거처하고, 아래에 다시 돕는 이가 없으니, 형통하고 길함은 이루지 못하고 후회만 없을 따름이다.

【本義】以中順으로 居尊而當復之時하니 敦復之象이요 无悔之道也라.

중순(中順)함으로써 높은 자리에 거처하면서 회복하는 때를 당했으니, 돈독하게 회복하는 상이고 후회가 없는 도리이다.

象曰 敦復无悔는 中以自考也ㅣ라.
◉ 상에 말하기를 '회복하는 데 돈독해서 후회가 없는 것'은, 중도로써 스스로 이루기 때문이다.

【傳】以中道로 自成也라. 五以陰으로 居尊하고 處中而體順하니 能敦篤其志하야 以中道로 自成則可以无悔也라. 自成은 謂成其中順之德이라.

　중도로써 스스로 이루는 것이다. 「육오」가 음으로써 높은 자리에 있고, 중에 처하면서 괘체(☷)가 순하니, 그 뜻을 돈독히해서 중도로써 스스로 이루면 허물이 없을 수 있다. 스스로 이룬다는 것은 중순한 덕을 이룬다는 말이다.

【本義】考는 成也라.

　'고(考)'는 이루는 것이다.

上六은 迷復이라 凶하니 有災眚하야 用行師ㅣ면 終有大敗하고 以其國이면 君이 凶하야 至于十年히 不克征하리라.

- [정자] 상육은 아득하게 회복함이라 흉하니, 재앙이 있어서 군사를 행하면 마침내 크게 패하고, 그 나라로써 하면 인군이 흉해서 십 년에 이르도록 능히 가지 못하리라.
- [주자] 상육은 아득하게 회복함이라 흉하니, 재앙이 있어서 군사를 행하면 마침내 크게 패해서, 그 나라의 인군으로써 흉해서 십 년에 이르도록 능히 가지 못하리라.

☷　以陰復終　終迷不復

【傳】以陰柔로 居復之終하니 終迷不復者也라. 迷而不復하니 其凶을 可知라. 有災眚은 災는 天災니 自外來요 眚은 己過니 由自作이라. 旣迷不復善하니 在己則動皆過失이요 災禍ㅣ亦自外而至하니 蓋所招也라. 迷道不復이면 无施而可리니 用以行師則終有大敗하고 以之爲國則君之凶也라. 十年者는 數之終이니 至於十年不克征은 謂終不能行이라. 旣迷於道하니 何時而可行也리오.

　음유함으로써 「복괘」의 마지막에 있으니, 끝까지 아득해서 회복하지 못하는 사람이다. 아득해서 회복하지 못하니 흉함을 알 수 있다. '재앙이 있음(有災眚)'은, '재(災)'는 하늘의 재앙이니 밖으로부터 온 것이고, '생(眚)'은 자기의 허물이니 자기가 지음으로 말미암은 것이다. 이미 아득해서 착함을 회복하지 못했으니, 자기에 있어서는 움직이는 것이 다 과실(過失)이고, 또한 재앙과 화가 밖으로부터 오니, 대개 스스로 부른 것이다. 도가 아득해 회복하지 못하면 시행해서 옳은 일이 없을 것이니, 이로써 군사를 행하면 마침내 크게 패하고, 이로써 나라를 다스리면 인군이 흉한 것이다. '10년(十年)'은 수의 끝이니, '십 년이 되도록 능히 가지 못한다'는 것은 끝끝내 행할 수 없다는 것이다. 이미 길(道)이 아득하니, 어느 때에 행할 수 있겠는가?

【本義】以陰柔로 居復終하니 終迷不復之象이요 凶之道也라. 故로 其占이 如此라. 以는 猶及也라.

음유함으로써 「복괘」의 마지막에 거처하니, 끝끝내 아득해서 회복하지 못하는 상이고 흉한 도리이다. 그러므로 그 점이 이와 같다. '써 한다(以)'는 것은 '미친다(及)'는 것과 같다.

> 象曰 迷復之凶은 反君道也일새라.
> ● 상에 말하기를 '회복하는 데 아득해서 흉하다'는 것은, 인군의 도에 반대되기 때문이다.

【傳】復則合道어니와 旣迷於復이면 與道相反也니 其凶을 可知라. 以其國君凶은 謂其反君道也니 人君이 居上而治衆은 當從天下之善이어늘 乃迷於復하니 反君之道也라. 非止人君이요 凡人이 迷於復者도 皆反道而凶也라.

회복하면 도에 합치되는 것이나, 이미 회복하는 데 아득하면 도와는 서로 반대이니, 흉함을 알 수 있다. '그 나라로써 하면 인군이 흉하다(以其國君凶)'고 함은, 인군의 도에 반대된다는 말이니, 인군이 윗 자리에 거처해서 민중을 다스림은 마땅히 천하의 착한 것을 좇아야 할 것인데, 회복하는 데 아득하니 인군의 도에 반대되는 것이다. 단지 인군뿐만 아니라, 모든 회복하는 데 아득한 사람도 다 도에 반대되어 흉하다.

乾上 震下 天雷无妄(25)
천 뢰 무 망

【傳】无妄은 序卦에 復則不妄矣라 故로 受之以无妄이라하니 復者는 反於道也니 旣復於道則合正理而无妄이라. 故로 復之後에 受之以无妄也라. 爲卦ㅣ 乾上震下하고 震은 動也니 動以天이 爲无妄이요 動以人欲則妄矣니 无妄之義ㅣ 大矣哉라.

「무망」은 「서괘전」에 "회복하면 망령(妄靈)됨이 없기 때문에 「무망」으로써 받았다"고 하였다. 회복하는 것은 도에 돌아오는 것이니, 이미 도에 회복하면 바른 이치에 합치되서 망령됨이 없다. 그렇기 때문에 「복괘」의 뒤에 「무망」으로써 받은 것이다.

괘됨이 「건」은 위에 있고 「진」은 아래에 있고, 「진」은 움직이는 것이니, 하늘의 이치로써 움직임이 망령됨이 없는 것이 되고, 사람의 욕심으로써 움직이면 망령된 것이니, 「무망」의 의의가 크도다!

＊ 合 : '合'자가 없는 판본도 있다.

无妄은 元亨하고 利貞하니 其匪正이면 有眚하릴새 不利有攸往하니라.

● 무망은 크게 형통하고 바르게 함이 이로우니, 그 바르지 않으면 재앙이 있기 때문에 가는 바를 둠이 이롭지 않으니라.

 中正相應 順理不妄

【傳】无妄者는 至誠也니 至誠者는 天之道也라. 天之化育萬物에 生生不窮하야 各正其性命이 乃无妄也니 人能合无妄之道則所謂與天

地合其德也라. 无妄에 有大亨之理하니 君子ㅣ 行无妄之道則可以致大亨矣라. 无妄은 天之道也로대 卦엔 言人由无妄之道也라.

　「무망」은 지극한 정성이니, 지극한 정성은 하늘의 도리이다. 하늘이 만물을 화육함에, 낳고 낳는 것이 끝이 없어서 각각 성명을 바르게 함이 「무망」이니, 사람이 「무망」의 도에 합치되면 천지와 덕을 합할 수 있는 것이다.

　「무망」에 크게 형통하는 이치가 있으니, 군자가 「무망」의 도를 행하면 크게 형통함을 이룰 것이다. 「무망」은 하늘의 도리이나, 괘엔 사람이 「무망」의 도를 따라가는 것으로 말한 것이다.

　　　* 者 : '者'자가 없는 판본도 있다.　　* 也 : '也'자가 없는 판본도 있다.

利貞은 法无妄之道ㅣ 利在貞正이니 失貞正則妄也라. 雖无邪心이나 苟不合正理則妄也니 乃邪心也라. 故로 有匪正則爲過眚이요 旣已无妄이면 不宜有往이니 往則妄也라.

　'바르게 함이 이롭다(利貞)'고 함은 「무망」의 도가 이로움이 굳고 바르게 하는 데 있다는 것을 본받음이니, 굳고 바름을 잃으면 망령된 것이다. 비록 사특한 마음은 없으나, 진실로 바른 도리에 합치되지 않으면 망령된 것이니 사특한 마음이 된다. 그러므로 바르게 하지 않으면 허물과 재앙이 되는 것이고, 이미 망령됨이 없으면 가는 바를 둠이 마땅하지 않으니, 가면 망령될 것이다.

　　　* 有 : '其'자로 되어 있는 판본도 있다.

【本義】无妄은 實理自然之謂라. 史記에 作无望하야 謂无所期望而有得焉者라하니 其義ㅣ 亦通이라. 爲卦ㅣ 自訟而變하야 九自二來而居於初하고 又爲震主하니 動而不妄者也라 故로 爲无妄이요 又二體ㅣ 震動而乾健하고 九五ㅣ 剛中而應六二라 故로 其占이 大亨而利於正하니 若其不正則有眚而不利有所往也라.

　「무망」은 진실한 이치의 자연스러움을 말한 것이다.『사기』에 '무망(无望)'이라고 써서 "기대하고 바라지 않았는데 얻음이 있는 것을 말한다"고 하니, 그 뜻이 또한 통한다.

괘됨이 「송괘:䷅」로부터 변해서, 구(陽)가 이효자리로 부터 와서 초효자리에 거처하고, 또한 「진䷲」괘의 주인이 되었으니, 움직여서 망령되지 않으므로 「무망괘」가 된 것이고, 또한 두 괘체가 「진」은 움직이고 「건:☰」은 굳세며, 「구오」가 강중해서 「육이」와 응하기 때문에, 그 점이 크게 형통하고 바르게 함이 이로우니, 만약 바르지 못하면 재앙이 있어서 가는 바를 둠이 이롭지 않을 것이다.

> **象曰 无妄**은 剛이 **自外來而爲主於內**하니
> ● 단에 말하기를, 무망은 강이 밖으로부터 와서 안에서 주인이 되니,

【傳】謂初九也라. 坤初爻ㅣ 變而爲震하니 剛自外而來也요 震은 以初爻爲主하니 成卦ㅣ 由之라 故로 初爲无妄之主며 動以天이 爲无妄이니 動而以天은 動爲主也라. 以剛變柔하니 爲以正去妄之象이요 又 剛正으로 爲主於內ㅣ 无妄之義也니 九居初ㅣ 正也라.

「초구」를 말한 것이다. 「곤:☷」의 초효가 변해서 「진:☳」이 되니, 강이 밖으로부터 온 것이고, 「진」은 초효로써 주효를 삼으니, 괘가 초효로 연유해서 이루어졌기 때문에, 초효가 「무망괘」의 주효가 되며 움직이기를 천리(天理)로써 하는 것이 「무망」이 되니, 움직이는 데 천리로써 하는 것은 움직임이 주가 된다.

강으로써 유를 변하게 하니 바름으로써 망령된 것을 제거하는 상이 되고, 또 강정(剛正)으로 안의 주인이 되는 것이 망령됨이 없는 뜻이니, 구(陽)가 초효자리에 있는 것이 바른(正) 것이다.

> **動而健**하고 **剛中而應**하야 **大亨以正**하니 **天之命也**ㅣ라.
> ● 움직이면서 굳세고, 강중하고 응해서 크게 형통하고 바른 것으로 써하니, 하늘의 명이다.

【傳】下動而上健하니 是其動이 剛健也요 剛健은 无妄之體也라. 剛中而應은 五ㅣ 以剛居中正하고 二ㅣ 復以中正相應이니 是順理而不妄也라 故로 其道ㅣ 大亨通而貞正이니 乃天之命也라. 天命은 謂天道

也니 所謂无妄也라.

　아래는 움직이고 위는 굳세니, 이것은 움직임이 강건한 것이고, 강건한 것은 무망의 본체다. '강중하고 응한다(剛中而應)'는 것은, 「구오」가 강으로써 중정한 데 거처하고 「육이」가 다시 중정함으로써 서로 응함이니, 이것은 이치에 순해서 망령되지 않은 것이기 때문에, 그 도가 크게 형통하고 굳고 바름이 되니, 하늘의 명인 것이다. '천명(天命)'은 하늘의 도를 말한 것이니, 망령됨이 없음을 말한다.

其匪正有眚不利有攸往은 无妄之往이 何之矣리오. 天命不祐를 行矣哉아.

● '바르지 못하면 재앙이 있으니 가는 바를 둠이 이롭지 않다'는 것은, 무망의 감이 어디로 가리오? 천명이 돕지 않는 것을 행하겠는가!

※ 之 : 갈 지.　　祐 : 도울 우.

【傳】所謂无妄은 正而已니 小失於正이면 則爲有過요 乃妄也라. 所謂匪正은 蓋由有往이니 若无妄而不往이면 何由有匪正乎리오. 无妄者는 理之正也니 更有往이면 將何之矣리오. 乃入於妄也라. 往則悖於天理니 天道所不祐를 可行乎哉아.

　'망령됨이 없다'고 함은 바르게 하는 것 뿐이니, 조금이라도 바름을 잃으면 허물이 있는 것이 되고, 망령된 것이다. '바르지 않다(匪正)'는 것은 대개 가기 때문이니, 만약 망령됨이 없으면서 가지 않으면 어떻게 바르지 않음이 있겠는가? 망령됨이 없다는 것은 이치의 바름이니, 다시 가면 장차 어디로 가리오? 곧 망령된 데로 들어갈 것이다. 가면 하늘의 이치에 어긋나니, 하늘의 도가 돕지 않는 것을 행해서 옳게 되겠는가?

　　※ 바르게 행동하는 것이 망령됨이 없는 것이고, 망령됨이 없는 상태라면, 그 상태를 유지하는 것이 바른 도를 행하는 것이다. 만약 그 상태를 벗어나 달리 행동하면 망령될 것이라는 뜻이다.

【本義】以卦變卦德卦體로 言卦之善이 如此라. 故로 其占이 當獲大亨而利於正이니 乃天命之當然也라. 其有不正則不利有所往이니 欲

何往哉리오 蓋其逆天之命而天不祐之라 故로 不可以有行也라.

　괘변·괘덕·괘체로써, 괘의 착함이 이와 같음을 말한 것이다. 그러므로 그 점이 마땅히 크게 형통함을 얻고, 바르게 함이 이로우니, 천명의 당연한 것이다. 만약 바르지 않은 것이 있으면 가는 바를 둠이 이롭지 않으니, 어디를 가려고 하겠는가? 가는 것이 하늘의 명을 거스려서 하늘이 돕지 않을 것이기 때문에, 가서는 안될 것이다.

> 象曰 天下雷行하야 物與无妄하니 先王이 以하야 茂對時하야 育萬物하나니라.
>
> ◉ 상에 말하기를 하늘 아래 우뢰가 행해서 물건마다 망령됨이 없음을 주니, 선왕이 본받아서 성하게 때를 대해서 만물을 기르느니라.

　　※ 與 : 줄 여.　　茂 : 성할 무.

【傳】雷行於天下면 陰陽이 交和하야 相薄而成聲하니 於是에 驚蟄藏하며 振萌芽하야 發生萬物호대 其所賦與에 洪纖高下가 各正其性命하야 无有差妄하니 物與无妄也라.

　우뢰가 하늘 아래에 행하면 음양이 사귀고 회합해서 서로 부딪혀 소리를 이루니, 칩거한 것을 놀래 깨우고 새싹을 북돋아서 만물을 발생시키되, 그 부여함에 넓은 것과 가는 것, 높은 것과 낮은 것들이 각각 그 성품과 명을 바르게 해서 어긋나고 망령된 것이 없으니, '물건마다 망령됨이 없음을 주는 것(物與无妄)'이다.

　　※ 칩장(蟄藏) : 벌레 따위가 겨울 동안 땅 속에 죽치고 있음(蟄居, 蟄伏).
　　※ 生 : '育'자로 되어 있는 판본도 있다.
　　※ 纖 : 가늘 섬.　　妄 : '忒'자로 되어 있는 판본도 있다.

先王이 觀天下雷行發生賦與之象하고 而以茂對天時하야 養育萬物하야 使各得其宜를 如天與之无妄也라. 茂는 盛也니 茂對之爲言은 猶盛行永言之比라. 對時는 謂順合天時니 天道ㅣ 生萬物에 各正其性命而不妄하니 王者ㅣ 體天之道하야 養育人民호대 以至昆蟲草木히 使

各得其宜는 乃對時育物之道也라.

　선왕이 하늘 아래에 우뢰가 행해서 만물을 발생하고 성명을 부여하는 상을 관찰하며, 하늘의 때를 성대하게 대처해 만물을 길러서, 각각 그 마땅함을 얻게함을 하늘이 망령됨이 없음을 주는 것과 같이 한다.

　'무(茂)'는 성대함이니, '성하게 대한다(茂對)'는 행동을 성대하게 하고 말을 길게하는 것을 비유한 것이다. '때를 대한다(對時)'는 하늘의 때에 순하게 합한다는 뜻이니, 하늘의 도가 만물을 발생시킴에 각각 그 성품과 명을 바르게 하고 망령됨이 없으니, 왕(王)하는 이가 하늘의 도를 본받아 백성을 양육하되, 곤충과 초목에 이르기까지 각각 그 마땅함을 얻게 하는 것은, 곧 때에 맞춰 물건을 기르는 도리이다.

【本義】天下雷行에 震動發生하야 萬物이 各正其性命하니 是物物而與之以无妄也라. 先王이 法此하야 以對時育物호대 因其所性而不爲私焉이라.

　하늘 아래에 우뢰가 행함에, 진동하고 발생시켜서 만물이 각각 그 성품과 명을 바로하니, 이것이 물건마다 망령됨이 없음을 주는 것이다. 선왕이 이것을 본받아 때에 맞춰 만물을 기르되, 그 성품에 따라서 하고 사사롭게 하지 않는다.

初九는 无妄이니 往에 吉하리라.

◉ 초구는 망령됨이 없으니, 감에 길하리라.

 以剛在內 无妄之主

【傳】九以陽剛으로 爲主於內하니 无妄之象이요 以剛實로 變柔而居內하니 中誠不妄者也라. 以无妄而往이면 何所不吉이리오. 卦辭에 言不利有攸往은 謂旣无妄이면 不可復有往也니 過則妄矣요 爻言往吉은 謂以无妄之道而行則吉也라.

　「초구」가 양강함으로써 내괘(下卦)의 주인이 되니 망령됨이 없는 상이고, 강실(剛

實)함으로써 유를 변하게 해서 안에 거처하니 중심이 성실하고 망령됨이 없는 사람이다. 망령됨이 없음으로써 가면 무엇이 길하지 않음이 있으리오?

「괘사」에 '가는 바를 둠이 이롭지 않다(不利有攸往)'고 함은 이미 망령됨이 없으면 다시 더 가서는 안되니 지나치면 망령된 것이라는 말이고, 「효사」에 '가면 길하다(往吉)'고 말한 것은, 망령됨이 없는 도로써 행하면 길하다는 말이다.

※ 實 : '實'자가 없는 판본도 있다.

【本義】以剛在內하니 誠之主也라. 如是而往이면 其吉을 可知라 故로 其象占이 如此라.

강으로써 안(內卦)에 있으니 성실함의 주인이다. 이와 같이 해서 가면 그 길함을 알 수 있기 때문에, 그 상과 점이 이와 같다.

象曰 无妄之往은 得志也ㅣ리라.

◉ 상에 말하기를 망령됨이 없이 감은, 뜻을 얻으리라.

【傳】以无妄而往이면 无不得其志也라. 蓋誠之於物에 无不能動이니 以之修身則身正하고 以之治事則事得其理하며 以之臨人則人感而化하야 无所往而不得其志也라.

망령됨이 없음으로써 가면, 그 뜻을 얻지 못함이 없을 것이다. 대개 물건에 정성으로 함에 감동시킬 수 없는 것이 없으니, 이로써 몸을 닦으면 몸이 바르게 되고, 이로써 일을 하면 일이 이치에 합당하며, 이로써 사람을 상대하면 사람이 감동하고 동화되어, 행함에(往) 뜻을 얻지 못함이 없을 것이다.

六二는 不耕하야 穫하며 不菑하야 畬ㅣ니 則利有攸往하니라.

◉ [정자] 육이는 갈지 않고 거두며, 밭을 일구지 않아도 삼 년 된 좋은 밭이 되니, 가는 바를 둠이 이로우니라.
◉ [주자] 육이는 갈고 거두지 않으며, 밭을 일구어 삼 년 된 좋은 밭이 되지 않으니, 가는 바를 둠이 이로우니라.

☲☰ㆍ因時順理 无所期望

※ 穫: 거둘 확.　　菑: 일 년 묵은 밭 치.　　畬: 개간한 지 삼 년되는 밭 여.

【傳】凡理之所然者는 非妄也요 人所欲爲者는 乃妄也라 故로 以耕穫菑畬로 譬之라. 六二｜居中得正하고 又應五之中正하며 居動體而柔順하야 爲動能順乎中正하니 乃无妄者也라. 故로 極言无妄之義라.

모든 이치에 합당한 것은 망령된 것이 아니고, 사람이 인위적으로 하고자 하는 것은 망령된 것이기 때문에, 밭을 갈고 거두는 일로 비유했다. 「육이」가 중에 거처하며 득정(得正)했고, 또한 중정한 「구오」와 응했으며, 움직이는 괘체(☳)에 거처하면서 유순해서, 움직임이 중정함에 순한 것이 되니, 망령됨이 없는 사람이다. 그렇기 때문에 망령됨이 없다는 뜻을 지극하게 말하였다.

※ 欲: '欲'자가 없는 판본도 있다.

耕은 農之始요 穫은 其成終也라. 田一歲曰菑요 三歲曰畬라. 不耕而穫 不菑而畬는 謂不首造其事하고 因其事理所當然也라. 首造其事則是人心所作爲니 乃妄也어니와 因事之當然則是順理應物일새 非妄也니 穫與畬是也라. 蓋耕則必有穫하고 菑則必有畬는 是事理之固然이요 非心意之所造作也라. 如是則爲无妄이니 不妄則所往이 利而无害也라.

'가는 것(耕)'은 농사의 시작이고, '거두는 것(穫)'은 농사의 마침을 이룸이다. 밭을 갈아서 한 해가 된 것을 '치(菑)'라 하고, 세 해가 된 것을 '여(畬)'라고 한다. '갈지 않고도 거두며, 밭을 일구지 않고도 삼 년 된 좋은 밭을 얻는다'는 것은, 처음에 어떤 일을 억지로 하지 않고 그 이치가 당연한 대로 한다는 것이다. 처음에 억지로 그 일을 하면, 이것은 사람의 마음이 만드는 것이니 망령된 것이지만, 일의 당연한 이치 대로 하면, 이것은 이치에 순해서 사물을 대한 것이기 때문에 망령된 것이 아니니, 거두어 들이고 좋은 밭을 얻음이 이것이다.

대개 갈면 반드시 거둬들이고, 밭을 일구면 반드시 좋은 밭을 두는 것은 사리에 당연한 것이지, 마음과 뜻으로 조작하는 것은 아니다. 이와 같이 하면 망령됨이 없는 것

이 되니, 망령됨이 없으면 가는 바가 이롭고 해가 없다

※ 有: '爲'자로 되어 있는 판본도 있다.

或曰聖人이 制作하사 以利天下者는 皆造端也니 豈非妄乎아? 曰聖人이 隨時制作하사 合乎風氣之宜하시니 未嘗先時而開之也라. 若不待時則一聖人이 足以盡爲矣리니 豈待累聖繼作也리오? 時는 乃事之端이니 聖人은 隨時而爲也시니라.

혹자가 여쭈기를 "성인께서 모든 법도를 지으셔서 천하를 이롭게 함은 다 일의 단서를 만든 것이니, 망령된 것이 아닙니까?" 답하기를 "성인께서 때를 따라 만드셔서 풍속과 기운의 마땅함에 합치되게 하셨으니, 때보다 먼저 한 것이 아니다. 만약 때를 기다리지 않았다면, 한 성인이 다해 놓을 수 있었을 것이니, 어찌 여러 성인이 이어서 지음을 기다리겠는가? 때는 일의 단서이니, 성인은 때를 따라 일을 하신 것이다."

※ 合: '因'자로 되어 있는 판본도 있다.

【本義】柔順中正하야 因時順理而无私意期望之心이라 故로 有不耕穫不菑畬之象이니 言其无所爲於前이요 无所冀於後也라. 占者ㅣ 如是則利有所往矣라.

유순하고 중정해서 때를 따르고 이치에 순해서, 사사로운 뜻으로 할 것을 기대하고 바라는 마음이 없기 때문에, 갈아도 거두지 않고 밭을 일구어도 좋은 밭을 두지 않는 상이 있는 것이니, 앞서서 하는 바도 없고 뒤에 바라는 바도 없다는 말이다. 점치는 사람이 이와 같이 하면 가는 바를 둠이 이롭다.

象曰 不耕穫은 未富也ㅣ라.
● 상에 말하기를 '불경확'은, 부유하게 하려 하지 않음이라.

【傳】未者는 非必之辭니 臨卦에 曰未順命이 是也라. 不耕而穫不菑而畬는 因其事之當然이요 旣耕則必有穫하고 旣菑則必成畬는 非必

以穫畬之富而爲也라. 其始耕菑에 乃設心을 在於求穫畬면 是는 以其富也니 心有欲而爲者는 則妄也라.

'미(未)'는 반드시 한다는 말이 아니니, 「임괘」에 '미순명(未順命)'이 이런 것이다. '갈지 않아도 거두고, 밭을 일구지 않아도 좋은 밭을 얻음'은 일의 당연한 이치를 따른 것이고, 이미 갈음에 반드시 거두고, 밭을 일굼에 반드시 좋은 밭을 이룸은, 반드시 거두고 좋은 밭을 얻으려고 한 것은 아니다. 처음 갈고 일굴 때 마음을 거두고 좋은 밭을 얻는 부(富)에 두었다면, 이것은 그러한 부를 얻으려고 한 것이니 마음에 욕심이 있어서 하는 일이고 망령된 것이다.

※ 必以 : '必'자 또는 '以'자가 없는 판본도 있다.
※ 求 : '求'자가 없는 판본도 있다.

【本義】富는 如非富天下之富니 言非計其利而爲之也라.

'부(富)'는 '천하를 부유하게 하려 한 것이 아니다'라는 '부(富)'자와 같으니, 그 이익을 계산해서 한 것이 아니라는 말이다.

六三은 无妄之災니 或繫之牛하나 行人之得이 邑人之災로다.

- [정자] 육삼은 무망의 재앙이니, 혹 소를 끌고 갔으나 행인의 얻음이 읍사람의 재앙이로다.
- [주자] 육삼은 무망의 재앙이니, 혹자가 맨 소를 행인이 얻음이 읍사람의 재앙이로다.

處不得正 无故有災

※ 災 : 재앙 재. 繫 : 맬 계.

【傳】三이 以陰柔而不中正하니 是爲妄者也요 又志應於上은 欲也니 亦妄也라. 在无妄之道에 爲災害也니 人之妄動은 由有欲也라. 妄動而得이라도 亦必有失이며 雖使得其所利라도 其動而妄이면 失已大矣온 況復凶悔ㅣ 隨之乎아.

「육삼」이 음유하고 중정하지 못하니 망령된 사람이고, 또 뜻이 「상구」와 응하려 함은 욕심이니 역시 망령된 것이다. 「무망」의 도에 있어서는 재앙과 해가 되니, 사람이 망령되이 움직이는 것은 욕심이 있기 때문이다. 망령되이 움직여 얻더라도 또한 반드시 잃을 것이며, 설사 이득을 얻는다 하더라도 그 움직임이 망령되면 잃음이 이미 큰 것인데, 하물며 흉하고 뉘우칠 일이 따름에랴!

知者는 見妄之得이면 則知其失도 必與稱也라 故로 聖人이 因六三有妄之象而發明其理하사 云无妄之災或繫之牛行人之得邑人之災라. 言如三之爲妄이면 乃无妄之災害也니 設如有得이라도 其失이 隨至하야 如或繫之牛라.

지혜로운 사람은 망령되이 얻음을 보면 잃음도 반드시 상응하게 따를 것을 알기 때문에, 성인께서 「육삼」에 망령됨이 있는 상을 보고 그 이치를 밝히셔서, '무망의 재앙이니, 혹 소를 끌고 갔으나 행인이 얻음이 읍사람의 재앙이다(无妄之災或繫之牛行人之得邑人之災)'고 하셨다. 「육삼」과 같이 망령된 일을 하면 무망의 재해가 되니, 설사 얻음이 있더라도 잃는 것이 뒤따라서, '혹 소를 끌고 간 것과 같다.'고 말한 것이다.

或은 謂設或也라. 或繫得牛에 行人은 得之以爲有得이나 邑人은 失牛하니 乃是災也요 借使邑人이 繫得馬則行人은 失馬하니 乃是災也라. 言有得則有失이니 不足以爲得也라. 行人邑人은 但言有得則有失이요 非以爲彼已也라. 妄得之福은 災亦隨之하고 妄得之得은 失亦稱之하나니 固不足以爲得也라. 人能知此則不爲妄動矣리라.

'혹(或)'은 설혹이라는 것이다. 설혹 소를 끌고 가서 얻음에, 행인은 얻은 것으로써 득을 삼으나, 읍사람은 소를 잃었으니 재앙이고, 가령 읍사람이 말을 끌고 가서 얻었다 하더라도, 행인은 말을 잃었으니 재앙이 된다. 말하자면 얻음이 있으면 잃음이 있으니, 얻는 것이 될 수 없다는 것이다. '행인, 읍인'이라고 한 것은 다만 얻음이 있으면 잃음이 있다는 것을 말한 것이고, 이편 저편을 말한 것은 아니다. 망령되이 얻은 복은 재앙도 또한 따르고, 망령되이 얻은 득은 잃음도 또한 상응하니, 진실로 얻음이 될 수 없다. 사람이 이 것을 안다면 망령되이 움직이지 않을 것이다.

【本義】卦之六爻ㅣ 皆无妄者也로대 六三이 處不得正이라 故로 遇其占者는 无故而有災ㅣ 如行人이 牽牛以去나 而居者ㅣ 反遭詰捕之擾也라.

괘의 여섯 효가 다 망령됨이 없으나, 「육삼」이 거처함이 득정하지 못했기 때문에, 점쳐서 「육삼효」가 나온 사람은 무고하게 재앙이 있는 것이, 마치 행인이 소를 끌고 갔으나, 마을 사람이 도리어 도적으로 잡혀 욕보는 소란스러움이 있는 것과 같다.

> 象曰 行人得牛ㅣ 邑人災也ㅣ라.
> ◉ 상에 말하기를 행인이 소를 얻음이 읍사람의 재앙이다.

【傳】行人得牛ㅣ 乃邑人之災也는 有得則有失이니 何足以爲得乎아.

'행인이 소를 얻음이 읍사람의 재앙이 된다'는 것은, 얻음이 있으면 잃음이 있으니, 어떻게 얻었다고 할 수 있으랴?

> 九四는 可貞이니 无咎ㅣ리라.
> ◉ [정자] 구사는 바르고 굳게 할 수 있으니, 허물이 없으리라.
> ◉ [주자] 구사는 굳게 할 수 있으니, 허물이 없으리라.
> 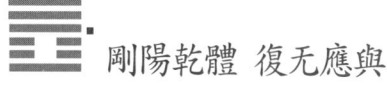 剛陽乾體 復无應與

【傳】四ㅣ 剛陽而居乾體하고 復无應與하니 无妄者也라. 剛而无私면 豈有妄乎리오. 可貞固守此니 自无咎也라. 九로 居陰이 得爲正乎아. 曰以陽居乾體하니 若復處剛則爲過矣라. 過則妄也나 居四는 无尙剛之志也라. 可貞은 與利貞으로 不同하니 可貞은 謂其所處를 可貞固守요 利貞은 謂利於貞也라.

「구사」가 양강하면서 「건체:☰」에 거처하고, 또 응하고 더불어 함이 없으니, 망령됨이 없는 사람이다. 강하면서 사사로움이 없으면 어찌 망령됨이 있으랴? 이것을 바르고 굳게 지킬 수 있으니, 스스로 허물이 없는 것이다. "구(陽)로 음자리에 거처함이 바른 것이 됩니까?" 답하기를 "양으로써 『건체』에 있으니, 만약 다시 강한 데 거처하면 지나친 것이 된다. 지나치면 망령되나, 사효자리에 거처함은 강을 숭상하려는 뜻이 없는 것이다. '가정(可貞)'은 '이정(利貞)'과는 같지 않으니, '가정'은 그 처해 있는 바를 굳고 바르게 지킬 수 있다는 것이고, '이정'은 바르고 굳게 하면 이롭다는 것이다."

※ 正 : '貞'자로 되어 있는 판본도 있다.   爲 : '爲'자가 없는 판본도 있다.

【本義】陽剛乾體로 下无應與하니 可固守而无咎나 不可以有爲之占也라.

양강하고 「건체:☰」로 아래에 응해서 더부는 이가 없으니, 굳게 지킬 수 있어 허물이 없으나, 일을 할 수는 없는 점이다.

> **象曰 可貞无咎는 固有之也**일새라.
> ◉ 상에 말하기를 '가정무구'는 굳게 두기 때문이다.

※ 固 : 굳을 고.   有 : 둘 유.

【傳】貞固守之하니 則无咎也라.

바르고 굳게 지키니 허물이 없는 것이다.

【本義】有는 猶守也라.

'둔다(有)'는 지키는 것과 같다.

> **九五는 无妄之疾은 勿藥이면 有喜**리라.
> ◉ [정자] 구오는 무망의 병은 약을 쓰지 않으면 기쁨이 있으리라.
> ◉ [주자] 구오는 무망의 병이니 약을 쓰지 않아도 기쁨이 있으리라.

☷☰ 治之不治 率之不從

【傳】九以中正으로 當尊位하고 下復以中正으로 順應之하니 可謂无妄之至者也니 其道ㅣ 无以加矣라. 疾은 爲之病者也니 以九五之无妄이면 如其有疾이라도 勿以藥治則有喜也라. 人之有疾則以藥石으로 攻去其邪하야 以養其正이어니와 若氣體ㅣ 平和하야 本无疾病而攻治之면 則反害其正矣라. 故로 勿藥則有喜也니 有喜는 謂疾自亡也라.

「구오」가 중정함으로써 높은 자리에 있고, 또 아래가(六二) 중정함으로써 순히 응하니, 지극히 망령됨이 없다고 할 수 있으므로, 그 도가 더 이상 더할 것이 없다. '질(疾)'은 병들게 하는 것이니, 「구오」의 무망이라면, 만일 병이 있더라도 약으로써 다스리지 않으면 기쁨이 있을 것이다. 사람이 병이 있으면 약으로써 그 사특한 것을 쳐 없애서 바른 기운과 몸을 길러야 하나, 만약 기운과 몸이 평화로와 본래 병이 없는데도 치료를 하면, 도리어 바름을 해칠 것이다. 그러므로 '약을 쓰지 않으면 기쁨이 있다.'는 것이니, '기쁨이 있다(有喜)'는 병이 스스로 없어진다는 것이다.

无妄之所謂疾者는 謂若治之而不治하고 率之而不從하며 化之而不革하야 以妄而爲无妄之疾이니 舜之有苗와 周公之管蔡와 孔子之叔孫武叔이 是也라. 旣已无妄而有疾之者면 則當自如라. 无妄之疾은 不足患也어늘 若遂自攻治면 乃是渝其无妄而遷妄也라. 五ㅣ 旣處无妄之極이라 故로 唯戒在動하니 動則妄矣리라.

「무망」에서 말한 '병(疾)'이라는 것은 다스려도 다스려지지 않고, 거느려도 따르지 않으며, 교화시켜도 개혁되지 않아서, 망령된 것으로써 망령됨이 없는 것의 병이 되는 것이니, <순임금>때 「묘족:苗族」이 있음과, <주공>때 <관숙(官叔), 채숙(蔡叔)>과, <공자>때 <숙손무숙>이 이런 것이다. 자기가 이미 망령됨이 없는데도 병들게 하는 이가 있다면, 마땅히 자기가 하던 도리 대로 해야 할 것이다. 「무망」의 병은 근심할 것이 못되는데, 만약 스스로 치료하려고 하면 망령됨이 없는 것을 더럽혀서 망령된 데로 옮겨 갈 것이다. 「구오」가 이미 「무망」의 지극한 데에 거처하고 있기 때문에, 오직 경계함이 움직이는 데 있으니, 움직이면 망령될 것이다.

※ <순임금> 때는 모든 사람이 왕화(王化)를 입었으나 「묘족」만은 지형의 험함을 믿고 복종하지 않았으며, <관숙, 채숙>은 <주공>의 아우로 오히려 <주왕(紂王)>의 아들 <무경(武庚)>을 도와 삼감(三監)의 난을 일으켰다. 또 「노(魯)나라」의 대부인 <숙손무숙>은 <공자>를 그 제자인 <자공(子貢)>보다 못하다고 말하는 등 폄하하고 다녔다. 설사 이런 병이 있더라도 <순임금, 주공, 공자>가 잘못한 것이 아니므로, 하던 대로 하면 저절로 치유될 것이나, 그렇지 않고 방법을 달리 한다면 망령될 것이다.

【本義】乾剛中正으로 以居尊位而下應이 亦中正하니 无妄之至也라. 如是而有疾이면 勿藥而自愈矣라 故로 其象占이 如此라.

「건☰」의 강함과 중정한 것으로 높은 자리에 거처하고, 아래로 응하는 것도 또한 중정하니, 「무망」의 지극한 것이다. 이와 같은 데도 병이 있으면 약을 쓰지 않아도 저절로 낫게 되므로, 그 상과 점이 이와 같다.

※ 位 : 「사고전서」본에는 '位'자가 없다.

> 象曰 无妄之藥은 不可試也ㅣ니라.
> ● 상에 말하기를 '무망의 약'은 시험할 수 없느니라.

【傳】人之有妄은 理必修改어니와 旣无妄矣어늘 復藥以治之면 是反爲妄也니 其可用乎아. 故로 云不可試也라하니라. 試는 暫用也니 猶曰少嘗之也라.

사람이 망령됨이 있는 것은 이치가 반드시 닦고 고쳐야 하나, 이미 망령됨이 없는 데도, 또 약으로써 다스리면 이것은 도리어 망령되는 것이니, 약을 쓸 수 있겠는가? 그러므로 '시험할 수 없다(不可試也)'고 말한 것이다. '시험한다(試)'는 것은 잠시 쓰는 것이니, 조금 맛본다는 말과 같다.

【本義】旣已无妄而復藥之면 則反爲妄而生疾矣라. 試는 謂少嘗之也라.

몸이 이미 망령됨이 없는데 다시 약을 쓰면, 도리어 망령되어 병이 날 것이다. '시험한다(試)'는 것은 조금 맛본다는 것을 말한다.

上九는 无妄애 行이면 有眚하야 无攸利하니라.
- [정자] 상구는 망령됨이 없는데 행하면, 재앙이 있어서 이로운 바가 없느니라.
- [주자] 상구는 망령됨이 없는데 행하는 것이니, 재앙이 있어서 이로운 바가 없느니라.

 居卦之終 无妄之極

【傳】上九ㅣ 居卦之終하니 无妄之極者也라. 極而復行이면 過於理也니 過於理則妄也라. 故로 上九而行하면 則有過眚而无所利矣라.

「상구」가 괘의 마지막에 있으니, 「무망」의 지극한 사람이다. 극에 달했는데도 또 행하면 이치에 지나친 것이니, 이치에 지나치면 망령된 것이다. 그러므로 「상구」가 행하면 허물과 재앙이 있어서 이로운 바가 없다.

※ 也 : '矣'자로 되어 있는 판본도 있다.

【本義】上九ㅣ 非有妄也로대 但以其窮極而不可行耳라 故로 其象占이 如此라.

「상구」가 망령됨이 있는 것은 아니지만, 다만 궁하고 극에 달해서 행할 수 없을 뿐이기 때문에, 그 상과 점이 이와 같다.

象曰 无妄之行은 窮之災也ㅣ라.
- 상에 말하기를 '무망의 행함'은 궁해서 재앙이 있는 것이다.

【傳】无妄이 旣極而復加進이면 乃爲妄矣니 是窮極而爲災害也라.

무망이 이미 극도에 달했는데 다시 더 나아가면 망령될 것이니, 이것은 궁한 것이 극도에 달해서 재앙과 해가 되는 것이다.

☶ 艮上 ☰ 乾下 山天大畜(26)
산 천 대 축

【傳】大畜은 序卦에 有无妄然後에 可畜이라 故로 受之以大畜이라하니 无妄則爲有實이라 故로 可畜聚니 大畜所以次无妄也라. 爲卦l 艮上乾下하야 天而在於山中하니 所畜이 至大之象이라. 畜爲畜止요 又爲畜聚니 止則聚矣라. 取天在山中之象則爲蘊畜이요 取艮之止乾則爲畜止니 止而後에 有積이라 故로 止爲畜義라.

「대축:☶」은 「서괘전」에 "망령됨이 없은 뒤에 쌓을 수 있기 때문에, 「대축괘」로써 받았다"고 하였다. 망령됨이 없으면 실질이 있는 것이 되기 때문에, 쌓고 모을 수가 있으니, 이 때문에 「대축괘」가 「무망괘:☶」의 다음에 있는 것이다.

괘됨이 「간:☶」은 위에 있고 「건:☰」은 아래에 있어서 하늘이 산 속에 있으니, 쌓이고 그치는 것이 지극히 큰 상이다. '축(畜)'은 그치게 해서 쌓음이 되고, 또 모아서 쌓음도 되니, 그치면 모으게 되는 것이다. 하늘이 산 속에 있는 상을 취하면 모아서 쌓음(蘊畜)이 되며, 「간」으로 「건」을 그치게 하는 것을 취하면 그쳐 쌓음이 되니, 그친 뒤에 쌓이는 것이 있으므로 '그침(止)'이 '쌓음(畜)'의 뜻이 된다.

　※ 온축(蘊畜) : 물건을 많이 모아서 쌓음.
　※ 取 : '又取'로 되어 있는 판본도 있다.

大畜은 利貞하니 不家食하면 吉하니 利涉大川하니라.

- [정자] 대축은 바르고 굳게 함이 이로우니, 집에서 먹지 않으면 길하니, 큰 내를 건넘이 이로우니라.
- [주자] 대축은 바르게 함이 이로우니, 집에서 먹지 않아서 길하고, 큰 내를 건넘이 이로우니라.

☰ 天在山中 蘊畜至大

【傳】莫大於天而在山中하고 艮在上而止乾於下하니 皆蘊畜至大之象也요 在人엔 爲學術道德이 充積於內하니 乃所畜之大也라. 凡所畜聚ㅣ 皆是로대 專言其大者라. 人之蘊畜이 宜得正道라 故로 云利貞이니 若夫異端偏學은 所畜이 至多而不正者ㅣ 固有矣라.

하늘보다 큰 것이 없는데도 (하늘이 그 보다 작은) 산 속에 있고, 「간:☶」이 위에 있으면서 「건:☰」을 아래에 그치게 하니, 다 온축(蘊畜)함이 지극히 큰 상이고, 사람에 있어서는 학술과 도덕이 안에 가득찬 것이 되니, 쌓은 바가 큰 것이다. 모아서 쌓음이 다 이러한 것이지만, 그 큰 것만을 말한 것이다. 사람의 온축함이 마땅히 정도를 얻어야 하기 때문에 '바르고 굳게 함이 이롭다(利貞)'고 한 것이니, 이단과 편벽된 학문은 쌓은 바가 지극히 많을지라도 바르지 못한 것이 본질적으로 있는 것이다.

旣道德이 充積於內면 宜在上位하야 以亨天祿이니 施爲於天下면 則不獨於一身之吉이요 天下之吉也어니와 若窮處而自食於家면 道之否也라 故로 不家食則吉이요 所畜이 旣大면 宜施之於時하야 濟天下之艱險이니 乃大畜之用也라 故로 利涉大川이라 此는 只據大畜之義而言이요 象은 更以卦之才德而言이며 諸爻則惟有止畜之義니 蓋易은 體道隨宜하야 取明且近者니라.

이미 도덕이 몸 안에 채워져 쌓이면 마땅히 윗자리에 있으면서 하늘의 녹을 누려야 하니, 천하에 베풀면 한 몸이 길할 뿐 아니라 천하가 길하게 되나, 만약 궁벽하게 거처해서 자기 혼자만 집에서 먹으면 도가 비색하게 되므로 '집에서 먹지 않으면 길한 것'이다. 쌓은 바가 이미 크면 마땅히 시대에 베풀어서 천하의 어렵고 험한 것을 구제해야 하니, 이것이 「대축」의 쓰임이 되므로 '대천(大川)을 건넘이 이롭다'고 했다. 여기서는 「대축괘」의 의의에 의거해서 말하고, 「단전」에는 다시 괘의 재질과 덕으로써 말했으며, 각각의 「효사」에는 오직 그치고 쌓는 뜻 만을 말했으니, 대개 『주역』은 도를 본받고 마땅함을 따라서 명확하면서도 가까운 것을 취한 것이다.

 ※ 於 : '於'자가 없는 판본도 있다.

【本義】大는 陽也라. 以艮畜乾하니 又畜之大者也요 又以內乾으로 剛健하고 外艮으로 篤實輝光하니 是以로 能日新其德而爲畜之大也라. 以卦變으로 言이면 此卦ㅣ 自需而來하니 九自五而上하고 以卦體로 言이면 六五尊而尙之하며 以卦德으로 言이면 又能止健하니 皆非大正이면 不能이라. 故로 其占이 爲利貞而不家食吉也요 又六五ㅣ 下應於乾하니 爲應乎天이라 故로 其占이 又爲利涉大川也라 不家食은 謂食祿於朝요 不食於家也라.

'큰 것(大)'은 양이다. 「간:☶」으로써 「건:☰」을 쌓게 하니 또한 쌓음의 큰 것이고, 또한 내괘는 「건」으로 강건하고 외괘는 「간」으로 독실하고 빛나니, 날로 그 덕을 새롭게 할 수 있어서 쌓임의 큰 것이 된다. 괘변으로써 말하면 이 괘가 「수괘:☰』로부터 왔으니, 구(陽)가 오효자리로부터 상효자리로 올라가고, 괘체로써 말하면 「육오」가 「상구」를 높이고 숭상하며, 괘덕으로써 말하면 또한 강건한 것을 그치게 할 수 있는 것이니, 다 크게 바른 것이 아니면 할 수 없다. 그러므로 그 점이 '바르게 함이 이롭고, 집에서 먹지 않아서 길한 것'이 되며, 또 「육오」가 아래로 「건」과 응하니 하늘과 응하는 것이 되기 때문에, 그 점이 '큰 내를 건넘이 이로움(利涉大川)'이 된다. '집에서 먹지 않는다(不家食)'고 함은, 조정의 녹을 먹고 집에서 먹지 않음을 말한 것이다.

 ※ 自 : 「사고전서」 본에는 '自'자가 없다.
 ※ 貞 : 「사고전서」 본에는 '正'자로 되어 있다.

象曰 大畜은 剛健코 篤實코 輝光하야 日新其德이니
◉ 단에 말하기를 대축은 강건하고 독실하고 빛나서 날로 그 덕을 새롭게 함이니,

【傳】以卦之才德而言也라. 乾體ㅣ 剛健하고 艮體ㅣ 篤實하니 人之

才ㅣ 剛健篤實則所畜이 能大하야 充實而有輝光하니 畜之不已則其德이 日新也라.

괘의 재질과 덕으로써 말한 것이다. 「건체:☰」는 강건하고 「간체:☶」는 독실하니, 사람의 재질이 강건하고 독실하면 쌓음이 커질 수 있어서 충실해짐에 빛남이 있을 것이니, 쌓음을 그치지 않는다면 그 덕이 날로 새로워질 것이다.

【本義】 以卦德으로 釋卦名義라.

괘덕으로써 괘의 이름과 의의를 풀이한 것이다.

> 剛上而尚賢하고 能止健이 大正也ㅣ라.
> ● 강한 것이 올라가 어진이를 숭상하고, 강건한 것을 그치게 할 수 있는 것이 크게 바른 것이다.

【傳】 剛上은 陽居上也라. 陽剛이 居尊位之上하니 爲尚賢之義요 止居健上하니 爲能止健之義라 止乎健者ㅣ 非大正則安能이리오 以剛陽으로 在上하야 與尊尚賢德하고 能止至健하니 皆大正之道也라.

'강한 것이 올라간다(剛上)'고 함은 양이 상효(上爻)자리에 거처하는 것이다. 양강한 것이 높은자리(五爻)의 위에 거처하니 어진이를 숭상하는 뜻이 되고, 그치게 하는 것(☶)이 굳센 것(☰)의 위에 거처하니 굳센 것을 그치게 할 수 있는 뜻이 된다. 굳센 것을 그치게 하는 일이 크게 바르지 않으면 어떻게 할 수 있겠는가? 양강함으로써 상효자리에 있어서 높은 이(六五)와 더불어 어질고 덕있는 이를 숭상하고, 지극히 굳센 것을 그치게 할 수 있으니 다 크게 바른 도이다.

【本義】 以卦變卦體로 釋卦辭라.

괘변과 괘체로써 「괘사」를 풀이한 것이다.

> 不家食吉은 養賢也ㅣ오
>
> ◉ '불가식길'은 어진이를 기르는 것이고,

【本義】亦取尙賢之象이라.

또한 어진이를 숭상하는 상을 취한 것이다.

> 利涉大川은 應乎天也ㅣ라.
>
> ◉ '큰 내를 건넘이 이로움'은 하늘에 응하는 것이다.

【傳】大畜之人은 所宜施其所畜하야 以濟天下라 故로 不食於家則吉이라하니 謂居天位享天祿也라. 國家ㅣ 養賢이면 賢者ㅣ 得行其道也니 利涉大川은 謂大有蘊畜之人이 宜濟天下之艱險也라.

크게 덕을 쌓은 사람은 마땅히 그 쌓은 것을 베풀어서 천하를 구제해야 하기 때문에, '집에서 먹지 않으면 길하다'고 한 것이니, 하늘자리에 거처해서 하늘의 녹을 누려야 한다는 말이다. 국가가 어진이를 기르면 어진 사람이 그 도를 행함을 얻을 것이니, '큰 내를 건넘이 이롭다(利涉大川)'는 것은 크게 덕을 쌓은 사람이 마땅히 천하의 어렵고 험한 것을 구제해야 한다는 말이다.

象에 更發明卦才하야 云所以能涉大川者는 以應乎天也라하니 六五는 君也요 下應乾之中爻하니 乃大畜之君이 應乾而行也라. 所行이 能應乎天이면 无艱險之不可濟어든 況其他乎아.

「단전」에 다시 괘의 재질을 밝혀서 '큰 내를 건널 수 있는 것은 하늘에 응하기 때문'이라고 말했으니, 「육오」는 인군이고, 아래로 「건」의 가운데 효와 응하니, 크게 덕을 쌓은 인군이 하늘(乾)에 응해서 행하는 것이다. 행하는 바가 하늘에 응할 수 있으면 험난한 것이라도 건너지 못할 것이 없을 것인데, 하물며 다른 것에서랴?

【本義】亦以卦體而言이라.

또한 괘체로써 말한 것이다.

> 象曰 天在山中이 大畜이니 君子ㅣ 以하야 多識前言往行하야 以畜其德하나니라.
>
> ◉ 상에 말하기를 하늘이 산 속에 있는 것이 대축이니, 군자가 본받아서 예전의 말과 지나간 행동을 많이 앎으로써 그 덕을 쌓느니라.

【傳】天爲至大而在山之中하니 所畜이 至大之象이라. 君子ㅣ 觀象하야 以大其蘊畜하나니 人之蘊畜이 由學而大는 在多聞前古聖賢之言與行이니 考跡以觀其用하고 察言以求其心하며 識而得之하야 以畜成其德이 乃大畜之義也라.

하늘(☰)은 지극히 큰 것인데도 산(☶) 속에 있으니, 쌓임이 지극히 큰 상이다. 군자가 상을 관찰해서 자기의 온축함을 크게 하는 것이니, 사람의 쌓음은 학문으로 연유해서 커지는 것은, 옛날 성현(聖賢)의 말과 행동을 많이 듣는 데있는 것이니, 행적을 살펴 그 쓰임을 보고, 말을 살펴서 그 마음을 구하며, 알고 터득함으로써 그 덕을 쌓고 이루는 것이, 곧 「대축」의 뜻이다.

【本義】天在山中은 不必實有是事로대 但以其象으로 言之耳라.

'하늘이 산 속에 있다(天在山中)'는 것은 반드시 이런 일이 실지로 있는 것이 아니지만, 다만 그 상으로써 말한 것 뿐이다.

> 初九는 有厲리니 利已니라.
>
> ◉ 초구는 위태함이 있으리니, 그치는 것이 이로우니라.
>
> . 六四所止 往則有危

※ 厲 : 위태할 려.　　已 : 그칠 이.

【傳】大畜은 艮止畜乾也라 故로 乾三爻는 皆取被止爲義하고 艮三爻는 皆取止之爲義라. 初以陽剛으로 又健體而居下하니 必上進者也로대 六四ㅣ 在上하야 畜止於己하니 安能敵在上得位之勢리오? 若犯之而進則有危厲라 故로 利在已而不進也하니라.

「대축괘」는 「간:☶」이 「건:☰」을 그치게 하는 것이므로, 「건」의 세 효는 다 그침을 당하는 것으로 뜻을 취했고, 「간」의 세 효는 다 그치게 하는 것을 취해 뜻을 삼았다. 「초구」가 양강하고 또한 굳센 체(☰)이면서 아래에 거처하니, 반드시 위로 올라가려고 하지만, 「육사」가 위에 있으면서 「초구」를 그치게 하니, 어떻게 (「초구」가) 위에서 지위를 얻은 (「육사」의) 형세를 당할 수 있겠는가? 만약 범해서 나아가면 위태함이 있을 것이기 때문에, 그치고 나아가지 않음에 이로움이 있는 것이다.

※ 止 : '止之'로 되어 있는 판본도 있다.

在他卦則四與初ㅣ 爲正應이니 相援者也어니와 在大畜則相應이 乃爲相止畜이라. 上與三은 皆陽則爲合志니 蓋陽은 皆上進之物이라 故로 有同志之象而无相止之義라.

다른 괘에 있어서는 「육사」와 「초구」가 정응이 되니 서로 응원하는 것이 되나, 「대축괘」에서는 상응하는 것이 서로 그치게 하는 것이 된다. 「상구」와 「구삼」은 다 양으로 뜻을 합치는 것이 되니, 대개 양은 다 위로 나아가는 물건이기 때문에 뜻을 같이하는 상이 있고, 서로 그치게 하는 뜻은 없는 것이다.

【本義】乾之三陽이 爲艮所止라 故로 內外之卦ㅣ 各取其義요 初九는 爲六四所止라 故로 其占이 往則有危而利於止也라.

「건:☰」의 세 양효가 「간:☶」이 그치게 하는 바가 되기 때문에, 내괘와 외괘가 각각 그와 같은 뜻을 취했고, 「초구」는 「육사」가 그치게 하는 바가 되기 때문에, 그 점이 가면 위태함이 있고 그치면 이로운 것이다.

象曰 有厲利已는 不犯災也ㅣ라.

◉ 상에 말하기를 '위태함이 있으리니 그치는 것이 이롭다'는 것은, 재앙을 범하지 않음이라.

【傳】有危則宜已는 不可犯災危而行也니 不度其勢而進이면 有災ㅣ必矣라.

위태함이 있으면 그치는 것이 마땅하다는 것은 재앙과 위태함을 범하면서 행할 수 없다는 것이니, 그 형세를 헤아리지 못하고 나아간다면 반드시 재앙이 있을 것이다.

九二는 輿說輹이로다.

◉ 구이는 수레의 바퀫살을 벗김이로다.

六五小畜 勢不可進

※ 輿 : 수레 여.　說 : 벗을 탈.　輹 : 바퀫살 복, 복토 복.

【傳】二는 爲六五所畜止하니 勢不可進也요 五는 據在上之勢하니 豈可犯也리오 二雖剛健之體나 然이나 其處ㅣ 得中道라 故로 進止无失이라. 雖志於進이나 度其勢之不可則止而不行을 如車輿에 脫去輪輹이니 謂不行也라.

「구이」가 「육오」의 그침을 받게 되니 형세가 나아갈 수 없고, 「육오」가 위에서 세력을 잡고 있으니 어떻게 범할 수 있겠는가? 「구이」가 비록 강건한 체나 그 거처함이 중도를 얻었기 때문에, 나아가고 그침에 법도를 잃지 않는다. 뜻은 비록 나아가는 데 있으나, 형세가 불가(不可)함을 헤아려 그치고 행하지 않기를, 수레에 바퀫살을 빼버리는 것과 같이 한다는 것이니, 가지 않는다는 말이다.

※ 輪 : '其輪'으로 되어 있는 판본도 있다.

【本義】九二ㅣ 亦爲六五所畜이나 以其處中이라 故로 能自止而不進

하니 有此象也라.

　「구이」가 또한 「육오」에 의해 그침을 당하는 바가 되나, 「구이」가 중도로 처신하기 때문에 스스로 그쳐 나가지 않을 수 있으니, 이런 상이 있는 것이다.

> 象曰 輿脫輹은 中이라 无尤也ㅣ라.
> ● 상에 말하기를 '수레의 바퀴살을 벗긴다'는 것은 중도로 하기 때문에 허물이 없는 것이다.

【傳】輿脫輹而不行者는 蓋其處ㅣ 得中道하야 動不失宜라 故로 无過尤也라. 善莫善於剛中하니 柔中者는 不至於過柔耳나 剛中은 中而才也라. 初九는 處不得中이라 故로 戒以有危宜已요 二는 得中하야 進止自无過差라 故로 但言輿說輹이라. 謂其能不行也니 不行則无尤矣라. 初與二는 乾體剛健而不足以進하고 四與五는 陰柔而能止하니 時之盛衰와 勢之强弱을 學易者所宜深識也니라.

　수레의 바퀴살을 벗기고 가지 않는 것은, 그 처신함이 중도를 얻어서 움직임에 마땅함을 잃지 않기 때문에 허물이 없는 것이다. 좋은 것이 강중(剛中)보다 더한 것이 없으니, 유중(柔中)은 지나치게 유한 데까지 이르지는 않을 뿐이나, 강중은 중도로 하면서도 재주가 있는 것이다.

　「초구」는 거처함이 득중하지 못했기 때문에, 위태함이 있으니 그치는 것이 마땅하다고 경계했고, 「구이」는 득중해서 나아가고 그침에 스스로 지나치고 어긋남이 없기 때문에, 다만 '수레의 바퀴살을 벗김'이라고 말했다. 갈 수 없다는 것을 말한 것이니, 가지 않으면 허물이 없다. 「초구」와 「구이」는 「건체:☰」이고 강건한데도 나아갈 수 없고, 「육사」와 「육오」는 음유한데도 능히 그치게 할 수 있으니, 때의 성쇠와 형세의 강약을 역(易)을 배우는 이는 마땅히 깊이 깨달아야 할 것이다.

> 九三은 良馬逐이니 利艱貞하니 日閑輿衛면 利有攸往하리라.
> ● 구삼은 좋은 말로 쫓아감이니, 어렵고 바르게 함이 이로우니, 날마다 수레 모는 것과 호위하는 것을 익히면 가는 바를 둠이 이로우리라.

☷ 剛健之極 上進之物

※ 逐: 쫓을 축.   日: '날 일(日)'로 읽고 해석함.   閑: 익힐 한.   衛: 호위할 위

【傳】三은 剛健之極而上九之陽이 亦上進之物로 又處畜之極而思變也니 與三으로 乃不相畜而志同하야 相應以進者也라. 三이 以剛健之才而在上者와 與合志而進에 其進이 如良馬之馳逐이니 言其速也라. 雖其進之勢ㅣ 速이나 不可恃其才之健과 與上之應而忘備與愼也라. 故로 宜艱難其事而由貞正之道라.

「구삼」은 강건한 것(☰)의 극에 있고, 양효인 「상구」역시 위로 올라가는 물건으로 「대축」의 끝에 거처해서 변화할 것을 생각하니, 「구삼」과 더불어 서로 그치게 하지 않고, 뜻을 같이하면서 서로 응원하며 나아가는 자이다. 「구삼」이 강건한 재질로써 위에 있는 사람과 뜻을 합해 나아감에, 그 나아감이 좋은 말로 달려 쫓아가는 것 같은 것이니, 빠르다는 말이다.

비록 그 나아가는 형세가 빠르나, 그 재질의 강건함과 윗 사람의 응원하는 것 만을 믿어 방비와 삼가함을 잊어버려서는 안된다. 그러므로 그 일을 어려워 하면서 굳고 바른 도를 따름이 마땅한 것이다.

※ 勢: '志'자로 되어 있는 판본도 있다.

輿者는 用行之物이요 衛者는 所以自防이니 當自日常閑習其車輿와 與其防衛則利有攸往矣라. 三은 乾體而居正하니 能貞者也로대 當有銳進이라 故로 戒以知難與不失其貞也라. 志旣銳於進이면 雖剛明이라도 有時而失이니 不得不誡也라.

'수레(輿)'는 가는 데 쓰는 물건이고, '호위한다(衛)'는 스스로 방위하는 것이니, 스스로 날마다 수레타는 것과 방위하는 것을 익힌다면 가는 바를 둠이 이롭다는 것이다. 「구삼」은 「건체:☰」이면서 바른 자리에 거처하니 바르게 할 수 있는 사람이지만, 마땅히 조급하게 전진할 것이기 때문에, 어려움을 알고 바름을 잃지 말라고 경계한 것이다. 뜻이 나아가는 데 조급하면, 비록 강명하더라도 때에 따라 실수가

있으니, 경계를 하지 않을 수 없다.

※ 自 : '自'자가 없는 판본도 있다.　　※ 貞 : '正'자로 되어 있는 판본도 있다.

【本義】三은 以陽으로 居健極하고 上은 以陽居畜極하니 極而通之時也요 又皆陽爻라 故로 不相畜而俱進하니 有良馬逐之象焉이라. 然이나 過剛銳進이라 故로 其占이 必戒以艱貞閑習이라야 乃利於有往也라. 曰은 當爲日月之日이라.

「구삼」은 양으로써 굳센 체(☰)의 극에 거처하고, 「상구」는 양으로써 그치는 체(☶)의 극에 거처하니, 극에 달해서 통하게 되는 때이다. 또 둘 다 양효이기 때문에, 서로 그치게 하지 않고 함께 나아가니 '좋은 말로 쫓아가는(良馬逐)' 상이 있다. 그러나 지나치게 강해서 조급히 나아가기 때문에, 그 점이 반드시 어렵게 여기고 바르게하며 익혀야 가는 바를 둠이 이롭다고 경계한 것이다. '왈(曰)'은 마땅히 '일월(日月)'이라는 '일(日)'자로 해야 한다.

※ 極 : 「사고전서」 본에는 '極'자가 없다.

> 象曰 利有攸往은 上이 合志也일새라.
>
> ◉ 상에 말하기를 '가는 바를 둠이 이롭다'는 것은, 윗 사람이 뜻을 합하기 때문이다.

【傳】所以利有攸往者는 以與在上者로 合志也라. 上九는 陽性이니 上進하고 且畜已極이라 故로 不下畜三而與合志上進也라.

'가는 바를 둠이 이로운 것'은 윗 사람과 뜻을 합하기 때문이다. 「상구」는 양의 성질이니 위로 나아가고, 또한 그치는 것이 이미 극에 달했기 때문에, 아래로 「구삼」을 그치게 하지 않고 뜻을 합해서 함께 위로 나아가는 것이다.

※ 合 : '三合'으로 되어 있는 판본도 있다.

> 六四는 童牛之牿이니 元吉하니라.
>
> ◉ 육사는 송아지의 빗장이니, 크게 착하고 길하니라.

☰☶ 大臣之位 當畜之任

※ 牿 : 빗장 곡.

【傳】以位而言則四ㅣ 下應於初하니 畜初者也요 初居最下하니 陽之微者라. 微而畜之則易制ㅣ 猶童牛而加牿이니 大善而吉也라.

　자리로써 말하면 「육사」가 아래로 「초구」와 응하니, 「초구」를 그치게 하는 자이고, 「초구」는 가장 아래에 있으니 양이 미미한 것이다. 미미할 때 그치게 하면 제지하기 쉬움이 송아지에 빗장을 지르는 것과 같으니, 크게 착하고 길한 것이다.

概論畜道則四는 艮體로 居上位而得正하니 是는 以正德으로 居大臣之位하야 當畜之任者也라. 大臣之任은 上畜之人君之邪心하고 下畜止天下之惡人이니 人之惡이 止於初則易어니와 旣盛而後에 禁則扞格而難勝이라. 故로 上之惡이 旣甚則雖聖人이 救之라도 不能免違拂이요 下之惡이 旣甚則雖聖人이 治之라도 不能免刑戮이니 莫若止之於初를 如童牛而加牿則元吉也라.

　그치는 도를 개론하면, 「육사」는 「간체:☶」로 윗자리에 거처하면서 득정했으니, 이것은 바른 덕으로써 대신의 자리에 거처해서 그치게 하는 소임을 맡은 사람이다. 대신의 소임은 위로는 인군의 사특한 마음을 그치게 하고, 아래로는 천하의 악인을 제어해야 하니, 사람의 악함을 초기에 그치게 하면 쉽지만, 이미 성한 뒤에 금하면 거스리고 막혀서 이기기 어렵다. 그러므로 윗 사람의 악함이 이미 심하면, 비록 성인이 구제하더라도 어기고 거스림을 면할 수 없고, 아랫 사람의 악함이 이미 심하면, 비록 성인이 다스려도 형벌과 죽임을 면할 수 없으니, 처음에 제지하기를 '송아지에게 빗장을 치면 크게 착하고 길함' 같이 되게 하는 것보다 나은 것이 없다.

※ 人 : '人'자가 없는 판본도 있다.

牛之性은 觝觸以角이라 故로 牿以制之하나니 若童犢이 始角而加之以

牿하야 使觝觸之性으로 不發이라도 則易而无傷이어든 以況六四ㅣ 能畜止上下之惡於未發之前이리오. 則大善之吉也라.

　소의 성질은 뿔로써 받기 때문에 빗장으로 제어하는 것이니, 만약 송아지가 처음 뿔이 날 때 빗장을 질러 받는 성질을 발하지 못하게 하더라도 쉬워서 상함이 없을 것인데, 하물며「육사」가 위와 아래의 악이 발생하기 전에 그치게 함에랴? 곧 크게 착하고 길한 것이다.

　　※ 저촉(觝觸) : 부딪침, 부닥뜨림.

【本義】童者는 未角之稱이요 牿은 施橫木於牛角하야 以防其觸이니 詩所謂楅衡者也라. 止之於未角之時하야 爲力이면 則易하니 大善之吉也라 故로 其象占이 如此라. 學記曰禁於未發之謂豫라하니 正此意也라.

　'어리다(童)'는 뿔이 안난 것을 말하고, '곡(牿)'은 쇠뿔에 빗장나무를 쳐서 받는 것을 방비한 것이니,「시경」에 말한 "빗장"이다. 뿔이 나기 전에 그치게 해서 힘을 쓰면 쉬우니 크게 착하고 길한 까닭에, 그 상과 점이 이와 같다.「학기」에 말하기를 "(학생의 잘못이) 발생하지 않았을 때 금지시키는 것을 '예(豫)'라고 이른다"고 했으니, 바로 이 뜻이다.

　　※ 복형(楅衡) : 쇠뿔에 가로로 댄 나무.『시경』「노송:魯頌」의「비궁시:閟宮詩」에 출전함. "夏而楅衡하니(여름에 쇠뿔에 가로로 나무를 대니)" ※ 복형에 대해서는『주례:周禮』의「봉인:封人」에도 보인다.
　　※ 학기(學記) :『예기』의 편명으로 학문의 목적과 교육방법 및 교사의 책무 등을 수록하고, 존사(尊師)의 위풍을 강화해야 한다는 내용을 담고 있다. "大學之法禁於未發之謂豫…"

象曰 六四元吉은 有喜也ㅣ라.
　● 상에 말하기를 육사가 크게 착하고 길한 것은, 기쁨이 있음이라.

【傳】天下之惡이 已盛而止之則上勞於禁制而下傷於刑誅라 故로

畜止於微小之前則大善而吉하야 不勞而无傷이라. 故로 可喜也라. 四之畜初ㅣ 是也니 上畜도 亦然이라.

천하의 악이 이미 성한 다음에 그치게 하면, 윗 사람은 금하고 제제하는 데 수고롭고, 아랫 사람은 형벌과 죽임을 당해 상할 것이기 때문에, 작게 시작되기 전에 제지하면 크게 착하고 길해서, 수고롭지도 않고 상함도 없을 것이기 때문에 기쁜 것이다. 「육사」가 「초구」를 제지하는 것이 이런 것이니, 윗 사람을 제지시키는 것도 또한 같다.

六五는 豶豕之牙ㅣ니 吉하니라.
◉ 육오는 불 깐 돼지의 어금니니, 길하니라.

 制之有道 不勞无傷

※ 豶 : 불 깐(去勢한) 돼지 분.

【傳】六五ㅣ 居君位하야 止畜天下之邪惡호대 夫以億兆之衆으로 發其邪欲之心이면 人君이 欲力以制之하야 雖密法嚴刑이라도 不能勝也리라. 夫物에 有總攝하고 事에 有機會하니 聖人이 操得其要면 則視億兆之心을 猶一心하야 道之斯行하고 止之則戢이라. 故로 不勞而治하니 其用이 若豶豕之牙也라.

「육오」가 인군자리에 거처해서 천하의 사악한 것을 제지하되, 만약 억조의 무리로써 사욕(私欲)의 마음을 뿜어내게 하면, 인군이 힘으로써 제지하고자 해서 법을 엄밀하게 하고 형벌을 엄하게 하더라도 이기지 못할 것이다. 모든 물건에 요처가 있고 일에는 기회가 있으니, 성인이 그 요처를 잡으면 억조의 마음 보기를 한마음 같이 해서, 인도하면 행하고 그치게 하면 그만두기 때문에 수고하지 않아도 다스리니, 그 쓰임이 '불깐 돼지의 어금니' 같다.

※ 총섭(總攝) : 요처(要處), 전체를 총괄하여 다스림.
※ 視 : '視'자가 없는 판본도 있다.　　戢 : 그만둘 집.

豕는 剛躁之物而牙爲猛利하니 若强制其牙則用力이 勞而不能止其
躁猛하리니 雖繫之維之라도 不能使之變也어니와 若豶去其勢則牙雖
存而剛躁ㅣ 自止리니 其用이 如此하니 所以吉也라. 君子ㅣ 發豶豕之
義하야 知天下之惡을 不可以力制也니 則察其機持其要하야 塞絶其
本原이라 故로 不假刑法嚴峻而惡自止也라.

'돼지(豕)'는 강하고 조급한 물건으로 어금니가 맹렬하고 예리하니, 만약 강제로 그 어금니를 제지시키려면, 힘을 써서 수고해도 그 조급하고 사나움을 그치게 하지 못할 것이고, 비록 매고 얽매더라도 변하게 할 수 없을 것이다. 만일 돼지의 불알을 까 거세하면, 어금니가 비록 있더라도 강하고 조급한 것이 스스로 그치리니, 그 쓰임이 이와 같으므로 길한 것이다.

군자는 돼지의 불알을 까는 뜻을 계발해서, 천하의 악한 것을 힘으로써 막을 수 없다는 것을 아니, 그 기틀을 살피고 요점을 파악해서 그 근본을 막아 없애기 때문에, 형벌과 법을 엄하게 하지 않아도 악이 스스로 그치는 것이다.

且如止盜라도 民有欲心하야 見利則動이어늘 苟不知敎而迫於飢寒이면
雖刑殺이 日施라도 其能勝億兆利欲之心乎아. 聖人은 則知所以止之
之道하사 不尙威刑而脩政敎하고 使之有農桑之業하야 知廉恥之道하
시나니 雖賞之라도 不竊矣라. 故로 止惡之道는 在知其本得其要而已
라. 不嚴刑於彼而脩政於此하니 是猶患牙之利호대 不制其牙而豶其
勢也라.

또한 도적을 막더라도 백성은 욕심이 있어서 이익을 보면 움직이는데도, 가르칠 줄 모르고 기한(飢寒)에 핍박되게 하면, 비록 형살(刑殺)을 날마다 베푼다 하더라도 억조의 이익에 욕심내는 마음을 이길 수 있겠는가?

성인은 그치게 하는 도를 아셔서, 위엄과 형벌을 숭상하지 않고 정치와 가르침을 닦으며, 농사짓고 누에치는 업을 하게 해서 염치의 도를 알게 하시니, 비록 상을 준다고 하더라도 도적질을 하지 않는다. 그렇기 때문에 악을 그치게 하는 도는, 그 근본을 알고 요체를 얻음에 있을 따름이다. 백성들에게 형벌을 엄하게 하지 않고 나의 정사를 잘 닦는 것이니, 이것이 돼지 어금니의 예리한 것을 근심하되, 그 어금니를

제지하지 않고 불알을 까는 것과 같다.

※ 豶 : '耕'자로 되어 있는 판본도 있다.

【本義】陽已進而止之ㅣ 不若初之易矣라 然이나 以柔居中而當尊位하니 是以로 得其機會而可制라 故로 其象이 如此요 占雖吉而不言元也라.

양이 이미 나아감에 그치게 하기가 「초구」와 같이 쉽지는 않으나, 「육오」가 유로써 중에 거처하면서 높은 자리에 있으니, 이 때문에 그 기회를 얻어 제제할 수 있다. 그러므로 그 상이 이와 같고, 점은 비록 길하나 '크다(元)'는 말을 하지 않았다.

象曰 六五之吉은 有慶也ㅣ라.
◉ 상에 말하기를 '육오의 길함'은 경사가 있음이라.

【傳】在上者ㅣ 不知止惡之方하고 嚴刑以敵民欲則其傷이 甚而无功이어니와 若知其本하야 制之有道면 則不勞无傷而俗革하리니 天下之福慶也라.

위에 있는 사람이 악을 그치게 하는 방법을 알지 못하고, 벌을 엄하게 해서 백성들의 욕심을 적대하면, 그 상함은 심하고 공이 없을 것이나, 만약 그 근본을 알아서 제지하는 것에 도가 있으면, 수고도 않고 상함도 없이 풍속이 개혁될 것이니, 천하의 복과 경사다.

上九는 何天之衢ㅣ오 亨하니라.
◉ [정자] 상구는 하늘의 거리니, 형통하니라.
◉ [주자] 상구는 어찌 하늘의 거리인고? 형통하니라.

 事極則反 畜極而亨

※ 衢 : 거리 구.

【傳】予ㅣ 聞之胡先生하니 曰天之衢亨에 誤加何字라. 事極則反은 理之常也라 故로 畜極而亨이라. 小畜은 畜之小라 故로 極而成하고 大畜은 畜之大라 故로 極而散하니 極旣當變이요 又陽性이 上行이라 故로 遂散也라. 天衢는 天路也니 謂虛空之中에 雲氣飛鳥往來故로 謂之天衢라. 天衢之亨은 謂其亨通曠闊하야 无有蔽阻也니 在畜道則變矣라. 變而亨하니 非畜道之亨也라.

내가 <호선생>에게 들으니, "'천지구형(天之衢亨)'에 잘못 '하(何)'자가 붙었다"고 한다. 일이 극에 달하면 돌아오는 것은 이치의 떳떳함이기 때문에, 그치게 함이 극에 달하면 형통한 것이다. 「소축괘」는 그치게 함이 적은 것이기 때문에 극에 달하면 이루어지고, 「대축괘」는 그치게 함이 크기 때문에 극에 가면 흩어지니, 이미 극해서 변할 때를 당했고, 또 양의 성질이 위로 가기 때문에 흩어지는 것이다.

'하늘의 거리(天衢)'는 하늘의 길이니, 허공 가운데 구름과 나는 새가 오가는 데를 말하기 때문에 '하늘의 거리'라고 했다. '하늘의 거리니 형통하다'고 함은, 확 트이고 광활해서 가리고 막힘이 없는 것을 말하니, 그치게 하는 도에 있어서는 변하는 것이다. 변해서 형통하니, 그치는 도의 형통함이 아니다.

※ 호선생(胡瑗:993~1059) : 중국 북송의 유학자(儒學者). 자는 익지(翼之), 호는 안정(安定).

【本義】何天之衢는 言何其通達之甚也라. 畜極而通하야 豁達无礙라 故로 其象占이 如此라.

'어찌 하늘의 거리인고(何天之衢)'라는 것은, 어찌 그리 심하게 통달했느냐는 말이다. 그침이 극함에 통해서, 활달하고 막히는 데가 없기 때문에, 그 상과 점이 이와 같다.

※ 활달(豁達) : 활짝 열려 사방이 탁트인 모양.

象曰 何天之衢는 道ㅣ 大行也ㅣ라.

- [정자] 상에 말하기를 왜 '하늘의 거리'인가는 도로가 크게 행하기 때문이다.
- [주자] 상에 말하기를 '어찌 하늘의 거리인고'는 도가 크게 행함이다.

【傳】何以謂之天衢오. 以其无止礙하야 道路ㅣ 大通行也라. 以天衢는 非常語라 故로 象에 特設問曰何謂天之衢오. 以道路ㅣ 大通行이라 하야 取空豁之狀也라. 以象에 有何字故로 爻下에 亦誤加之라.

　어째서 '하늘의 거리'라고 했는가? 그치고 막힘이 없어서 도로가 크게 통행되기 때문이다. '하늘의 거리'라는 말이 항상 쓰는 말이 아니기 때문에, 「소상전」에 특별히 "왜 '하늘의 거리'라고 했느냐? 도로가 크게 통행되기 때문"이라는 문답을 베풀어서, 공활한 상을 취한 것이다. 「소상전」에 '하(何)'자가 있기 때문에 「효사」 밑에 또한 잘못 '하(何)'자를 덧붙였다.

艮上 震下 山雷頤(27)
산 뢰 이

【傳】頤는 序卦에 物畜然後에 可養이라 故로 受之以頤라하니 夫物旣畜聚則必有以養之요 无養則不能存息일새 頤所以次大畜也라. 卦ㅣ 上艮下震하야 上下二陽爻ㅣ 中含四陰하고 上止而下動하며 外實而中虛하니 人頤頷之象也라. 頤는 養也니 人口는 所以飮食하야 養人之身이라 故로 名爲頤라.

「이☶」는 「서괘전」에 "물건이 쌓인 뒤에 기를 수 있기 때문에 「이괘」로써 받았다"고 하였다. 물건이 이미 모여 쌓이면 반드시 기르는 것이 있어야 하고, 기르는 것이 없으면 존재하고 살아갈 수 없는 까닭에 「이괘」가 「대축괘:☰」의 다음에 있는 것이다.

괘가 위에는 「간:☶」이 있고 아래는 「진:☳」이 있어서, 위와 아래의 두 양효가 중간의 네 음효를 포함하고, 위는 그치고 아래는 움직이며, 바깥은 실하고 중간은 비었으니, 사람의 턱의 상이다. '턱(頤)'은 기르는 것이니, 사람의 입은 먹고 마셔서 몸을 기르는 것이기 때문에, 괘이름을 '이(頤)'라고 한 것이다.

※ 頤 : 아래턱과 위턱의 총칭, 기를 이, 64괘의 하나.　　頷 : 턱 함.

聖人이 設卦하야 推養之義하사대 大至於天地ㅣ 養育萬物과 聖人ㅣ 養賢하야 以及萬民과 與人之養生養形과 養德養人하시니 皆頤養之道也라. 動息節宣은 以養生也요 飮食衣服은 以養形也요 威儀行義는 以養德也요 推己及物은 以養人也라.

성인이 괘를 베풀어서 기르는 뜻을 미루어 밝히시되, 크게는 천지가 만물을 기르는 것과, 성인이 어진 이를 길러 만민에 미치게 함과, 사람의 생명과 형체를 기름과, 덕 및 사람을 기르는 것에까지 이르게 하시니 다 기르는 도이다. 움직이고 쉼을 적절하게 베풂은 생명을 기르는 것이고, 음식과 의복은 형체를 기르는 것이며, 거동을 위엄있게 하고 옳은 일을 행하는 것은 덕을 기르는 것이고, 자기를 미루어 남에게 미침은 사람을 기르는 것이다.

> 頤는 貞하면 吉하니 觀頤하며 自求口實이니라.
> ● 이는 바르게 하면 길하니, 길러짐을 보며 스스로 입의 실상을 구함을 보느니라.
>
> 外實內虛 頤頷之象

※ 구실(口實) : 입의 실상, 즉 몸을 기르기 위해 입에 들어간 음식물.

【傳】頤之道ㅣ 以正則吉也니 人之養身養德養人養於人이 皆以正道則吉也라. 天地造化ㅣ 養育萬物하야 各得其宜者는 亦正而已矣라. 觀頤自求口實은 觀人之所頤와 與其自求口實之道則善惡吉凶을 可見矣라.

기르는 도가 바르게 하면 길하니, 사람이 몸과 덕을 기르고, 사람을 기르고 길러지는 것이, 다 바른 도로써 하면 길하다. 천지의 조화가 만물을 양육해서 각각 그 마땅함을 얻는 것도, 또한 바르게 할 따름이다.

'길러짐을 보며 스스로 입의 실상을 구함을 본다'는 것은, 사람이 길러주는 바와 스스로 자기의 실상을 구하는 도를 보면, 선악과 길흉을 볼 수 있는 것이다.

※ 中溪張氏曰 觀頤者는 觀其所養之道於人也니 主上下二陽으로 言이요 陽爲實이니 唯實故로 能養人이라. 自求口實者는 觀其自養之道於己也니 主中四陰而言이요 陰爲虛니 唯虛故로 求口實이라. 陽實則能養陰하고 陰虛則受養於陽하니 頤養之道ㅣ 當以靜爲本이라. 靜則知止而不妄求니 所以得貞而吉이나 一累於動하야 專爲口體之奉이면 則失所養之正而凶矣라.

: <중계장씨>가 말하길 "'길러짐을 본다(觀頤)'는 것은 남을 기르는 도를 본다는 것이니, 상하의 두 양을 주로 해서 말한 것이고, 양(陽)은 실한 것이니, 오직 실한 까닭에 능히 사람을 기르는 것이다. '스스로 입의 실상을 구한다(自求口實)'는 것은 자기에게서 스스로 기르는 도를 본다는 것이니, 중간의 네 음을 주로 해서 말한 것이고, 음은 허한 것이니, 오직 허한 까닭에 입의 실상을 구하는 것이다. 양은 실해서 음을 기를 수 있고, 음은 허해서

양에게 길러지니, 기르는 도가 고요함으로써 근본을 삼는 것이다. 고요하면 그칠 줄을 알아서 망령되이 구하지 않으니 바름을 얻어서 길하나, 조금이라도 움직여서 오로지 입과 몸의 봉양을 위하면 기르는 바의 바름을 잃어 흉하게 된다.

【本義】頤는 口旁也요 口는 食物以自養이라 故로 爲養義라. 爲卦ㅣ 上下二陽이 內含四陰하야 外實內虛하고 上止下動하니 爲頤之象과 養之義也라. 貞吉者는 占者ㅣ 得正則吉이요 觀頤는 謂觀其所養之道요 自求口實은 謂觀其所以養身之術이니 皆得正則吉也라.

'턱(頤)'은 입가이고, 입은 물건을 먹어서 스스로를 기르는 것이기 때문에 기르는 뜻이 된다. 괘됨이 위와 아래의 두 양이 안으로 네 음을 머금어서, 바깥은 실하고 안은 허하며, 위는 그치고(☶) 아래는 움직이니(☳), 턱의 상과 기르는 뜻이 된다.

'바르게 하면 길하다(貞吉)'는 점치는 사람이 바름을 얻으면 길하다는 말이고, '길러짐을 본다(觀頤)'는 그 길러지는 도를 관찰한다는 말이며, '스스로 입의 실상을 구한다(自求口實)'는 그 몸을 기르는 기술을 관찰하는 것을 말하니, 다 바름을 얻으면 길하다.

象曰 頤貞吉은 養正則吉也ㅣ니 觀頤는 觀其所養也ㅣ오 自求口實은 觀其自養也ㅣ라.

- 단에 말하기를 '이가 바르면 길하다'는 것은 바른 것을 기르면 길하니, '길러짐을 본다'는 것은 그 길러지는 바를 보는 것이고, '스스로 입의 실상을 구한다'는 것은 그 스스로 기름을 관찰하는 것이다.

【傳】貞吉은 所養者ㅣ 正則吉也라. 所養은 謂所養之人과 與養之之道요 自求口實은 謂其自求養身之道니 皆以正則吉也라.

'바르면 길하다(貞吉)'는 길러주는 바가 바르면 길한 것이다. '길러지는 바'라는 것은, 길러지는 사람과 기르는 도를 말한 것이고, '스스로 입의 실상을 구한다'고 함은 스스로 몸을 기르는 도를 구하는 것을 말하니, 다 바름으로써 하면 길한 것이다.

【本義】釋卦辭라.

「괘사」를 풀이한 것이다.

天地ㅣ 養萬物하며 聖人이 養賢하야 以及萬民하나니 頤之時ㅣ 大矣哉라.
- 천지가 만물을 기르며, 성인이 어진 이를 길러서 만 백성에게 미치게 하니, 이의 때가 크도다!

【傳】聖人이 極言頤之道而贊其大라. 天地之道則養育萬物이니 養育萬物之道는 正而已矣요 聖人則養賢才하야 與之共天位하고 使之食天祿하야 俾施澤於天下하며 養賢以及萬民也니 養賢은 所以養萬民也라.

성인이 기르는 도를 극도로 말해서, 그 큼을 찬미한 것이다. 천지의 도는 만물을 기르는 것이니, 만물을 기르는 도는 바르게 할 따름이고, 성인은 어진 재사를 길러서 천위(天位)를 같이하고, 천록(天祿)을 먹게 해서 천하에 혜택을 베풀게 하며, 어진 이를 길러서 만 백성에 미치게 하시니, '어진 이를 기름(養賢)'은 만 백성을 기르는 것이다.

夫天地之中에 品物之衆이 非養則不生일새 聖人이 裁成天地之道하고 輔相天地之宜하야 以養天下호대 至於鳥獸草木히 皆有養之之政하니 其道ㅣ 配天地라 故로 夫子ㅣ 推頤之道하야 贊天地與聖人之功曰頤之時大矣哉라하시니라. 或云義或云用或止云時는 以其大者也나 萬物之生與養엔 時爲大라 故로 云時라.

천지 중에 여러 가지 물건이 기르지 않으면 살지 못하기 때문에, 성인이 천지의 도를 마름질하고 천지의 마땅함을 도와서 천하를 기르되, 새와 짐승과 초목에 이르기까지 다 각각의 기르는 정사(政事)가 있다. 그 도가 천지와 짝하기 때문에, <공자>께서 기르는 도를 추론하여 천지와 성인의 공을 찬미해서, '이의 때가 크다'고 말씀하신 것이다. 혹 '뜻(義)'이라고 말하고 혹 '쓰임(用)'이라고 말하며, 혹은 다만 '때(時)'라고만 말한 것은 그 중대한 것으로써 말한 것이나, 만물이 생겨나고 기름에는 때(時)가 큰 것이 되기 때문에 '때(時)'를 말했다.

【本義】極言養道而贊之라.

기르는 도를 극도로 말해서 찬미한 것이다.

象曰 山下有雷ㅣ 頤니 君子ㅣ 以하야 愼言語하며 節飮食하나니라.

◉ 상에 말하기를 산 아래 우뢰가 있는 것이 이괘니, 군자가 본받아서 언어를 삼가고 음식을 절제 하느니라.

【傳】以二體로 言之면 山下有雷하니 雷震於山下하야 山之生物이 皆動其根荄하며 發其萌芽하니 爲養之象이요 以上下之義로 言之면 艮止而震動하니 上止下動이 頤頷之象이요 以卦形으로 言之면 上下二陽이 中含四陰하야 外實中虛하니 頤口之象이요 口는 所以養身也라.

두 괘체로써 말하면, 산(☶)아래 우뢰(☳)가 있으니, 우뢰가 산 아래에서 진동하여 산에서 나는 물건이 다 그 뿌리를 움트고 그 싹을 틔우므로 기르는 상이 되고, 위와 아래의 뜻으로써 말하면, 「간」은 그치고 「진」은 움직이니, 위는 그치고 아래는 움직이는 것이 턱의 상이며, 괘의 형체로써 말하면, 위와 아래의 두 양이 중간의 네 음효를 싸고 있어서, 바깥은 실하고 중간은 허하니, 턱과 입의 상이고, 입은 몸을 기르는 것이다.

※ 象 : '象也'로 되어 있는 판본도 있다.　　※ 含 : '含'자가 없는 판본도 있다.

故로 君子ㅣ 觀其象하야 以養其身하고 愼言語하야 以養其德하며 節飮食하야 以養其體하나니 不唯就口取養義요 事之至近而所係ㅣ 至大者ㅣ 莫過於言語飮食也라. 在身엔 爲言語요 於天下엔 則凡命令政敎

出於身者ㅣ 皆是니 愼之則必當而无失하고 在身엔 爲飮食이요 於天下엔 則凡貨資財用養於人者ㅣ 皆是니 節之則適宜而无傷이라. 推養之道면 養德養天下에 莫不然也라.

  그러므로 군자가 그 상을 관찰해서 그 몸을 기르고, 언어를 삼가해서 그 덕을 기르며, 음식을 적절히 해서 그 몸을 기르니, 입에서 기르는 뜻만을 취한 것이 아니고, 일에 있어 지극히 가까우면서도 관련이 지극히 큰 것이, 언어와 음식보다 더한 것이 없다. (언어와 음식 중에 언어는) 일신상에 있어서는 언어가 되고, 천하에 있어서는 명령과 정교(政敎)가 몸에서 나오는 것이 다 언어이니, 삼가하면 반드시 마땅해서 잃음이 없을 것이요, (언어와 음식 중에 음식은) 일신상에 있어서는 음식이 되고, 천하에 있어서는 모든 재화와 자재 및 사람을 기르는 데 쓰이는 것이 다 음식이니, 절제하면 마땅함을 얻어 상함이 없을 것이다. 기르는 도를 추론하면 덕을 기르고 천하를 기름에 그렇지 않은 것이 없다.

    ※ 養 : '養'자가 없는 판본도 있다.   ※ 養 : '則養'으로 되어 있는 판본도 있다.

【本義】二者는 養德養身之切務라.

  (신언어, 절음식) 두 가지는 덕을 기르고 몸을 기르는 데 절실한 일이다.

初九는 舍爾靈龜하고 觀我하야 朶頤니 凶하니라.
● 초구는 네 신령스러운 거북이를 놓아두고 나를 보고서 턱을 벌림이니, 흉하니라.

陽居動體 迷欲失己

【傳】蒙之初六은 蒙者也니 爻乃主發蒙而言이요 頤之初九도 亦假外而言이니 爾는 謂初也라. 舍爾之靈龜하고 乃觀我而朶頤하니 我는 對爾而設이라. 初之所以朶頤者는 四也나 然이나 非四謂之也요 假設之辭爾라. 九ㅣ 陽體剛明하니 其才智ㅣ 足以養正者也요 龜能咽息不食하니 靈龜는 喩其明智而可以不求養於外也라.

「몽괘」의 「초육」은 몽매한 사람이니,「효사」에서 몽매를 계발하는 사람을 주로 해서 말했고,「이괘」의 「초구」도 또한 밖에서 보는 입장으로 말한 것이니, '너(爾)'는 「초구」를 말한다.

네 신령스러운 거북이를 놓아두고, 나를 보고 턱을 벌린다고 하였으니, '나(我)'는 '너(爾)'와 상대적으로 말한 것이다.「초구」가 턱을 벌린 까닭은 「육사」이나,「육사」가 말한 것이 아니고 가설해서 말한 것이다.「초구」가 양체로 강명하니, 재지(才智)가 바름을 기를 수 있고, 거북은 숨을 삼키고 먹지 않을 수 있으니, '신령스러운 거북이(靈龜)'라는 것은 「초구」가 밝고 지혜스러워 바깥에서 기름을 구하지 않아도 됨을 비유한 것이다.

※ 舍 : 버릴 사.　爾 : 너 이.　朶 : 벌릴 타.　咽 : 삼킬 연.

才雖如是나 然이나 以陽居動體而在頤之時하니 求頤는 人所欲也요 上應於四하니 不能自守하고 志在上行하야 說所欲而朶頤者也라. 心旣動則其自失이 必矣니 迷欲而失己요 以陽而從陰則何所不至리오. 是以凶也라. 朶頤는 爲朶動其頤頷이니 人이 見食而欲之則動頤垂涎이라 故로 以爲象이라.

재질이 비록 이와 같으나, 양으로써 움직이는 괘체(☳)에 거처하면서 기르는 때에 있으니, 기름을 구하는 것은 사람이 하고자 하는 바이고, 위로 「육사」와 응하니, 스스로를 지키지 못하고 뜻이 위로 올라가는 데 있어서, 자기 욕심에 빠져서 턱을 벌리는 것이다. 마음이 이미 움직이면 스스로 실수할 것이 틀림없으니 욕심에 어지럽혀져서 자기를 잃고, 양으로써 음을 따르면 무엇인들 이르지 못하겠는가? 이래서 흉한 것이다.

'턱을 벌린다(朶頤)'는 턱을 벌려 움직임이니, 사람이 먹을 것을 보고 욕심을 내면, 턱을 벌리고 침을 흘리기 때문에 상으로 삼은 것이다.

※ 說 : 따를 열.　涎 : 침 연.

【本義】靈龜는 不食之物이어늘 朶는 垂也니 朶頤는 欲食之貌라. 初九ㅣ 陽剛在下하야 足以不食이어늘 乃上應六四之陰而動於欲하니 凶

之道也라. 故로 其象占이 如此라.

　'신령스러운 거북(靈龜)'은 (음식을) 먹지 않는 물건인데, '타(朶)'는 드리우는 것이니 '턱을 드리운다(朶頤)'는 것은 먹으려고 하는 모습이다. 「초구」가 양강함으로 아래에 있어서 먹지 않고 지낼 수 있는데, 위로 「육사」의 음과 응해서 욕심에 움직이니 흉한 도리이다. 그래서 그 상과 점이 이와 같다.

> 象曰 觀我朶頤하니 亦不足貴也ㅣ로다.
> ● 상에 말하기를 '나를 보고서 턱을 벌림'이니, 또한 귀하지 못하도다.

【傳】九는 動體니 朶頤는 謂其說陰而志動이라. 旣爲欲所動則雖有剛健明智之才라도 終必自失이라 故로 其才ㅣ 亦不足貴也라. 人之貴乎剛者는 爲其能立而不屈於欲也요 貴乎明者는 爲其能照而不失於正也어늘 旣惑所欲而失其正하니 何剛明之有리오. 爲可賤也니라.

　「초구」는 움직이는 괘체니, '턱을 벌린다(朶頤)'고 함은 음을 좋아해서 뜻이 동한다는 말이다. 이미 욕심에 움직이는 바가 되면, 비록 강건하고 명지(明智)한 재질이 있더라도, 마침내 반드시 스스로 잃게 되기 때문에, 그 재질이 또한 귀할 것이 없다.

　사람이 강함을 귀하게 여기는 것은, 자립해서 욕심에 굽히지 않기 때문이고, 밝음을 귀하게 여기는 것은 밝게 비춰서 바름을 잃지 않기 때문인데, 이미 욕심에 유혹되어 바름을 잃었으니 강하고 밝은 것이 어디에 있겠는가? 천하다고 할 수 있다.

> 六二는 顚頤라. 拂經이니 于丘에 頤하야 征하면 凶하리라.
> ● [정자] 육이는 거꾸로 기름이라. 법도에 어긋나니, 언덕(상구)에 기르려 해서 가면 흉하리라.
> ● [주자] 육이는 거꾸로 기르면 법도에 어긋나고, 언덕(상구)에 기르면 가서 흉하리라.

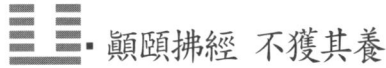 顚頤拂經 不獲其養

【傳】女不能自處하니 必從男이요 陰不能獨立하니 必從陽이라. 二는 陰柔로 不能自養하니 待養於人者也라. 天子ㅣ 養天下하고 諸侯ㅣ 養一國하며 臣이 食君上之祿하고 民이 賴司牧之養은 皆以上養下니 理之正也라.

여자가 스스로 살아갈 수 없으니 반드시 남자를 따르고, 음이 홀로 자립할 수 없으니 반드시 양을 따르는 것이다. 「육이」는 음유해서 스스로를 기를 수 없으니 남에게 길러짐을 기다리는 사람이다. 천자가 천하를 기르고, 제후가 한 나라를 기르며, 신하가 인군의 녹을 먹고, 백성이 사목(司牧)의 기름에 힘입는 것은, 다 위로써 아래를 기름이니 이치의 바른 것이다.

※ 사목(司牧) : 백성을 맡아 기르는 사람으로, 지방장관을 지칭함.

二ㅣ 旣不能自養이면 必求養於剛陽이나 若反下求於初則爲顚倒라 故로 云顚頤라. 顚則拂違經常이니 不可行也요 若求養於丘則往必有凶이라. 丘는 在外而高之物이니 謂上九也라. 卦止二陽으로 旣不可顚頤于初어늘 若求頤于上九하야 往則有凶이라. 在頤之時하얀 相應則相養者也로대 上非其應而往求養이면 非道妄動이니 是以凶也라.

「육이」가 이미 스스로를 기를 수 없으면 반드시 강한 양에게 기름을 구해야 하나, 만약 도리어 아래에 있는 「초구」에게 구하면 거꾸로 하는 것이 되기 때문에, '거꾸로 기름(顚頤)'이라고 한 것이다. 거꾸로 하면 상도에 어긋나니 행할 수 없고, 만약 언덕(높은 데)에 기름을 구하여 가면 반드시 흉함이 있을 것이다. '언덕(丘)'은 바깥에 있고 높은 것이므로, 「상구」를 말한 것이다. 괘가 두 양효 뿐으로, 이미 「초구」에게는 거꾸로 기를 수가 없는데도, 만약 「상구」에게 기름을 구해서 가면 흉함이 있다. 기르는 때에 있어서는 상응하면 서로 기르는 것이나, 「상구」는 「육이」의 응이 아닌데도 가서 기름을 구함은, 도가 아닌데 망령되이 움직임이니 흉한 것이다.

顚頤則拂經이니 不獲其養爾요 妄求於上하야 往則得凶也라. 今有人이 才不足以自養하야 見在上者勢力이 足以養人하고 非其族類어늘 妄

往求之하니 取辱得凶이 必矣리라. 六二ㅣ 中正하니 在他卦에 多吉而凶은 何也오. 曰時ㅣ 然也라. 陰柔하니 旣不足以自養이요 初上二爻ㅣ 皆非其與라 故로 往求則悖理而得凶也라.

  거꾸로 기르면 상도에 어긋나니 그 기름을 얻지 못하고, 망령되이 「상구」에게 구해서 가면 흉함을 얻는다. 지금 사람이 재질이 스스로를 기를 수가 없어서, 위에 있는 사람의 세력이 사람을 기를 수 있는 것을 보고, 그 일가와 동류가 아닌데도 망령되이 가서 구하니, 틀림없이 욕을 보고 흉함을 얻게 될 것이다.

  "「육이」가 중정하니, 다른 괘에 있어서는 길한 것이 많은데 흉한 것은 어째서입니까?" 대답하기를 "때가 그런 것이다. 음유하니 이미 스스로 기르지 못하고, 「초구」와 「상구」 두 효가 다 「육이」와 더불지 않기 때문에, 가서 구하면 이치를 거스리므로 흉한 것이다."

【本義】求養於初則顚倒而違於常理하고 求養於上則往而得凶이라. 丘는 土之高者니 上之象也라.

  「초구」에게 기름을 구하면 거꾸로 되어 상리에 어긋나고, 「상구」에게 기름을 구해서 가면 흉하게 될 것이다. '언덕(丘)'은 흙의 높은 곳이니, 「상구」의 상이다.

象曰 六二征凶은 行이 失類也ㅣ라.
● 상에 말하기를 '육이정흉'은, 행함이 동류를 잃었기 때문이다.

【傳】征而從上則凶者는 非其類故也니 往求而失其類면 得凶이 宜矣라. 行은 往也라.

  가서 「상구」를 따르면 흉한 것은, 자기의 동류가 아니기 때문이니, 가서 구하는데 자기 동류를 잃으면 흉하게 됨이 마땅하다. '행(行)'은 가는 것이다.

【本義】初上이 皆非其類也라.
  「초구」와 「상구」가 다 그 동류가 아니다.

六三은 拂頤貞이라. 凶하야 十年勿用이라. 无攸利하니라.

- [정자] 육삼은 기르는 바름을 거스린 것이다. 흉해서 십 년을 쓰지 못한다. 이로운 바가 없느니라.
- [주자] 육삼은 기르는 바름 거스리면, 바르게 하더라도 흉해서 십 년을 쓰지 못한다. 이로운 바가 없느니라.

陰柔不正 拂違頤道

【傳】頤之道는 唯正則吉이라. 三이 以陰柔之質로 而處不中正하고 又在動之極하니 是柔邪不正而動者也라. 其養이 如此면 拂違於頤之正道니 是以凶也라. 得頤之正則所養이 皆吉하니 求養養人則合於義하고 自養則成其德이나 三乃拂違正道라 故로 戒以十年勿用하니 十은 數之終이니 謂終不可用하야 无所往而利也라.

기르는 도는 오직 바르게 하면 길하다. 「육삼」이 음유한 자질로써 거처함이 중정하지 못하고, 또한 움직이는 괘(☳)의 끝에 있으니, 이것은 부드럽고 사특해서 바르지 못하게 움직이는 사람이다. 그 기르는 것이 이와 같으면 기름의 바른 도에 어긋나니 흉한 것이다.

기르는 것이 바름을 얻으면, 기르는 바가 다 길하니, 기름을 구해서 사람을 기르면 의리에 합당하고, 스스로를 기르면 그 덕을 이룰 것이나, 「육삼」은 바른 도를 거스렸기 때문에 '십 년을 쓰지 못한다(十年勿用)'고 경계한 것이다. '열(十)'은 수의 마침이니, 끝끝내 쓸 수 없어서 가더라도 이로운 바가 없다는 말이다.

※ 丕 : '又不'로 되어 있는 판본도 있다.

【本義】陰柔不中正으로 以處動極하니 拂於頤矣라. 旣拂於頤하니 雖正이라도 亦凶이라 故로 其象占이 如此라.

음유하고 중정하지 못함으로써 움직임(☳)의 끝에 거처하니, 기르는 도에 어긋난 것이다. 이미 기르는 도에 어긋났으니, 비록 바르더라도 또한 흉하기 때문에, 그 상과 점이 이와 같다.

> 象曰 十年勿用은 道ㅣ 大悖也ㅣ라.
>
> ◉ 상에 말하기를 '십 년을 쓰지 못한다'는 것은, 도가 크게 거스려진 것이다.

【傳】所以戒終不可用은 以其所由之道ㅣ 大悖義理也라.

끝끝내 쓸 수 없다고 경계한 것은, 행하는 도가 크게 의리에 거스리기 때문이다.

> 六四는 顚頤나 吉하니 虎視耽耽하며 其欲逐逐하면 无咎ㅣ리라.
>
> ◉ 육사는 거꾸로 기르나 길하니, 호랑이의 봄이 탐탐하며, 그 하고자 함이 쫓고 쫓고자 하면 허물이 없으리라.
>
> 柔居得正 賴養施下

【傳】四는 在人上하니 大臣之位나 六이 以陰居之하니 陰柔ㅣ 不足以自養이어늘 況養天下乎아. 初九ㅣ 以剛陽居下하니 在下之賢也요 與四爲應하고 四又柔順而正하니 是能順於初하야 賴初之養也라. 以上養下則爲順이어늘 今反求下之養하니 顚倒也라 故로 曰顚頤라. 然이나 己不勝其任에 求在下之賢而順從之하야 以濟其事則天下ㅣ 得其養而已ㅣ 无曠敗之咎라 故로 爲吉也라.

「육사」는 사람의 위에 있으니 대신의 자리지만, 육(陰)이 음으로써 거처하니, 음유해서 스스로도 기르지 못할 것인데, 하물며 천하를 기르겠는가? 「초구」가 강양으로써 아래에 있으니 아래에 있는 어진 사람이고, 「육사」와 응이 되며 「육사」가 또한 유순하고 바르니, 이것은 「초구」에게 순응해서 「초구」의 길러줌에 힘입는 것이다. 윗 사람으로써 아랫 사람을 길러줌이 순한 것인데, 도리어 아랫 사람의 기름을 구하니 거꾸로가 되므로, '거꾸로 기름(顚頤)'이라고 했다.

그러나 자기가 소임을 다 할 수 없음에, 아래 있는 어진 사람을 구해 순종함으로써 그 일을 다스리면, 천하는 어진 이의 기름을 얻고, 자기는 일을 방치하거나 망치는 허물이 없기 때문에 길한 것이 된다.

夫居上位者ㅣ 必有才德威望하야 爲下民所尊畏則事行而衆心이 服從이어니와 若或下易其上則政出而人違하고 刑施而怨起하야 輕於陵犯하리니 亂之由也라. 六四ㅣ 雖能順從剛陽하야 不廢厥職이나 然이나 質本陰柔하야 賴人以濟하니 人之所輕이라. 故로 必養其威嚴을 耽耽然如虎視則能重其體貌하야 下不敢易요 又從於人者는 必有常이니 若間或无繼則其政이 敗矣라. 其欲은 謂所須用者니 必逐逐相繼而不乏則其事可濟어니와 若取於人而无繼則困窮矣라. 旣有威嚴하고 又所施ㅣ 不窮이라 故로 能无咎也라.

　대개 윗 자리에 있는 사람이 반드시 재덕(才德)과 위엄 및 명망이 있어서 백성들의 존경하고 두려워하는 바가 되면, 정사(政事)가 행해지고 대중의 마음이 복종할 것이지만, 만약 아랫 사람이 자기의 윗 사람을 업신여기면, 정사가 나와도 사람들이 어기고, 형벌이 실시되어도 원망이 일어나서, 능멸하고 범함을 가볍게 여길 것이니, 어지러워지는 연유가 된다.

　「육사」가 비록 강한 양에게 순종해서 자기의 직무를 폐기하지는 않았으나, 자질이 본래 음유해서 남의 힘을 빌려 일을 이루니, 사람들이 가벼이 본다. 그러므로 그 위엄을 기르기를 탐탐히하여 호랑이가 보는 것 같이 하면 체모를 중히할 수 있어서, 아랫사람이 감히 가벼이 여기지 못할 것이고, 또한 사람을 따르려면 반드시 항상함이 있어야 하니, 만약 틈(間)이 있어 계속됨이 없으면 그 정사가 잘못될 것이다. '그 하고자 함(其欲)'은 필수적으로 쓰이게 됨을 말하니, 반드시 쫓고 쫓아 계속해서 모자람이 없으면 그 일을 완수하게 되지만, 만약 남의 힘을 빌리면서 계속됨이 없으면 곤궁하게 될 것이다. 이미 위엄이 있고 또 베푸는 것이 궁하지 않기 때문에 허물이 없을 수 있다.

　　　※ 在:'其'자로 되어 있는 판본도 있다.

二는 顚頤則拂經이어늘 四則吉은 何也오. 曰二는 在上而反求養於下하니 下非其應類라 故로 爲拂經이어니와 四則居上位하야 以貴下賤하야

使在下之賢으로 由己以行其道하야 上下之志ㅣ 相應而施於民이니 何吉如之리오. 自三以下는 養口體者也요 四以上은 養德義者也니 以君而資養於臣하고 以上位而賴養於下는 皆養德也라.

"「육이」는 거꾸로 기르면 상도에 어긋나는데, 「육사」는 길하다는 것은 어째서입니까?" 답하기를 "「육이」는 위에 있으면서 도리어 아랫 사람에게 기름을 구하니, 아래(초구)는 「육이」의 응하는 동류가 아니기 때문에 상도에 어긋난 것이 되고, 「육사」는 높은 자리에 있으면서 귀한 것으로써 천한 사람에게 낮추어, 아래에 있는 어진 사람이 자기로 연유해 그 도를 행해서, 위와 아래의 뜻이 서로 응해서 백성에게 (좋은 정치를) 베풀도록 하니, 어떤 것이 이와 같이 길할 수 있겠는가? 「육삼」 밑으로는 입과 몸을 기르는 것이고, 「육사」 이상은 덕과 의리를 기르는 것이니, 인군으로써 신하의 힘을 입어서 기르고, 윗사람으로써 아랫사람의 힘을 입어 기름은 다 덕을 기르는 것이다."

※ 在: '在'자가 없는 판본도 있다.   ※ 施: '澤施'로 되어 있는 판본도 있다.

【本義】柔居上而得正하고 所應이 又正而賴其養하야 以施於下라 故로 雖顚而吉이라. 虎視耽耽은 下而專也요 其欲逐逐은 求而繼也니 又能如是則无咎矣리라.

유한 것이 위에 있어 바름을 얻었고, 응하는 것이 또한 바르니 그의 기름에 힘입어 아랫사람에게 베풀기 때문에, 비록 거꾸로 됐으나 길하다. '호랑이 봄이 탐탐하다(虎視耽耽)'고 함은 내려다 봄에 전념한다는 것이고, '그 하고자 함이 쫓고 쫓는다(其欲逐逐)'는 구하는 것이 계속됨이니, 또한 이와 같이 할 수 있으면 허물이 없을 것이다.

象曰 顚頤之吉은 上施ㅣ 光也일새니라.

◉ 상에 말하기를 거꾸로 기르는 데 길함은, 윗사람의 베풀음이 빛나기 때문이다.

【傳】顚倒求養而所以吉者는 蓋得剛陽之應하야 以濟其事하고 致己

居上之德施하야 光明이 被于天下케하니 吉孰大焉이리오.

거꾸로 기름을 구하는데도 길한 까닭은, 강한 양의 응함을 얻어서 그 일을 다스리고, 윗 자리에 있는 자기의 덕을 베풀게 해서 빛이 천하를 밝게 비추게 하니, 이보다 더 큰 길함이 있겠는가?

六五는 拂經이나 居貞하면 吉하려니와 不可涉大川이니라.

◉ 육오는 상도에 어긋나나 바르게 거처하면 길하지만, 큰 내를 건널 수는 없느니라.

陰柔居尊 反賴上九

【傳】六五는 頤之時에 居君位하니 養天下者也라. 然이나 其陰柔之質로 才不足以養天下요 上有剛陽之賢이라 故로 順從之하야 賴其養己하야 以濟天下하니 君者는 養人者也어늘 反賴人之養이니 是는 違拂於經常이라.

「육오」는 기르는 때에 인군의 자리에 있으니 천하를 기르는 사람이다. 그러나「육오」가 음유한 자질로 재주가 천하를 기를 수 없고, 위에 강양한 어진 사람이 있기 때문에, 순종해서 그에게 힘입어 자기 몸을 길러서 천하를 다스리니, 인군은 사람을 길러야 하는데 도리어 다른 사람의 기름에 힘입으니, 이것은 상도에 어긋난 것이다.

旣以己之不足으로 而順從於賢師傅하니 上은 師傅之位也라. 必居守貞固하야 篤於委信이면 則能輔翼其身하야 澤及天下라 故로 吉也어니와 陰柔之質로 无貞剛之性이라 故로 戒以能居貞則吉이라. 以陰柔之才로 雖倚賴剛賢하야 能持循於平時나 不可處艱難變故之際라 故로 云不可涉大川也라.

이미 자기가 부족하기 때문에 어진 사부(師傅)에게 순종하니,「상구」는 사부의 자리다. 반드시 거처함에 굳고 바르게 지켜서 위임하고 신임하기를 독실히 하면, 자기의 몸을 보익(輔翼)해서 혜택이 천하에 미칠 수 있기 때문에 길할 것이나, 음유한 자질로 굳고 강한 성질이 없기 때문에, 굳고 바른 데 거처하면 길하다고 경계하였다. 음유한 재주로써 비록 강한 어진 이에게 의지하고 힘입어 평시에는 유지할 수 있지만, 어렵고 변고가 있을 때는 대처할 수 없기 때문에, '큰 내를 건널 수 없다(不可涉大川)'고 했다.

※ 傅 : 스승 부.　　※ 보익(輔翼) : 보좌(輔佐), 도움.

以成王之才로 不至甚柔弱也로대 當管蔡之亂하야 幾不保於周公이온 況其下者乎아. 故로 書에 曰王亦未敢誚公하시다하니 賴二公하여야 得終信이라. 故로 艱險之際엔 非剛明之主면 不可恃也로대 不得已而濟艱險者則有矣라. 發此義者는 所以深戒於爲君也요 於上九則據爲臣致身盡忠之道言이라 故로 不同也라.

　<성왕>같은 재주로 심히 유약한 데까지 이르지 않았으나, <관숙(管叔)·채숙(蔡叔)>의 난을 당해서 거의 <주공>을 보호하지 못할 뻔 했는데, 하물며 그 보다 못한 사람이랴? 그렇기 때문에『서경』에 말하기를 "<성왕>이 또한 감히 <주공>을 꾸짖지 못하였다"했으니, <태공(太公)>과 <소공(召公)>의 힘을 입어서야 마침내 믿음을 가진 것이다.

　그렇기 때문에 어렵고 험한 때엔 강명한 인군이 아니면 믿을 수 없지만, 어쩔 수 없어 어렵고 험한 것을 구제한 경우는 있는 것이다. 이런 뜻을 밝힌 것은 인군노릇하는 것을 깊이 경계한 것이고, 「상구효사」에는 신하가 되어 몸을 바쳐 충성을 다하는 도로 말했기 때문에 같지 않다.

※『서경』「주서:周書」의「금등(金縢) 편」에 출전.
※ 險 : '難'자로 되어 있는 판본도 있다.

【本義】六五ㅣ 陰柔不正하니 居尊位而不能養人하고 反賴上九之養이라 故로 其象占이 如此라.

　「육오」가 음유하고 부정(不正)하니, 높은 자리에 있으면서도 사람을 기르지 못하고, 도리어「상구」의 길러줌에 힘입기 때문에, 그 상과 점이 이와 같다.

象曰 居貞之吉은 順以從上也일새라.
◉ 상에 말하기를 바른 데 거처해서 길하다는 것은, 순히해서 위를 따르기 때문이다.

【傳】居貞之吉者는 謂能堅固順從於上九之賢하야 以養天下也라.

'굳고 바른 데 거처해서 길한 것'은, 견고하게 어진 「상구」에게 순종하여 천하를 기른다는 말이다.

上九는 由頤니 厲하면 吉하니 利涉大川하니라.
◉ 상구는 자기로 연유해서 기름이니, 위태롭게 여기면 길하니 큰 내를 건넘이 이로우니라.

剛陽之德 身當大任

【傳】上九ㅣ 以剛陽之德으로 居師傅之任하고 六五之君이 柔順而從於己하야 賴己之養하니 是當天下之任이니 天下ㅣ 由之以養也라. 以人臣而當是任이어든 必常懷危厲則吉也니 如伊尹周公이 何嘗不憂勤兢畏리오. 故로 得終吉이라.

「상구」가 강양한 덕으로서 사부의 책임을 맡고, 인군인 「육오」가 유순하게 자기(上九)를 좇아서 자기의 기름에 힘입으니, 이것은 천하의 소임을 맡은 것이므로, 천하가 「상구」에 연유해서 길러지는 것이다. 신하로써 이런 소임을 맡으면 반드시 항상 위태로와하고 두렵게 생각하면 길할 것이니, <이윤>과 <주공>이 언젠들 근심하고 부지런히 하며 두려워하지 않았겠는가? 그렇기 때문에 마침내 길함을 얻은 것이다.

夫以君之才不足으로 以倚賴於己하야 身當天下大任하니 宜竭其才力하야 濟天下之艱危하야 成天下之治安이라 故로 曰利涉大川이라하니라. 得君이 如此之專하고 受任이 如此之重이어늘 苟不濟天下艱危면 何足

稱委遇而謂之賢乎리오. 當盡誠竭力而不顧慮라 然이나 惕厲則不可忘也라.

　인군이 재주가 부족하기 때문에 자기에게 의뢰해서 자신이 천하의 큰 책임을 맡으니, 마땅히 자기의 재주와 힘을 다해 천하의 간위(艱危)를 건져서 천하의 치안을 이루어야 할 것이기 때문에, '큰 내를 건넘이 이롭다(利涉大川)'고 하였다.

　인군에게 이와 같은 전권을 얻고, 이와 같이 중한 책임을 받았는데도, 천하의 간위를 구제하지 못하면, 어떻게 위임해서 대우해 주는 것에 보답할 것이며, 어진 사람이라고 하겠는가? 마땅히 성의를 다하고 힘을 다해서 한눈 팔지 말아야 할 것이나, 조심하고 두려워하는 것을 잊어서는 안된다.

　　※ 간위(艱危) : 어려움과 위태로움.
　　※ 下 : '下之'로 되어 있는 판본도 있다.

【本義】 六五|賴上九之養하야 以養人하니 是는 物由上九以養也라. 位高任重故로 厲而吉이요 陽剛在上故로 利涉川이라.

　「육오」가 「상구」의 기름에 힘입어서 사람들을 기르니, 이것은 만물이 「상구」로 연유해서 길러지는 것이다. 지위가 높고 책임이 중하기 때문에 조심해야 길한 것이고, 양강한 것이 위에 있기 때문에 큰 내를 건넘이 이로운 것이다.

> **象曰 由頤厲吉은 大有慶也|라.**
> ● 상에 말하기를 '자기로 연유해서 기름이니, 위태로와 하면 길함'은 크게 경사가 있는 것이다.

【傳】 若上九之當大任이 如是하고 能兢畏如是면 天下|被其德澤하리니 是大有福慶也라.

　「상구」의 큰 책임을 맡음이 이와 같고, 조심하고 두려워하기를 이와 같이 할 수 있으면, 천하가 그 덕택을 입게 되니, 이것은 크게 복과 경사가 있는 것이다.

兌上 巽下 澤風大過(28)
택 풍 대 과

【傳】大過는 序卦에 曰頤者는 養也ㅣ니 不養則不可動이라 故로 受之以大過라하니 凡物은 養而後에 能成하고 成則能動하며 動則有過하니 大過所以次頤也라. 爲卦ㅣ 上兌下巽하니 澤在木上하야 滅木也라. 澤者는 潤養於木이어늘 乃至滅沒於木하니 爲大過之義라. 大過者는 陽過也라 故로 爲大者過ㅣ 過之大ㅣ 與大事過也라. 聖賢道德功業이 大過於人과 凡事之大過於常者ㅣ 皆是也라.

「대과: ䷛」는 「서괘전」에 말하기를 "「이」는 기르는 것이니, 기르지 않으면 움직일 수 없기 때문에 「대과」로써 받았다"고 하였다. 모든 물건은 기른 뒤에 이룰 수 있으며, 이루면 움직일 수 있고 움직이면 지나침이 있으니, 「대과괘」가 「이괘: ䷚」의 다음에 온 것이다.

괘됨이 위는 「태: ☱」이고 아래는 「손: ☴」이니, 못(澤)이 나무 위에 있어서 나무를 멸망시킨 것이다. 못은 나무를 윤택하게 기르는 것인데, 나무를 멸하여 없애는 데 이르렀으니 크게 지나친 뜻이 된다. 「대과」는 양이 지나친 것이기 때문에, 큰 것이 지나친 것과, 지나침이 큰 것과 큰 일이 지나친 것이 된다. 성현의 도덕과 공업(功業)이 보통 사람보다 크게 지나친 것과, 일에 있어서 보통보다 크게 지나친 것이 다 이것이다.

夫聖人이 盡人道는 非過於理也로대 其制事에 以天下之正理로 矯失之用이 小過於中者則有之하니 如行過乎恭과 喪過乎哀와 用過乎儉이 是也라. 蓋矯之小過而後에 能及於中은 乃求中之用也어니와 所謂大過者는 常事之大者耳니 非有過於理也로대 唯其大라 故로 不常見이니 以其比常所見者에 大라 故로 謂之大過라. 如堯舜之禪讓과 湯武

之放伐은 皆由道也니 道는 无不中하고 无不常이로대 以世人所不常見이라 故로 謂之大過於常也라.

　성인이 사람의 도를 다함은 이치에 지나친 것이 아니나, 일을 처리함에 있어 천하의 바른 이치로써 잘못된 것을 바르게 하는 것이 조금 중도를 지나쳐도 되는 것이 있으니, 행동이 공손함을 지나친 것과, 상사(喪事)가 슬픔을 지나친 것과, 사용함이 검소함을 지나친 것 등이 이런 것이다. 대개 조금 지나친 것을 바로잡고 나서야 중도에 미칠 수 있는 것은 바로 중을 구하는 방법이지만, 이른바 「대과」는 보통 일의 큰 것이니 이치에 지나친 것은 아니나, 다만 그것이 크기 때문에 평소에는 볼 수 없는 것이니, 보통 보는 것에 비해서는 크기 때문에, 「대과」라고 말했다.

　<요임금>과 <순임금>이 선양한 것과, <탕왕>과 <무왕>이 방벌(放伐)한 것은 다 도를 따른 것이니, 도는 중도로 하지 않음이 없고 상도로써 하지 않음이 없으나, 세상 사람들이 상도(常道)로 보지 못하기 때문에, 상도에서 크게 지나쳤다고 말한 것이다.

　※ 선양(禪讓) : 임금이 생존 중에 그 자리를 다른 성씨를 가진 유덕한 사람에게 물려주는 일(<요>는 <순>에게, <순>은 <우>에게 선양함).
　방벌(放伐) : 학정(虐政)을 한 임금을 내쫓고 유덕한 임금으로 바꾸는 일(<탕>은 <걸>을, <무>는 <주>를 방벌함).
　※ 道 : '此道'로 되어 있는 판본도 있다.　　常 : '嘗'자로 되어 있는 판본도 있다.

大過는 棟이 橈ㅣ니 利有攸往하야 亨하니라.
● 대과는 기둥이 흔들리니, 가는 바를 둠이 이로와서 형통하니라.

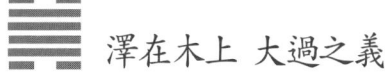　澤在木上 大過之義

【傳】小過는 陰過於上下하고 大過는 陽過於中하니 陽過於中而上下ㅣ 弱矣라 故로 爲棟橈之象이라. 棟은 取其勝重이니 四陽이 聚於中은 可謂重矣요 九三九四ㅣ 皆取棟象은 謂任重也라. 橈는 取其本末이 弱이니 中强而本末이 弱하니 是以橈也라. 陰弱而陽强하고 君子盛而

小人衰라 故로 利有攸往而亨也라. 棟은 今人이 謂之檁이라.

「소과괘:䷽」는 음이 위와 아래에서 지나치고, 「대과괘:䷛」는 양이 중간에서 지나치니, 양이 중간에서 지나치고 위와 아래가 약하기 때문에, '기둥이 흔들리는(棟橈)' 상이 된다.

'기둥(棟)'은 무거운 것을 감당함을 취했으니, 네 양이 중간에 모인 것은 무겁다고 할 수 있고, 「구삼 효사」와 「구사 효사」가 다 기둥의 상을 취한 것은 책임이 무겁다는 말이다. '흔들린다(橈)'는 근본과 끝이 약함을 취한 것이니, 가운 데가 강하고 근본과 끝이 약하기 때문에 흔들리는 것이다. 음은 약하고 양은 강하며, 군자는 성하고 소인은 쇠하므로, 가는 바를 둠이 이롭고 형통한 것이다. '동(棟)'은 지금 사람이 '들보(檁)'라고 한다.

※ 橈는 取其本末이 弱이니 中强而本末이 弱하니 是以橈也 : '橈取其中强而本末弱本末弱是以橈也'로 되어 있는 판본도 있다.

※ 檁 : 들보 름.

【本義】大는 陽也니 四陽이 居中過盛이라 故로 爲大過요 上下二陰이 不勝其重이라 故로 有棟橈之象이라. 又以四陽이 雖過而二五 l 得中하고 內巽外說하니 有可行之道라 故로 利有所往而得亨也라.

'크다(大)'는 것은 양이니, 네 양이 가운 데 있어 지나치게 성하기 때문에 「대과」가 되고, 위와 아래의 두 음이 그 무게를 이기지 못하기 때문에 '기둥이 흔들리는(棟橈)' 상이 있다. 또 네 양이 비록 지나쳤으나 「구이」와 「구오」가 득중하고, 안은 공손하고(☴) 밖은 기뻐하니(☱) 행할 수 있는 도리가 있으므로, 가는 바를 둠이 이롭고 형통함을 얻는 것이다.

象曰 大過는 大者 l 過也 l 오

● 단에 말하기를 대과는 큰 것이 지나친 것이고,

【傳】大者過는 謂陽過也니 在事에 爲事之大者過와 與其過之大라.

'큰 것이 지나쳤다(大者過)'는 양이 지나친 것을 말하니, 일에 있어서는 일의 큰 것이 지나친 것과 그 지나침이 큰 것이 된다.

【本義】以卦體로 釋卦名義라.
　괘체로서 괘의 이름과 뜻을 풀이했다.

棟橈는 本末이 弱也ㅣ라.
◉ '기둥이 흔들린다'는 것은, 근본과 끝이 약한 것이다.

【傳】謂上下二陰이 衰弱하니 陽盛則陰衰라 故로 爲大者過라. 在小過則曰小者過라하니 陰過也라.
　위와 아래의 두 음이 쇠약한 것을 말하니, 양이 성하면 음이 쇠하기 때문에 큰 것이 지나친 것이 된다. 「소과괘」에는 "작은 것이 지나쳤다"고 말했으니, 음이 지나쳤다는 말이다.

【本義】復以卦體로 釋卦辭라. 本은 謂初요 末은 謂上이요 弱은 謂陰柔라.
　다시 괘체로써 「괘사」를 풀이한 것이다. '근본(本)'은 「초육」을 말한 것이고, '끝(末)'은 「상육」을 말한 것이며, '약하다(弱)'는 것은 음유하다는 말이다.

剛過而中하고 巽而說行이라 利有攸往하야 乃亨하니
◉ 강한 것이 지나쳤으나 가운 데 하였고, 공손하고 기쁨으로 행하기 때문에 가는 바를 둠이 이로와서 형통하게 되니,

【傳】言卦才之善也라. 剛雖過而二五ㅣ 皆得中하니 是는 處不失中道也요 下巽上兌하니 是는 以巽順和說之道而行也라. 在大過之時하야 以中道巽說而行이라 故로 利有攸往하야 乃所以能亨也라.

괘의 재질이 좋음을 말한 것이다. 강이 비록 지나쳤으나 「구이」와 「구오」가 다 득중했으니, 이것은 처함이 중도를 잃지 않은 것이고, 아래는 「손:☴」이고 위는 「태:☱」니, 이것은 손순하고 화열하는 도로써 행하는 것이다.

「대과」의 때에 있어서 중도로써 공손하고 기뻐하면서 행하기 때문에, 가는 바를 둠이 이로와서, 이 때문에 형통할 수 있게 되는 것이다.

※ 不失 : '得'자로 되어 있는 판본도 있다.

【本義】又以卦體卦德으로 釋卦辭라.

또 괘체와 괘덕으로써 「괘사」를 풀이한 것이다.

大過之時ㅣ 大矣哉라.
◉ 대과의 때가 크도다!

【傳】大過之時에 其事ㅣ 甚大라 故로 贊之曰大矣哉라하니 如立非常之大事와 興不世之大功과 成絶俗之大德이 皆大過之事也라.

「대과」의 때에 그 일이 심히 크기 때문에, 찬미해서 말하기를 '크도다(大矣哉)!'라고 하였으니, 비상한 큰 일을 세우는 것과, 세상에 없는 큰 공을 일으키는 것과, 세속을 뛰어넘는 큰 덕을 이루는 것이, 다 「대과」의 일이다.

【本義】大過之時에 非有大過人之材면 不能濟也라 故로 歎其大라.

「대과」의 때에 보통사람보다 크게 지나친 재주가 있지 않으면 세상을 구제할 수 없기 때문에, 그 큼을 찬탄한 것이다.

象曰 澤滅木이 大過ㅣ니 君子ㅣ 以하야 獨立不懼하며 遯世无悶하나니라.
◉ 상에 말하기를 못이 나무를 멸함이 대과니, 군자가 본받아서 홀로 서도 두려워하지 않으며, 세상을 멀리해도 번민하지 않느니라.

【傳】澤은 潤養於木者也어늘 乃至滅沒於木則過甚矣라 故로 爲大過라. 君子ㅣ 觀大過之象하야 以立其大過人之行하나니 君子所以大過人者는 以其能獨立不懼하며 遯世无悶也라. 天下ㅣ 非之而不顧는 獨立不懼也요 擧世不見知而不悔는 遯世无悶也라. 如此然後에야 能自守하나니 所以爲大過人也라.

　못(☱)은 나무(☴)를 윤택하게 하고 기르는 것인데, 나무를 침몰시켜 없애는 데까지 이르면 지나침이 심하기 때문에 「대과」가 된다. 군자가 「대과」의 상을 관찰해서 보통사람보다 크게 지나치는 행적을 세우는 것이니, 군자가 보통사람보다 크게 지나친 까닭은, '홀로 서도 두려워하지 않고 세상을 멀리해도 번민하지 않기(獨立不懼 遯世无悶)' 때문이다. 천하가 그르다 말하더라도 돌아다 보지 않음은 '홀로 서도 두려워하지 않는 것'이고, 온 세상이 알아주지 않아도 후회하지 않음은 '세상을 멀리해도 번민하지 않는 것'이다. 이렇게 한 뒤에야 스스로를 지킬 수 있으니, 보통사람보다 크게 지나친 사람이 되는 까닭이다.

　　※ 人 : '人'자가 없는 판본도 있다.

【本義】澤滅於木은 大過之象也요 不懼无悶은 大過之行也라.

　'못이 나무를 멸망시킴'은 「대과」의 상이고, '두려워하지 않고, 번민하지 않음'은 「대과」의 행동이다.

　　※ 建安丘氏曰 澤本潤木이어늘 今在木上而至於沒木하니 大過之象也라. 然이나 木在澤下하야 澤過乎木而木不仆하니 君子觀象以之하야 立大過人之行이라. 故로 用之則獨立不懼요 舍之則遯世无悶이라. 人之常情이 獨立而莫我輔者면 必懼요 遯世而莫我知者면 必悶이로대 惟聖賢之卓行絶識은 大過乎人이라 故로 能不懼无悶이라. 獨立不懼는 巽木象이니 周公當之요 遯世无悶은 兌說象이니 顔子當之라.

　: <건안구씨>가 말하길 "못은 본래 나무를 윤택하게 하는 것인데, 이제 나무 위에 있어서 나무를 침몰시키는 데까지 이르렀으니 「대과」의 상이다. 그러나 나무가 못의 아래에 있어서 못이 나무보다 지나쳤으나, 나무가 넘어지지 않으니, 군자가 이러한 상을 관찰해 본받아서 보통사람보다 크게 지나친 행실을 세우는 것이다. 그러므로 세상에 나와서 일하면 '독립불구'이고, 일을 하지 않으면 '돈세무민'이다. 인지상정이, 독립했는데 나를 도울 자가 없으면 반드시 두렵고, 세상을 멀리했지만 나를 알아주지 않으면 반드시 번민할 것인데, 오직 성현의 뛰어난 행동과 식견은 보통사람을 크게 지나치기 때문에, 두려워하지 않고 민

망하지 않을 수 있다. '독립불구'는 「손목☴」의 상이니 <주공>이 이에 해당하고, '돈세무민'은 「태열☱」의 상이니 <안자>가 이에 해당한다.

初六은 藉用白茅ㅣ니 无咎ㅣ하니라.
● 초육은 까는 데 흰 띠를 쓰니, 허물이 없느니라.

☴. 柔居巽下 畏愼无咎

【傳】初ㅣ 以陰柔로 巽體而處下하니 過於畏愼者也요 以柔在下하니 用茅藉物之象이며 不錯諸地而藉以茅하니 過於愼也니 是以无咎라. 茅之爲物이 雖薄而用可重者는 以用之能成敬愼之道也니 愼守斯術而行이면 豈有失乎大過之用也리오.

「초육」이 음유로써 「손체☴」에 있으면서 아래에 있으니, 두려워하고 삼가함이 지나친 사람이고, 유로써 아래에 있으니 띠를 써서 물건에 까는 상이며, 땅에 놓지 않고 띠를 사용해 까는 것은 삼가함이 지나친 것이니, 이렇기 때문에 허물이 없는 것이다

'띠(茅)'라는 물건이 비록 하찮으나 쓰임이 중할 수 있는 것은, 그것을 사용함으로써 공경하고 삼가는 도를 이룰 수 있기 때문이니, 이런 방법을 삼가 지켜서 행하면, 어찌 「대과」의 쓰임에 잃음이 있으랴?

繫辭에 云苟錯諸地라도 而可矣어늘 藉之用茅하니 何咎之有ㅣ리오. 愼之至也라. 夫茅之爲物이 薄而用은 可重也ㅣ니 愼斯術也하야 以往이면 其无所失矣리라하니 言敬愼之至也라. 茅雖至薄之物이나 然이나 用之可甚重이니 以之藉薦則爲重愼之道하니 是用之重也라. 人之過於敬愼에 爲之非難而可以保其安而无過니 苟能愼斯道하야 推而行之면 於事에 其无所失矣리라.

「계사전」에 말하기를 "땅에 놓더라도 괜찮거늘 띠를 사용해 까니, 무슨 허물이

있으리오? 삼가함의 지극한 것이다. 띠라는 물건은 하찮으나, 쓰임은 중히 할 수 있으니, 이런 방법을 삼가해서 써나가면 잃는 바가 없을 것이다"고 하니, 공경하고 삼가함의 지극함을 말한 것이다.

띠가 비록 지극히 하찮은 물건이나, 쓰임은 매우 중하게 할 수 있으니, 그것을 써서 제사지내는 데 깔면 신중하고 삼가는 도가 되므로, 이것은 쓰임을 중하게 하는 것이다. 사람이 공경하고 삼가함을 지나치게 하는 것이 어려운 일은 아니나, 자기의 편안함을 보존하고 허물을 없게 할 수 있으니, 진실로 이런 도를 삼가해서 미루어 넓혀 나갈 수 있으면 일에 잃는 바가 없을 것이다.

　　※ 愼: '愼思'로 되어 있는 판본도 있다.

【本義】當大過之時하야 以陰柔로 居巽下하니 過於畏愼而无咎者也라 故로 其象占이 如此라. 白茅는 物之潔者라.

「대과」의 때를 당해서 음유함으로써 「손:☴」의 아래에 있으니, 두려워하고 삼가함이 지나친 것이나, 허물은 없기 때문에 그 상과 점이 이와 같다. '흰 띠(白茅)'는 물건의 깨끗한 것이다.

> 象曰 藉用白茅는 柔在下也ㅣ라.
> ◉ 상에 말하기를 '까는 데 흰 띠를 씀'은, 유가 아래에 있는 것이다.

【傳】以陰柔로 處卑下之道는 唯當過於敬愼而已라. 以柔在下ㅣ 爲以茅藉物之象하니 敬愼之道也라.

음유함으로써 낮은 데 거처하는 도는, 오직 공경하고 삼가함을 지나치게 해야할 뿐이다. 유로써 아래에 있는 것이, 띠로써 물건에 까는 상이 되니, 공경하고 삼가는 도리이다.

> 九二는 枯楊이 生稊하며 老夫ㅣ 得其女妻ㅣ니 无不利하니라.
> ◉ 구이는 마른 버들이 뿌리가 나며, 늙은 지아비가 젊은 아내를 얻으니, 이롭지 않음이 없느

니라.

☰ 陽之大過 用柔相濟

※ 枯 : 마를 고.　楊 : 버들 양.　稊 : 뿌리 제.

【傳】陽之大過니 比陰則合이라 故로 二與五ㅣ 皆有生象이라. 九二ㅣ 當大過之初하야 得中而居柔하고 與初密比而相與하며 初는 旣切比於 二하고 二는 復无應於上하니 其相與를 可知니 是剛過之人而能以中 自處하야 用柔相濟者也라. 過剛則不能有所爲하니 九三이 是也요 得 中用柔則能成大過之功이니 九二ㅣ 是也라.

　양이 크게 지나친 것이니, 음과 가까이 있으면 결합될 것이기 때문에, 「구이」와 「구오」가 다 낳는 상이 있다. 「구이」가 「대과」의 처음을 당해서 득중하며 유한(陰) 자리에 있고, 「초육」과 더불어 밀접하게 가까와서 서로 더불며, 「초육」은 이미 「구이」와 매우 가깝고 「구이」는 다시 위에 응하는 것이 없으니, 「구이」와 「초육」이 서로 더부리라는 것을 알 수 있다. 이것은 지나치게 강한 사람이 중도로써 스스로 처신할 수 있어서, 부드러움(柔)을 써서 (初六과) 서로 구제해 나아가는 것이다. 지나치게 강하면 일을 할 수 없으니 「구삼」이 이러하고, 득중해서 유를 쓰면 「대과」의 공을 이룰 수 있으니 「구이」가 이런 것이다.

楊者는 陽氣易感之物로 陽過則枯矣나 楊이 枯槁而復生稊하니 陽過 而未至於極也라. 九二ㅣ 陽過而與初하니 老夫ㅣ 得女妻之象이요 老 夫而得女妻則能成生育之功이라. 二ㅣ 得中居柔而與初라 故로 能復 生稊而无過極之失하니 无所不利也라. 在大過엔 陽爻ㅣ 居陰則善하 니 二與四ㅣ 是也라. 二不言吉은 方言无所不利하니 未遽至吉也라. 稊는 根也니 劉琨勸進表에 云生繁華於枯荑라하니 謂枯根也요 鄭玄 易에 亦作荑字하니 與稊로 同이라.

　'버들(楊)'은 양기를 쉽게 느끼는 물건으로 양이 지나치면 마를 것이나, 버들이 말랐는데 다시 뿌리가 나니, 양이 지나쳤지만 극에까지 이르지는 않은 것이다. 「구이」가 양이 지나친 것이나 「초육」과 더부니, '늙은 지아비가 젊은 처를 얻는' 상이고, 늙은 지아비가 젊은 처를 얻으면 낳고 기르는 공을 이룰 수 있다.

「구이」가 득중하고 유한 자리에 거처해서 「초육」과 더불기 때문에, 다시 뿌리가 나서 지나침이 극도에 달하는 잘못을 없게 할 수 있으니 이롭지 않음이 없다. 「대과괘」에 있어서는 양효가 음자리에 있으면 좋으니, 「구이」와 「구사」가 이런 것이다.

「구이」에 길하다고 말하지 않은 것은, 방금 '이롭지 않음이 없다'고 말했으니, 길한 데까지 이르지는 않은 것이다. '제(稊)'는 뿌리다. <유곤>이 『권진표』에 말하기를 "마른 뿌리에 무성한 꽃이 핀다"고 하였으니, 마른 뿌리를 말한 것이고, <정현>의 『주역주:周易注』에 또한 '제(荑)'자를 썼으니, '제(稊)'자와 같은 것이다.

※ 유곤(劉琨) : 「진(晉)나라」 <혜제(惠帝)> 때의 「위창:魏昌」 사람. 자는 월석(越石).

【本義】陽過之始而比初陰이라 故로 其象占이 如此라. 稊는 根也니 榮於下者也라. 榮於下則生於上矣니 夫雖老나 而得女妻면 猶能成生育之功也라.

양이 지나친 처음이고, 음인 「초육」과 가깝기 때문에 그 상과 점이 이와 같다. '제(稊)'는 뿌리니, 아래에서 우거지는 것이다. 아래에서 우거지면 위에서 생겨나니, 비록 늙은 지아비지만 젊은 아내를 얻으면 생육하는 공을 이룰 수 있는 것이다.

※ 榮 : 우거질 영.

象曰 老夫女妻는 過以相與也ㅣ라.

◉ 상에 말하기를 '늙은 지아비가 젊은 아내를 얻는 것'은, 지나침으로써 서로 더부는 것이다.

【傳】老夫之說少女와 少女之順老夫는 其相與ㅣ 過於常分이니 謂九二初六陰陽相與之和ㅣ 過於常也라.

늙은 지아비가 젊은 여자를 즐거워함과, 젊은 여자가 늙은 지아비에게 순종함은, 그 서로 더불음이 보통의 분수에 지나친 것이므로, 「구이」와 「초육」의 음양이 서로 더불어 화합함이, 상리(常理)에 지나침을 말한 것이다.

九三은 棟이 橈ㅣ니 凶하니라.

● 구삼은 기둥이 흔들리니, 흉하니라.

以剛居剛 不勝其重

【傳】夫居大過之時하야 興大過之功과 立大過之事는 非剛柔ㅣ 得中하야 取於人以自輔則不能也라. 旣過於剛强則不能與人同하니 常常之功도 尚不能獨立이온 況大過之事乎아. 以聖人之才로 雖小事라도 必取於人이어늘 當天下之大任이니 則可知矣라.

「대과」의 때에 거처해서 크게 뛰어난 공을 일으킴과, 크게 뛰어난 일을 세움은, 강유가 중도를 얻어서 사람을 얻음으로써 스스로를 돕지 못하면 할 수 없다. 이미 강함이 지나치면 사람과 더불어 같이 할 수 없으니, 보통의 공도 오히려 홀로 세울 수 없는데 하물며 크게 지나친 일이랴? 성인의 재주로도, 비록 작은 일이라도 반드시 사람의 도움을 받거늘, 천하의 큰 소임을 맡았으니 (감당하지 못할 것을) 알 수 있다.

九三은 以大過之陽으로 復以剛自居而不得中하니 剛過之甚者也라. 以過甚之剛으로 動則違於中和而拂於衆心하니 安能當大過之任乎아. 故로 不勝其任이 如棟之橈하야 傾敗其室이니 是以凶也라. 取棟爲象者는 以其无輔而不能勝重任也라. 或曰三이 巽體而應於上하니 豈无用柔之象乎아. 曰言易者는 貴乎識勢之重輕과 時之變易이라. 三居過而用剛하고 巽旣終而且變하니 豈復有用柔之義리오. 應者는 謂志相從也니 三이 方過剛이어늘 上能繫其志乎아.

「구삼」은 「대과」의 양으로, 다시 강한 자리에 스스로 거처하면서 중을 얻지 못했으니, 강의 지나침이 심한 자이다. 지나침이 심한 강으로써 움직이면 중화(中和)에 어긋나고 대중의 마음에 어긋나게 되니, 어떻게 「대과」의 소임을 감당하겠는가? 그렇기 때문에 그 소임을 이기지 못함이, 기둥이 흔들려서 집이 기울어지고 무너지는 것과 같으므로 흉하다. 기둥을 취해서 상을 삼은 것은, 돕는 이가 없어서 무거운 책임을 이길 수 없기 때문이다.

혹자가 말하기를 "「구삼」이 「손체: ☴」이고 위로 「상육」과 응하니, 어찌 유를 쓰는 상이 없다고 하겠습니까?" 대답하기를 "역을 말하는 사람은 형세의 무겁고 가벼움과, 때의 변하고 바뀜을 아는 것이 귀중하다. 「구삼」이 「대과에 거처해서 강을 쓰고, 「손체」가 이미 극에 달해서 또 변하니, 어떻게 다시 유를 쓰는 뜻이 있겠는가? 응한다는 것은 뜻이 서로 따르는 것을 말하니, 「구삼」이 지금 지나치게 강한데, 「상육」이 그 뜻을 붙잡아 맬 수 있겠는가?"

【本義】三四二爻ㅣ 居卦之中하니 棟之象也라. 九三이 以剛居剛하야 不勝其重이라 故로 象橈而占凶이라.

「구삼」과 「구사」의 두 효가 괘의 가운 데 있으니 기둥의 상이다. 「구삼」이 강으로써 강한 자리에 거처해서 그 무거움을 이기지 못하기 때문에, 상은 흔들리는 것이고 점은 흉하다.

象曰 棟橈之凶은 不可以有輔也일새라.
◉ 상에 말하기를 '기둥이 흔들려서 흉함'은, 돕는 것이 있을 수 없기 때문이다.

【傳】剛强之過則不能取於人하고 人亦不能親輔之하니 如棟이 橈折하야 不可支輔也라. 棟은 當室之中하야 不可加助하니 是不可以有輔也라.

강한 것이 지나치면 사람을 취할 수 없고, 사람들 또한 친하고 도울 수 없으니, 기둥이 흔들리고 부러져서 지탱하고 도울 수 없는 것과 같다. 기둥은 집 가운 데 있어서 보조하는 것을 세울 수 없으니, 이것이 돕는 것이 있을 수 없다는 것이다.

※ 能 : '肯'자로 되어 있는 판본도 있다.

九四는 棟隆이니 吉커니와 有它ㅣ면 吝하리라.

● 구사는 기둥이 높아짐이니 길하거니와, 다른 것을 두면 인색하리라.

以陽居陰 過而不過

【傳】四居近君之位하니 當大過之任者也요 居柔하니 爲能用柔相濟라. 旣不過剛則能勝其任하야 如棟之隆起하니 是以吉也라. 隆起는 取不下橈之義라. 大過之時엔 非陽剛이면 不能濟요 以剛處柔하니 爲得宜矣어니와 若又與初六之陰으로 相應則過也라. 旣剛柔ㅣ 得宜而志復應陰이면 是有它也니 有它則有累於剛하야 雖未至於大害나 亦可吝也리라. 蓋大過之時엔 動則過也라. 有它는 謂更有它志요 吝은 爲不足之義니 謂可少也라.

「구사」가 인군 가까운 자리에 거처하니 「대과」의 소임을 맡은 사람이고, 유한 자리에 거처하니 부드러움을 써서 서로 구제하는 것이 된다. 이미 지나치게 강하지 않으면 그 소임을 이길 수 있어서, 기둥이 높이 솟은 것 같으므로 길하다. '높이 솟았다'는 아래가 흔들리지 않는 뜻을 취한 것이다.

「대과」의 때에는 양강한 것이 아니면 구제하지 못하고, 강으로써 유자리에 거처하니 마땅함을 얻음이 되나, 만약 또 「초육」의 음과 서로 응하면 지나친 것이다. 이미 강유가 마땅함을 얻었는데 뜻이 다시 음과 응하면, 이것은 '다른 것을 둠(有它)'이니, 다른 것을 두면 강한 것에 누가 되어 비록 크게 해로운 데는 이르지 않으나 또한 인색할 것이다. 대개 「대과」의 때에는 움직이면 지나친 것이다. '다른 것을 둠'은 다시 다른 뜻을 둠을 말하고, '인색하다'는 것은 부족하다는 뜻이 되니, 적다는 말이다.

※ 取: '兼取'로 되어 있는 판본도 있다.

或曰二比初則无不利어늘 四若應初則爲吝은 何也오. 曰二得中而比於初하니 爲以柔相濟之義나 四與初는 爲正應이니 志相繫者也라. 九旣居四하니 剛柔ㅣ 得宜矣어늘 復牽繫於陰하야 以害其剛則可吝也라.

혹자가 묻기를 "「구이」가 「초육」과 가까이하면 이롭지 않음이 없는데, 「구사」가 만약 「초육」과 응하면 인색하게 됨은 어째서입니까?" 대답하기를 "「구이」는 득중하면서 「초육」과 가까우니, 부드러움(柔)으로써 서로 구제해 나가는 뜻이 되나, 「구사」와 「초육」은 정응이 되니, 뜻이 서로 매이는 것이다. 구(陽)가 사효자리에 거처하니 강유가 마땅함을 얻는 것인데, 다시 음에게 끌리고 매여서 그 강한 것을 해치면 인색하다고 할 수 있다."

【本義】以陽居陰하니 過而不過라 故로 其象이 隆而占吉이라. 然이나 下應初六하야 以柔濟之則過於柔矣라 故로 又戒以有它則吝也라.

양으로써 음자리에 거처하니 「대과」이면서 지나치지 않기 때문에, 그 상이 높아짐이 되고, 점은 길한 것이다. 그러나 아래로 「초육」에 응해서 부드러움(柔)으로써 다스리면 부드러움이 지나치기 때문에, 또한 '다른 것을 두면 인색하다'고 경계하였다.

象曰 棟隆之吉은 不橈乎下也일새라.
● 상에 말하기를 '기둥이 높아져서 길하다'는 것은, 아래에서 흔들리지 않기 때문이다.

【傳】棟이 隆起則吉은 不橈曲以就下也니 謂不下繫於初也라.

기둥이 높이 솟아서 길한 것은, 흔들리고 왜곡됨으로써 아래로 나아가지 않는 것이니, 아래로 「초육」에 매이지 않음을 말한다.

九五는 枯楊이 生華하며 老婦ㅣ 得其士夫ㅣ니 无咎ㅣ나 无譽리라.
● 구오는 마른 버들이 꽃을 피우며 늙은 지어미가 젊은 지아비를 얻음이니, 허물이 없으나 명예도 없으리라.

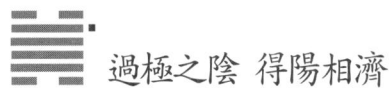
過極之陰 得陽相濟

【傳】九五ㅣ 當大過之時하야 本以中正으로 居尊位나 然이나 下无應助하니 固不能成大過之功而上比過極之陰하야 其所相濟者ㅣ 如枯楊之生華라. 枯楊이 下生根稊則能復生하니 如大過之陽이 興成事功也어니와 上生華秀면 雖有所發이나 无益於枯也라.

「구오」가 「대과」의 때를 당해서 본래 중정함으로써 높은 자리에 거처하나, 아래로 응해서 돕는 이가 없으니 「대과」의 공을 이룰 수 없고, 위로 지나침이 극에 달한 음을 가까이해서 서로 구제하는 것이 '마른 버들이 꽃을 피움'과 같다. 마른 버들이 아래로 뿌리를 뻗으면 다시 살아날 수 있으니, 「대과」의 양이 일과 공을 일으켜 이루는 것과 같으나, 위로 꽃이 피면 비록 피는 것은 있으나 말라 죽는 데는 도움이 되지 않는다.

上六은 過極之陰으로 老婦也요 五雖非少나 比老婦則爲壯矣니 於五에 无所賴也라 故로 反稱婦得이라. 過極之陰이 得陽之相濟하니 不爲无益也로대 以士夫而得老婦하니 雖无罪咎나 殊非美也라 故로 云无咎无譽라하고 象에 復言其可醜也라하니라.

「상육」은 지나침이 극에 달한 음으로 늙은 지어미고, 「구오」가 비록 젊지 않으나 늙은 지어미에 비하면 장년이니, 「구오」에게는 힘될 것이 없기 때문에 도리어 '지어미가 얻었다'고 했다.

지나침이 극에 달한 음이 양을 얻어 서로 구제해 나가니, 이익이 없지는 않으나, 젊은 지아비로써 늙은 지어미를 얻으니, 비록 죄와 허물은 없으나 남달리 아름다운 일은 아니기 때문에, '허물이 없으나 명예도 없다(无咎无譽)'고 하고, 상에 다시 '추한 것이다'고 하였다.

※ 壯矣 : '壯夫' 또는 '士夫'로 되어 있는 판본도 있다.

【本義】九五는 陽過之極이어늘 又比過極之陰이라 故로 其象占이 皆與二反이라.

「구오」는 양의 지나침이 극도에 달했는데, 또한 지나치게 극한 음을 가까이 하기 때문에, 그 상과 점이 다 「구이」와는 반대다.

象曰 枯楊生華ㅣ 何可久也ㅣ며 老婦士夫ㅣ 亦可醜也로다.

◉ 상에 말하기를 '마른 버들이 꽃을 핀 것'이 어찌 오래갈 수 있으며, '늙은 지어미와 젊은 지아비'도 또한 추한 것이다.

【傳】枯楊이 不生根而生華면 旋復枯矣니 安能久乎며 老婦而得士夫하니 豈能成生育之功이리오. 亦爲可醜也라.

마른 버들이 뿌리를 뻗지 않고 꽃을 피면 바로 다시 마를 것이니, 어찌 오래 갈 수 있으며, 늙은 지어미가 젊은 지아비를 얻으니, 어떻게 낳고 기르는 공을 이룰 수 있으랴? 또한 추함이 된다.

上六은 過涉滅頂이라. 凶하니 无咎하니라.
◉ [정자] 상육은 지나치게 건너다 이마를 멸함이라. 흉하니 허물할 데 없느니라.
◉ [주자] 상육은 지나치게 건너다 이마를 멸하니, 흉하나 허물이 없느니라.

 以陰處極 過常越理

【傳】上六이 以陰柔로 處過極하니 是小人이 過常之極者也라. 小人之所謂大過는 非能爲大過人之事也요 直過常越理하야 不恤危亡하고 履險陷禍而已니 如過涉於水라가 至滅沒其頂이라. 其凶을 可知며 小人이 狂躁以自禍는 蓋其宜也니 復將何尤리오. 故로 曰无咎라하니 言自爲之하야 无所怨咎也라. 因澤之象而取涉義라.

「상육」이 음유함으로써 지나침이 극한 데에 거처하니, 이것은 소인이 상도를 지나침이 극한 사람이다. 소인이 크게 지나치다고 함은, 보통 사람보다 크게 지나친 일을 할 수 있다는 뜻이 아니고, 바로 상도(常道)를 지나치고 이치에 벗어나서, 위태하고 망할 것을 생각지 않고 험한 곳을 밟고 화환(禍患)에 빠질 뿐이니, 물을 지나치게 건너다가 그 이마까지 빠지는 것과 같다. 그 흉함을 알 수 있으며, 소인이 광란스럽고 조급하게 해서 스스로 화를 부르는 것은 당연한 것이니, 다시 장차 무엇을 허물하겠는가? 그렇기 때문에 '허물할 데 없다(无咎)'고 한 것이니, 스스로 한 짓이어서 원망하고 허물할 데 없다는 말이다. 못(澤)의 상으로 인해서 건넌다는 뜻을 취한 것이다.

【本義】處過極之地하야 才弱하니 不足以濟라. 然이나 於義에 爲无咎矣니 蓋殺身成仁之事라. 故로 其象占이 如此라.

지나침이 극한 자리에 처해서 재질이 약하니 극복할 수가 없다. 그러나 의리에는 '허물이 없음(无咎)'이 되니, 살신성인하는 일이다. 그러므로 그 상과 점이 이와 같다.

象曰 過涉之凶은 不可咎也ㅣ니라.

- [정자] 상에 말하길 '과섭지흉'은 허물할 데가 없느니라.
- [주자] 상에 말하길 '과섭지흉'은 허물할 수가 없느니라.

【傳】過涉至溺은 乃自爲之니 不可以有咎也라. 言无所怨咎라.

지나치게 건너다가 빠지게 됨은 스스로 한 짓이니, 허물할 수 없다. 원망하고 허물할 데가 없다는 말이다.

坎上 坎下 重水坎(29)
중 수 감

【傳】習坎은 序卦에 物不可以終過ㅣ라 故로 受之以坎하고 坎者는 陷也라하니, 理无過而不已요 過極則必陷이니 坎所以次大過也라.

「습감:☵」은 「서괘전」에 "물건이 끝내 지나칠 수 만은 없기 때문에 「감괘」로써 받고 감은 빠지는 것이라"고 하니, 이치가 지나치면 그치지 않는 것이 없고, 지나침이 극에 달하면 반드시 빠지게 되니, 「감괘」가 「대과괘:☱」의 다음에 있는 것이다.

習은 謂重習이라. 他卦는 雖重이라도 不加其名이어늘 獨坎에 加習者는 見其重險으로 險中에 復有險이니 其義ㅣ大也라. 卦ㅣ中一陽에 上下二陰으로 陽實陰虛하니 上下无據하야 一陽이 陷於二陰之中이라 故로 爲坎陷之義니 陽居陰中則爲陷이요 陰居陽中則爲麗라. 凡陽에 在上者는 止之象이요 在中은 陷之象이요 在下는 動之象이며 陰에 在上은 說之象이요 在中은 麗之象이요 在下는 巽之象이니 陷則爲險이라.

'습(習)'은 거듭하는 것이다. 다른 괘는 비록 거듭되었더라도 이름에 덧붙이지 않았는데, 유독 「감괘」에만 '습'자를 붙인 것은, 거듭 험함을 나타낸 것으로, 험한 가운데 다시 험한 것이 있으니 그 의의가 크다. 괘(☵)가 가운데 양이 하나 있고 위와 아래에 음이 둘 있어, 양은 실하고 음은 허하니, 위와 아래에 의거할 것이 없어서 한 양이 두 음 가운데 빠졌기 때문에 구덩이와 빠지는 뜻이 된다. 양이 음 가운데 있으면(☵) 빠지는 것이 되고, 음이 양 가운데 있으면(☲) 걸리는 것이 된다.

양이 위에 있는 것(☶)은 그치는 상이고, 가운데 있는 것(☵)은 빠지는 상이며, 아래에 있는 것(☳)은 움직이는 상이다. 음이 위에 있는 것(☱)은 기뻐하는 상이고, 가운데 있는 것(☲)은 걸리는 상이며, 아래에 있는 것(☴)은 공손한 상이 되니,

빠지면 험하게 된다.

習은 重也니 如學習溫習은 皆重複之義也라. 坎는 陷也니 卦之所言은 處險難之道요 坎은 水也니 一始於中하야 有生之最先者也라 故로 爲水니 陷은 水之體也라.

'습(習)'은 거듭한다는 것이니, 학습(學習)이나 온습(溫習)과 같은 것은 다 거듭한다는 뜻이다. 「감」은 빠지는 것이니, 괘에 말한 것은 험하고 어려운 데 처하는 도리이고, 「감☵」은 물이니, 한 양이 가운데서 시작하여 생긴 것 중에 제일 앞선 것이기 때문에 물이 되니, '빠지는 것(陷)'은 물의 본체이다.

　※ 陷 : '險'자로 되어 있는 판본도 있다.
　※ 一始於中 : 「상하편의」에는 "「진☳」은 아래에서 생기고, 「감☵」은 중간에서 시작한다(震은 生於下也요 坎은 始於中也)"로 되어 있다.
　※ 隆山李氏曰 …坎離는 則天地之中也라. 坎은 居正北하니 於時에 爲子爲夜之中이요 離는 居正南하니 於時에 爲午爲日之中이라. 夜之中而一陽이 生焉이라 故로 坎之三劃에 一陽이 居中이요 日之中而一陰이 生焉이라 故로 離之三劃에 一陰이 居中이니 天地陰陽之中이라…
　　: <융산이씨>가 말하길 "…「감」과 「리」는 천지의 중심이다. 「감」은 정북에 거처하니, 때로는 '자(子)'가 되고 한 밤중이 되며, 「리」는 정남에 거처하니, 때로는 '오(午)'가 되고 한 낮이 된다. 한 밤중에 양이 생기므로 「감」의 세 획에 양이 가운데 있고, 한 낮에 음이 생기므로 「리」의 세 획에 음이 가운데 있으니, 천지와 음양의 중심이 되는 것이다.…"

習坎은 有孚하야 維心亨이니 行하면 有尙이리라.
◉ 습감은 믿음이 있어서 오직 마음이 형통하니, 행하면 가상함이 있을 것이다.

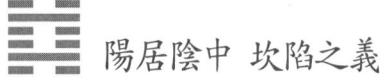 陽居陰中 坎陷之義

【傳】陽實이 在中하니 爲中有孚信이라. 維心亨은 維其心이 誠一이라 故로 能亨通이니 至誠이면 可以通金石蹈水火어늘 何險難之不可亨也리오. 行有尙은 謂以誠一而行則能出險하야 有可嘉尙이니 謂有功也요

不行則常在險中矣라.

　실한 양이 가운 데(中)에 있으니, 중심에 믿음이 있음이 된다. '오직 마음이 형통하다(維心亨)'고 함은, 오직 그 마음이 성실하고 한결같기 때문에 형통할 수 있는 것이니, 지성이면 쇠와 돌도 통하고 물과 불도 밟을 수 있는데, 어찌 험난하여 형통하지 못하겠는가? '행하면 가상함이 있다(行有尙)'는 것은, 정성으로 한결같이 행하면 험한 데서 나올 수 있어서 가상함이 있게 되는 것이니, 공이 있다는 말이고, 행하지 않으면 항상 험한 가운데 있게 된다.

【本義】習은 重習也라. 坎은 險陷也니 其象이 爲水요 陽陷陰中하니 外虛而中實也라. 此卦ㅣ 上下皆坎이니 是爲重險이요 中實이 爲有孚心亨之象이니 以是而行이면 必有功矣라 故로 其占이 如此라.

　'습(習)'은 거듭함이다. '감(坎)'은 험하고 빠지는 것이니 그 상이 물이 되고, 양이 음 가운데 빠지니 바깥은 허하고 가운 데는 실하다. 이 괘가 위와 아래가 다「감☵」이니, 이것이 거듭 험함이 되고, 가운 데가 실한 것은 믿음이 있어 마음이 형통하는 상이 되니, 이것으로써 행하면 반드시 공이 있기 때문에, 그 점이 이와 같다.

彖曰 習坎은 重險也ㅣ니
◉ 단에 말하기를 '습감'은 거듭 험한 것이니

【本義】釋卦名義라.

　괘의 이름과 뜻을 풀이한 것이다.

水ㅣ 流而不盈하며 行險而不失其信이니
◉ 물이 흘러서 차지 않으며, 험한 데를 가도 그 믿음을 잃지 않으니,

【傳】習坎者는 謂重險也니 上下ㅣ 皆坎으로 兩險이 相重也라. 初六

에 云坎窞은 是坎中之坎이니 重險也라. 水流而不盈은 陽動於險中而未出於險이요 乃水性之流行而未盈於坎이니 旣盈則出乎坎矣라. 行險而不失其信은 剛陽中實하야 居險之中하니 行險而不失其信者也라. 坎은 中實하고 水는 就下하니 皆爲信義有孚也라.

'습감(☵)'은 거듭 험한 것(☵)을 말하니, 위와 아래가 다 「감:☵」으로, 두 험한 것이 서로 겹친 것이다. 「초육」에 '험한 구덩이(坎窞)'라고 한 것은, 험한 가운데 험한 것이니 거듭 험한 것이다. '물이 흘러서 차지 않는다'는 것은 양이 험한 가운데 움직였으나 아직 험한 데서 나오지 못한 것이고, 물이 흘러 행하여 구덩이를 채우지 못한 것이니, 이미 찼다면 구덩이에서 나올 것이다.

'험한 데를 가도 그 믿음을 잃지 않는다(行險而不失其信)'는 것은 강양(剛陽)이 중(中)이 실해서 험한 가운데 거처하니, 험한 데를 가도 그 믿음을 잃지 않는 것이다. 「감」은 중실하고 물은 아래로 흘러가니, 다 신의와 믿음이 있는 것이 된다.

※ 窞 : 구덩이 담.

【本義】以卦象으로 釋有孚之義니 言內實而行有常也라.

괘상으로써 '믿음이 있다(有孚)'는 뜻을 풀이했으니, 안이 실해서 행함에 항상함이 있음을 말한 것이다.

維心亨은 乃以剛中也ㅣ오
◉ '오직 마음이 형통하다'는 것은, 강하고 가운 데하기 때문이고,

【傳】維其心이 可以亨通者는 乃以其剛中也니 中實이 爲有孚之象이라. 至誠之道ㅣ 何所不通이리오. 以剛中之道而行則可以濟險難而亨通也라.

오직 그 마음이 형통할 수 있는 것은 강중(剛中)하기 때문이니, 가운 데가 실한 것이 믿음이 있는 상이 된다. 지성의 도가 무엇인들 통하지 않겠는가? 강중한 도로써 행하면 험난한 것을 건너서 형통할 수 있다.

※ 通 : '亨'자로 되어 있는 판본도 있다.

> 行有尙은 往有功也ㅣ라.
> ◉ '행하면 가상함이 있다'는 가면 공이 있는 것이다.

【傳】以其剛中之才로 而往則有功이라 故로 可嘉尙이라. 若止而不行則常在險中矣니 坎은 以能行으로 爲功이라.

강중한 재주로써 일을 하면 공이 있기 때문에, 가상스러울 수 있는 것이다. 만약 그쳐서 행하지 않으면 항상 험한 가운데 있게 되니, 「감」은 행할 수 있는 것으로써 공을 삼는다.

※ 矣 : '也'자로 되어 있는 판본도 있다.

【本義】以剛在中이 心亨之象이니 如是而往이면 必有功也라.

강으로써 중(中)에 있는 것이 마음이 형통하는 상이니, 이와 같이해서 가면 반드시 공이 있다.

> 天險은 不可升也ㅣ오 地險은 山川丘陵也ㅣ니 王公이 設險하야 以守其國하나니 險之時用이 大矣哉라.
> ◉ 하늘의 험한 것은 오를 수 없고, 땅의 험한 것은 산과 내와 언덕이니, 왕공이 험한 것을 설치해서 그 나라를 지키나니, 험한 것의 때와 씀이 크도다.

【傳】高不可升者는 天之險也요 山川丘陵은 地之險也니 王公君人者ㅣ 觀坎之象하야 知險之不可陵也라 故로 設爲城郭溝池之險하야 以守其國하며 保其民人하니 是有用險之時라. 其用이 甚大라 故로 贊其大矣哉라. 山河城池는 設險之大端也요 若夫尊卑之辨과 貴賤之分에 明等威하고 異物采하야 凡所以杜絶陵僭하며 限隔上下者는 皆體險之用也라.

높아서 오를 수 없는 것은 하늘의 험함이고, 산과 내와 언덕은 땅의 험함이다. 왕공(王公)과 인군이 「감괘」의 상을 관찰해서, 험한 것은 능멸할 수 없다는 것을 알기 때문에, 성곽과 도랑 및 못과 같은 험한 것을 설치해서 나라를 지키고 백성들을 보호하니, 이것은 험함을 쓸 때가 있는 것이다. 그 쓰임이 매우 크기 때문에, 그 큼을 찬탄한 것이다. 산하(山河)와 성지(城池)는 험한 것을 설치하는 큰 사례이고, 존비(尊卑)의 분별과 귀천의 분별에 등급과 위엄을 밝게하고 물건의 색채를 다르게 해서, 능멸하고 참칭(僭稱)하는 것을 막으며 상하에 한계를 두어 막는 것은, 다 험한 것의 씀을 본받은 것이다.

【本義】極言之而贊其大也라.

극도로 말해서 험한 것의 큼을 찬탄한 것이다.

> 象曰 水ㅣ洊至ㅣ 習坎이니 君子ㅣ 以하야 常德行하며 習敎事하나니라.
>
> ● 상에 말하기를 물이 거듭 이르는 것이 습감이니, 군자가 본받아서 덕행을 항상하게 하고, 가르치는 일을 계속하느니라.

【傳】坎爲水요 水流면 仍洊而至하니 兩坎相習은 水流仍洊之象也라. 水自涓滴으로 至於尋丈하고 至於江海하야 洊習而不驟者也니 其因勢就下ㅣ 信而有常이라. 故로 君子ㅣ 觀坎水之象하야 取其有常則常久其德行이니 人之德行이 不常則僞也라 故로 當如水之有常이요 取其洊習相受하야 則以習熟其敎令之事니 夫發政行敎는 必使民으로 熟於聞聽然後에 能從이라 故로 三令五申之하나니 若驟告未喩어늘 遽責其從이면 雖嚴刑以驅之라도 不能也라 故로 當如水之洊習이라.

「감」은 물이 되고, 물이 흐르면 거듭거듭 이르게 되니, 두 「감」이 서로 거듭 함은 물이 흘러 거듭되는 상이다. 물이 한 방울 떨어지는 것으로부터 심(尋)과 장(丈)에 이르고 강과 바다에 이르러서, 거듭되고 거듭되서 갑작스럽게 빨리가지 않으니, 그 형세를 따라 아래로 흘러가는 것이 미덥고 항상함이 있다. 그러므로 군자가 「감수」의 상을 관찰해서, 항상함이 있음을 취해서는 덕행을 항상하고 오래도록 하는 것이니, 사람의 덕행이 항상하지 못하면 거짓이기 때문에, 마땅히 물이 항상함이 있는 것처럼 하는 것이며, 물의 거듭거듭 서로 받는 것을 본받아서는 가르치고 명령하는 일을 거듭 익히니, 정치를 발하고 가르침을 행함은 반드시 백성으로 하여금 익히 들어서 알게해야 따라 올 수 있기 때문에, 세 번 명령하고 다섯 번 밝힌다. 만약 갑작스럽게 알려 미쳐 깨닫지 못했는데, 바로 따르지 않는다고 책벌을 하면, 비록 엄한 형벌로 몰아가더라도 쫓아올 수 없기 때문에, 마땅히 물이 거듭거듭 이르는 것과 같이 해야 할 것이다.

※ 심(尋) : 7척(尺) 또는 8척으로 두 팔을 벌린 길이.
　 장(丈) : 10尺으로 사람의 키(길)에 해당한다.
※ 驟 : 갑자기 취.　　※ 驟 : '讓'자로 되어 있는 판본도 있다.
※ 之 : '之'자가 없는 판본도 있다.

【本義】治己治人이 皆必重習然後에야 熟而安之라.
　자기를 다스리고 사람을 다스림이, 다 반드시 거듭 익힌 뒤에야 익숙해서 편안하다.

初六은 習坎애 入于坎窞이니 凶하니라.
● 초육은 습감에 험한 구덩이로 들어감이니, 흉하니라.
☵. 重險之下 其陷益甚

【傳】初以陰柔로 居坎險之下하야 柔弱无援而處不得當하니 非能出乎險也요 唯益陷於深險耳라. 窞은 坎中之陷處니 已在習坎中이어늘 更入坎窞하니 其凶을 可知라.
「초육」이 음유함으로써 험한 「감☵」의 밑에 거처해서, 유약하고 응원이 없으면서 거처가 마땅함을 얻지 못하니, 험한 데서 나올 수 있는 것이 아니고, 오직 더욱

깊고 험한 데로 빠질 뿐이다. '담(窞)'은 구덩이 중에서 빠지는 곳이니, 이미 거듭된 구덩이 속에 있는데, 다시 험한 구덩이로 들어갔으니 그 흉함을 알 만하다.

※ 柔: '柔'자가 없는 판본도 있다.

【本義】以陰柔로 居重險之下하니 其陷이 益深이라 故로 其象占이 如此라.

음유함으로써 거듭 험한 것의 아래에 거처하니, 그 빠짐이 더욱 심해질 것이기 때문에, 그 상과 점이 이와 같다.

> 象曰 習坎入坎은 失道ㅣ라 凶也ㅣ라.
> ◉ 상에 말하기를 '습감에 구덩이에 들어감'은, 길(道)을 잃은 것이니 흉하다.

【傳】由習坎而更入坎窞은 失道也니 是以로 凶이라. 能出於險이면 乃不失道也라.

거듭된 구덩이에서 다시 험한 구덩이로 들어감은 길을 잃은 것이므로 흉하다. 험한 데서 나올 수 있으면, 길을 잃은 것이 아니다.

> 九二는 坎애 有險하나 求를 小得하리라.
> ◉ 구이는 감에 험함이 있으나, 구하는 것을 조금 얻으리라.
> ䷜ 剛則才足 中則不失

【傳】二當坎險之時하야 陷上下二陰之中하니 乃至險之地로 是有險也라. 然이나 其剛中之才로 雖未能出乎險中이라도 亦可小自濟하야 不至如初ㅣ 益陷入于深險이니 是ㅣ 所求를 小得也라. 君子ㅣ 處險難而能自保者는 剛中而已니 剛則才足自衛요 中則動不失宜라.

「구이」가 「감」의 험한 때를 당해서 위와 아래의 두 음 사이에 빠졌으니, 지극히 험한 처지이므로, 이것은 '험함이 있는(有險)' 것이다. 그러나 「구이」가 강중한 재주로, 비록 험한 데서 나오지는 못했으나, 또한 조금은 스스로 구제해서 「초육」처럼 더욱 깊고 험한 데로 빠지지는 않을 것이니, 이것이 '구하는 것을 조금 얻음'이다. 군자가 험난한 데 거처해서 스스로를 보전할 수 있는 것은 강하고 중도로 하는 것 뿐이니, 강하면 재주가 스스로를 방위할 수 있고, 중도로 하면 움직임에 마땅함을 잃지 않을 것이다.

【本義】處重險之中하야 未能自出이라 故로 爲有險之象이라. 然이나 剛而得中이라 故로 其占이 可以求小得也라.

거듭 험한 데에 거처해서 스스로 나올 수 없기 때문에, '험함이 있는(有險)' 상이 된다. 그러나 강하면서 득중했기 때문에, 그 점이 구하는 것을 조금 얻을 수 있다.

象曰 求小得은 未出中也일새라.
◉ 상에 말하기를 '구하는 것을 조금 얻는다'는 것은, 가운 데서 나오지 못하기 때문이다.

【傳】方爲二陰所陷하야 在險之地로대 以剛中之才로 不至陷於深險하니 是所求小得이라. 然이나 未能出坎中之險也라.

방금 두 음의 빠진 바가 되어 험한 처지에 있으나, 강중한 재주로써 깊고 험한 데는 빠지지 않으니, 이것이 구하는 것을 조금 얻는 것이다. 그러나 구덩이 속의 험한 곳을 나올 수는 없다.

六三은 來之애 坎坎하며 險애 且枕하야 入于坎窞이니 勿用이니라.

◉ [정자] 육삼은 오고 감에 구덩이와 구덩이며, 험한 것에 또 베개하여 험한 구덩이로 들어가니, 쓰지 말 것이니라.
◉ [주자] 육삼은 오고 감에 구덩이와 구덩이며, 험하고 또 험한 것을 베개하여 험한 구덩이로

들어가니, 쓰지 말 것이니라.

☵ 前險後枕 其陷益甚

【傳】六三이 在坎陷之時하야 以陰柔而居不中正하니 其處ㅣ 不善하야 進退與居에 皆不可者也라. 來下則入于險之中하고 之上則重險也니 退來與進之에 皆險이라 故로 云來之坎坎이라하니 旣進退皆險而居亦險이라. 枕은 謂支倚니 居險而支倚는 以處ㅣ 不安之甚也라. 所處ㅣ 如此하니 唯益入於深險耳라 故로 云入于坎窞이라. 如三所處之道면 不可用也라 故로 戒勿用이라.

「육삼」이 「감」의 빠지는 때에 있어서, 음유한데다 거처함이 중정하지 못하니, 처신함을 잘하지 못해서 진퇴와 거처가 다 옳지 못한 사람이다. 아래로 오면 험한 가운데로 들어가고, 위로 가면 험한 것이 거듭되니, 물러나옴과 나아감에 다 험하기 때문에, '오고 감에 구덩이와 구덩이(來之坎坎)'라고 하였으니, 이미 진퇴가 다 험하고 거처하는 자리도 또한 험한 것이다. '베개(枕)'는 의지하는 것이니, 험한 데 거처하며 의지하는 것은 거처가 매우 불안하기 때문이다. 처하는 바가 이와 같으니, 더욱 깊고 험한 데로 빠질 뿐이므로, '험한 구덩이로 들어간다(入于坎窞)'고 한 것이다. 「육삼」이 처하는 도리 대로 한다면 쓸 수 없기 때문에, '쓰지 말라(勿用)'고 경계한 것이다.

※ 陷 : '險'자로 되어 있는 판본도 있다.   之道 : '之道'자가 없는 판본도 있다.

【本義】以陰柔不中而履重險之間하야 來往이 皆險하고 前險而後枕하야 其陷이 益深하니 不可用也라 故로 其象占이 如此라. 枕은 倚著未安之意라.

음유하고 부중(不中)함으로써 거듭 험한 것의 사이(上坎과 下坎사이)를 밟고 있어서, 오고 감에 다 험하고, 앞도 험하고 뒤도 (험한 것을) 베개해서, 그 빠지는 것이 더욱 깊어 쓸 수 없는 까닭에, 그 상과 점이 이와 같다. '베개했다(枕)'는 것은 의지해서 베개해도 편안치 못하다는 뜻이다.

象曰 來之坎坎은 終无功也ㅣ리라.
◉ 상에 말하기를 '오고 감에 구덩이와 구덩이'라는 것은, 끝내 공이 없는 것이다.

【傳】進退皆險하고 處又不安하니 若用此道면 當益入于險이리니 終에 豈能有功乎리오. 以陰柔로 處不中正이면 雖平易之地라도 尙致悔咎온 況處險乎아. 險者는 人之所欲出也로대 必得其道라야 乃能去之니 求去而失其道면 益困窮耳라. 故로 聖人이 戒如三所處는 不可用也라.

나아가나 물러가나 다 험하고, 거처 또한 불안하니, 만약 이와 같은 도리를 쓰면 마땅히 더욱 험한 데로 들어갈 것이니, 마지막에 어찌 공이 있겠는가? 음유함으로써 거처함이 중정하지 못하면, 비록 평이한 곳이라도 오히려 뉘우치고 허물이 있을 것인데, 하물며 험한 데 거처함에랴! 험한 곳은 사람들이 빠져 나오고자 하나, 반드시 그 방도를 알아야 나올 수 있으니, 나오기를 바라면서 그 방도를 잃으면 더욱 곤궁할 뿐이다. 그러므로 성인께서 「육삼」처럼 처신함은 쓸 수 없다고 경계하신 것이다.

六四는 樽酒와 簋貳를 用缶하고 納約自牖ㅣ면 終无咎하리라.
◉ [정자] 육사는 한 동이의 술과 대그릇 둘을 질그릇으로 쓰고, 간략하게 드리되 창문으로부터 하면, 마침내 허물이 없으리라.
◉ [주자] 육사는 동이 술과 대그릇이고, 더하되 질그릇을 쓰고, 간략하게 드리되 창문으로부터 함이니, 마침내 허물이 없으리라.

臣處險道 至誠見信

【傳】六四ㅣ 陰柔而下无助하니 非能濟天下之險者로대 以其在高位라 故로 言爲臣處險之道라. 大臣이 當險難之時하야 唯至誠見信於君이면 其交ㅣ 固而不可間이요 又能開明君心則可保无咎矣리라.

「육사」가 음유하고 아래의 도움이 없으니, 천하의 험함을 구제할 수 있는 사람이 아니나, 높은 지위에 있기 때문에, 신하가 되어서 험한 데 거처하는 도리를 말한 것이다. 대신이 험난한 때를 당해서 오직 지성으로 인군에게 믿음을 얻으면, 그 사귐이 굳어서 틈이 생기지 못할 것이고, 또한 인군의 마음을 열고 밝게 할 수 있으면 보존해서 허물이 없을 것이다.

※ 矣 : '也'자로 되어 있는 판본도 있다.

夫欲上之篤信인댄 唯當盡其質實而已라. 多儀而尙飾은 莫如燕享之禮라 故로 以燕享으로 喩之하니 言當不尙浮飾이요 唯以質實이라. 所用이 一樽之酒와 二簋之食이요 復以瓦缶로 爲器하니 質之至也라. 其質實如此하고 又須納約自牖하니 納約은 謂進結於君之道요 牖는 開通之義라. 室之暗也라 故로 設牖하니 所以通明이요 自牖는 言自通明之處니 以況君心所明處라.

윗 사람의 돈독한 신임을 얻고 싶으면, 오직 마땅히 자기의 실질을 다할 뿐이다. 의식이 많고 꾸밈을 숭상하는 것은 잔치하고 제사지내는 예절 만한 것이 없기 때문에, 잔치하고 제사지내는 것으로 비유하니, 헛된 꾸밈을 숭상하지 말아야 하며 오직 실질적인 것으로 하라고 말한 것이다.

쓰는 것이 한 동이 술과 두 개의 대그릇 안주이고, 다시 질그릇으로써 받침그릇을 삼으니, 질박함이 지극한 것이다. 그 실질적인 것이 이와 같고, 또한 간략히 올림을 창문으로부터 하니, '간략히 올림(納約)'은 인군에게 사귀는 도를 말한 것이고, '창문(牖)'은 열고 통하는 뜻이다. 방이 어둡기 때문에 창문을 만드니 이로써 밝음을 통하는 것이고, '창문으로부터 한다(自牖)'는 것은 밝게 통하는 곳으로부터 한다는 말이니, 인군의 마음이 밝은 곳을 비유한 것이다.

※ 簋 : 제기 이름 궤, 서직(黍稷)을 담는 그릇, 대나무로 바깥은 둥글고 안은 네모지게 엮었다.
※ 開 : '有開'로 되어 있는 판본도 있다.
※ 況 : 비유할 황.

詩云天之牖民이 如壎如篪라하고 毛公이 訓丨 牖爲道라하니 亦開通之謂라. 人臣이 以忠信善道로 結於君心이어든 必自其所明處라야 乃能

入也라. 人心은 有所蔽하고 有所通하야 所蔽者는 暗處也요 所通者는 明處也니 當就其明處而告之하야 求信則易也라. 故로 云納約自牖니 能如是則雖艱險之時라도 終得无咎也라.

『시경』에 말하기를 "하늘의 백성을 깨우침이 질나팔과 젓대와 같다"고 했고, <모공>이 '유(牖)'자를 "인도하는 것"이라고 풀이하니, 또한 열고 통한다는 말이다. 신하가 충신(忠信)과 착한 도로써 인군의 마음을 맺으려면, 반드시 인군의 밝은 곳으로부터 해야 인군이 받아들일 수 있다. 사람의 마음은 가려진 데가 있고 통한 데가 있어서, 가려진 데는 어두운 곳이고 통한 데는 밝은 곳이니, 마땅히 밝은 곳으로부터 나아가 고해서 믿음을 구하면 쉽다. 그러므로 '간략히 올리기를 창문으로 부터하라(納約自牖)'고 한 것이니, 이와 같이 하면 비록 험난한 때라도 마침내 허물이 없게 될 것이다.

※ 『시경』「대아:大雅」의 「판:板」시에 출전.
※ 壎 : 질나팔 훈.   篪 : 젓대 지.
※ 모공(毛公) : 「한(漢)나라」때 사람. 『시고훈전:詩詁訓傳』을 지은 <모형(毛亨:大毛公)>과 『시경』을 훈고한 <모장(毛萇:小毛公)>의 두 사람을 말한다(『시고훈전』은 전해지지 않음). 특히 <모장(毛萇)>은 고문(古文:蝌蚪文字)으로 『시경』을 훈고하였으므로, 『시경』을 『모시:毛詩』라고도 한다.
※ 謂 : '義'자로 되어 있는 판본도 있다.

且如君心이 蔽於荒樂은 唯其蔽也故爾니 雖力詆其荒樂之非라도 如其不省이면 何리오. 必於所不蔽之事에 推而及之則能悟其心矣니 自古로 能諫其君者는 未有不因其所明者也라. 故로 訐直强勁者는 率多取忤하고 而溫厚明辯者는 其說이 多行이라.

또한 인군의 마음이 황락(荒樂)에 가려졌다면 오직 마음이 가리웠기 때문이니, 비록 힘써 황락(荒樂)의 그릇 됨을 들추더라도, 반성하지 않는다면 어떻게 하겠는가? 반드시 가려지지 않은 일에서부터 미루어 넓혀 나간다면 그 마음을 깨우칠 수 있으니, 예로부터 자기 인군을 잘 간하는 사람은, 인군의 밝은 곳을 말미암지 않은 이가 없다. 그러므로 직간하며 강경한 사람은 대개 거절을 당함이 많고, 온후하며 밝게 변별하는 사람은 그 말이 많이 받아졌다.

※ 황락(荒樂) : 쾌락에 빠짐.

且如漢祖는 愛戚姬하야 將易太子하니 是는 其所蔽也라. 群臣爭之者 │ 衆矣요 嫡庶之義와 長幼之序를 非不明也로대 如其蔽而不察을 何리오. 四老者는 高祖│ 素知其賢而重之하니 此其不蔽之明心也라. 故로 因其所明而及其事則悟之如反手라. 且四老人之力이 孰與張良과 群公卿及天下之士며 其言之切이 孰與周昌叔孫通이리오. 然而不從彼而從此者는 由攻其蔽與就其明之異耳라.

또한「한나라」의 <고조> 같은 이는 <척희>를 사랑해서 장차 태자를 바꾸려고 하였으니, 이것은 그 가려진 바이다. 그 일로 뭇 신하가 다툰 사람이 많았고, 적서(嫡庶)의 의리와 장유(長幼)의 차례를 밝히지 않은 것이 아니지만, 가려져서 살피지 못하는 것을 어떻게 하겠는가? <상산사호> 네 늙은이는 <고조>가 본래부터 그들의 어짊을 알아서 귀중히 여겼으니, 이것은 <고조>의 가려지지 않은 밝은 마음이다. 그러므로 그 밝은 곳을 따라서 그 일에 미치면 깨우치기가 손바닥을 뒤집는 것과 같다.

또한 네 늙은이의 힘이 <장량>이나 뭇 공경 및 천하의 선비만 할 것이며, 그 말의 간절함이 <주창>이나 <숙손통>만 하겠는가? 그러나 저들의 말을 듣지 않고 네 늙은이의 말을 들은 것은, 가려진 곳을 공격함과 밝은 곳으로부터 나아감의 차이일 뿐이다.

※ 長幼 : '少長'으로 되어 있는 판본도 있다.
※ 사로(四老) :「한(漢)나라」의 <고조> 때 세상의 어지러움을 피해「상산:商山」에 숨은 <동국공(東國公)·하황공(夏黃公)·녹리(甪里)선생·기리계(綺里季)>를 말함.「상산」에 숨은 네 백발 노인이라는 뜻으로「상산사호:商山四晧」라고도 한다.

又如趙王太后는 愛其少子長安君하야 不肯使質於齊하니 此는 其蔽於私愛也라. 大臣이 諫之雖强이나 旣曰蔽矣니 其能聽乎아. 愛其子而欲使之長久富貴者는 其心之所明也라. 故로 左師觸龍이 因其明而導之以長久之計라 故로 其聽也│ 如響하니 非惟告於君者│ 如此요 爲敎者│ 亦然이라. 夫敎는 必就人之所長이니 所長者는 心之所明也라.

從其心之所明而入然後에야 推及其餘니 孟子所謂成德達才ㅣ 是也라.

　또한 <조왕>의 태후 같은 이는 작은 아들 <장안군>을 사랑해서, 「제나라」에 볼모로 보내지 않으려고 하니, 이것은 사사로운 사랑에 가려진 것이다. 대신들이 간하기를 비록 강하게 했으나 이미 가리어졌으니 들을 수 있겠는가? 자기의 아들을 사랑해서 오래도록 부귀하게 하고 싶은 것은, 그 마음의 밝은 곳이다. 그러므로 좌사 <촉룡>이 그 밝은 것을 단서로 해서 장구한 계책으로써 인도했기 때문에, 그 말을 들어주는 것이 메아리 같았으니, 인군에게 고하는 것만 이런 것이 아니고, 가르치는 것도 또한 그렇다.

　대개 가르치는 것은 반드시 사람의 장점이 잇는 곳으로부터 나아가야 하니, 장점이 잇는 곳은 마음의 밝은 곳이다. 그 마음의 밝은 바를 좇아서 들어간 뒤에야 그 나머지에 넓혀 나아가니, <맹자>가 말씀하신 "덕을 이루고 재주를 통달시킴"이 이런 것이다.

　　※ 明 : 所明'으로 되어 있는 판본도 있다.
　　※ 『맹자』의 「진심장구 상:盡心章句 上」에는 "有成德者하며 有達財者하며(덕을 이루게 하며, 재주를 통달시키며)"로 되어 있다.

【本義】鼂氏云ㅣ 先儒ㅣ 讀樽酒簋爲一句하고 貳用缶爲一句라하니 今從之하노라. 貳는 益之也니 周禮大祭에 三貳라하고 弟子職에 左執虛豆라하고 右執挾匕하야 周旋而貳라하니 是也라.

　<조씨>가 말하기를 "앞선 선비들이 '준주궤'를 한 귀절로 하고 '이용부'를 한 귀절로 읽었다"고 했으니, 이제 그것을 따른다. '이(貳)'는 더하는 것이니, 『주례』에 "대제 때 세 번 더한다"하고, 「제자직」에 "왼손에 빈 조두를 잡고, 바른손에 협시를 잡아서, 돌아가면서 더한다"고 했으니, 이것이다.

　　※ 『주례』「천관:天官」의 「주정:酒正」편에 출전. "天官冢宰下 大祭三貳 中祭再貳 小祭壹貳 皆有酌數"
　　※ 제자직(弟子職) : 『관자:管子』의 편명의 하나.

九五ㅣ 尊位에 六四ㅣ 近之하니 在險之時하야 剛柔ㅣ 相際라. 故로 有

但用薄禮하되 益以誠心하야 進結自牖之象이라. 牖는 非所由之正而室之所以受明也니 始雖艱阻나 終得无咎라. 故로 其占이 如此라.

「구오」의 높은 자리에 「육사」가 가깝게 하니, 험한 때에 있어서 강유가 서로 교제하는 것이다. 그러므로 다만 박한 예를 쓰되 성심으로써 더해서, 나아가 사귀기를 창문으로부터 하는 상이 있다. '창문(牖)'은 정문이 아니지만 방의 밝음을 받는 곳이니, 처음은 비록 어렵고 막히나 마침내 허물이 없게 된다. 그러므로 그 점이 이와 같다.

象曰 樽酒簋貳는 剛柔際也일새라.
- [정자] 상에 말하기를 '준주궤이'는 강과 유가 사귀는 것이다.
- [주자] 상에 말하기를 '준주궤'는 강과 유가 사귀는 것이다.

【傳】象에 只擧首句하니 如此ㅣ 比多矣라. 樽酒簋貳는 質實之至니 剛柔相際接之道ㅣ 能如此則可終保无咎라. 君臣之交ㅣ 能固而常者는 在誠實而已라. 剛柔는 指四與五니 謂君臣之交際也라.

「소상전」에 다만 머릿 귀절만 들었으니, 이와 같은 것이 비교적 많다. '동이술과 대그릇 둘(樽酒簋貳)'은 실질적인 것의 지극함이니, 강과 유가 교제하는 도가 이와 같이 하면, 마침내 허물이 없을 것이다. 인군과 신하의 사귐이 굳고 항상할 수 있는 것은 성실함에 있을 뿐이다. '강유(剛柔)'는 「육사」와 「구오」를 가리킨 것이니, 인군과 신하의 교제를 말한 것이다.

【本義】鼂氏曰陸氏釋文本에 无貳字하니 今從之하노라.

<조씨>가 말하기를 <육씨>가 해석한 책에 '이(貳)'자가 없다하니, 이제 그를 따른다.

九五는 坎不盈이니 祗旣平하면 无咎ㅣ리라.
- [정자] 구오는 구덩이가 차지 못했으니, 이미 평평한 데 이르면 허물이 없으리라.
- [주자] 구오는 구덩이가 차지 못했으나, 이미 평평한 데 이르렀으니 허물이 없으리라.

☵ 可以濟險 必祗旣平

【傳】九五│ 在坎之中하니 是不盈也나 盈則平而出矣라. 祗는 宜音柢니 抵也라. 復卦에 云无祗悔라하니 必抵於已平則无咎라. 旣曰不盈이면 則是未平而尙在險中이니 未得无咎也라.

「구오」가 「감(☵)」의 중간에 있으니, 이것은 차지 않은 것이나, 차면 평평해져서 나올 것이다. '지(祗)'자의 음은 '지'니 다다른다는 것이다. 「복괘」에 "无祗悔(후회하는 데 이르지 않는다)"라고 했으니, 반드시 이미 평평한 데까지 이르면 허물이 없는 것이다. 이미 '차지 않는다(不盈)'고 했으면, 이것은 평평해지지 않아 아직 험한 가운데 있음이니, 아직 허물 없음을 얻지 못한 것이다.

※ 而 : '而'자가 없는 판본도 있다.

以九五剛中之才로 居尊位하니 宜可以濟於險이나 然이나 下无助也라. 二는 陷於險中하니 未能出이요 餘는 皆陰柔로 无濟險之才하니 人君이 雖才나 安能獨濟天下之險이리오? 居君位하야 而不能致天下出於險이면 則爲有咎하니 必祗旣平이라야 乃得无咎라.

「구오」가 강중한 재주로써 높은 자리에 있으니, 마땅히 험함을 건널 수 있으나, 아래에 돕는 사람이 없다. 「구이」는 험한 가운데 빠졌으니 나올 수 없으며, 나머지는 다 음유해서 험한 것을 구제할 재주가 없으니, 인군이 비록 재주가 있으나 어떻게 혼자서 천하의 험함을 구제할 수 있겠는가? 인군 자리에 있으면서 천하를 험한 데서 나오게 하지 못하면 허물이 있게되니, 반드시 이미 평평한 데 이르러야 '허물 없음(无咎)'을 얻을 것이다.

※ 无 : '非'자로 되어 있는 판본도 있다.

【本義】九五│ 雖在坎中이나 然이나 以陽剛中正으로 居尊位而時亦將出矣라 故로 其象占이 如此라.

「구오」가 비록 「감」의 가운 데 있으나, 양강하고 중정함으로써 높은 자리에 있고,

때가 또한 장차 나올 때이기 때문에, 그 상과 점이 이와 같다.

> 象曰 坎不盈은 中이 未大也ㅣ라.
> ● 상에 말하기를 '감불영'은, 가운데가 크지 못함이다.

【傳】九五ㅣ 剛中之才而得尊位하니 當濟天下之險難이나 而坎尙不盈하야 乃未能平乎險難이니 是其剛中之道ㅣ 未光大也라. 險難之時에 非君臣이 協力이면 其能濟乎아. 五之道ㅣ 未大는 以无臣也라. 人君之道ㅣ 不能濟天下之險難則爲未大하니 不稱其位也라.

「구오」가 강중한 재주로 높은 자리를 얻었으니, 마땅히 천하의 험난한 것을 구제해야 하나, 구덩이가 아직 차지 않아서 험난한 것을 평정할 수 없으니, 이것은 「구오」의 강중한 도가 빛나고 크지 못한 것이다. 험난한 때에 인군과 신하가 협력하지 않으면 천하를 구제할 수 있겠는가? 「구오」의 도가 크지 못한 것은 신하가 없기 때문이다. 인군의 도가 천하의 험난함을 구제할 수 없으면 '크지 못한 것(未大)'이니, 그 자리에 맞지 않는 것이다.

【本義】有中德而未大라.

중도로 하는 덕이 있으나, 크지 못한 것이다.

> 上六은 係用徽纆하야 寘于叢棘하야 三歲라도 不得이니 凶하니라.
> ● 상육은 노끈으로 묶어서 가시 덩쿨에 두어서, 삼 년이 되도록 얻지 못하니 흉하니라.
> 陰柔險極 是其失道

【傳】上六이 以陰柔而居險之極하니 其陷之深者也라. 以其陷之深으

로 取牢獄爲喩하니 如係縛之以徽纆하야 囚寘於叢棘之中이라. 陰柔而陷之深하니 其不能出矣라 故로 云至于三歲之久라도 不得免也라하니 其凶을 可知라.

　「상육」이 음유함으로써 험함(☵)의 끝에 있으니 깊게 빠진 사람이다. 빠짐이 깊기 때문에 감옥으로 비유를 한 것이니, 노끈으로 얽어매서 가시 덩쿨 속에 가둬 둔 것과 같다. 음유함으로 깊이 빠졌으니 나올 수 없기 때문에, '삼 년의 오랜 세월이 지나도 면할 수 없다'고 하였으니, 그 흉함을 알 만하다.

【本義】以陰柔로 居險極이라 故로 其象占이 如此라.

　음유함으로써 험함의 끝에 거처하기 때문에, 그 상과 점이 이와 같다.

　　※ 陸氏德明曰 三股曰徽요 兩股曰纆이니 皆索名이라. : <육덕명>이 말하길 "세 가닥을 '휘(徽)'라 하고, 두 가닥을 '묵(纆)'이라고 하니, 다 노끈의 이름이다."

象曰 上六失道는 凶三歲也ㅣ리라.
● 상에 말하기를 '상육이 도를 잃음'은 삼 년을 흉할 것이다.

【傳】以陰柔而自處極險之地하니 是其失道也라. 故로 其凶이 至于三歲也니 三歲之久而不得免焉은 終凶之辭也라. 言久에 有曰十有曰三은 隨其事也니 陷于獄하야 至于三歲는 久之極也라. 他卦에 以年數言者도 亦各以其事也니 如三歲不興十年乃字ㅣ 是也라.

　음유함으로써 스스로 지극히 험한 곳에 거처하니, 이것은 그 도를 잃은 것이다. 그러므로 그 흉함이 삼 년까지 이르는 것이니, 삼 년씩이나 면할 수 없는 것은 끝까지 흉하다는 말이다. 오래된다는 말에 '열(10)'이라고 한 것이 있고, '셋(3)'이라고 한 것이 있음은 그 일에 따라서 말한 것이니, 옥에 들어가서 삼 년까지 이르름은 극도로 오래 있는 것이다. 다른 괘에 햇수로써 말한 것도 또한 각각 그 일에 따라 말하였으니, "삼 년을 일어나지 않는다, 십 년만에 시집간다"고 한 것들이 이러한 예이다.

　　※ 三歲不興 : 「동인괘」 「구삼 효사」.　十年乃字 : 「둔괘」 「육이 효사」.

離上 離下 重火離(30)
중 화 리

【傳】離는 序卦에 坎者는 陷也ㅣ니 陷必有所麗라 故로 受之以離하고 離者는 麗也라하니, 陷於險難之中則必有所附麗는 理ㅣ 自然也니 離所以次坎也라. 離는 麗也며 明也니 取其陰이 麗於上下之陽則爲附麗之義요 取其中虛則爲明義라. 離爲火니 火體ㅣ 虛하야 麗於物而明者也요 又爲日이니 亦以虛明之象이라.

「리: ☲」는 「서괘전」에 "「감: ☵」은 빠지는 것이니 빠지면 반드시 걸리는 것이 있기 때문에, 「리괘」로써 받았고, 리는 걸리는 것이라"고 하니, 험난함 속에 빠지면 반드시 붙고 걸리는 것이 있음은 이치의 자연스러움이니, 「리괘」가 「감괘」 다음에 한 것이다.

「리: ☲」는 걸리는 것이며 밝은 것이니, 음이 위와 아래의 양에게 걸리는 상을 취하면 붙들고 걸리는 뜻이 되고, 가운 데가 비어 있는 상을 취하면 밝은 뜻이 된다. 「리」는 불이 되니, 불의 실체는 비어서 물건에 걸려 밝은 것이고, 또한 해가 되니, 역시 비고 밝은 상이기 때문이다.

離는 利貞하니 亨하니 畜牝牛하면 吉하리라.
● 리는 바르게 함이 이로우니, 형통하니, 암소를 기르면 길하리라.

 陰麗上下 虛明之象

【傳】離는 麗也라. 萬物이 莫不皆有所麗하니 有形則有麗矣라. 在人則爲所親附之人과 所由之道와 所主之事니 皆其所麗也라. 人之所麗

는 利於貞正하니 得其正則可以亨通이라. 故로 曰離利貞亨이라.

「리」는 걸리는 것이다. 만물이 다 걸리지 않는 것이 없으니, 형체가 있으면 걸림(붙음)이 있는 것이다. 사람에 있어서는 친하고 따르는 사람과 따라가는 길과 주관하는 일이니, 다 걸리는 것이다. 사람의 걸림에는 곧고 바르게 함이 이로우니, 바름을 얻으면 형통하다. 그러므로 「리」는 '바르게 함이 이로우니, 형통하다'고 하였다.

※ 爲 : '爲'자가 없는 판본도 있다.

畜牝牛吉은 牛之性이 順而又牝焉하니 順之至也라. 旣附麗於正이면 必能順於正道를 如牝牛則吉也라. 畜牝牛는 謂養其順德이니 人之順德은 由養以成이라. 旣麗於正이면 當養習以成其順德也라.

'암소를 기르면 길하다(畜牝牛吉)'고 함은 소의 성질이 순하고 또한 암컷이니, 순함이 지극한 것이다. 이미 바른 데 마음을 걸었으면 반드시 정도(正道)에 순히 하기를 암소와 같이 하면 길하다. '암소를 기른다'는 순한 덕을 기른다는 말이니, 사람의 순한 덕은 기름으로써 이루어진다. 이미 바른 데 마음을 걸었으면 마땅히 기르고 익혀서 순한 덕을 이루어야 한다.

※ 德 : '德'자가 없는 판본도 있다.

【本義】離는 麗也라. 陰麗於陽하야 其象이 爲火니 體陰而用陽也라. 物之所麗ㅣ 貴乎得正이요 牝牛는 柔順之物也라 故로 占者ㅣ 能正則亨而畜牝牛則吉也리라.

「리」는 걸리는 것이다. 음이 양에게 걸려서 그 상이 불이 되니, 체는 음이고 쓰임은 양이다. 물건의 걸림이 바름을 얻는 것을 귀하게 여기고, 암소는 유순하기 때문에, 점치는 사람이 바르게 하면 형통하고, 암소를 기르면 길할 것이다.

象曰 離는 麗也ㅣ니 日月이 麗乎天하며 百穀草木이 麗乎土하니

● 단에 말하기를 리는 걸리는 것이니, 해와 달이 하늘에 걸리며, 백 가지 곡식과 초목이 땅에

걸리니,

【傳】離ㅣ 麗也는 謂附麗也니 如日月則麗於天하고 百穀草木則麗於土하야 萬物이 莫不各有所麗하니 天地之中에 无无麗之物이라. 在人엔 當審其所麗니 麗得其正則能亨也라.

'「리」는 걸리는 것'이라 함은, 붙고 걸림을 말한 것이다. 해와 달은 하늘에 걸리고, 백 가지 곡식과 초목은 땅에 걸려서 만물이 각각 걸리지 않음이 없으니, 하늘과 땅 가운데 걸리지 않은 물건이 없다. 사람에 있어서는 마땅히 그 걸리는 바를 살펴야 하니, 걸리는 것이 그 바름을 얻으면 형통할 수 있다.

重明으로 以麗乎正하야 乃化成天下하나니라.
◉ 거듭된 밝음으로써 바른 데 걸려서 천하를 변화시키고 이루느니라.

【傳】以卦才로 言也라. 上下ㅣ 皆離니 重明也요 五二ㅣ 皆處中正하니 麗乎正也라. 君臣上下ㅣ 皆有明德而處中正하니 可以化天下成文明之俗也라.

괘의 재질로써 말한 것이다. 위와 아래가 다「리:☲」이니 '거듭 밝음(重明)'이고, 「육오」와 「육이」가 다 중정한 데 거처하니 '바른 데 걸린 것(麗乎正)'이다. 군신(君臣)과 상하(上下)가 다 밝은 덕이 있으면서 중정한 데 거처하니, 천하를 변화시켜 문명한 풍속을 이룰 수 있다.

【本義】釋卦名義라.

괘의 이름과 뜻을 풀이한 것이다.

柔ㅣ 麗乎中正故로 亨하니 是以畜牝牛吉也ㅣ라.
◉ [정자] 부드러운 것이 중정한 데 걸린 까닭에 형통하니, 이로써 '암소를 길러서 길한 것'이다.

◉ [주자] 부드러운 것이 중하고 정한 데 걸린 까닭에 형통하니, 이로써 '암소를 길러서 길한 것'이다.

【傳】二五ㅣ 以柔順으로 麗於中正하니 所以能亨이라. 人能養其至順하야 以麗中正則吉이라 故로 曰畜牝牛吉也라. 或曰二則中正矣어니와 五는 以陰居陽하니 得爲正乎아. 曰離主於所麗요 五는 中正之位니 六이 麗於正位는 乃爲正也라. 學者ㅣ 知時義而不失輕重則可以言易矣니라.

「육이」와 「육오」가 유순함으로써 중정한 데 걸렸으니, 형통할 수 있는 것이다. 사람이 지극히 순함을 길러서 중정한 데 걸리면 길하므로, '암소를 기르면 길하다(畜牝牛吉)'고 하였다. 혹자가 묻기를 "「육이」는 중정하나, 「육오」는 음으로써 양 자리에 있는데 바른 것이 됩니까?" 대답하기를 "「리」괘는 걸리는 바를 주로 해서 말했고, 오효자리는 중정한 자리이니, 육(음)이 바른 자리에 걸림은, 바름이 되는 것이다. 배우는 사람이 때의 뜻을 알아서 가볍고 무거움을 잃지 않으면 역(易)을 말할 수 있다."

【本義】以卦體로 釋卦辭라.

괘체로써 「괘사」를 풀이한 것이다.

象曰 明兩이 作離하니 大人이 以하야 繼明하야 照于四方하나니라.

◉ [정자] 상에 말하기를 밝음이 두 번 함이 리를 만드니, 대인이 본받아서 밝음을 이어서 사방을 비추느니라.
◉ [주자] 상에 말하기를 밝음이 두 번 지음이 리니, 대인이 본받아서 밝음을 이어서 사방을 비추느니라.

【傳】若云兩明則是二明이니 不見繼明之義라. 故로 云明兩이니 明而重兩은 謂相繼也라. 作離는 明兩而爲離니 繼明之義也라. 震巽之類도

亦取洊隨之義나 然이나 離之義ㅣ 尤重也라.

　만약 '두 밝음(兩明)'이라고 말했으면 이것은 두 개의 밝음이니, 이어서 밝게 하는 뜻을 나타내지 못한다. 그래서 '밝음이 두 번 함(明兩)'이라고 했으니, 밝음이 거듭하는 것은 서로 이어 간다는 말이다. '「리」를 만든다(作離)'는 밝음이 두 번해서 「리괘」가 된다는 것이니, 밝은 것을 이어간다는 말이다. 「진괘: ☳」와 「손괘: ☴」 같은 것도 또한 거듭하고 따른다는 뜻을 취했으나, 「리괘」의 뜻이 더욱 중하다.

大人은 以德言則聖人이요 以位言則王者라. 大人이 觀離明相繼之象하고 以世繼其明德하야 照臨于四方이라. 大凡以明相繼ㅣ 皆繼明也로대 擧其大者라 故로 以世襲繼照로 言之라.

　'대인(大人)'은 덕으로써 말하면 성인이고, 지위로써 말하면 왕이다. 대인이 「리괘」의 밝음을 서로 잇는 상을 관찰하고, 그 밝은 덕을 대대로 이어서 사방에 비추면서 임한다. 모든 밝음으로 서로 이어가는 것이 다 '밝음을 잇는 것(繼明)'이나, 그 중에 큰 것을 들어 말했기 때문에, 대를 이어 계속 비추는 것으로써 말했다.

【本義】作은 起也라.

　'작(作)'은 일으킨다는 말이다.

　　※ 朱子曰 明兩作은 猶言水洊至니 今日明來日又明이라. 明字는 便是指日而言이니 若說兩明이면 却是兩箇日이라. 只是這一箇明이 兩番作이니 非明兩이요 乃兩作也라.

　　: <주자>가 말씀하길 "'명량작'은 '수천지'와 같은 말이니, 오늘 밝고 내일 또 밝는 것이다. '명(明)'자는 해(日)를 가리켜 말한 것이니, 만약 '두 밝음(兩明)'이라고 하면 실은 두 개의 해가 된다. 단지 한 개의 '밝음(明)'이 두 번 일어나는 것이니, 밝은 것이 둘이 아니고 두 번 일어나는 것이다."

初九는 履ㅣ 錯然하니 敬之면 无咎ㅣ리라.

◉ 초구는 밟는 것이 뒤섞였으니, 공경하면 허물이 없으리라.

☲. 居下離體 幾於躁動

【傳】陽固好動이며 又居下而離體니 陽居下則欲進이요 離性은 炎上일새 志在上麗라 幾於躁動하야 其履ㅣ 錯然하니 謂交錯也라. 雖未進而跡已動矣니 動則失居下之分而有咎也라. 然이나 其剛明之才로 若知其義而敬愼之則不至於咎矣라. 初ㅣ 在下하야 无位者也니 明其身之進退라야 乃所麗之道也어늘 其志ㅣ 旣動하야 不能敬愼則妄動이니 是는 不明所麗로 乃有咎也라.

양은 움직이는 것을 좋아하며, 또 아래에 있으면서 「리체:☲」로 양이 아래에 있으면 나아가고자 하고, 「리」의 성질은 타 올라가서, 뜻이 위로 붙는 데 있다. 거의 조급하게 움직여서, 그 밟는 것이 뒤섞이니 교착(交錯)되었다는 말이다. 비록 나아가지 않았으나 발자취가 이미 움직인 것이니, 움직이면 아래에 있어야 할 분수를 잃어서 허물이 있을 것이다. 그러나 「초구」의 강명한 재주로, 만약 그 뜻을 알아 공경하고 삼가면, 허물이 있는 데까지는 이르지 않을 것이다.

「초구」는 아래에 있어서 지위가 없는 사람이니, 자기의 진퇴를 밝게 하여야 걸려 있는 도리가 되는데, 그 뜻이 이미 움직여서 공경하고 삼가지 못하면, 망령되이 움직이는 것이니, 이것은 자기의 걸려 있는 도리를 밝게하지 못하는 것으로, 허물이 있는 것이다.

※ 則 : '則'자가 없는 판본도 있다.

【本義】以剛居下而處明體하니 志欲上進이라 故로 有履錯然之象하니 敬之則无咎矣리라. 戒占者ㅣ 宜如是也라.

강으로써 아래에 있고 밝은 괘체(☲)에 거처하니 뜻이 위로 나가고자 하기 때문에, '밟는 것이 뒤섞이는' 상이 있으니, 공경하면 허물이 없을 것이다. 점치는 사람이 마땅히 이와 같이 해야 한다고 경계한 것이다.

> 象曰 履錯之敬은 以辟咎也ㅣ라.
> ⊙ 상에 말하기를 '밟는 것이 뒤섞여 공경스럽게 하는 것'은, 이로써 허물을 피하는 것이다.

【傳】履錯然에 欲動이라가 而知敬愼不敢進은 所以求辟免過咎也라. 居明而剛이라 故로 知而能辟하니 不剛明則妄動矣라.

밟는 것이 뒤섞임에, 움직이고자 하다가 공경하고 삼가해서 감히 나가지 않을 줄 아는 것은, 이로써 허물을 피하고 면하기를 구하는 것이다. 밝은 데 거처하고 강하기 때문에 알아서 피하니, 강하고 밝지 못하면 망령되이 움직일 것이다.

> 六二는 黃離니 元吉하니라.
> ⊙ [정자] 육이는 누런 걸림이니, 크게 착하고 길하니라.
> ⊙ [주자] 육이는 누런 걸림이니, 크게 길하니라.
>
> ䷝ 麗於中正 文明之美

【傳】二ㅣ 居中得正하니 麗於中正也요 黃은 中之色이니 文之美也라. 文明中正하니 美之盛也라 故로 云黃離라. 以文明中正之德으로 上同於文明中順之君하야 其明이 如是하고 所麗ㅣ 如是니 大善之吉也라.

「육이」가 중(中)에 거처하고 득정했으니 중정한 데 걸린 것이며, '누런 것(黃)'은 중앙의 색이니 무늬 중에 아름다운 것이다. 문명하고 중정하니 아름다움이 성한 것이기 때문에, '누런 걸림(黃離)'이라고 했다. 문명하고 중정한 덕으로써 위로 문명하고 중순(中順)한 인군과 같이 해서 그 밝음이 이와 같고, 걸림이 이와 같으니 크게 착하고 길한 것이다.

【本義】黃은 中色이라. 柔麗乎中而得其正이라 故로 其象占이 如此라.

'누런 것(黃)은 중앙의 색이다. 유(柔)가 가운데(中) 걸리고 바름을 얻었기 때문에, 그 상과 점이 이와 같다.

象曰 黃離元吉은 得中道也ㅣ라.

◉ 상에 말하기를 '황리원길'은 중도를 얻었기 때문이다.

【傳】所以元吉者는 以其得中道也라. 不云正者는 離는 以中爲重이니 所以成文明은 由中也요 正在其中矣라.

크게 착하고 길한 까닭은 중도(中道)를 얻었기 때문이다. '바르다(正)고 말하지 않은 것은, 걸림(離)은 가운데 하는 것(中)을 중하게 여기기 때문이니, 문명함을 이룰 수 있는 까닭은 중(中道)으로 말미암은 것이고, 바름이 그 가운데 있는 것이다.

九三은 日昃之離니 不鼓缶而歌ㅣ면 則大耋之嗟ㅣ라. 凶하리라.

◉ 구삼은 날이 기울어지는 걸림이니, 질그릇을 치고 노래하지 않으면 크게 기울어지는 슬픔이 있을 것이다. 흉하리라.

☲ 前明將盡 後明當繼

【傳】八純卦ㅣ 皆有二體之義하니 乾은 內外ㅣ 皆健하고 坤은 上下ㅣ 皆順하고 震은 威震이 相繼하고 巽은 上下ㅣ 順隨하고 坎은 重險이 相習하고 離는 二明이 繼照하고 艮은 內外ㅣ 皆止하고 兌는 彼己ㅣ 相說이나 而離之義ㅣ 在人事엔 最大라.

팔순괘(八純卦)가 다 두 괘체의 뜻이 있으니, 「건괘:☰」는 내외괘가 다 굳세고, 「곤괘:☷」는 위와 아래가 다 순하며, 「진괘:☳」는 위엄과 진동이 서로 이어지고, 「손괘:☴」는 위와 아래가 순하게 따르며, 「감괘:☵」는 거듭 험한 것이 서로 거듭되고, 「리괘:☲」는 두 밝은 것이 이어서 비추며, 「간괘:☶」는 안과 밖이 다 그치고, 「태괘:☱」는 상대와 자기가 서로 기뻐하는 것이나, 「리괘」의 뜻이 사람의 일에 있어서는 가장 크다.

九三이 居下體之終하니 是前明이 將盡하고 後明이 當繼之時니 人之始終과 時之革易也라. 故로 爲日昃之離니 日下昃之明也라. 昃則將沒矣니 以理言之면 盛必有衰하고 始必有終은 常道也니 達者는 順理爲樂이라.

「구삼」이 하체(☲)의 마지막에 있으니, 이것은 앞의 밝음이 장차 다하고 뒤의 밝음이 이어지는 때이므로, 사람의 시종(始終)과 때의 혁역(革易)하는 시점이다. 그러므로 '날이 기울어지는 걸림(日昃之離)'이 되니, 해가 지는 때의 밝음이다. 날이 기울어지면 (해가) 장차 없어질 것이니, 이치로써 말하면 성하면 반드시 쇠함이 있고, 시작하면 반드시 마침이 있음은 떳떳한 도리이니, 통달한 사람은 이치에 순히해서 즐거워한다.

缶는 常用之器也니 鼓缶而歌는 樂其常也라. 不能如是則以大耋로 爲嗟憂하니 乃爲凶也리라. 大耋은 傾沒也라. 人之終盡에 達者則知其常理하야 樂天而已니 遇常皆樂하야 如鼓缶而歌요 不達者則恐怛하야 有將盡之悲하나니 乃大耋之嗟로 爲其凶也니 此는 處死生之道也라. 耋은 與昳로 同이라.

'질그릇(缶)'은 평상시에 쓰는 기구니, '질그릇을 두드리며 노래함'은 평상(平常)을 즐거워하는 것이다. 이와 같이 하지 못하면 크게 기울어져 탄식하고 근심할 것이니, 흉하게 될 것이다. '대질(大耋)'은 기울어져 없어지는 것이다. 사람이 죽을 때에, 통달한 사람은 떳떳한 이치를 알아서 천명을 즐거워 할 뿐이니, 만나는 것이 항상 다 즐거워서 '질그릇을 두드리고 노래함'과 같고, 통달하지 못한 사람은 두렵고 슬퍼해서 장차 죽음에 대해 슬퍼한다. 이것이 '크게 기울어지는 슬픔(大耋之嗟)'으로 흉한 것이 되니, 이는 죽고 사는 데 처하는 도리이다. '질(耋)'자는 '기울 질(昳)'자와 같다.

※ 怛: 슬플 달, 놀랄 달.　　昳: 기울 질.

【本義】重離之間으로 前明이 將盡이라 故로 有日昃之象라. 不安常以自樂하면 則不能自處而凶矣니 戒占者ㅣ 宜如是也라.

「리」괘가 거듭되는 사이로, 앞의 밝음(下卦)이 장차 다할 것이기 때문에, 날이 기우는 상이 있다. 평상시와 같이 편안히해서 스스로 즐거워하지 않으면, 스스로 잘 처신하지 못해서 흉할 것이니, 점치는 사람이 마땅히 이와 같이 해야 함을 경계한 것이다.

象曰 日昃之離ㅣ 何可久也ㅣ리오.
◉ 상에 말하기를 '날이 기울어지는 걸림'이 어떻게 오래 갈 수 있겠는가?

【傳】日旣傾昃하니 明能久乎아. 明者는 知其然也라 故로 求人以繼其事하고 退處以休其身하나니 安常處順이면 何足以爲凶也리오.

날이 이미 기울어지니, 밝음이 오래 갈 수 있겠는가? 밝은 사람은 그런 것을 알기 때문에, 사람을 구해서 그 일을 계속하게 하고, 물러가 거처해서 자기 몸을 쉬는 것이다. 상도(常道)에 마음 편히하고 순하게 처신하면, 어찌 흉할 수 있겠는가?

九四는 突如其來如ㅣ라 焚如ㅣ니 死如ㅣ며 棄如ㅣ니라.
◉ [정자] 구사는 갑자기 오는 것이라 타오르니, 죽이며 버리니라.
◉ [주자] 구사는 갑자기 오니, 불사르며 죽이며 버리니라.

繼承之地 剛躁不中

【傳】九四ㅣ 離下體而升上體하니 繼明之初라 故로 言繼承之義라. 在上而近君하니 繼承之地也로대 以陽居離體而處四하야 剛躁而不中正하며 且重剛하야 以不正而剛盛之勢로 突如而來하니 非善繼者也라.

「구사」가 하체를 떠나서 상체로 올라가니, 밝음을 이어가는 처음이므로 이어 받는 뜻을 말했다. 위에 있어 인군과 가까우니 이어 받드는 지위지만, 양으로써 「리체」에 있으면서 사효자리에 거처해 강하고 조급하면서 중정하지 못하며, 또한 강한 것이 거듭되어서 바르지 못하고, 강성(剛盛)한 형세로써 갑자기 오니, 잘 이어받는 자가 아니다.

夫善繼者는 必有巽讓之誠과 順承之道를 若舜啓然이어늘 今四ㅣ 突如其來하니 失善繼之道也요 又承六五陰柔之君하니 其剛盛陵爍之勢ㅣ 氣焰이 如焚然이라 故로 云焚如라. 四之所行이 不善이 如此하니 必被禍害라 故로 曰死如요 失繼紹之義와 承上之道하야 皆逆德也니 衆所棄絶이라 故로 云棄如니 至於死棄는 禍之極矣라 故로 不假言凶也라.

　대개 잘 이어 받는 사람은, 반드시 공손하고 사양하는 정성과 순하게 이어받는 도를 <순임금>과 「하(夏)나라」의 <계(啓)왕> 같이 하여야 하는데, 「구사」가 갑자기 오니 잘 이어 받는 도를 잃은 것이고, 또 음유한 인군인 「육오」를 이어 받드니, 「구사」의 강성하고 능멸해서 녹이는 형세가 불꽃이 타는 것과 같기 때문에, '타오른다(焚如)'고 하였다.

　「구사」의 소행이 착하지 못하기가 이와 같으니, 반드시 화와 해를 입을 것이기 때문에, '죽인다(死如)'고 하였고, 이어 받는 뜻과 위를 받드는 도를 잃어서 다 덕을 거스리니, 뭇 사람이 버리고 끊기 때문에, '버린다(棄如)'고 하였다. 죽이고 버리는 데까지 이르는 것은 화(禍)의 극치이기 때문에, 흉하다고 말할 필요도 없다.

　　※ 계(啓)왕 : <우(禹)임금>의 아들로 재위 9년, 이 때부터 왕권이 세습 됨.

【本義】後明이 將繼之時而九四ㅣ 以剛迫之라 故로 其象이 如此라.

　뒤의 밝음(上卦)이 장차 잇는 때이나, 「구사」가 강으로써 핍박하기 때문에, 그 상이 이와 같다.

象曰 突如其來如는 无所容也ㅣ니라.
● 상에 말하기를 '갑자기 온다'는 것은 용납될 바 없는 것이다.

【傳】上陵其君하고 不順所承하야 人惡衆棄하니 天下所不容也라.

위로 인군을 능멸하고 이어받는 것을 순히하지 못해서, 사람들이 미워하고 무리들이 버리니, 천하가 용납하지 못하는 것이다.

【本義】无所容은 言焚死棄也라.

'용납될 바 없다(无所容)'고 함은, 불사르며 죽이고 버리는 것을 말한다.

六五는 出涕沱若하며 戚嗟若이니 吉하리라.

- [정자] 육오는 눈물 나옴이 물흐르는 듯하며, 슬퍼서 탄식하는 듯하니, 길하리라.
- [주자] 육오는 눈물 나옴이 물흐르는 듯하며, 슬퍼서 탄식하는 듯하면, 길하리라.

柔居尊位 畏懼保吉

【傳】六五ㅣ 居尊位而守中하고 有文明之德하니 可謂善矣라. 然이나 以柔居上하고 在下无助하야 獨附麗於剛强之間하니 危懼之勢也로대 唯其明也라 故로 能畏懼之深이 至於出涕하고 憂慮之深이 至於戚嗟하니 所以能保其吉也라. 出涕戚嗟는 極言其憂懼之深耳니 時ㅣ 當然也라. 居尊位而文明하야 知憂畏ㅣ 如此라 故로 得吉이니 若自恃其文明之德과 與所麗ㅣ 中正하고 泰然不懼면 則安能保其吉也리오.

「육오」가 높은 자리에 있으면서 중도를 지키고 문명한 덕이 있으니, 착하다고 할 수 있다. 그러나 유로써 위에 있고 아래에 돕는 이가 없어서, 홀로 굳세고 강한 것의 사이에 걸렸으니 위태하고 두려운 형세이나, 오직 「육오」가 밝기 때문에, 깊이 두려워함이 눈물을 흘리는 데까지 이르고, 근심 걱정함의 깊음이 슬퍼 탄식하는 데까지 이르니, 그 길함을 보존할 수 있는 것이다. '눈물을 흘리고 슬퍼 탄식한다(出涕戚嗟)'고 함은, 깊이 근심하고 두려워함을 극도로 말한 것이니, 때가 당연한 것이다.

높은 자리에 거처하고 문명해서 근심하며 두려워할 줄 알기를 이와 같이 하기 때문에, 길함을 얻는 것이다. 만약 스스로 문명한 덕과 중정한 데 걸린 것만을 믿고,

태연하면서 두려워하지 않는다면, 어떻게 그 길함을 보존할 수 있겠는가?

※ 懼 : '慮'자가 없는 판본도 있다.

【本義】以陰居尊하고 柔麗乎中이나 然이나 不得其正而迫於上下之陽이라 故로 憂懼如此ㅣ 然後에야 得吉이니 戒占者ㅣ 宜如是也라.

음으로써 높은 데 거처하고 유가 가운데에 걸렸으나, 바름을 얻지 못하며 위와 아래의 양에게 핍박 당했기 때문에, 근심하고 두려워하기를 이와 같이 한 뒤에야 길함을 얻게 되니, 점치는 사람이 마땅히 이와같이 하라고 경계한 것이다.

象曰 六五之吉은 離王公也일새라.

◉ 상에 말하기를 '육오의 길함'은 왕공에 걸렸기 때문이다.

【傳】六五之吉者는 所麗ㅣ 得王公之正位也라. 據在上之勢로대 而明察事理하야 畏懼憂虞以持之하니 所以能吉也라. 不然이면 豈能安乎리오.

'「육오」가 길함(六五之吉)'은 걸린 바가 왕공(王公)의 바른 자리를 얻었기 때문이다. 위에서 세력을 잡고 있으되, 일의 이치를 밝게 살펴서 두려워하고 근심하며 걱정함으로써 잡고 있으니, 길할 수 있는 것이다. 그렇지 않으면 어떻게 편안할 수 있겠는가?

※ 孔氏曰 五爲王位로대 而言公者는 便文以恊韻也라.

: <공씨>가 말하길 "오효자리는 왕(王)자리인데도 '공(公)'이라고 한 것은 협운이기 때문이다."

上九는 王用出征이면 有嘉ㅣ니

◉ [정자] 상구는 왕이 써서 나아가서 치면 아름다움이 있을 것이니,

 陽居明極 能繼能照

【傳】九는 以陽居上하야 在離之終하니 剛明之極者也라. 明則能照요 剛則能斷하니 能照면 足以察邪惡이요 能斷이면 足以行威刑이라. 故로 王者ㅣ 宜用如是剛明하야 以辨天下之邪惡而行其征伐이면 則有嘉美之功也라. 征伐은 用刑之大者라.

「상구」는 양으로써 위에 있어서 「리괘: ☲」의 끝에 있으니, 강하고 밝은 것이 극도에 달한 자이다. 밝으면 비출 수 있고, 강하면 결단할 수 있으니, 비출 수 있으면 사악한 것을 살필 수 있고, 결단할 수 있으면 위엄과 형벌을 행할 수 있다. 그러므로 왕하는 사람이 마땅히 이와 같이 강하고 밝음을 써서, 천하의 사악한 것을 분별하여 정벌(征伐)을 행하면, 아름다운 공이 있을 것이다. '정벌(征伐)'은 형벌을 쓰는 것 중에 큰 것이다.

折首코 獲匪其醜ㅣ면 无咎ㅣ리라.

- [정자] 괴수를 끊고, 잡는 것이 그 졸개가 아니면 허물이 없으리라.
- [주자] 상구는 왕이 써서 나아가 쳐서 괴수만 끊는 데 아름다움이 있고, 잡는 것이 그 졸개가 아니니 허물이 없으리라.

【傳】夫明極則无微不照하고 斷極則无所寬宥하니 不約之以中則傷於嚴察矣라. 去天下之惡에 若盡究其漸染註誤하면 則何可勝誅리오. 所傷殘이 亦甚矣라 故로 但當折取其魁首하고 所執獲者ㅣ 非其醜類則无殘暴之咎也라. 書에 曰殲厥渠魁하고 脅從이란 罔治라하니라.

대개 밝은 것이 극에 달하면 아무리 작은 것이라도 비추지 않음이 없고, 처단함이 극에 달하면 너그러이 용서함이 없을 것이니, 중도(中道)로써 제약하지 않으면 엄하게 살핌에 의한 상함이 있을 것이다. 천하의 악을 제거함에 만약 그 물든 것과 그릇된 것을 다 규명하려 한다면 어떻게 다 베일 수 있겠는가? 상하고 다침이 또한 심할 것이기 때문에, 다만 그 괴수만 끊어 취하고 졸개들을 잡지 않으면, 잔학하고 사납게 되는 허물이 없을 것이다. 『서경』에 말하기를 "큰 괴수를 죽이고 마지못해 따른 졸개들은 다스리지 말라"고 했다.

※ 註 : 그르칠 괘.

※ 『서경』「하서:夏書」의 「윤정:胤征」장에 출전.

【本義】剛明이 及遠하고 威震而刑不濫하니 无咎之道也라 故로 其象占이 如此라.

강하고 밝은 것이 먼 데까지 미치고 위엄을 떨치되 형벌이 넘치지 않으니, 허물이 없는 도리이기 때문에, 그 상과 점이 이와 같다.

※ 朱子曰 有嘉折首는 是句라. : <주자>가 말하길 "'유가절수(괴수만 쳐서 끊는 데에 아름다움이 있다)'는 한 귀절이다."

象曰 王用出征은 以正邦也ㅣ라.

◉ 상에 말하기를 '왕용출정'은 이로써 나라를 바로하는 것이다.

【傳】王者ㅣ 用此上九之德하야 明照而剛斷하야 以察除天下之惡은 所以正治其邦國이니 剛明은 居上之道也라.

왕하는 사람이 이「상구」의 덕을 써서 밝게 비추고, 강하게 결단해서 천하의 악을 살펴서 제거하는 것은, 이렇게 함으로써 그 나라를 바로 다스리는 것이니, 강하고 밝음은 위에 거처하는 도리이다.

주역 64괘

1. 중천건 重天乾	2. 중지곤 重地坤	3. 수뢰둔 水雷屯	4. 산수몽 山水蒙	5. 수천수 水天需	6. 천수송 天水訟	7. 지수사 地水師	8. 수지비 水地比
9. 풍천소축 風天小畜	10. 천택리 天澤履	11. 지천태 地天泰	12. 천지비 天地否	13. 천화동인 天火同人	14. 화천대유 火天大有	15. 지산겸 地山謙	16. 뇌지예 雷地豫
17. 택뢰수 澤雷隨	18. 산풍고 山風蠱	19. 지택림 地澤臨	20. 풍지관 風地觀	21. 화뢰서합 火雷噬嗑	22. 산화비 山火賁	23. 산지박 山地剝	24. 지뢰복 地雷復
25. 천뢰무망 天雷无妄	26. 산천대축 山天大畜	27. 산뢰이 山雷頤	28. 택풍대과 澤風大過	29. 중수감 重水坎	30. 중화리 重火離	31. 택산함 澤山咸	32. 뇌풍항 雷風恒
33. 천산돈 天山遯	34. 뇌천대장 雷天大壯	35. 화지진 火地晉	36. 지화명이 地火明夷	37. 풍화가인 風火家人	38. 화택규 火澤睽	39. 수산건 水山蹇	40. 뇌수해 雷水解
41. 산택손 山澤損	42. 풍뢰익 風雷益	43. 택천쾌 澤天夬	44. 천풍구 天風姤	45. 택지취 澤地萃	46. 지풍승 地風升	47. 택수곤 澤水困	48. 수풍정 水風井
49. 택화혁 澤火革	50. 화풍정 火風鼎	51. 중뢰진 重雷震	52. 중산간 重山艮	53. 풍산점 風山漸	54. 뇌택귀매 雷澤歸妹	55. 뇌화풍 雷火豐	56. 화산려 火山旅
57. 중풍손 重風巽	58. 중택태 重澤兌	59. 풍수환 風水渙	60. 수택절 水澤節	61. 풍택중부 風澤中孚	62. 뇌산소과 雷山小過	63. 수화기제 水火既濟	64. 화수미제 火水未濟

대성괘 이름과 찾는 법

상괘 하괘	1 乾	2 兌	3 離	4 震	5 巽	6 坎	7 艮	8 坤
1 乾	건·1	쾌·43	대유·14	대장·34	소축·9	수·5	대축·26	태·11
2 兌	리·10	태·58	규·38	귀매·54	중부·61	절·60	손·41	림·19
3 離	동인·13	혁·49	리·30	풍·55	가인·37	기제·63	비·22	명이·36
4 震	무망·25	수·17	서합·21	진·51	익·42	둔·3	이·27	복·24
5 巽	구·44	대과·28	정·50	항·32	손·57	정·48	고·18	승·46
6 坎	송·6	곤·47	미제·64	해·40	환·59	감·29	몽·4	사·7
7 艮	돈·33	함·31	려·56	소과·62	점·53	건·39	간·52	겸·15
8 坤	비·12	취·45	진·35	예·16	관·20	비·8	박·23	곤·2

역자 소개 759

大山 金碩鎭

저자 大山 金碩鎭

1928년~2023년
선생은 논산에서 출생하여
청하(淸下) 선생으로부터 천자문을 비롯한 사자소학·통감 등을
배우고, 15세에 논산군 가야곡 심상소학교를 졸업한 후 다시
청하 선생에게 사서를 배웠다. 19세부터 13년간 야산(也山)선생
문하에서 주역·시경·서경 등을 수학하였다.
31세부터 논산 및 부여에서 서당을 개설하고 후학을
양성했으며, 45세부터 대전에서 홍륜학교 한문강사, 양정학원
원장을 지냈다.
58세부터 서울 흥사단의 주역강의를 시작으로
대전·청주·제주·인천·춘천 등지에서 강의하였다.
(사)동방문화진흥회 회장을 맡고 있으며, 동방대학원
석좌교수이다.
저서로는 『周易과 世界, 周易傳義大全譯解(상/하),
大山周易講解, 미래를 여는 周易, 名과 號頌, 역수와 호송,
대산대학강의, 대산중용강의, 가정의례와 생활역학, 스승의 길
주역의 길, 대산석과, 대산 김석진 선생이 바라본 우리의 미래,
대산의 천부경』, 2019년 『대산주역강의』 등이 있다.

홍역학회 학술총서 ③
周易傳義大全譯解(上)

| 초판인쇄 1996년 2월 11일 | 수정판 5쇄발행 2025년 5월 20일
| 역해 金碩鎭 | 편집 洪易學會 | 위원장 德田 張俸赫
| 수석위원 德山 金秀吉 | 위원 乾元 尹相喆, 錦田 李娟實
時中 邊翔庸, 利中 李明淑, 一善 金芳鉉
青皐 李應文, 豊田 李美實 | 원문대조 趙東首
| 제자 明山 朴南傑 | 표지 蓮湖 李惠玉

| 발행인 尹相喆 | 발행처 **대유학당** | 출판등록 1993년 8월 2일
| 주소 서울 성동구 아차산로 17길 48, SK V1 센터 1동 814호 | 전화 (02)2249-5630
ISBN 89-88687-68-X 04140 | 블로그 대유학당 갑시다

값 45,000원 잘못 만들어진 책은 바꿔 드립니다.